經濟漩渦

觀察冷戰發生的新視角

·典藏版·

沈志華 ——— 著

限量布面精裝典藏版陸佰冊，第　　　號

開明書店

本書係華東師範大學

「幸福之花」基金先導研究項目

目錄 *Contents*

第五章　走向衝突：石油租讓權與蘇聯在伊朗的目標

第六章　分道揚鑣：美蘇在德國賠償問題上的合作與衝突

第七章　鐵幕落下：馬歇爾計劃與歐洲共產黨情報局

導　言

　　歷史研究的本質是對人類經驗的考察和討論，而不是對概念和理論的研究。本書的任務不是討論國際關係理論，更不曾想建立一種理論模式。作為一部實證性歷史著作，筆者只是試圖對國際史學界討論的一個老問題提供一個新的觀察視角。這個老問題就是冷戰的起源和發生，特別是蘇聯在其中的作用；這個新視角就是經濟，特別是蘇聯的經濟觀念、經濟政策以及美蘇之間的經濟關係。因此，本書關注的歷史過程同以往沒有區別，還是在戰爭後期和戰後初期發生的那些會議、事件、談判、紛爭和衝突，但觀察的視角不同，就會發現不同的邏輯鏈條，產生不同的歷史敘事，從而對戰後美蘇關係變化、冷戰格局形成和展開提供一種新的解釋框架。

　　英國哲學家卡爾・波普爾很早就說過：「不可能有這樣的歷史──『真實發生的過去』（the past as it actually happened）；只能有對歷史的各種解釋，而且沒有一種解釋是終極的；每一代人都有權形成自己的解釋。他們不僅有權形成自己的解釋，而且有義務這樣做，因為的確有一種尋求答案的迫切需要。」[1]

　　以往史學界對於冷戰起源和冷戰發生的研究，大體上局限於國際政治體系的範圍內，而安全結構、地緣政治、意識形態是這一體系的基本範疇。國際政治體系對於冷戰史研究無疑是十分重要、十分必要的，數十年來冷戰史學家正是在這一理論體系的運用中取得了豐碩的研究成

1　Karl R. Popper, *The Open Society and Its Enemies*, New One-Volume Edition, Princeton and Oxford: Princeton University Press, 2013, p. 473.

果。50 年代初在西方學術界出現的正統學派（Oethodox School）或傳統學派（Traditional School）強調蘇聯作為「邪惡強權國家」的作用，認為蘇聯的地緣政治擴張和建立世界霸權的野心導致了冷戰的發生，美國則是為了捍衛民主制度、遏制共產主義擴張而被動地捲入了冷戰。60 年代崛起的修正學派（Revisional School）以批判美國對外政策為出發點，強調美國為控制世界資源、在全球建立霸權而進行了帝國主義式的擴張，這才是冷戰發生的根本原因。到 70 年代後期，隨着美國歷史檔案陸續開放，又出現了後修正學派（Post-Revisional School）。這一派學者努力重建「歷史敘事」，認為冷戰的起因主要在於美蘇雙方在對外政策上發生的相互誤判，並由於意識形態極端對立而進一步產生的過度反應。由於冷戰的「意外」結束和俄羅斯檔案逐漸公佈於世，西方學界出現了以約翰・加迪斯為代表的「冷戰史新研究」的學術潮流，其特點是強調利用多國檔案特別是美蘇雙邊檔案，加強對國際關係理論的探索，從而使冷戰研究成為真正的國際史而非美國外交史——在這方面，美國伍德羅・威爾遜國際學者中心發揮了重要作用。在冷戰起源和發生的問題上，「新研究」的作者們從冷戰的結局出發，認為蘇聯和斯大林應該為冷戰的發生負責，共產主義的意識形態和蘇聯的政治制度本身具有進攻性，對西方構成了安全和威脅。其中最典型的就是加迪斯的這一說法：只要斯大林統治着蘇聯，冷戰就是不可避免的。當然，這種觀點也受到一些學者（如 M. P. 萊夫勒、G. 倫德斯塔德）的質疑和挑戰，同樣作為以前的「後修正學派」，他們指責加迪斯回到了「傳統學派」的立場。[1]

1　詳見 Michael F. Hopkins, "Teaching and research on the Cold War in the United Kingdom", Hope M. Harrison, "Teaching and scholarship on the Cold War in the United States", *Cold War History*, Vol. 8, №2, May 2008, pp. 241-258 、259-284；陳兼、余偉民：《冷戰史新研究：源起、學術特徵及其批判》，《歷史研究》2003 年第 3 期，第 3-23 頁；夏亞峰：《近十年來美英兩國學術界冷戰史研究述評》，《史學集刊》2011 年第 1 期，第 107-117 頁。

　　上述研究無疑大大加深了人們對冷戰本質和緣起的理解。但是，筆者在研究中感到，如果僅限於安全結構、地緣政治和意識形態範疇，似乎有很多問題是無法解釋清楚的。比如，在美蘇形成冷戰對抗的格局前，彼此都沒有構成對對方的安全威脅；雙方都沒有感受到來自對方的「軍事威脅」，「不安全感」不過是意識形態偏見帶來的幻覺，而非現實。所謂陷入「安全困境」主要是第一次柏林危機（特別是朝鮮戰爭）以後的事情，如何用安全結構或安全觀念來解釋冷戰的形成？又比如，就冷戰起源而言，美蘇意識形態的對立無疑是最具根源性的，但在考察冷戰發生時，情況就未必如此了。在蘇南衝突出現之前，斯大林並沒有在其勢力範圍內宣揚和推行蘇聯模式的社會主義道路，甚至有些美國決策者也看到了這一點，那麼如何用意識形態來描述冷戰的發生？再比如，在冷戰爆發前美蘇並沒有地緣政治的交集，雙方分別從中國和朝鮮半島撤軍甚至表明他們盡力避免這樣的交集，如果本書對歷史的考察可以證明伊朗危機的根源和本質是蘇聯對石油資源的訴求（不是佔領或分割伊朗領土），而美蘇對德佔領政策分歧的實質是戰後賠償問題（不是永久性地分別佔領德國），又如何用地緣政治來說明冷戰的開始？所以，僅在國際政治體系內討論冷戰起源尤其是冷戰發生的問題顯然是不夠的，這裏忽略了一個重要的因素——經濟。

　　與國際政治體系相對應，筆者在考察和解釋冷戰起源、冷戰發生以及美蘇關係的深層因素時，借用了關於世界經濟體系（World-Economy System）或現代世界體系（Modern World-System）的概念，儘管這一概念創始人 I. M. 沃勒斯坦的一些觀點和結論筆者難以認同。沃勒斯坦指出，「世界體系分析是一種方法而不是一個理論」，而這種分析方法認定，「人類共同活動的三個領域——經濟的、政治的和社會或社會文化的領域——不是獨立的社會活動領域，它們沒有獨自的『邏輯』。更重要的是，它們的約束、決定、準則和『合理性』的相互結合是那樣的緊密，

以致沒有任何有用的研究方式可以按照經濟、政治和社會的分類把『這些因素』分開，或僅僅討論可變的一種領域就能不斷地、絕對地領會其他兩種領域。」[1] 引入世界經濟體系當然不是替代國際政治體系，而只是增加了一個觀察歷史的視角。不過也需要指出，經濟觀察與政治觀察和社會觀察並不是平行並列的。所謂現代世界體系，實際上就是資本主義世界經濟體系，而馬克思和恩格斯曾對資本主義社會產生和發展的歷史進行了最嚴謹、最科學的研究。把近代以來的人類歷史放在世界經濟體系中進行考察，實際上正是馬克思和恩格斯研究資本主義歷史的方法，他們認為：「始終必須把『人類的歷史』同工業和交換的歷史聯繫起來研究和探討。」[2] 他們還特別指出：「一切社會變遷和政治變革的終極原因，不應當在人們頭腦中，在人們對永恆的真理和正義的日益增進的認識中去尋找，而應當在生產方式和交換方式的變更中去尋找；不應當在有關的時代的**哲學**中去尋找，而應當在有關的時代的**經濟學**中去尋找。」[3] 筆者完全認同這種研究方法，考察冷戰起源、冷戰發生乃至冷戰結束的歷史過程，不能離開「經濟學」的研究，甚至可能首先需要從「經濟學」的視角開始。

本書的時間起點在 1944 年夏天，此時敦巴頓橡樹園會議和布雷頓森林會議在美蘇的共同努力下雙雙取得成功，為建立戰後國際秩序奠定了基礎。敦巴頓橡樹園會議倡導成立國際安全組織——聯合國及安全理事會，布雷頓森林會議倡導成立國際經濟組織（亦稱「經濟聯合國」）——國際貨幣基金組織和國際復興開發銀行（此後還將建立國際貿易組織）。

1　Immanuel Wallerstein, *The Essential Wallerstein*, New York: The New Press, 2000, pp. 129、134.
2　馬克思和恩格斯：《德意志意識形態》，中共中央馬恩列斯著作編譯局編譯：《馬克思恩格斯全集》第 3 卷，北京：人民出版社，1956 年，第 33-34 頁。
3　恩格斯：《社會主義從空想到科學的發展》，《馬克思恩格斯全集》第 19 卷，北京：人民出版社，1963 年，第 228 頁。黑體字是原文標示的。

美蘇兩國領導人和當時的政治精英們普遍認為，安全和經濟這兩個國際組織就像是承載世界前行的兩個車輪，它們的組建和運轉，將保障戰後人類社會的穩定、繁榮和發展。然而，歷史很快就證明，美蘇關係和大國合作從此開始滑向下坡。根本的問題不在安全而在經濟：安全的車輪（聯合國）很快組建起來，雖然磕磕碰碰但總算開始運轉，而經濟的車輪（經濟聯合國）卻未能按原計劃組建和運轉，以經濟全球化為背景的國際經濟組織，由於蘇聯及其集團缺席而無法成為未來國際經濟秩序的保障。經濟不是決定一切的唯一因素，但確是一切決定的基礎性因素，因此有必要加強對冷戰發生乃至展開過程中經濟因素的考察。這也是本書論述的邏輯起點。

如果加入經濟因素的考量，人們就會發現，從二戰結束到戰後初期，冷戰的發生過程大致在兩個領域展開：國際政治領域和世界經濟領域。前者表現為戰後國際秩序的安排及美蘇勢力範圍的劃分，後者表現為戰後資本主義世界體系的重組及其與蘇聯的關係。從國際政治體系看，戰時同盟在雙方認同的「雅爾塔體系」中得以延伸，美蘇在安全關切和霸權目標上的矛盾完全有可能在「大國合作」機制中得以緩解，而避免走向衝突。從世界經濟體系看，美蘇經濟體制之間的本質性差異，只有在兩國建立戰略互信且認同國際經濟秩序統一的遊戲規則的條件下才能逐漸彌合。蘇聯對美國主導的「布雷頓森林體系」雖感到有利可圖，但也心存疑慮。在美蘇關係不斷惡化的情況下，蘇聯首先放棄了加入布雷頓森林體系的機會，進而斷然拒絕參與歐洲經濟援助計劃，使得戰時的美蘇經濟合作關係無法在戰後國際經濟秩序的重構中延續下去。所以，作為冷戰本質的制度對抗首先是在經濟領域顯化的，冷戰的發生也是從經濟領域的脫鈎開始的。當蘇聯拒絕加入布雷頓森林體系時，雅爾塔體系的經濟基礎實際上已經開始動搖；當蘇聯和東歐拒絕加入馬歇爾計劃、決心與西方世界做徹底的經濟切割時，冷戰便發生了。

　　如果從經濟的角度觀察，人們還會發現，戰後美蘇關係實際上是極不對稱的；這種不對稱性不是表現為政治影響力，而是表現為經濟實力。以往把戰後初期的蘇聯看作另一個「超級大國」，可能是一種錯誤認知。如果僅從意識形態和政治制度看，或許可以這樣說，但是如果從美蘇經濟實力差距和經濟關係特徵的角度觀察，必然導致對過去思維定式的懷疑。在經濟成就、科技創新以及在此基礎上的整體經濟和軍事能力等方面，蘇聯與美國之間差距如此之大，以至於根本無法將二者放在同一個天平上衡量，戰後初期尤其如此。正是這一點而不是其他，決定了戰後斯大林的戰略考量：在安全戰略上，蘇聯不可能主動向美國挑戰，而在經濟戰略上，蘇聯需要與美國繼續合作。美國也是因為經濟實力超強才會擁有沃勒斯坦所說的霸權（hegemonic）地位，或如萊夫勒所說的「權力優勢」（preponderance of power）。如同英語作為國際語言表明了大英帝國曾經的世界霸權地位，美元作為國際貨幣也顯示了美國現實的世界霸權地位。正是在這樣的基礎上，美國在戰略上提出了由美元主導戰後國際經濟秩序的布雷頓森林體系，在策略上則把美元貸款作為撬動對蘇政治和外交的經濟槓桿。而蘇聯對戰後與美國經濟合作的實際運作開始產生猶疑和不滿，也恰恰首先反應在這兩個問題上。

　　本書的時間跨度包括戰爭後期和戰後初期兩個時段。戰爭期間，美蘇及盟國之間的合作，首先體現在軍事和外交方面，但經濟也是一個重要領域，租借援助是戰時美蘇及盟國之間經濟關係的完整體現。美國為蘇聯提供的大量武器、設備和物資，對蘇聯戰勝法西斯德國具有重要軍事意義，對蘇聯戰後經濟恢復也發揮了極大促進作用，但更值得注意的是，通過租借的方式，美蘇雙方的經濟機制開始互相滲透和融合：蘇聯極大地擴展了國際貿易和對美貿易，在一定程度上走出了與世隔絕的自給自足的經濟狀態，而美國則第一次將全國大部分生產和貿易納入了「計劃」的軌道，並努力推動「羅斯福新政」國際化。其結果，為建立戰後

世界經濟一體化的新的國際經濟秩序準備了條件。同時也必須看到戰場形勢變化對美蘇雙方經濟政策的影響。歐洲戰事結束後，很多美國政府官員和國會議員主張放棄對蘇聯「無條件援助」的方針，壓縮或削減對蘇租借援助，而蘇聯考慮到戰後經濟重建，恰恰需要加大援助力度，這實際上構成了戰爭後期美蘇分歧和矛盾的經濟根源。羅斯福以對日作戰需要蘇聯為由，堅持以前的租借方針不變，一方面加深了美國內部左右政治派別的矛盾和分歧，一方面也鼓勵了蘇聯提出更大需求的「野心」，這無疑為羅斯福去世和戰爭結束後美國迅速調整對蘇經濟政策埋下了伏筆。

　　美國為戰後國際秩序設計了兩個系統，安全系統就是聯合國及安全理事會，經濟系統則是布雷頓森林體系，其最重要的目標之一就是希望蘇聯能夠融入國際社會和世界經濟。斯大林非常重視安全體系的建立，但是對於經濟體系卻沒有認真考慮。總體看來，蘇聯對戰後的經濟發展戰略缺乏深思熟慮的整體設計和系統規劃，基本上就是延續戰前的方針和做法。原因在於經濟理論上的兩個認知誤區：其一，社會主義的計劃經濟是世界上最完美、最有效和最穩定的經濟制度，沒有看到在戰後世界經濟一體化的背景下對其進行調整和改革的必要性；其二，資本主義的自由市場經濟是腐朽沒落的經濟體制，週期性的經濟危機是其不可避免的結局，沒有看到第一次世界大戰以來資本主義經濟制度正在悄悄發生變化（瓦爾加對此有所發現，但沒有引起決策層的關注）。1946 年初蘇聯第四個「五年計劃」的出台，充分表明了蘇聯經濟戰略的繼承性。惟其如此，當美蘇關係惡化時，蘇聯根本不在乎與美國進行經濟脫鈎，更沒有想到與世界經濟體系切割會給蘇聯經濟發展帶來長期的負面影響。

　　本書的時間終點在 1947 年夏秋，此時冷戰格局在歐洲已經形成。這裏涉及對冷戰發生如何定義的問題。從冷戰制度對抗的表現形式來講，冷戰的發生應該有兩個基本條件：第一是美蘇雙方（不是單方面）都放棄了戰時大國合作的原則，而選擇了對抗政策；第二是這種對抗不僅發

生在美蘇兩國之間，而且是在以他們各自為首的兩個政治集團之間。冷戰格局的形成意味着戰時大國合作結束，歐洲乃至世界開始分裂，進入兩極時代。1947 年 3 月美國提出杜魯門主義，6 月提出馬歇爾計劃，說明美國的冷戰政策已經形成。1947 年 7 月蘇聯斷然拒絕馬歇爾計劃，9 月成立歐洲共產黨情報局，並提出世界已經劃分為兩大陣營的口號，說明蘇聯已經採取了冷戰對抗的政策。在此過程中，雙方都逐步構建起自己的政治集團。而在此之前，儘管美蘇之間關係已經惡化，甚至發生了衝突，儘管美國已經制定了對蘇「遏制」戰略，但都不符合上述兩個條件，因此不能說冷戰格局已經形成。值得注意的是，1945 年 12 月蘇聯沒有按照約定宣佈加入布雷頓森林體系，美國開始產生對蘇聯拒絕國際合作的戰略疑慮；1947 年 7 月莫斯科及其衛星國拒絕加入馬歇爾計劃，表明蘇聯已經決心與美國和西方世界做徹底切割。美蘇合作關係的這兩次破裂都發生在經濟領域，應該不是偶然的。說到底，戰後世界的分裂首先在於未能建立起一體化的國際經濟組織，美蘇關係陷入了經濟漩渦，而不是安全困境。所以，冷戰發生的真正原因不是安全問題，而是經濟問題。這也是本書論述的邏輯終點。

正是由於冷戰發生的最根本、最主要的原因在於經濟體系——其實冷戰發生後美蘇的對抗也首先體現在經濟領域，本書重點討論的是冷戰中的經濟戰（Economic Warfare），或曰經濟冷戰（Economic Cold War, Cold Economic Warfare）。當然，主要側重在蘇聯方面——這也是冷戰史新研究的特徵之一。

本書擬沿着經濟觀念、經濟政策和經濟關係的線索，梳理美蘇關係從戰時合作到戰後分裂的變化過程。

第一章 **《「無條件援助」：租借與戰時美蘇經濟關係》**，以美國對蘇聯的租借援助政策為背景，考察美蘇戰時經濟關係。

如果說第二次世界大戰中美國是盟國取之不盡的「軍火庫」，那麼租

借援助就是美國消除了「美元符號」的一種特殊的國際金融政策，是盟國取得反法西斯戰爭最後勝利的有力保障。實際接受美國租借援助的有37個國家，但唯有蘇聯享受了「無條件」援助的待遇，這是因為蘇聯在抵抗法西斯德國進攻中佔有特殊重要的地位。大約120億美元的租借物資，不僅大大加強了蘇聯戰時的軍事實力，而且有力推動了蘇聯工業設備更新換代和科學技術水平的提升，為其戰後經濟重建創造了物質技術條件。這無疑是戰時美蘇友誼和合作關係建立的物質基礎。

更重要的是，通過租借這種外在形式，美蘇經濟關係發生了內在的重大變化。在這一過程中，不僅美蘇之間的經濟交往和聯繫大大加強，而且雙方的經濟機制開始相互滲透和融合。對蘇聯而言，租借就是一種特殊的對外貿易，莫斯科藉此走出了戰前與世界隔離的自給自足的經濟狀態，在作為西方列強患難與共的政治夥伴的同時，不管是否意識到，蘇聯的經濟已成為民主陣營經濟體的重要的甚至是主要的組成部分——蘇聯進口物資的需求成為美國安排生產的重要依據。在蘇聯大規模參與世界貿易的同時，華盛頓第一次如此廣泛地將全國相當一部分生產和貿易納入了「計劃」的軌道。按照美國學者的說法，到1943年底前，美國那種按利潤調節生產的非計劃經濟已經驚人地改變成一種戰時管理經濟，以適應租借計劃預定的種種目標；按軍事標準對物品生產能力和價值分配所進行的計算，取代了財政計算而作為經濟活動的主導。因此，租借不僅幫助盟國贏得了戰爭，而且促進了羅斯福「新政」的國際化，為蘇聯計劃經濟融入世界經濟體系創造了條件。總之，租借為布雷頓森林體系提供了制度性基礎，有助於戰後新的國際經濟秩序的建立。

不過，租借雖然是盟國與法西斯作戰的「勝利武器」，羅斯福期待以租借援助換取蘇聯的信任和回報，斯大林也希望將租借援助延續到戰後重建，但租借最終卻未能成為戰後大國繼續合作的「和平工具」。究其原因，第一，羅斯福的理想主義有其合理性和前瞻性，他所設想的戰後

國際關係願景未必就一定是「烏托邦」，但到戰爭後期羅斯福仍然堅持對蘇「無條件援助」的方針不變，這不僅引起美國執行官員的普遍不滿和不安，也確實助長和鼓勵了斯大林的「野心」——莫斯科感到只要堅持，就可以得到想要的一切，拒絕簽署解決剩餘租借物資的 3-c 協定就是一例。第二，羅斯福去世後美國政治右傾，試圖把租借援助作為「經濟槓桿」，迫使蘇聯在政治和外交方面做出讓步。蘇聯從意識形態出發，根本不會為了某種經濟利益而放棄政治主張和立場。充其量，「經濟槓桿」的反作用很可能把蘇聯逼回到自給自足的封閉經濟，從而背離羅斯福將蘇聯納入戰後國際經濟體系的最初願望。第三，蘇聯代表在後期租借談判中頑固而不妥協的態度和立場令美國極大不滿和失望，這種態度和立場源於莫斯科傳統意識形態的認知誤區。在蘇聯人看來，戰後美國必將陷入週期性的資本主義經濟危機，而美國要度過危機，解決失業和資本過剩的難題，必然依賴於蘇聯的市場。本來是蘇聯有求於美國的事情，偏偏要美國來央求蘇聯。這種心態，此前在布雷頓森林協定談判中出現過，此後在貸款談判中亦是如此。

　　第二章《**錯失良機：蘇聯與布雷頓森林體系的建立**》，考察布雷頓森林會議召開和蘇聯最後拒絕加入國際經濟組織的歷史過程。

　　美國設計並主導建立的布雷頓森林體系，旨在穩定國際貨幣、擴大世界貿易、實現戰後世界經濟的重建、繁榮和發展，其目標是建立保障戰後國際經濟秩序的三大支柱——平衡國際收支的國際貨幣基金組織（IMF）；為成員國提供投資貸款的國際復興開發銀行（IBRD），亦稱世界銀行（WB）；以及協調各國關稅以實現無條件最惠國待遇的國際貿易組織（ITO），後來長期表現為《關稅和貿易總協定》（GATT）。在美國人看來，蘇聯作為國家控制匯率、壟斷貿易制度的主要代表，加入布雷頓森林體系非常重要，這不僅有利於世界經濟和貿易發展，對蘇聯本身（特別是作為創始國）也大有益處。最重要的是，沒有蘇聯這樣非市場經

濟體制的大國參與，國際經濟組織就是不健全的，戰後世界經濟一體化
的國際經濟秩序就無法建立起來。為此，美國想方設法為蘇聯提供了作
為創始國的最優厚的條件，並在最重要的問題上——基金份額、盧布平
價、基金投票權、黃金存放地等，幾乎滿足了蘇聯的所有要求。這固然
與此時美蘇關係正處於合作的最佳狀態有關，但更主要的是，在羅斯福
和美國大批左翼人士看來，不同的經濟體制之間在戰爭中呈現出一種「趨
同」的現象：美國的經濟正在走向社會主義，而蘇聯正在走向「國家資
本主義」。摩根索和懷特在布雷頓森林對蘇聯做出重大讓步的原因就是他
們認為：資本主義和社會主義兩種經濟體系並非是互不相容。

　　然而，美國人的良好願望並未成為現實，在 1945 年 12 月批准成立
國際經濟組織的布雷頓森林協定最後期限到來時，莫斯科表示目前簽署
協定「沒有可能」，蘇聯政府還要再進行研究。後來基金組織董事會把
蘇聯作為創始國資格的期限又延長了一年，但蘇聯最終還是沒有加入布
雷頓森林體系。個中原因，當時的美國報紙有很多猜測，以後的研究者
也眾說紛紜。關於蘇聯的計劃經濟體制不適宜加入和蘇聯加入後會帶來
經濟不安全的說法都是站不住腳的，因為 1944 年 7 月蘇聯代表在會議協
定草案上簽字前，甚至在 1945 年 12 月政府各部門討論是否應該加入該
組織時，都已經全面考慮到這些因素，但並未感到有問題。綜合分析當
時蘇聯政府的各種內部文件和公開聲明，可以認為真正的原因有兩個。
最根本、最深層的原因在於蘇聯領導人和決策者沒有意識到戰後出現的
世界經濟一體化的歷史發展趨勢，認定所有這些國際經濟組織只是為資
本主義自由市場經濟而設置的，蘇聯的計劃經濟體制是最先進、最完善
的，沒有發生經濟危機的可能，而且將來必定會替代資本主義經濟體
制，所以加入美國設計的以美元為主導的經濟組織，完全沒有必要性。
蘇聯作為一個政治大國，只是為了擴大在國際經濟領域的影響，並在有
可能獲取經濟利益的條件下，才會考慮加入這樣的國際經濟組織。這就

引出了另一個原因——貸款問題。蘇聯官員明確並多次表示，只要美國提供長期貸款，蘇聯就宣佈加入布雷頓森林體系。蘇聯的確是把貸款問題作為驗證美國是否還有誠意繼續戰後合作的試金石，這個想法即使是真實的，也是非常不明智的——很顯然，只要加入基金組織和世界銀行，蘇聯作為創始國就可以最優惠的條件得到其夢寐以求的貸款。順便說一句，當莫斯科做出這一決定時，也犯了與美國同樣的錯誤——把經濟決策與美蘇之間的政治和外交分歧捆綁起來。恰恰是因為拒絕加入國際經濟組織，蘇聯自己切斷了獲得重建貸款的最重要的渠道。

　　第三章《拒絕貸款：經濟成為美國對蘇外交的「槓桿」》，考察美蘇之間漫長的貸款談判過程，評估貸款談判流產對美蘇關係的影響。

　　獲取國外貸款是蘇聯戰後經濟恢復和重建最主要的資金來源，而放眼世界，當時能夠向蘇聯提供大額長期貸款的只有美國。維持對美友好關係對蘇聯的重要性，由此可見一斑。蘇聯人的確非常渴望得到美國貸款，但是他們已經習慣於戰時租借的「無條件援助」，無法接受戰後一般銀行貸款的條件。1944 年 2 月蘇聯試探性地向美國提出長期貸款申請，要求的年利率竟只有 0.5%，且從第 16 年才開始分期償還，而當時普遍通行的年利率是 3% — 5%。不過，那時阻礙美國提供貸款的不是條件問題，而是法律問題。根據 1934 年的《約翰遜法案》，美國銀行被禁止向拖欠美國債務的國家提供貸款，而十月革命後蘇俄政府拒絕支付俄國臨時政府向美國的借債，並在實行國有化時沒收了一批美國資產，美方估計總額超過 6 億美元。1945 年 1 月莫洛托夫正式向美國提出貸款申請，額度 60 億美元，期限 30 年，年息 2.25%，從第 9 年末開始償還，同時要求對戰爭結束前的訂貨在價格上給予 20% 的折扣。對於這個被哈里曼稱為「驚人的荒誕無稽」的照會，以親蘇派摩根索為首的財政部認為可以接受，甚至還可以再給予優惠，但美國外交部門主張「完全置之不理」。羅斯福雖傾向於幫助蘇聯，但鑒於繞不過去的法律問題，也只能建議蘇

聯在《租借法案》的條款中尋求解決戰後重建資金的問題。於是，在雅爾塔會議上，美蘇雙方都沒有正式提出貸款問題。這時莫斯科也不是很着急，在蘇聯看來，戰後必然到來的經濟危機和失業問題將會迫使美國在貸款條件上做出讓步。

　　按照《租借法案》中 3-c 條款簽訂的租借貸款協定，涉及租借剩餘物資和戰後重建設備，仍然需要確定利率和價格問題，美蘇談判為此陷入了激烈爭執。蘇聯堅持不讓步，最後拒絕簽署 3-c 協定。其他簽署協定的國家都順利拿到了租借貸款，而蘇聯為解決剩餘租借物資問題，在戰爭結束後也不得不按照 3-c 條款與美國簽署了「管道協定」，但時過境遷，得到的貸款只有這批物資價值的一半—— 2 億美元。1945 年 8 月，戰爭即將結束，為了獲取經濟恢復和重建的資金，蘇聯不得不重啟與美國的貸款談判。此時美國人已經解決了國內的法律問題，蘇聯提出 10 億美元貸款申請的條件也基本上符合美國的要求，但美國的要價卻大大提高了：不是年利率問題，也不是還款期問題，而是一系列政治和外交問題，其中主要是東歐問題。蘇聯雖然答應盟國在自己的勢力範圍實行多黨選舉制，也確實在東歐國家推行了「聯合政府」政策，但為了保證蘇聯在這一地區的控制和影響，就必須讓各國共產黨（工人党）在「聯合政府」中處於主導地位。於是在議會選舉中，蘇聯駐軍當局與所在國共產黨在不同程度上採取了「技術手段」（直接修改或偽造選舉結果）和「非常措施」（製造政治案件打擊與共產黨競爭的政治人物和黨派），削弱甚至消滅各種「反對派」。美國政府和輿論本來就對蘇聯在波蘭政府組成問題上採取單邊行動不滿，現在更加無法容忍蘇聯在東歐國家的惡劣行徑，所以就試圖把貸款作為一種「經濟槓桿」，以迫使莫斯科就範。蘇聯人此時心急如焚，美國人卻漫不經心，所謂貸款談判斷斷續續拖延了整整一年，對於美國提出的那些「侮辱性」（斯大林語）的條件——從東歐撤出佔領軍、保證東歐地區的言論和遷徙自由、允許西方記者對東歐選舉進行採訪和報道

等，蘇聯根本無法接受。莫斯科由此產生了一種受害者心理。

　　儘管美蘇貸款談判在 1946 年 7 月已告流產，但直到 1947 年 4 月莫斯科外長會議期間，斯大林似乎並不死心，還對馬歇爾反覆提到蘇聯未能獲得美國貸款的問題。從戰爭結束到提出馬歇爾計劃前，以租借貸款和信用貸款兩種方式，美國對外貸款有幾十億美元。蘇聯是最早提出貸款要求的，數額最初設想是 100 億美元，後來提出 60 億，又降到 10 億，最後沒有得到一分錢信用貸款，只得到區區 2 億美元的租借貸款。相比之下，英國得到信用貸款 37.5 億美元、租借貸款 6.5 億美元，就連波蘭（2.25 億）和丹麥（2.72 億）得到的貸款都比蘇聯多。如果說美國在政治上對蘇聯的最大不滿是東歐問題，那麼在經濟上對蘇聯的最大傷害就是貸款問題。蘇聯在涉及勢力範圍的核心問題上當然是不可能讓步的，但莫斯科可曾想到，如果蘇聯加入了國際經濟組織，貸款問題就可能迎刃而解，至少也會把難題留給美國人。

　　第四章《冷戰前奏：美國對蘇聯的戰略認知陷入誤區》，討論 1946 年春發生的幾件大事：斯大林在莫斯科的選舉演說、凱南給國務院的「長電報」和丘吉爾在富爾頓的「鐵幕演說」，以及這些事件的後果和影響。

　　總體看來，到 1945 年和 1946 年之交，從政治到經濟，從歐洲到遠東，美蘇之間的分歧和矛盾已經在各方面顯露出來，彼此都有受到威脅的感覺，其猜忌和不滿正在加深。不過，在政策趨向強硬和生硬的同時，戰後大國合作的總方針尚未放棄，為此雙方在這個或那個問題上均有所妥協和讓步，因此才有 1945 年底莫斯科會議令人產生希望的結局。然而，1946 年春夏，美蘇關係驟然緊張起來，雙方在報紙上開展了激烈的宣傳戰，美國政府開始形成了對蘇立場強硬的「遏制」方針。由此，很多西方政界人物和後來的一些學者都認為冷戰已經打響。這完全是對蘇聯言論誤讀的結果。

　　斯大林 2 月 9 日的演講主要提出了兩個觀點：其一，戰爭的結果證

明蘇聯的制度是比任何其他社會制度「更優越、更穩固」、「更有生命力的社會組織形式」；其二，由於資本主義發展的不平衡和不穩定，經濟危機和戰爭是不可避免的，而蘇聯優先發展重工業的經濟方針是「足以應對各種意外事件的保障」。這個公開講話在華盛頓引起震動，美國官員普遍認為這是宣示蘇聯對外政策的「新方針」，也是「對全世界的一種警告」。有人甚至危言聳聽地指出，這是「冷戰的開始」，是「第三次世界大戰的宣言」。實際上，這個演說根本就不是說給美國人聽的。蘇維埃選舉前後，斯大林的演說和蘇聯其他領導人的類似講話，都是針對國內問題，是對蘇聯老百姓講的。戰爭使一向封閉的蘇聯社會突然開放了，人們終於親眼看到了真實的外部世界，蘇聯社會受到的衝擊和蘇聯民眾的思想變化是前所未有的。這種變化主要表現在親西方情緒，對民主、自由和公開性的訴求，對蘇聯原有政治、經濟體制的不滿和懷疑，以及提高生活質量和水平的普遍要求。斯大林的講話，無非是要在蘇聯國民中樹立起對社會主義制度的自信，對優先發展重工業的工業國有化和農業集體化方針的自信，告誡人們還要繼續勒緊褲腰帶，準備過苦日子——因為存在帝國主義和戰爭危險。蘇聯的國家安全實質上是保證實行極權專制的制度安全，斯大林的憂患首先在內部而不是外部。由於意識形態的對立和美蘇關係的惡化，美國人產生了一種錯覺。

2月22日凱南「長電報」對蘇聯外交政策根源和目標的分析進一步加深了這種誤讀。凱南的核心觀點是，「俄國傳統的、本能的不安全感」和主張暴力革命的共產主義理念必然導致蘇聯與外部世界特別是美國的衝突，其外交目標就是最大限度地發展軍事力量，實現勢力範圍的擴張。美國必須有勇氣面對這場危機和挑戰，對蘇聯採取強硬立場，令其知難而退。這封電報在華盛頓引起十分強烈和積極的反應，一時間竟在政府和國會各部門爭相傳閱，被譽為未來美國對蘇政策的「基本綱領」，也被後人稱為「美國決策者的聖經」。儘管沒有使用「遏制」一詞，但此

後「耐心和堅定」已成為美國「同蘇聯打交道的格言」，對蘇遏制政策由此應運而生。然而，凱南把蘇聯作為冷戰發動者的這個結論存在邏輯上的漏洞。其一，美蘇兩國的軍事和經濟實力差距懸殊，蘇聯沒有理由主動與美國分裂、向美國挑戰。其二，蘇聯戰後的不安全感主要來自內部而不是外部，事實上也沒有任何證據表明此時蘇聯已經制定出針對美國的戰略方針，無論是外交的還是軍事的。其三，到戰爭結束時，斯大林地緣政治訴求已經全部得到滿足（芬蘭、波羅的海三國、東歐、巴爾幹和遠東），而所有這一切的合法性依據就是雅爾塔體系，其保障機制就是聯合國——這兩者恰恰是戰後美蘇合作的基礎和平台。因此，蘇聯不存在破壞這一現狀的動機。其四，戰前蘇聯確曾高舉「世界革命」大旗衝擊資本主義世界，但自從 1924 年斯大林提出「一國社會主義」理論後，共產主義理想和世界革命已經成為蘇聯外交的工具，1943 年解散共產國際、1944年推行「聯合政府」政策，都是證明。這就是說，蘇聯在戰後具有融入國際社會的意願、動力和條件。因此，凱南斷言蘇聯與美國之間已經沒有共同目標，並且永遠沒有「和平共處」的機會，顯然是過於偏激了。

儘管白宮已經開始制定對蘇政策新方針，但美國政府對國會和公眾輿論是否接受這一轉變沒有把握，杜魯門邀請著名的反共政治家丘吉爾來美國演說，無非是借英國人的公開言論來試探美國社會的反應。3 月 5日這位英國前首相的「鐵幕演說」，是戰後西方政治家在世界公眾面前首次公開點名指責蘇聯，並號召英美乃至英語世界聯合起來對抗蘇聯。丘吉爾的演說充滿激情，語言精妙，的確震動了美國和世界，起到了煽風點火的作用。不過，鐵幕演說在得到美國保守派和右翼讚美的同時，也導致「一個強大的左翼陣線開始出現」。很多人不贊成英美聯合對付蘇聯，認為富爾頓是「一場災難」，以至杜魯門和英國政府都要與其保持一定距離，以免為此承擔政治責任。

蘇聯的反應總體說還是冷靜的、現實的。在對內輿論宣傳方面，

報刊和廣播一如既往地揭露和抨擊帝國主義和戰爭挑撥者的反蘇陰謀，措辭越來越尖銳，態度越來越強硬，甚至斯大林本人都幾次出面發表講話，根本目的依然是穩定國內。但是對外宣傳則十分謹慎，直到 1946 年 6 月蘇聯情報部批准的發往境外的稿件，很少談論蘇聯的政策，甚至隻字未提對丘吉爾講話的批評。面對美國的強硬態度，蘇聯還採取了一系列表示緩和、退讓的行動。如派觀察員出席在美國召開的國際貨幣基金組織和世界銀行的會議，宣佈從中國、伊朗和丹麥撤出佔領軍，在的里雅斯特問題上接受美國的國際共管方案等。

　　研究表明，是美國而不是蘇聯首先採取了對外政策的「新方針」，其根源就在於對蘇聯的戰略認知陷入了誤區。在蘇聯看來，無論怎樣處理東歐的問題，都是自己的內部問題，與西方無關，但在美國看來，這就是「單邊行動」，是與西方分裂的表現。同樣，蘇聯加強對國內的控制、堅持優先發展重工業的經濟路線，也被美國看做是對外擴張的前兆。這樣說，並不意味着承認蘇聯在國內和東歐的做法是正確的、合理的，但這些做法確實沒有傷害到美國利益，而美國對蘇聯的戰略意圖確實做出了錯誤解讀。就外交方針和經濟政策變化的因果關係而言，美國對蘇外交方針趨向強硬是全面改變經濟政策的前提，而蘇聯整體轉變對美外交方針則是在經濟政策上對美國徹底失望的結果，二者正好相反。至此，已經可以聽到冷戰的前奏，冷戰帷幕是否將被拉起，關鍵是看美蘇決策者能否準確判斷對方的戰略目標和政策底線，這恰恰是對抗與妥協轉換的臨界點。不幸的是，美國遏制蘇聯的步伐並沒有停止，而蘇聯的行為不僅沒有阻止反而像以前一樣刺激美國繼續前行。

　　第五章《走向衝突：石油租讓權與蘇聯在伊朗的目標》，討論 1944 — 1946 年伊朗危機的起因和過程，以及蘇聯在伊朗行為的目標和結果。

　　為建立向蘇聯運送租借物資的「波斯走廊」，1941 年 8 月蘇聯和英國軍隊攻佔伊朗。1944 年 9 月蘇聯向伊朗要求北部地區的石油租讓權，

態度強硬蠻橫，遭到伊朗的拒絕。蘇聯隨即在其佔領地區策劃「自治運動」，組建伊朗民主黨，運送武器裝備，組織武裝游擊隊，在南阿塞拜疆和其他北方諸省鼓動暴亂，以此逼迫伊朗在石油問題上做出讓步。蘇軍限制和阻攔伊朗憲兵、警察和軍隊維持治安，引起美國和英國的強烈不滿，特別是蘇聯違背 1942 年英伊蘇三國條約，不打算按規定時間實現撤軍，導致伊朗政府於 1946 年 1 月向聯合國提起對蘇聯的控訴案。面對美國的強硬立場和國際輿論壓力，蘇聯只得讓步，公開宣佈撤軍日期，並放棄石油租讓權要求。伊朗政府也做出讓步，按照蘇聯的條件簽署了蘇伊聯合石油公司協議。蘇聯在伊朗的目標似乎已經實現，但蘇軍撤離後不久，伊朗右翼反蘇勢力日漸強大，遂於 1946 年底派兵鎮壓了南阿塞拜疆的自治運動，伊朗議會也於 1947 年 10 月否決了蘇伊石油協議。

　　當時的英美決策者和外交官普遍認為，蘇聯挑起伊朗危機的目標是在近東謀取政治利益，甚至領土擴張，很多歷史研究者也有這種看法。本書的研究表明，蘇聯在伊朗的根本目標就是石油租讓權，就是謀取帶有戰略性的經濟利益。蘇聯在南阿塞拜疆鼓動自治和暴動並非要在那裏建立革命政權，而是想通過擴大蘇聯在北方地區的政治影響，向伊朗中央政府施加壓力，迫其簽署石油協議。蘇聯推遲從伊朗撤軍也是實現其經濟目標和開展上述行動的保障條件。從地緣政治角度考慮，伊朗處於高加索山脈以南，不構成對蘇聯安全的威脅，在這方面，伊朗對於蘇聯的重要性與波蘭走廊和其他東歐鄰國完全不同。蘇聯根本沒有必要把伊朗視為自己的勢力範圍，況且從德黑蘭會議到波茨坦會議，斯大林也從來沒有在任何公開場合提出這種訴求。從蘇聯的外交戰略看，伊朗與戰後初期的中國、朝鮮和德國類似，屬於蘇聯與西方勢力相隔的中間地帶或緩衝地帶。至於巴庫油田的安全，擔心破壞行為與消除軍事威脅完全是兩回事，斯大林所說「一盒火柴也會對蘇聯油田構成威脅」，不過是為推遲撤軍找藉口，不能當真。不過，這裏特別需要說明的是，伊朗危機

是莫斯科外交行為嚴重脫離其外交目標造成的結果，恰恰是蘇聯自己的過激行為導致西方對其真實目標的誤讀。

在很多研究者看來，蘇聯在伊朗的目標未能實現，其主要原因是美國的壓力和強硬立場。本書的結論認為，美國態度的轉變只是導致蘇聯失敗的因素之一，最根本的原因在於蘇聯為實現經濟目標而採取的完全錯誤的政治和外交措施。無論伊朗、英國還是美國，對於蘇聯想要在伊朗北方謀取的石油租讓權本身並不反對，英國甚至還希望蘇聯早些達到目的從而減輕自身的壓力。然而，蘇聯為實現這一目標所採取的行為方式是任何人都難以接受的。如果不是一開始就仗勢欺人、蠻不講理，在談判中只提要求不講條件，就不會激起伊朗強烈的民族主義意識，蘇聯完全有可能早就與伊朗簽訂了一年半以後才達成的石油協議。如果不是大動干戈鼓動伊朗北方的分離運動和武裝暴動，英美就不會認為蘇聯的真實意圖在於領土擴張和政治干預，而石油問題只是幌子，並因此支持伊朗抵制蘇聯，伊朗危機的核心也不會從經濟轉向政治，把蘇聯推上聯合國的被告席。所以，蘇聯的錯誤不在於其設立的目標，而在於所採取的外交行為完全背離了外交目標。還有一點也很重要，莫斯科缺乏談判技巧，不懂得掌握妥協的時機，當蘇聯最後不得不撤軍以示讓步時，一切都已經晚了。結果是，合理的要求毀於不合理的手段，蘇聯最大的敵人其實是他自己。

不少研究者認為，伊朗危機是冷戰的開始，是美蘇的第一次冷戰。本書的結論與此不同：伊朗危機是美蘇關係惡化的反映，也是引發美蘇冷戰的主要因素之一，但危機本身並不是冷戰的表現。美國對蘇遏制的政策的確是在伊朗危機期間形成的，不過，冷戰格局形成的標誌是美蘇雙方都採取了對抗政策，且已經組建起相互對立的兩大陣營，而這兩個條件在伊朗危機中都不存在：蘇聯採取退讓政策表明，那時斯大林還不想與美國對抗；蘇聯在其勢力範圍內早已形成政治集團，但西方的政治

集團那時還未提上議事日程，西歐事務的處理還掌握在英法手中。伊朗危機給後人的警示還有兩點值得注意：第一，蘇聯本不想與美國對抗，美國人也明白，從地緣政治的角度講，伊朗對於蘇聯的敏感度如同墨西哥對於美國，但蘇聯在伊朗的行為一次又一次授人以柄，為美國右翼勢力改變白宮的外交政策提供了口實和證據。美國的勢力進入伊朗當然會引起蘇聯的警惕和緊張反應，但莫斯科應該反思的是美國為什麼會進入伊朗？第二，美國外交的決策程序與蘇聯不同，一項重大政策的形成，政府下決心只是第一步，還需要國會的支持，特別是朝野兩黨形成一致立場。伊朗危機過後，白宮下一步就要影響輿論、說服國會兩黨議員。這就是說，如果想要阻止美國冷戰政策的最後形成，蘇聯還是有機會的，能不能把握，就看克里姆林宮的認知和決策能力了。很可惜，後來的歷史證明，這最後的機會錯過了——白宮抓住希土危機提出了杜魯門主義，並順利取得國會的一致支持；蘇聯在德國賠償問題的談判中沒有及時做出讓步，終於導致了馬歇爾計劃的出台。

　　第六章**《分道揚鑣：美蘇在德國賠償問題上的合作與衝突》**，通過梳理美蘇在德國賠償問題上從協商、合作走向分裂、對抗的歷史過程，討論戰後歐洲的核心問題：德國分裂的緣起。

　　除貸款外，獲取戰爭賠償是蘇聯戰後重建資金的另一個重要來源，斯大林對此非常重視，早在 1941 年 12 月就試探性地向英國提起戰後賠償問題。經過反覆研究和精心準備，蘇聯在雅爾塔會議提出了向德國索賠 200 億美元，其中 100 億美元應賠償給蘇聯的方案。這一方案因羅斯福支持而成為會議決議。蘇軍攻入德國後，以沒收「戰利品」的名義大規模拆遷工業設備，到 1945 年 7 月初已經和計劃運往蘇聯的設備和物資高達 400 萬噸，合 14.8 億美元。美國對蘇聯的這種單邊行動大為惱火，波茨坦會議否定了向蘇聯賠償固定數額（100 億美元）的方針。但是出於大國合作的考慮，美國提出了「視德國為單一經濟體」和「分區賠

償」的原則，並同意東佔區賠償全部給蘇聯（含波蘭），西佔區賠償總額的 25% 給與蘇聯。雖然分歧已經出現，但美蘇雙方還是在實現大國合作的願望中於 1946 年 3 月制定了統一的賠償計劃。然而，由於美蘇關係惡化，雙方在賠償的基本方針和目標上的矛盾加劇，美國要求在恢復德國經濟的基礎上進行賠償，蘇聯堅持支付賠償後再考慮經濟恢復，統一賠償計劃因此無法落實。1947 年 4 月莫斯科會議後美蘇終於在賠償問題上分道揚鑣，年底的倫敦會議為盟國共同索賠畫上了句號。

本書的研究表明，首先，蘇聯對德佔領政策的優先選項和核心內容是賠償問題。隨着德國的投降，蘇聯對德國的恐懼感已經漸漸淡漠，而工業發達的德國對於蘇聯的經濟意義大大超過安全意義，何況「經濟裁軍」本身也具有保障安全的含義。蘇聯對德國的佔領主要也不是出於意識形態的考慮，由於蘇聯的佔領政策和賠償政策，在德國分裂之前，其東佔區與其說像東歐各國一樣被看作「社會主義陣地」或蘇聯的勢力範圍，不如說是蘇聯的「經濟殖民地」。因為很難想像，對一個設定中的未來盟友會採取這種掠奪式的經濟政策。

其次，美蘇對德佔領政策分歧的起點也在於賠償問題。美蘇對德佔領政策的分歧表現在很多方面，如經濟管理方式、對外貿易控制、政府組織形式，乃至人口管制、佔領期限等等，但是從根本上講都源於雙方賠償政策的分歧和對立。當美國決策者意識到將德國作為一個單一經濟體納入它所設計的戰後國際經濟體系的重要性時，美國對德國佔領政策的目標就開始轉變了，而且與蘇聯在德國獲取經濟資源的目標產生了分歧。美國政府和社會輿論對蘇聯最大的不滿和反感，從政治上講反映在波蘭臨時政府組建和東歐國家選舉的問題上，而從經濟上講就反映在蘇聯的賠償政策上。蘇聯人在其佔領區肆無忌憚地瘋狂搶奪「戰利品」的行為，一直成為美國在佔領政策上指責蘇聯的依據。同樣，從蘇聯的立場來看，華盛頓在賠償問題上的態度也是考驗美國是否堅持對蘇友好政

策的試金石。不過，美國在東歐問題上對蘇聯的指責實際上是蒼白無力的，因為華盛頓在日本、英國在希臘也做着同樣的事情。但是在賠償問題上就大不相同了，美國把德國經濟復興置於優先地位，而蘇聯考慮的都是如何從德國「儘可能多」地獲取賠償，顯然是美國佔領了道德制高點。無論如何，美國在雅爾塔會議上支持蘇聯得到 100 億美元賠償的主張，而在波茨坦會議上卻改變了立場，這恐怕是蘇聯開始不信任美國的根源之一。

最後，德國分裂的根源同樣在於賠償問題。出於不同的目的，戰勝國後來都放棄了肢解德國的主張。從邏輯上講，波茨坦會議形成的對德政策相互矛盾的兩原則——經濟統一和分區佔領，為日後的德國分裂埋下了伏筆，而這一矛盾正是由於賠償問題造成的。從歷史過程看，美國提出的「兩區合併」是德國走向分裂的第一道裂痕，而這道裂痕的產生，也是由於美蘇在賠償問題上的分歧造成的。在對德佔領政策中，美國和蘇聯都高舉着德國統一的旗幟，但前者絕不會放棄（只能擴大）雙佔區，後者也絕不會讓東佔區加入西佔區，而在這兩者背後發揮作用的主要還是賠償問題。倫敦會議半年後爆發的柏林危機直接導致了兩德政府的建立，但其根源卻在於盟國共同索賠政策的終結。

第七章**《鐵幕落下：馬歇爾計劃與歐洲共產黨情報局》**，考察馬歇爾計劃產生的政治和經濟背景及其基本目標，蘇聯拒絕馬歇爾計劃的原因和結果，以及歐洲共產黨情報局建立的目的和宗旨。以上事件的發生表明，冷戰的鐵幕已經在歐洲落下。

1947 年 3 月杜魯門主義出台是馬歇爾計劃提出的政治前提。打出蠱惑人心的政治口號——「防止共產主義滲透」，美國政府成功地說服國會接受了向希臘和土耳其提供經濟援助的議案，從而將「遏制蘇聯」確立為對外政策的新方針。西歐經濟陷入危局和 1947 年 4 月莫斯科會議討論德國問題失敗，構成了馬歇爾計劃的經濟背景。美國決心在德國賠償問

題上與蘇聯分道揚鑣，其本質就是決定對羅斯福主張的戰後在經濟領域與蘇聯合作的方針做最後清算。馬歇爾計劃的目標有幾個方面：儘快實現歐洲復甦和經濟重建，以防止共產主義勢力和蘇聯影響向西方滲透；在歐洲經濟聯合的基礎上對其進行援助，促成將蘇聯排除在外的歐洲經濟一體化；對德國經濟進行重新整合，把恢復德國西部工業作為歐洲經濟重建的基礎和核心；提出讓蘇聯無法接受的條件，令其自絕於援助計劃並承擔分裂歐洲的責任；讓東歐國家自己做出選擇，接受有條件經濟援助或者甘願成為蘇聯的衛星國。歸納起來就是一句話，與蘇聯及其衛星國進行經濟上的徹底切割，但這個決定要莫斯科自己做出，歐洲分裂的責任要蘇聯來承擔。

蘇聯決策層雖然意識到馬歇爾計劃存在險惡用心，但受傳統意識形態的影響，錯誤地認為美國在發生經濟危機的情況下將不得不與蘇聯進行經濟合作，因而仍對獲取美國貸款抱有一絲希望。巴黎會談的結果讓蘇聯領導人感到根本無望得到任何經濟援助，於是主動做出了退出巴黎會談和拒絕加入馬歇爾計劃的斷然決定。不僅如此，經過短暫的猶豫，莫斯科又下令禁止所有東歐國家參與馬歇爾計劃。蘇聯終於掉入了美國人精心設置的陷阱。蘇聯做出這種選擇無疑是犯了戰略性的錯誤：其一，從政治角度看，蘇聯不僅背上了歐洲分裂和挑起冷戰的罪名，而且為美國掃清了歐洲經濟談判道路上的障礙，正像美國人認為的，歐洲援助計劃的順利形成，在某種程度上是蘇聯幫了忙。其二，從經濟角度看，蘇聯自己沒有得到援助，反而還要向別人提供援助。蘇聯嚴禁東歐國家參與馬歇爾計劃，但又必須解決他們的經濟困難，就不得不自己揹起這個沉重的包袱，而這恰恰是此前蘇聯極力避免的結果。其三，從長遠的發展來看，蘇聯與美國和西方世界進行徹底的經濟切割，就是回到戰前自給自足的封閉狀態，拒絕加入世界經濟一體化的歷史潮流，這對後來蘇聯幾十年的經濟發展產生了重大負面影響。這些錯誤的根源在於蘇聯對

其計劃經濟體制的盲目自信，在這個意義上可以認為，馬歇爾計劃導致的歐洲分裂，雖然是美國主動為之，但同時也是蘇聯的必然選擇。根本的問題在於，如果說在政治和軍事上，蘇聯及其集團還勉強可以與美國領導的西方世界對壘，那麼在經濟上社會主義陣營完全無法與資本主義陣營抗衡：所謂的「莫洛托夫計劃」從來就沒有存在過，經濟互助會不過是把蘇聯的計劃經濟體制強行移植到東歐各國，斯大林設想的「兩個平行的世界市場」就是「空中樓閣」，既沒有形成另一個「世界」，更沒有建立起「市場」。歸根結底，蘇聯最後在冷戰中敗北，根源還是自絕於世界經濟體系。經濟體制和經濟實力落後，是蘇聯在冷戰起源也是在整個冷戰對抗過程中的致命弱點。

　　斯大林提出重建共產黨的世界組織，最初是受到「聯合政府」政策破產的刺激，想到只是加強歐洲各國共產黨之間的聯繫和協調行動。馬歇爾計劃出現以及蘇聯的應對方略確定後，斯大林改變了主意，決定建立一個像共產國際一樣的以莫斯科為核心的世界革命陣營，其指揮中心就是歐洲共產黨、工人党情報局。共產黨情報局的建立和「兩個陣營」口號的提出，標誌着蘇聯已經決心與美國和西方實行冷戰對抗。不過，斯大林並沒有像共產國際時代那樣立即實施「世界革命」的方針。蘇聯的冷戰政策可以歸結為「內線進攻，外線防禦」。所謂「內線進攻」，就是穩住陣腳，對歐洲共產黨和東歐國家進行內部整肅，採取嚴厲措施保證各黨與莫斯科步調一致。所謂「外線防禦」，就是通過強硬政策對抗美國，但並非向資本主義世界發動進攻，而是迫使西方認可蘇聯及其勢力範圍的安全利益。這與美國的「遏制」政策確有異曲同工之處，這就決定了冷戰必定是一個漫長的比拚經濟實力的過程。所以，美蘇經濟分裂是冷戰形成的基礎，而這種經濟分裂的結果也決定了冷戰的結局。

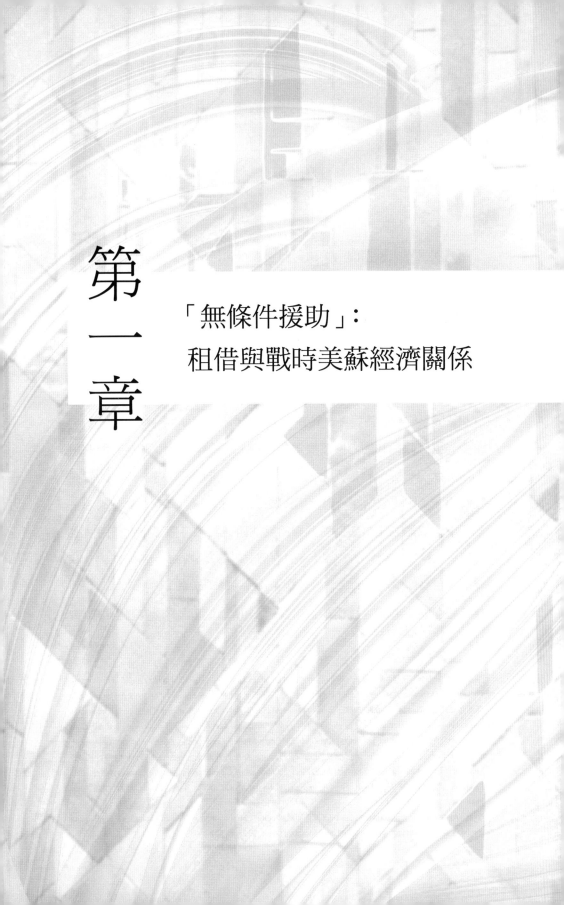

第一章

「無條件援助」：
租借與戰時美蘇經濟關係

　　第二次世界大戰期間，美國對盟國實行的租借（lend-lease）援助政策，無論在軍事史還是經濟史中，這都是一個很奇特的現象。「絕後」不敢說，但肯定是「空前」的。租借既不同於無償援助，也不同於有償租賃，而是介乎兩者之間的一種戰時經濟政策。這種政策體現了戰時盟國之間政治合作的精神，在很大程度上也成為戰時盟國經濟關係的表現形式。因此，這是一個很值得討論的歷史話題，尤其是對蘇聯這個在社會制度和意識形態方面都與美國異質的國家的租借援助問題。

　　受到國際政治和國際關係變遷的影響，幾十年來，關於美國對蘇租借的研究狀況和評價有很大變化。直到冷戰結束前，對這一問題的研究主要集中在美國，重點在於對美國政策的歷史描述和評價。[1]總體來看，美國學者大都認為租借援助對蘇聯的反法西斯戰爭發揮了重大作用，有人甚至認為是「決定性因素」。[2]不過評價有所不同，有人批評羅斯福為蘇聯提供「無條件援助」的「特殊地位」，是一種「姑息」方針，為蘇聯的戰後擴張和在東歐確立統治創造了條件；也有人認為美國對蘇租借政策

1　主要討論對蘇聯租借的論著有：Raymond H. Dawson, *The Decision to Aid Russia, 1941: Foreign Policy and Domestic Politics*, Chapel Hill: University of North Carolina Press, 1959; Robert Huhn Jones, *The Roads to Russia: United States Lend-Lease to the Soviet Union*, Norman: Oklahoma University Press, 1969; George Herring, *Aid to Russia, 1941-1946: Strategy, Diplomacy, and the Origins of the Cold War*, New York: Columbia University Press, 1973; Leon Martel, *Lend-Lease, Loans, and the Coming of the Cold War: A Study of the Implementation of Foreign Policy*, Boulder: Westview Press, 1979; Roger Munting, "Lend-Lease and the Soviet War Effort", *Journal of Contemporary History*, Vol. 19, №3 (July 1984), pp. 495-510; H. Van Tuyll, *Feeding the Bear: American Aid to the Soviet Union, 1941-1945*, New York: Greenwood Press, 1989。

2　參見 *Поздеева Л. В.* Ленд-лиз для СССР: дискуссия продолжается //Ржешевский *О. А.* Вторая мировая война: Актуальные проблемы, Москва: Наука, 1995, с. 327。

保證了戰時大國合作，而戰爭後期美國因東歐等政治因素調整經濟政策則激起了蘇聯的反抗。[1] 在此期間，美國和西方學術研究的主要障礙是缺乏蘇聯的檔案、資料和數據。因此，很難就租借政策對蘇聯發揮的實際作用、蘇聯對這一政策的反應以及美蘇經濟關係變化的過程進行深入討論。[2] 到冷戰結束前，美國在這方面的研究熱潮已經退去。[3]

　　對租借歷史的看法和研究在蘇聯經歷了翻天覆地的變化。戰爭結束後，特別是冷戰開啟時，美國戰時的租借援助被蘇聯官方和學界貶得一錢不值：不僅數量極少（不到蘇聯工業生產總值的 4%），而且質量也差 —— 遠不及蘇聯自己生產的武器。在蘇聯人看來，租借非但不是如美國國務卿 E. R. 斯退丁紐斯後來的書名所說 ——「勝利的武器」，反而是美帝國主義榨取財富的「多頭武器」和階級敵人的「陰謀手段」。[4] N. S. 赫魯曉夫解凍時期，雖然蘇聯一些軍界人物（如 G. K. 朱可夫元帥）和學者承認美國租借援助為取得戰爭勝利發揮了重要作用，但專門研究租借問題的學術論著基本沒有。此後直到解體前，蘇聯二戰史研究著作中對美國的租借援助大體上是輕描淡寫，一帶而過。一般的看法是，盟國提供的物資「非常有限」，紅軍是靠「國產武器打敗了法西斯德國」。[5] 冷戰結束後，在俄羅斯掀起了一個研究戰時租借歷史的高潮，有大量論文和

1　詳見 Herring, *Aid to Russia*, pp. xv-xviii、278-279。

2　Albert L. Weeks, *Russia`s Life-Saver: Lend-Lease Aid to the U. S. S. R. in World War II*, Lanham: Lexington Books, 2004, p. ix; Alexander Hill, "British Lend-Lease Aid and the Soviet War Effort, June 1941-June 1942", *The Journal of Military History*, №71 (July 2007), pp. 775-777.

3　冷戰結束後美國對戰時援助蘇聯問題的研究著作不多見，比較重要的是前引 Albert L. Weeks 的專著。

4　Jones, *The Roads to Russia*, p. vii-viii; Herring, *Aid to Russia*, p. xv; Munting, "Lend-Lease and the Soviet War Effort", pp. 495-496.

5　Antony C. Sutton, *Western Technology and Soviet Economic Development, 1945-1965*, Stanford: Hoover Institution Press, 1973, p. 13; Поздеева Л. В. Ленд-лиз для СССР, с. 325; Tuyll, *Feeding the Bear*, pp. 34-41; Соколов Б. В. Тайны второй мировой, Москва: Вече, 2001, с. 198-199; Hill, "British Lend-Lease Aid and the Soviet War Effort", pp. 774-775.

專著在利用俄羅斯檔案文獻的基礎上問世。[1] 2000 年在莫斯科全文翻譯和出版了曾任美國租借工作負責人斯退丁紐斯 1944 年的《勝利的武器》一書[2]，美國學者 R. H. 瓊斯 1969 年的專著《通向俄國之路：美國對蘇聯的租借》於 2015 年在俄羅斯出版俄譯本[3]，這就足以說明俄羅斯社會和歷史學界對租借援助問題的興趣和重視。俄羅斯學者努力通過新的史料，披露租借的歷史真相。多數學者承認租借援助在蘇聯發揮了重要作用，而爭論的焦點在於租借援助對於盟國取得戰爭勝利是否具有「決定性意義」。[4]

中國學者對二戰時期租借歷史的研究晚於美國、早於俄國，但只聚焦於美國對英國尤其是對中國的租借援助，而對蘇租借問題一直無人問津，直到近年才出現了幾篇文章，且都屬一般性介紹。[5]

1　主要的論文有：*Орлов А. С., Кожанов В. П.* Ленд-лиз: взгляд через полвека//Новая и новейшая история, 1994, №3, с. 176-194; *Супрун М. Н.* Продовольственные поставки в СССР по ленд-лизу в годы Второй мировой войны//Отечественная история, 1996, №3, с. 46-54; *Паперно А. Х. О* ленд-лизе и тихоокеанской транспортной эпопее//Отечесвенная история, 1997, №2, с. 107-127; *Соколов В. В.* Ленд-лиз в годы второй мировой войны//Новая и новейшая история, 2010, №6, с. 3-17; *Комарков А. Ю.* Военно-морской ленд-лиз для СССР в годы Великой Отечественной войны//Российская история, 2015, №4, с. 123-136。主要的專著有：*Супрун М. Н.* Ленд-лиз и северные конвои, 1941-1945, Москва: Андреевский Флаг, 1996; *Паперно А. Х.* Ленд-лиз: Тихий океан, Москва: ТЕРРА-Книжный клуб, 1998; *Бутенина Н.* Ленд-лиз: Сделка века, Москва: ГУ ВШЭ, 2004; *Быстрова И. В.* Ленд-лиз для СССР: экономика, техника, люди (1941-1945), Москва: Кучково поле, 2019。

2　Загадки ленд-лиза: Стеттиниус Э. Ленд-лиза-оружие победа, Москва: Вече, 2000; E. R. Stettinius Jr., *Lend-Lease: Weapon for Victory*, New York: Macmillan, Co., 1944.

3　Jones, *The Roads to Russia*; Джонс Р. Х. Ленд-лиз. Дороги в Россию. Военные поставки США для СССР во Второй мировой войне, Москва: Центрполиграф, 2015.

4　*Мамяченков В. Н.* Ленд-лиз в цифрах: поводы к размышлению//*Постников С. П. (сост.)* Духовность и нравственность на Урале в прошлом и настоящем: тезисы докладов и сообщений, Екатеринбург: ИИиА УрО РАН, 2004, с. 302; Weeks, *Russia's Life-Saver*, pp. x、7-8; Hill, "British Lend-Lease Aid and the Soviet War Effort", p. 776.

5　就筆者所見，有一篇文章涉及對蘇糧食援助（徐振偉、田劍：《二戰期間蘇聯的糧食供應及盟國對蘇的糧食援助》，《安徽史學》2014 年第 3 期，第 60-66 頁），還有一篇短文討論對蘇租借的北太平洋運輸航線問題（劉佳楠：《二戰期間美國對蘇實施租借法案之北太平洋航線研究》，《西伯利亞研究》2015 年第 4 期，第 70-73 頁），2020 年有一篇比較簡要介紹對蘇租借援助的文章（李牧晨：《二戰期間西方盟國對蘇聯的租借援助》，《軍事歷史》2020 年第 3 期，第 98-107 頁）。

　　本文加入對這一問題的討論，首先是充分利用美蘇雙方的檔案文獻，重新梳理美國對蘇租借援助的歷史過程，並確認這一政策在二戰中的歷史地位，但更重要的是，要說明美國實施租借政策的目的及複雜背景，蘇聯應對和利用租借政策的各種考慮，以租借形式表現的美蘇戰時經濟貿易關係及其走向，美國後期租借援助狀況及蘇聯的反應為戰後美蘇經濟關係奠定了怎樣的基礎。

戰前美蘇經濟關係與租借政策的緣起

　　第二次世界大戰前的美蘇經濟關係複雜而多變，再加上美國內部政見不同、商界與政界的不同訴求和國際形勢的瞬息變化，美蘇政治（外交）關係與經濟（貿易）關係往往不是同步發展的。

　　布爾什維克奪取俄國政權後，美俄兩國便處於敵對狀態。T. W. 威爾遜政府不僅拒絕承認蘇俄，而且支持和援助白俄政權，並與日本共同出兵蘇聯遠東地區，還對蘇俄政權實行貿易禁運。1921 年 V. I. 列寧提出「新經濟政策」，特別是在工業方面實行「租讓制」後，美俄經濟關係開始解凍，雙方貿易額迅速增長，美國私人企業積極在蘇俄投資。到 30 年代初，美國對蘇聯的出口貿易額超過 1 億美元，比第一次世界大戰前增長了 2 倍。[1] 同時，大批西方工業設備和工程師湧入蘇聯。許多大型企業，如烏拉爾聯合電機廠、哈爾科夫電機廠和馬格尼托哥爾斯克鋼鐵廠，都是美國同類企業的翻版。就輸入的工業設備數量而言，美國在德國之後

1　參見 Philip J. Funigiello, *American-Soviet Trade in the Cold War*, Chapel Hill: The University of North Carolina Press, 1988, p. 2。按照蘇聯的統計，來自美國的進口額 1930 年達到最高點 —— 2,073 億盧布。見中國社會科學院世界經濟與政治研究所綜合統計研究室編：《蘇聯和主要資本主義國家經濟歷史統計集（1800 — 1982 年）》，北京：人民出版社，1989 年，第 131 頁。

居第二位。在重工業部門工作的 6800 名外國專家中，美國人約有 1700
名。美國專家和工程師在蘇聯的計劃經濟中無處不在，以至於他們辦起
了自己的僑報《莫斯科新聞》（*Moscow News*）。應該承認西方經濟學家
的判斷：西方設計和援建的大型工業企業在蘇聯第一個五年計劃期間發
揮了重要作用。[1]

　　在這樣的背景下，加之美國經歷了經濟大蕭條，新當選的美國總統
F. D. 羅斯福力排眾議，於 1933 年 11 月決定承認蘇聯。[2] 然而，隨着美蘇
債務問題談判破裂，加上蘇聯拋棄「新經濟政策」後國內環境的改變，
美蘇經濟關係明顯下滑。[3] 美國對蘇聯的出口額急劇下降，其佔美國出口
總額的比例，從 1931 年的最高點 4.24% 跌落到 1933 年的 0.53%，截至
1937 年都未達到 2%。[4] 儘管如此，在 1937 年 8 月簽署的貿易協定中，美
國仍然給予了蘇聯最惠國待遇。[5]

　　1939 年 8 月，蘇聯與英法建立集體安全體系的談判失敗，隨即便與
法西斯德國簽署了互不侵犯條約（更重要的是條約附加的祕密議定書）。[6]

1　Antony C. Sutton, *Western Technology and Soviet Economic Development, 1930-1945*, Stanford: Hoover
　Institution Press, 1971, pp. 343-345、11; Sean McMeekin, *Stalin's War: A New History of World War II*,
　New York: Hachette Book Group, Inc., 2021, ch. 2, par. 14.

2　有學者認為，美蘇建交「基本上就是羅斯福個人外交的結果」。劉緒貽、李存訓：《美國通
　史第五卷：富蘭克林‧羅斯福時代（1929 — 1945）》，北京：人民出版社，2002 年，第 450 頁。

3　關於美蘇債務談判及其對雙邊關係影響的俄國檔案文獻，見 АВПРФ, ф. 13-а, оп. 2, п. 6, д. 62,
　л. 45-56//*Севостьянов Г. Н. (под. ред.)* Советско-американские отношения, 1939-1945, Москва: МФД,
　2004, с. 86-93。

4　John Lewis Gaddis, *The Long Peace: Inquiries into the History of the Cold War*, New York: Oxford
　University Press, 1987, p. 14. 據蘇聯的統計數據，蘇聯從美國的進口額 1933 年達到最低點（1300
　萬盧布），1937 年才回升到 4180 萬盧布。見中國社會科學院世界經濟與政治研究所綜合統計
　研究室編：《蘇聯和主要資本主義國家經濟歷史統計集》，第 132 頁。

5　關於美蘇之間貿易協定簽署和變化的詳細情況，見 АВПРФ, ф. 13-а, оп. 2, п. 6, д. 62, л. 57-61//
　Севостьянов Г. Н. (под. ред.) Советско-американские отношения, 1939-1945, с. 99-101。

6　《蘇德互不侵犯條約》文本見世界知識出版社編：《國際條約集（1934 — 1944）》，北京：世
　界知識出版社，1961 年，第 226-228 頁；《祕密議定書》文本見 АВП СССР, ф. 06, оп. 1, п. 8,
　д. 77, л. 1-2//*МИД СССР (сост.)* Год кризиса, 1938-1939, Том 2, 2 июня 1939 г.-4 сентября 1939 г.,
　Документы и материалы, Москва: Издательство политической литературы, 1990, с. 321。

隨着德國大舉進攻波蘭，第二次世界大戰在歐洲拉開帷幕。[1] 歐洲局勢越來越明朗化，而美蘇關係則更趨複雜化。二戰爆發後，雖然美國和蘇聯表面上都持中立政策，但實際上美國明顯站在英法一邊，早在戰前的 1939 年 6 月 30 日，羅斯福就談到「新的侵略行為已迫在眉睫」，美國「不會容忍對英國和法國的奴役」。[2] 而蘇聯則公開支持德國，1939 年 11 月 30 日，J. V. 斯大林在回答《真理報》編輯的問題時說：「不是德國進攻了英國和法國，而是法國和英國進攻了德國，他們應對這次戰爭負責」，因為英國和法國「拒絕了德國的和平建議以及蘇聯為早日結束戰爭所做的嘗試」。[3]

蘇聯佔領波蘭東部和羅馬尼亞的比薩拉比亞（即摩爾多瓦）後，沒收了在這些地區的美國財產，引發美國國務院的抗議和賠償要求。[4] 特別是 1939 年底蘇聯發動對芬蘭的戰爭後，美國社會的反蘇情緒日益高漲，美蘇關係急劇惡化。[5] 隨着美國對蘇聯實施的（戰略物資）「道德禁運」政策，美蘇貿易被設置重重障礙，大量的蘇聯訂單遭到拒絕，一些已簽訂的合同不再履行，很多在蘇聯工作的美國專家回國。[6] 1940 年 1 月，對美貿易股份公司（Amtorg）報告，「美國政府對蘇聯的態度已經變成了無節制的

1　國際學界關於蘇德祕密條約與二戰爆發之間關係的爭議直到今天仍然十分激烈。本文不擬參與這一討論，但在這裏無法迴避的問題是，在筆者看來，蘇聯與法西斯德國的合作儘管主要是出於自身安全的策略考慮，試圖「禍水西引」（這與英法的「禍水東引」的企圖並無二致），以爭取時間進行戰爭準備，但其採用犧牲和侵佔他國領土的手法實屬卑劣，並在客觀上促進和鼓勵了希特勒的冒險。更重要的是，蘇聯在蘇德戰爭爆發前的種種言行，給美國及西方的政治家和外交家留下深刻印象，從而為盟國戰時乃至戰後的合作籠罩了不祥的陰影。

2　*МИД РФ (ред.)* Документы внешней политики, Т. 22, кн. 1 (1939), Москва: Международные отношения, 1992, с. 524.

3　Правда, 30 ноября 1939, 3-й стр.

4　Peter Josef Acsay, "Planning for Postwar Economic Cooperation: U. S. Treasury, The Soviet Union, and Bretton Woods, 1933-1946", Ph. D. Dissertation, St. Louis University, 2000, p. 147.

5　美國甚至一度考慮過同蘇聯斷絕關係。見 Robert Dallek, *Franklin D. Roosevelt and American Foreign Policy 1932-1945*, New York: Oxford University Press, 1995, p. 209.

6　АВПРФ, ф. 06, оп. 1, п. 15, д. 158, л. 221-235; ф. 06, оп. 2, п. 6, д. 39, л. 220//*Севостьянов Г. Н. (под. ред.)* Советско-американские отношения, 1939-1945, с. 24-40、47-49.

反蘇運動」。[1]羅斯福也不得不公開宣稱：「蘇聯是由一個絕對獨裁政權統治的，與世界上任何一個獨裁政權並無二致。」[2]1940 年 2 月，當英法聯軍與德軍激戰時，蘇聯與希特勒簽訂了經濟合作協定，承諾在這一年向德國提供價值 3.5 億馬克的商品，包括棉花、穀物、石油產品、木材、礦石、鑄鐵以及銅、鎳和其他金屬。[3]另據美國的情報，在希特勒入侵前的18 個月裏，蘇聯向德國運送了大量糧食和食品：穀物 160.4 萬噸，油籽365 噸，大豆 28 539 噸，植物油 9350 噸，鯨油 78 114 噸，魚油 24 761噸，油脂 4981 噸。[4]

　　德國經濟辦公室的結論是：「只有通過與俄羅斯進行密切的經濟合作，才能使我們在更大的經濟領域不受封鎖」。[5]斯大林也認為，增加與德國的貿易可以加強蘇聯的防禦能力。[6]而在美國的保守派看來，蘇聯向德國提供了其急需的石油，無疑是在幫助它繼續與英法作戰。[7]1940 年夏天，就在法國投降而納粹德國實施「海獅計劃」空襲英國的同時，蘇聯先後佔領了波羅的海三國、兼併了羅馬尼亞的比薩拉比亞和布科維納。為此，美國凍結了波羅的海國家在美國的資產，並拒絕將這些國家的黃

1　*Рыжков Н. И.* Великая Отечественная: ленд-лиз, Москва: Экономическая газета, 2012, с. 57. 對美貿易股份公司是 1924 年 5 月由蘇聯收購兩家美國公司而成立的，專門從事蘇聯在美國的進出口業務，名為私人股份公司，實則是蘇聯對外貿易人民委員部的派出機構。

2　Robert E. Sherwood, *Roosevelt and Hopkins: An Intimate History*, New York: Harper and Brothers, 1950, p. 138.

3　*Куманев Г. А. и др* Великая Отечественная война 1941-1945 годов, Т. 7: Экономика и оружие войны, Москва: Кучково поле, 2013, с. 50.

4　William Moskoff, *The Bread of Affliction: the Food Supply in the USSR During World War II*, Cambridge: Cambridge University Press, 2002, p. 13.

5　McMeekin, *Stalin's War*, ch. 5, par. 13.

6　Mary E. Glantz, *FDR and the Soviet Union: The President's Battles over Foreign Policy*, Lawrence: The University Press of Kansas, 2005, pp. 41-42.

7　Jones, *The Roads to Russia*, pp. 25-26. 甚至在蘇德關係已趨緊張後，1941 年 1 月雙方又簽訂了新的供貨協定，蘇聯繼續向德國供應石油。*Яковлев А. Н. (пред.)*, 1941 год, Кн. 2, Москва: МФД 1998, с. 527-535、548-549。有資料顯示，從二戰開啟至蘇德戰爭爆發，蘇聯向德國運送了 100 萬噸石油產品。見 McMeekin, *Stalin's War*, ch. 19, par. 3。

金移交給蘇聯國家銀行，理由是美國在波蘭東部、比薩拉比亞和波羅的海諸國被沒收的財產尚未得到補償。蘇聯大使 K. A. 烏曼斯基對此提出強烈抗議。[1] 從 1940 年整體情況來看，儘管美蘇貿易額不降反升，特別是蘇聯從美國的進口額（8690 萬美元）比 1939 年（5660 萬美元）增長了 53%，但由於美國對戰略物資的禁運，蘇聯急需的工業設備和原料大大減少，有些被完全禁止。如航空設備進口額從 290.49 萬美元直落至 27.07 萬美元，而鋁和鉬等產品的進口則完全被取消了。[2]

然而，就在此時，蘇德關係開始緊張。1940 年 9 月德意日三國簽訂同盟條約，希特勒希望蘇聯也加入軸心國集團，並向波斯灣和印度洋方向擴張，以策應德國對大英帝國的進攻。但蘇聯卻表示出對進一步佔領巴爾幹和控制土耳其海峽的強烈訴求，並以此作為與德意日共同瓜分世界的條件。到 11 月底，蘇德祕密談判徹底破裂。就在 V. M. 莫洛托夫離開柏林後不到一個月，忍無可忍的希特勒批准了進攻蘇聯的「巴巴羅薩計劃」。[3] 羅斯福一直對蘇聯「情有獨鍾」，他所推行的「新政」固然不能如其政敵所言可以稱之為社會主義綱領，但至少吸納了國家干預經濟的社會主義元素。[4] 羅斯福曾對烏曼斯基說：「如果存在兩個國家 —— 它們能夠用哲學般的冷靜態度來處理那些瑣碎的外交陰謀，那麼這兩個國家便是蘇聯和美國。」[5] 他希望蘇聯與德國合作只是權宜之計，並不止一次地

1　АВПРФ, ф. 06, оп. 2, п. 6, д. 41, л. 119-121; ф. 06, оп. 2, п. 23, д. 291, л. 10-11//Севостьянов Г. Н. (под ред.) Советско-американские отношения, 1939-1945, с. 77-79、79-80.

2　АВПРФ, ф. 06, оп. 3, п. 21, д. 279, л. 1-19//Севостьянов Г. Н. (под ред.) Советско-американские отношения, 1939-1945, с. 113-123.

3　詳見 Geoffrey Roberts, *Molotov: Stalin's Cold Warrior*, Washington, D. C.: Potomac Books, Inc., 2012, pp. 42-45; Наринский М. М. и др Великая Отечественная война 1941-1945 годов, Т. 8: Внешняя политика и дипломатия Советского Союза в годы войны, Москва: Кучково поле, 2014, с. 78-85、88-89; William Taubman, *Stalin's American Policy: From Entente to Détente to Cold War*, New York, London: W. W. Norton & Company，1982，pp. 28-29。

4　學術界關於羅斯福新政的討論和評價，參見劉緒貽：《讀羅斯福「新政」史札記之一 —— 對「新政」的評價》，《世界歷史》1993 年第 1 期，第 119-123 頁。

5　*МИД РФ (ред.)* Документы внешней политики, Т. 22, кн. 1, с. 430.

向莫斯科傳遞希特勒準備進攻蘇聯的情報[1]，試圖以此儘早切斷蘇德合作。
這個機會的確到來了，儘管受到保守派議員的抵制，羅斯福還是在 1941
年 1 月 21 日藉口蘇芬簽訂停戰協定而解除了對蘇聯的「道德禁運」。[2]

不過，事情很快又發生了變化。1941 年 4 月 13 日，為了防止受到
兩面夾擊，保障東部地區的安全，蘇聯與日本簽訂了「中立條約」。[3]羅斯
福政府試圖淡化此事，認為這只是將日蘇兩國最近的關係用一紙文件固
定下來。但美國保守派和公眾輿論卻表現出強烈反感，《紐約時報》評論
說，蘇日條約是不可思議的轉折，對所有希望蘇聯加入反軸心國的人帶
來了打擊，還有人指責「這是為日本在亞洲開放綠燈」。[4]於是，美國開始
了對蘇聯新一輪的經濟封鎖。據蘇聯外交人民委員部美洲司的報告，美
國政府機構禁止出口所有承諾交付蘇聯的貨物，其中已製成品的價值超
過 500 萬美元；幾乎所有正在生產的蘇聯訂單都被凍結，金額約為 5000
萬美元；對於通過美國港口轉運的貨物，也實行了許可證制度，因而大
批物資被扣留；單方面終止與蘇聯公司的技術援助協議。[5]6 月 14 日，也
就是在蘇德戰爭開始前一週，美國政府決定凍結德、意、日和蘇聯在美
國的資產。在蘇聯駐美使館看來，到蘇德戰爭爆發前，美蘇貿易「已告

1　*МИД РФ (ред.)* Документы внешней политики. Т. 23, кн. 2 (2 марта 1941 г.-22 июня 1941 г.),
Москва：Международные отношения, 1998, с. 574. 關於美國向蘇聯透露情報的詳情，見 Jones,
The Roads to Russia, pp. 29-30. 丘吉爾也曾致信斯大林暗示這一問題。Winston Churchill, *The
Second World War, Vol. III, The Grand Alliance*, New Yor: Rosetta Books, LLC, 1948, pp. 444-445。不
過，斯大林對此一直拒之門外。據塔斯社 1941 年 6 月 14 日說法，英國和外國媒體對有關德
國即將襲擊蘇聯的傳言負有責任，關於德國打算違反（互不侵略）條約和攻擊蘇聯的謠言沒
有任何理由。Правда, 14 июня 1941, 2-й стр.

2　АВПРФ, ф. 06, оп. 25-а, п. 236, д. 8, л. 17-35//*Севостьянов Г. Н. (под. ред.)* Советско-американские
отношения, 1939-1945, с. 206-216; Jones, *The Roads to Russia*, pp. 27-28.

3　世界知識出版社編：《國際條約集（1934 — 1944）》，第 303-304 頁。俄文本見 *Яковлев А. Н.
(пред.)*, 1941 год, Кн. 2, с. 74-76。

4　Правда, 19 апреля 1941, 5-й стр; Jones, *The Roads to Russia*, P. 30.

5　АВПРФ, ф. 0129, оп. 25, п. 140, д. 15, л. 19-20//*Севостьянов Г. Н. (под. ред.)* Советско-американские
отношения, 1939-1945, с. 125-127.

終結」。[1] 兩國外交關係也處於緊張狀態，6 月 10 日蘇聯使館的兩名軍官被美國戰爭部長宣佈為「不受歡迎的人」。[2]

總之，在納粹德國進攻蘇聯前，美蘇之間充滿了互不信任和猜疑，雙方經濟關係也因此而起伏不斷，變換不定，這就為以後美國對蘇援助的政策留置了障礙，埋下了隱患。

租借援助是二戰期間美國處理與盟國之間關係的核心政策之一，也是美國總統羅斯福全力主張和推行的政策。然而，這一政策的產生和實施卻遠非一帆風順。

長期以來，美國奉行「孤立主義」政策，認為國家安全的最佳方針是與世界隔離，儘可能不參與任何軍事衝突或軍事同盟。[3] 這一外交傳統在美國根深蒂固，一向主張「國際主義」的羅斯福也身不由己，不得不在 1935 年 8 月簽署「中立法案」。1937 年 5 月美國甚至通過了永久性中立法（第三個中立法案），總統的處置權受到極大限制。[4] 然而，隨着歐洲局勢日益緊張和惡化，美國政府越來越感到有必要修改乃至廢除中立法。英法對德宣戰後，急需得到美國的援助。1939 年 9 月 21 日羅斯福在特別國會要求修改中立法，廢除禁運條款，因為這些條款對於美國的中立、安全尤其是和平「具有致命的、極大的危險」。[5] 經過一番努力，到 11 月初美國參眾兩院都通過了對中立法的再次修改案，即第四個中立法案。[6] 儘管要求受援國必須「現購自運」（Cash and Carry），即「現金交易」和「自

---

1 АВПРФ, ф. 06, оп. 25-а, п. 236, д. 8, л. 17-35//Севостьянов Г. Н. (под. ред.) Советско-американские отношения, 1939-1945, с. 206-216.

2 Севостьянов Г. Н. (под. ред.) Советско-американские отношения, 1939-1945, с. 129.

3 關於美國孤立主義的論述，可參見 Ronald E. Powaski, *Toward an Entangling Alliance: American Isolationism, Internationalism, and Europe, 1901-1950*, New York: Greenwood, 1991。

4 Dallek, *Franklin D. Roosevelt*, pp. 103-104、140.

5 Samuel I. Rosenman, *The Public Papers and Addresses of Franklin D. Roosevelt, 1939 Volume, War-and Neutrality*, New York: The Macmillan Company, 1941, pp. 512-524.

6 Dallek, *Franklin D. Roosevelt*, pp. 202-205; Stettinius, *Lend-Lease: Weapon for Victory*, pp. 19-20.

行運輸」，但是廢除禁運畢竟為租借援助政策掃除了第一道法律障礙。

　　1940 年 4 — 5 月德國入侵丹麥、挪威、荷蘭、比利時和盧森堡，歐洲的局勢更加嚴峻，法國和英國頻頻向美國求援。5 月 15 日，新任英國戰時內閣首相丘吉爾致函羅斯福，希望美國臨時提供 40 — 50 艘舊式驅逐艦以及數百架新式飛機，並說明英國目前沒有支付這些裝備的美元。[1]丘吉爾的這封信很可能引發了美國人關於租借方式的想法。[2]英法聯軍的潰敗刺激了美國人的危機感，國防費用大幅增長，國會同意加撥 17 億美元。[3]6 月 10 日羅斯福提出，應將美國的資源用於「任何緊急情況和每一項防禦」。[4]隨後，美國開始向英國出售武器。當月，通過美國鋼鐵公司，美國政府向英國出售了 50 萬支步槍、8 萬挺機槍、316 門迫擊炮、900 門75 毫米大炮及其他武器裝備，還批准提供 93 架輕型強擊機和 50 架俯衝轟炸機。[5]此外，6 月 26 日英國國王親自向羅斯福呼籲，再次提出對美國舊式驅逐艦的「日益需要」。7 月 31 日，丘吉爾又致電羅斯福說到此事，認為這是「當務之急」。[6]然而，此時英國的財政已經捉襟見肘：戰前 40億美元的黃金和外匯儲備到 1940 年 9 月只剩下 10 億美元。[7]所以，對英國的援助需要避開「現金交易」的原則而另尋途徑。在 8 月 2 日的內閣會議上，羅斯福受到內政部長 H. 伊克斯的啟發 —— 吝嗇的美國房主看着「隔壁的房子已經着火卻不願意把滅火器借給或賣給別人」，批准向英

1　*Бутенина Н.* Ленд-лиз: Сделка века, c. 250-251.

2　*Бутенина Н.* Ленд-лиз в истории межгосударственных отношений//Лизин Ревю, 2000, №1-2, http: //unlease. ru/service/project_members/editions/leasing-review/104. php; *Рыжков Н. И.* Великая Отечественная, c. 44.

3　Dallek, *Franklin D. Roosevelt*, pp. 223-224.

4　Jones, *The Roads to Russia*, pp. 5-6; Herring, *Aid to Russia*, p. 3.

5　Richard M. Leighton and Robert W. Coakley, *Global Logistics, 1940-1943*, Washington, DC: Office of the Chief of Military History, Department of the Army, 1955, pp. 33-34; Stettinius, *Lend-Lease: Weapon for Victory*, pp. 25、29; Dallek, *Franklin D. Roosevelt*, p. 228.

6　Dallek, *Franklin D. Roosevelt*, pp. 243-244.

7　Stettinius, *Lend-Lease: Weapon for Victory*, p. 61; Michael Hudson, *Super Imperialism: The Origin and Fundamentals of U. S. World Dominance*, London and Sterling: Plito Press, 2003, p. 10.

國出借而不是出售這批軍艦。[1]9 月 2 日，美英簽署協定，英國以向美國租借英屬外大西洋紐芬蘭、百慕大等地領土 99 年的代價，換取美國移交 50 艘驅逐艦。[2]租借援助政策由此已見雛形。

直到 1940 年 11 月大選結束以後，羅斯福才正式提出了租借的主張。在美國大選期間，英國進一步提出了 1941 年的更大訂貨單。[3]國外軍火訂單的增長速度十分驚人，僅 1940 年 6 月已達 8 億美元，而到年底又增加了 12 億美元。[4]12 月 8 日，丘吉爾寫給羅斯福一封在他自己看來是「最重要的信件」，請求美國立即提供現金援助和大量軍事物資，並明確表示，英國已經處於無力支付現金的財政窘境。[5]美國人也看到，自開戰 16 個月以來，英國支付的戰爭物資高達 45 億美元，「剩下的美元資產已經不足以支付他們在這裏訂購的物資了」。[6]因此，羅斯福雖然沒有直接回覆丘吉爾，卻採取了實際措施。H. 摩根索是援助英國政策的堅定支持者，他所領導的財政部依據 1892 年的一項舊法令設計了租借方法，這個法令規定，戰爭部長有權出租「不需要用於公共用途」的軍隊財產，租期不超過 5 年。[7]

經過充分的準備和思考，12 月 17 日羅斯福在白宮新聞發佈會上闡述了他的租借設想，即著名的「花園水管」演講。羅斯福認為，「美國最好的直接防禦是英國自衛的成功」，因此，即使「從自私的觀點和美國防禦的角度來看」，美國也應該「盡一切可能幫助大英帝國自衛」。為此，羅斯福勸告人們放棄「愚蠢而陳舊的美元符號」，並舉例說，當鄰居的房

---

1 Stettinius, *Lend-Lease: Weapon for Victory*, p. 62; Jones, *The Roads to Russia*, pp. 10-11.

2 世界知識出版社編：《國際條約集（1934 — 1944）》，第 275-277 頁。

3 Dallek, *Franklin D. Roosevelt*, pp. 251-252.

4 Stettinius, *Lend-Lease: Weapon for Victory*, p. 45.

5 Warren F. Kimball（ed.）, *Churchill and Roosevelt: The Complete Correspondence, Vol. I, Alliance Emerging, October 1933-November 1942*, London: Collins, 1984, pp. 87-88、101.

6 Stettinius, *Lend-Lease: Weapon for Victory*, pp. 60-61.

7 Stettinius, *Lend-Lease: Weapon for Victory*, p. 63.

屋着火時把自家的花園水管借給他，沒有人認為這會有多大危險，可能也很少有人認為他們會把水管再拿回來。12 月 29 日，羅斯福發表廣播講話，又提出了美國將成為「民主的兵工廠」的著名口號，「只要美國延長這些物資貸款，民主國家就會贏得勝利」。[1]1941 年 1 月 2 日，《租借法案》的起草工作在財政部緊張地開始了。[2]為了動員輿論支持，在法案起草過程中，1 月 6 日，羅斯福發表了國情諮文，進一步闡述租借的概念和意義。[3]1 月 10 日，《租借法案》被提交給國會參眾兩院，其編號和名稱都頗具愛國主義色彩：「H. R. 1776」的特殊意義在於 1776 年美國發表了獨立宣言，而《進一步加強美國防務及其他目標的法案》則把對外援助置於美國國家利益之中。[4]在隨後的兩個月裏，國會對《租借法案》進行了激烈的辯論。反對意見主要強調的是德國並沒有入侵美國的意圖，而援助英國則會引火燒身。更廣泛的批評集中於該法案賦予總統以獨裁的權力，甚至贊同對外援助的人也持這種看法。租借問題引起了全民關注，激烈而尖銳的辯論從國會山蔓延到電台、教堂、商店、俱樂部、街頭和家庭。如果說國務卿、財政部長和專家的證詞說服了很多議員，那麼羅斯福熱情而通俗的講演則感染了廣大民眾 —— 超過三分之二接受採訪的美國人表示支持《租借法案》。最後，眾議院以 260 票對 165 票、參議院

1　Stettinius, *Lend-Lease: Weapon for Victory*, pp. 1、65-67; Sherwood, *Roosevelt and Hopkins*, pp. 225-226; Weeks, *Russia's Life-Saver*, p. 11.

2　Martel, *Lend-Lease, Loans*, pp. 3-4.

3　Stettinius, *Lend-Lease: Weapon for Victory*, pp. 67-68.

4　Stettinius, *Lend-Lease: Weapon for Victory*, pp. 73; Warren F. Kimball, *The Most Unsordid Act: Lend-Lease1939-1941*, Baltimore: John Hopkins University Press, 1969, pp. 151-52; Benn Steil, *The Battle of Bretton Woods: John Maynard Keynes, Harry Dexter White, and the Making of a New World Order*, Princeton and Oxford: Princeton University Press, 2013, p. 105. 最初文本和修改文本見 S. Shepard Jones and Denys P. Myers (eds.), *Documents on American Foreign Relations, Vol. III, July 1940-June 1941*, Boston: World Peace Foundation, 1941, pp. 715-723。

以 60 票對 31 票通過了這個法案。[1]3 月 11 日下午，羅斯福總統簽署了批准文件。[2] 順便說一句，美國對英國初期的援助條件的確顯得有些苛刻，《租借法案》也強調了美國自身的利益，並帶有補償條款，特別是後來融入了對戰後國際貿易規則的考慮，但筆者同意 H. 羅奇科夫的說法，當時這樣做的「主要目的是為了化解來自國會中雖已削弱但仍強大的反戰力量的潛在批評」。[3]

《租借法案》的出現標誌着第二次世界大戰進入了一個新時期。根據《租借法案》的規定，總統可以隨時授權向那些防務對美國至關重要的國家出售、轉讓、交換、借予、租給任何國防物資；各種武器和軍事裝備以及在戰爭期間損毀或丟失的其他物資，受援國不必支付費用；戰後美國政府保留收回殘存的軍用物資的權利，而適合民用的物資應全部或部分由美國提供信用貸款支付；戰爭結束時未生產和未發運的租借物資仍可由訂購國購買，並由美國提供信用貸款。此時英國的財政已經走到盡頭，可動用的儲備只剩下 1200 萬美元。[4]《租借法案》的通過可以說恰逢其時，羅斯福在簽字 3 個小時後便宣佈英國對美國的防務至關重要，並於第二天向國會要求撥款 70 億美元。[5]

---

1 William Hardy McNeill, *America, Britain & Russia: Their Co-operation and Conflict, 1941-1946*, London, New York, Toronto: Oxford University Press, 1953, pp. 775-776. 國會辯論的詳細過程見 Kimball, *The Most Unsordid Act*, p. 202-220; 美國社會爭論的情況見 Stettinius, *Lend-Lease: Weapon for Victory*, pp. 73-76。

2 《租借法案》的英文本見 Jones and Myers (eds.), *Documents on American Foreign Relations, Vol. III*, pp. 712-715. 俄文本見 РГАСПИ, ф. 84, оп. 1, д. 28, л. 178-182; Бутенина Н. Ленд-лиз: Сделка века, с. 236-239。

3 Hugh Rockoff, "The United States: from Ploughshares to Swords", Mark Harrison (ed.), *The Economics of World War II: Six Great Powers in International Comparison*, Cambridge: Cambridge University Press, 1998, pp. 94-95.

4 Hudson, *Super Imperialism*, p. 123. 1940 年春天英國開始向美國工廠大規模訂貨，到《租借法案》通過前，為支付美國援助的武器，英國使用了國際收支賬戶 2.35 億美元的餘額，出售了 3.35 億美國證券，並向美國轉移了超過 20 億美元的黃金。Hugh Rockoff, "The United States: from Ploughshares to Swords", p. 94.

5 Dallek, *Franklin D. Roosevelt*, pp. 260-261; Stettinius, *Lend-Lease: Weapon for Victory*, pp. 84-85.

「現金交易」已被突破，接下來要掃除的障礙就是「自行運輸」問題。孤立主義者並沒有承認自己的失敗，他們警告美國人，美國政府試圖護送橫跨大西洋物資的舉動必定會招致德國的報復，美國「不會在外國土地上打另一場戰爭」。在這種形勢下，羅斯福也不便操之過急，只能拒絕其屬下提出的為租借物資護航的建議。[1] 但租借工作依然在加緊進行。3 月 27 日，就在國會批准了 70 億美元租借撥款的當天，羅斯福任命具有豐富經驗的 H. 霍普金斯為總統租借顧問，協調一切有關工作。[2] 4 月 11 日，羅斯福批准將海軍的中立巡邏範圍擴大到西經 26 度，以便及時向盟國進行海上報警。[3] 4 月 16 日，羅斯福批准以租借方式向英國緊急調撥一批糧食和食品，從而解除了因德國潛艇圍困給英國造成的戰爭中最嚴重的糧食危機。[4] 5 月 2 日，美國在應急管理辦公室下設立了以 J. H. 伯恩斯少將為主任的國防援助報告處，專門負責租借事務。[5] 5 月 27 日，羅斯福發表廣播講話，宣佈美國進入「無限期緊急狀態」，並警告說：「目前納粹擊沉商船的速度是英國船廠更換商船能力的 3 倍以上，是當今英美商船產量總和的 2 倍以上。」[6] 7 月 1 日，羅斯福宣佈冰島的防禦對美國安全「至關重要」。7 月 7 日，總統命令美國武裝力量進駐冰島，要求美國海軍「採取一切措施」，保證美國與冰島及其他所有戰略前哨基地之間的海域通航安全。[7] 隨着納粹德國在海上的攻擊頻頻得手，盟國對美國保證航運安全的要求也越加緊迫。11 月 17 日，即珍珠港事件發生前三週，國會廢除了《中立法案》中禁止美國海軍進入作戰區域的條款，美國終於邁出了為租借

1　Herring, *Aid to Russia*, pp. 4-5.

2　Jones, *The Roads to Russia*, pp. 16、18-19.

3　Weeks, *Russia's Life-Saver*, p. 3.

4　Stettinius, *Lend-Lease: Weapon for Victory*, pp. 96-97.

5　Stettinius, *Lend-Lease: Weapon for Victory*, pp. 95-96.

6　Stettinius, *Lend-Lease: Weapon for Victory*, p. 134.

7　Stettinius, *Lend-Lease: Weapon for Victory*, p. 140.

物資護航的最後一步。[1]

　　如果說《租借法案》的產生主要反映了美國內部孤立主義者與國際主義者之間的鬥爭，那麼這一法案的實施則體現出援助國與受援國之間的較量，其中最突出的就是美英租借協定的簽訂。事實上，英國和法國的訂單在很大程度上也推動了美國的軍工生產，從而為以後獲取租借物資奠定了經濟基礎。在《租借法案》通過之前，英國人對美國軍事工業投入的資本已經超過 2 億美元。而英法兩國僅在 1940 年下達的發動機訂單就讓他們投資 8400 萬美元在美國建立起新的發動機製造廠。正如戰爭部長 H. L. 史汀生所說，「如果沒有這些外國訂單給工業界帶來的先發優勢，我們目前在工廠和設施方面將處於非常嚴重的境地」。[2] 儘管如此，為了回應國內《租借法案》的批評者和反對者，更為了打破大英帝國的「特惠制」和貿易保護主義，推行美國的多邊自由貿易原則，以建立戰後國際經濟秩序，美國起草的美英租借協定在第七條提出，「其最終的條款和前提應當不妨礙美英兩國間的商業，而應該推動兩國間互利的經濟關係和世界範圍內經濟關係的改善」，應包括反對任何「進口歧視」，並「規定實現上述目標的明確措施」。[3] 英國對此反應強烈，雙方從 1941 年 7 月開始了漫長而艱苦的談判。8 月 14 日羅斯福與丘吉爾簽署的《大西洋憲章》（第四、五條）寬泛地規定了戰後國際貿易自由和平等的原則。[4] 戰爭壓力和經濟困境迫使丘吉爾做出讓步，1942 年 2 月 23 日簽署的美英租借協定在原則上明確提出，戰後兩國政府要努力取消各種貿易壁壘，包括歧視性待遇。[5] 正如美國學者 M. 哈德森在他那部著名的《超級帝國主義》

1　Stettinius, *Lend-Lease: Weapon for Victory*, p. 142.

2　Stettinius, *Lend-Lease: Weapon for Victory*, pp. 22-23.

3　Kimball (ed.), *Churchill and Roosevelt*, p. 15.

4　文本見世界知識出版社編：《國際條約集（1934-1944）》，第 337-338 頁。

5　文本見世界知識出版社編：《國際條約集（1934-1944）》，第 347-350 頁；Leland M. Goodrich, S. Shepard, and Denys P. Myers (eds.), *Documents on American Foreign Relations, Vol. IV, July 1941-June 1942*, Boston: World Peace Foundation, 1942, pp. 235-237。

一書中所說，「通過要求法律和政治性質的經濟讓步」，美國「以一種更加開明的方式」征服了它的盟友。[1]

　　相比之下，美國對蘇聯的租借援助雖然也頗費周折，但條件卻比英國顯得優厚了許多。租借援助對英國來說，障礙在於其自身不情願，而對蘇聯來說，則在於美國的政治考量。

對蘇聯租借援助政策的確立和實施

　　在戰爭中希特勒最大的戰略性錯誤就是在英國屈服之前開始進攻蘇聯，結果把一個龐然大物從友方（至少表面上如此）推到了敵方陣營，並最終使蘇聯成為繼英國之後美國提供援助最多的國家。或許是巧合，就在 1941 年 3 月 11 日羅斯福簽署《租借法案》的當天，國家安全人民委員 V. N. 梅爾庫洛夫在呈送聯共（布）中央和人民委員會的祕密報告中指出，據來自柏林可靠的外交情報稱，「德國正在策劃對蘇聯的進攻，很有可能就在今年夏天」。[2] 不過，當時美國政府很多人對蘇聯並沒有好感，美國國務院歐洲事務委員會在德國入侵蘇聯前一天編寫的備忘錄中聲稱，即使蘇聯與德國交戰成為事實，也「不意味着它捍衛、爭取和遵守我們支持的國際關係原則」。因此，美國不應主動與蘇聯對話，更「不必提前做出提供援助的任何承諾，也不應對未來與蘇聯有關的政策承擔任何義務」。如果蘇聯政府直接請求幫助，美國可在不影響援助英國和自

1　Hudson, *Super Imperialism*, p. 132. 美英之間在租借問題上的爭辯和博弈，詳見 Hudson, *SuperImperialism*, pp. 121-123; 談譯：《盟友和對手的雙重博弈：「美英互助協定」第七條談判》，《河南師範大學學報》，第 37 卷第 3 期（2010 年 5 月），第 140-144 頁；楊永鋒：《試析「租借法案」在英美經濟霸權轉移中的作用》，《中南大學學報》第 20 卷第 3 期（2014 年 6 月），第 266-272 頁。相關文獻見 Kimball(ed.), *Churchill and Roosevelt*, pp. 345-360。

2　ЦАФСБ, ф. 3ос, оп. 8, д. 55, л. 288-291//Яковлев А. Н. (пред.), 1941год, Кн. 2, с. 740-741.

身需要的前提下，放寬對蘇聯的出口限制，甚至可以提供美國有能力提供的軍事物資。至於對蘇聯提供的經濟援助，應該在互惠互利的基礎上給予。[1]然而，蘇德戰爭爆發後，美國對蘇聯的方針很快就發生了根本性變化，並逐漸形成了「無條件援助」的政策。

自蘇德戰爭爆發伊始，美國便決定援助蘇聯，並同意向蘇聯提供武器裝備和其他物資，初期是以現金支付或貿易的方式，1941 年 10 月轉入租借方式，並逐年延續，共簽訂了 4 個租借協定，依據的是 1941 年 3 月11 日美國的《租借法案》和 1942 年 6 月 11 日雙方簽署的對蘇租借總協定，直到第二次世界大戰結束。此後，又通過「管道」（Pipeline）協議解決了租借剩餘物資移交蘇聯的問題。其中最主要的是租借方式，執行時間最長，援助物資也最多。羅斯福、斯大林和丘吉爾都非常重視租借問題，據俄國學者考察，在二戰期間三巨頭之間的往來書信中，幾乎有一半都涉及租借援助問題。[2]

下面按照歷史進程討論每個時期美國援助蘇聯政策的變化、美蘇談判的過程以及對蘇聯援助的結果。

戰爭初期的援助：1941 年 6 月 22 日至 1941 年 9 月 30 日

法西斯德國向蘇聯發動的突然襲擊，立即把這樣一個問題擺在西方盟國面前：是否需要支持和援助蘇聯，而在美國，租借問題爭論的焦點則變成了蘇聯是否也應該被列入租借援助的範圍之內。

最先做出反應的是一向敵視蘇聯的英國。德國進攻的當天（6 月 22日）上午英國外交大臣 R. A. 艾登就召見了蘇聯駐英大使 I. M. 邁斯基，明確表示：英國政府願意「盡其所能」幫助蘇聯，只要求蘇聯說明需

---

1 United States Department of State, *Foreign Relations of the United States*(*FRUS*), 1941, Vol. 1, General, The Soviet Union, Washington, D. C.: GPO, 1958, pp. 766-767.

2 *Ржешевский О. А.* У истоков《холодной войны》// Вестник мгимо-университета, №3, 2008, с. 39.

要什麼幫助。[1]當晚丘吉爾發表廣播演說，坦誠地表示，雖然過去他「始終一貫地反對共產主義」，但是現在唯一的敵人只有納粹德國，並宣佈英國將向蘇聯提供「能夠給予的一切援助」。[2]蘇聯最初的回應十分冷淡，莫洛托夫在當天給邁斯基的電報中只是簡單地說，蘇聯政府並不反對英國的援助，不過蘇聯「不願無償地接受英國的援助」，它也會「反過來援助英國」。[3]對於丘吉爾的演說，蘇聯只在《真理報》刊登了部分內容，而沒有做出任何外交對等的回應。丘吉爾理解，斯大林的冷淡是出於對十月革命後英蘇緊張關係的「回憶」和開戰以來蘇德密切關係的「羞愧」。他在 7 月 7 日又直接給斯大林發去一封熱情洋溢的私人信件：「我們對俄國軍隊和人民的勇敢和堅強都一致表示敬佩。我們要在時間、地域和我們日益增長的資源所允許的範圍內盡力幫助你們。」[4]丘吉爾的立場很容易理解，現在最需要盟友的就是正在孤身奮戰的英國。實際上，在美國參戰之前對蘇聯的援助主要就是英國或通過英國進行的，而這種立場也對美國轉變對蘇聯的態度起到了積極作用。

　　美國的情況就複雜多了。6 月 23 日，代理國務卿 S. 韋爾斯向新聞界發表了一個冷靜而隱晦的聲明，只是在等量齊觀地指責了納粹專政和共產主義專政後，韋爾斯才謹慎地提出：當前希特勒的軍隊是對美洲國家的主要威脅，任何抗擊希特勒的力量 —— 無論來自何方，均將加速法西斯德國的最終垮台，因而也有助於美國的國防和安全利益。[5]然而，第二天羅斯福在白宮記者會上表示的立場就明確地與英國協調起來：「毫無疑問，我們準備向俄國提供我們所能夠做的一切援助」。儘管在回答記者提

1　*МИД СССР*, Советско-английские отношения, Т. 1, 1941-1943, Москва: Политиздат, 1983, с. 45-46.

2　Winston, *The Second World War, Vol. III*, pp. 460-463.

3　*МИД СССР*, Советско-английские отношения, Т. 1, с. 47.

4　Winston, *The Second World War, Vol. III*, pp. 469-470.

5　*FRUS*, 1941, Vol. 1, pp. 767-68; *The New York Times*, 24 June, 1941, p. 1.

出的一些具體問題上有些含糊其辭，但羅斯福說出這句話畢竟是邁出了
援助蘇聯的試探性的一步。[1] 蘇聯的反應同樣謹慎。6 月 26 日，莫洛托夫
指示烏曼斯基蒐集美國官方關於蘇聯和蘇德戰爭的明確態度，他特別強
調不要主動提出任何請求美國援助的問題。[2] 當天烏曼斯基求見韋爾斯時正
是這樣表態的。[3] 6 月 29 日，莫洛托夫接見了美國大使 L. 斯坦哈特，開始
態度也顯得有些矜持：蘇聯對美國的態度表示理解和讚賞，但他對預期
可以援助的程度表示懷疑。不過在斯坦哈特再次申明了美國政府的立場
後，莫洛托夫緊接着便提出了蘇聯需要援助的一系列具體要求，包括戰
鬥機、轟炸機、反坦克炮等軍事裝備和工業設備，並建議可以通過波斯
灣和伊朗運送物資。[4] 7 月 3 日，斯大林終於對丘吉爾和羅斯福做出回應，
他在廣播演說中表示了對丘吉爾演說和美國聲明的「衷心感謝」，並把包
括英國和美國在內的「歐洲和美洲各國人民」稱作為「獨立、民主、自由」
而鬥爭的「可靠同盟者」。[5] 顯然，莫斯科不是不想要援助，只是希望美國
和西方更主動、更大方一些。

其實，羅斯福和美國政府在援助蘇聯方面承受着來自國內政治和輿
論的巨大壓力。

蘇聯被動地捲入反法西斯陣營後，多數美國人認為應該支持蘇聯，
但是否可以像援助英國一樣援助蘇聯就另當別論了。6 月 24 日的蓋洛
普民意測驗顯示，在被調查者中贊成援助蘇聯的佔 35%，而反對者佔

---

1 *The New York Times*, 25 June, 1941, p. 7.

2 *МИД СССР* Советско-американские отношения во время великой отечественной войны, 1941-1945, Документы и материалы, Т. 1, 1941-1943, Москва: Политиздат, 1984, c. 45.

3 *FRUS*, 1941, Vol. 1, pp. 769-772.

4 *FRUS*, 1941, Vol. 1, pp. 774-775.

5 中共中央馬恩列斯著作編譯局：《斯大林文集（1934 — 1952 年）》，北京：人民出版社，1985 年，第 293 頁。

54%。[1] 反對的原因首先在於意識形態，出於對共產主義的傳統恐懼和懷疑，特別是蘇聯對波蘭、芬蘭和波羅的海三國的侵佔還歷歷在目，美國人很難相信蘇聯，尤其是那些孤立主義者。前總統 H. 胡佛宣稱，把共產主義俄國捲入衝突看成是極權主義和民主之間鬥爭的說法是「開玩笑」，援助蘇聯就是幫助斯大林加強對蘇聯的「共產主義控制」。另一位著名的孤立主義者 R. E. 伍德將軍斷言，「很難要求美國人民在斯大林的紅旗後面拿起武器」，他甚至質疑是否應該繼續援助英國，因為無法保證丘吉爾不會把這些援助轉給蘇聯人。[2] 首任駐蘇大使 W. C. 布利特在蘇聯的經歷和見聞讓他對這個國家大失所望，他警告說蘇聯有帝國主義傾向，並勸告羅斯福，美國提供援助的前提是蘇聯公開承諾不再擴張，並放棄入侵波蘭後佔領的一切領土。[3]

　　問題的另一個癥結在於對蘇聯抵抗能力的懷疑。蘇軍在進攻芬蘭作戰中的表現已經令世人瞠目結舌[4]，希特勒的閃電戰更讓蘇聯紅軍遭受了前所未有的巨大損失。[5] 到 8 月份，德軍已深入蘇聯 500 英里，距離莫斯科 200 英里，距離列格勒只有 100 英里。[6] 最堅決反對向蘇聯運送物資的是美國軍方，由於軍事情報機構預測德國將在三個月內取得勝利，戰爭部長史汀生向羅斯福警告說，對蘇聯的援助就是浪費，甚至會落入德國人手中。因此軍方一致認為，可取的對策應該是大力推動美國在大西洋戰區的行動，而

1　Hadley Cantril, *Public Opinion, 1935-1946*, Princeton: Princeton University Press, 1951, p. 1102; Dawson, *The Decision to Aid Russia*, pp. 96-101.

2　*The New York Times*, June 30, 1941, p. 1; Dawson, *The Decision to Aid Russia*, pp. 82-83.

3　Herring, *Aid to Russia*, p. 29.

4　關於蘇芬戰爭詳見 *Барышникова В. Н.* (*Под ред.*) От войны к миру: СССР и Финляндия 1939-1944 гг.: Сб. статей, СПб.: Изд-во С. -Петерб. ун-та, 2006, с. 69-121。

5　戰爭開始不到一個月，蘇聯就損失了 6000 架飛機、10000 輛坦克和 6000 萬輛汽車。兩個月內，蘇軍被俘人員已達 100 多萬，還有 70 萬人的傷亡。Weeks, *Russia's Life-Saver*, p. 109; *Супрун М. Н.* Ленд-лиз и северные конвои, с. 13-14。

6　Weeks, *Russia's Life-Saver*, p. 109.

不是將戰略物資援助給蘇聯。[1] 因此，杜魯門在蘇聯遭受入侵後第二天發表
的那句名言不是偶然的：「如果我們看到德國獲勝，就必須幫助俄羅斯。如
果俄羅斯獲勝，我們必須幫助德國，以使他們儘可能地互相殘殺。」[2]

面對如此情況，像羅斯福這樣的國際主義者也很難建議直接向蘇聯
提供援助，他們感到要說服輿論並非易事。[3] 其實，意識形態的問題比較容
易解決，即使最反蘇的人也明白兩害相權取其輕的道理，而丘吉爾和羅
斯福正是以此為據消除人們的疑慮的。[4] 問題的關鍵在於蘇聯到底能堅持多
久。[5] 於是，一方面，羅斯福在 7 月 10 日接見蘇聯大使時強調，只要蘇聯
能堅持到至少 10 月 1 日，冬天的氣候就會遏制住納粹的攻勢，從而贏得
寶貴的時間。這不僅有助於完成援助物資的運送，而且有助於克服美國
國內對援助蘇聯的反對意見。[6] 另一方面，羅斯福決定派出他的私人顧問和
密友霍普金斯訪問倫敦和莫斯科，考察蘇聯的狀況，並與英國協調援助
蘇聯的問題。[7]

霍普金斯的訪問非常成功。在 7 月 30 和 31 日兩天的會談中，霍普
金斯轉達了羅斯福的看法，再次承諾美國將毫無保留地向蘇聯提供一切

1　Sherwood, *Roosevelt and Hopkins*, pp. 303-304.

2　*The New York Times*, June 24, 1941, p. 1. 不過，有一些學者以此作為西方拖延開闢第二戰場的理
　由（*Белоусов Р. А.* Экономическая история России XX век, Книга 4: Экономика России в условиях
　горячей и холодной войн, Москва: Изд. АТ, 2004, с. 293），甚至看作是美國改變對蘇政策的根源
　（*Соколов В. В.* Ленд- лиз в годы второй мировой войны, с. 14.），不免牽強。實際上，這種看法
　當時在美國是普遍存在的。

3　Dawson, *The Decision to Aid Russia*, pp. 69-79; Herring, *Aid to Russia*, p. 7.

4　也有俄國學者過於簡單地認為，丘吉爾和羅斯福的演說表明了他們在與蘇聯軍事合作方面的
　矛盾態度。見 *Бутенина Н.* Ленд-лиз: Сделка века, с. 96-97。

5　這的確是影響美國租借政策的重要因素。在美英軍界，很多人甚至到 1942 年還對蘇軍持
　續抵抗的能力抱有懷疑。見 David Reynolds and Vladimir Pechatnov (eds.), *The Kremlin Letters:
　Stalin's Wartime Correspondence with Churchill and Roosevelt*, New Haven and London: Yale University
　Press, 2018, p. 21。

6　*FRUS*, 1941, Vol. 1, pp. 788-89.

7　Sherwood, *Roosevelt and Hopkins*, p. 308。7 月 12 日，英蘇兩國簽署了《關於在對德戰爭中採取
　聯合行動的協定》。見 *МИД СССР*, Советско-английские отношения, Т. 1, с. 82; 世界知識出版社
　編：《國際條約集（1934 — 1944）》，第 300-301 頁。

幫助。斯大林向霍普金斯詳細說明了軍事形勢，表達了蘇聯戰勝法西斯的信心和決心，特別是具體地講述了蘇聯對美國提供援助的直接和長期要求。斯大林還接受了霍普金斯的建議，即 10 月初在莫斯科召開蘇、美、英三國代表會議，討論並協調向蘇聯提供軍事援助的問題。[1] 斯大林「直率而強硬」的談話風格以及頑強的戰鬥意志給霍普金斯留下了深刻印象，他在發給華盛頓的電報中表示，他堅信俄羅斯不會崩潰，對於援助物資的考慮將不再因擔心蘇聯失敗而蒙上陰影。[2] 就連一向悲觀的斯坦哈特大使也為此激動不已，他相信這次訪問將「對美蘇關係產生最有利的影響」，並「極大地鼓舞蘇聯的鬥志」。[3] 莫斯科也對會談的結果感到振奮，7 月 31 日《真理報》在頭版公佈了霍普金斯到達莫斯科的消息。8 月 1 日《真理報》又在頭版刊登了斯大林接見霍普金斯的消息以及兩人的大幅照片，而在第四版轉載了《紐約時報》發表的讚頌紅軍的報道。[4]

　　這次訪問是戰時美蘇關係的重要轉折點，也給羅斯福吃了一顆定心丸，他決心採取積極行動開展對蘇聯的援助事業。8 月 1 日，羅斯福在內閣會議上發表了 45 分鐘激昂慷慨的演說，嚴厲批評國務院和戰爭部在援助蘇聯的問題上行動遲緩、效率低下，並要求他們把滿足蘇聯的要求放在援助工作的首位。[5] 第二天，韋爾斯照會烏曼斯基，美國政府決定提供一切可行的經濟援助，以加強蘇聯的反侵略鬥爭。國務院將把蘇聯急需的物資置於優先地位，迅發放「無限制的許可證」。同時，有關機構也同意

1　*FRUS*, 1941, Vol. 1, pp. 802-805、805-814; АВПРФ, ф. 06, оп. 3, п. 21, д. 288, л. 5-9, ф. 059, оп. 1, п. 365, д. 2485, л. 51-53//*МИД РФ (ред.) Документы внешней политики*, Т. 24, 22 июня 1941-1 января 1942, Москва: Международные отношения, 2000, с. 198-200、205-208.

2　*FRUS*, 1941, Vol. 1, pp. 813-814; Sherwood, *Roosevelt and Hopkins*, pp. 346-48.

3　*FRUS*, 1941, Vol. 1, p. 815.

4　Правда, 31 июля 1941, 1-й стр. 1 августа 1941, 1、4-й стр.

5　Martel, *Lend-Lease, Loans*, pp. 28-29; Herring, *Aid to Russia*, pp. 13-14. 史汀生當即同意派出 200 架 P-40 戰鬥機，儘管在此之後國內只剩下 8 架該型戰機可供作戰。Richard C. Lukas, *Eagles East: The Army Air Force and the Soviet Union, 1941-1943*, Tallahassee: Florida State University Press, 1970, p. 22.

使用美國的航運設施加快為蘇聯運送物資。[1]

8 月底羅斯福再次直接干預對蘇援助工作。他在 8 月 30 日的備忘錄中指出，只要蘇聯能夠「繼續有效地打擊軸心國」，對美國的安全就是「至關重要」的。在擬議中的莫斯科會議上，「英國和美國必須對蘇聯作出這種實質性的和全面的承諾」。為此，他要求戰爭部和海軍部在 10 天之內列出美國可以在 1942 年 6 月 30 日之前援助蘇聯的長期物資清單，以供英美代表事先討論。[2]

儘管一些保守的議員和孤立主義者仍然反對援助蘇聯，但到 9 月的第三次民意調查顯示，同意延長對蘇貸款以購買美國物資的人已上升到 49%，反對者則下降到 44%。就連強烈反共的美國勞工聯合會（AFL）也表達了對援助蘇聯的支持。[3] 援助蘇聯已成大勢所趨，接下來的問題是採取怎樣的援助方式。

在 1941 年 6 月 23 日和 24 日的記者會上，韋爾斯和羅斯福都迴避了對蘇聯援助是否根據《租借法案》進行的問題。[4] 就當時的美蘇經濟關係而言，如前所述，首先要排除的是對蘇禁運和資產凍結的障礙。6 月 24 日，國務院發佈新聞稿，批准對蘇聯及其國民的貿易發放一般許可證。[5] 此前蘇聯在美國採購的物資因禁運令而積壓在倉庫，在隨後的半個月裏均被放行，價值大約 900 萬美元。[6] 也是在這一天，蘇聯在美國的大約 4000 萬美元資產被解凍。6 月 25 日，羅斯福又宣佈《中立法》的規定不適用於蘇聯，這就意味着允許蘇聯向美國購買軍事物資。[7] 於是，6 月 29 日蘇

---

1 *FRUS*, 1941, Vol. 1, pp. 815-816; *МИД СССР* Советско-американские отношения, Т. 1, с. 94-97.

2 *FRUS*, 1941, Vol. 1, p. 826-27.

3 Weeks, *Russia's Life-Saver*, pp. 24、110.

4 *FRUS*, 1941, Vol. 1, p. 768; *The New York Times*, 25 June, 1941, p. 7.

5 *FRUS*, 1941, Vol. 1, pp. 768-769.

6 Stettinius, *Lend-Lease: Weapon for Victory*, pp. 121-122.

7 АВПРФ, ф. 06, оп. 3, п. 21, д. 281, л. 43-44//*Севостьянов Г. Н. (под. ред.)* Советско-американские отношения, 1939-1945, с. 131-135.

聯提出了第一張希望美國援助的物資清單，其中包括 3000 架轟炸機、
3000 架戰鬥機、20000 門高射炮及大量的機器設備。莫洛托夫要求烏曼
斯基立即去見羅斯福或韋爾斯，並建議美國為此提供 5 年的貸款。[1] 當天下
午，莫洛托夫又迫不及待地召見美國大使，通知他蘇聯的訂單將通過使
館遞交美國。[2] 第二天，烏曼斯基向韋爾斯交付了所需物資清單，並強調指
出，蘇聯希望得到 5 年的貸款，因為「這比任何根據《租借法案》採取
的做法都要好，而且實際上是兩國政府在 1933 年討論過的一個問題的延
續」。韋爾斯表示了積極配合的態度。[3] 看起來，蘇聯對租借援助還缺乏了
解，而現金或貸款支付畢竟更直接、也更簡單一些，同時莫斯科可能也
希望藉此機會一勞永逸地解決美蘇經濟關係的歷史遺留問題。

　　鑒於此前為蘇聯組織出口和生產物資工作的混亂狀況，在接到蘇聯
訂單的當天，韋爾斯批准成立了一個由各有關部門負責官員組成的臨時
委員會，副國務卿特別助理 C. P. 柯蒂斯任主席，負責協調對蘇出口的政
策和組織工作。[4] 經核算，蘇聯這筆訂單總額超過 18.365 億美元，主要是
軍事裝備和物資（17.565 億美元）。經過柯蒂斯委員會的審議和調查，7
月 18 日韋爾斯向總統和內閣提交了處理意見：只有 1568 萬美元的物資
可立即裝運，未來 12 個月內可批准另外的 1.72 億美元，其餘 16.487 億
美元則有待進一步審查，這主要是委員會權限以外的軍事物資。後來實
際簽發出口許可證的僅 900 萬美元的物資。[5] 羅斯福對這個臨時委員會的工
作效率很不滿意，決定讓霍普金斯另起爐灶。除了霍普金斯直接對總統

1　АВПРФ, ф. 059, оп. 1, п. 365, д. 2485, л. 33//МИД РФ (ред.) Документы внешней политики, Т. 24, с. 62.

2　АВПРФ, ф. 06, оп. 3, п. 21, д. 282, л. 11-13//МИД РФ (ред.) Документы внешней политики, Т. 24, с. 62-63; FRUS, 1941, Vol. 1, pp. 774-775.

3　FRUS, 1941, Vol. 1, pp. 779-781. 1933 年討論的問題即美蘇關於債務和貸款的談判，該談判無果而終。詳見 Funigiello, American-Soviet Trade, pp. 3-4。

4　FRUS, 1941, Vol. 1, pp. 75-78.

5　Dawson, The Decision to Aid Russia, pp. 128-131.

負責外，羅斯福指示國防援助報告處主任伯恩斯主管對蘇供應，伯恩斯為此設立了一個特別部門，並選擇曾任駐蘇武官的 P. R. 費蒙維爾上校主管 —— 此人是蘇聯政權堅定的擁護者。[1] 這個新機構的建立表明，羅斯福此時很可能已經有意將對蘇援助納入租借系統了。[2] 不過，考慮到國會的壓力（曾考慮通過立法將蘇聯排除在租借協議之外，並迫使美國對蘇聯實施中立法案）和第一筆租借撥款 70 億美元幾乎告罄，目前也只能先採取現金和貸款的支付方式解決問題。[3]

對蘇援助事項轉入新機構後，7 月 21 日，羅斯福命令伯恩斯在 48 小時內報告可在 10 月 1 日前向蘇聯發貨的物資清單。第二天下午提交的清單有所進步，可以裝運的物資增加到 4000 萬美元（其中 10 月 1 日前可以裝運物資 2194 萬美元），但 17.5 億美元的軍用裝備和物資仍需等待軍方處理。[4] 7 月 23 日莫洛托夫指示烏曼斯基，向美國提出貸款問題。蘇聯的具體要求有以下幾點：貸款規模 5 億美元，首期 2 億，近期落實，以蘇聯承兌匯票為憑證發放；貸款期限 5 年，利率 2% —— 3%；貸款以外物資簽署貿易協議，採取向美國出口商品（錳、鉻礦、亞麻等）的方式解決；此前對美貿易股份公司訂購的貨物繼續以現金支付方式供貨。[5] 霍普金斯訪蘇後，美蘇之間立即開始了貸款業務，9 月 1 日莫洛托夫要烏曼斯基儘快與美國簽署協議，以獲得斯大林建議的首批 5000 萬美元貸款。[6]

---

1 Dawson, *The Decision to Aid Russia*, pp. 138、151-52; Sherwood, *Roosevelt and Hopkins*, p. 395.

2 關於租借政策初期美國的工作機制和程序的介紹，詳見 Goodrich, Shepard and Myers (eds.), *Documents on American Foreign Relations, Vol. IV*, pp. 170-175。

3 Dawson, *The Decision to Aid Russia*, pp. 146-47、163-166.

4 Dawson, *The Decision to Aid Russia*, pp. 154-155; Stettinius, *Lend-Lease: Weapon for Victory*, pp. 122-123.

5 АПРФ, ф. 3, оп. 63, д. 217, л. 2//Исторический архив, 2013, №5, с. 7-8. 另有檔案集將同一文件的時間標記為 7 月 22 日（*МИД СССР Советско-американские отношения*, Т. 1, с. 74-75），應是時差的緣故。

6 АВПРФ, ф. 059, оп. 1, п. 365, д. 2485, л. 51-53//*МИД РФ (ред.)* Документы внешней политики, Т. 24, с. 208.

　　然而，很明顯的事實是，從長期來看，蘇聯所需要的援助物資依靠現金支付、貨物進口和貸款的方式是根本無法解決的。截至 9 月 1 日，經批准的美國向蘇聯提供的物資總額增長到近 2.5 億美元[1]，這已經超過了蘇聯要求的首期貸款的額度，且不說還有 17.5 億美元的飛機和軍用物資，而僅此一項就超過了蘇聯所有的黃金儲備。[2] 蘇聯可以支付的美元現金，數量也很有限。[3] 至於貿易方式，儘管羅斯福同意為從蘇聯進口原料提供 1 億美元的貨款[4]，但蘇聯實際的供貨能力卻差得很遠。[5] 直到此時蘇聯人才有所醒悟，或許租借方式才是可行的。9 月 4 日烏曼斯基感慨地告訴 C. 赫爾國務卿，他犯了一個終生難忘的錯誤，即沒有同意接受租借的優惠條件，卻採取了支付現金或供應等價物品的方式，而這與蘇聯最急需的軍事物資要求相距何其遙遠。[6]

　　在這方面首先做出表示的又是英國。1941 年 8 月 16 日，蘇聯和英國簽訂了商業周轉、信貸和結算協議，根據這一協議，英國首期向蘇聯提供 1000 萬英鎊的信用額度，為期 5 年，年息 3%。[7] 不過，丘吉爾很快就有

1　Jones, *The Roads to Russia*, pp. 41-42.

2　據美國 1941 年 9 月的估計，蘇聯大概有 14.36 億美元的黃金儲備。Acsay, "Planning for Postwar Economic Cooperation", p. 170.

3　8 月 15 日，摩根索主動提出為 180 天內交付的黃金（按照每盎司 35 美元計）提前預付 1000 萬美元，這筆交易立即執行。10 月再次交易了 3000 萬美元。Acsay,「Planning for Postwar Economic Cooperation」, p. 169-170; Dawson, *The Decision to Aid Russia*, pp. 241-242; *Севостьянов Г. Н. (под. ред.)* Советско- американские отношения, 1939-1945. с. 164.

4　Herring, *Aid to Russia*, p. 19.

5　1941 年下半年蘇聯對美國出口 6208.1 萬盧布，1942 年全年 17822.6 萬盧布。*Малков П. В. (пред.)* Великая Отечественная война. Юбилейный статистический сборник: Стат. сб. /Росстат, Москва: Федеральная служба государственной статистики, 2020, с. 202. 按當時的官方匯率 1 美元 =5.3 盧布計算，分別相當於 1171.3 萬和 3362.75 萬美元，如果按實際匯率計算，只有 985.41 萬和 2828.98 萬美元。後文將談到蘇聯後來出口美國的物資實際只有 200 多萬美元。

6　*FRUS*, 1941, Vol. 1, p. 827.

7　МИД СССР, Советско-английские отношения. Т. 1, с. 13、92-98. 此後 1942 年 6 月和 1944 年 2 月又分別增加了 2500 萬英鎊。這些貸款主要用於非軍事物資，佔英國戰時援助物資總額的 0.4%。*Белоусов Р. А.* Экономическая история России XX век, Книга 4, с. 276-277; *Супрун М. Н.* Ленд-лиз и северные конвои, с. 26.

了新的想法。他 9 月 5 日給斯大林回信說：在來信中，「您使用了『出售』一詞。我們不是從這個角度看問題的，也永遠不會考慮付錢的事。如果我們給貴方提供的一切幫助都是建立在美國《租借法案》所倡導的友誼基礎上，即無需任何形式的貨幣結算，那將是最好不過的了。」[1] 自 1941 年 9 月 6 日以後，所有英國對蘇其餘的援助都是根據租借計劃提供的。[2] 英國這樣做是否經過羅斯福的授意或雙方商議，目前不得而知[3]，但的確給美國走向對蘇租借政策提供了推動力。9 月 9 日赫爾通知英國，美國正在準備全面擴大軍工生產的「勝利計劃」，一旦啟動即可將生產與需求結合起來，解決對盟國的援助安排問題。為此，羅斯福要求將三國代表的莫斯科會議提前至 9 月 25 日召開。[4]

莫斯科比華盛頓還要着急。斯大林 9 月 13 日回覆丘吉爾，對他的建議表示「非常歡迎」。[5] 此前，烏曼斯基在莫斯科的命令下請求面見羅斯福。9 月 11 日，美國總統自 1939 年以後首次與蘇聯大使進行了會晤。烏曼斯基說，蘇聯需要立即得到援助，而美國提供的貸款數額太小，也還沒有到位（第一批只有 5000 萬美元）。現在，蘇聯要求加入租借計劃。羅斯福明白蘇聯對現金支付和出口貿易不再感興趣，所以答應可以為蘇聯戰後提供的原料提前支付美金（這相當於貸款），不過對於租借問題沒有正面答覆，羅斯福只是解釋了他所面臨的「極端困難」：這需要經過國會批准，而在國會中存在着對蘇聯的「偏見和敵視」。[6] 羅斯福的顧慮確

1　*МИД СССР*, Советско-английские отношения, Т. 1, с. 116-117.

2　*Супрун М. Н.* Ленд-лиз и северные конвои, с. 26; *Соколов В. В.* Ленд-лиз в годы второй мировой войны, с. 8.

3　有學者認為，丘吉爾這樣做是羅斯福「採取的冒險步驟」，但未提供任何證據（*Бутенина Н.* Ленд-лиз в истории межгосударственных отношений）。

4　*FRUS*, 1941, Vol. 1, pp. 829-830.

5　*Печатнов В. О., Магадеев И. Э.* Переписка И. В. Сталина с Ф. Рузвельтом и У. Черчиллем в годы великой отечественной войны, Документальное исследование, Том1, Москва: Просвещение, 2017, с. 64-65.

6　*FRUS*, 1941, Vol. 1, pp. 832-833.

有道理，雖然大多數美國人都同意向蘇聯提供信貸和出售軍事物資，但 8 月份的民意測驗顯示，贊成和反對以租借方式向蘇聯提供援助的人大體相同，分別為 38% 和 39%。[1] 而國會中的孤立主義者還在繼續攻擊蘇聯，甚至提出了禁止對蘇租借的新提案。9 月 12 日美蘇簽訂了貸款協議，美國能做的只是儘快實現貸款，而對蘇租借問題目前必須低調處理。[2] 9 月 18 日羅斯福向國會提交了 59 億美元的第二次租借撥款議案，幾乎同時發佈了與蘇聯的貸款協議，以及向蘇聯交付的黃金預付 1000 萬美元的消息。[3] 其用意顯然是向國會和公眾暗示：對蘇援助並未與租借連接。莫斯科想要得到租借優惠，還需耐心等待。

　　戰爭最初的 3 個多月，美國對蘇聯的援助寥寥無幾。根據美方的估計，從 6 月 22 日到 9 月底，美國出口到蘇聯的物資總共只有 4100 萬美元，約 16.87 萬噸，主要是石油產品、機器設備、汽車、金屬材料、化學和爆炸品以及食品等，只有少量的武器裝備（79 輛輕型坦克和 59 架 P-40 戰鬥機等），還是從英國的租借物資中轉移的。[4] 造成這一結果的主要原因在於美國當時的生產能力嚴重不足。[5] 不過必須看到，面對希特勒突如其來的閃電攻勢，增強武裝力量固然重要，但更需要的是抵抗意志和勝利信念，惟其如此，斯大林在 7 月底會見霍普金斯時才私下提出希望美國加

1　Cantril, *Public Opinion*, p. 411.

2　*FRUS*, 1941, Vol. 1, p. 848; Herring, *Aid to Russia*, pp. 18-19.

3　Dawson, *The Decision to Aid Russia*, pp. 227-228; Sherwood, *Roosevelt and Hopkins*, p. 372.

4　Stettinius, *Lend-Lease: Weapon for Victory*, pp. 125、128; Foreign Economic Section, Office of Foreign Liquidation of the Department of State, "Report on War Aid Furnished by the United States to the USSR, June 22, 1941-September 20, 1945", November 28, 1945, p. 1. 關於此期英國向蘇聯提供援助的情況，參見 *Печатнов В. О., Магадеев И. Э.* Переписка И. В. Сталина с Ф. Рузвельтом и У. Черчиллем, Том 1, с. 42-44。

5　蘇德戰爭爆發前的 1941 年 3 月，美國的月產量只有 16 輛坦克、283 架轟炸機和 223 架戰鬥機，而斯大林在 9 月 13 日提出，僅蘇聯每月的需要量就是 400 架飛機和 550 輛坦克，更不要說英國的需求（每月 4000 架飛機！）。Stettinius, *Lend-Lease: Weapon for Victory*, pp. 93、47; *МИД СССР* Советско-американские отношения, Т. 1, с. 107-108.

入對德作戰。他說，只要美國對德宣戰，也許不開一槍就能扭轉局勢。[1] 當時莫斯科更看重的，顯然是能與美國這樣的世界頭號實力大國結為盟友。

第一租借協定（莫斯科協定）：1941 年 10 月 1 日至 1942 年 6 月 30 日

第一次對蘇租借協定是在莫斯科會談結束時由美英蘇三國代表簽訂的。[2] 會談從 9 月 29 日正式開始，分六個委員會同時進行，晝夜不停。蘇聯非常重視這次三方會談。

從 9 月 28 日到 10 月 1 日，斯大林連續三個晚上與美國代表團團長、總統派駐倫敦租借管理人 W. A. 哈里曼和英國代表團團長、供應大臣 W. 比弗布魯克舉行了會談。斯大林坦率地談論了戰局的嚴重性，並詳細介紹了蘇聯所需要的軍事裝備。美英代表對斯大林提出的第二戰場和戰後目標問題採取了迴避態度 —— 這不是他們能夠迴應的問題，而斯大林似乎也沒有重視哈里曼提到的美國公眾輿論對總統決策的影響 —— 這在很大程度上可以解釋為何美國不能馬上對蘇聯實行租借政策。[3] 與有些學者想當然地認為的不一樣，實際上莫斯科協定本身並沒有確定將《租借法案》擴展到蘇聯，而只是明確了到 1942 年 6 月 30 日為止美英兩國向蘇聯提供援助物資的品種和數量。10 月 1 日三方簽署的協定規定，在 9 個月的時間裏，應運給蘇聯 150 萬噸貨物，其中包括 3600 架飛機、4500 輛坦克、1368 門高射炮及彈藥、1256 門反坦克炮及彈藥、90000 輛卡車，以及其他設備、物資和食品。不過，協定中並沒有涉及援助的方式。[4]

1　*FRUS*, 1941, Vol. 1, pp. 813-814.

2　當時協定的正式名稱是「莫斯科會議祕密協定」。有學者認為「對蘇租借自 1941 年 10 月 1 日開始生效」（*Бутенина Н.* Ленд-лиз: Сделка века, с. 106），這是一個誤會。實際上是 1941 年 11 月 7 日美國正式批准將對蘇援助納入《租借法案》範圍後，才把莫斯科協定的清單按照租借條款處理的。

3　詳見 *FRUS*, 1941, Vol. 1, pp. 836-840; Sherwood, *Roosevelt and Hopkins*, 387-88; Dawson, *The Decision to Aid Russia*, 250。

4　協定（含供貨清單）全文見 АПРФ, ф. 3, оп. 63, д. 217, л. 105-111//Исторический архив, 2013, №5, с. 19-25; Jones, *The Roads to Russia*, pp. 75-76。

　　莫斯科會談第一次體現了羅斯福和霍普金斯為消除援助蘇聯的障礙而設計的「無條件援助」政策。與其他所有租借國不同，莫斯科要求的物資訂單不需要說明理由，也無需提供詳細信息和任何數據，按照美國代表團團長哈里曼的話來說，就是「我們應該完全按照他們的意願去做」。他給參加會議的美國代表的建議是：「給予、給予和給予，不要期望任何回報，也不要考慮交換條件。」在國內的赫爾國務卿則拒絕了國會議員的提議 —— 俄國人必須先償清舊債，然後才能獲得租借。[1]

　　蘇聯的確值得為會議成果感到驕傲，《真理報》為此發表了社論。[2] 莫洛托夫在最後一次會談中的發言異常激動：「我們目前所做的共同努力，在很大程度上決定了我們同希特勒鬥爭的最終勝利。」[3] 從斯大林毫不掩飾的熱情中，哈里曼感覺到，他對這次會談的結果也「非常滿意」。哈里曼還報告說，如果與斯大林保持良好的私人關係，美蘇「兩國政府之間存在的猜疑很可能會消除」。[4] 斯大林也對哈里曼印象深刻，認為會議的審議工作「迅速而有效」，有賴於羅斯福派出這樣的「權威人物」來莫斯科。[5] 哈里曼的確為蘇聯取得租借地位出了大力，他在最後一份關於莫斯科會議給總統的報告中指出，美國在協定中的承諾超過 10 億美元，而蘇聯已無法為此提供資金，應該「儘可能早地」讓蘇聯使用租借資金。[6]

　　莫斯科會議後，蘇聯繼續以出售黃金（換取美元）的方式支付美國軍事物資的費用。10 月 9 日，莫斯科通知蘇聯駐美大使館，同意向美國運送 30 噸黃金。[7] 羅斯福也不想就對蘇租借問題急於表態，他在會晤國會

1　Herring, *Aid to Russia*, pp. 37-40.

2　Правда, 3 октября 1941, 1-й стр.

3　Правда, 2 октября 1941, 2-й стр.

4　Sherwood, *Roosevelt and Hopkins*, p. 391.

5　*Печатнов В. О., Магадеев И. Э.* Переписка И. В. Сталина с Ф. Рузвельтом и У. Черчиллем, Том 1, с. 75-76. 1943 年哈里曼出任駐蘇大使與此或許不無關係。

6　*FRUS*, 1941, Vol. 1, p. 851.

7　*Севостьянов Г. Н. (под. ред.)* Советско-американские отношения, 1939-1945, с. 164.

領導人時，否認有立即向蘇聯提供租借的任何意圖。羅斯福要解決的問題首先是在第二輪租借撥款中將對蘇聯的貸款納入其中，所以他強調，如果租借撥款將莫斯科排除在外，會對蘇聯的士氣造成巨大打擊，並堅持說，戰爭的不確定性要求他不能「以任何方式束縛自己的雙手」。政府官員和民主黨議員在國會辯論中也反覆重申這一立場。[1] 這一策略取得了成功。到 10 月底，就在莫斯科和列寧格勒郊區發生最激烈和最緊張戰鬥的時候，絕大多數國會議員都贊成租借撥款可以允許用於對蘇援助。10 月 28 日總統順利簽署了國會關於 59.85 億美元作為第二次租借撥款的議案，這個議案還將確定租借國家的權力賦予了總統。同一天，在總統緊急管理辦公室下設立了租借管理辦公室（OLLA），羅斯福任命斯退丁紐斯作為主管官員（就在幾天前，與國會過從甚密的斯退丁紐斯被任命為總統特別助理，主管租借計劃，而重病纏身的霍普斯金退居幕後）。10 月 30 日，羅斯福通知斯大林，莫斯科會議的所有援助項目已獲批准，並建議，為避免財政困難，美國準備在租借撥款中向蘇聯提供 10 億美元的無息貸款，從戰後第六年開始分十年償還。最後，顯然是接受了哈里曼的建議，羅斯福提出希望與斯大林建立個人聯繫。[2] 值得注意的是，在羅斯福將這一喜訊告知斯大林時，美國國會和公眾尚不知道準備給蘇聯貸款的事情，以致美國大使叮囑副外交人民委員 A. 維辛斯基暫不要向記者透露。[3] 11 月 4 日，斯大林發出了一封「不勝感激」的回信，並表示很願意與羅斯福建立私人之間的直接聯繫。幾天後，美國和蘇聯公佈了兩位最高領導人的通信。[4] 一切條件都具備了。11 月 7 日，羅斯福宣佈保衛蘇

1　Herring, *Aid to Russia*, pp. 19-20.

2　*FRUS*, 1941, Vol. 1, p. 851; РГАСПИ, ф. 558, оп. 11, д. 363, л. 22-24//Исторический архив, 2013, №5, с. 25-27; *МИД СССР* Советско-американские отношения, Т. 1, с. 134-135.

3　*Севостьянов Г. Н.* (*под. ред.*) Советско-американские отношения, 1939-1945, с. 167-168.

4　*Печатнов В. О., Магадеев И. Э.* Переписка И. В. Сталина с Ф. Рузвельтом и У. Черчиллем, Том 1, с. 87-88. 為防止德國人破譯密碼，發表時對原文做了文字改動。

聯對美國的國防「至關重要」，遂將蘇聯正式列為《租借法案》實施的對象。[1] 對蘇租借的政策終於落地了。

然而，第一租借協定的執行並不順利。首先遇到的困難是航運，11月中旬，赫爾不得不告訴蘇聯人，因缺乏必要的船隻，造成給蘇聯的發貨延誤。蘇聯大使館為此多次向租借管理辦公室投訴。[2] 運輸船隻的問題尚未徹底解決，太平洋戰爭爆發，一時中斷了租借業務，特別是對蘇聯的援助。1942 年 1 月民意測驗顯示，對於是否同意即使減少美國軍隊的裝備也要盡可能援助蘇聯的問題，贊同者 26%，反對者 66%。[3] 戰爭部和海軍部曾發出命令，幾乎停止所有租借物資的運輸和發貨。儘管白宮很快糾正了這種做法，還是對蘇聯造成了一些影響。[4] 美國軍方的抵制態度是一個重要障礙。一則出於對蘇軍抵抗能力的懷疑，二則對蘇方採購人員的無理抱怨感到憤怒，戰爭部和海軍部的官員「常常對總統的命令虛與委蛇」，甚至藉口美國參戰而要求修改莫斯科協定。[5] 工作初期經驗不足、管理不善以及美蘇雙方執行人員的矛盾糾葛也是一個重要原因。如蘇方申請的供貨缺乏相關技術要求或規格不確，美方不習慣蘇聯採購人員討價

---

1 Goodrich, Shepard and Myers (eds.), *Documents on American Foreign Relations, Vol. IV*, pp. 169-170; Stettinius, *Lend-Lease: Weapon for Victory*, pp. 105-106、129-130.

2 *FRUS*, 1941, Vol. 1, pp. 860、862-863. 美國噸位短缺並由此造成發貨的混亂局面，詳見 Herring, *Aid to Russia*, pp. 44-45。實際上，在莫斯科協定擬定時，美國尚未參戰，故並不承擔運輸責任，而蘇聯本身的運載能力不及發送貨物的五分之一，其餘全部由英國負擔。АВПРФ, ф. 6, оп. 3, д. 436, л. 66-68, 轉引自 *Супрун М. Н.* Ленд-лиз и северные конвои, с. 35。

3 Cantril, *Public Opinion*, p. 411.

4 Stettinius, *Lend-Lease: Weapon for Victory*, pp. 154-156. 據蘇方的資料，12 月 13 — 17 日期間，在美國港口等待運往蘇聯的 457 架飛機中有 447 架被召回供美軍使用。АВПРФ, ф. 06, оп. 4, п. 11, д. 102, л. 1、7-16//*Севостьянов Г. Н. (под. ред.)* Советско-американские отношения, 1939-1945, с. 192-193. 12 月 28 日，羅斯福指示史汀生：從 1 月 1 日起重建對蘇援助計劃，現有的虧欠物資予以彌補，最遲在 4 月 1 日前裝船。*FRUS*, 1941, Vol. 1, p. 865. 關於珍珠港事件導致租借物資發貨延遲和混亂情況，還可參見 АВПРФ, ф. 06, оп. 25-а, д. 236, д. 8, л. 17-35//*Севостьянов Г. Н. (под. ред.)* Советско-американские отношения, 1939-1945, с. 206-216; Jones, *The Roads to Russia*, p. 85。

5 *Севостьянов Г. Н. (. под. ред.)* Советско-американские отношения, 1939-1945, с. 192-196、216; Herring, *Aid to Russia*, pp. 52、57.

還價的作風，以及美國供貨機構複雜多變等。[1]

以上情況嚴重干擾了租借協定初期的執行進度。莫斯科協定頭三個月的執行情況令蘇聯人感到憤怒，主管租借工作的對外貿易人民委員 A. 米高揚抱怨說，承諾的 705 輛坦克只收到 16 輛，600 架飛機只收到 85 架。[2]1942 年 1 月 31 日，哈里曼在給斯大林的信中也不得不承認，租借物資前四個月的運送結果「令人沮喪」。[3]而這一時期正是莫斯科戰線最緊張也是蘇軍最需要補充武器裝備的時刻：到 1941 年底蘇軍 22 600 輛坦克只剩 2100 輛，20 000 架作戰飛機只剩 2100 架，112 800 門火炮還剩 1280 門，774 萬支步槍和卡賓槍還剩 224 萬支。遺憾的是，蘇聯靠本身軍工製造業可以彌補的，只有作戰飛機的 55%，火炮的 57%，坦克的 27% 和步兵武器的 30%。[4]

羅斯福見此狀況心急如焚，他對摩根索說：「沒有什麼比俄羅斯崩潰更糟糕的了。我寧願失去新西蘭、澳大利亞或其他任何東西，也不願看到俄羅斯崩潰。」[5]3 月 12 日斯大林收到丘吉爾的來信，後者在信中保證說，他與羅斯福已專門發出指令，要求「任何人不得中斷和延誤」其所承諾的對蘇供應。[6]羅斯福確實採取了行動，他在 3 月中旬向斯退丁紐斯和軍事部門首長發出一系列措辭激烈的命令：給蘇聯的租借物資「必須在裝運中佔據首要地位」，儘早放行，不管這樣做「對我們戰爭計劃的任何

1 李維諾夫致莫洛托夫電，1942 年 1 月 7 日，РГАСПИ, ф. 84, оп. 1, д. 134, л. 55-56; Herring, *Aid to Russia*, pp. 36-37、56-57。

2 Herring, *Aid to Russia*, p. 55.

3 АВПРФ, ф. 06, оп. 4, п. 22, д. 230, л. 1-2//*Севостьянов Г. Н. (под. ред.)* Советско-американские отношения, 1939-1945, с. 200.

4 *Рыжков Н. И.* Великая Отечественная, с. 51.

5 John Morton Blum (ed.), *From the Morgenthau Diaries, Vol. 3: Years of War, 1941-1945*, Boston: Houghton Mifflin, 1967, pp. 81-82.

6 РГАСПИ, ф. 82, оп. 2, д. 1110, л. 55, 轉引自 *Бутенина Н.* Ленд-лиз: Сделка века, с. 118。

其他部分有什麼影響」。[1] 值得注意的是，羅斯福下達這些命令的時候，日本軍隊正在藉助偷襲成功的優勢橫掃太平洋和東南亞。[2] 有研究者指出，事實證明，對蘇租借計劃優先執行的結果，不僅減緩了美國的軍事建設，也對其他租借國的軍事地位造成嚴重影響。[3] 不過，總統的親自干預確實再次產生了效果。如果說 1942 年的前兩個月向蘇聯的發貨不超過每月 10 噸，那麼 3 月就達到 21.4 萬噸，4 月則超過 44 萬噸。[4] 對此，《紐約時報》報道：羅斯福將對蘇運輸排在了最優先的位置。[5]《真理報》也以「美國加快步伐」為題做了報道。[6]

應該說，蘇聯在美國採購機構的改變也對提高援助效率發揮了積極作用。由於對美貿易股份公司名義上還是一家在美國註冊的商業公司，美國政府多次表示希望直接與蘇聯政府機構打交道。1942 年 2 月 21 日，米高揚向斯大林和莫洛托夫呈交報告，建議在美國成立蘇聯政府採購委員會，以替代原來對美貿易股份公司處理一切租借物資的採購業務，這樣既可以節省成本，又可以簡化手續。2 月 24 日人民委員會批准成立採購委員會，任命國防委員會代表 A. I. 別利亞耶夫少將為主席，對美貿易公司董事長 K. I. 盧卡舍夫為副主席。[7] 3 月 2 日，蘇聯使館通知美方，這個新委員會將接替對美貿易公司的工作，而後者繼續作為純商業機構活動。[8]

至於莫斯科協定最後執行的結果，因各種統計數據的品種、單位、

1　Stettinius, *Lend-Lease: Weapon for Victory*, pp. 205-206; Leighton and Coakley, *Global Logistics*, pp. 556-557.

2　Sherwood, *Roosevelt and Hopkins*, p. 490.

3　Jones, *The Roads to Russia*, pp. 78-79.

4　*Супрун М. Н.* Ленд-лиз и северные конвои, с. 77-78.

5　*The New York Times*, March 28, 1942, p. 3.

6　Правда, 21 июня, 1942, 3-й стр.

7　РГАЭ, ф. 413, оп. 12, д. 5785, л. 47в. //*Тюрина Е. А.*《Наркомвнешторг считает целесообразным организовать закупочную комиссию》, История ленд-лиза в докумедокументах РГАЭ, Февраль1942-март1945г. //Исторический архив, 2013, №5, с. 34-35. 1943 年 12 月魯登科（L. G. Rudenko）中將接替別利亞耶夫擔任採購委員會主席。

8　*FRUS*, 1942, Vol. 3, Washington, D. C.: GPO, 1961, p. 696.

時間等都有差異，最主要的是協定在執行中有很多型號、數量方面的修改，很難做出準確的統計。官方公佈的大體情況是，到 1942 年 6 月 30 日協定終止日期，根據美國方面戰後的報告，美國發貨 129.40 萬噸，英國和加拿大發貨 14.90 萬噸，總計 144.31 萬噸，佔協定發貨量 150 萬噸的 96.21%。扣除海上損失的 31.16 萬噸，實際到貨佔協定發貨量的 75.43%。[1] 根據蘇聯外貿人民委員部的報告，美國供貨 145.1 萬噸，英國供貨 33.6 萬噸，總計 178.7 萬噸，佔協定計劃的 119.1%。抵達蘇聯的貨物總計 96.88 萬噸，佔協定計劃的 64.59%。[2] 後文將會談到，造成這種差距的主要原因是上半年運輸中的損失。但無論如何，從實際效果看，莫斯科協定沒有實現預期目標，尤其是蘇聯急需的武器裝備，因美國生產能力所限，只佔所有運送物資價值的 53%。[3] 但必須指出的是，此期租借援助對於蘇聯的政治意義和長遠利益遠遠大於暫時的軍事效果。

在莫斯科協定期間，美國邁出了對蘇援助政策中最重要的一步。鑒於蘇聯訂購的武器和物資已經超過 10 億美元，2 月 12 日羅斯福致函斯大林，提出再給蘇聯提供一筆 10 億美元的貸款，條件如前。信中暗示，美蘇協定的財務安排可能會根據形勢變化有所修改。[4] 2 月 20 日斯大林回信，除了表示感謝外，希望美蘇能在確定的時間內修改目前簽訂的財務協定。[5] 這裏討論的修改「財務安排」或「財務條款」，指的就是將目前援助蘇聯的「貸款」形式轉為同英國一樣的「租借」形式。2 月 23 日，副

1　Foreign Economic Section, "Report on War Aid Furnished", November28, 1945, p. 2. 計量單位換算成公噸（取小數點後兩位數），百分比為筆者計算所得。報告未提供在英國卸貨的 22 艘輪船所載噸位。

2　АВПРФ, ф. 06, оп. 4, п. 11, д. 103, л. 9、10、24//*Севостьянов Г. Н.* (*под. ред.*) Советско-американские отношения, 1939-1945, с. 262-264. 百分比為筆者計算所得。

3　*Севостьянов Г. Н.* (*под. ред.*) Советско-американские отношения, 1939-1945, с. 263.

4　*Печатнов В. О., Магадеев И. Э.* Переписка И. В. Сталина с Ф. Рузвельтом и У. Черчиллем, Том 1, с. 129-130; *FRUS*, 1942, Vol. 3, pp. 690-691.

5　*FRUS*, 1942, Vol. 3, pp. 691-692.

國務卿韋爾斯召見蘇聯新任大使 M. M. 李維諾夫，傳達了羅斯福給斯大林的口信：在適當的時機，美國願意與蘇聯重議租借協定的財務條款。接着，韋爾斯通知說，美國與英國剛剛簽署了新的租借協定，美國希望包括蘇聯在內的所有相關國家加入類似的協定。[1]

3 月 18 日，美國國務院商業政策與協議司司長 H. C. 霍金斯建議與蘇聯也簽訂一項類似於同英國簽訂的租借主協定，理由是：與英國相比，不能對蘇聯有「明顯的歧視」；對蘇聯的支付能力而言，償還貸款將造成「沉重的戰爭債務」，結果會導致美蘇商業關係緊張；最重要的是，新協定要求蘇聯在目前和未來的經濟活動中按照美國倡導的原則進行合作。[2] 5 月 26 日，赫爾將美國擬定的租借總協定草案交給李維諾夫，並說明其條款與美英租借協定「幾乎完全相同」。談話後，赫爾感到蘇聯大使「似乎很感興趣」。[3]

6 月 11 日美蘇簽署了《關於在進行反侵略戰爭中相互援助所適用原則的協定》，即租借總協定。[4] 在承認和遵守大西洋憲章的前提下，美國對蘇聯的援助終於如羅斯福常說的那樣拋棄了「愚蠢、可笑和陳舊的美元符號」── 蘇聯已經用掉的 10 億美元和剛剛得到的 10 億美元貸款均不必償還，蘇聯的承諾只是盡量向美國提供物品、服務、設備和情報（第二條），未經許可不得將援助物資移交他人（第三條），以及戰爭結束後保存良好且仍可為美國國防所用的物資應予以歸還（第五條）。[5] 6 月 14 日，《真理報》為此發表社論，題目是《不可戰勝的聯盟》，17 日的報道

1　*FRUS*, 1942, Vol. 3, pp. 693-695.

2　*FRUS*, 1942, Vol. 3, pp. 699-700.

3　*FRUS*, 1942, Vol. 3, p. 705.

4　英文本見 Stettinius, *Lend-Lease: Weapon for Victory*, pp. 340-343；中文本見世界知識出版社編：《國際條約集（1934-1944）》，第 355-358 頁。俄文本見 *МИД СССР* Советско-американские отношения, Т. 1, с. 198-202。

5　此處列出這幾個條款很有必要，因為戰爭後期和戰後初期美蘇之間的很多分歧和矛盾都因此而起。

則把美國稱為「反希特勒陣線民主國家的軍火庫」。[1]此後不久，6月27日蘇聯與英國也簽署了類似租借供應協議，從而免除了自蘇德戰爭以來對英國提供的援助物資的債務。[2]

從此，美蘇戰時經濟關係真正進入了租借援助的框架。蘇聯駐美使館的政治報告曾認定，租借法構成了「整個1941年美國與英國之間關係的主要內容」，使美英「經濟和政治合作達到了頂點」。[3]現在，美蘇經濟關係也達到了同樣的水平。在第一協定到期半個多月前簽署的這個租借總協定，不僅改變了莫斯科協定的性質，而且為以後所有的對蘇援助協議確定了原則、方向和方式。

第二租借協定（華盛頓協定）： 1942年7月1日至1943年6月30日

第二次協定的執行日期始於1942年7月1日，但其交涉至少在三個月前就開始了。不過，在這個協定簽署前，蘇聯提出首先解決雙邊貿易的法律問題，這涉及蘇聯出口美國貨物的關稅。正如烏曼斯基在6月27日給莫洛托夫的報告中說的，租借總協定第七條只談到戰後將清除貿易壁壘、對所有國家實行「非歧視」待遇，但如果美蘇之間沒有貿易條約保障，美國有可能對蘇聯進口貨物徵收高額關稅。[4]1937年8月美蘇曾簽訂了一個新的貿易協定，規定雙方提供最惠國待遇，但須逐年續約。1942年7月28日，蘇聯人民委員會通過使館將延長現行美蘇貿易協定的草案提交給美國，要求無限期延長1937年生效的互惠貿易協定。[5]問題解

1　Правда, 14 июня 1942, 1-й стр; 17 июня 1942, 4-й стр.

2　РГАЭ, ф. 413, оп. 12, д. 5804, л. 23-26, 轉引自 *Соколов В. В.* Ленд-лиз в годы второй мировой войны, с. 10; Sutton, *Western Technology and Soviet Economic Development, 1945-1965*, p. 11. 同時，英國對蘇聯的信貸也在1941年8月16日協定提供1000萬英鎊的基礎上，再增加2500萬英鎊。*FRUS*, 1942, Vol. 3, pp. 710-711.

3　АВПРФ, ф. 06, оп. 25-а, п. 236, д. 8, л. 17-35//*Севостьянов Г. Н. (под. ред.)* Советско-американские отношения, 1939-1945, с. 206-216.

4　АВПРФ, ф. 06, оп. 4, п. 23, д. 248, л. 6-8.

5　АВПРФ, ф. 06, оп. 4, п. 23, д. 248, л. 3-4、5.

決得很順利，通過互換照會的方式，8 月 1 日延長現行美蘇貿易的協定正式生效，並注明在 1943 年 8 月 6 日到期後繼續生效，直到被更全面的貿易協定所取代。[1]

　　早在 1942 年 3 月 24 日，羅斯福就要求戰爭部和海軍部儘快起草可以在 7 月 1 日至明年 6 月 30 日供應蘇聯的物資清單，而那時軍人們正在策劃開闢第二戰場的「波列羅」（Bolero）計劃，並為其籌措軍備物資。[2] 經過反覆討論和修改，美國終於在 5 月底之前完成了第二租借協定的初步方案，困擾他們的問題主要是有限的運輸力無法同時滿足歐洲東方戰線和第二戰場的需要。[3] 此時，莫洛托夫為解決英美開闢第二戰場的問題來到華盛頓。5 月 29 日，美方將擬議的方案交給蘇方：在第二租借期，美國可提供物資大約 700 萬噸（含 180 萬噸工業材料和設備、111 萬噸軍事裝備和彈藥、430 萬噸糧食），英國可提供 80 — 100 萬噸。但是，因受到運輸能力的限制，蘇聯只能在這個清單中選擇 440 萬噸物資，如果蘇聯希望自己提供運輸，則可以獲得額外的供應品。草案特別指出，支付方式將按照美蘇租借總協定的財務安排進行。[4] 在 5 月 29 日至 6 月 1 日羅斯福與莫洛托夫的會談中，開闢第二戰場與第二期租借物資清單之間的關係成為主題。在會談中，羅斯福提出了一個更保守的數字，即實際可以向蘇聯的提供的物資只有 410 萬噸。不僅如此，為保證向第二戰場運輸物資，羅斯福還懇切地要求莫洛托夫同意將蘇聯需要的非軍事物資再減少 160 萬噸。這就是說，第二協定可以保障交付蘇聯的物資只有 250

1　АВПРФ, ф. 06, оп. 4, п. 23, д. 248, л. 1; Leland M. Goodrich and Marie J. Carroll (eds.), *Documents on American Foreign Relations, Vol. V, July1942- June1943*, Boston: World Peace Foundation, 1943, p. 634.

2　Leighton and Coakley, *Global Logistics*, p. 560.

3　Maurice Matloff and Edwin M. Snell, *Strategic Planning for Coalition Warfare, 1941-1942*, Washington, DC: Office of the Chief of Military History, Department of the Army, 1953, pp. 229-231; Leighton and Coakley, *Global Logistics*, pp. 561-563.

4　*FRUS*, 1942, Vol. 3, pp. 709-710; *Рыжков Н. И.* Великая Отечественная, с. 88-89.

萬噸（不過還是比第一協定多 100 萬噸）。[1]開闢第二戰場是斯大林的迫切要求，羅斯福也是真心促成此事，所以莫洛托夫沒有提出異議。白宮新聞稿說：會談在開闢第二戰場的問題上已達成諒解，美國保證繼續向蘇聯提供物資援助，雙方在討論的所有問題上都形成了一致意見。[2]

　　然而，蘇聯並沒有給予正式的答覆。莫斯科顯然是在等待倫敦對開闢歐洲第二戰場採取實際行動。6 月 6 日斯大林讓李維諾夫通知羅斯福，「蘇聯政府同意減少我們噸位的申請」，「因為這可能會加速與英國達成在歐洲開闢第二戰場的協議」。[3]第一租借協定的期限日益臨近，6 月 12 日，霍普金斯請在莫斯科的費蒙維爾考慮，是否可以向蘇聯提出在華盛頓召開一次美英蘇三方會議，討論這個問題。[4]等不及莫斯科的答覆，第二天羅斯福就致函莫洛托夫，表明繼續援助蘇聯的決心，並提交了關於美英起草的協定的說明。其內容與從前的協定草案大體相同，只是將發貨的噸位提高到 440 萬短噸（約 399.2 萬噸），還說明以後如有可能增加，可以「隨時修改」。[5]6 月 25 日，華盛頓指示費蒙維爾「敦促俄國人儘快做出選擇」。[6]7 月 7 日，即第二協定已經生效一週，莫斯科通過使館分別向美國和英國作出答覆。「蘇聯政府滿意地接受」第二協定，同時提出了幾點「希望」：美國儘可能增加飛機的交付；英國能像第一協定那樣每月供應 10 噸金屬鈷；除製成品外，是否有可能安排每月 400 噸鎳的供應。最重要的是，蘇聯要求第二租借期的對蘇供應量能達到 440 萬淨噸。蘇聯

1 *FRUS*, 1942, Vol. 3, pp. 578-583; Sherwood, *Roosevelt and Hopkins*, pp. 568-575.

2 *FRUS*, 1942, Vol. 3, pp. 593-594.

3 АПРФ, ф. 45, оп. 1, д. 232, л. 30. 轉引自 *Ржешевский О. А.* У истоков《холодной войны》, с. 39。

4 *FRUS*, 1942, Vol. 3, p. 709.

5 АВПРФ, ф. 06, оп. 3, п. 32, д. 433, л. 15、17-20//*Севостьянов Г. Н. (под. ред.)* Советско-американские отношения, 1939-1945, с. 242、247-248. 羅斯福主動提出增加噸位，很可能是已經知道英國不會如期開闢第二戰場。

6 *FRUS*, 1942, Vol. 3, pp. 709-710.

大使可以代表政府簽署協定，但希望將上述「願望」列入協定文本。[1]蘇聯的「希望」與美國的方案差別不大，而且口氣十分緩和，看起來只要做些技術處理，達成協議應該問題不大。然而，情況卻突然發生了變化。

　　7 月 18 日丘吉爾來信告知，英國已下令停止在北極航線護航，並將開闢第二戰場的時間推遲到 1943 年。斯大林對此憤怒至極，他在 7 月 23 日的回信中毫不客氣地指出，這些做法「不可理喻」，「無法解釋」，「不能容忍」。[2]蘇聯對於第二租借協定的態度也由此變得十分強硬。7 月 29 日，因北極航線停運，美國要求改變運輸計劃的時間安排，遭到蘇聯的激烈反對。隨後，美國人發現，蘇聯發來關於工業設備的請購數量，大大超過了協定的承諾，預期到貨的數量也超過了協定承諾。別利亞耶夫還告訴美國人，蘇聯要求的 440 萬噸物資，不包括經太平洋運輸的 6 萬噸貨物。[3]不過，蘇聯人的怨氣主要是針對英國人的。在對蘇聯援助的政策理解上，英國與美國確有分歧，他們不理解為何美國對蘇聯的物資供應政策與對待英國不同，因此糾纏於協定文本的表述和措辭，一再拖延簽字。而蘇聯的不滿則在於英國推遲開闢第二戰場和停止北極航線護航，甚至在《真理報》刊出漫畫，指責英國人膽怯並與納粹遙相呼應。9 月下旬，李維諾夫反覆給國務院打電話，邁斯基也不斷催促艾登，要求儘快簽署第二租借協定。美國駐英國大使 J. G. 維南特認為，俄國人如此施加壓力，是因為英國停止北極航線護航。[4]斯大林也公開出面了，他利用 10 月 3 日書面回答美聯社記者問題的機會，指責盟國對蘇聯幫助的效果「暫

1　*FRUS*, 1942, Vol. 3, pp. 712-713.

2　*Печатнов В. О., Магадеев И. Э.* Переписка И. В. Сталина с Ф. Рузвельтом и У. Черчиллем, Том 1, с. 204.

3　*FRUS*, 1942, Vol. 3, pp. 722-23、715-717.

4　*FRUS*, 1942, Vol. 3, pp. 723-724; Правда, 6 октября 1942, 4-й стр, 12 октября 1942, 4-й стр. ; McNeill, *America, Britain & Russia*, p. 145.

時還是小的」，並要求盟國「完全地、按時地履行自己的義務」。[1] 在這些
問題上，美國的確感覺有愧於蘇聯，所以對莫斯科的要求表示理解和接
受。他們不僅不再堅持修改生產和運輸計劃，霍普斯金還提出了對蘇增
加 50 萬噸供應的新方案。10 月 2 日，羅斯福下令，盡一切努力補足向蘇
聯北方的配額，做好所有必要的安排，包括優先為蘇聯生產，以履行協
定的承諾。[2]

　　在羅斯福的親自干預下，第二租借協定 10 月 6 日在華盛頓簽署。西
方可為蘇聯生產和提供的物資總計 700 萬噸，價值 30 億美元，其中軍事
物資 20 億，工業設備 4 億，糧食和食品 6 億。不過，美英負責運送的物
資只有 440 萬噸，超過部分由蘇聯自己運輸。[3] 至於蘇聯提出的飛機和金屬
供應的額外要求，也按照蘇方提議列為第二協定的附件三，其中規定，
增加飛機供應的問題再行商議，但英國承諾繼續按每月 2000 噸的速度供
應鋁，直到 1942 年底；美國承諾每月提供 10 噸鈷；美英還同意在 1942
年第四季度將鎳的供應量（製成品除外）提高到每月 700 短噸。[4] 斯大林對
此還不滿足，10 月 7 日直接致函羅斯福，希望美國保證每月交付 500 架
戰鬥機，8000 — 10000 輛卡車，5000 噸鋁，一年內供應 200 萬噸糧食。
此外，還特別要求美國為蘇聯的運輸船隊增加 20 — 30 艘貨輪。[5] 在美國政
府討論這些要求時，10 月 10 日霍普金斯傳達了羅斯福的看法：「考慮到
戰略形勢，總統認為積極答覆斯大林十分必要」。結果是，除了飛機只能

1　中共中央馬恩列斯著作編譯局：《斯大林文集（1934 — 1952 年）》，第 333 頁。兩天後《真
　　理報》發表了這篇答記者問。Правда, 5 октября 1942, 1-й стр.

2　*FRUS*, 1942, Vol. 3, pp. 722-723, 723-724; Jones, *The Roads to Russia*, pp. 117-120.

3　Goodrich and Carroll (eds.), *Documents on American Foreign Relations, Vol. V*, p. 251; АВПРФ, ф. 6, оп. 4,
　　д. 248, л. 6, 轉引自 *Бутенина Н.* Ленд-лиз: Сделка века, с. 125。

4　*FRUS*, 1942, Vol. 3, pp. 734-735.

5　*Печатнов В. О., Магадеев И. Э.* Переписка И. В. Сталина с Ф. Рузвельтом и У. Черчиллем, Том 1, с.
　　251-252; *FRUS*, 1942, Vol. 3, pp. 730-731.

增加 300 架（10 月即起運 276 架）外，其他基本滿足了蘇聯的要求。[1] 斯大林對此十分滿意，他在 11 月 6 日紀念十月革命二十五週年的報告中宣稱：「英蘇美同盟有戰勝意德同盟的一切可能，並且毫無疑問一定會取得勝利。」[2]

從談判的過程可以看出，第二租借協定期間的困難和矛盾主要不在於美蘇之間的政治關係。1942 年和 1943 年，在歐洲抵抗法西斯侵略的壓力絕大部分都是蘇聯承擔的，而且以巨大的犧牲頑強地堅持下來，這是有目共睹的事實，也對羅斯福的決策有很大影響。因此，在開闢第二戰場的問題上，羅斯福更傾向於站在斯大林一邊，這也是他在英國出爾反爾後願意並主動在租借物資清單上向蘇聯讓步的主要原因。同時，美國的國內政治也對進一步推動援助蘇聯的政策有利。到 1943 年 1 月，美國民眾普遍支持租借援助政策。對於蓋洛普的提問 —— 你支持還是反對繼續實行租借計劃，贊同者達到空前的 82%。[3] 美國的生產能力也已經不是問題。據蘇聯對美貿易公司提供的報告，到 1943 年「美國的整個工業都已經動員起來」，粗鋼產量為 8062 萬噸，製造飛機 85 946 架（比上年增長了 79%），機牀的月產量已達 1.254 億美元，汽車的月產量 80 000 輛，造船能力也達到了 2000 萬總噸。[4] 對蘇租借援助計劃的瓶頸實際上就在運輸問題，無論是在談判中還是在執行中。

美國租借物資運往蘇聯主要是通過五條海上航線，即遠東航線、北方航線、波斯灣航線、黑海航線和北極航線，其中以前三條為主（分別承擔的運輸量為 47.1%、23.8% 和 22.7%）。[5] 遠東航線因有蘇日中立條約

1　*Печатнов В. О., Магадеев И. Э.* Переписка И. В. Сталина с Ф. Рузвельтом и У. Черчиллем, Том 1, с. 258、264; *FRUS*, 1942, Vol. 3, p. 735.

2　中共中央馬恩列斯著作編譯局：《斯大林文集（1934 — 1952 年）》，第 336-348 頁。

3　Cantril, *Public Opinion*, p. 412.

4　РГАЭ, ф. 413, оп. 12, д. 6799, л. 3-18//Исторический архив, 2013, №5, с. 35-44.

5　*Паперно А. Х.* Ленд-лиз, с. 363-365.

而最安全，但距離較遠。波斯灣航線距離太遠（15000 英里），卸船後還要轉長途陸運，耗時最長。北方航線距離最短（5000 英里），自然是理想的航線。[1] 然而，北方航線處於德國潛艇猖獗活動的區域，給運輸帶來極大損失。特別是在 1942 年上半年，229 艘輪船運送的 122.6 萬噸貨物，沉入海底的竟達 29.6 萬噸，還有 12.9 萬噸被迫滯留英國港口。正是如此重大的損失，導致 1942 年 10 — 11 月以及 1943 年 4 — 6 月整條航線完全停運。[2] 這既是如前所述第二協定談判形成緊張局面的原因，也給後面計劃的執行帶來了很大困難。改變航線（主要轉向波斯灣）固然減少了損失[3]，但也大大影響了運輸量。波斯灣航線不僅路途遙遠，而且港口設施和運載工具都準備不足，大量貨物轉運至此，完全超出了港口卸貨和清關的能力，從而出現了嚴重的擁堵和積壓。[4] 再者，波斯灣和太平洋供應線的擴展和改進當然可以在未來一年內增加運輸量，但遠水難救近火，就在 1942 年 11 月底斯大林格勒戰役蘇聯將要大舉反攻的緊要關頭，按計劃預定的 145.88 萬噸物資，只送到了 76.20 萬噸。到年底，第二協定的運輸量只完成了計劃的 55%。運輸量的緊張造成了保障蘇聯戰場供給和開闢第二戰場的矛盾。據美國軍方估計，如果按照羅斯福的要求滿足蘇聯的要求，美國可以再擠出 156 艘貨輪，但代價是運往英國準備開闢第二戰場的美軍就要減少 37.5 萬人。[5]

　　為了抵制反對派的意見和提高工作效率，實現他在給丘吉爾電報中

1　Jones, *The Roads to Russia*, pp. viii-ix.

2　Leighton and Coakley, *Global Logistics*, p. 731.

3　有學者統計，1942 年被擊沉的運輸船數佔總數的 12%，而 1943 年只佔 1%。McNeill, *America, Britain & Russia*, p. 239.

4　*FRUS*, 1942, Vol. 3, pp. 728-729; 1943, Vol. 3, Washington, D. C.: GPO, 1963, pp. 739-740.

5　Leighton and Coakley, *Global Logistics*, pp. 586-587. 1943 年 1 月 21 日，《紐約時報》刊登了斯退丁紐斯的一個報告，承認援助物資「不能滿足蘇軍的需要」，「蘇聯人民主要依靠自己的武器進行了反對納粹的卓越鬥爭」。*The New York Times*, January 21, 1943, p. 1.《真理報》幾乎一字不差地報道了這些內容。Правда, 23 января 1943, 4-й стр.

說的「必須向斯大林證明我們已經百分之百地履行了義務」[1]，羅斯福再次改組了對蘇租借機構。1942 年 10 月 30 日，在總統辦公室下設立了對蘇協定執行委員會（SPC），負責全面協調和履行對蘇協定計劃，霍普金斯擔任主席，伯恩斯繼續擔當具體負責人。[2] 由此，對蘇租借成了名副其實由羅斯福本人親自掌管和監督的事務，也被賦予了更加特殊的地位。羅斯福堅決反對任何試圖修改「無條件援助」政策的意見，他不僅無視新任大使 W. H. 斯坦德利關於蘇聯正在利用美國的「慷慨」的警告，而且拒絕了空軍關於限制向蘇聯提供飛機的建議，還阻止了軍方試圖以租借換取回報的努力。在 11 月 25 日召開的對蘇協定執委會第一次會議上，霍普金斯表示，對蘇聯的無條件援助政策雖然有些令人不安，但它是經過廣泛討論而制定的。這一政策將保持不變，而不應該提出重新思考。[3] 美國內部的確存在着對這個新機構的不滿，但蘇聯人的感覺非常好：「委員會通常都會批准」蘇聯的申請，隨後與各有關部門會商，配置訂貨並把類似合同的文件發給供應商。由於採購委員會的堅持，以及對蘇協定執委會和軍事工業委員會的幫助，蘇聯幾乎完成了第二協定期間的全部採購工作。[4] 正如蘇聯代辦 A. 葛羅米柯在一份報告裏指出的，這個新委員會成立後，美國的供貨情況很快就好轉了。[5]

　　如果看百分比，第二協定計劃完成的情況遠不如第一協定。從噸位看，據美國政府提供的材料，計劃供應 408.30 萬噸（調整後的），實際

1　Sherwood, *Roosevelt and Hopkins*, p. 641.

2　Foreign Economic Section, "Report on WarAid Furnished", November 28, 1945, p. 3; Jones, *The Roads to Russia*, pp. 120-121.

3　George C. Herring, "Lend-Lease to Russia and the Origins of the Cold War, 1944-1945", *Journal of American History*, №56 (June 1969), pp. 95-96; Herring, *Aid to Russia*, pp. 84-85.

4　РГАЭ, ф. 413, оп. 12, д. 6799, л. 3-18//Исторический архив, 2013, №5, с. 35-44.

5　АВПРФ, ф. 06, оп. 6, п. 45, д. 603, л. 4-34//*Севостьянов Г. Н. (под. ред.)* Советско-американские отношения, 1939-1945, с. 542.

供應 310.33 萬噸，完成 76%。[1] 從金額看，蘇聯採購委員會報告的通過租借渠道訂購的物資總計 31.43 億美元[2]，而美國報紙刊登的羅斯福在報告中提到的實際支出的金額為 24.44 億美元[3]，即完成了計劃的 77.76%，如果按照協定的 30 億美元算，則佔 81.47%。實際上，第二期租借援助的工作比第一期大有改善，計劃完成的情況不如前期，主要是因為總體計劃供貨量從 150 萬噸猛增到 400 多萬噸。應該說，因運輸的障礙，蘇聯強烈要求而美國勉強承諾的這個總噸位超出了美國的供應能力。

在第二協定的後半期，蘇聯度過了最艱難時期的時期，此時美國內部反對無條件援助蘇聯的聲音漸漸表露出來。國會強調的主要還是對總統權力的限制，指責政府在美國人忍受生活困苦時卻把大量物資運往蘇聯。[4] 戰爭部 1943 年 1 月 23 日的備忘錄建議，繼續向蘇聯提供所有可能援助的前提是蘇聯必須讓美國對它「充滿信心」。[5] 就連一向主張對蘇援助的哈里曼也對現行政策提出了挑戰，他不僅支持英國的建議 —— 以在蘇聯北方建立空軍基地換取恢復對北方航線的護航，而且堅決反對向蘇聯提供直到戰後才可使用的工業設備。[6] 其間還發生了轟動一時的斯坦德利事件。3 月 8 日，這位大使從臨時首都古比雪夫回到莫斯科，對一羣歡迎他的美國記者道出了一段他憋在心裏已經很久的話：自從來到蘇聯，「我一直在尋找證據，證明俄羅斯人從英國和我們這裏得到了很多物質幫助 …… 但我還沒有找到任何證據來證明這個事實，俄羅斯當局似乎想掩

---

1 Foreign Economic Section, "Report on WarAid Furnished", November 28, 1945, p. 3. 已將數據中的長噸換算為公噸。

2 РГАЭ, ф. 413, оп. 12, д. 6799, л. 3-18//Исторический архив, 2013, №5, с. 35-44.

3 *The New York Times*, August 27, p. 16.

4 Herring, *Aid to Russia*, pp. 90-91. 為了防止租借權利被濫用，租借法規定總統每三個月需向國會報告一次租借工作的進展情況。

5 Maurice Matloff, *Strategic Planning for Coalition Warfare, 1943-1944: United States Army in World War II*, Washington, D. C.: Government Printing Office, 1959, p. 282.

6 Herring, *Aid to Russia*, p. 99.

蓋他們得到外部幫助的事實。顯然，他們希望他們的人民相信紅軍是在單獨打這場戰爭」。第二天，美國各大報紙都刊登了這個報道。[1] 當時國會正在辯論即將到期的《租借法案》是否繼續的問題，斯坦德利的言論及其在美國社會產生的強烈反響引發了一場對蘇租借政策的大辯論。孤立主義者讚揚大使的「勇氣和坦率」，並主張對援助蘇聯的問題展開調查。自由主義者則懷疑這是一次反蘇陰謀，並要求斯坦德利辭職。[2]

不過，由於這個講話違背了基本事實，其負面影響很快就煙消雲散了。為了防止引發美蘇關係的政治危機，華盛頓和莫斯科都立即採取措施避免事態擴大。副國務卿韋爾斯第二天舉行新聞發佈會，聲明這個講話事先未徵求國務院的意見，美國政府不贊成斯坦德利的言論。[3] 斯退丁紐斯則急忙準備了一個報告，證明大量物資已被運往蘇聯且正在用於戰鬥，蘇聯對此是讚賞的。3 月 14 日的《紐約時報》刊出了其中很多內容。[4] 羅斯福也沒有公開指責斯坦德利，只是悄悄地尋找繼任者，直到半年後事態完全平息才撤換了駐蘇大使。[5] 蘇聯方面雖然感到憤怒[6]，但處理得十分冷靜。莫洛托夫在 3 月 9 日晚上與斯坦德利的談話中，坦率地表示不同意後者的看法，但並沒有任何指責，甚至認為這個講話不會影響蘇美關係。[7] 李維諾夫 3 月 11 日在華盛頓發表演說，讚揚美國根據租借協定提供給蘇聯的援助，《真理報》很快就全文登載了這篇演說。[8] 3 月 12 日蘇聯報紙刊發了大量有關對蘇租借援助的消息或講話，美國眾議院通過延長

1　Goodrich and Carroll (eds.), *Documents on American Foreign Relations, Vol. V*, p. 523.

2　Herring, *Aid to Russia*, pp. 91-92.

3　*FRUS*, 1943, Vol. 3, pp. 628-629.

4　Herring, *Aid to Russia*, pp. 92-93; *The New York Times*, March 14, p. 5.

5　Herring, *Aid to Russia*, pp. 96-97.

6　3 月 10 日李維諾夫會見前大使戴維斯（Joseph E. Davies），表示無法理解斯坦德利「攻擊」的原因。Glantz, *FDR and the Soviet Union*, p. 121.

7　*FRUS*, 1943, Vol. 3, pp. 636-638.

8　*The New York Times*, March 12, p. 4; Правда, 13 марта, 1943, 4-й стр.

《租借法案》的消息被刊登在顯著位置。[1] 3 月 15 日的《真理報》用半版篇幅刊登了斯退丁紐斯關於《租借法案》執行情況的報告，包括對蘇援助的具體數據。[2]

　　儘管斯坦德利的講話有違事實，其表達方式也有失外交官的風度，但實際上他講出或者引起了很多人同樣的感覺。問題不在於是否應該援助、援助多少，而在於為什麼只能是「無條件」的援助。在事件發生後一週後，哈里曼致電霍普金斯說，在倫敦的美國人和英國人都為斯坦德利的講話暗自高興，「即使這是一種輕率的行為」，「這裏有一種越來越強烈的感覺：如果我們任由俄國人擺佈」，將來會有麻煩。[3] 在 5 月 21 日莫斯科的新聞發佈會上，當被問到蘇聯拒絕與美國分享情報的消息是否屬實時，前駐蘇大使 J. E. 戴維斯回答，俄國人正在向美國提供所需的全部信息。美國記者們事前已從軍方領導人那裏了解到實際情況，因此對這個答案十分不滿。斯坦德利報告說，現場的「氣氛非常緊張和敵對」。[4] 斯退丁紐斯也擔心蘇聯會利用美國的慷慨大方，他向霍普金斯建議，對蘇聯優先的做法在起初或許是必要的，但現在「需要一種堅定而強硬的態度」。[5]

　　面對已經出現的情緒和分歧，羅斯福需要立即做出決定：無條件援助政策是否繼續執行下去。5 月 28 日，霍普金斯在備忘錄中解釋說，戰爭期間保持美蘇友誼「至關重要」，美國人必須感激蘇聯在戰爭中作出的巨大犧牲，而且必須認識到，美國援助蘇聯是為了幫助它打敗敵人，而

1　*FRUS*, 1943, Vol. 3, p. 753.

2　Правда, 15 марта 1943, 4-й стр; *FRUS*, 1943, Vol. 3, pp. 629-630.

3　Sherwood, *Roosevelt and Hopkins*, pp. 705-706.

4　*FRUS*, 1943, Vol. 3, p. 651-52. 關於蘇聯拒絕與美國進行情報交流的情況，還可見 John R. Deane, *The Strange Alliance: The Story of Our Efforts at Wartime Cooperation with Russia*, New York: The Viking Press, 1947, pp. 48-49。

5　Herring, *Aid to Russia*, pp. 99-100.

不是「從它那裏獲取它不願意提供的情報」。伯恩斯也警告租借管理辦公室的官員，對外「不提供信息」是俄羅斯三百年的傳統，對此提出挑戰是徒勞的。「必須信任他們，他們會做得很好」。馬歇爾則對新成立的美國駐莫斯科軍事使團團長 J. R. 迪恩將軍明確指示，不要試圖從俄國人身上竊取情報。[1] 儘管如此，正如赫林所說，在 1943 年春季和初夏，許多美國人開始質疑政府對蘇聯的租借政策。[2] 這也是第三租借協定開始談判時面臨的困境。

第三租借協定（倫敦協定）：1943 年 7 月 1 日至 1944 年 6 月 30 日

從邏輯上講，美蘇第三次租借協定是否能夠簽訂，首先取決於美國的《租借法案》是否繼續有效。1941 年 3 月通過的《租借法案》有效期兩年，1943 年 1 月底眾議院外交委員會開始舉行聽證會，持續約 4 週，辯論是否延期問題。2 月 26 日委員會通過了延長《租借法案》的報告，並提交國會批准。[3] 從當時國內外的形勢看，租借法延期沒有任何障礙。[4] 問題是應該延長幾年，爭論的焦點在於：戰爭結束後與盟國之間的經濟關係是否繼續按照租借政策的原則和方式處理。圍繞這個問題，形成了兩派完全對立的意見。《租借法案》的起草者考克斯、租借管理辦公室主任斯退丁紐斯、駐英國大使維南特和著名記者 W. 李普曼等人主張，租借機制對於和平時期具有很大價值，可以在戰後各國經濟恢復和重建中發揮作用。但這種看法在國會受到嚴重質疑，很多議員都警告說，租借政策只適用於戰爭，絕不能用於戰後經濟重建。一些有影響力的商業期刊和貿易機構也認為，「永久性」租借安排將對世界貿易和其他商業活動產生

---

1 Herring, *Aid to Russia*, pp. 102-103.
2 Herring, *Aid to Russia*, pp. 98-99.
3 Goodrich and Carroll (eds.), *Documents on American Foreign Relations, Vol. V*, pp. 106、123-127.
4 根據民意測驗，1943 年 1 月和 3 月，延長租借法的支持率分別達到 82% 和 88%。Cantril, *Public Opinion*, p. 412.

有害影響。雙方的意見很難統一，但戰爭還在繼續，租借必須延長。最後國會接受了斯退丁紐斯的折中意見，《租借法案》只延長一年。[1] 3 月 10 日眾議院以 407 票對 6 票、3 月 11 日參議院以 82 票對 0 票順利通過了租借法延長議案。[2]

　　考慮到需要提前安排生產，斯退丁紐斯在 1 月 7 日通知李維諾夫，要求蘇聯提供 1943 年 7 月 1 日至 1944 年 6 月 30 日所需物資清單。[3] 1 月 18 日米高揚向斯大林報告了所擬供應計劃草案，總量為 570 萬噸。3 月 15 日，米高揚將經過斯大林批准的草案發給了莫洛托夫，但報告和清單都沒有給出總噸位。[4] 經過幾個月的交涉和討論，6 月 14 日美國將第三協定草案及說明正式交給蘇聯代辦葛羅米柯。美國可以提供 708 萬短噸貨物，但考慮運輸力量只能供應 450 萬短噸（408.24 公噸）。副國務卿艾奇遜樂觀地認為，協定「稍後將在倫敦簽署」。[5] 然而事情並不順利。6 月底，米高揚特別提出，美國拒絕批準部分水電站設備和全部駁船項目，蘇聯表示不理解，並要求無論將來協定如何確定，對於這些「享有最高優先權」貨物應該先行安排交付。[6] 7 月 8 日，葛羅米柯提交了蘇聯修改的協定草案，其中將供貨總噸位提高到 600 萬短噸（544.32 萬公噸），還堅持要求供應某些軍艦。[7] 7 月 14 日，蘇聯再次提出修改供貨清單，將供應總量增加到 600 萬公噸，並認為蘇聯有充分理由獲得更多租借物資。蘇聯還要求美國批准提供「最急需的」掃雷艦和潛水艇，滿足對 P-39「飛蛇」戰鬥機的數量要求 —— 這是蘇聯飛行員最喜歡的機型。[8] 7 月 23 日美國

1　Martel, *Lend-Lease, Loans*, pp. 7-9、99-100; Stettinius, *Lend-Lease: Weapon for Victory*, p. 6.

2　Goodrich and Carroll (eds.), *Documents on American Foreign Relations, Vol. V*, p. 106.

3　*FRUS*, 1943, Vol. 3, pp. 737-738.

4　АВПРФ, ф. 06, оп. 5, п. 7, д. 66, л. 40-46、58-71.

5　*FRUS*, 1943, Vol. 3, p. 760; Рыжков Н. И. Великая Отечественная, с. 104-105.

6　*FRUS*, 1943, Vol. 3, pp. 764-765.

7　*FRUS*, 1943, Vol. 3, pp. 765-766.

8　*FRUS*, 1943, Vol. 3, pp. 767-769.

答覆：同意大西洋航線增加到 240 萬短噸，太平洋航線增加到 270 短噸
（總計 462.67 公噸），但艦艇的問題再行考慮。[1] 直到 9 月 1 日，蘇聯大使
館才回覆美國：「同意將美國政府提出的第三協定供應方案從 708 萬噸減
少到 560 萬噸，其中包括 50 萬噸的庫存和結轉（物資）。」[2]

　　蘇聯這種完全是外交辭令的表述方式很容易迷惑人 —— 似乎是蘇
聯做出了重大讓步（148 萬噸）。其實不然。首先，美國最初提出的 708
萬短噸（不是公噸）是有能力提供的物資，而不是實際供應的噸位。其
次，米高揚最初的要求是 570 萬噸，後來提交給美國的數量提升到 600
萬噸。再次，美國最初允諾的供貨量為 408.24 萬噸，後來答應增加到
462.67 萬噸。所以，蘇聯最後提出的 560 萬噸，實際上只比其最初要求
少了 10 萬噸，而比美國最初允諾的則多出 151.76 萬噸，即使按照雙方修
改過的數字算，蘇聯的要求也比美國的承諾多 137.33 萬噸。如此算來，
在談判中做出讓步的應該是美國。9 月 22 日美國接受了蘇聯的最後方
案。[3] 10 月 19 日，倫敦協定簽字。值得注意的條款和內容還有，運輸量
的一半由蘇聯接管；英國和加拿大承擔了 100 多萬噸援助物資；在蘇聯
要求的供貨中，用於戰後經濟恢復和重建的工業設備和材料佔有重要位
置;同以前一樣，蘇聯提出的要求無需詳細地提供「使用者的正當理由」。[4]

　　這次談判從 1943 年 1 月初開始，一直持續到 10 月 19 日，整整 10
個月。導致談判拖期的一個重要因素是關於「無條件」原則是否繼續實
行。英國要求在第三協定中必須加入新的條款，即蘇聯允許在摩爾曼斯
克附近為皇家空軍提供基地，美國對此堅決抵制。最後，霍普金斯和對
蘇協定執委會說服英國撤回了提議。[5] 此外，美國軍方要求在協定中應強

1　*FRUS*, 1943, Vol. 3, pp. 770-771.

2　*FRUS*, 1943, Vol. 3, p. 776.

3　*FRUS*, 1943, Vol. 3, pp. 778-779.

4　Martel, *Lend-Lease, Loans*, pp. 46-47; Супрун М. Н. Ленд-лиз и северные конвои, с. 238-239.

5　Herring, *Aid to Russia*, pp. 101-102.

調駐蘇武官和觀察員享有與蘇聯同行在西方的同樣權利 —— 他們可以進行戰場訪問並獲取軍事情報。馬歇爾在參謀長聯席會議上對此表示反對，因為「白宮的政策是，對蘇聯的租借不能用作討價還價的基礎」。[1]還有人提出，與蘇聯的租借協定也應像英法一樣加入互惠或反向租借的內容，即向美國海外軍隊提供貨物、服務、航運和軍事設施。但艾奇遜認為，既沒有美軍在蘇德前線服役，蘇聯也尚未參加對日作戰，故目前不宜提出這個問題。[2]第二個因素涉及「優先事項」的爭議。早在蘇聯最初準備協定草案，即斯大林戰役開始反攻的時候，斯大林就確定了一個新方針 —— 縮減軍用物資的供應總量，而增加滿足戰後需求的工業設備的供應。米高揚呈送的第三協定草案已經減少了軍事裝備（如以前急需的坦克完全沒有列入）而增加了工業設備，斯大林在修改時又減少了掃雷艦（22 艘減至 15 艘）、艦載火炮（1710 門減至 330 門），卻明顯增加了車牀（1.8 萬台加至 2.4 萬台）、各種工業設備（1.08 億美元加至 1.2 億美元）、電力設備（1.2 億美元加至 1.35 億美元）。斯大林還特別提出要討論戰後急需的機車和車廂的問題。[3]蘇聯在第三協定清單中大量增加的工業設備生產週期較長，很可能交付時戰爭已經結束（後來實際情況確實如此），是否應該作為戰時「優先事項」供應，在美國租借管理辦公室內部引起激烈爭論。哈里曼表示堅決反對批准這些請求，而蘇聯供應處的 S. P. 斯帕丁卻強烈主張對蘇聯的要求做出積極回覆。[4]到 1943 年 9 — 10 月，隨着戰爭向西推進，斯大林的關注點更加傾向戰後重建所需設備和物資，而美國人對此則愈加敏感。儘管有人提出滿足蘇聯的要求不僅可

1　Jones, *The Roads to Russia*, p. 168.

2　*FRUS*, 1943, Vol. 3, pp. 746-747. 1942 年美國分別與英國、澳大利亞、新西蘭和自由法國簽署了互惠援助協議，或曰反向租借協議。

3　АВПРФ, ф. 06, оп. 5, п. 7, д. 66, л. 49-46、58-71.

4　Martel, *Lend-Lease, Loans*, pp. 72-73.

以確保戰後與蘇聯的良好關係，而且有利於解決美國戰後的商業繁榮和工人就業問題，但對外經濟管理局（FEA）局長 L. 克勞利和該局蘇聯分部主任 C. 韋森都對蘇聯的動機抱有懷疑，並認為美國的援助不得用於與戰爭目的無關的其他用途。[1] 有的共和黨參議員甚至譴責租借物資就是「巨額救濟金」。[2] 影響談判的第三個因素是美國軍方提出在分配物資時應該更多地考慮自己的需求。隨着美國軍隊在歐洲戰爭中負擔的增長和在對日作戰中擔任主要角色，參謀長聯席會議要求嚴格把握對外援助的標準，只有申請國無法自己生產的物資才能核準裝運。[3]

在內部分歧和反對意見不斷的情況下，總統的態度起到了關鍵作用。羅斯福首先要澄清租借法的一個基本理念 —— 租借物資是不會大規模歸還的。1943 年 8 月 25 日，羅斯福向國會遞交了租借法工作報告（第 11 號），他在說明信中指出：「國會在通過並延長租借法這一行動中，已經明白地告訴人們，美國不想要新的戰爭債務，從而危害行將來臨的和平。勝利和牢固的和平就是我們能夠得到償還的唯一貨幣。」[4] 其次，羅斯福強調戰時和戰後加強美蘇合作和友誼的重要性。為了平息斯坦德利事件的影響，他在 9 月一次面對記者的談話中說，俄國人沒有為美國的援助表示感恩，「並不意味着他們缺乏欣賞力」，那只是他們的處事「方式」。[5] 在羅斯福看來，蘇聯不再是一個為生存而戰的乞求者，而是承擔起了羅斯福長期以來設想的角色：一個確保戰勝德國和日本、確保他所希望的持久和平的必要夥伴。[6] 最後，羅斯福進行了一系列行政機構改組和人

1　Martel, *Lend-Lease, Loans*, pp. 73-74.

2　Herring, *Aid to Russia*, p. 122.

3　Herring, *Aid to Russia*, p. 121.

4　*The New York Times*, August 26, 1943, p. 11. 9 月 7 日羅斯福本人又否認了這句話，並對償還問題做了比較寬泛的解釋，以平息國內抗議的聲音。McNeill, *America, Britain & Russia*, p. 242.

5　Herring, *Aid to Russia*, pp. 108-109.

6　Glantz, *FDR and the Soviet Union*, p. 143.

事調動，以推進第三協定談判和未來任務的順利執行。9 月 25 日，羅斯福將戰時生產、租借管理、救濟和戰後重建等部門合併起來，成立了對外經濟管理局（以下簡稱外經局），任命與保守派議員保持密切聯繫的銀行家克勞利為局長，而斯退丁紐斯升任副國務卿。[1] 10 月，羅斯福任命對蘇無條件援助的發起人哈里曼為駐蘇大使，取代了斯坦德利。還取消了使館的武官職位，而成立了駐蘇軍事使團（USMM），任命參謀長聯席會議祕書迪恩為團長，置於大使的直接領導下。這個新機構的主要職責是保證加速向蘇聯提供物資援助，以促進美蘇之間更加積極和廣泛的合作。[2] 這些舉措不僅消除了部門之間權限和管理的混亂，而且把租借與戰時經濟、戰後重建統合為一個機構，有利於緩解租借物資分配之中的矛盾。[3]

　　有研究者認為，由於克勞利與保守派的關係以及軍事使團工作人員的「溫和性」（取代了公開親蘇的費蒙維爾），因而這次機構改組體現了羅斯福政策轉變的「過渡性」。[4] 這個說法未免言過其實。1944 年初以哈里曼為代表的一些參與租借工作的高層官員確實對「無條件租借」政策提出了意見，但並未對羅斯福和美國的租借政策產生影響，至少在第三租借期內是如此。1943 年 7 — 9 月，盟軍發動西西里島登陸和意大利本土作戰，導致意大利投降。這次戰役儘管未如斯大林所願發生在法國，但畢竟大大緩解了東部戰線的壓力。10 月下旬莫斯科三國外長會議討論和決定了戰時及戰後盟國經濟合作的諸多事宜。12 月初結束的三巨頭德黑蘭

1　*The New York Times*, September 3, 1943, p. 1, September 26, pp. 1、14; Herring, *Aid to Russia*, pp. 123-124.

2　*FRUS*, 1943, Vol. 3, pp. 704-705; Glantz, *FDR and the Soviet Union*, p. 145-146. 迪恩回憶說，我的職責是「確保蘇聯在擊敗敵人的過程中得到美國的最大援助」，「我懷著良好的願望去了蘇聯，準備以誠實和坦率的態度去談，並準備慷慨地提出向蘇聯運送美國物資的建議」。John R. Deane, "Negotiating on Military Assistance", in Raymond Dennett and Joseph E. Johnson(eds.), *Negotiating with the Russians*, Boston: World Peace Foundation, 1951, pp. 4-5.

3　斯坦德利與費蒙維爾的矛盾，以及美國在莫斯科機構在租借問題上不協調的情況，參見Tuyll，*Feeding the Bear*, pp. 9-10。

4　Glantz, *FDR and the Soviet Union*, pp. 145-146.

會議實現了美蘇首腦第一次會晤，也把雙方合作推向了高潮。那麼，第三租借協定前半期盟國取得的政治和軍事優勢對美國的租借政策產生了什麼影響？從邏輯上講，隨着盟軍在歐洲戰場上的順利推進，蘇聯在軍事上的作用自然相對降低，在租借援助中的優先地位也就失去了基礎。正如赫林所說，到 1944 年初引起「無條件援助」政策的條件「發生了根本性變化或完全消失了」。[1] 最先看到這一點的有影響的人物，恰恰是最早提出無條件援助政策的哈里曼。1944 年 1 — 3 月，哈里曼不斷向國務院和白宮提出他的新看法和建議。哈里曼依然非常重視並全力支持加強與蘇聯的關係和對蘇聯的援助，也支持滿足蘇聯對戰後重建的要求，但這一切已經不能再是「無條件」的了。一方面，哈里曼認為，「俄國的軍事危機已經過去」，現在美國有理由要求蘇聯為他們的急需物資提出「合理的證據」。[2] 另一方面，哈里曼擔心蘇聯勢力在東歐和巴爾幹的擴展，而經濟援助是「可以使用的最有效武器之一」。[3] 哈里曼的看法得到了迪恩、海軍和外經局的支持。[4] 但是羅斯福和霍普金斯領導的對蘇協定執委會反對改變目前的方針。在霍普金斯的建議下，2 月 14 日總統向國務卿發送了一份明確的備忘錄：「俄羅斯仍然是擊敗德國的一個主要因素」，向蘇聯提供最多數量的物資，「這是一件極其重要的事情」。[5] 3 月 16 日國務卿客氣地通知哈里曼，為了維護與蘇聯的關係，目前採取任何改變對蘇租借工作程序的做法都是「不明智的」。[6]

　　無條件援助政策的持續，在很大程度上保證了第三協定的圓滿履行。到 1944 月 6 月底，美國向蘇聯交付物資 550.22 萬噸，英、加共交

1　Herring, *Aid to Russia*, p. 112.

2　*FRUS*, 1944, Vol. 4, Washington, D. C.: GPO, 1966, pp. 1039-1040.

3　*FRUS*, 1944, Vol. 4, pp. 944-945、951-953.

4　*FRUS*, 1944, Vol. 4, pp. 1055-1058, 1062-1063; Herring, *Aid to Russia*, p. 130.

5　*FRUS*, 1944, Vol. 4, p. 1053.

6　*FRUS*, 1944, Vol. 4, pp. 1062-1063.

付 33.57 萬噸，總計 583.79 萬噸，超過了計劃的 560 萬噸。[1] 據盧卡舍夫報告，到 1943 年底，蘇聯在美國對外租借項下所佔比例 27.2%，已經超過了英國（12.3%），與 1942 年相比租借物資的增長速度（114%）也超過了英國（100%）。[2] 蘇聯對此非常滿意。1944 年 6 月 11 日的《真理報》發表社論，高度讚揚美蘇租借總協定簽訂兩年來取得的成就，並在第一版用三分之一的版面刊登了美國、英國和加拿大援助蘇聯的詳細數據。[3]

然而，在第三協定期間經總統高壓政策勉強解決的難題，在第四次對蘇租借協定的談判中繼續發酵，並且成為主要的障礙。

第四租借協定（渥太華協定）： 1944 年 7 月 1 日至 1945 年 5 月 12 日

第四次租借協定的法律前提仍然是租借法能否再次延長。1944 年 5 月 17 日，在參議院以 63 票對 1 票通過後約一個星期，羅斯福簽署了第二次延長租借的法案。在國會辯論時，幾乎沒有人質疑繼續租借的必要性，議員們最關注也是爭論最激烈的問題在於如何制約總統的權力，以免浪費國家資源，特別是禁止以租借方式為戰後對外經濟簽訂任何協議或承擔任何義務。[4] 與第一次延長《租借法案》最大的不同是，這次有一個重要的修正，即在總統有權確認援助條件和償還方式的條款中加了一句：「本段的任何內容均不得解釋為授權總統在戰後經濟政策、戰後軍事政策或任何涉及國際關係的戰後政策方面承擔或產生任何義務，除非遵照既定的憲法程序。」[5] 其實，這正是第四協定談判中所涉及的核心問題。

1　Foreign Economic Section, "Report on WarAid Furnished", November 28, 1945, p. 4. 另一個統計數字交付物資 637 萬噸。Diaries of Henry Morgenthau, Jr., September 9-14, 1944, Vol. 771-1, pp. 91-93, FranklinD. Roosevelt Presidential Library and Museum; РГАЭ, ф. 413, оп. 9, д 438, л. 21, 轉引自 Супрун М. Н. Ленд-лиз и северные конвои, с. 320-321. 也有俄國學者說，倫敦協定只完成了計劃的 75%，但沒有給出任何依據。Рыжков Н. И. Великая Отечественная, с. 121.

2　РГАЭ, ф. 413, оп. 12, д 6799, л. 3-18//Исторический архив, 2013, №5, с. 35-44.

3　Правда, 11 июня 1944, 1-й стр.

4　Jones, The Roads to Russia, pp. 252-253; Herring, Aid to Russia, pp. 155-156.

5　Leland M. Goodrich and Marie J. Carroll (eds.), Documents on American Foreign Relations, Vol. VI, July 1943-June 1944, Boston: World Peace Foundation, 1945, p. 119.

　　還在第三協定簽署之時，蘇聯就已經開始關注戰後經濟恢復問題。1943 年 9 月 7 日斯坦德利報告，因對蘇聯要求的 16 座電站設備，美國只批准了 11 座，蘇聯政府為此提出交涉，希望國務卿出面幫助加快批准所有要求的項目。[1] 在 10 月 12 日和 15 日與美國戰時生產局局長納爾遜會談時，莫洛托夫詢問蘇美可在怎樣的金融條件下發展經濟關係，斯大林則對納爾遜的建議 —— 組建美蘇聯合委員會解決戰後雙方經濟合作問題 —— 很感興趣，並認為應儘快建立。[2]1944 年 2 月以後，蘇聯黨政最高機構做出一系列決議，旨在啟動從戰時經濟向國民經濟重建與和平建設過渡的計劃。[3] 米高揚並非無意地告訴哈里曼，蘇聯正在籌備一個 15 年的重建計劃。[4]

　　正是在這樣的背景下，美國人發現，在開始討論第四租借協定時，蘇聯對工業設備和材料的需求急劇上升，總價值超過 10 億美元。[5] 斯退丁紐斯認為，第四協定簽署一再延遲的主要原因是蘇聯堅持要求以租借方式供應就生產週期而言只能在戰後才可能交付的遠程（long-range）工業設備。[6] 這個看法是有根據的。在 1944 年 6 月 10 日舉行的午餐會上，莫洛托夫一邊大力讚揚美國工業和租借對蘇聯軍事勝利做出的成就，一邊明確地告訴哈里曼，蘇聯希望「租借制」在戰後能夠繼續下去。哈里曼巧妙地回答說，美國衷心贊成在戰後繼續「這種租借合作的精神」。[7] 哈里曼

1　*FRUS*, 1943, Vol. 3, pp. 777-778.

2　АВПРФ, ф. 06, оп. 5, п. 30, д. 347, л. 14-16//*Севостьянов Г. Н. (под. ред.)* Советско-американские отношения, 1939-1945, с. 416-418.

3　*Черненко К. У. и Смирютков М. С. (сост.)* Решения партии и правительства по хозяйственным вопросам, Том 3, 1941-1952гг, Москва: Издательство политической литературы, 1968, с. 183-223; *Куманев Г. А. и др* Великая Отечественная война, с. 241。

4　*FRUS*, 1944, Vol. 4, pp. 1054-1055.

5　Martin F. Herz, *Beginnings of the Cold War*, Bloomington: Indiana University Press, 1966, p. 160; Martel, *Lend-Lease, Loans*, p. 101.

6　Foreign Economic Section, "Report on WarAid Furnished", November 28, 1945, p. 5.

7　*FRUS*, 1944, Vol. 4, p. 885.

的答覆也是實在的，因為美國國內在這個問題上爭論十分激烈。

1943 年 10 月莫斯科會議外長在涉及蘇聯戰後重建的問題上，美國人表示願意「在蘇聯的重建和復興工作中發揮重要作用」，只要求蘇聯提供所需設備的數量、品種和規格，尚未言及援助的方式。[1] 因為那時，羅斯福對戰後總統是否在租借問題上仍可行使權力還不確定。[2] 直到 1944 年初，國務院對租借援助是否可以擴展到戰後重建的問題還在猶豫，處事十分謹慎。[3] 租借本身就是一種戰時援助措施，這一點在法理上非常清楚。最堅定而明確申明這一原則的就是外經局局長克勞利，他在眾議院外交委員會和撥款委員會的聽證會上，不止一次地聲明：「租借是一項戰爭緊急措施」，應在戰爭結束後「儘快終止」。助理國務卿迪安・艾奇遜也支持這一說法。克勞利後來向詢問者保證，他絕不會故意允許租借資金用於重建。[4] 這種立場在國會裏得到大力支持。著名共和黨保守派參議員范登堡警告說，不能把「一分鐘或一美元延長到戰後時期」。外交委員會主席 T. 康納利參議員則聲明，國會從未打算將租借「用於任何目的，除了協助軍事行動進行這場戰爭」。[5] 因此，羅斯福本人在公開場合也不得不多次談到，他從未主張將租借政策延長至戰後。總統所能做的，只是為保持盟國之間良好的合作關係而支持那些臨時措施或權宜之計。[6]

在美國內部，租借援助政策最堅定的支持者包括霍普金斯、伯恩斯、斯帕丁，他們都是租借政策的執行者，並且同羅斯福一樣對蘇聯充

1　*Громыко А. А. (гла. ред.)* Советский Союз на международных конференциях периода великой отечественной войны 1941-1945гг., Том 1, Московская конференциях министров иностранных дел СССР, США и Великобритании (19-30 октября 1943г.), Сборник документов, Москва: Издательство политической литературы, 1978, с. 321.

2　Martel, *Lend-Lease, Loans*, pp. 100-101.

3　*FRUS*, 1944, Vol. 4, pp. 1038-39、1042-1043.

4　Martel, *Lend-Lease, Loans*, pp. 10-12、101.

5　Herring, *Aid to Russia*, p. 165.

6　Herring, *Aid to Russia*, p. 166; РГАЭ, ф. 413, оп. 12, д. 10128, л. 223//*Соколов В. В.* Ленд-лиз в годы второй мировой войны, с. 14。

滿期望和善意。但是到 1944 年，霍普斯金和伯恩斯年老體弱，重病在身，而斯帕丁遠在莫斯科，他們對參與華盛頓的決策都已感到無能為力。[1] 考克斯和斯退丁紐斯也希望儘量延續租借政策，但他們只能提出一些具體措施，而在原則上無法反對國會的立場。[2] 哈里曼非常重視蘇聯的戰後重建問題，並認為這是美國加強與蘇聯友好關係的重要方面，但他堅決反對任何以租借形式向蘇聯提供戰後所需物資的做法。[3] 正如蘇聯政府採購委員會主席 L. G. 魯登科的報告所說，1945 年初，從國會到總統和政府官員，美國人始終強調「租借是一種純粹的軍事措施」。延長租借法的議案禁止授權總統處理戰後援助事務，除了那些已簽署合同且對美國國防不太重要的剩餘物資。[4]

在第四租借期，對美蘇經濟或金融談判以及租借政策的執行造成嚴重影響的另一個重要因素是美國國內的政治氛圍和情緒。這主要是指對一系列東歐事件的反應：兵臨城下的蘇軍對華沙起義軍民見死不救，蘇聯單方面承認波蘭的盧布林臨時政府，以及在處理羅馬尼亞、保加利亞、匈牙利等原軸心國問題時排除美國的政治參與。蘇聯在這些事件中的所作所為引起美國和西方國家的強烈不滿，雅爾塔會議後美蘇政治關係一度陷入緊張狀態。[5] 最先做出反應的就是在莫斯科負責租借援助工作的哈里曼和迪恩。雖然他們仍堅持必須與蘇聯合作，但一致認為，東歐發生的事情表明，蘇聯在接近戰爭勝利時開始漠視盟國的利益，採取單邊

1　Martel, *Lend-Lease, Loans*, pp. 33-34.

2　Herring, *Aid to Russia*, p. 151; Martel, *Lend-Lease, Loans*, pp. 72-73.

3　*FRUS*, 1944, Vol. 4, pp. 1048-1050、1054-1055.

4　*Тюрина Е. А.*《Наркомвнешторг считает целесообразным организовать закупочную комиссию》// Исторический архив, 2013, №5, с. 45-52.

5　參見：Jan. M. Ciechanowski, *The Warsaw Rising of 1944*, Cambridge: Cambridge University Press, 2002; Vladimir Tismaneanu (ed.), *Stalinism Revisited: The Establishment of Communist Regimes in East-Central Europe*, Budapest-New York: Central European University Press, 2009; *Язькова А. А.* Восточная Европа в политике СССР и США(1944-1945 гг.)//Новая и новейшая история, 1991, №3, с. 68-76。

主義建立自己的勢力範圍，把美國的慷慨大方視為軟弱無能。對此，美國需要表明既合作又強硬的立場，無條件援助的政策必須放棄，而應該用限制性更強的援助政策取而代之。[1] 國會裏的保守派和孤立主義議員因此而異常活躍，攻擊白宮外交政策的無效和無能。[2] 參謀長聯席會議的軍事首長和外經局的文職官員也進一步表示對「優先」照顧蘇聯的方針不滿，敦促應對莫斯科採取「堅定」的政策。[3]

哈里曼的建議在華盛頓尤其是國務院引起了廣泛注意，而羅斯福仍然固執己見。[4]

對於將租借政策延長至戰後，總統也顯得無能為力，但羅斯福堅決反對把經濟援助作為「討價還價」的武器。在他看來，取得戰爭勝利依然是當前最主要和最重要的目標，因此，利用經濟壓力達到政治目的的嘗試可能會損害盟國之間的軍事合作。[5] 與此同時，斯大林在東歐問題上針鋒相對，寸步不讓。在斯大林看來，既然西方已經承認蘇聯在東歐的勢力範圍，就沒有道理再在這裏指手畫腳，況且莫斯科也從來不干預北美和拉丁美洲的事務。[6] 在經濟問題上，斯大林、莫洛托夫和米高揚在與美國人的會談中多次暗示，美國為取得某些戰略物資，特別是解決戰後的就業問題，需要擴大與蘇聯的貿易；蘇聯尋求與美國開展經濟合作，實際

1　*FRUS*, 1944, Vol. 4, pp. 988-90、992-998; *FRUS*, 1945, Vol. 5, Europe, Washington, D. C.: GPO, 1967, pp. 817-824; *FRUS*, Conferences at Malta and Yalta, 1945, Washington, D. C.: GPO, 1955, pp. 447-449; Deane, *The Strange Alliance*, pp. 84-86.

2　Herring, *Aid to Russia*, pp. 163-164.

3　Martel, *Lend-Lease, Loans*, p. 54.

4　Martel, *Lend-Lease, Loans*, pp. 69-70; V. O. Pechatnov, "Averell Harriman's Mission to Moscow", *The Harriman Review*, №14, July 2003, p. 26.

5　Herring, *Aid to Russia*, pp. 140-141.

6　Nicolas Lewkowicz, *The United States, the Soviet Union and the Geopolitical Implications of the Origins of the Cold War*, London and New York: Anthem Press, 2018, pp. 137-138.

上是在幫助美國。[1] 這種認知和心態決定了蘇聯人在第四協定談判中的立場和策略：漫天要價，錙銖必較。

　　上述所有情況構成了第四租借協定談判的背景，也預示了其結果。這次談判經歷了十分漫長而複雜的過程。美國人早在第三協定簽署後一個月（即 1943 年 11 月）就開始提出這個問題，直到第四租借協定法定截止日期前兩個多月（即 1945 年 4 月 17 日）才正式簽署協定，歷時近 15 個月，甚至超過了協定本身的執行期。這次租借談判要解決的核心問題是用於經濟恢復和戰後重建那部分援助物資是否應該在租借的框架內供應，也就是如何界定租借法的實施範圍，所以談判基本上是圍繞如何落實美國《租借法案》第 3-c 條款進行的。[2] 期間還穿插或混同着關於國際貨幣基金協定、世界銀行協定和對蘇聯貸款問題的談判[3]，關於美蘇租借總協定第七條的談判[4]，再加上關於「里程碑（Milepost）」計劃（對日作戰物資供應計劃）的談判，着實令研究者有些眼花繚亂。

　　1943 年 11 月，考克斯作為外經局的顧問，提出了一個解決問題的方案，即利用《租借法案》第 3-c 條款，與蘇聯簽訂一項協定，對於在戰爭結束時已簽有合同但尚未交付的物資，美國承諾繼續供應，而蘇聯則

1　АВПРФ, ф. 06, оп. 5, п. 4, д. 34, л. 78-85//*Севостьянов Г. Н. (под. ред.)* Советско-американские отношения, 1939-1945, с. 387-392; АВПРФ, ф. 06, оп. 5, п. 30, д. 347, л. 14-16//*Севостьянов Г. Н. (под. ред.)* Советско-американские отношения, 1939-1945, с. 416-418; *МИД СССР*, Советско-английские отношения во время великой отечественной войны, 1941-1945, Документы и материалы, Т. 2, 1944-1945, Москва: Политиздат, 1983, с. 139-146; *FRUS*, 1943, Vol. 3, p. 781-86. 葛羅米柯 1944 年 7 月 14 日的報告充分反映了蘇聯人的這種樂觀心態。見 АВПРФ, ф. 06, оп. 6, п. 45, д. 603, л. 1-34//*Севостьянов Г. Н. (под. ред.)* Советско-американские отношения, 1939-1945, с. 539-555。

2　該條款規定：《租借法案》到期後，為履行此前所簽訂的合同或協定，總統對租借的權力可以行使到 1946 年 7 月 1 日（Kimball, *The Most Unsordid Act*, pp. 243-246）。以後《租借法案》三次延期，每次一年。

3　筆者關於這些談判的介紹，參見本書第二章、第三章。

4　該條款主要涉及與租借清算有關的戰後貿易（取消貿易歧視、關稅壁壘等）問題，內容見世界知識出版社編：《國際條約集（1934-1944）》，第 357 頁；*МИД СССР* Советско-американские отношения, Т. 1, с. 201。

以現金、黃金或商品在一定時期內付款。1944 年 1 月，考克斯進一步完善了他的計劃，並提交給克勞利和霍普金斯。[1] 考克斯的方案確實可以將租借物資和重建物資分開，但問題是蘇聯是否具有這樣的支付能力？哈里曼有不同的主張。他認為簽署 3-c 協定的方向沒錯，但這只是「權宜之計」。哈里曼多次提出利用向蘇聯提供大額長期信用貸款的方式 —— 這是蘇聯最感興趣的方式，既可以全面滿足蘇聯的戰後重建需求，又可以此作為經濟槓桿尋求蘇聯在政治問題上做出讓步。[2] 哈里曼方案的缺陷在於美國戰後信貸機制的建立還存在法律上的障礙，一方面專門從事對外貸款的美國進出口銀行金額受到限制（只有 7 億美元），而國際復興開發銀行的建立尚待時日；另一方面，1934 年的《約翰遜法案》禁止向未履行對美國政府義務的外國政府提供貸款，而蘇聯恰在其列。[3]

權衡利弊之後，1944 年 3 月 6 日，斯退丁紐斯和克勞利聯名向羅斯福提交了一份備忘錄。作為第四租借協定（也適用於第三協定未完成部分）的「一般政策」，他們認為，鑒於無法確定戰爭何時結束，為了保證作戰物資不間斷供應，應以目前提出請求之時起 18 個月（除個別例外）為期限，在此期限內均作為租借物資安排生產和供應，但到戰爭結束時未交付的物資則以非租借方式結算，為此需要與受援國簽訂單獨的付款協議，並在戰後信貸機制正常建立後，將該協議納入新的銀行貸款範疇。為此，他們建議，根據《租借法案》3-c 條款的授權，立即與蘇聯代表談判，簽訂一份付款協議。[4] 第二天，斯退丁紐斯將經過總統批准的這個方案告知了在莫斯科的哈里曼，並說明政府正在考慮向國會提出增加

1　Martel, *Lend-Lease, Loans*, pp. 74-75; Herring, *Aid to Russia*, p. 151.

2　*FRUS*, 1944, Vol. 4, pp. 1048-1051、1052-1053、1054-1055.

3　*FRUS*, 1944, Vol. 4, pp. 1083-1084; Martel, *Lend-Lease, Loans*, pp. 101-102. 一年後這兩個問題仍然困擾著對蘇貸款的進程。*The New York Times*, January 26, 1945, p. 2.

4　*FRUS*, 1944, Vol. 4, pp. 1059-1060.

進出口銀行貸款能力和廢除《約翰遜法案》的立法要求，以解決付款協議中的法律問題。同時，希望哈里曼與米高揚討論這一方案，並要求蘇聯迅速提供兩份儘可能詳盡的清單，一份是租借物資清單，一份是重建計劃所需求的物資清單。[1]

在 3 月 17 日與哈里曼的會談中，米高揚答覆，美國提出的方案蘇聯將予以考慮，目前正在編製 10 億美元的租借物資清單，並會很快提供。哈里曼判斷，米高揚下次會談要問的問題是，戰爭結束後未交付物資的償還條件是什麼。[2] 美國很快就做出了答覆。

3 月 18 日國務卿赫爾將美蘇互助協定（租借總協定）的補充協定草案發給哈里曼，徵求意見，並希望他就這一問題與米高揚會談。補充協定的核心內容是，「在美國總統確定針對共同敵人的積極軍事行動停止後」，美國承諾繼續提供已簽訂合同但尚未交付的物資和工業設備，而蘇聯承諾以美元向美國政府支付上述物資和設備的全部費用，並從交付之日起按照一定的年利率支付利息。赫爾解釋說，在這個總原則下，美國同意以租借方式向蘇聯提供既有戰爭用途也可用於戰後經濟建設的工業設備，但以生產、運輸和安裝週期不超過 18 個月為限。至於年利率，國務院傾向於與美國政府長期證券的現行利率掛鈎，介於 2.5% 和 3% 之間。[3]

正如哈里曼估計的，蘇聯原則上贊同簽署 3-c 條款的協定，但關鍵是支付的條件。在哈里曼與米高揚的會談中，美國的初步意見是貸款期限 5 — 30 年，年利率 2% — 3% 之間，戰爭結束後 5 年開始分期償還。蘇聯的要求是年利率 0.5%，戰爭結束後 16 年開始償還，20 年內等額分期償還。[4] 雙方差距甚遠。針對蘇聯的態度和國會的質詢，克勞利 3 月 28 日

1　*FRUS*, 1944, Vol. 4, pp. 1060-1062.

2　*FRUS*, 1944, Vol. 4, pp. 1063-1065.

3　*FRUS*, 1944, Vol. 4, pp. 1065-1069.

4　*FRUS*, 1944, Vol. 4, pp. 1069-1071.

在參議院外交委員會的聽證會上提出，除非簽署 3-c 協定，否則立即終止簽署所有的新合同；審查正在執行的合同，除非接收者願意支付費用，否則應取消合同；努力與非 3-c 協定國家就戰後物資的處置作出安排。[1] 美國的立場已經十分清楚，不簽署解決戰後重建物資支付問題的 3-c 協定，對蘇聯的租借協定便難以為繼。但困難在於，美蘇雙方提出的支付條件（利息和攤銷）差距實在是天壤之別。4 月 14 日米高揚發表聲明：蘇聯同意美國的建議，為戰爭結束時未交付的物資定期支付雙方商定的本金和利息，但希望美國政府為上述訂單提供「最優惠的待遇」。[2] 5 月 24 日，國務院向蘇聯大使館遞交了經過修改的租借總協定的補充協定。其中有關必須償還的費用規定，本金應在交付物資第 4 年開始償還，首次支付5%，以後每年支付同等數額，直到本金還完為止；利息應在交付物資後次月支付，以後每年支付一次；利率略高於上一年美國公債的平均利率，而 1944 年適用的利率為 2.1%。[3] 美國人以為蘇聯會接受這個已經讓步的條件，哈里曼樂觀地對葛羅米柯說，第四租借協定的問題已經解決，只待執行了。[4] 實際上，艱難的談判才剛剛開始。

　　1944 年 7 月 27 日，結束布雷頓森林協定談判不久的蘇聯副外貿人民委員 M. S. 斯捷潘諾夫來到華盛頓，與美國開始了 3-c 協定的談判。蘇聯帶來的方案是：允許蘇聯使用美元或黃金（黃金的價格不得低於 35 美元／盎司）進行支付；統一的利率為 2%，而不是美國建議的浮動利率；寬限期（開始還款）為 10 年，而不是美國建議的 3 年；攤銷期還應再延長。美國立即作出回應：同意採取固定利率 2.5%，同意寬限期延長至 5 年，

1　Martel, *Lend-Lease, Loans*, p. 17.

2　*FRUS*, 1944, Vol. 4, pp. 1076-1077.

3　*FRUS*, 1944, Vol. 4, pp. 1087、1087-1091、1148-1149.

4　АВПРФ, ф. 06, оп. 6, п. 45, д. 604, л. 3-9//*Севостьянов Г. Н. (под. ред.)* Советско-американские отношения, 1939-1945, с. 527-530.

同意攤銷期延長至 25 年。[1] 在以後 6 個星期的時間裏，雙方舉行了 13 次會談。儘管美國再次將利率降為 2.375%，將寬限期延長至 9 年，但斯捷潘諾夫堅持利率不得超過 2%；攤銷期還要延長到 34 年，又提出製成品降價 20%、原材料降價 15% 的要求，並堅持美國應負責全部運輸工作。無論艾奇遜怎樣耐心勸導和嚴厲警告，斯捷潘諾夫就是一口價，「毫不動搖」。[2] 談判進入僵局後，美國財政部建議可以進一步向蘇聯做出讓步，甚至可以取消利息，但國務院和駐蘇使館堅決反對，軍方也紛紛要求採取強硬態度，把租借協定作為在軍事和政治上針對蘇聯的一張「王牌」。[3]

經過最後一輪談判和交涉，美國對原方案稍作了一些調整。9 月 14 日提交給蘇方的最後方案確定為：固定年利率仍為 2.375%；寬限期仍為 9 年；攤銷期延長至 30 年；允許蘇聯以美元或黃金支付，但黃金價格應按照每次交割時的有效黃金購買價計算；物資價格原則上按照現行銷售價格或調整後的合同價格定價，以較低者為準，如果現行銷售價格無法確定，則在調整後的合同價格基礎上降低 5%。[4] 美國談判代表態度堅定地說：這是美國的最後建議，蘇聯代表或者獲取莫斯科的指示後在華盛頓簽字，或者回國去請示批准。艾奇遜再次警告：蘇聯必須迅速做出決定，否則所有工業設備的訂單無法以租借的方式下達。[5] 斯捷潘諾夫當時沒有做出回應。9 月 18 日，哈里曼致函米高揚，希望蘇聯儘快批准 3-c 協定，以確保不中斷向蘇聯提供所需物資。[6] 9 月 20 日，赫爾又將第四協定草案和清單交給葛羅米柯，並說明此方案已得到美、英、加三國政府批准。[7] 然

1　*FRUS*, 1944, Vol. 4, pp. 1106-1107、1108-1110.

2　1944, Vol. 4, pp. 1111-1113、1115-1119、1119-1121、1123-1126.

3　Blum (ed.), *From the Morgenthau Diaries, Vol. 3*, p. 304; *FRUS*, 1944, Vol. 4, p. 1128; Martel, *Lend-Lease, Loans*, pp. 67-68.

4　*FRUS*, 1945, Vol. 5, pp. 1139-1147.

5　*FRUS*, 1944, Vol. 4, pp. 1135-1138.

6　Martel, *Lend-Lease, Loans*, p. 80.

7　*FRUS*, 1945, Vol. 5, p. 1147.

而，莫斯科一直沒有答覆，斯捷潘諾夫也在幾天後悄無聲息地離開華盛頓回國了。[1]

美蘇租借談判就此中斷，這是以前從未發生過的事情。美國國務院和軍方採取比較強硬的立場，顯然與波蘭臨時政府、華沙起義和對德索賠等政治問題有關[2]，但美國畢竟還是一再做出了讓步。而蘇聯在談判中寸步不讓，這種立場，如前所說，應該是源於他們傳統的意識形態認知：資本主義不可避免的經濟危機必然導致他們有求於蘇聯市場來幫助解決失業等問題，莫斯科需要的只是耐心等待，美國人遲早還會做出讓步。與此同時，蘇聯想到通過另一條途徑解決租借協定的問題，那就是對日作戰。

1944 年 10 月中旬，丘吉爾和斯大林在莫斯科達成了著名的「百分比協定」。[3]美國人對英蘇在巴爾幹劃分勢力範圍的這個「協定」並不感興趣，令他們興奮的是在會談中斯大林全面而詳細地提出了蘇聯參加對日作戰的問題。據迪恩回憶，對於美國提到的對日作戰問題，斯大林顯然已經做好了充分準備，他在 10 月 15 日會談時，面對地圖仔細介紹了蘇軍的集結地、出發地和物資儲備地，並親自回答了美英代表的問題。蘇軍參謀長安東諾夫還提出，蘇聯在遠東的作戰部隊將從 30 個師增加到 60個師。最後，斯大林答應在遠東為盟國提供空軍基地和海軍基地，也同意立即着手制定美蘇聯合作戰計劃，但條件是盟國必須提供 100 萬噸的對日作戰物資。迪恩注意到，其中包括許多用於戰後建設的港口機械和

1 Herring, *Aid to Russia*, p. 159.

2 在 9 月 29 日給國務卿的備忘錄中，羅斯福談到戰後對德經濟政策時指出，儘管不知道蘇聯人到底在想什麼，但「我不打算以此為藉口而中斷或延遲」與蘇聯政府關於第四協定的租借談判。Herz, *Beginnings of the Cold War*, p. 154.

3 *Стрижов Ю. И.* Англия должна иметь право решающего голоса в Греции//Источник, 2003, №2, с. 45-56; 王大衞（David Wolff）:《英國檔案中的百分比協定：1944 年 10 月丘吉爾與斯大林會談記錄的補充說明》，杜蒲譯，《冷戰國際史研究》第七輯（2008 年冬季號），第 315-320 頁。

鐵路設備。[1]10 月 17 日，美蘇之間商定了蘇聯對日作戰的遠東供應計劃，即「里程碑」計劃。[2]據俄國檔案記載，斯大林 10 月 16 日會談時交給哈里曼的物資清單價值 10 億美元，其中為恢復國民經濟而訂購的設備和物資佔 6.85 億美元。[3]由此可見，蘇聯在雅爾塔會議正式答應對日作戰前四個月就提出的物資清單，其主要目標還是為了解決戰後重建問題。然而，正如迪恩感覺到的，蘇聯此時實際上並未認真對待遠東作戰問題，也沒有履行在西伯利亞沿海地區為美國遠東作戰提供基地和援助的承諾。[4]因此，里程碑計劃制定後很長時間沒有落實，直到 1945 年 4 月作為附件三加入第四租借協定。[5]

與此同時，蘇聯還試圖再尋找一條避開租借談判而得到戰後重建物資的途徑 —— 長期信用貸款。蘇聯人早就知道在進出口銀行貸款限額和《約翰遜法案》等法律問題解決之前，不可能得到來自美國的大量貸款。[6]儘管如此，葛羅米柯還是在 10 月 30 日給國務卿的照會中提出，蘇聯政府希望通過長期信貸的方式解決美國政府在第四租借協定中討論的工業設備供應問題，並將儘快提出具體建議。[7]哈里曼評論說，蘇聯如此重視貸款問題，要求美國通過長期信用貸款安排蘇聯所需工業設備的生產和供應，似乎正在嘗試以長期貸款的新提案替代美國關於 3-c 框架內租借貸款的提案。因此他向國務院建議，立即通知蘇聯政府，必須將租借貸款與戰後長期貸款分開；必須就美國提出的租借貸款最後條件達成協議，才

1　Deane, "Negotiating on Military Assistance", pp. 23-25; Herbert Feis, *Churchill-Roosevelt-Stalin: The War They Waged and the Peace They Sought*, Princeton: Princeton University Press, 1967, pp. 463-464.

2　供應總量從 106.6 萬噸調整為 79.9 萬噸。Martel, *Lend-Lease, Loans*, p. 49.

3　*Ржешевский О. А.* Сталин и Черчилль: Встречи, Беседы, Дискуссии (1941-1945), Москва: Наука, 2004, с. 474-475; Pechatnov, "Averell Harriman's Mission to Moscow", p. 18; РГАЭ, ф. 113, оп. 12, д. 9942, л. 104//Исторический архив, 2013, №5, с. 53.

4　Deane, *The Strange Alliance*, pp. 26、250.

5　Martel, *Lend-Lease, Loans*, p. 49.

6　*FRUS*, 1944, Vol. 4, pp. 1148-1149.

7　*FRUS*, 1944, Vol. 4, pp. 1150-1151.

能將蘇聯所要求的工業設備投入生產。[1]哈里曼的建議得到克勞利、斯退丁紐斯、克萊頓和史汀生的支持。[2]甚至財政部長摩根索也放棄了他所建議的 3-c 無息貸款協議，儘管仍然堅持 100 億美元的長期貸款。[3]1 月 27 日美國正式答覆蘇聯：在完成必要的立法程序之前，無法就長期貸款問題達成任何明確的協議。目前「蘇聯政府從本國獲取財政支持的唯一合法途徑依然是《租借法案》中的條款」。蘇聯政府必須就是否接受美國的 3-c 協定方案做出明確表態，「不能再有延誤」，下一財政年度的生產和預算「將在多大程度上滿足蘇聯的需求」，都取決於蘇聯政府的答覆。[4]

　　然而，蘇聯人考慮的就是如何更多地獲取戰後重建物資，並不願意單純糾纏於租借協定談判。早在 1944 年 1 月 11 日，邁斯基給莫洛托夫的報告中就談到：戰後取得美英的經濟援助對蘇聯的經濟重建至關重要，形式有三種：租借、貸款和正常貿易，其中「最為理想」的方式是租借。[5]現在租借方式談不下去，蘇聯自然就轉向貸款了。1945 年 2 月 8 日下午，斯大林在雅爾塔會議上不無用意地專門談到了租借政策，認為這是「一項了不起的發明，沒有它勝利就會被推遲」。這話讓羅斯福非常受用，並引發了他的回憶。在晚餐會上，斯大林再次指出，租借是「總統在組建反希特勒聯盟方面最顯著和最重要的成就之一」。[6]在表面上盛讚租借政策的同時，蘇聯實際上仍試圖拋開 3-c 條款談判而通過信用貸款獲取重建物資。2 月 20 日蘇聯代辦 N. V. 諾維科夫與副國務卿 J. C. 格魯舉行會談，並提交了對美國第四租借協定草案的答覆。蘇聯的建議開宗明

1　*FRUS*, 1945, Vol. 5, pp. 945-947. 根據美國的法律，租借貸款與信用貸款的區別主要在於資金來源。租借貸款的資金來國會為租借用途的專門撥款，而信用貸款的資金則來自銀行。

2　*FRUS*, 1945, Vol. 5, pp. 947-949、951-952、964-965; *FRUS*, Conferences at Malta and Yalta, 1945, pp. 316-317、318-321; Herring, *Aid to Russia*, pp. 168-169.

3　*FRUS*, 1945, Vol. 5, p. 966.

4　*FRUS*, 1945, Vol. 5, pp. 968-970.

5　АПРФ, ф. 3, оп. 63, д. 237, л. 52-93//Источник, 1995, №4, с. 124-144.

6　*FRUS*, The Conferences at Malta and Yalta, 1945, pp. 768、798.

義地挑明，蘇聯政府希望根據一項與租借協定無關的「長期貸款特別協定」得到第五類物資（「機械和設備」），甚至 4.8 億多美元的遠程設備，「也可以在沒有《租借法案》財政援助的情況下訂購」。不過，蘇聯希望在美國列入第四協定共六類物資總計 594.4 萬短噸（539.24 萬噸）中，60 萬短噸的工業設備可在 1945 年 7 月 1 日以後發運。[1] 格魯認為，這實際上「可以解釋為蘇聯政府拒絕了美國 3-c 協定」的最後條件。[2] 果然，在 3 月 10 日的會談中，葛羅米柯表示，蘇聯已經準備好在第四租借協定上簽字，但前提是必須在協定中加入一項條款，蘇聯政府並不同意締結租借總協定的補充協定（3-c 協定），而是希望依照 1 月 3 日莫洛托夫提出的長期貸款條件來解決交貨問題。[3]

對於蘇聯的頑固立場，美國人十分惱怒。此時，美國國會正在討論第三次延長《租借法案》的議案，政府與共和黨反對派達成一項妥協修正案，明確指出租借資金不得用於重建貸款，但允許用於執行在 3-c 框架內已達成的協議。[4] 既然蘇聯拒絕 3-c 協定，且歐洲戰場已顯露出最後戰勝德國的跡象（英美軍越過萊茵河，蘇軍準備進攻柏林），國務院、外經局和駐蘇使館都傾向撤回給蘇聯的 3-c 協定建議，他們擔心根據 3-c 協定啟動一個需要長時間製造、運輸和安裝的工業設備的採購計劃，可能會被國會誤認為是利用租借法幫助蘇聯進行戰後重建。哈里曼還認為，蘇聯在經濟恢復方面需要美國的幫助，所以即使美國採取強硬態度也不至於破壞雙邊關係，問題在於要迫使蘇聯在承認兩國實力差距的基礎上與美國合作。[5] 經總統批准，3 月 24 日國務院照會蘇聯使館，鑒於有關《租借

---

1 *FRUS*, 1945, Vol. 5, pp. 977、977-979. 2 月 27 日，葛羅米柯大使又專門打電話，強調要將 1945 年 7 月以後交付的 3 億美元工業設備列入第四租借協定。*FRUS*, 1945, Vol. 5, p. 981.

2 *FRUS*, 1945, Vol. 5, pp. 980-981.

3 *FRUS*, 1945, Vol. 5, pp. 988、991-993.

4 Herring, *Aid to Russia*, pp. 174-175.

5 *FRUS*, 1945, Vol. 5, pp. 988-989、991.

法案》補充協定（即 3-c 協定）的談判已拖延了 10 個月，而蘇聯從未表示願意接受美國提出的最後條件，美國政府認為這一建議「已經失效」，應從第四協定中刪除。美國希望兩國政府儘快簽署第四協定，並就戰爭結束後根據《租借法案》向蘇聯提供的用於戰爭的物資和庫存物資達成協議。至於長期信用貸款問題，必須通過國會的其他立法，這需要「相當長的時間才能實施」。[1]

到 1945 年初，還有一個問題令美國人無法忍受，並困擾着租借談判，即蘇聯違反租借協定私自處理租借物資的做法。早在 1943 年初美國使館人員就發現在古比雪夫的商店、飯店和黑市中出現了美國的進口商品。1944 年初又出現將租借物資轉移給第三國（主要是被解放的東歐國家）的問題。只是出於維護盟國團結和「避免惹惱斯大林」的考慮，國務院建議不要特別重視蘇聯違反協定的事實。[2] 到 1945 年 1 — 2 月，情況愈發嚴重，蘇聯轉讓給波蘭的汽車在 1944 年 10 月至 1945 年 1 月已有 4343 輛，1945 年 1 — 2 月與芬蘭交換了 3 萬噸糧食、1000 噸糖，計劃向華沙提供 6 萬噸糧食，還向南斯拉夫轉讓了部分物資。蘇聯隨意處理租借物資，有些甚至納入了蘇聯的貿易系統，這讓美國不得不提出政府高層交涉。[3] 哈里曼在 3 月 22 日向國務院建議（迪恩附議），如果蘇聯繼續違反規定，美國將停止運送相關的物資。[4]

信用貸款談判無法進行，3-c 協定談判又因租借貸款條件談不攏而遭遇破裂，美蘇經濟關係顯露出危機的苗頭。《租借法案》的原則是只為戰

---

1 *FRUS*, 1945, Vol. 5, pp. 991-993.

2 Munting, "Lend-Lease and the Soviet War Effort", pp. 502、504；Бутенина Н. Ленд-лиз: Сделка века, с. 127-128.

3 維辛斯基致莫洛托夫電，1945 年 1 月 14 日，АВПРФ, ф. 06, оп. 7, п. 17, д. 178, л. 35；*FRUS*, 1945, Vol. 5, pp. 963-964、979-980。

4 *FRUS*, 1945, Vol. 5, p. 990. 不過，直到 6 月 9 日國務院才同意就此事向蘇聯提出「抗議」。*FRUS*, 1945, Vol. 5, pp. 1014-1016.

爭本身服務，到 1944 年底戰爭接近尾聲時，租借援助物資的性質問題就突顯出來，但實際上很多設備和材料是難以在戰爭物資與重建物資之間做出嚴格區分的。美國提出對《租借法案》3-c 條款進行修正，本意就是要解決這一難題，即以戰爭結束為限，此後完好無損或繼續供應的物資（無論軍用還是民用）需要以貸款的方式供應和償還。這就是在租借框架內的貸款，而這在美國是沒有法律障礙的。蘇聯要求長期信用貸款，是考慮到此期需求的物資大多為戰後重建所用，如能都包括在租借範圍內最好，否則，與其在租借談判中糾纏，不如索性一勞永逸地解決問題。但這樣做，對於美國是存在法律障礙的。其中最重要的是，無論租借貸款還是信用貸款，關鍵都在於貸款條件（利率、年限、寬限期、攤銷期等），這也是雙方談判的焦點。蘇聯堅持寸步不讓的方針，是誤以為美國最終還會做出讓步，但此時的美國無論從政治上還是經濟上都難以再退讓，終於導致 3-c 談判破裂，第四租借協定也無法簽署。其結果是，一旦第四協定的有效期終止或戰爭突然結束，如何處理尚且完好的已發貨物資和尚未發貨甚至尚未生產的物資，都會遇到極大麻煩，並且很可能導致美國停止發貨。這對蘇聯極為不利。

恰在此時，1945 年 4 月 12 日羅斯福去世，最堅定地貫徹對蘇無條件租借援助、且最有權威的人物不在了。期待美國再次做出讓步已經無望，4 月 17 日，也就是有效期終止兩個多月前，蘇聯代表不得不在渥太華簽署了第四租借協定，生效期仍然始於 1944 年 7 月 1 日。[1]「里程碑」計劃作為附件三列入第四協定，而羅斯福要求的第五協定談

1　Paul Kesaris (ed.), *Confidential U. S. State Department Central Files, The Soviet Union Internal Affairs, 1945-1949, Microfilm*, Maryland: University Publications of America, 1985, Reel 13, MF0300588, pp. 632-635; МИД СССР Советско-американские отношения во время великой отечественной войны, 1941-1945, Документы и материалы, Т. 2, 1944-1945, Москва: Политиздат, 1984, с. 359-360.

判則無疾而終。[1]

完全巧合的是，也在 4 月 17 日這一天，剛上任 4 天的新總統杜魯門簽署了第三次租借法的延長法案。與前兩次延長法案在國會以壓倒性優勢通過的情形不同，最後一次延長《租借法案》遇到重重阻力。經過百般努力在眾議院通過的議案，到參議院又遭遇阻擊。著名的保守派參議員 R. A. 塔夫脫提出戰爭結束時必須停止一切租借行為，堅決反對眾議院修正案將繼續執行 3-c 協定作為例外，他認為 2 月 28 日與法國臨時政府簽署的 3-c 協定就是一筆「戰後貸款」。他提出的修正案得到很多議員的贊同，在投票時竟然形成「平局」。如果不是杜魯門當時作為副總統、參議院議長投下關鍵的一票，3-c 條款就將被排除在租借法之外，而整個後期租借的歷史就要重寫。[2] 不過，這種情形也正是後期租借政策實施的真實寫照，正如參議院外交委員會延長《租借法案》的報告所言：為了贏得最後勝利，「繼續實行租借制是必不可少的」，但「《租借法案》修正案的目的是保證租借協定不用於戰後救濟、戰後恢復或戰後重建目的。」[3]

儘管協定談判很不順利，但供應並未中斷。1945 年 1 月 5 日，羅斯福重申了對蘇聯供應的重要性，要求各部門將交付蘇聯的物資放在「僅次於太平洋和大西洋作戰需求」的地位。[4] 1 月 18 日，克勞利在給總統的備忘錄中，簡明扼要地概括了當時的對蘇租借政策：「提供蘇聯所要求的

1 大概是考慮到對日作戰的「里程碑」計劃已經確定，1945 年 1 月 5 日羅斯福又提出迅速進入第五租借協定談判，以討論 1945 年 7 月 1 日至 1946 年 6 月 30 日的對蘇租借供應問題，並敦促各部門盡一切努力滿足蘇聯的要求。*FRUS*, 1945, Vol. 5, p. 944. 但哈里曼 3 月 20 日建議，未達成 3-c 協定前不宜啟動第五協定談判。同時，第五協定應更多考慮西方盟國的租借要求，而取消蘇聯優先的原則。外經局蘇聯分部主任韋森 4 月初的建議也有此意。*FRUS*, 1945, Vol. 5, pp. 988-989; Martel, *Lend-Lease, Loans*, p. 92.

2 Herring, *Aid to Russia*, pp. 188-190; Harry S. Truman, *Memoirs by Harry S. Truman, Volume One, Year of Decisions, 1945*, New York: Doubleday & Company, Inc., 1955, pp. 97-99.

3 Leland M. Goodrich and Marie J. Carroll (eds.), *Documents on American Foreign Relations, Vol. VII, July 1944-June 1945*, Princeton: Princeton University Press, 1947, pp. 137-138、144-148.

4 Foreign Economic Section, "Report on WarAid Furnished", November 28, 1945, p. 5.

一切可以生產、可以租借和可以運輸的東西。」[1] 美國答應此期給蘇聯的總供應量 594.4 萬短噸（539.24 萬公噸），其中美國承諾運輸 570 萬短噸（517.10 萬公噸）。[2] 據韋森的報告，到 1945 年 3 月底，已裝運 484.94 萬噸，即完成前九個月計劃的 110%。預計總出貨量將達到 660 萬噸，為協定承諾的 114%。[3] 5 月 10 日，克勞利在報紙上宣稱，此時的租借貨物運輸總量已到達第四租借協定的 110%。[4]

就在第四協定尚未到期而計劃已基本完成的情況下，德國宣佈無條件投降。歐洲勝利日（V-E）的突然到來，不僅造成租借援助的中止，也給美蘇關係蒙上了一層陰影。

美國對蘇聯租借的中止、終止和善後

1945 年 5 月 8 日，就在同盟國代表齊聚舊金山討論《聯合國憲章》期間，歐洲的戰事結束了。根據《租借法案》的原則，特別是第三次延長《租借法案》的修正案，此時對歐洲戰場的租借援助可以停止了。然而，美國發佈的停止對蘇聯租借援助的命令卻引起了軒然大波。

在德國投降的第二天，5 月 9 日上午，國務卿斯退丁紐斯在舊金山召集國務院官員開會，討論租借政策以及與蘇聯爭執的波蘭臨時政府組建問題。最後，主要是根據哈里曼的建議形成了結論：在租借問題上應縮減對蘇聯的援助，在波蘭問題上要讓斯大林認識到問題的「嚴重性」，但

1　Martel, *Lend-Lease, Loans*, p. 55.
2　*FRUS*, 1944, Vol. 4, pp. 1132-1134; *FRUS*, 1945, Vol. 5, pp. 977-979.
3　Diaries of Henry Morgenthau, Jr., May 7-9, 1945, Vol. 845, pp. 139-141, Franklin D. Roosevelt Presidential Library and Museum.
4　*The New York Times*, May 10, 1945, p. 13.

不應將二者聯繫起來。[1]會後，斯退丁紐斯致電在國內的代理國務卿格魯，請他將會議討論的結果通報總統：對西方盟友的援助應該優先於蘇聯；應該立即開始削減對蘇租借物資的運輸量，仔細審查 7 月 1 日後的發貨請求；里程碑計劃應繼續大力推進，並給予儘可能高的優先級；在租借及類似問題上對蘇聯應採取堅定態度，但避免任何威脅的暗示或任何政治談判的跡象。同時，派哈里曼返回華盛頓直接向總統彙報。[2]5 月 10 日下午，哈里曼徵得杜魯門的同意後，召集參與對蘇租借計劃有關機構的代表開會，討論為總統起草處理租借問題的備忘錄。與會者原則上同意在舊金山會議結論的基礎上形成的備忘錄，以及通知蘇聯將立即調整租借計劃的照會。會上有代表特意指出，對蘇租借政策用詞應謹慎，可用「調整」而不用「削減」。會議委託格魯和克勞利起草備忘錄。[3]

然而，作為老牌外交家，格魯一向厭惡蘇聯，是對蘇聯採取強硬政策的最強烈倡導者之一。[4]克勞利也認為無條件援助政策不再具有合理性，而主張在 V-E 日後修改對蘇租借政策。[5]5 月 11 日，在國務院開會討論備忘錄時，格魯支持助理國務卿克萊頓的說法：對蘇租借計劃「應該非常靈活，隨時可以切斷」。他還特別提出，「租賃援助是本屆政府對付蘇聯的唯一籌碼。因此，美國不應對未來作出承諾」。[6]當晚，格魯和克勞利將他們起草的備忘錄直接送交給杜魯門。備忘錄指出：鑒於歐洲有組織的抵抗已經結束，應該對目前援助蘇聯的物資運輸工作「立即作出調整」；只要對蘇聯加入對日作戰的預期不變，就應該繼續執行第四協定附件三

---

1 *FRUS*, 1945, Vol. 5, pp. 291-292.

2 *FRUS*, 1945, Vol. 5, p. 998.

3 Herring, "Lend-Lease to Russia and the Origins of the Cold War", pp. 105-106; Martel, *Lend-Lease, Loans*, pp. 128-130.

4 Martel, *Lend-Lease, Loans*, p. 132.

5 Herring, *Aid to Russia*, p. 191.

6 Martel, *Lend-Lease, Loans*, pp. 132-134.

的計劃，支持蘇聯在太平洋戰區的軍事行動；在滿足蘇聯開展上述軍事行動所需的範圍內，繼續交付蘇聯已訂購的其他補給品，包括尚未完工的工業設備；現有計劃中的其他援蘇物資，只要操作上可能，「應該立即停止運送」，其讓出的運輸噸位可給予已獲批准的援助西歐的項目；現行和未來的對蘇援助項目，應根據蘇方提出的在軍事補給上理由充足的要求和數據制定，而無需再簽署第五租借協定。[1] 杜魯門當即批准了這個政策建議，但強調應以蘇聯將會加入對日作戰為前提。[2] 雖然都提到「立即削減」、「立即停止」，但舊金山會議建議強調的是「仔細審查 7 月 1 日後的發貨請求」，正如後來哈里曼所說，他打算停止的是新供應品的生產，而不是已經列入計劃的物資的裝運。[3] 但格魯和克勞利的備忘錄卻給出了一個難以確定的概念 —— 太平洋軍事行動所需的範圍。這樣，就給執行者留下了隨意發揮的空間。

這一新政策的執行部門是外經局的蘇聯分部，該部負責人韋森一直強烈反對無條件援助蘇聯的政策，並且自 1944 年 8 月德國戰敗以來就鼓吹大幅削減對蘇供應計劃。5 月 11 日清晨，剛一得到備忘錄，不等總統批准（形成指令），韋森就通知財政部採購主管，現有任何與蘇聯的合同停止繼續執行，也不要再簽署任何新合同。[4] 隨後，韋森又對運輸部門作出安排。5 月 12 日上午對蘇協定執委會運輸小組討論如何實施總統指令時，韋森不顧具體執行任務的軍方官員的反對，堅決主張按照指令字面的解釋，所有與遠東作戰無關的物資必須停運，包括正在運輸中的物資；如有疑問，處理的辦法是「扣留」而不是「放行」。在對蘇協定執委會代

1　*FRUS*, 1945, Vol. 5, pp. 999-1000.

2　*FRUS*, 1945, Vol. 5, p. 1000. 杜魯門在回憶錄中錯把批准這一備忘錄的時間記為 5 月 8 日，更錯誤地說這一指令後來被撤銷了。（Truman, *Memoirs by Harry S. Truman, Volume One*, pp. 227-229.）由此影響了一些研究者對史實的判斷。詳見 Martel, *Lend-Lease, Loans*, pp. 125-126。

3　Herring, *Aid to Russia*, p. 203.

4　Martel, *Lend-Lease, Loans*, pp. 130-131.

理主席 J. 約克的支持下，韋森的意見佔了上風。會後，運輸小組向大西洋和海灣各港口下達了命令：停止為蘇聯裝運物資，並召回已經駛往蘇聯的海上船隻。[1]中午 1 時 30 分，命令開始實施。正在午餐的國務院財政金融事務辦公室（DFMA）主任 E. 科拉多得到消息後，認為這是對總統指令的曲解，立即打電話告訴哈里曼。哈里曼「對這次行動感到震驚」，並表示將立即採取措施糾正。克萊頓得知這一情況後，也認為不應召回海上的船隻，必須告訴韋森改變命令。當天下午情況開始改變，東海岸各港口被允許繼續裝載已經分配的物資，已經出發的船隻獲准繼續前往蘇聯。[2]然而，此時關於對蘇租借政策改變的消息已經不脛而走，並且很快就傳到了蘇聯人耳朵裏。

根據諾維科夫給莫洛托夫的電報，12 日中午 12 時，在採購委員會和蘇聯使館均未接到通知的情況下，紐約港口接到命令，停止按照第四協定向蘇聯運送物資。兩個小時後美國的照會送達使館。照會沒有任何「停運」的字樣，只是說應立即修改目前向蘇聯供應物資的租借計劃，在根據軍事形勢變化做出調整後，繼續運送蘇聯訂購且可以使用的物資，未來的租借計劃在沒有締結第五協定的情況下應滿足蘇聯的基本軍事要求，同時要求蘇聯提交「1945 年剩餘時間所有租借供應的範圍以及新軍事形勢下關於這些需求的相關信息」。與此同時，據採購委員會代理主席 N. A. 葉列明說，約克先是在與他的會談中承認，確有停止供貨和要求海上船隻返回美國的命令，在打過一個電話後又否認存在船隻返航的命令。下午 5 時左右，格魯在與諾維科夫的談話中說，關於停止裝載的命令是謠言，並將此事推給了克萊頓。下午 6 時 30 分諾維科夫與克萊頓會晤，克萊頓承認確有停止裝載的命令，但只是一個誤會，並且已經發出

1　Herring, *Aid to Russia*, pp. 204-205.

2　Herring, "Lend-Lease to Russia and the Origins of the Cold War", p. 107; Martel, *Lend-Lease, Loans*, pp. 138-139.

了消除誤會的新命令。[1] 同一天，葉列明也給對外貿易人民委員部發電，通報了除里程碑計劃外美國停止發貨的決定。[2] 從事後採購委員會主席魯登科的報告可以看出，12 日下午美國確實發出了新命令：東海岸各港口繼續裝運，已在途中的船隻繼續前往蘇聯。關於西海岸的運輸則達成協議，除里程碑計劃外，第四協定所列物資也繼續運送。[3] 這就是說，儘管格魯試圖遮掩美國曾下令停運和返航的事實真相，但韋森的命令的確在 12 日當天即被撤銷。不過，5 月 11 日的總統指令並未撤銷。

　　為了消除運輸小組命令造成的對總統 5 月 11 日指令的誤解，以及在對蘇租借政策執行中造成的混亂，5 月 14 日在國務院辦公室召開了幾乎所有參與者都出席的會議。經過簡短討論，會議對按照總統指令解釋對蘇租借削減達成一致意見。[4] 當日，國務院印發了由代理國務卿、財政部長和外經局局長聯合署名的「歐洲勝利日之後的租借政策」。其中規定，對英國和英聯邦應執行 1944 年討論的計劃，並調整供需，隨時進行審查；對蘇聯執行 5 月 11 日總統批准的政策指令（也需調整計劃）；而對簽署了 3-c 協定的三個國家則「全額交付」，即法國約 16 億美元，比利時 3.25 億美元，荷蘭 2.42 億美元。[5] 因此可以判斷，雖然撤銷了韋森命令，但歐洲勝利日後調整租借政策也是事實。不過，受到影響的主要是未簽署 3-c 協定的蘇聯和英國。[6] 換句話說，如果當時蘇聯簽署了 3-c 協定，很可能就不會有後來的這些麻煩。

1　*МИД СССР* Советско-американские отношения, Т. 2, с. 388-391. 美國照會的英文本見 *FRUS*, 1945, Vol. 5, pp. 1000-1001。

2　АВПРФ, ф. 06, оп. 7, п. 17, д. 178, л. 61.

3　*Тюрина Е. А.*《Наркомвнешторг считает целесообразным организовать закупочную комиссию》// Исторический архив, 2013, №5, с. 47.

4　Martel, *Lend-Lease, Loans*, p. 140.

5　Diaries of Henry Morgenthau, Jr., May 29-31, 1945, Vol. 850, pp. 57-58, Franklin D. Roosevelt Presidential Library and Museum.

6　這一政策變化對英國的影響和英國的抗議，參見 Herz, *Beginnings of the Cold War*, pp. 167-168; Herring, *Aid to Russia*, p. 223。

　　5月15日，美國各港口接到指示，繼續向蘇聯運送根據租借協定計劃在5—6月發送的物資和武器。5月18日，克勞利致函葉列明說，美國已批准繼續向蘇聯交付訂購單中的工廠（設備），並已部分發貨，只是其中一小部分需支付現金。5月21日，蘇聯政府採購委員會正式應邀採購美國正在生產的工業設備。[1]令人奇怪的是，明明美國已經撤銷了停止裝運和返航的命令，蘇聯也完全了解這一情況，蘇聯大使館卻在此後而不是此前發來一個正式照會：蘇聯政府對於美國5月12日照會提出「終止」向蘇聯發送租借物資「完全出乎意料」，但「如果美國政府認為沒有其他辦法，蘇聯政府準備接受美國政府的決定」。[2]值得注意的是，蘇聯照會原文使用的是「終止」（прекращение），美國在英譯文裏使用的卻是「中止」（discontinuance）。顯然，美國希望淡化此事，而蘇聯則有意無意地把問題看得十分嚴重。在向蘇聯使館發出這一照會的電報中，莫洛托夫使用了更加嚴厲的措辭：「不要乞求」，「如果美國決意停止對蘇聯的物資供應，倒黴的將是他們」。[3]實際上，從政策上講，美國確實沒有「終止」或全面停止租借的意思，停止裝運和返航的命令是執行官員出於對蘇聯的厭惡和敵意而有意歪曲了總統指令。不過，調整對蘇租借計劃和要求蘇聯對其所需作出說明的新做法都表明，對蘇聯「無條件」租借的方針從這時起已經放棄了。

　　的確，杜魯門非常擔心這一事件會破壞戰時美蘇關係，畢竟戰爭還沒有結束。一方面，他在新聞發佈會上宣佈，美國並非要取消發貨，而

1　АВПРФ, ф. 129, оп. 29, д. 172, л. 19-20, 轉引自 *Супрун М. Н.* Ленд-лиз и северные конвои, с. 321-322; *FRUS*, 1945, Vol. 5, p. 1004.

2　*МИД СССР* Советско-американские отношения, Т. 2, с. 392; *FRUS*, 1945, Vol. 5, p. 1003.

3　АПРФ, ф. 3, оп. 66, д. 296, л. 13, 轉引自 *Печатнов В. О.* От союза-к вражде (советско-американские отношения в 1945-1946 гг.)//*Егорова Н. И., Чубарьян А. О. (отв. ред.)* Холодная война, 1945-1963, историчекая ретроспектива, сборник статей, Москва: Олма-пресс, 2003, с. 35。

只是在德國崩潰後調整租借條件。他還保證美國會兌現每一項承諾。[1] 另一方面，他把還在病重休養的霍普金斯派往莫斯科，當面向斯大林「賠罪」。在 5 月下旬的兩次談話中，斯大林接受了霍普金斯的解釋，也發洩了對美國的不滿。他嚴肅地說，如果美國試圖以租借援助對蘇聯人施加壓力，那就是「一個根本的錯誤」。斯大林對美國在歐洲戰事結束後調整租借政策表示理解，但他不能容忍的是美國人處理問題的方式，即未經任何事先商議就突然採取行動，這對蘇聯來說不僅是態度上的「輕蔑」和「粗暴」，而且存在一個嚴重的實際問題，因為蘇聯的經濟是「建立在計劃之上的」。[2]

　　租借停運風波終於過去了，霍普金斯的訪問也收到了應有的效果。5 月 27 日，莫洛托夫向斯大林提交了由米高揚起草的決議草案及 1945 年 7 月 1 日至年底蘇聯要求美國供應的物資清單。其中包括 540 萬噸軍用物資、77.3 萬噸原材料（含石油產品 6 萬噸）和價值 9800 萬美元的工業設備。[3] 5 月 28 日莫洛托夫將這份清單交給了哈里曼。會談中，哈里曼提醒米高揚，根據租借法的規定，受援國必須說明其所需貨物的理由，只有蘇聯例外。現在由於形勢（而不是政策）的變化，要求蘇聯也必須提供相關的說明。[4] 不過，由於蘇聯尚未對日宣戰，為了避免在國會引起爭論，在提出 1945 年預算時，杜魯門將分配給蘇聯的 9.36 億美元與準備給法國、比利時和荷蘭的資金一起「隱藏」在應急基金中。[5] 5 月 29 日，美國政府的照會送到蘇聯使館，只是簡單重複了 5 月 12 日照會的內容：美國將繼

1　Herz, *Beginnings of the Cold War*, p. 168.

2　Arthur M. Schlesinger (ed.), *The Dynamics of World Power: A Documentary History of United States Foreign Policy, 1945-1973, Vol. 2, Eastern Europe and the Soviet Union* (edited by Walter LaFeber), New York: Chelsea House Publishers, 1973, pp. 93-100; Sherwood, *Roosevelt and Hopkins*, pp. 893-896.

3　АВПРФ, ф. 06, оп. 7, п. 17, д. 178, л. 72-86.

4　*FRUS*, 1945, Vol. 5, pp. 1007-1008; АВПРФ, ф. 129, оп. 29, д. 172, л. 20-23, 轉引自 *Супрун М. Н.* Ленд-лиз и северные конвои, с. 322。

5　Herring, *Aid to Russia*, pp. 223-224.

續執行里程碑計劃，並根據能夠說明其重要性和合理性的證明向蘇聯運送現有的或已訂購的其他物資。[1] 到 1945 年年中，美國國內的政治氣氛已經十分不利於蘇聯。大概除了在莫斯科的哈里曼和迪恩外，華盛頓幾乎沒有人再熱心對蘇聯的租借工作了。

5 月 8 日，駐莫斯科軍事代表團團長迪恩報告說，蘇聯拒絕對他們所提供的數額巨大的清單作出詳細說明，只是一再宣稱這些武器都是遠東戰場急需的。不過，他和哈里曼經過認真研究，「絕對相信」這些物資大部分都有助於對日作戰，為避免延誤，即使蘇聯不提供詳細理由，他們也建議將其運抵蘇聯。與米高揚長談後，哈里曼更詳細地闡述了他們支持蘇聯 5 月 28 日清單所列大部分項目的理由。[2] 此時莫斯科洋溢着一種樂觀情緒。似乎是為了打破美蘇關係沉悶的氣氛，斯大林在租借總協定簽訂三週年之際致函杜魯門，對《租借法案》大加讚譽。[3] 莫洛托夫也致電斯退丁紐斯，對他在租借工作中的貢獻及美蘇在戰時的合作表示讚賞和祝願。[4]

然而，華盛頓的態度與莫斯科大相徑庭。隨着羅斯福去世和霍普金斯年老體衰，對蘇租借援助的實際職權已經從總統對蘇協定執委會轉移到崇尚「民族主義」的外經局和堅持「墨守成規」的參謀長聯席會議。[5] 哈里曼和迪恩的要求和一再催促雖得到對蘇協定執委會的響應，卻被外經局和參聯會擱置半月有餘。直到 6 月 27 日波茨坦會議前，格魯才答覆蘇聯，「鑒於局勢的緊迫性」，美國政府同意發貨，但根據 5 月 12 日照會和現有撥款及軍需品供應緊張的情況，只能批准在 8 月 31 日之前可以採購

1 АВПРФ, ф. 07, оп. 10, п. 33, д. 441, л. 11-18//Севостьянов Г. Н. (под. ред.) Советско-американские отношения, 1939-1945, с. 714; FRUS, 1945, Vol. 5, pp. 1006-1007.

2 FRUS, 1945, Vol. 5, pp. 1012-1014、1016-1018.

3 Печатнов В. О., Магадеев И. Э. Переписка И. В. Сталина с Ф. Рузвельтом и У. Черчиллем, Том 2, с. 241.

4 АВПРФ, ф. 06, оп. 7, п. 44, д. 692, л. 20//Севостьянов Г. Н. (под. ред.) Советско-американские отношения, 1939-1945, с. 696-697.

5 Herring, Aid to Russia, p. 224.

和裝船的物資。不過，在波茨坦會議開幕的那一天，為了維持盟國之間的合作，7月17日，美國通知蘇聯，將6月27日照會中提到的期限延長了一個月，即供應9月30日之前可以採購和裝船的物資。[1]

　　美國5月12日照會所限制的主要是可能到戰爭結束後才能夠完成製造的設備，而此前計劃的租借物資供應正常。到6月30日第四協定終止時，根據美國的資料，運往蘇聯的貨物已達720萬噸，根據蘇聯的資料，運到蘇聯的貨物為660萬噸。[2]問題是，誰也不知道對日戰爭何時結束。8月6日和9日美國在日本投下兩個原子彈，蘇聯在8月8日突然下達對日作戰命令，150萬蘇軍撲向滿洲和朝鮮，這兩個突發事件導致日本不得不接受無條件投降的最後通牒。[3]日本投降比德國投降來的還要突然，這也導致美國最後終止租借援助的程序出現了緊張而混亂的局面。

　　8月10日東京廣播電台的消息透露出日本投降的最初跡象後，美國政府就在考慮結束租借。當天，克勞利建議外經局各部門對租借請購單進行審查，準備取消V-J日（對日作戰勝利日）後不需要的物資。第二天，克勞利又批准了下列措施：一旦宣佈終止敵對行動，除已裝載的輪船可以起航，應立即停止向開往蘇聯的船隻裝載貨物；禁止其他船隻繼續裝載租借物資。韋森則要求財政部採購部門在宣佈V-J日後取消蘇聯的租借請購單和合同。13日，韋森又進一步指示：立即中止所有請購單的處理，暫停簽署任何其他合同。14日，杜魯門非正式地指示克勞利，立即開始終止租借。8月15日，即日本宣佈投降的當天，克勞利在新聞

1　*FRUS*, 1945, Vol. 5, pp. 1028-1029、1029-1030.

2　Tuyll, *Feeding the Bear*, pp. 174-176; РГАЭ, ф. 413, оп. 9, д. 438, л. 3、21, 轉引自 *Супрун М. Н.* Ленд-лиз и северные конвои, с. 322-323。

3　儘管斯大林曾答應在歐洲戰事結束後三個月對日宣戰，但實際上蘇聯把對日宣戰作為迫使中國放棄外蒙古和東北權益的籌碼，只是因為美國投放了原子彈，斯大林擔心一旦日本投降蘇聯再無出兵滿洲的理由，才突然對日宣戰。見沈志華：《無奈的選擇：冷戰與中蘇同盟的命運（1945 — 1959）》，北京：社會科學文獻出版社，2013年，第30頁。麥克米金的最新研究也證實了這一情況。見 McMeekin, *Stalin's War*, ch. 33, par. 17, ch. 34, par. 23。

發佈會上宣佈，美國將立即採取行動，以「現實」的方式「調整」租借
業務。[1]

　　兩天慶祝戰爭勝利的假日過後，8 月 17 日杜魯門召集會議討論租借
事務。除財政部長 F. M. 文森外，多數意見主張立即結束租借。當晚杜魯
門批准了外經局起草的備忘錄，命令在停止對日敵對行動後，不得再簽
訂任何租借合同；對簽有 3-c 協定的國家可以在合同的範圍內繼續供貨，
而未簽署 3-c 協定的國家只能根據美國批准的條款支付貨款後才能得到供
應。儘管有不少人警告應謹慎行事，需要與受援國進行商議，以避免再
次陷入被動，但由於沒有及時明確宣佈 V-J 日是哪一天，又沒有詳細的
具體部署，以至各機構各行其是，還是出現了混亂局面。[2] 雖然終止租借
是大勢所趨，也得到了美國國會和輿論的多數贊同[3]，但是出於意識形態
的敵意，華盛頓對蘇聯還是設計了「特殊照顧」。根據對蘇協定執委會 8
月 17 日發出的命令，實際上立即停止了對開往蘇聯船隻的裝運，其中美
國船隻甚至開始卸貨。而對其他受援國的停運則是在 V-J 日開始的。據
外經局蘇聯分部主任 J. N. 哈扎德的說法，這個差別是「故意」製造的，
可以找到的理由就是蘇聯沒有與美國簽署反向租借協定，也沒有按照美
國的要求調整租借物資清單。[4] 但一週後，據魯登科報告，8 月 25 日克勞
利又發表聲明說，對蘇租借物資的運送將持續到正式宣佈的勝利日（9 月
2 日）為止，此後 30 天內美國海軍將繼續提供運輸工具。聲明發表後即
恢復了對蘇聯運送租借物資的工作。[5] 8 月 27 日，克勞利將聲明的內容正

1　Herring, *Aid to Russia*, pp. 230-231; Martel, *Lend-Lease, Loans*, pp. 153-158.

2　Herring, *Aid to Russia*, pp. 231-233.

3　外經局收到的 67 封信和白宮收到的 208 封信中，支持終止租借的分別有 58 封和 119 封。
　　Martel, *Lend-Lease, Loans*, pp. 162-163.《財富》雜誌四個月後的一項民意測驗顯示，被調查者中
　　有 67.8 % 同意停止租借。Cantril, *Public Opinion*, p. 415.

4　*FRUS*, 1945, Vol. 5, pp. 1032-1033.

5　*Тюрина Е. А.*《Наркомвнешторг считает целесообразным организовать закупочную комиссию》//
　　Исторический архив, 2013, №5, с. 47.

式通知了魯登科。[1] 9 月 2 日克勞利又通知蘇聯，再延長 18 天以「清空管道」，租借終止期為 9 月 20 日。[2]

　　至於美國在此期間改變對蘇終止租借援助具體安排的原因，筆者相信馬特爾的判斷：在已知的美國各種史料中，沒有發現任何證據支持這樣一種觀點，即 8 月 17 日美國決定停止租借是蓄意向蘇聯施加壓力，以求得在其他問題上讓步，也沒有證據表明，8 月 25 日恢復租借是因為蘇聯在某些方面做出了讓步。[3] 這充其量是某種情緒的宣泄，就政策層面來看，雖然美蘇矛盾加深、美國政治已經向右傾斜，但戰後初期雙方對未來的大國合作仍然有所期待。從 1945 年 5 月 12 日至 9 月 20 日，西方盟國交付給蘇聯的租借物資共 177.15 萬噸（其中 9 月 2 日以後 44 776 噸）。[4] 比里程碑計劃的 80 萬噸翻了一番還多。9 月 20 日，載有運往蘇聯租借物資的最後一條船離開美國。同一天，總統對蘇協定執委會解散。一週後，對外經濟管理局撤銷，其租借業務轉交國務院。[5]

　　第二次世界大戰徹底結束了，但是由於蘇聯沒有與美國簽署 3-c 協定，戰後如何處理大批通過租借協定訂購的物資，包括尚未生產、正在生產和尚未運出的軍事裝備和工業設備及原材料，始終是一個問題。這個問題在 V-E 日後便出現了，到 V-J 日後仍未解決。同樣未簽署 3-c 協定的英國，經歷數月與美國的艱苦談判，到 1946 年初終於通過信用貸款方式解決了這個問題。[6] 蘇聯的情況就不同了，對於信用貸款，開始是蘇聯從

1　*FRUS*, 1945, Vol. 5, pp. 1033-1034.

2　Jones, *The Roads to Russia*, p. 187.

3　Martel, *Lend-Lease, Loans*, pp. 165-166.

4　Tuyll, Feeding the Bear, p. 174.

5　*FRUS*, 1945, Vol. 5, pp. 1039-1040; *Тюрина Е. А.* 《Наркомвнешторг считает целесообразным организовать закупочную комиссию》// Исторический архив, 2013, №5, с. 47.

6　詳見 Alan P. Dobson, *US Economic Statecraft for Survival, 1933-1991: Of Sanctions, Embargoes and Economic Warfare*, London: Routledge, 2002, pp. 63-64; Herring, *Aid to Russia*, pp. 256-257。貸款條件固然十分優惠（金額 37.5 億美元、利率 2%），但英國必須接受英鎊可自由兌換、放棄帝國特惠制等條件。

純粹經濟角度考慮，不願接受美國的貸款條件，後來是美國從政治角度考慮，並以加入布雷頓森林體系為條件，給貸款問題設置了重重障礙。[1] 這個問題的最後解決，實際上又回到了 3-c（租借貸款）的道路。

「停運」風波過去後，美國首先提出用現金支付的方式處理租借剩餘物資和戰後重建物資。5 月 19 日，韋森致函葉列明，詢問蘇聯是否願意用現金支付租借物資之外「目前正在生產或庫存的工業設備和材料」。[2] 蘇聯外交人民委員部認為，這是美國第一次正式提出以現金購買剩餘設備的問題，而且美國人正在與其他國家代表談判如何分配總計 3.25 億美元的工業設備，而這批設備是蘇聯第四協定訂購但在 5 月 12 日前尚未交付的。[3] 5 月底克勞利再次向魯登科強調，美國可以交付蘇聯訂購的工業設備，但蘇聯必須支付現金，並且詳細說明了現金支付的程序和條件。[4] 面對壓力，蘇聯被迫開始考慮接受美國的要求。5 月 26 日，米高揚報告申請為 600 萬美元的設備支付現金。[5] 5 月 28 日，副外貿人民委員 A. D. 克魯季科夫也提議，對於美國尚未交付的 3.533 億美元列入租借計劃的工業設備，要求美方以租借方式提供 2270 萬美元的配套設備；保留蘇聯訂購的其他設備；如果美國不同意交付正在生產的工業設備，則蘇聯將挑出其中最重要、最需要的設備，用現金購買。[6]

不過，支付現金對蘇聯來說畢竟困難重重，且無法解決全部需求。5 月 30 日，米高揚在與哈里曼會談時提出，希望美國不要把蘇聯訂購的 3 億多美元設備轉給其他國家。哈里曼強調，這是由於蘇聯在歐洲戰事結

1 詳見本書第三章。

2 *FRUS*, 1945, Vol. 5, p. 1005; АВПРФ, ф. 06, оп. 7, п. 17, д. 178, л. 108-109.

3 АВПРФ, ф. 07, оп. 10, п. 33, д. 441, л. 11-18//*Севостьянов Г. Н. (под. ред.)* Советско-американские отношения, 1939-1945, с. 714.

4 *FRUS*, 1945, Vol. 5, pp. 1009-1010.

5 РГАСПИ, ф. 84, оп. 1, д. 28, л. 5-6.

6 АВПРФ, ф. 06, оп. 7, п. 17, д. 178, л. 87-107.

束前未能簽署 3-c 協定造成的局面。米高揚表示，蘇聯急切希望找到打破目前僵局的辦法。哈里曼答應將談話內容報告政府，並在給國務卿的電報中要求華盛頓儘快表明對剩餘設備的處理意見，是否可以做出支付現金以外的任何安排。[1] 6 月 2 日格魯答覆哈里曼，對於 5 月 11 日備忘錄中所提到的工業設備，「目前，除了現金支付外，還不能作出任何安排」。格魯還通知，國務院和財政部不反對蘇聯通過出售黃金的方式獲得美元；正在就擴大進出口銀行貸款限額和廢除《約翰遜法案》問題進行討論，以便將來可以與蘇聯討論 10 億美元的貸款問題。[2]

華盛頓似乎開放了信用貸款這條路。不過，哈里曼認為在美國立法問題解決之前不可能達成任何協議。在與米高揚交談後，他提出了新建議，即通過談判新的 3-c 協定（即租借貸款）來解決問題，特別是在蘇聯對日宣戰的情況下。[3] 克勞利和格魯反對哈里曼的建議，堅持必須支付現金。格魯告訴哈里曼，只要蘇聯沒有積極參與對日作戰，就不會重啟 3-c 談判。擔任總統參謀長的 W. D. 李海也支持克勞利和格魯的意見。[4] 到 7 月中旬，由於一致認為信用貸款可以作為要求蘇聯在政治上做出讓步的「經濟槓桿」，白宮和國會都同意給予蘇聯 10 億美元的貸款，甚至報紙上也披露出消息。[5] 隨着立法問題的逐步解決，8 月初國務院指示哈里曼，通知蘇聯人可以討論銀行貸款問題了。[6] 與此同時，蘇聯對日宣戰也為 3-c 談判開啟了大門。8 月 20 日外經局通知魯登科，美國「希望立即」與蘇聯「就停止租借援助進行討論和談判」。對此，美國考慮的一般原則是：不再簽署新的租借協定；目前正在美國製造、庫存、待運的物資需按照適當的

1　*FRUS*, 1945, Vol. 5, pp. 1008-1009.

2　*FRUS*, 1945, Vol. 5, pp. 1011-1012.

3　*FRUS*, 1945, Vol. 5, pp. 1018-1021、1022、1025-1026.

4　*FRUS*, 1945, Vol. 5, pp. 1023-1025、1026-1027; Herring, *Aid to Russia*, pp. 225-226.

5　Martel, *Lend-Lease, Loans*, pp. 189-190; *The New York Times*, July 18, 1945, p. 1.

6　Martel, *Lend-Lease, Loans*, pp. 191-192.

條件以付款的方式取得；目前由蘇聯控制的正在運輸或庫存中的租借物資需要雙方確定數額和付款條件。[1]

蘇聯立即有了反應。8 月 21 日米高揚建議國防委員會，與美國政府談判，通過租借貸款解決 3.34 億美元的指定設備訂單；與進出口銀行談判，通過信用貸款解決 10 億美元的新的設備和材料的訂單。同時制定與加拿大政府貸款談判的方案。[2] 米高揚是想兩條腿走路，租借貸款和信用貸款並進。8 月 28 日魯登科向克勞利提交了一份備忘錄，提出兩個建議：第一，蘇聯申請 4 億美元貸款購買租借物資，期限 30 年，償還寬限期 9 年，年利率 2.375%，商品價格在政府與企業合同價格的基礎上扣減 10%，美國政府發生的倉儲費按實際成本支付，運輸費按出口費率支付。第二，蘇聯希望從進出口銀行得到 10 億美元的信用貸款，條件同上。前者與美國 1944 年 9 月提出的 3-c 草案最後條件幾乎完全一樣。所以，美國很快就基本條件統一了意見。對於租借貸款，除價格問題另議外，全部同意。對於信用貸款，美國提出，進出口銀行的利率必須對所有國家一致，向銀行董事會的建議是 3%。[3] 9 月 24 日，克勞利將美國的答覆交給魯登科。對蘇聯方案的修改主要是重新編製了物資清單，經與採購委員會反覆商議，最後確定的可以供給蘇聯的物資總額「大大低於 4 億美元」。其次是倉儲費和內陸運輸費的計算方式需要改變。[4]

10 月 15 日美蘇簽署了「管道」協議，其中租借貸款的條件（年限、寬限期、利率）與蘇聯最初的草案完全一致，只是貸款總額減少為 2.927 億美元，並商定品種和數量可以隨時修改。最後實際確定提供給蘇聯的

1　*FRUS*, 1945, Vol. 5, pp. 1031-1032.
2　АВПРФ, ф. 06, оп. 7, п. 17, д. 178, л. 129-146.
3　*FRUS*, 1945, Vol. 5, pp. 1034-1036、1036-1037.
4　*FRUS*, 1945, Vol. 5, pp. 1040-1042.

設備和材料總值 2.402 億美元。[1] 簽署協議時還商定，為加快運輸，美國同意提供 17 艘輪船幫助蘇聯運輸，時間到 10 月 31 日為止。後因短途運輸延誤的責任在美方，美國又將提供船舶的期限推遲至 11 月 15 日。[2] 不過，關於 10 億美元信用貸款的談判，據魯登科的報告，由於克勞利和韋森「千方百計」的阻撓而拖延下來。[3] 按照克萊頓的說法，對於蘇聯要求的長期貸款，美國政府「沒有做出任何承諾」，由於「國務院一直奉行不積極討論的政策，目前此事處於休眠狀態」。[4]

　　戰時租借的善後工作到此結束，至於「管道」協議的執行情況，據蘇聯外貿部經濟核算司後來的統計，根據該協議，10 月 15 日至 12 月 31 日美國向蘇聯交付的貨物總計 27.34 萬噸（其中 9.16 萬噸尚在途中），2.134 億美元（其中全蘇車牀進口聯合公司發現一筆計 2500 萬美元的車牀未供應）。[5]

租借援助政策對蘇聯的意義和作用

　　在整個美蘇冷戰對峙的年代，戰時美國租借援助對於蘇聯的意義首先被看作是一個政治問題，正如本章開篇所言，抹黑、貶低者有之，誇大、高估者亦有之。但是，對於歷史研究者來說，這終歸是一個學術問

1　АВПРФ, ф. 7, оп. 24, п. 30, д. 352, л. 16-20//Исторический архив, 2013, №5, c. 53; *FRUS*, 1945, Vol. 5, p. 1043; АВПРФ, ф. 06, оп. 7, п. 19, д. 193, л. 1-126; РГАЭ, ф. 413, оп. 25, д. 3338, л. 1-2//*Севостьянов Г. Н. (нау. ред.)* Советско-американские отношения, 1949-1952, Документы, Москва: МФД, 2006, c. 559-560.

2　*Тюрина Е. А.* 《Наркомвнешторг считает целесообразным организовать закупочную комиссию》 // Исторический архив, 2013, №5, c. 51-52; *FRUS*, 1945, Vol. 5, p. 1046.

3　*Тюрина Е. А.* 《Наркомвнешторг считает целесообразным организовать закупочную комиссию》 // Исторический архив, 2013, №5, c. 48.

4　*FRUS*, 1945, Vol. 5, p. 1048.

5　РГАЭ, ф. 413, оп. 12, ед. хр. 10949, л. 259-270.

題，因此必須要把基本史實和數據搞清楚。

要說明美國租借援助對於蘇聯的意義，首先需要確定兩個問題：對蘇租借物資在美國整個租借援助中以及在蘇聯戰時國民經濟中的地位。關於租借援助物資噸位和價值的統計，目前披露的數據不是太少而是太多。[1] 由於統計時間、計量單位、計算方法、物資來源以及物品的範圍和概念不同，美蘇兩國政府曾經公佈的數據五花八門，學者使用和讀者閱讀時需謹慎挑選和仔細鑒別。上述所引各階段對蘇租借物資的數字，在絕對值的意義上未必準確，筆者更在意的是從比較的角度說明過程的變化。不過，從總體上來觀察，問題要簡單一些。

第一個問題。美國戰時提供的租借物資，據美國總統 1945 年的租借報告，戰爭期間國會共六次授權總統使用的租借撥款共計 306.974 98 億美元，戰爭部、海軍部和其他部門的軍事撥款 359.7 億美元。[2] 其中向各國交付的租借物資總額 401.966 77 億美元，提供服務（裝卸、運輸等）37.551 28 億美元，計入外國政府賬戶的支出總計 439.518 05 億美元，未記賬的還有 20.882 49 億美元。如此算來，美國戰時的租借付出總額為 460.400 54 億美元。[3] 租借支出佔美國戰時軍費的比重從 1941 年 12% 增加到 1944 年的 17%（平均 15%）。[4] 被宣佈享有租借援助資格的國家 44 個，實際接受租借援助的國家 37 個。[5] 按租借物資出口計算，如果減去反向租

1　比如美國提供的租借物資總額和蘇聯所得，美國說是 436 億和 110 億美元（John Lewis Gaddis, *Russia, the Soviet Union and the United State: An Interpretive History*, 2nd edition, New York: McGraw-Hill, 1990, pp. 154-155），蘇聯說是 430 億和 91 億美元（邁斯基致莫洛托夫的報告，1945 年 11 月 15 日，АВПРФ, ф. 06, оп. 7, п. 18, д. 184, л. 38-75）。

2　Goodrich and Carroll (eds.), *Documents on American Foreign Relations*, Vol. VII, pp. 151-152.

3　Tuyll, *Feeding the Bear*, p. 152.

4　Jones, *The Roads to Russia*, p. 239.

5　Goodrich and Carroll (eds.), *Documents on American Foreign Relations*, Vol. VII, pp. 344-345.

借，英國佔約 40%，蘇聯佔 32%。[1] 也就是說，其餘 35 個國家獲取的租借物資佔 28%。如果考慮到參戰時間和國內資源的因素，英國獲取的租借物資多於蘇聯就很容易理解了。

至於具體數字，先看美國提供的租借物資。據美方資料，美國供應蘇聯的物資為 1679.51 萬噸。[2] 據魯登科 1946 年的報告，美國運送給蘇聯的物資 1734.9 萬噸，減去途中損失 45.5 萬噸，為 1689.4 萬噸。[3] 雙方數字接近。如果按價值計算，按照美國官方資料，價值總額 94.79 億美元，加上服務費用，總計 108 億美元。[4] 這也是蘇聯認可的數字。米高揚等人在 1946 年 5 月 23 日給斯大林的報告中，引用的正是這些數字，並且建議以此為依據準備與美國開始租借清算談判。[5] 另據蘇聯外貿部 1946 年披露的資料，美國按照租借協定交付的物資總計 95.757 億美元（扣除途中損失實際收到 92.346 億美元）。[6] 美蘇兩方公佈的數字也很相近，如果加上服務費用，總額應該在 110 億美元左右。[7] 再看盟國提供的租借物資總計。據美國資料，盟國對蘇租借物資總計 1778.18 萬噸。[8] 按價值計算，美國的

1　Tuyll, *Feeding the Bear*, pp. 24、155. 據美國總統報告，截至 1945 年 7 月 1 日，美國獲取反向租借金額 62,568 71 億美元，其中英國 42,202 29 億美元，蘇聯 213.9 萬美元。Goodrich and Carroll（eds.），*Documents on American Foreign Relations, Vol. VII*, pp. 159-160. 蘇聯沒有與美國簽署反向租借協議，但通過出口某些戰略物資（鉻、錳、鉑等）也為美國提供了援助，只是數量和價值根本無法與英國同日而語，儘管蘇聯資料提供了稍高一點的數字 —— 220 萬美元。蘇聯科學院經濟研究所編：《蘇聯社會主義經濟史》第 5 卷，周邦新等譯，北京三聯書店，1984 年，第 700 頁。

2　Foreign Economic Section, "Report on WarAid Furnished", November 28, 1945, p. 8. 將統計表中的長噸換算為公噸，取小數點後兩位數四捨五入。

3　*Тюрина Е. А.*《Наркомвнешторг считает целесообразным организовать закупочную комиссию》// Исторический архив, 2013, №5, с. 51.

4　Tuyll, *Feeding the Bear*, pp. 24、156、165.

5　РГАСПИ, ф. 84, оп. 1, д. 28, л. 150-162.

6　此外還有租借前的現金結算物資 1.395 億美元和「管道」協議（租借貸款）的 2.134 億美元。*Малков П. В. (пред.)* Великая Отечественная война, с. 197.

7　1951 年 2 月《真理報》的社論提到，向美國支付的 2.4 億美元，「佔整個租借支付費用的 2% 以上」。Правда, 7февраля, 1951, 3-й стр. 如此算下來，大概合 120 億美元。

8　Foreign Economic Section, "Report on WarAid Furnished", November28, 1945, p. 8. 將統計表中的長噸換算為公噸，取小數點後兩位數四捨五入。

統計為 104.01 億美元。[1] 蘇聯外貿部 1955 年的統計為 109.47 億美元，其中包括了英國和加拿大提供的租借物資（14.66 和 1.468 億美元）。[2] 兩者相差不多。如果加上服務費（約 13 億美元），西方提供給蘇聯的租借物資總值應在 120 億美元左右。

　　不過，有一點不能忘記，最能體現對蘇租借在美國租借政策中特殊地位的還不在於這些數字，如前所述，而是蘇聯享受的優先權和「無條件」援助。

　　第二個問題。談到租借對於蘇聯的作用和意義，研究者大多會注意到蘇聯經濟學家、國家計劃委員會主席 N. A. 沃茲涅先斯基那句關於 4% 的名言。無論同意與否，在最近幾十年各國學者的研究中，很多爭論都是圍繞着沃茲涅先斯基的這個判斷展開的。[3] 這至少說明，沃茲涅先斯基提出問題的角度是非常受到重視的。他的原話是這樣說的：「如果將盟國向蘇聯提供的工業品與同期蘇聯社會主義企業生產的工業品進行比較，就能看出，在戰時經濟期間這些供應品僅佔國內產品的 4%。」[4] 其實，這句話之所以引發爭論，表面上看是因為這個百分比的數字，實際上在於作者沒有提供確定的時間範圍和可比的具體數據。很顯然，此書在 1948 年出版時冷戰剛剛開啟不久，作者為了貶低美國和西方盟國的作用，可能

1　Denis L. Babichenko, *The Debit and Credit of War, or How Stalin made a Trillion Dollars. The Unknown Economic History of the USSR before, during, and after World War II（1940-1953）*, Translated by Vladimir Aleinikov, Moscow, 2020, p. 261.

2　РГАЭ, ф. 413, оп. 12, д. 10949, л. 10-11，轉引自 Babichenko, *The Debit and Credit of War*, p. 262。根據美國的官方資料，英國和加拿大提供的租借物資分別為 16.93 億和 2 億美元。United States, President, 33rd Report to Congress on Lend-lease Operations, Wash., 1952, p. 17, 轉引自 Бутенина Н. Ленд-лиз: Сделкавека, с. 166。

3　Munting, "Lend-Lease and the Soviet War Effort"，p. 495; Tuyll, *Feeding the Bear*, pp. 72-74; *Поздеева Л. В.* Ленд-лиз для СССР, с. 330; Бутенина Н. Ленд-лиз: Сделка века, с. 166-183; *Рыжков Н. И.* ВеликаяОтечественная, с. 15、38; Babichenko, *The Debit and Credit of War*, pp. 266-268.

4　*Вознесенский Н. А.* Военная экономика СССР в период Отечественной войны, ОГИЗ: Государственное издательство политической литературы, 1948, с. 74.

有意模糊了這些作為一個經濟學家不該忽視的計算條件。[1] 按照沃茲涅先斯基的對比方法，同時把比較時段設定在整個戰爭時期，如果確定蘇聯獲取的租借物資總額（含服務費）約 120 億美元，那麼剩下的就是要確定戰時蘇聯的工業產值了。但筆者遍查蘇聯統計資料，沒有找到 1941 — 1945 年工業總產值的具體數據。不過，通過計算可以得出一個大概的數據。根據俄羅斯國家經濟檔案館提供的數據，按 1926/27 年不變價格計算，蘇聯工業總產值 1940 年 1385 億盧布，1945 年 1270 億盧布。[2] 另據蘇聯國家統計委員會 1990 年公佈的數字，以 1940 年工業品產值為基數（100），則 1942 — 1945 年分別為 77、90、104、92（缺 1941 年數據）。[3] 那麼可以算出，1942 年的工業總產值為 1066.45 億盧布，1943 年為 1246.5 億盧布，1944 年為 1440.4 億盧布，1945 年為 1274.2 億盧布。至於 1941 年的數據，沃茲涅先斯基提供了一個參考值：從 1941 年 6 月到 11 月，蘇聯工業總產值下降了 52.38%。[4] 如此可以估算出 1941 年下半年的工業總產值約為 1940 年的四分之一，即 346.25 億盧布。這樣，蘇聯戰時工業總產值大概應是 5373.8 億盧布。如果按當時美元與盧布的官方匯率 1 比 5.3 計算，約合 1014 億美元。如果按照俄國學者 N. 布捷尼娜做法，考慮到美蘇通貨膨脹率差別的因素，將實際匯率定為 1 比 6.27[5]，則約合 857 億美元。如此估算下來，租借物資（按 120 億美元計）佔蘇聯國產工業品的比例按實際匯率算就是 14.00%。即使按照官方匯率計算，也是

1　沃茲涅先斯基暗示，其比較的時間段是 1942 — 1943 年，而這個時期恰恰是租借物資進口的低峰。

2　Статистические динамические ряды за 1913-1951 годы, РГАЭ, ф. 1562, оп. 41, д. 65, л. 22, http: // istmat. info/node/40054.

3　*Суринов А. Е., Оксеноит Г. К. (пред.)* Великая Отечественная война. Юбилейный статистический сборник: Стат. сб. / Росстат, Москва: Федеральная служба государственной статистики, 2015, с. 65.

4　*Вознесенский Н. А.* Военная экономика СССР в период Отечественной войны, с. 42-43.

5　計算方法是，以蘇聯的物價上漲指數（1.333）除以美國的物價上漲指數（1.109），得出修正係數（1.202），再以官方匯率相乘，算出實際匯率。*Бутенина Н.* Ленд-лиз: Сделка века, с. 184.

11.83%。這個計算結果，大大高於沃茲涅先斯基的 4%，也高於金博爾的 7%[1]，但低於巴比欽科的 20%[2]，更低於納特提供的數字[3]，比較接近於赫林的 10% —— 11%[4]，儘管計算方法不同。

在這方面還有一個可比數據，即租借物資與蘇聯戰時固定資產損失的比較。經濟學家 M. 哈里森認為，蘇聯公佈的官方數字誇大了戰爭物質損失，按照他的計算，蘇聯在戰爭期間的固定資產損失為 5660 億盧布。[5] 按官方匯率換算為 1067.9 億美元，按實際匯率換算為 902.7 億美元。從以上統計和估算數字可以看出，蘇聯在戰時獲取的租借物資佔盟國租借物資總價值的近三分之一，佔蘇聯戰時工業總產值和固定資產損失的十分之一以上，足見其分量和意義。問題不僅在於這種總體觀察和統計數字，說到底，租借就是戰爭期間一種特殊的國際貿易，所有租借物資都是蘇聯自己挑選的，大部分也是蘇聯急需的，即多是「空白」或「短缺」產品。因此，從這些進口物資的實物形式及其品種和技術含量分析，或許更能說明租借物資對於蘇聯的作用和意義，這至少表現在以下三個方面。

一、軍事方面：

就運抵蘇聯的數量和時間看，如上所述，在最艱苦的時期（到 1942 年初），寥寥無幾的租借武器裝備對蘇聯能夠挺過難關，除了在精神上鼓

1 Warren F. Kimball, *The Juggler: Franklin Roosevelt as Wartime Statesman*, Princeton: Princeton University Press, 1991, p. 217.

2 Babichenko, *The Debit and Credit of War*, p. 268.

3 根據 1939 年的美國價格指數，納特計算出蘇聯 1940 年工業總產值為 88 億美元，從而得出結論，認為蘇聯平均每年得到的租借物資（30 億美元）相當於蘇聯戰前工業產出的三分之一。G. Warren Nutter, *The Growth of Industrial Production in the Soviet Union*, Princeton: Princeton University Press, 1962, p. 214。

4 Herring, *Aid to Russia*, p. 286.

5 Mark Harrison, *Accounting for War: Soviet Production, Employment and the Defence Burden, 1940-1945*, Cambridge: Cambridge University Press, 1996, p. 161.

舞士氣外，沒有起到什麼實際作用。[1] 在軍事對峙時期（到 1943 年初），隨着外來武器裝備有所增加，租借物資開始發揮作用。[2] 最主要是在反攻時期，大量租借物資的到來，無疑大大加快了蘇聯的軍事準備和反攻速度，這一點連斯大林都不能否定。[3] 實際上，美國供應的很多武器裝備和軍用物資因其特性而對加強蘇軍作戰能力發揮了無法替代的作用。

首先，彌補了蘇軍短缺的裝備和物資。在這方面蘇聯人談的最多就是汽車，戰爭期間美國供應了 36.2 萬輛租借卡車、4.7 萬輛吉普車和幾千輛各種類型的機動車，而蘇聯戰時的總產量只有 26.56 萬輛。[4] 這大大提高了蘇軍的後勤運輸能力和機動作戰能力。蘇聯著名的「喀秋莎」火箭炮就安裝在美國的「斯圖巴克」（Studebaker）型六輪驅動卡車上，在蘇軍中備受歡迎，以致「斯圖巴克」竟成了「奇跡」的代名詞。[5] 蘇聯最短缺的物資之一就是汽油，特別是高辛烷值的航空汽油。蘇聯的石油產量居世界前列，但加工能力很弱。戰前蘇聯高辛烷值汽油的計劃產量 45 萬噸，僅為國防委員會要求的 7.5%（B-78）— 12%（B-74）。[6] 這對蘇聯空軍的作戰能力影響極大。戰爭爆發後，尤其是德軍侵入高加索油田後，這一危機進一步加劇。1943 年 3 月斯大林得到報告，蘇聯國內的航空燃料最多只能保證 50% — 60% 的軍事需求。[7] 戰爭期間，盟國（含英國在伊朗的阿巴丹煉油廠）供應的各種汽油和其他石油產品總計 284.92 萬噸，其中

1　到 1941 年底，由於運輸和組織問題，只有 63% 的租借物資送到蘇聯。Tuyll, *Feeding the Bear*, p. 51.

2　租借物資對斯大林格勒戰役的貢獻，詳見 Tuyll, *Feeding the Bear*, pp. 51-52、62。

3　租借物資對於蘇軍反攻乃至攻克柏林所發揮的重要作用的分析，見 Tuyll, *Feeding the Bear*, pp. 62-62、97-98。

4　Weeks, *Russia's Life-Saver*, p. 124; *Соколов Б. В.* Тайны второй мировой, с. 202-203.

5　*Соколов В. В.* Ленд-лиз в годы второй мировой войны, с. 14; *Белоусов Р. А.* Экономическая история России XX век., Книга 4, с. 287.

6　*Рыжков Н. И.* Великая Отечественная, с. 274. 另有數據顯示，戰前蘇聯國產 B-78 號航空汽油僅能滿足需求的 4%。*Соколов Б. В.* Тайны второй мировой, с. 201.

7　РГАСПИ, ф. 84, оп. 1, д. 140, л. 15-18.

46.34% 為航空汽油：高辛烷值汽油 116.35 萬噸，其他航空汽油 15.68 萬噸。[1] 根據俄國學者的估計，租借供應的航空汽油約為戰時蘇聯國內產量的 1.4 倍。[2] 在通訊設備和器材方面，租借也彌補了蘇軍的不足。野戰電話、電話線、無線電台等通訊器材的短缺對蘇軍的通訊聯絡和指揮系統的運作十分不利，1941 年 9 月，撤離到後方的 197 廠按照國防委員會的命令恢復電話機生產，計劃月產量 5000 部，但實際上只有 1000 部。於是，蘇聯不得不要求盟國每月提供 6000 部。到 1942 年美國和英國運送了 23 311 部野戰電話和 28 萬公里的電話線。[3] 在第二租借協定期間，租借援助的無線電台足以裝備 150 個師，而野戰電話則可提供 329 個師使用。同時，蘇聯的重型坦克也都裝備了美製無線電台。[4] 越到戰爭後期，戰役規模越大，就越需要加強通訊指揮。到 1944 年底以前，美國提供了 4 萬多部無線電台、38 萬多部野戰電話、100 多萬英里長的電話線以及其他通訊器材。[5] 1944 — 1945 年，通訊器材的租借超過以往時期的 1.4 倍，進口的無線電台已可供 360 個師使用，而野戰電話則可裝備 511 個師。[6]

其次，提供大量急需的後勤保障物資，這主要是指食品和皮靴。兵馬未動糧草先行，而蘇軍在後勤保障方面最頭疼的就是食品。有學者計算過，蘇聯戰時的食品儲備達到 587.6 萬噸麵包、31 萬噸糖和 4.2 萬噸肉類，按照斯大林在國防委員會 1941 年 9 月 12 日第 662/cc 號決議中批准的日糧標準，對 1000 萬人的蘇軍來說，這些國家儲備的麵包可維持 691 天，糖可維持 885 天，肉類僅能維持 28 天。[7] 因此，在 1941 年 10 月的第

1　*Бутенина Н.* Ленд-лиз: Сделка века, с. 289-290.

2　*Соколов Б. В.* Тайны второй мировой, с. 201-202.

3　Hill, "British Lend-Lease Aid and the Soviet War Effort", pp. 798-799.

4　*Супрун М. Н.* Ленд-лиз и северные конвои, с. 216-217.

5　Tuyll, *Feeding the Bear*, p. 103.

6　*Супрун М. Н.* Ленд-лиз и северные конвои, с. 333-334.

7　Babichenko, *The Debit and Credit of War*, pp. 268-269.

一租借協定中，蘇聯就要求盟國每月提供 20 萬噸小麥、7 萬噸糖和 1500
噸可可。到 1942 年 7 月，蘇聯收到了 39.2 萬噸糧食。[1] 在是年春播前，美
國還為蘇聯空運了 9000 噸種子。[2] 據蘇聯外貿人民委員部統計，從戰爭開
始至 1945 年底，從美國共進口糖 68.35 萬噸、肉製品 79.21 萬噸、動物
脂肪 60.31 萬噸。[3] 由於美國運送的大都是壓縮食品，所以其作用很難以噸
位來評估。[4] 俄國學者 M. N. 蘇普倫採用了熱量計算法。按他的計算，租借
食品淨重總計 491.58 萬噸，含總熱量為 675 024.744 億千卡，如果按照平
均每天每人 4000 千卡計算，則提供給蘇聯的租借食品足夠 1000 萬人的
部隊食用 4 年半。[5] 另一種重要的軍用物資是防滑防水的靴子，這對於在
冬季和雪地作戰的蘇聯士兵來說，也是必需品。由於皮革嚴重缺乏，在
第一協定的申請單中，除了武器、糧食和金屬材料外，蘇聯要求最多的
就是軍靴和皮革：每月 40 萬雙和 1500 噸。[6] 根據這個協定，美英兩國在
1942 年供應了 10 500 噸皮革和 450 萬雙軍靴。[7] 到 1944 年 11 月，已經有
1100 萬雙軍靴和 600 萬雙高筒軍靴發往蘇聯，而當年蘇聯的產量只恢復
到 400 萬雙。[8]

　　再有，提供先進的武器裝備。蘇聯的軍工生產能力一向不弱，即使

1　АПРФ, ф. 06, оп. 4, д. 105, л. 25-26; РГАЭ, ф. 413, оп. 9, д. 438, л. 21//*Супрун М. Н.*
　　Продовольственные поставки в СССР, с. 46-47.
2　Stettinius, *Lend-Lease: Weapon for Victory*, p. 228.
3　РГАЭ, ф. 413, оп. 12, д. 10949, л. 48, 轉引自 Babichenko, *The Debit and Credit of War*, p. 272-273。
4　有學者認為，按租借提供的糧食噸位計算，蘇聯軍隊每人每天得到的只有 10 盎司（合 283.5
　　克）。Moskoff, *The Bread of Affliction*, pp. 120-122.
5　*Супрун М. Н.* Продовольственные поставки в СССР, с. 52-54.
6　АПРФ, ф. 3, оп. 63, д. 217, л. 105-111//Исторический архив, 2013, №5, с. 19-25.
7　Stettinius, *Lend-Lease: Weapon for Victory*, p. 210.
8　*Рыжков Н. И.* Великая Отечественная, с. 415; Babichenko, *The Debit and Credit of War*, p. 270;
　　Белоусов Р. А. Экономическая история России XX век., Книга 4, с. 215. 到戰爭結束時供應的軍
　　靴總計 1540 萬雙。Douglas Smith, *The Russian Job: The Forgotten Story of How America Saved the
　　Soviet Union from Ruin*, New York: Farrar, Straus and Giroux, 2020, p. 229.

在戰爭初期遭到重創，恢復的速度也是驚人的。[1] 然而，就許多主要武器裝備的性能和技術指標而言，蘇聯與西方還是有些差距的，正是在這一點上，租借物資發揮了重要作用。先看飛機。按朱可夫的說法，戰前蘇聯擁有國產飛機 17 745 架，其中只有 21%，即 3743 架是新型飛機。與德國空軍相比，蘇軍在數量上佔絕對優勢，但在質量（速度和火力）方面卻明顯遜於對方。[2] 戰時美英提供的租借飛機共 14 203 架，在 9438 架戰鬥機中，性能先進的機型佔絕大多數：P-39（飛蛇），4746 架；P-40（戰斧），2097 架；P-63（眼鏡王蛇），2400 架。3771 架轟炸機都深受蘇聯飛行員歡迎，它們是 2908 架 A-20（波士頓）輕型轟炸機和 862 架 B-25（米切爾）中型轟炸機，而唯一的一架重型轟炸機 B-24（解放者）則是美國剛剛研製的帶有自動駕駛儀的最新機型。[3] 再看軍艦。蘇聯的造船能力和技術都比較落後，戰前蘇聯海軍只有各種艦船 745 艘（含 3 艘戰列艦、8 艘巡洋艦）。通過租借，蘇聯海軍得到 491 艘軍艦、運輸船和補給船，以噸位計算則翻了一番。[4] 特別是在對日作戰中，租借艦船使蘇聯太平洋艦隊的力量加強了 4 — 5 倍，美國實際上為蘇聯打造了一支新的太平洋艦隊。[5] 而這些租借軍艦的技術裝備和作戰性能，正如對外貿易人民委員部報告所說，在適航性、機動性、耐久性、防空和反潛能力，以及生活舒適性等各方面，「都超過了當時蘇聯國內製造的艦船」。[6] 再看坦克。蘇聯很重視坦克，僅 1939 年至戰前就生產了 75000 輛，但其中新型坦克較少，到 1940

1　到 1942 年底，蘇聯已經製造出坦克和自動火炮 29 200 輛，戰鬥機 29 900 架，各種戰船 50 艘，各類機槍 46.23 萬挺。*Малков П. В.* (*пред.*) Великая Отечественная война, с. 67.

2　*Белоусов Р. А.* Экономическая история России XX век, Книга 4, с. 106.

3　Foreign Economic Section, "Report on WarAid Furnished", November 28, 1945, p. 18; *Рыжков Н. И.* Великая Отечественная, с. 133; *Супрун М. Н.* Ленд-лиз и северные конвои, с. 324-325.

4　Antony C. Sutton, *National Suicide: Military Aid to the Soviet Union*, New York: Arlington House, New Rochelle, 1973, p. 151.

5　*Бутенина Н.* Ленд-лиз: Сделка века, с. 150.

6　РГАЭ, ф. 413, оп. 9, д. 560, л. 48//*Комарков А. Ю.* Военно-морской ленд-лиз, с. 131-132.

年只生產了 246 輛 KV 重型坦克和 115 輛 T-34 中型坦克。[1] 從戰爭爆發到
1942 年 6 月底總計生產了 15 827 輛。[2] 截至 1941 年底，紅軍尚有 7700 輛
坦克，其中中型和重型坦克只有 1400 輛。此期英國交付的坦克總數僅佔
蘇軍坦克總數的 6.5%，不過其中中型和重型坦克的比例高達 33% 以上。[3]
到 1944 年派往前線的 5611 輛裝甲車中，59% 是租借來的。在戰爭最後階
段，美國交付的 2714 輛坦克中有 2148 輛都是最先進的 M4A2（謝爾曼）
中型坦克，以這種坦克裝備的蘇聯第六裝甲軍橫掃歐洲平原，被譽為「一
支擅長穿越的快速戰鬥部隊」。[4] 總之，在西方盟國的援助下，蘇軍武器裝
備的技術水平大大提升，據統計，新型號和新式武器的份額，在小型武
器中達到 42.3%，在炮兵中達到 83%，在裝甲兵中達到 80% 以上，在航
空兵中達到 67%。[5]

二、經濟方面：

　　租借對蘇聯戰時國民經濟的發展以及戰後經濟恢復和重建也發揮了
重要作用。這裏的一個重要經濟背景是蘇聯戰時工業結構的變化 ——
國防工業大幅上升而民用工業直線下降。[6] 這種情況既解釋了戰爭後期蘇聯
在租借要求中提高工業設備和食品份額的原因，也說明了租借物資對於
蘇聯戰時經濟維持和發展的作用。作為對外貿易的一種替代形式，租借
物資中工業機器、設備和原材料的規模、數量及品種，令人驚歎。據美
國總統 1945 年第 21 號租借報告，到租借項目終止，在美國供應蘇聯的

1　*Белоусов Р. А.* Экономическая история России XX век, Книга 4, с. 128.

2　Hill, "British Lend-Lease Aid and the Soviet War Effort", pp. 783-785.

3　Hill, "British Lend-Lease Aid and the Soviet War Effort", pp. 787-788.

4　*Рыжков Н. И.* Великая Отечественная, с. 133-134.

5　*Куманев Г. А. и др* Великая Отечественная война, с. 238-239.

6　哈里森提供的表格顯示，到 1944 年國防工業產品的產量已達到戰前水平的 3.9 倍，增長指數
　為 496%，而民用產品的增長指數則是 50%（其中食品工業 39%、輕工業 40%），其生產已「趨
　向崩潰」。Harrison, *Accounting for War*, pp. 71、81.

總計 94.79 億美元物資中，機器設備和工業原材料共為 30.40 億美元（佔 36.29%）。[1] 這就是說，蘇聯從美國租借的援助物資，三分之一以上是用於工業（含軍事工業）建設的，其品種從軸承、測量儀器到各種機牀多達數千種。把戰爭結束時蘇聯得到的某些租借設備與 1945 年蘇聯生產的同類設備進行數量上的比較，可以明顯看出這類供應的重要性：各種機牀前者 2.35 萬台，後者 3.84 萬台；起重機和挖掘機前者 1526 台，後者 13 台；冶金設備前者 4.92 萬噸，後者 2.69 萬噸。1945 年底在斯大林格勒拖拉機廠參觀的美國工程師發現，該企業一半的設備都是租借來的。[2]

以下幾個方面的情況很能說明問題。機牀：戰時盟國租借給蘇聯的各種切削機牀 4.43 萬台，佔國內產量（11.54 萬台）的 38.39%。[3] 僅僅數字比較尚不能說明全部問題，關鍵是很多精密機牀是蘇聯自己無法生產的。如 1942 年 7 月第 150 號飛機廠進口 40 台機牀，使該廠的生產在兩個月內就達到了設計能力。[4] 工業原材料：在整個戰爭期間，西方供應的有色金屬及合金材料佔蘇聯國內生產的比重，銅為 75% — 82%；鋁為 125%；鈷為 138%，錫為 223%。[5] 作為製造 T-34 坦克的特種鋼材，1942 年的租借提供佔蘇聯平均月產量的 46.7%。[6] 對於蘇聯短缺的戰略物資橡膠，英國提供了 10.35 萬噸。[7] 發電設備：根據美國國務院的資料，戰爭期間向蘇聯發送了用於 17 個熱電站和 23 個水電站的設備，裝機容量

1　Tuyll, *Feeding the Bear*, p. 156.

2　РГАЭ, ф. 413, оп. 9, д. 438, л. 13-14; РЦХИДНИ, ф. 644, оп. 1, д. 326, л. 9, 轉引自 *Супрун М. Н.* Ленд-лиз и северные конвои, с. 338-339。

3　*Рыжков Н. И.* Великая Отечественная, с. 287-288.

4　*Супрун М. Н.* Ленд-лиз и северные конвои, с. 131.

5　Jones, *The Roads to Russia*, p. 221; *Соколов Б. В.* Тайны второй мировой, с. 205-206、208; *Рыжков Н. И.* Великая Отечественная, с. 269-270.

6　*Соколов Б. В.* Тайны второй мировой, с. 209-211.

7　Внешняя политика Советского Союза в период Отечественной войны. Документы и материалы. Т. 2, 1 января-31 декабря 1944г., Москва: Государственное издательство политической литературы, 1946, с. 146.

145.73 萬千瓦，價值 1.78 億美元（一說 2.63 億美元）。[1] 已知戰時蘇聯發電容量損失約 500 萬千瓦[2]，恢復和新建發電站功率為 470 萬千瓦[3]，那麼租借物資就彌補了發電容量損失的 29.15%，而佔新增容量的 31%。煉油設備：根據第二租借協定和後續協定，美國向蘇聯提供了 4 個煉油廠和兩個附屬工廠的全套設備，總價值 5890 萬美元，並指派 15 名工程師前往蘇聯協助施工。所有工廠運行所需設備到 1945 年 5 月前已全部出口，後期補充設備的 92% 也在 9 月 20 日前交付給蘇聯。[4] 鐵路運輸設備：由於轉向武器製造，戰爭期間蘇聯幾乎停止了一切鐵路車輛的生產（只有 92 台機車和 1000 節車廂）。租借物資填補了這一空白，美國提供了 1981 台機車和 11 156 節車廂。[5]

此外，還運送了 62.2 萬噸的鐵軌（佔蘇聯國內總產量的 56.5%），超過 11 萬噸的車輪和車軸，以及可以覆蓋 3000 公里的鐵路自動信號系統的設備。[6] 可以想像，沒有租借物資，蘇聯的鐵路將處於半癱瘓狀態。

從生產的角度看，大量租借物資的到來，為蘇聯釋放出可觀的隱形勞動力。由於大量領土被佔領和大規模徵兵，造成蘇聯的勞動力嚴重缺失。據統計，戰爭初期蘇聯的產業工人數量從 1100 萬人降到 700 萬人，即減少了 400 萬人，特別是一些國防工業行業，失去了多達三分之二的工人。美國分析家在 1943 年甚至擔心，勞動力和物資的嚴重短缺很可能

1　Sutton, *Western Technology and Soviet Economic Development, 1930-1945*, pp. 167-168; Foreign Economic Section, "Report on WarAid Furnished", November 28, 1945, p. 16.

2　Paul Kesaris (ed.), *Confidential U. S. State Department Central Files, The Soviet Union Internal Affairs, 1945-1949, Microfilm*, Maryland: University Publications of America, 1985, Reel 23, MF0300598, pp. 194-214.

3　蘇聯科學院經濟研究所編：《蘇聯社會主義經濟史》第 5 卷，第 313 頁。

4　Foreign Economic Section, "Report on War Aid Furnished", November 28, 1945, p. 16.

5　*Соколов В. В.* Ленд-лиз в годы второй мировой войны, с. 14; *Белоусов Р. А.* Экономическая история России XX век, Книга 4, с. 287.

6　Jones, *The Roads to Russia*, pp. 226-227; *Рыжков Н. И.* Великая Отечественная, с. 271-273.

導致蘇聯經濟發展水平和軍事能力的下降。[1] 在這種情況下，隨着第三租借協定期開始租借物資的大幅度增加，大大緩解了蘇聯工業勞動力短缺的壓力。按照布捷尼娜的計算，平均每年進口的租借物資可以釋放出勞動力，按官方匯率算是 58.4 萬人，或按實際匯率算是 69.0 萬人。[2]

　　從對外貿易的角度看，「租借供應品不僅有助於增加生產，而且在許多經濟領域代表了一個重要的、可能是關鍵的利潤率」。[3] 根據蘇聯官方資料，從租借進口和其他非公開援助中收取的海關收入，以官方匯率計算，1944 年為 4.2 億美元，1945 年為 2.8 億美元（其他年份未提供）。[4] 如果比較一下從戰爭開始至 1945 年底蘇聯的全部出口收入（不足 5.97 億美元）[5]，即可看出租借物資對於蘇聯的經濟意義。另據俄國經濟學家 V. P. 波波夫的研究，在 1945 年蘇聯政府的預算中，有 16.2% 的國家收入來自於「租借物資」。這說明，「蘇聯領導人賦予租借問題以重大的意義，無論是出於經濟方面，還是政治方面的考慮」。[6] 上述對歷史過程的討論也表明，正是在這個意義上，蘇聯政府將租借與信用貸款和戰後經濟恢復連接在一起。

三、科學技術方面：

　　世界貿易促成各國之間科技交流是不言而喻的，租借既然是一種特殊的國際貿易，自然也有這方面的功能。戰爭為蘇聯提供了前所未有的獲取外國先進技術的機會。儘管美國人完全了解高科技產品租借給蘇聯

1　Tuyll, *Feeding the Bear*, pp. 74-76.

2　計算方式是租借物資價值除以折合成美元的軍工企業工人平均年薪。*Бутенина Н.* Ленд-лиз: Сделка века, с. 184-185.

3　Tuyll, *Feeding the Bear*, p. 143.

4　Babichenko, The Debit and Credit of War, p. 322-323.

5　*Суринов А. Е., Оксеноит Г. К. (пред.)* Великая Отечественная война, с. 118.

6　*Попов В. П.* Экономическая политика советского государства, 1946-1953гг., Москва-Тамбов: ТГТУ, 2000, с. 109-110.

的後果，參謀長聯席會議 1943 年也曾幾次討論對蘇租借中涉及的技術情報問題，但軍人的建議很少得到批准，也從未取得效果。畢竟，羅斯福「無條件援助」的總體政策為蘇聯敞開了技術大門。直到戰爭接近尾聲時，美國才拒絕了蘇聯的某些要求。[1]

　　蘇聯人很清楚如何利用進口先進裝備提高自己的技術水平。1943 年 6 月 12 日，航空工業人民委員 A. I. 沙胡林向斯大林報告，「為了充分利用國外飛機最先進的設計和製造成果，必須馬上獲得英國和美國飛機的樣機進行研究。」為此，應立即購買這些飛機，並建立由「專業水平最高的工程師」組成的特別委員會。[2]在很快獲取情報後，沙胡林於 28 日再次報告，英國的「噴火」（Spitfire）式高空截擊機性能優越，應以最快的速度訂購 10 架。斯大林當即批示給米高揚：我完全同意。[3]10 月 3 日，斯大林親自寫信給丘吉爾，要求儘快提供這種飛機。[4]1943 年初第一批噴火式飛機運抵蘇聯後，立即在莫斯科上空攔截德國高空偵察機的戰鬥中顯示出獨特的優越性。隨後，蘇聯空軍「緊急決定」，由航空設計局立即開始研製高空戰鬥機。[5]戰爭期間蘇聯的國產飛機大都使用的是進口發動機，在 130 種不同型號的發動機中，只有三種是國產的，但也均是對外國發動機的複製，根據技術轉讓許可證在蘇聯境內組裝而已。[6]

　　雷達和聲吶裝置也是一個典型的例子。在戰爭的第一年，英國就向蘇聯提供了代表雷達技術的 GL-2 裝置。蘇聯在這方面大大落後於西方，所以對此非常重視。國防委員會 1942 年 2 月 10 日下達了仿製 GL-2 裝置

1　Tuyll, *Feeding the Bear*, pp. 119-120、143.

2　РГАСПИ, ф. 84, оп. 1, д. 140, л. 33-34.

3　РГАСПИ, ф. 84, оп. 1, д. 140, л. 35-37.

4　*Печатнов В. О., Магадеев И. Э.* Переписка И. В. Сталина с Ф. Рузвельтом и У. Черчиллем, Том 1, с. 246-247.

5　*Котельников В. Р.* Авиационный ленд-лиз//Вопросы истории, 1991, №9/10, с. 224-225; *Рыжков Н. И.* Великая Отечественная, с. 113-114.

6　Sutton, *Western Technology and Soviet Economic Development, 1930-1945*, pp. 227-228.

的命令，並為此專門進口了 100 台特殊機牀以便開始生產。[1] 1943 年 12 月 28 日，海軍人民委員 N. G. 庫茲涅佐夫向斯大林報告，立即向英美訂購帶有雷達裝置的戰艦，以便加快開發蘇聯的雷達技術。[2] 米高揚曾歎曰：因為涉及國家機密，如果不是戰爭，蘇聯在很長一段時間內都不可能有雷達。[3]

最令人震驚的也許是 1943 年 2 月 1 日列入租借物資清單中的核原料。據租借航空聯絡官 G.R. 喬丹少校的證言，到戰爭結束時，美國至少分三次向蘇聯運送了 750 公斤鈾 -235，1100 克氧化氘（重水），83.5 萬磅鎘金屬，2.5 萬磅釷，以及 1380 萬磅用來把鈾提煉成鈈的精煉鋁管。在喬丹看到的文件目錄中，列入核材料項下的還有鈹金屬（9681 磅）、鎘合金（72 535 磅）、鋁管（13 766 472 磅）、鎘金屬（834 989 磅）、鈷礦石和精礦（33 600 磅）、鈷金屬和含鈷廢料（806 941 磅），以及鈹和鎘化合物。[4] 1949 年喬丹以此為由指控美國官員（甚至包括負責租借事務的霍普金斯和曾任副總統的華萊士），一年後眾議院非美活動委員會和原子能聯合委員會審查了喬丹的指控。儘管沒有完全證實這些指控，但委員會告說，由於沒有採取特別的控制措施，1943 年 1 月 26 日根據出口許可證運往蘇聯的核原料有 200 磅的氧化鈾、220 磅的硝酸鈾和不到 25 磅的不純金屬鈾。此外，一家加拿大公司在 1943 年還向蘇聯出售了 500 磅氧化鈾、500 磅硝酸鈾和 1100 克重水。委員會的結論是，向蘇聯提供核原料及相關文件「是在美國政府完全知情和同意的情況下進行的」。[5] 無論如何，這些特殊租借物資的運抵，無疑大大推動了蘇聯的原

1　Hill, "British Lend-Lease Aid and the Soviet War Effort", pp. 799-800.

2　*Соколов В. В.* Ленд-лиз в годы второй мировой войны, с. 14.

3　*Рыжков Н. И.* Великая Отечественная, с. 99.

4　McMeekin, *Stalin's War*, ch. 29, par. 37、40.

5　Jones, *The Roads to Russia*, pp. 293-295.

子彈研製計劃。[1]

　　直到戰後初期，通過租借方式，蘇聯外貿人民委員部下屬的技術情報部門從美國和英國得到了 258 部軍事技術影片、636 份技術報告、2500本教科書、手冊和其他類似的科技出版物。[2]通過大規模仿製，租借援助的確為蘇聯帶來了大量現代科學技術，蘇聯經濟為此而收到的效益從戰後重建一直延續到 50 年代。[3]可以說，租借是繼 20 年代蘇聯的租讓制後，西方科學技術第二次向蘇聯轉移的一種特殊形式。

　　最後要說的是，實際上，對租借作用估計再高，也不能忽視歐洲東方戰線作為二戰主戰場之一的作用，更無法抹殺蘇聯在戰勝法西斯德國中做出的重大犧牲和卓越貢獻。同樣，無論怎樣貶低租借的意義，也無法否定這種援助對蘇德戰爭取得勝利的不可替代和不可或缺的作用。

幾點結論

（一）租借是盟國與法西斯作戰的「勝利武器」。

　　戰爭歸根結蒂是經濟實力的較量。擁有世界上將近一半生產能力的美國加入對抗法西斯的陣營，完全改變了雙方的實力對比，特別是在羅斯福總統的倡導下，美國實行了與第一次世界大戰完全不同的金融政

1　1943 年 2 月 11 日，國防委員會通過了一項法令，集中力量推進鈾的研究工作，並要求科學院原子能實驗室主任庫爾卡托夫（I. Kurchatov）在 7 月 5 日之前提交關於製造鈾彈或鈾燃料可能性的報告。（РЦХИДНИ, ф. 644, оп. 1, д. 89, л. 71-72//Жуков Ю. Н. Тайны Кремля: Сталин, Молотов, Берия, Маленков, Москва: ТЕРРА-Книжный клуб, 2000, с. 249.）這項工作的全面開展，固然與蘇聯自 1942 年初以來不斷獲取的大量核情報有關（參見 Судоплатов П. А. Разведка и Кремль: Записки нежелательного свидетеля, Москва: Гея, 1996, с. 216-220），但能　得到美國提供的鈾 235 及稀有核原料顯然也是一個重要因素。

2　РГАЭ, ф. 413, оп. 9, д. 565, л. 4-5//Супрун М. Н. Ленд-лиз и северные конвои, с. 226-227.

3　關於這方面的詳細研究，參見 Sutton, *Western Technology and Soviet Economic Development, 1930-1945*, pp. 302-317。

策，消除了「美元符號」的租借使美國成為聯合國家的取之不盡的「軍火庫」，為盟國取得最後勝利提供了有力的物質保障。

至於蘇德戰場，必須指出，蘇聯戰勝法西斯德國主要依靠的還是自身的力量和優勢，這種力量和優勢，除了頑強的民族精神，主要在於兩個方面：資源優勢 —— 廣袤的地域、龐大的人口和豐富的自然資源，體制優勢 —— 超強的動員能力和統籌機制。捨此，蘇聯早就像其他歐洲國家一樣在德國的閃電戰攻勢面前灰飛煙滅了。不過也必須看到，戰爭初期喪失半壁江山使蘇聯的自身優勢受到極大限制，來自外部的援助此時發揮了重大作用。捨此，蘇聯也無法在短短兩年內組織起快速反擊，並直搗柏林。說到底，外因是條件，內因是根據，外因通過內因起作用。

（二）租借使美蘇經濟關係發生了重大變化。

租借是反映和體現戰時美蘇經濟關係的外在形式，與戰前相比，這種關係在租借框架內發生了重大變化。通過租借，蘇聯走出了戰前與世界隔離的自給自足的經濟狀態，在作為西方強國患難與共的政治夥伴的同時，不管是否意識到，蘇聯的經濟已成為民主陣營經濟體重要的甚至是主要的組成部分 —— 蘇聯的物資需要是美國安排生產的重要依據。在這一過程中，不僅美蘇之間的經濟交往和聯繫大大加強，而且雙方的經濟機制開始相互滲透和融合。對蘇聯而言，租借就是一種特殊的對外貿易。[1] 1938 年蘇聯進出口貿易額 5.31 億美元，佔世界貿易總額的 1.16%。

1　正如外交人民委員部報告所說，從美國進口的商品幾乎全部由名目繁多的各種租借交貨構成，以至商業進口可以忽略不計。АВПРФ, ф. 07, оп. 10, п. 33, д. 441, л. 11-18//*Севостьянов Г. Н. (под. ред.)* Советско-американские отношения, 1939-1945, с. 715-716.

蘇聯對美國貿易總額 0.91 億美元，佔美國進出口貿易總額的 1.75%。[1]到 1942 年，這個百分比已上升到 17.6%，1944 年更達到 24.3%。[2]如果說蘇聯從來沒有以如此規模參與國際貿易，那麼美國也是第一次如此廣泛地將全國大部分生產和貿易納入了「計劃」的軌道。通過與各國的租借談判，戰時生產局提出兩個新的重要措施來指導戰時經濟：物資控制計劃和組件調度（component scheduling）計劃。到 1943 年底前，美國那種按利潤調節生產的非計劃經濟已經驚人地改變成一種戰時管理經濟，以適應租借計劃預定的種種目標。按軍事標準對物品生產能力和價值分配所進行的計算，取代了財政計算而成為經濟活動的主導。[3]更值得注意的的是，正如學者 A. P. 多布森所說，租借不僅幫助盟國贏得了戰爭，還有助於建立新的國際經濟秩序。租借進一步加強了美國已有的「國家訂購」形式，促進了羅斯福「新政」理念的國際化，以推動戰後新版本的「門戶開放」政策。[4]通過布雷頓森林體系的建立，這種在美國經濟霸權主導下的國際經濟秩序，除了取代大英帝國的英鎊統治和特惠制，還試圖「建立一種資本主義國家與蘇聯之間聯繫的新機制」，一種新型國際經濟合作的形式。[5]或者說，是將蘇聯重新拉入世界經濟體系的一種嘗試，正像 1922 年英國曾經試圖做的一樣。

（三）對無條件援助蘇聯政策的歷史評判。

　　儘管羅斯福對蘇聯實行無條件援助的政策在當時受到重重阻力和抵

1　The Trade Statistics Branch of the United Nations Statistics Division(UNSD), *International trade statistics 1900-1960*, May 1962, MGT(62)12, http: //unstats. un. org/unsd/trade/imts/historical_data. htm, Table 24-1、2.

2　Thomas Paterson, *Soviet-American Confrontation: Postwar Reconstruction and the Origin of the Cold War*, Baltimore: John Hopkins University Press, 1973, p. 60.

3　McNeill, *America, Britain & Russia*, pp. 224-225.

4　Dobson, *US Economic Statecraft for Survival*, pp. 57-58.

5　*Поздеева Л. В.* Ленд-лиз для СССР, с. 333.

制，在後來受到諸多歷史研究者出於各種政治立場的批評和指責，但是必須指出，戰勝法西斯 —— 這一政策的目標指向無疑是正確的，蘇聯是戰勝法西斯德國的主戰場 —— 這一對形勢的戰略判斷無疑也是正確的。在法西斯德國強大的軍事壓力下（加上東方虎視眈眈的日本），蘇聯無論是戰敗、投降還是媾和，對「民主陣營」都是一場災難。在這種情況下，特別是因為英美未能及時開闢第二戰場，就必須將蘇聯放在租借援助的優先地位，而且不能也沒有必要提出任何條件，這是顯而易見的道理。同時，對蘇聯的無條件援助完全符合租借政策的基本理念。羅斯福在提交國會的第五次租借報告中指出：「戰爭的真正代價是無法衡量、無法比較、也無法用金錢來支付的。它們必須而且正在以鮮血和汗水來支付。」[1]同中國在亞洲戰場一樣，蘇聯在歐洲戰場付出了最重大的人員傷亡和物質損失的代價，用血肉築起了抵抗法西斯德國的歐洲「長城」，為最後勝利爭取了時間，難道對他們的援助還要講究條件？！至於到戰爭後期是否還需要繼續執行無條件援助政策，是可以討論的。德國戰敗後，對蘇援助的軍事意義已經大打折扣，在對日作戰的策劃中還把蘇聯作為主力的判斷是值得懷疑的。[2]從戰後美蘇政治合作出發的考慮可能是羅斯福堅持繼續實行無條件援助的重點，這個考慮是帶有戰略性的，但從策略上講，戰爭後期繼續「無條件」確實助長和鼓勵了蘇聯的「野心」。實際上，從斯大林積極要求參加對日作戰，主動提出為美軍提供遠東軍事基地的情況看，蘇聯此時是可以也願意接受「有條件」援助的。從某種程度上可以說，斯大林被羅斯福慣壞了，他無法接受杜魯門的「嚴苛」。

1　Goodrich, Shepard and Myers(eds.), *Documents on American Foreign Relations, Vol. IV*, pp. 234-235.

2　這種判斷的出發點在於英美錯誤估計了日本的戰爭能力。1944 年 9 月的魁北克會議認為，歐洲戰事結束後，需要 18 個月才能打敗日本。Feis, *Churchill-Roosevelt-Stalin*, pp. 398-399. 其結果無疑使蘇聯將其勢力推進太平洋地區的謀略佔得先機。

（四）蘇聯對租借援助政策的認知和態度變化。

　　蘇聯從最初拒絕考慮以租借的方式接受美國援助，而求助於信用貸款，到最後極力要求將租借政策延續到戰後，以解決經濟恢復和重建的問題，其認知和態度發生了翻天覆地的變化。總體來講，由於是「無條件援助」，租借對蘇聯只有好處，沒有傷害（像英國那樣），所以蘇聯對這一政策十分滿意，求之不得。至於美蘇在租借過程中產生的種種分歧和矛盾，就蘇聯方面而言，究其原因，主要是對美國的法律和政治缺乏深入的了解。初期拒絕租借的原因目前沒有史料說明，但顯然是出於不信任，也很可能是得知美國對英國援助的苛刻條件 —— 要求英國以海外軍事基地換取驅逐艦。說到信用貸款，蘇聯人當時不知道，由於存在法律障礙，美國對蘇貸款基本上是不可能的。至於將租借政策延續到戰後的願望，根本就是違背《租借法案》本身的。在政治層面，蘇聯過於關注美國政府，特別是羅斯福個人，而不甚了解美國政治制度的特點：政府受制於國會，而社會輿論又對國會投票有很大影響。從上述歷史過程的描述也可以看出，白宮任何新政策的提出，都需要事先與國會溝通，提前做大量工作；國會針對每次議案的投票大都與民意調查的結果相符。因此，莫斯科更關心的應該是如何樹立蘇聯良好的國際形象，而不是把功夫全用到總統和白宮身上。哈里曼和迪恩對蘇聯態度的轉變，斯坦德利事件，以及羅斯福去世給莫斯科帶來的失望，都說明了這一點。如果從發展戰略的角度觀察，蘇聯最重要的問題在於，只關注租借帶來的經濟利益，希望把這種形式延續到戰後，而沒有看到租借作為一種特殊的對外貿易方式改變了美蘇戰時的經濟關係，並且為蘇聯戰後融入世界貿易、加入國際經濟體系創造了條件，而這些恰恰是蘇聯經濟發展最短缺的，也是最需要的。

（五）租借未能成為昔日盟友戰後的「和平工具」。

雖然羅斯福期待以租借援助換取蘇聯的信任和回報，斯大林也希望將租借援助延續到戰後重建，但租借最終也未能成為美蘇戰後政治合作與和平相處的工具。美國學界對租借政策的批評，或者集中於羅斯福的「天真想法」和「善良願望」激發了蘇聯的擴張意圖（以傳統學派為主），或者重點在杜魯門的中止租借命令刺激了蘇聯的對抗心態（以修正學派為主）。實際上，羅斯福的理想主義有其合理性和前瞻性，他所設想的戰後國際關係願景未必就一定無法實現，而中止租借並非杜魯門的政策本意，造成混亂的主要原因在於執行官員的反蘇情緒，白宮的錯誤只是其處事方式沒有顧及盟友的感情和尊嚴。在租借政策後期，美國的關鍵問題在於把援助作為「經濟槓桿」，試圖迫使蘇聯在政治和外交問題上做出讓步。這種方針沒有也不可能收到任何效果，從意識形態出發，蘇聯絕不會為了某種經濟利益而放棄政治主張和立場。充其量，「經濟槓桿」的反作用很可能把蘇聯逼回到自給自足的封閉經濟，從而背離羅斯福將蘇聯納入戰後國際經濟體系的最初願望。這一方針的根源在於對蘇聯戰略意圖的判斷失誤。羅斯福以後的美國政府和國會傾向於認為，蘇聯在控制了東歐以後將繼續擴張，在更大範圍內推進共產主義。事實是，斯大林在 1943 年解散共產國際、1944 年推行「聯合政府」政策，都說明蘇聯具有在戰後融入國際社會的意願、動力和條件。

蘇聯在租借談判尤其是 3-c 協定談判中的態度和立場無疑引起了美國的極大反感和失望，也是租借合作精神難以為繼的重要因素。這種態度和立場同樣源於傳統意識形態的認知誤區。在蘇聯人看來，戰後美國必將陷入週期性的資本主義經濟危機，而美國要度過危機，解決失業和資本過剩的難題，必然依賴於蘇聯的市場。本來是蘇聯有求於美國的事

情，偏偏要美國來央求蘇聯。這種心態，此前在布雷頓森林協定談判中出現過，在戰後的貸款談判和馬歇爾計劃談判中亦如此。[1] 對蘇聯戰時經濟體制盲目自信，對世界貿易的意義和戰後經濟一體化的趨勢缺乏清醒認識，這恐怕是蘇聯戰後未能與美國進行經濟合作和不願加入國際經濟體系的認知基礎。

　　租借沒有成為「和平工具」，還有一個重要原因和環節，即蘇聯拒絕加入布雷頓森林體系。

1　詳見本書第二章、第三章和第六章。

第二章

錯失良機：
蘇聯與布雷頓森林體系的建立

不可否認，在整個冷戰發展的歷史過程中，美蘇之間經濟實力的對比和經濟關係的變化始終是一個基本的因素，儘管直到蘇聯解體前夕人們才真正意識到蘇聯經濟實力脆弱的全面含義。歷史已經證明，蘇聯發展相對落後的根本原因在於制度問題 —— 特別是經濟體制。[1]

對於一個自稱開闢了世界新紀元的國家，建立怎樣的經濟體制，實行怎樣的經濟政策，自然是革命政權面對的全新問題，列寧和斯大林對此曾做過不同的選擇。1918 — 1921 年的「軍事共產主義」是布爾什維克黨政治理念與戰時環境相結合的產物。1921 — 1927 年的「新經濟政策」是列寧在建立蘇聯式社會主義經濟體制的一次大膽嘗試，其結果是蘇聯經濟得以恢復和重建。1928 年斯大林拋棄新經濟政策的主要原因，首先是引入市場機制造成了執政黨無論在實踐中還是在理論上都未曾遇到的麻煩，更重要的問題在於黨內政治鬥爭的需要。藉口「帝國主義的包圍和封鎖」，斯大林決心「讓新經濟政策見鬼去」，而重新回到軍事共產主義經濟體制。所謂斯大林模式或蘇聯社會主義模式，就是在軍事共產主義基礎上完善和發展起來的。[2]

斯大林模式的確在 30 年代創造了經濟輝煌 —— 特別是與同期西方的「大蕭條」相比，但從蘇聯共產黨執政 74 年的歷史來看，那只是「曇

1　參見張盛發、沈志華：《蘇聯在冷戰中如何敗北？》；沈志華等：《冷戰啟示錄：美蘇冷戰歷史專題系列報告（1945 — 1991）》，北京：世界知識出版社，2019 年，第 366-389 頁。

2　筆者關於這一歷史過程的研究，見《新經濟政策與蘇聯農業社會化道路》，北京：中國社會科學出版社，1994 年。中國學者在這方面最新的重要著作有鄭異凡：《新經濟政策的俄國》，北京：人民出版社，2013 年；徐天新：《斯大林模式的形成》，北京：人民出版社，2013 年。

花一現」。到第二次世界大戰前，蘇聯經濟發展後續乏力、創新不足的問題已經暴露出來，靠高壓手段和宣傳鼓動喚起的勞動積極性和社會激情不可能長久。[1]實際上，30 年代末開始的戰爭在很大程度上掩蓋了蘇聯體制的弊端，反而為它注入了「活力」，因為這種經濟模式最易於轉入戰時體制，也最能在戰爭的特殊環境中顯現出優勢。

然而，戰爭結束後蘇聯經濟將向何處去？是繼續戰前實行並在戰爭中得到加強的原有體制，還是在新的國際國內條件下探索一條新路？從國際背景看，由於共同反抗法西斯的立場，蘇聯在戰爭中擺脫了「孤島」狀態，與美國（和西方）的關係處於歷史最佳狀態，這種「新型大國關係」無疑為蘇聯調整和改革其經濟體制創造了客觀條件。但另一方面，戰後美蘇兩個政治大國在實力對比上又顯示出一種極不對稱的特徵，而其中最突出的就是經濟。[2]那麼，在戰爭後期和戰後初期面對發展道路選擇時，蘇聯是如何設想並處理與美國（以及西方）之間的經濟關係的？從國際關係史（而非經濟史）的角度看，這實際上是冷戰起源中的經濟因素或

1　英國經濟學家薩頓在關於蘇聯經濟政策發展的三卷本專著中詳細討論了蘇聯經濟制度制約「技術創新」的問題，見 Antony C. Sutton, *Western Technology and Soviet Economic Development*, Stanford: Hoover Institution Press, 1917-1930（1968）、1930-1945（1971）、1945-1965（1973）。關於蘇聯經濟缺乏「動力機制」的討論參見陸南泉：《斯大林工業化道路再認識》，《科學社會主義》，2005 年第 3 期，第 78-82 頁；《對斯大林模式的再思考》，《當代世界社會主義問題》，2007 年第 3 期，第 51-63 頁。關於戰前蘇聯經濟政策弊端的經濟學研究，可參見 Holland Hunter and Janusz M. Szyrmer, *Faulty Foundations: Soviet Economic Policies, 1928-1940*, Princeton: Princeton University Press, 1992，尤其是第 10、14 章。

2　Richard Crockatt, *The Fifty Years War: The United States and the Soviet Union in World Politics, 1941-1991*, London: Routledge, 1995, pp. 11-12.

經濟冷戰起源的問題，也是筆者研究的時間起點和邏輯起點。[1] 這裏涉及國際貨幣、金融、貿易體系以及貸款、賠償、關稅等諸多問題。本章主要考察的是蘇聯與布雷頓森林體系建立的問題。

所謂布雷頓森林體系，在筆者看來，就是在二戰後期逐步建立起來的國際貨幣、金融和貿易體系，因 1944 年 7 月聯合國家貨幣金融會議在美國新罕布什爾州布雷頓森林度假村召開而得名。[2] 這個體系的目標是建立保障戰後國際經濟秩序的三大支柱，即平衡國際收支的國際貨幣基金組織（IMF），為成員國提供投資貸款的國際復興開發銀行（IBRD），亦稱世界銀行（WB），以及協調各國關稅以實現無條件最惠國待遇的國際貿易組織（ITO）—— 後長期表現為《關稅和貿易總協定》（GATT）。[3] 儘管大多數經濟學家沒有把世界貿易納入布雷頓森林體系，但筆者對歷史過程的梳理顯示，國際貨幣、國際金融和世界貿易三者關係極為密切，正

1　以往的研究中，從經濟角度出發研究冷戰起源的成果多屬英語世界，詳見王仕英、陳梅：《經濟冷戰研究綜述》，《西南師範大學學報》第 32 卷第 1 期（2006 年 1 月），第 164-167 頁。但最近幾年俄國學者的研究後來居上，新作不斷，如 *Сорокин А.* Послевоенные Санкции Против СССР: Взгляд с Запада//Родина, 2015, №8, с. 120-128; *Минкова К. В.* Международная торговля: теория и история. Учебное пособие. С.-Петербург: СКИФИЯ принт, 2016; *Липкин М. А.* Советский союз и интеграционные процессы в Европе: середина 1940-х-конец 1960-х годов, Москва: Университет Дмитрия Пожарского, 2016; *Болдырев Р. Ю., Невский С. И.* Советская репарационная политика в Германии в 1945-1953 гг. // Вопросы истории, №3, Март 2017, с. 49-69; *Минкова К. В.* Международные торговые и финансовые институции в Советско-Американских отношениях 1945-1946 годов//Новая и новейшая история, 2018, №1, с. 75-90. 中國學者也有一些新的研究，如崔海智：《戰後蘇美經濟合作嘗試的失敗 —— 兼論經濟冷戰的起源》，《世界歷史》，2011 年第 1 期，第 27-35 頁；張士偉：《布雷頓森林會議與美國對蘇合作政策》，《世界歷史》2018 年第 2 期，第 35-45 頁。

2　經濟學界的語境中，把布雷頓森林體系等同於戰後國際貨幣金融體系已是約定俗成的表述。考慮到這一點，似乎可以將「布雷頓森林體系」做狹義和廣義之分。本文是在後者的意義上使用這一概念的，即將其視為戰後形成的國際經濟體系（貨幣、金融和貿易）的代名詞。

3　嚴格地講，關貿總協定並非組織機構。由於美國國會拒絕批准 1948 年 3 月草簽的國際貿易組織憲章（即《哈瓦那憲章》），國際貿易組織未能成立。不過，關貿總協定還是得到了各國和聯合國的認可。所以，長期以來關貿總協定還有一個「特殊名稱」——「國際貿易組織臨時委員會」（J. M. Brabant, *The Planned Economies and International Economic Organizations*, Cambridge: Cambridge University Press, 1991, pp. 42-43）。直到 1995 年世界貿易組織（WTO）成立之前，關貿總協定實際上發揮了國際貿易組織的作用。

如下文將要談到的，不僅美國在設計戰後國際經濟秩序時就把貨幣、金融和貿易緊緊捆綁在一起，並為此一再放寬蘇聯作為創始國加入國際經濟組織的期限，而且蘇聯雖然對穩定貨幣不感興趣，但遲遲不願正式宣佈放棄加入國際貨幣組織，主要考慮的也是對外貿易問題。從經濟學的角度看，國際貨幣金融機制的建立就是為了解決國際貿易的結算和支付問題，而從國際經濟法的角度看，正如傑克遜所說，在一定程度上貨幣和貿易是「一枚硬幣的兩面」；由國際貨幣基金組織、世界銀行和關貿總協定組成的布雷頓森林體系是一般性國際經濟組織的核心。[1] 所以，有人把這三者稱為「布雷頓森林三駕馬車（the triad）」[2]，就不足為怪了。

從這個意義上講，布雷頓森林會議及其簽署的協定 —— 其核心是穩定貨幣和匯率，建立國際貸款機制，只是戰後國際經濟體系建立的第一步，而非全部內容。同理，70 年代初美元危機導致西方主要國家貨幣改行浮動匯率制（牙買加體系），也只是國際貨幣體系的轉變，而非整個國際貨幣金融貿易體系的改制。事實上，世界銀行的擴展和世界貿易組織的成立，包括國際貨幣基金組織的繼續存在及其成員的不斷增加 —— 特別是 80 — 90 年代東歐國家和蘇聯紛紛加入，以及中國積極要求恢復在這些機構中的席位，恰恰說明了戰後形成的國際經濟體系的優勢和穩定性。儘管存在着種種缺陷，（廣義上的）布雷頓森林體系畢竟保證了戰後世界經濟的復甦和增長，其所遵循的多邊主義原則，所追求的經濟全球化願景，所倡導的國際經濟合作範式，所確立的自由開放和非歧視的國際經濟秩序，都是幾十年來全球經濟不斷增長的保障，也是經濟學界津

1　John H. Jackson, *The World Trading System: Law and Policy of International Economic*, London: The MIT Press, 1989, pp. 22、28. 也有俄國學者將關貿總協定稱為「布雷頓森林體系的第三個機構」，見 *Сироткин В. Г., Алексеев Д. С. СССР и создание Бреттон-Вудской системы 1941-1945 гг. политика и дипломатия*//Новая и новейшая история, Саратов, 2004, №21, с. 84-85。

2　Phyllis Bennis, *Calling the Shots: How Washington Dominates Today's UN*, New York: Olive Branch Press, 2000, p. 67.

津樂道的話題。捨此認識，本章討論的問題就失去了其歷史前提。

　　關於布雷頓森林體系歷史的研究成果不勝枚舉。西方學者的研究基本上都着眼於美國、英國或者美英關係的角度。[1] 俄國學者在這一領域的研究起步較晚，成果不多，但特點是大量使用了俄國的檔案文獻，重點在於描述蘇聯的立場和態度。[2] 中國學者也有不少研究成果，且角度各有不同，其中涉及蘇聯的只有一篇。[3] 總體上講，關於蘇聯與布雷頓森林體系建立之間關係的研究還很不到位，一些重要問題在學界尚未達成共識，甚至有些基本史實還沒有說清楚。如蘇聯對出席布雷頓森林會議究竟是什麼態度？[4] 美國設計的戰後國際經濟秩序將蘇聯置於何種地位？[5] 蘇聯為什麼拒絕參加國際貨幣基金組織？蘇聯到底是什麼時候決定抵制布雷頓森

1　美國一篇博士論文對英語世界研究論著有詳細介紹和評論。見 Acsay, "Planning for Postwar Economic Cooperation", pp. 4-7。

2　*Будс Р. Б.* Бреттон-Вудская конференция Объединенных Наций в 1944 г. //Новая и новейшая история, 1992, №2, с. 31-50; *Сироткин В. Г., Алексеев Д. С.* СССР и создание Бреттон-Вудской системы, с. 72-89; *Катасонов В. Ю.* Бреттон-Вудс: ключевое событие новейшей финансовой истории, Москва:《Кислород》, 2014; *Липкин М. А.* Советский союз и интеграционные процессы; *Минкова К. В.* Международные торговые и финансовые институции в Советско-Американских отношениях 1945-1946 годов//Новая и новейшая история, 2018, №1, с. 75-90. 其中 Сироткин 的論文和 Липкин 的專著對俄國學者的研究狀況做了介紹和分析。

3　張士偉：《布雷頓森林會議與美國對蘇合作政策》，《世界歷史》2018 年第 2 期，第 35-45 頁。

4　有人認為蘇聯「不感興趣」（John Lewis Gaddis, *We Now Know: Rethinking Cold War History*, New York: Oxford University Press Inc., 1997, pp. 193-194），有人認為蘇聯「積極參與」（*Минкова К. В.* Союзники СССР в 1939-1945гг.: новый изгляд на истоки холодной войны //*Сквозников А. Н. (отв. ред.)* Внешнеполитические интересы России: история и современность, Сборник материалов IV Всероссийской научной конференции. Самара: Самар. гуманит. акад., 2017, с. 160-161），還有人說，蘇聯最初表現出「明顯的興趣」，而最終感到「冷漠和厭惡」（Acsay, "Planning for Postwar Economic Cooperation", pp. 6-7）。

5　至少有兩種最極端的看法：一種看法接受了蘇聯當時的官方解釋，認為布雷頓森林體系的建立就是針對蘇聯的，是為了將蘇聯引入陷阱，阻礙整個東歐的工業化（參見 Robert Pollard, *Economic Security and the Origins of the Cold War, 1945-1950*, New York: Columbia University Press, 1985, pp. 17-18; Acsay, "Planning for Postwar Economic Cooperation", p. 8）；另一種看法則認為國際貨幣基金組織有可能成為推進蘇聯經濟利益的機構，甚至就是為此而設計的「國際主義機構」（參見 Hamilton Fish, *Memoir of an American Patriot*, Washington: Regnery Gateway, 1991, pp. 96-98; Paterson, *Soviet-American Confrontation*, p. 149）。

林體系的？蘇聯的選擇是否合理，是否正確？[1] 這種選擇與冷戰起源有什麼樣的關係？[2]

　　以往研究的一個重要缺陷是將注意力集中於 1944 年 7 月的布雷頓森林會議，對於此前美蘇之間的溝通，特別是蘇聯內部對美國和英國的戰後國際貨幣方案的討論，研究較少；對於 1946 年蘇聯對美國關於建立國際貿易秩序和組織的建議反應如何則更少涉及。本文在大量利用美國和俄國檔案文獻的基礎上，梳理 1942 — 1947 年布雷頓森林體系建立的全過程，特別是其中美蘇關係及蘇聯立場的變化，參與上述問題的討論，擬回答的基本問題是：布雷頓森林體系的最初設計是否包容不同的經濟體制？蘇聯最後決定拒絕參加國際貨幣、金融和貿易體系的根本原因何在？蘇聯與國際經濟體系徹底切割的長期後果是什麼？戰後初期美蘇經濟關係的變化與冷戰起源之間的因果關係是怎樣的？

懷特的計劃：美國關於國際貨幣基金組織的設想

　　倡導和推動建立布雷頓森林體系的主要是美國，而關鍵人物就是總統羅斯福、國務卿赫爾、財政部長摩根索及其部長助理 H. D. 懷特，後者

1　大多數研究戰後經濟發展的作者認為，由於受到某種限制，蘇聯放棄國際貨幣基金組織是可以理解的；很難看出一個社會主義國家如何能夠接受這些限制。見 Georg Manfred Schild, "Bretton Woods and Dumbarton Oaks: American Economic and Political Postwar Planning in the Summer of 1944", Ph. D. Dissertation, University of Maryland College Park, 1993, p. 422。

2　羅伯特‧波拉德指出：「莫斯科未能批准布雷頓森林體系，為冷戰的起源提供了重要的見解」，布雷頓森林體系因此成為「冷戰政治的犧牲品」。見 Pollard, Economic Security, p. 10; "Economic Security and the Origins of the Cold War: Breton Woods, the Marshall Plan, and American Rearmament, 1944-50", Diplomatic History, 1985, Vol. 9, №3, p. 276。約翰‧加迪斯認為：「莫斯科拒絕加入布雷頓森林貨幣體系，或在其控制的地區放鬆對貿易壁壘的控制，這是冷戰的結果，而不是原因。」見 John Lewis Gaddis, The United States and the Origins of the Cold War 1941-1947, New York: Columbia University Press, 1972, p. 23。

也是美國建立國際平準基金（Stabilization Fund，又稱穩定基金）計劃的
設計者，該計劃史稱「懷特計劃」。[1]

　　19 世紀末，美國就在國際經濟交往中大力主張「門戶開放」政策。
20 世紀以來，美國領導人越來越贊同「多邊主義」原則，提倡國家之間
的合作，以鼓勵自由流動的世界貿易，並贊同最惠國待遇原則。[2]而世界貿
易發展和國際經濟合作的前提是具有穩定的國際貨幣金融體系。關於這
個道理，早在一戰後的布魯塞爾會議（1920 年）和熱那亞會議（1922 年）
上，各國經濟專家們已經有所認知，並制定了相應的協議和公約。但是
由於各國政府缺乏合作誠意，這兩次國際金融會議收效甚微。[3]1929 —
1933 年資本主義國家爆發了一場世界性經濟危機，在國際經濟秩序遭到
嚴重破壞的情況下，1931 年英國和德國率先放棄金本位制，中止本國貨
幣兌換黃金，任憑匯率自由浮動，隨後各國紛紛效仿，導致 30 年代中期
以金本位為主體的國際金融體制徹底崩潰。[4]於是，重商主義重現，經濟
民族主義盛行，破壞性的經濟競爭終於導致世界大戰再次爆發。[5]

　　戰爭開始後不久，人們就在籌劃戰後的貨幣和經濟秩序。1941 年 4
月，著名經濟學家、政府高級經濟顧問 J. M. 凱恩斯宣佈，英國打算建立
一個「以商品和服務貿易為中心的國際交換體系」，通過「適當的匯率政
策和貿易自由化的經常賬戶」，實現宏觀經濟目標。5 月 16 日，羅斯福

1 　也有學者把懷特譽為「布雷頓森林體系之父」。Harold James, *International Monetary Cooperation since Bretton Woods*, New York: Oxford University Press, 1996, p. 54.
2 　參見 Paterson, *Soviet-American Confrontation*, pp. 1-2。作者列舉了在這方面研究的一系列英文論著。
3 　參見 Alfred E. Eckes, *A Search for Solvency: Bretton Woods and the International Monetary System, 1941-1971*, Austin: University of Texas Press, 1975, pp. 11-12。
4 　詳見王在幫：《布雷頓森林體系的興衰》，《歷史研究》1994 年第 4 期，第 153-154 頁；Eckes, *A Search for Solvency*, pp. 21-22; J. Keith Horsefield (ed), *The International Monetary Fund, 1945-1965: Twenty Years of International Monetary Cooperation*, Vol. 1: Chronicle, Washington, D. C.: International Monetary Fund, 1969, p. 4。
5 　當時有一句很流行的口號：「如果貨物不能跨越國界，那麼士兵可以。」轉引自 Pollard, *Economic Security*, p. 14。

致信赫爾，敦促國務院與英國就戰後經濟政策展開談判。[1] 8 月 14 日，羅斯福和丘吉爾聯合發表關於戰爭目的和戰後體制原則的聯合宣言 —— 《大西洋憲章》，其中談到，希望戰後在經濟領域實現所有國家之間最充分的合作，在平等的條件下開展世界貿易。[2]

　　1941 年 12 月 8 日，即日本襲擊珍珠港的第二天，作為羅斯福的密友和政治夥伴，摩根索召開了一次高級顧問會議。在會上，摩根索宣佈將貨幣研究部主任懷特提升為部長助理，並將財政部的一切對外業務統一交由懷特掌控。[3] 懷特是摩根索信賴和倚仗的業務顧問，也是他的私人朋友，他們有着共同的價值觀 —— 對蘇聯及其體制抱有很大期待。[4] 12 月 14 日，摩根索指示懷特，「考慮並準備一份有關建立盟國間平準基金的備忘錄和計劃」，以便「在戰時用於向實際和潛在的盟友提供援助並牽制敵國；為戰後國際貨幣的穩定安排奠定基礎；為戰後提供一種國際貨幣」。[5] 「懷特計劃」由此啟程。早有準備的懷特在 12 月 30 日便起草了一份簡短的草案，名為「貨幣與銀行聯合行動建議方案」。草案建議設立兩個相互協調但各自獨立的機構，一個是穩定外匯市場的基金，一個是為戰後重建提供信貸和擔保的銀行。[6] 這一計劃草案的目的就是要在國際合作和機會均等的基礎上推進戰後世界貿易，正如懷特在 1942 年 1 月 6 日的備忘錄中所說：設計平準基金是為了便於「實現大西洋憲章的經濟目標」，成員

1　Acsay, "Planning for Postwar Economic Cooperation", pp. 143-144; Brabant, *The Planned Economies*, pp. 27-30; Armand Van Dormael, *Bretton Woods: Birth of a Monetary System*, New York: Holmes & Meier, 1978, pp. 7-10.

2　*FRUS*, 1941, Vol. 1, , p. 368; Horsefield (ed), *The International Monetary Fund, Vol. 1*, pp. 15-16.

3　David Rees, *Harry Dexter White: A Study in Paradox*, New York: Coward, McCann & Geoghegan, 1973, pp. 131-132.

4　Acsay, "Planning for Postwar Economic Cooperation", p. 182.

5　Diaries of Henry Morgenthau, Jr. (DHM), Vol. 473, Franklin D. Roosevelt Presidential Library and Museum, http: //www. fdrlibrary. marist. edu/_resources/images/morg, p. 16; *FRUS*, 1942, Vol. 1, General, The British Commonwealth, The Far East, Washington, D. C.: GPO, 1960, p. 172.

6　Horsefield (ed), *The International Monetary Fund, Vol. 1*, pp. 10-14; Rees, *Harry Dexter Whit*, pp. 137-138.

資格只向贊同憲章目標的國家開放。[1]

　　1942 年 4 月，懷特完成了計劃初稿 ——「關於聯合國家及聯繫國家平準基金和復興開發銀行的初步建議草案」。懷特在引言中提出，戰後世界將面臨三個不可避免的問題：如何防止外匯市場和貨幣信貸體系崩潰；如何保證對外貿易的恢復；如何為各國重建和經濟恢復提供所需的大量資金。懷特認為，為解決這些問題，必須擬訂詳細可行的計劃，並設立具有足夠權力和資源的機構，而要做到這一點，只能通過國際合作。懷特設想建立的國際平準基金將擁有至少 50 億美元的資本金，其構成是會員國根據各自所承擔的基金份額而認繳的黃金、本國貨幣或政府證券。基金的作用不是提供一般經濟貸款，而是幫助各國維持國際收支平衡，目的就是通過短期貸款穩定匯率。為此，基金組織成員國被要求放棄所有未經批准的外匯交易、外匯管制和匯率自由調整，並需要向基金組織提供章程所規定的本國經濟信息。懷特設想的復興開發銀行將擁有 100 億美元的資本金，同樣由各成員國認繳的份額構成。與基金組織不同，銀行的作用是向各成員國提供為重建和經濟發展而需要的長期貸款，並可以為私人銀行的大額貸款提供擔保。不過，取得復興開發銀行貸款的前提是必須成為基金組織的成員國。[2]

　　5 月 8 日懷特將計劃交給摩根索，並建議召開一次聯合國家的財政部長會議，以推進建立這兩個機構的計劃。他還敦促摩根索採取主動，以

1　Eric Helleiner, *Forgotten Foundations of Bretton Woods: International Development and the Making of the Postwar Order*, Ithaca and London: Cornell University Press, 2014, p. 121.

2　計劃草案文本見 J. Keith Horsefield (ed), *The International Monetary Fund, 1945-1965: Twenty Years of International Monetary Cooperation, Vol. 3: Documents*, Washington, D. C.: International Monetary Fund, 1969, pp. 37-82; *FRUS*, 1942, Vol. 1, pp. 178-190。關於懷特計劃產生背景及對此的評論，見 Horsefield (ed), *The International Monetary Fund, Vol. 1*, pp. 6-13; Dormael, *Bretton Woods*, pp. 40-53; Schild, "Bretton Woods and Dumbarton Oaks", pp. 84-92; Blum (ed.), *From the Morgenthau Diaries, Vol. 3*, pp. 230-232。

便由財政部來主要負責未來的談判。[1]5 月 15 日，摩根索將計劃文本送給
羅斯福，並在信中說，此時推出這樣一個計劃，具有重大的戰略意義和
經濟意義。摩根索建議在華盛頓召開一次有關國家的財長會議，討論這
個計劃。[2] 第二天，羅斯福答覆，建議財政部繼續與國務院、戰時經濟局
（BEW）、進出口銀行研究，並取得國務院的意見後，再行商討。[3] 摩根索
隨即與國務卿赫爾聯繫，並確定 5 月 25 日進行會商。[4] 財政部預期召開的
跨部門聯席會議十分成功，會議對懷特計劃的總體原則形成了驚人的一
致看法，商務部長 J. 瓊斯甚至稱讚這個主意「棒極了」。國務院負責戰
後規劃的專家 L. 帕斯沃斯基表示，懷特計劃「非常適合」作為政府內部
及與其他國家技術專家討論的基礎。[5] 會後成立了一個專門討論基金問題
的跨部門技術委員會。在隨後召開的會議上，大家一致認為基金和銀行
的目標和宗旨都是可取的，國務院也承認財政部在貨幣事務中的首要地
位。不過，在推行這一計劃的程序上出現了兩種立場：懷特和財政部其
他代表主張召開國際財長會議進行討論，而國務院更傾向於與英國金融
和貨幣專家舉行雙邊預備性技術會談。最後，雙方達成妥協，美國將分
別與各有關國家舉行雙邊會談，首先是與在這個問題上有更大利害關係
的英國和蘇聯談判。同時，也向各國技術專家發出邀請。總之，應在戰
爭結束前設立基金和銀行這兩個機構。[6] 當然，這些分歧和辯論只是在方
法和手段上，到 7 月份，技術委員會以及美國的經濟學家對懷特計劃的
目的和原則已經達成了一種「國際貨幣共識」：美國經濟的特點要求多邊

1　DHM, Vol. 526, p. 111; Blum (ed.), *From the Morgenthau Diaries, Vol. 3*, pp. 230-232.

2　*FRUS*, 1942, Vol. 1, pp. 171、172-177、190.

3　DHM, Vol. 529, p. 7.

4　*FRUS*, 1942, Vol. 1, pp. 171、190.

5　DHM, Vol. 531, pp. 256-264.

6　DHM, Vol. 545, pp. 35-38、99, Vol. 552, pp. 142-143; Dormael, *Bretton Woods*, pp. 53、55; Acsay, "Planning for Postwar Economic Cooperation", pp. 198-200; Schild, "Bretton Woods and Dumbarton Oaks", p. 246.

主義，這將有助於實現普遍繁榮；穩定的匯率是多邊貿易增長的一個最
重要的因素；建立和管理國際貨幣體系需要一個國際的或超國家的權威
機構。[1]

　　懷特計劃最核心的原則就是所有其他貨幣都將與美元掛鈎，而美元
則以 1 盎司黃金兌換 35 美元的固定匯率與黃金掛鈎，即實現黃金 — 美
元本位制。毋庸置疑，這一設想的基礎在於美國的經濟實力及其在戰爭
中的領導地位。1940 年美國的國民生產總值（當年價格）為 997 億美元，
1941 年增長到 1245 億美元，無論怎麼計算，都遠遠超過蘇聯、英國和其
他國家。[2] 美國的鋼產量 1940 年已達 6700 萬短噸，蘇聯和英國分別只有
1831.7 萬噸和 1318.3 萬噸。[3] 到 1940 年底，美國黃金儲備為 219.95 億美元
（按當時每盎司黃金兌換 35 美元的官價計算約為 19 546.42 噸），約佔世
界黃金儲備的 80%。[4] 憑藉這種經濟實力，美國加入戰爭才從根本上改變了
同盟國與軸心國的力量對比。同時，確如波拉德說的，「經濟實力提供了
最具成本效益和政治上可接受的確保戰略目標的手段」。[5] 經濟實力和領導
地位自然導致美國在戰後貨幣體系設計中要維護美元優勢，並進一步打
造美元在戰後國際金融體系中的主導地位。正是由此出發，懷特在 1943
年便預言：美國「可能會成為戰後穩定貨幣結構的基石」。[6] 不過必須看到
的是，美國在佔據領導地位的同時，也承擔起了相應的責任。美國國務

1　Acsay, ˝Planning for Postwar Economic Cooperation˝, pp. 201-204.

2　中國社會科學院世界經濟與政治研究所綜合統計研究室編：《蘇聯和主要資本主義國家經濟
　　歷史統計集》，第 193 頁。英國 1940 年的國民生產總值 76.81 億英鎊，同上，第 803 頁。1940
　　年蘇聯的國民收入總值，美國計算為 320 億美元，蘇聯計算為 510 億美元。見沃茲涅先斯基
　　致莫洛托夫報告，1944 年 2 月 17 日，АВПРФ, ф. 06, оп. 6, п. 17, д. 171, л. 6。

3　中國社會科學院世界經濟與政治研究所綜合統計研究室編：《蘇聯和主要資本主義國家經濟
　　歷史統計集》，第 237、46、821 頁。1 短噸 =0.9072 噸。

4　Federal Reserve Bulletin, February 1942, p. 138; The Washington Post, Associated Press, 7 January 1941, p.
　　21.

5　Pollard, Economic Security, pp. 288-289.

6　Dormael, Bretton Woods, p. 200.

院特別研究部 1942 年 7 月報告：「自歐戰爆發以來，美國的國際主義有了顯著發展」，在各種民意調查中，有 80% 的人贊同建立「某種形式的戰後國際組織」。[1] 就連孤立主義的代表人物塔夫脫參議員也表示，除了成為「某種國際組織的領導成員」外，美國沒有未來。[2] 所謂領導責任，首要的就是推動國際合作，維護世界和平和經濟繁榮。恰如懷特所說：「我們有機會實施一項基本原則，它必須是一個和平與繁榮的世界的基礎。這項原則認為，國際問題是國際責任，只有通過國際合作才能解決。」[3]

　　實現這一設想並非易事。與一些冷戰史專家想像的不同，懷特計劃首先遇到的、最堅決的反對者不是蘇聯，而是英國。早在懷特計劃出台前一年，老謀深算的英國人就採取行動了。1941 年 9 月 8 日著名經濟學家凱恩斯起草的清算聯盟計劃初稿開始在英國財政部內分發，1942 年 2 月 11 日該計劃第四稿提交給內閣。[4] 這一計劃史稱「凱恩斯計劃」。英美兩國計劃基本目標和路徑是相同的，即在管制性開放經濟秩序中，建立一個穩定的匯率體制，並通過一個專門的國際貨幣組織保障之。但凱恩斯與懷特的思路和解決問題的手段卻十分不同，有的甚至截然相反，這表現在一系列具體問題上，例如，國際貨幣組織是否需要擁有實際資本金、解決國際收支平衡問題通過「透支」還是「購買」、匯率變動是否與黃金掛鉤、外匯是否可以自由兌換、匯率調整的權力由誰控制、國際賬戶結算採取雙邊制還是多邊制，等等。[5] 與蘇聯相比，美國同英國的經濟

1　Schild,「Bretton Woods and Dumbarton Oaks」, pp. 15-16.

2　Schild,「Bretton Woods and Dumbarton Oaks」, p. 13.

3　Bruce Craig, *Treasonable Doubt: The Harry Dexter White Case, 1948-1953*, Lawrence: University Press of Kansas, 2004, p. 138.

4　Proposals for an International Currency (or Clearing) Union, February 11, 1942, Horsefield (ed), *The International Monetary Fund, Vol. 3*, pp. 3-18. 最後的草案由英國政府於 1943 年 4 月 7 日作為白皮書印發。同上，pp. 19-36。

5　中國有經濟學家對這兩個計劃進行比較，並對其中的差別做了最詳細、最精到的描述。見唐欣語：《從凱恩斯計劃、懷特計劃到〈國際貨幣基金協定〉》，《比較》2010 年第 2 期，第 168-178 頁。

分歧要大得多，特別是在戰爭中，美國已經取代英國成為世界上最大的
債權國，而英國則淪落為歐洲主要的債務國之一，他們對於戰後經濟規
則的構想當然要從各自的經濟地位出發。自 1941 年春季美國接受英國為
《租借法案》受援國，到 1946 年夏季美國完成《國際貿易組織章程》的
起草，再到 1947 年秋季簽署《關稅和貿易總協定》，迫使英國放棄帝國
特惠制並削弱英鎊區勢力始終是美國在與英國各方面經濟談判中的基本
訴求。[1] 分歧的本質在於立場不同，英國要盡力維持日益衰落的「日不落帝
國」的經濟地位，而美國則要以美元替代英鎊，確立其國際金融的霸權
地位。[2] 需要補充的是，儘管「各為其主」，凱恩斯和懷特的私人關係相當
不錯，在英美專家談判時凱恩斯曾說過：除了懷特，他誰也不見。[3] 另外，
懷特在對計劃進行修改的過程中，的確吸納了凱恩斯的不少構思[4]，而英國
接受國際貨幣基金組織也虧得有凱恩斯的不懈努力。[5] 畢竟，在穩定貨幣這
一點上，美國和英國的目標是一致的。正如伊肯伯里所言：這兩個計劃
「為 1943 年至 1944 年 7 月布雷頓森林會議期間的談判提供了框架」，儘
管「許多妥協是依照美國計劃的方向達成的」。[6]

　　如果說美國政府早已預料到懷特計劃將遭遇來自英國的反對，那麼
他們對蘇聯則充滿了期望。蘇德戰爭爆發前，蘇聯在美國人眼裏就是希

1　關於英美之間的經濟摩擦，詳見 Randall B. Woods, *A Changing of the Guard: Anglo-American Relations, 1941-1946*, Chapel Hill: University of North Carolina Press, 1990。

2　關於美英之間在建立戰後貨幣金融體制方面的溝通、爭辯直至妥協的詳細過程，見舒建中：《布雷頓森林體系的建立與美國外交》，《國際關係評論》第 3 卷（2003 年），第 81-85 頁；Dormael, *Bretton Woods*, pp. 62-63、77; Brabant, *The Planned Economies*, p. 31-37; Schild, "Bretton Woods and Dumbarton Oaks", pp. 217-230; James, *International Monetary Cooperation*, pp. 45-46.

3　Dormael, *Bretton Woods*, p. 62.

4　「國際貨幣基金組織」這個名稱就是凱恩斯提出來的，見 Dormael，*Bretton Woods*，p. 110。

5　Dormael，*Bretton Woods*，pp. 125-126、225-229. 甚至有學者認為，凱恩斯在世界銀行和國際貨幣基金組織的創立過程中，都發揮了主導作用。見 James, *International Monetary Cooperation*, pp. 52-54。

6　G. John Ikenberry, *After Victory: Institutions, Strategic Restraint, and the Rebuilding of Order after Major Wars*, Princeton and Oxford: Princeton University Press, 2001, p. 189.

特勒的「金融前線」，並對其實行了「道德禁運」。[1] 德國突然進攻蘇聯後，美國立即改變了對蘇聯的態度。1941 年 6 月 24 日，羅斯福發表聲明，表示美國政府願意在反法西斯德國的戰爭中援助蘇聯。[2] 9 月 24 日，蘇聯在倫敦簽署了《大西洋憲章》。1942 年 6 月 11 日，美蘇簽署了關於在進行反侵略戰爭中相互援助所適用原則的協定。作為盟友，美國領導人對英國難以接受的莫斯科的種種言行表示理解和寬容，羅斯福在 1942 年 7 月對丘吉爾說：「與斯大林打交道必須全神貫注。我們需要時刻牢記我們盟友的存在，以及他所面臨的困難和危險。」[3] 在戰後東西方合作建立國際秩序的問題上，羅斯福更是期望打造一個「經濟聯合國」。[4] 他提出的框架包括集體安全、多邊主義以及建立在平等互利、自由貿易和貨幣可兌換基礎上的經貿關係。羅斯福相信，蘇聯將在設想中的戰後國際秩序中發揮建設性作用，並成為一個願意合作的夥伴。[5] 從經濟關係講，這些正是懷特計劃的出發點。

在草擬戰後國際貨幣和金融計劃時，懷特非常重視蘇聯的地位和作用。他認為，「在這場合作改善世界經濟關係的行動中」，拒絕蘇聯加入，「將是重複上一代人所犯下的悲劇性的錯誤，並在這個萬眾矚目的新時代中引入一個非常不和諧的音符」。因為蘇聯的社會主義經濟對外貿和匯率實行嚴格的國家管制，「就更有理由嘗試讓它們加入這場通過合作穩定國際經濟關係、提高貿易水平的行動中來」。通過參與國際貨幣金融體系，蘇聯「既可以貢獻也可以受益」。[6]

1　Acsay, "Planning for Postwar Economic Cooperation", pp. 145-147.

2　*Ржешевский О. А.* Сталин и Черчилль: Встречи, Беседы, Дискуссии (1941-1945), Москва: Наука, 2004, с. 206。聲明的英文全文見 *The New York Times*, 25 June, 1941, p. 7。

3　Kimball (ed.), *Churchill and Roosevelt*, p. 545.

4　*Сироткин В. Г., Алексеев Д. С.* СССР и создание Бреттон-Вудской системы, с. 75.

5　Acsay, "Planning for Postwar Economic Cooperation", p. 2.

6　DHM, Vol. 526, pp. 196、202; Steil, *The Battle of Bretton Woods*, pp. 135、386.

　　1943 年 2 月 1 日，美國同時向英國、蘇聯和中國大使館正式遞交了基金計劃草案，並說明這些文件並非政府的正式意見，只是美國技術專家準備的供討論的基礎。[1] 英國立即作出反應。2 月 8 日英國財政部駐華盛頓代表 F. 菲利普斯轉達了政府的意見：希望美國不要將基金計劃通知英、蘇、中三國以外的其他國家，並建議英美兩國先將各自的計劃協調起來。美國則表示，打算按照原計劃召開會議，討論貨幣問題。[2] 為了爭取蘇聯的支持，2 月 20 日，英國駐蘇大使 A. 克爾將國際清算聯盟的方案交給了蘇聯人民委員會第一副主席莫洛托夫。[3] 凱恩斯見到蘇聯駐英大使邁斯基時，「懇求他們從莫斯科派出一兩個人與我們進行真正的對話」。凱恩斯認識到，作為世界第二大黃金生產國，蘇聯參與討論戰後國際金融和貨幣問題，「將發揮舉足輕重的作用，對全世界都將是有價值的」。[4] 在美英兩個計劃陷入競爭狀態時[5]，蘇聯處在一個十分有利的地位。然而，莫斯科的最初反應卻顯得十分冷漠。

蘇聯的反應：為實現戰後國際經濟合作而被動參與

　　加入反法西斯陣營後，斯大林對美國的經濟援助寄予很大希望。在

1　*FRUS*, 1943, Vol. 1, General, Washington, D. C.: GPO, 1963, p. 1055. 此文本不包含銀行計劃。6 月 16 日美國又向蘇聯提交了懷特計劃完整的最終文本。*Липкин М. А.* Советский союз и интеграционные процессы, с. 27.

2　*FRUS*, 1943, Vol. 1, pp. 1056-1057; Dormael, *Bretton Woods*, p. 68. 在英國對懷特計劃採取拖延和沉默的情況下，3 月 5 日，摩根索將計劃草案發給了 37 個國家的財政部長，並希望他們派技術專家來參與討論。*FRUS*, 1943, Vol. 1, p. 1061; Dormael, *Bretton Woods*, p. 72-73.

3　關於成立國際清算同盟的建議（俄文全譯本）見 АВПРФ, ф. 06, оп. 6, п. 17, д. 170, л. 1-40。其中 1942 年 11 月 9 日是英國文件形成的時間，1943 年 2 月 20 日是蘇聯政府收到文件的時間，1943 年 4 月 14 日是蘇聯專家翻譯後將文件給斯大林、莫洛托夫等領導人的時間。

4　Dormael, *Bretton Woods*, p. 70-71.

5　1943 年 4 月 7 日，美英兩國分別對外發佈了各自的方案。*FRUS*, 1943, Vol. 1, p. 1064; Dormael, *Bretton Woods*, p. 77; Horsefield (ed), *The International Monetary Fund, Vol. 1*, p. 31.

整個戰爭期間，美國的確以租借方式向蘇聯提供了大規模物資援助。[1]
不過，考慮到戰後安排問題，斯大林就謹慎多了。早在 1942 年初，蘇聯
就成立了戰後安排方案委員會。聯共（布）中央政治局 1 月 28 日的決議
規定了以莫洛托夫為主席的外交資料籌備委員會的任務，其中在經濟問
題方面，要求委員會研究和整理個別國家或國家集團戰後經濟安排的設
想，包括「關稅同化、消除關稅壁壘、統一貨幣制度、建立貨幣集團以
及工農業生產」等各種方案。[2] 此時凱恩斯計劃和懷特計劃的出現，自然
會引起蘇聯各方面的注意，有關部門紛紛表達了意見。

　　1943 年 2 月 20 日收到英國的清算聯盟方案後，最早做出反應的是
蘇聯外交人民委員部。在給莫洛托夫的報告中，經濟司專家 A. A. 阿魯秋
尼揚特別指出，美英的目的是通過清算聯盟「將戰後世界重建的領導權
掌握在自己手中」，而且清算聯盟理事會的表決權由各國戰前三年對外貿
易水平決定的份額來確定，這兩點對蘇聯來說是「無法接受」的。[3] 不知何
故，阿魯秋尼揚認定清算聯盟計劃草案是美國和英國共同編寫的，這至
少說明當時蘇聯對美英討論戰後貨幣問題的內情還不甚清楚。

　　外交人民委員部經濟顧問 A. M. 巴拉諾夫斯基也認為，資本主義
國家的政治家和商業界代表正在制定各種戰後重建計劃，其目標的共同
特徵是限制蘇聯在戰後世界安排中的作用以及在歐洲的影響力，而確保
美國和英國在世界上的統治地位，將歐洲變成美英資本的內部市場，建
立清算聯盟就是一個典型的例子。通過將蘇聯納入清算聯盟系統，資本
家打算限制蘇聯的對外貿易，並在可能的情況下控制蘇聯經濟的發展。

1　詳見本書第一章。
2　聯共（布）中央政治局會議記錄摘錄：關於歐洲、亞洲和世界其他地區國家戰後安排方案
　　委員會，АПРФ, ф. 3, оп. 63, д. 237, л. 4-8,《Заняться Подготовкой Будущего Мира》// Источник,
　　1995, №4, с. 116-118。
3　АВПРФ, ф. 06, оп. 6, п. 17, д. 170, л. 41-48. 阿魯秋尼揚 1944 年起任經濟司副司長。

為此，他們試圖打破蘇聯的對外貿易壟斷，以便向英美出口開放蘇聯市場。不過，巴拉諾夫斯基也看到了戰後英美之間的矛盾，認為通過建立清算聯盟，英國試圖在某種程度上約束美國的經濟擴張。巴拉諾夫斯基的結論是，雖然蘇聯加入清算聯盟的條件不利，但也可以通過聯盟獲得優惠的無息貸款和消除雙邊清算中的不利因素，還可以降低關稅，為取得最惠國待遇創造條件。蘇聯可以在堅持經濟政策原則的情況下，就加入清算聯盟問題達成協議，但是否可行，只有從政治利益上進行評估，因為清算聯盟給蘇聯帶來的經濟利益不會很多。[1] 顯然，外交部門考慮更多的是政治問題。

副財政人民委員 A. G. 茲韋列夫 5 月 6 日的報告同時評估了美英兩國的方案。對於清算聯盟，茲韋列夫的看法更加樂觀一些。他認為，只要能夠推進對外貿易結算和擴大世界貿易市場，清算聯盟的一般原則以及相關規定和程序蘇聯都是可以接受的，但前提是根據國際政治和經濟實力為蘇聯提供更公平、更充分的份額；如果超過債務限額，允許蘇聯不以本國貨幣而用國庫券或外匯期票形式的政府有價證券進行擔保。至於懷特計劃，財政人民委員部認為，由於穩定貨幣與蘇聯受到管制的貨幣流通關係不大，美國的平準基金項目不能為蘇聯提供任何重大利益，若加入基金組織，僅僅是因為這是加入復興開發銀行的前提條件。即使加入基金組織，也必須改變該項目與蘇聯政治和經濟利益相違背的內容，如認繳份額的分配和構成、對貨幣管制的限制等問題。復興開發銀行旨在通過貸款提供戰後經濟援助，在特定的條件下蘇聯應該加入。[2] 看來，財政部門的意見要務實一些。

5 月 22 日蘇聯國家銀行代理行長 V. N. 葉姆琴科也遞交了一份報

1　АВПРФ, ф. 06, оп. 6, п. 17, д. 170, л. 49-60.

2　АВПРФ, ф. 06, оп. 6, п. 17, д. 170, л. 118-131.

告。他認為，美國設想的平準基金有諸多條件是蘇聯無法接受的，如盧布匯率由基金組織確定、以預付會費和外幣兌換的形式向基金提供蘇聯貨幣、取消外匯限制以及蘇聯在基金組織管理方面不適當的地位等。關於英國的計劃，報告認為，與雙邊清算協議相比，清算聯盟系統具有某些優勢，且不會影響蘇聯的外匯壟斷，蘇聯還可以通過任何外幣進行多邊結算，但是蘇聯無法接受清算聯盟的貸款條件和程序，特別是蘇聯在清算聯盟理事會的投票數只是英美的十分之一和十三分之一，甚至少於丹麥等小國，這是絕對無法接受的。葉姆琴科的結論是，蘇聯可以參與討論，關鍵是必須與組織國際長期貸款聯繫起來。[1]

　　從上述蘇聯各職能部門的分析和報告看，無論是懷特計劃還是凱恩斯計劃，總體來說對蘇聯都是難以接受的，從意識形態的角度，這些方案被視為對蘇聯有不良居心，從經濟角度看，雖然可能獲利，但必須對條款和條件進行根本性修改。在這種情況下，如果最高決策層沒有決心，蘇聯是不可能積極參與戰後金融貨幣問題的討論的。在 6 月 15 — 17 日摩根索召集的聯合國家技術專家會議上，19 國代表討論了平準基金草案。蘇聯藉口對邀請函的理解有誤，已來不及派遣專家，只是從駐美使館派出了幾個「觀察員」。儘管沒有參加討論，但莫斯科還是掌握了各國對懷特計劃看法的基本信息。[2] 7 月 12 日，副外交人民委員維辛斯基根據駐美國使館的通報，向莫洛托夫報告了這次會議的情況。美國在這次會議上拿出的方案與以前交給蘇聯的方案相比，有幾處重要修改。首先令蘇聯感興趣的是「確定份額規模的新公式」，在這個計算公式中對一個國家的國民收入規模賦予了更大權重，如此蘇聯在基金組織中的份額就有

1　АВПРФ, ф. 06, оп. 6, п. 17, д. 170, л. 132-137.

2　Acsay, "Planning for Postwar Economic Cooperation", pp. 260-261; Raymond F. Mikesell, "Negotiating at Bretton Woods, 1944", in Raymond Dennett and Joseph E. Johnson (eds.), *Negotiating with the Russians*, p. 102.

了大幅提升，即從原先的 1.64 億美元提高到 7.63 億美元，從而使蘇聯在基金理事會的表決權從 2.85% 升至 6.1%。其次是給予成員國決定使用本國貨幣還是政府有價證券繳納份額的權利。但是，也有令蘇聯不滿的地方，如新方案增加了認繳份額中黃金的比例（從 25% 升至 50%）；會議根本沒有討論成立銀行的問題。維辛斯基認為，基金根本無法解決蘇聯最關心的長期貸款問題；蘇聯份額的增長尚未達到令人滿意的程度；尚有很多蘇聯無法接受的條件。只有解決這些問題，蘇聯才有可能參加基金組織。由於會議拿出了大量與戰後貨幣相關的資料和文件，維辛斯基建議，蘇聯應該派出財政、外貿和銀行方面的專家各一人前往美國研究這些資料，並在行前由莫洛托夫召集會議，討論這些問題。[1]

　　儘管在 5 月和整個夏天美國不斷催促蘇聯派專家來參加關於基金問題的討論，新任駐美大使葛羅米柯也一再保證蘇聯對正在進行的談判感興趣，但直到 10 月，蘇聯專家代表團始終沒有在華盛頓露面。[2] 實際上，此期蘇聯內部的討論還在緊張進行當中，尚未拿定主意。直到 9 月 18 日，聯共（布）中央政治局委員、對外貿易人民委員米高揚才將各部門專家討論的「結論」呈送莫洛托夫。報告首先簡要介紹了美國最新基金草案的主要內容，對蘇聯來說比較重要的有利修改有：認繳份額中的黃金比重雖提高到 50%，但領土被佔領國家的黃金繳納額則降至規定額度的四分之三（22.5% — 37.5%）；當事國在與基金組織協商的基礎上，三年內可以在 10% 的幅度內調整匯率；外匯管制可以暫時保留，待條件成熟時再予以取消。不過，專家們仍然認為「無需繳納會費（份額）」的清算聯盟對蘇聯更為有利。總體來說，美英兩個計劃對蘇聯的「意義都是有限的」，因為蘇聯需求的是長期貸款。如果接受懷特計劃，蘇聯在談判

1　АВПРФ, ф. 06, оп. 6, п. 17, д. 170, л. 138-141.

2　DHM, Vol. 638, p. 160, Vol. 657, p. 117, Vol. 670, p. 20; Blum (ed.), *From the Morgenthau Diaries*, Vol. 3, p. 245; Dormael, *Bretton Woods*, p. 88.

中必須實現三個目標：蘇聯向基金組織繳納的份額大致限定在 3 億美元；確保蘇聯更大程度地參與基金管理；基金組織不得干預外匯管制等蘇聯的「內政」。[1] 在這份報告中，意識形態的色彩已經大為減弱，討論的主要是如何在基金組織中保障蘇聯的影響力和經濟利益。莫斯科向懷特計劃邁進了一步。[2]

1943 年 10 月上旬，美國戰時生產局局長納爾遜訪問蘇聯，受到莫洛托夫和斯大林的熱情接見。在 12 日的談話中，莫洛托夫反覆詢問美蘇在戰後經濟合作的前景。[3] 斯大林在 15 日的會談中則大談戰後蘇美之間的貿易問題，對貸款和賒購表現出極大興趣，甚至提出成立美蘇貿易聯合委員會的建議。[4] 美國使館對這次訪問做出了相當積極的評價：「納爾遜先生在莫斯科停留 10 天，與他接觸的所有蘇聯官員都表現出極端的熱誠和非凡的合作態度。」[5] 在這樣的氛圍中，10 月 14 日米高揚致函莫洛托夫，表示了蘇聯應參加基金組織的想法，前提是能確保「順利參與基金領導機構的工作（不少於 10% 的表決權）」。[6] 此後不久，蘇聯最高領導層就做出了決定。

推動事情進一步發展的是 1943 年 10 月 19 — 30 日舉行的莫斯科

---

1 АВПРФ, ф. 06, оп. 6, п. 17, д. 170, л. 142-148.

2 至於這一時段蘇聯冷漠英美計劃的原因，目前還沒有看到直接的史料。可以推測，除了意識形態造成的對西方習慣性不信任外，從外交策略上看有兩個因素值得注意：當時蘇聯正在與英美討論開闢第二戰場的問題，與美國討論租借和長期貸款的問題。擱置參與美國急迫要求的基金談判可以為前者施加壓力，也是為了等待後者談判的結果 —— 在蘇聯看來，一旦租借延續或得到貸款，都沒有必要參與基金組織。

3 *FRUS*, 1943, Vol. 3, The British Commonwealth, Eastern Europe, The Far East, Washington, D. C.: GPO, 1963, pp. 710-712; АВПРФ, ф. 06, оп. 5, п. 4, д. 34, л. 78-85//*Севостьянов Г. Н. (нау. ред.)* Советско-американские отношения, 1939-1945, Документы, Москва: МФД, 2004, с. 387-392.

4 *FRUS*, 1943, Vol. 3, pp. 713-715; АВПРФ, ф. 06, оп. 5, п. 30, д. 347, л. 14-16//*Севостьянов Г. Н. (нау. ред.)* Советско-американские отношения, с. 416-418.

5 *FRUS*, 1943, Vol. 3, pp. 715-716.

6 АВПРФ, ф. 06, оп. 5-6, п. 41, д. 35, л. 58//*Печатнов В. О., Магадеев И. Э.* Переписка И. В. Сталина с Ф. Рузвельтом и У. Черчиллем, Том 2, с. 90-91.

三國外長會議。會議期間，10 月 23 日，摩根索致電美國駐蘇大使哈里曼說，各國專家關於基金的談判已經接近尾聲，但蘇聯技術人員還未出現，而如果沒有與蘇聯專家商議，在聯合國家內部對戰後貨幣問題進行任何正式的討論，都是不幸的。[1]24 日，出席莫斯科會議的直接赫爾致函斯大林和莫洛托夫，轉達了摩根索的殷切希望：請蘇聯派專家到華盛頓討論基金問題。信中還說，「蘇聯專家前往華盛頓參加此次談判，將會給我們兩國富有成效的交流提供另一個機會，希望我們兩國能在戰後世界福利的相關重要問題上進行合作。」赫爾要求在莫斯科會議結束時能夠得知蘇聯的決定。[2]

會議期間，赫爾還提交了一份關於戰後國際經濟合作計劃基礎的備忘錄，其中包括在非歧視基礎上達成擴大世界貿易的總協定；建立可靠的國際匯率和貨幣自由兌換（即正在討論的國際平準基金問題）；促進需要國際援助地區的資源開發和工業發展；進行恢復和改善國際航運的談判，等等。備忘錄特別提到，就貨幣穩定、國際投資、貿易政策等重要問題，英國代表已應邀在美國進行了非正式的、卓有成效的溝通，希望近期蘇聯也派專家來華盛頓進行磋商。[3]10 月 25 日，美國又提出了一項提案，承諾美國將來戰後蘇聯經濟恢復的工作中發揮重要作用，並願意與蘇聯談判，「儘快確定所需的物資和設備的數量、性質、技術細節和計劃」。[4]此外，莫斯科外長會議也解決了斯大林一直擔憂的開闢第二戰場問題。會議公報宣稱：「在這方面已經作出了決定，戰役的準備工作已經開

1　*FRUS*, 1943, Vol. 1, pp. 1097-1098.

2　АВПРФ, ф. 06, оп. 6, п. 17, д. 170, л. 110-112.

3　*Громыко А. А. (гла. ред.)* Советский Союз на международных конференциях, Том 1, с. 357-363.

4　*Громыко А. А. (гла. ред.)* Советский Союз на международных конференциях, Том 1, с. 321.

始進行」。[1] 這一切促使蘇聯的立場開始發生變化，克里姆林宮沒有理由再
拖延了。會議祕密議定書提到，「我們認為，將在較長時間內進行的復興
工作應當以合作和聯合行動為基礎。為此，美國的經濟和財政專家們初
步研究了創建國際貸款機構的可能性」（附件八）；「確立固定的國際貨
幣兌換率和自由兌換貨幣。為此，目前正在聯合國家之間討論有關建立
國際穩定基金的問題」（附件九）。[2] 會議結束的當天，莫洛托夫答覆赫
爾：蘇聯財政人民委員部近期將向華盛頓派遣專家，參與國際平準基金
的談判。[3]

　　實際上，還在莫斯科會議期間，即 10 月 14 日，米高揚就給莫洛托
夫遞交了一份報告。關於蘇聯參加國際貨幣組織的問題，報告提出：1. 承
認加入計劃中的國際貨幣組織的可能性；2. 以美國專家制定的國際穩定
基金的草案為基礎；3. 派遣蘇聯專家參加該組織草案的討論；4. 在討論
該草案時應要求不干涉蘇聯內部的經濟政策，尤其是貨幣政策；5. 儘可
能減少蘇聯向穩定基金繳納黃金的比例（15%）；6. 提議黃金儲備中央基
地包括美國、英國、蘇聯和中國；7. 建議美英蘇中四國在基金的份額至
少佔 10%，同意蘇聯代表成為基金執行委員會的成員。[4]

　　一個月後，蘇聯開始考慮其專家赴華盛頓參加非正式談判的方針和
立場。11 月 29 日，米高揚提交了給專家指示的初步方案，主要內容包
括：蘇聯專家在討論中的意見不能被視為官方言論；蘇聯專家應避免發
表可能被誤解為蘇聯拒絕其他國家（英國、加拿大等）的方案的言論；

1　Правда, 2 ноябрь 1943 г.．實際上，在 8 月魁北克會議上羅斯福和丘吉爾已經確定美英軍隊將
　　於 1944 年 5 月 1 日在法國北部登陸，實施「霸王」計劃，只是沒有及時告訴斯大林而已。
　　莫斯科會議相關文件的俄文本見 *Громыко А. А. (гла. ред.)* Советский Союз на международных
　　конференциях, Том 1。
2　АВПРФ, ф. 06, оп. 5б, п. 42, д. 43, л. 36、37-43.
3　АВПРФ, ф. 06, оп. 6, п. 17, д. 170, л. 113-114; *FRUS*, 1943, Vol. 1, p. 1098.
4　АВПРФ, ф. 06, оп. 5б, п. 41, д. 35, л. 56-62.

蘇聯專家的主要任務是搞清楚其他國家對美國計劃的修改意見，以及美國對蘇聯修改意見的態度。蘇聯專家在談判中提出的聲明和建議應圍繞以下幾個目標提出：確保基金不會干預蘇聯的國內經濟和貨幣政策；減少蘇聯應繳納的黃金數量；爭取將基金信貸用於支付蘇聯的商業債務；加強蘇聯在基金領導機構中的影響力等。[1] 同時，米高揚還以一問一答的形式提供了技術專家對所提問題如何回答的具體內容。[2]

12 月 7 日，國家銀行副行長 N. F. 契楚林、外貿人民委員部貨幣司司長 A. N. 莫羅佐夫、財政人民委員部貨幣司司長 I. D. 茲洛賓提交了根據莫洛托夫和米高揚指示所作的將下發給專家的指示草案修改稿。修改稿增加和修改的內容主要是：允許蘇聯專家表態，蘇聯有可能參加作為戰後國際合作組織的國際貨幣基金組織；份額中黃金繳納比例應降低至15%，並為領土被佔領國提供 50% 的特別優惠；在向蘇聯提供大量長期貸款的條件下，可以表態蘇聯同意加入復興開發銀行等。[3] 在這裏，蘇聯加入基金和銀行的意向更加明確，但條件也提高了。

12 月 11 日，契楚林等人又呈上了一份修改稿，對 12 月 7 日稿的措辭進行一些細微的修改。[4] 同一天，維辛斯基彙總各部門意見後向莫洛托夫提交了關於平準基金、清算聯盟和復興開發銀行問題的初步結論：平準基金方案對蘇聯沒有經濟意義，反而增加了蘇聯的經濟負擔，並限制了蘇聯發展對外經濟的自由，因此是不可接受的。但由於基金與旨在提供長期貸款的銀行捆綁在一起，如果蘇聯對基金草案的修改意見被接受，那麼蘇聯可以接受懷特計劃，而不是凱恩斯計劃。[5]

---

1 АВПРФ, ф. 06, оп. 6, п. 17, д. 170, л. 149-156.

2 АВПРФ, ф. 06, оп. 6, п. 17, д. 170, л. 157-16.

3 АВПРФ, ф. 06, оп. 6, п. 17, д. 170, л. 161-169、170-171.

4 АВПРФ, ф. 06, оп. 6, п. 17, д. 170, л. 172-179.

5 АВПРФ, ф. 06, оп. 6, п. 17, д. 170, л. 181-201.

12 日契楚林和莫羅佐夫再次呈送了一份補充報告，詳細分析了基金份額的問題，認為設立龐大的基金份額對蘇聯不利，建議給蘇聯專家的指示中再增加一點：聲明蘇聯認為 50 億美元的資本金已經足以支持基金完成任務。[1]13 日，莫洛托夫把最後形成的指示發給前任駐美大使李維諾夫，徵詢他的意見。[2]李維諾夫實際上持積極態度，儘管沒有提出具體修改意見，只是強調蘇聯專家應及時通報談判情況，以便蘇聯調整自己的建議，但他還是指出，維護戰後世界和平「在很大程度上還取決於經濟秩序的穩定，因而自然應為四大國提供對國際金融政策施加其相應影響的機會」。[3]

16 日，契楚林等人又提交了兩份報告，一份報告主要是對關於復興開發銀行方案的指示的措辭提出了詳細的修改意見。[4]另一份報告主要談份額問題，認為基金份額在 3 — 4 億美元之間，就可以滿足蘇聯的需求，而銀行份額有兩種計算方法，其結果蘇聯應繳份額分別是 1.85 億美元（按照被佔領地區給予 50% 折扣的標準）和 4 億美元。[5]

12 月 30 日，關於蘇聯專家在華盛頓談判的方針最後定稿。除增加了對蘇聯關於懷特計劃修改方案理由的幾點說明外，主要內容未變。[6]同一天，契楚林等人又補充了兩點意見：在戰爭結束一年內，領土被佔領國家可以自行確定本國的貨幣方針；成員國之間不得簽署雙邊清算協定的義務不適於個別國家因處理外貿關係而簽署的支付協定。[7]

顯然，在美國的推動下，此時蘇聯已經開始轉向合作的立場。12 月

1　АВПРФ, ф. 06, оп. 6, п. 17, д. 170, л. 212-215.
2　АВПРФ, ф. 06, оп. 6, п. 17, д. 170, л. 204-210.
3　АВПРФ, ф. 06, оп. 6, п. 17, д. 170, л. 202-203.
4　АВПРФ, ф. 06, оп. 6, п. 17, д. 170, л. 221-228.
5　АВПРФ, ф. 06, оп. 6, п. 17, д. 170, л. 229-231.
6　АВПРФ, ф. 06, оп. 6, п. 17, д. 170, л. 216-220.
7　АВПРФ, ф. 06, оп. 6, п. 17, д. 170, л. 232, 這兩點建議是否被接受，從文件上看不出來。

初結束的德黑蘭會議也起了很大作用。雖然會議沒有着重討論戰後經濟問題，但這次會議對於促進三大國戰時軍事合作和戰後政治合作發揮了重大影響。[1]更重要的是，這次會議實現了美蘇兩國領導人第一次會面。斯大林非常重視這次會晤，不僅《真理報》首先全文發表了會議宣言，斯大林還親自修改了塔斯社對會議結果報道的題目，把中性的《蘇美英政府首腦會議》改為更具合作意味的《三大盟國領導人會議》。[2]在會後的一次新聞發佈會上，羅斯福在回答記者的提問「斯大林是什麼類型的人」時說：「他是一個現實主義者。」[3]

此時蘇聯內部已經形成共識。12月31日，外交人民委員部向莫洛托夫提交了一份關於戰後美蘇經濟合作的非常重要的報告。報告在分析莫斯科會議美國國務卿提交的備忘錄的基礎上指出，德黑蘭會議已經確定戰後國際經濟合作的原則，赫爾的建議涵蓋了戰後合作的基本問題，與蘇聯的利益不相牴觸，甚至可以滿足蘇聯的某些特殊利益（戰爭賠償）。因此，蘇聯政府可以接受美國的建議，並在一系列問題上進行合作，具體包括：關於戰後賠償問題的談判，同意締結國際貿易公約（消除貿易歧視和關稅壁壘、取消出口關稅和配額制、提供最惠國待遇等），簽署特殊商品和私人貿易的國際協定，關於航空運輸的談判等。報告還提到，關於國際貨幣基金組織和復興開發銀行的問題，已經給在美國的蘇聯代表團下達了指示。[4]從這個報告也可以看出，蘇聯對於戰後與西方的經濟

1 關於德黑蘭會議的俄文文件見 *Громыко А. А. (гла. ред.)* Советский Союз на международных конференциях периода великой отечественной войны 1941-1945 гг., Том 2, Тегеранская конференция руководителей трёх союзных держав СССР, США и Великобритании (28 ноября-1 декабря 1943г.), Москва: Издательство политической литературы, 1978。中譯文參見沈志華執行總主編：《蘇聯歷史檔案選編》第17卷，北京：社會科學文獻出版社，2002年，第401-493頁。

2 *Печатнов В. О., Магадеев И. Э.* Переписка И. В. Сталина, Том 1, с. 628-629.

3 Schild, "Bretton Woods and Dumbarton Oaks", p. 136-137.

4 АВПРФ, ф. 06, оп. 5, п. 30, д. 347, л. 8-13//*Севостьянов Г. Н. (нау. ред.)* Советско-американские отношения, с. 418-423.

合作，最感興趣和最看重的，是開展對外貿易問題。而在美國人的邏輯中，發展世界貿易的前提是穩定貨幣。這一點，莫斯科的政府官員或許沒有注意到，但經濟學家看得很清楚。

1943 年 12 月 1 日蘇聯政府的官方英文刊物《戰爭與工人階級》刊登了經濟學家 E. S. 瓦爾加的一篇文章。文章對凱恩斯計劃和懷特計劃分別進行了詳細分析後指出，儘管兩者都不可能對蘇聯的經濟政策產生影響，但就貨幣和匯率穩定而言，懷特計劃優於凱恩斯計劃。瓦爾加明確指出，蘇聯只對那些可以加速戰後經濟恢復和重建的項目和措施感興趣。不過他承認，蘇聯將受益於一個建立在「黃金含量固定的貨幣」（因為美元與黃金掛鈎，這裏指的應該就是美元 —— 筆者）基礎上的貿易體系，並暗示蘇聯政府可能出於其他目的而考慮參加貨幣談判。[1] 1944 年 1月，莫斯科的《世界經濟和國際政策》雜誌又發表經濟學家 I. 特拉赫金伯格的文章，其中寫道：「我們對外國貨幣的穩定感興趣 —— 既有接受我們出口商品的國家，也有我們從那裏進口商品的國家。我們對世界貿易的發展感興趣，無論任何措施，其中包括貨幣措施，只要在某種程度上有助於上述任務的解決，都應該引起我們的關注。」[2] 蘇聯在這個時候公開發表這些文章，特別是瓦爾加的文章，不無用意。[3] 結合上述蘇聯內部討論的情況，可以斷言，莫斯科在蘇聯技術專家啟程去美國參加談判之際想要向西方透露的信息實際是，只要能夠提供大額長期貸款，並接受對

1　E. Varga, "Plans for Post-War Currency Stabilization", 美國雜誌 *Commercial and Financial Chronicle* (March 2, 1944, Vol. 159, No. 4260, pp. 913、918-919) 轉載了這篇文章，見 https://fraser. stlouisfed. org/ title/1339/ item/ 554231。

2　*Трахтенберг И.* Проекты международных валютных соглашений // Мировое хозяйство и международная политика., 1944. №1, с. 40. 轉引自 *Сироткин В. Г., Алексеев Д. С.* СССР и создание Бреттон-Вудской системы, с. 72-73。

3　1942 年初聯共（布）中央政治局決議規定，戰後世界經濟安排問題由瓦爾加單獨進行研究。АПРФ, ф. 3, оп. 63, д. 237, л. 4-8// 《Заняться Подготовкой Будущего Мира》// Источник, 1995, №4, с. 116-118。

草案的修改意見，蘇聯願意加入懷特計劃。[1]

華盛頓談判：蘇聯加入基金組織和世界銀行的條件

　　1944 年 1 月初，蘇聯兩名技術專家先期抵達華盛頓。[2] 1 月 29 日，由契楚林率領的蘇聯代表團全部到達美國，其中包括莫羅佐夫和茲洛賓。[3] 在此期間，1 月 11 日，懷特已將英美技術專家共同起草的關於平準基金的方案交給蘇聯代表團。儘管提供了英美兩套不同方案，但雙方都視美國方案為主要方案。[4] 從 2 月到 5 月，美蘇技術專家的談判基本上也是圍繞美國方案進行的。實際上，在 7 月布雷頓森林會議之前，通過差不多同時進行的美英談判和美蘇談判，有關《國際貨幣基金組織協定》（以下簡稱《基金協定》）和《國際復興開發銀行協定》（以下簡稱《銀行協定》）的基本條款已經形成。美英談判確定了基金協定草案的基本原則和內容，蘇聯對基金組織旨在解決的根本問題，即匯率穩定和多邊支付制度不感興趣，他們關注的主要問題是：蘇聯加入基金組織和銀行的成本；蘇聯能夠得到多少貸款；基金組織成員的義務對蘇聯經濟政策和貿易制度的影響；蘇聯在這兩個機構中的影響力。[5]

　　收到蘇聯代表團 2 月 13 日的報告 5 天以後，財政人民委員部和國家銀行向莫洛托夫表達了他們的意見：接受專家的建議，同意美方提出

1　英國《經濟學家》評論：瓦爾加對英美兩個計劃都不以為然，但美國經濟家將瓦爾加的言論解讀為對懷特計劃的支持。Acsay，"Planning for Postwar Economic Cooperation"，pp. 270-271.

2　Acsay，"Planning for Postwar Economic Cooperation"，pp. 268-269; Blum (ed.), *From the Morgenthau Diaries, Vol. 3*, p. 245.

3　DHM, Vol. 698, p. 59.

4　АВПРФ, ф. 0129, оп. 28, п. 160, д. 45, л. 1.

5　Mikesell, "Negotiating at Bretton Woods"，pp. 102-103. 在此期間，蘇聯收到了美國財政部 2 月 24 日關於復興開發銀行的詳細材料（英文本），見 АВПРФ, ф. 0129, оп. 28, п. 160, д. 45, л. 52-132。

的認繳份額中黃金的比例為 25%（蘇聯的方案是 15%）或黃金儲備的
10%；同時堅持將領土被佔領國家的黃金繳納額在此基礎上再降低 50%；
領土被佔領國家可以用本國貨幣從基金兌換必需的外匯，而無需以黃金
支付一半款項；關於向基金組織所購外匯的一半需支付黃金的義務，應
說明不包括新開採的黃金；向基金組織通報本國的經濟信息需通過協商
的方式；對領土被佔領國家的貸款應提供更優惠的條件等。[1]

　　為了推動美蘇經濟談判達成共識，爭取儘快召開有關基金問題的國
際會議，美國總統也出來說話了。針對三大國正在「就此問題預先交換
意見」的情況，2 月 23 日羅斯福致信斯大林說，「迫切需要一個聯合國
家機構用以共同制定程序，藉此研究國際經濟合作的各個領域、應予以
討論的問題、討論程序以及現有協議與擬達成協議及未來活動的協調手
段」。[2] 3 月 10 日，斯大林回信：「毫無疑問，…… 在經濟領域展開國際
合作的問題具有非常重要的意義，並值得關注。我認為，現在完全適
宜建立一個聯合國家的機構，用以研究這些問題，以制定研究根據莫
斯科會議和德黑蘭會議的決議開展國際經濟合作問題的各種條件和程
序。」[3] 與此同時，1944 年 3 月的聯共（布）中央機關刊物《共產黨人》
又發表了瓦爾加關於貨幣穩定計劃的修改稿，其中明顯地表示出對懷特
計劃的贊同。[4]

　　在斷斷續續的談判中，美蘇雙方都做了一些妥協。按照蘇聯代表團
在報告中的說法，美方幾乎否定了蘇聯所有的修改方案，但都會提出新
建議，至少部分地滿足了蘇聯的要求。比如：為增強借款能力、投票權

1　АВПРФ, ф. 06, оп. 6, п. 17, д. 171, л. 1-5.

2　*Печатнов В. О., Магадеев И. Э.* Переписка И. В. Сталина, Том 2, с. 75-76.

3　*Печатнов В. О., Магадеев И. Э.* Переписка И. В. Сталина, Том 2, с. 91.

4　Eugene Varga, "Plans for Currency Stabilization," *The Communist*, No. 23 (March 1944), pp. 282-283, 轉引自 Acsay, "Planning for Postwar Economic Cooperation", p. 279。

和對理事會的影響力，蘇聯要求保證其在基金總份額中至少佔 10%，美國表示同意，但拒絕在協定中指名基金理事會的執行董事；懷特承認莫斯科是基金組織的黃金存放地之一，但其他存放地的問題留給理事會處理；美國不接受對領土被佔領國家的黃金繳納實行 50% 的折扣，但同意給予 25% 的折扣；關於確定和變動匯率的問題，美國同意在一定時期內蘇聯可以自主決定盧布平價；關於向基金組織提供經濟信息的問題，美國拒絕蘇聯的修改，但建議在章程中列出一些必要的指標；如果成員國政府認為基金組織建議的措施是不必要的，則它們沒有義務執行這些措施；懷特還同意在協定中按蘇聯的建議寫上，基金組織不應提出任何建議，要求改變成員國經濟組織的根本性質。通過談判，蘇聯代表團得出結論，儘管不會帶來重大的經濟利益，但是蘇聯參加國際貨幣基金組織卻有着重要的政治意義，特別是在國際舞台上的影響力和參與解決國際金融問題的能力方面。[1] 到 3 月下旬，懷特感覺討論進展順利，雖然還不能確定，但對技術人員來說，有希望在未來幾週內達成協議。[2]

然而，在莫斯科的領導機構卻有不同感受。4 月 4 日，財政人民委員部和國家銀行向莫洛托夫報告說，參與談判的蘇聯專家的觀點是，蘇聯加入基金組織不能給自身帶來實質性的直接經濟利益，蘇聯加入的理由是出於政治考慮 —— 增加蘇聯的影響力並通過基金組織獲得金融信息。茲韋列夫和葉姆琴科的看法是：美國專家拒絕蘇聯關於自主確定貨幣平價和基金組織不得干涉成員國貨幣和經濟政策的修正意見，實質上造成了蘇聯代表在基金組織討論這些問題時依賴美國支持的局面，蘇聯的經濟利益也在減少，但參與基金組織依然可以具有一定的經濟收益。由於

1　華盛頓談判的詳細情況見 Horsefield (ed), *The International Monetary Fund, Vol. 1*, pp. 77-78; Mikesell, "Negotiating at Bretton Woods", pp. 101-104; Acsay, "Planning for Postwar Economic Cooperation", pp. 273-275。蘇聯代表團的報告見 АВПРФ, ф. 06, оп. 6, п. 17, д. 171, л. 8-13。

2　Blum (ed.), *From the Morgenthau Diaries*, Vol. 3, p. 245-246.

談判已經進入最後階段，「聯合國家專家關於國際貨幣基金組織原則的聯合聲明草案」簽署在即，他們建議應指示在美國的蘇聯專家，如果不答應蘇聯的最後條件，蘇聯專家就不可能在《聯合聲明》上簽字；如果美國專家仍堅持原來的意見，蘇聯專家在拒絕簽字的同時應聲明，蘇聯對加入基金組織持積極態度，至於加入的條件，蘇聯專家還要與相關部門協商作出最後決定。隨後，報告詳細列舉了蘇聯的最後條件，如堅持維護國家貿易壟斷、獨立確定盧布平價；不反對與基金協商調整匯率的幅度問題；領土被佔領國家繳納黃金應享受 25% — 50% 折扣的優惠；儘量爭取向基金所購外匯的一半需支付黃金的義務在未來五年內不適用於曾被佔領的國家；向基金上繳的黃金不包括本地新開採的黃金；通過調整份額計算公式中的指數（主要指國民收入）將蘇聯的份額增加三分之一，以保證蘇聯在基金總份額中的比例達到 10%；確保蘇聯在基金理事會的執行董事席位等。[1] 在遞交報告的同時，依據上述意見，茲韋列夫和葉姆琴科還作為附件呈遞了他們起草的給在美專家的指示稿。[2]

　　美國的確急於在聯合國家代表中正式討論基金組織和復興開發銀行的方案，以便通過一個共同的協定，儘早建立起新的國際貨幣金融體系。[3] 但召開正式國際會議的前提是美英蘇三大國首先達成共識。早在上一年的 10 月美國就將《聯合聲明》的草案發給了英國人[4]，但遲遲沒有回音。4 月 5 日，赫爾向英國轉交了摩根索的信，告知美國總統希望在 5 月

1　АВПРФ, ф. 06, оп. 6, п. 17, д. 171, л. 8-13. 作為讓步，美國專家在談判中建議，可以把蘇聯的份額增加到 10 億美元，達到基金組織份額儲備的 10%。原來美國專家估算的蘇聯國民收入總值為 320 億美元，根據公式計算，份額應為 7.65 億美元。蘇聯經過重新計算，認為其國民收入總值大約是 508 — 510 億美元，如此計算，蘇聯的份額即可增加三分之一，達到 10 億美元。為此，蘇聯財政人民委員部和國家計劃委員會進行了反覆研究和討論，詳見 АВПРФ, ф. 06, оп. 6, п. 17, д. 171, л. 6、19-21、23-25、30-31、32。

2　АВПРФ, ф. 06, оп. 6, п. 17, д. 171, л. 14-15.

3　DHM, Vol. 717, pp. 63-63、65、66, Vol. 722, pp. 179-193.

4　*FRUS*, 1943, Vol. 1, pp. 1084-1090.

召開一次聯合國家和有關國家政府的代表會議，討論建立平準基金和復興開發銀行的問題，為此必須提前發佈《聯合聲明》，要求英國儘快對此問題做出決定。但得到的答覆是，如果政府被迫表態，將在英國議會引起混亂。[1] 面對英國繼續拖延的態度，美國立即於 4 月 10 日將《聯合聲明》草案發給了蘇聯。摩根索在信中說，蘇聯代表團在契楚林先生的領導下，與美國專家的討論取得了非常可觀的進展，蘇聯專家顯示出高超的技術能力和對建議的透徹理解。接着，摩根索要求蘇聯財政人民委員部儘快就發表《聯合聲明》做出決定。[2]

此時蘇聯已經了解到美英之間存在着很大分歧，在 4 月 12 日給莫洛托夫的報告中，茲韋列夫和葉姆琴科認為，由於蘇聯參與世界貿易的程度有限，這種分歧對蘇聯沒有什麼好處，但如果蘇聯未能及時與美國和英國協調立場，則美國和英國可以在沒有蘇聯參與的情況下發表《聯合聲明》，而不會考慮到蘇聯的意願。[3] 蘇聯的這種心態，無意中配合了美國的策略，甚至在某種程度上促成了《聯合聲明》的發表。

4 月 16 日美國駐英國大使維南特通知國務卿，英國同意發表《聯合聲明》，但前提是目前專家討論中的未決問題已達成協議。[4] 4 月 17 日，摩根索又向英國通報了由美國以聯合國家專家的名義起草的「關於建立復興開發銀行的聲明」。[5] 當天午夜，國務卿赫爾要美國大使轉告英國財政大臣，美國將在華盛頓時間 4 月 21 日晚 8 時向新聞界公佈關於復興開發銀行的《聯合聲明》，並根據此前與英方商議的安排，要求蘇聯和中國在同一時間發表聲明。如果屆時沒有收到英國的肯定性答覆，美國將單獨

1　*FRUS*, 1944, Vol. 2, General, Economic and Social Matters, Washington, D. C.: GPO, 1967, pp. 107-108.

2　*FRUS*, 1944, Vol. 2, pp. 109-110.

3　АВПРФ, ф. 06, оп. 6, п. 17, д. 171, л. 16-18.

4　*FRUS*, 1944, Vol. 2, pp. 112-113.

5　*FRUS*, 1944, Vol. 2, pp. 115-118.

發表聲明。[1]

在向英國施加壓力的同時，美國給莫斯科送去了一個半真半假的信息。4月17日晚上10點，摩根索要求哈里曼大使向蘇聯財政部通報，英國已經同意就建立國際貨幣基金發表《聯合聲明》（未說明英國的前提條件）；預計該聲明將在華盛頓、倫敦和重慶同時發表，時間安排在4月21日晚8時。如果莫斯科也同時發表聲明，顯然是十分可取的。[2]4月18日，財政人民委員部和駐美使館分別向外交人民委員部提交了對摩根索來函的答覆草案，前者要求蘇聯專家以最快的速度向美方提交蘇聯對《聯合聲明》草案的結論性意見和建議，後者則認為摩根索迴避蘇美之間的分歧，蘇聯的答覆應指出這些分歧，並聲明：在獲悉專家們進行的談判結果後，財政人民委員部將把關於發表共同聲明問題的意見通報給美國財政部長。[3]蘇聯最高決策者對此作何反應，目前還沒有看到任何史料。第二天，蘇聯駐美使館又發來一封加急電報，轉告了美方關於《聯合聲明》中包含的幾個條件（很可能是與蘇聯專家最後協商的結果──筆者），其中部分滿足了蘇聯的最後要求，如經商議後允許成員國外匯平價有10%的浮動，若事先得到基金組織批准還可以有更大浮動；擁有份額最多的五個國家的代表自然成為基金組織的執行董事；在三年過渡期內允許成員國繼續保持一定的匯兌限制。使館請求將以上情況緊急告知財政人民委員，並轉達了美國國務卿的「誠摯期望」：希望蘇聯將這些條款加入即將發表的聲明。[4]華盛頓時間19日上午10時（莫斯科時間凌晨3時），摩根索要通了莫斯科的電話，敦促哈里曼竭盡全力獲得蘇聯人的同

1　*FRUS*, 1944, Vol. 2, pp. 118-119.

2　АВПРФ, ф. 0129, оп. 28, п. 160, д. 45, л. 10; *FRUS*, 1944, Vol. 2, p. 114.

3　АВПРФ, ф. 0129, оп. 28, п. 160, д. 45, л. 9.

4　АВПРФ, ф. 0129, оп. 28, п. 160, д. 45, л. 10-12、13-14.

意。同時，他還致電蘇聯駐美使館，要求他們提供一切支持。[1]

　　面對如此緊張而微妙的局面，蘇聯在最後一刻作出了答覆。20 日晚莫洛托夫緊急召見哈里曼，向他宣讀並遞交了蘇聯政府的聲明。聲明稱，關於國際貨幣基金組織的主要條款，美蘇專家之間存在着重大分歧，大部分蘇聯專家對一些條款表示反對，而蘇聯政府尚未及對上述主要條款進行研究。「但是，如果美國政府需要蘇聯表明態度，以便保證在外部世界取得良好的效果的話，那麼蘇聯政府同意對自己的專家下達命令，讓他們同意摩根索先生的方案」。[2] 華盛頓收到哈里曼的電報，已是當地時間 21 日凌晨 4 時 18 分。[3] 蘇聯政府的做法為自己保留了足夠的外交轉圜空間，雖有些勉強，但還是表現出顧全大局的合作誠意。[4] 如此，美國政府也達到了自己的目的。就在 4 月 20 日同一天，英國政府表示同意就基金問題發表《聯合聲明》，儘管有關銀行問題還要與美國進一步磋商。[5]

　　4 月 21 日，美國、英國和其他一些國家正式公佈了「關於建立聯合國家和聯繫國家國際貨幣基金組織的專家聯合聲明」。[6] 4 月 23 日，蘇聯在《消息報》第 4 版刊登了《聯合聲明》。[7] 蘇聯批准了《聯合聲明》，

1　DHM, Vol. 723, pp. 1-7.

2　АВПРФ, ф. 06, оп. 6, п. 1, д. 16, л. 32-35.

3　*FRUS*, 1944, Vol. 2, p. 126.

4　有研究者認為，蘇聯同意出席國際貨幣會議是因為得到一個祕密情報 —— 美國將向蘇聯提供 100 億美元的貸款（Катасонов В. Ю. Бреттон-Вудс, с. 73）。這種說法毫無根據，純屬臆斷。參見本書第三章。

5　*FRUS*, 1944, Vol. 2, pp. 120-126; Blum (ed.), *From the Morgenthau Diaries*, Vol. 3, p. 248-249.

6　Eckes, *A Search for Solvency*, pp. 111-112; Schild, "Bretton Woods and Dumbarton Oaks", pp. 255-256.《聯合聲明》的文本見 Department of State, *Proceedings and Documents of the United Nations Monetary and Financial Conference, Bretton Woods, New Hampshire, July 1-22, 1944, Vol. II*, Washington, D. C.: United States Government Printing Office, 1948, pp. 1629-1636。

7　Известия, 23 апреля, 1944, №8399; АВПРФ, ф. 0129, оп. 28, п. 160, д. 45, л. 13-14.《消息報》是蘇聯最高蘇維埃的機關報。需要注意的是，蘇聯發表的是 4 月 12 日收到的文本，而美國發表的是修改過的提交國際會議的文本。

並表示願意參加國際貨幣會議，預示着美蘇兩國有可能在戰後展開更緊密、更具建設性的合作，美國也有理由為此感到興奮。不過，摩根索有些過於樂觀了，他在 4 月 21 日給羅斯福的信函中說，國務院和財政部都認為蘇聯的決定具有重要意義，這表明「他們希望在世界的眼中與我們聯繫在一起」。[1] 這個判斷未免有點言過其實，言之過早，甚至可以說是一廂情願。斯大林的確非常願意在戰後與美國繼續合作，也正是因為如此，蘇聯才同意參加它並不感興趣的國際貨幣會議。但是，從莫洛托夫頗具外交辭令的答覆來看，當問題涉及傳統的經濟體制有可能發生改變時，蘇聯領導人是不是能有遠見、有氣魄地闖過這一關還很難說。蘇聯就是在這種狀態下，就是以這種心態走向布雷頓森林的。

《聯合聲明》發表以後，美國便緊鑼密鼓地開始準備國際會議。美國原來的安排是 5 月 1 日發出邀請，5 月 10 日左右在華盛頓召開起草委員會會議，準備國際金融會議的議程和協議草案；5 月 26 日左右召開國際金融會議。[2] 實際上，摩根索和懷特心裏清楚，莫斯科和倫敦接受美國的基金計劃都有些勉強。在 26 日晚上的內部會議上，懷特擔心蘇聯因其要求未得到滿足可能會採取抵制態度。他主張，如果英國和蘇聯都拒絕參加，則不要召開會議；如果只是蘇聯拒絕，也要推遲召開會議 —— 不是因為蘇聯在經濟上很重要，而是蘇聯缺席會使整個計劃的成果「變酸」。在摩根索看來，即將召開的會議是對蘇聯和英國在戰後與美國合作意願的考驗，尤其是莫斯科 ——「在外部事務上與世界其他國家合作，這是它以前從沒有做過的」。[3]

4 月 25 日，摩根索將美國的日程安排告訴了莫斯科，並特別說明，總統指派他作為美國代表團團長出席會議，而他「真誠地希望」蘇聯也

1　DHM, Vol. 723, p. 232; Blum (ed.), *From the Morgenthau Diaries*, Vol. 3, p. 250.

2　*FRUS*, 1944, Vol. 2, p. 129.

3　DHM, Vol. 724, pp. 162-167.

能派財政部長來參加會議。[1] 4 月 27 日，國務卿又發電報，催促蘇聯給予明確的答覆。[2] 但此時蘇聯內部還在就參加基金的最後條件進行討論。4 月 29 日，外交人民委員部美洲國家司司長 S. K. 察拉普金和巴拉諾夫斯基、阿魯秋尼揚聯名向維辛斯基遞交了一份報告，對於《聯合聲明》所列條款提出了修改意見，除了堅持莫斯科應成為黃金儲存中心之一、蘇聯份額應增加三分之一、向基金繳納的黃金不包括本國開採的黃金、基金組織不會提出成員國改變其經濟結構基本性質的建議等，最主要的讓步是，蘇聯同意向基金組織提供除黃金開採數據以外的其他經濟資料。此外，報告還建議，將已在美國參加談判的專家納入蘇聯代表團；任命財政人民委員茲韋列夫為團長。[3] 外交人民委員部的最後一項建議未被採納。5 月 2 日，克里姆林宮告知美方，蘇聯接受邀請，將派代表團去華盛頓，但財政人民委員無法出席，因為他「太忙了」。[4]

　　5 月 5 日，契楚林等專家向莫斯科提交了他們與美國談判基金問題的總結報告。在詳細介紹基金的原則、宗旨和政策，並逐條對比美蘇兩國專家的分歧意見和談判結果後，報告總結說，蘇聯參加國際基金組織有七點間接好處：利用對基金貸款的管理增強蘇聯的影響力；表明了蘇聯願意與美國合作的立場；穩定匯率將為擴大資本輸出奠定堅實的基礎，這有利於蘇聯戰後擴大對外貿易和經濟重建的需求；參與基金管理機構有利於蘇聯及時了解國際金融狀況；有資格加入復興開發銀行，從而使蘇聯可以得到長期貸款；加強黃金作為國際結算的作用，有利於蘇聯作為黃金生產和出口國在國際黃金市場發揮影響；若蘇聯不參加基金可能會招來國際經濟組織對蘇聯外貿活動的打擊。專家們還提出了對基金協

1　*FRUS*, 1944, Vol. 2, pp. 128-129.

2　*FRUS*, 1944, Vol. 2, p. 129.

3　АВПРФ, ф. 0129, оп. 28, п. 160, д. 45, л. 37-41.

4　*FRUS*, 1944, Vol. 2, p. 129-130.

議草案的最後處理意見，其中建議做出讓步的條款有：不再堅持刪除成員國匯率調整必須經過基金組織批准的條款，只提議增加如下內容：「在商議確定國營貿易國家的貨幣平價時，基金將考慮到其經濟的具體結構」；不再堅持刪除那些黃金和外匯儲備超過其份額的國家需用黃金回購外匯的條款，只提議在領土被佔領國家推遲三年執行這一條款；接受成員國貨幣的平價將以黃金表示的條款。要求新增加的建議有：保證蘇聯在基金擁有 10 億美元的份額，以接近美英的份額（美國 29 億，英國 13 億）；堅持要求對領土被佔領國家繳納的黃金給予 25% — 50% 的折扣，視其遭受損失的程度而定；給予四大國每個國家不少於 10% 的投票權，而無論其份額多少；為了保證蘇聯在理事會中相對較大的影響力，不再增加執行董事的名額。[1]

5 月 15 日，契楚林等人又提交了他們與美國專家討論銀行問題的報告。在這方面，美蘇專家的分歧意見不大，蘇聯的建議是在認繳份額、獲得長期貸款以及貸款條件等方面應對被侵略國家給予優惠，美國都表示同意，只是優惠的程度問題，如蘇聯要求股本認購給予 50% 的折扣，美國只答應給予 25% 的折扣，而且要限定年限（4 — 5 年，最多 10 年）。沒有達成一致意見的，主要是成員國向銀行提供經濟信息的問題。總之，蘇聯專家認為，「鑒於有利的政治環境和與美國的正常關係」，蘇聯加入復興開發銀行可以獲得直接的經濟利益，還可以獲得如同加入基金組織一樣的間接利益。蘇聯專家提出的對銀行草案的修改意見，大體與對基金草案的修改意見相同。唯一讓專家感到為難的是，由於銀行的份額認購額度與貸款額度沒有關聯，故應儘量減少在銀行的份額，但考慮到銀行份額與基金份額具有直接的關聯性，而蘇聯已提出在基金的份

1　АВПРФ, ф. 06, оп. 6, п. 17, д. 174, л. 1-23.

額佔有 10 億美元，恐不便在銀行提出較少的份額。[1]5 月 27 日，蘇聯國家銀行提出了對復興開發銀行組織草案的修改意見，基本原則與蘇聯專家的意見相同，即在各方面為被侵略國家提供優惠條件，只是更為詳細。至於專家們的難題 —— 蘇聯在復興開發銀行資本金中的份額，報告明確提出應與基金份額一致，即 10 億美元，佔總份額的 10%。[2]

　　由於英國的拖延，起草委員會會議和國際會議只能推遲召開。[3]5 月 25 日，國務卿赫爾向有關國家發出了邀請，告知召開國際會議的時間是 7 月 1 日，還特意提到美國代表團由財政部長領隊。[4]5 月 30 日美國大使館得到通知，蘇聯代表團將由副外貿人民委員 M. S. 斯捷潘諾夫率領。[5]6 月 5 日美國使館向蘇聯外交人民委員部提交了一份備忘錄，通報了會議地點、期限和費用負擔等會務事宜。[6]6 月 9 日，摩根索收到羅斯福的一封信函。信中授權摩根索可以同意對基金和銀行協議生效至關重要的修改，但條件是這種修改不能從根本上改變《聯合聲明》中所載的原則。美國代表團的責任是「向世界證明戰後國際合作是可能的」。[7]6 月 10 日，美國技術專家與英國、蘇聯和中國商議後，邀請澳大利亞等幾個國家的技術專家於 6 月 24 日在美國大西洋城會晤，以便商討國際會議的議程。[8]

　　包括美國在內有 17 個國家代表參加的大西洋城會議於 6 月 24 日正式召開，除了擬定國際會議的議程，還討論的關於基金的《聯合聲明》和復興開發銀行草案。在持續 5 天的會議上，代表們提出了 70 多項修正案，主要討論的是份額、投票權、黃金、匯率、債權人的責任以及復興

1　АВПРФ, ф. 06, оп. 6, п. 17, д. 174, л. 24-37.

2　АВПРФ, ф. 06, оп. 6, п. 17, д. 171, л. 26-29.

3　*FRUS*, 1944, Vol. 2, pp. 130-132.

4　*FRUS*, 1944, Vol. 2, pp. 132-133.

5　DHM, Vol. 737, p. 69.

6　АВПРФ, ф. 0129, оп. 28, п. 160, д. 45, л. 45-46.

7　*FRUS*, 1944, Vol. 2, pp. 134-135.

8　*FRUS*, 1944, Vol. 2, p. 135.

開發銀行的貸款原則等問題。蘇聯代表在會議上沒有積極參與討論，但在一些涉及蘇聯利益的問題上表明了他們的立場：將投票權與份額脫鈎、把領土被佔領國家的黃金認購額削減50%、為新開採的黃金提供一項特殊條款、盧布匯率由蘇聯自行掌握以及修改成員國向基金提供經濟信息的義務等。作為國際金融會議的預備會議，對於所有的修正案只是提出和討論，並沒有做出決定。其中最具爭議，也是各國代表最感興趣的問題，即基金份額在成員國之間的分配，不在這次會議的討論範圍之內，懷特設計的分配份額的計算公式也沒有展示給各國代表。所有這些，尤其是份額問題，將在正式國際會議上討論決定。[1]

6月29日，在大西洋城會議結束、布雷頓森林會議召開前夕，羅斯福給與會代表發來一封賀信。信中說，布雷頓森林會議只是戰後世界秩序與和諧所需的諸多階段之一，「但這是一個至關重要的階段」。羅斯福希望這次會議能夠提供一個證據，「證明不同國籍的人們已經學會了如何調整可能存在的分歧，以及如何作為朋友一起工作」。[2]

布雷頓森林：美蘇在國際貨幣會議上的分歧與妥協

1944年7月1日，來自44個國家的730名代表和專家（其中包括16個國家的財政部長）齊聚美國新罕布什爾州布雷頓森林，出席有史以來最成功的一次國際貨幣金融會議。會議由美國財政部長摩根索主持，

---

1 關於大西洋城會議的詳細情況，參見 Horsefield (ed), *The International Monetary Fund, Vol. 1*, pp. 79-82; Dormael, *Bretton Woods*, p. 166; Mikesell, "Negotiating at Bretton Woods", p. 104; Brabant, *The Planned Economies*, p. 46-47。

2 Department of State, *Proceedings and Documents of the United Nations Monetary and Financial Conference, Bretton Woods, New Hampshire, July 1-22, 1944, Vol. I*, Washington, D. C.: United States Government Printing Office, 1948, p. 71; Blum (ed.), *From the Morgenthau Diaries*, Vol. 3, p. 257.

蘇聯代表團團長斯捷潘諾夫被選為會議第一副主席。懷特被選為第一委員會（基金）主席，英國代表團團長凱恩斯是第二委員會（銀行）主席，中國代表團團長是行政院副院長兼財政部長孔祥熙。蘇聯代表團還有另外 5 名成員，即 P. A. 馬列京（副財政人民委員）、契楚林、茲洛賓、阿魯秋尼揚和莫羅佐夫，3 名顧問及其他工作人員。[1]

　　會議的目標是建立一個解決各國臨時性支付困難的基金組織和一個提供結構性國際融資的銀行，並為此簽署國際協議。會議第一天的新聞稿指出，繼 1943 年 5 月在弗吉尼亞州溫泉城召開的糧食和農業會議、1943 年 11 月在新澤西州大西洋城召開的救濟和重建會議之後，這是 45 個聯合國家和聯繫國家舉辦的第三次全體會議。如何保證戰後國際貨幣的穩定，並在此基礎上恢復和重建世界貿易，實現繁榮與和平，「我們在這裏是為了找到這些問題的答案，並調和在如此複雜的問題中始終存在的合理分歧」。[2] 應該說，這次會議的成功，充分體現了聯合國家之間團結合作的國際主義精神。

　　儘管如前所述蘇聯對會議的主題 —— 穩定貨幣等不感興趣，但蘇聯代表團還是積極參加了每個階段和所有問題的討論。在私下會談時，斯捷潘諾夫坦率地對摩根索承認，「蘇聯面臨的所有問題都無法通過國際貨幣基金組織來解決」，雖然貨幣自由兌換是可取的，但蘇聯的經濟由國家控制，不需要國際組織來安排穩定匯率、取消支付限制和形成多邊貿易。不過，蘇聯代表也看到了參加基金組織在兩方面可能得到的好處，一是獲取戰後重建的經濟援助，二是提高作為大國的政治聲望。因此，

1　АВПРФ, ф. 06, оп. 7, п. 19, д. 194, л. 1-2. 各國代表團名單見 Department of State, *Proceedings and Documents*, Vol. I, pp. 294-306. 蘇聯代表團的名單見第 302-303 頁。關於會議開幕式和分組委員會的具體分工情況，見聯合國家貨幣金融會議中國代表團報告（無日期），中國第二歷史檔案館，396（2）-1401（1）。有研究者把中國代表團團長誤認為是蔣介石（*Катасонов В. Ю. Бреттон-Вудс, с.* 67）。除 44 個國家的代表團外，丹麥財政部長以個人身份出席了會議。

2　Department of State, *Proceedings and Documents, Vol. II*, pp. 1147-1148.

美國人感到，如果可以做到這兩點，而不必付出巨大代價和受到國際組織的制約，蘇聯似乎傾向於加入基金組織。[1] 美國代表團在內部會議上討論所得出的結論也是蘇聯有意在戰後與西方資本主義國家保持商業關係。[2] 然而，由於存在諸多分歧，要達到這些目的，就需要美國和蘇聯兩國代表團在談判中付出極大的努力。

正像美國代表 A. E. 埃克斯所說，蘇聯代表在會議上的表現，證明了自己的談判技巧、頑強精神以及不知疲倦和不屈不撓的作風。他們憑藉蘇聯紅軍在戰場上不斷取得的勝利作為討價還價的本錢，堅持己見，輕易不會做出讓步。[3] 與會者普遍感覺與蘇聯人的溝通比較困難，還有兩個重要原因：一是語言障礙：蘇聯代表的英語水平不高，翻譯人員又不足，臨時從外貿學院調派了六名學生擔任口譯助理[4]，以致出生於俄羅斯的凱恩斯夫人一度不得不出面做非官方翻譯。[5] 二是授權有限：代表團級別不高，凡事必須請示莫斯科，他們「在沒有與政府通過電話或電報協商的情況下不敢邁出一步」。[6] 所以，出席會議的美聯儲貨幣專家 E. A. 戈登魏澤有一句研究者常引用的「名言」：他感覺蘇聯代表一直「在行刑隊與英語之間掙扎」。[7] 蘇聯代表既沒有決定權，又面臨語言障礙，在談判中步履維

---

1 DHM, Vol. 752, pp. 202-216; Mikesell, "Negotiating at Bretton Woods", pp. 105-116.

2 2DHM, Vol. 749, p. 11.

3 Eckes, *A Search for Solvency*, p. 142.

4 在向莫斯科的彙報中，蘇聯代表團抱怨說，其成員「相當不足，特別是英語能力有限」。РГАЭ, ф. 7733, оп. 29, д. 1202, л. 6。

5 Ed Conway, *The Summit, Bretton Woods, 1944: J. M. Keynes and the Reshaping of the Global Economy*, New York: Pegasus Books LLC, 2014, pp. 253-254.

6 Dormael, *Bretton Woods*, p. 174. 俄國檔案顯示，會議期間，莫洛托夫給斯捷潘諾夫的指示非常具體，甚至包括修改協定文本時使用什麼詞句，見 АВПРФ, ф. 06, оп. 6, п. 17, д. 171, с. 46。一個典型的例子是，在討論《銀行協定》第二章第二條給予優惠貸款條件時，蘇聯代表要求同時寫上恢復（restoration）和重建（reconstruction）兩個詞，任憑其他代表如何解釋這兩個術語是同義反覆，蘇聯代表一直堅持他們的觀點，直到大家精疲力盡而接受。Mikesell, "Negotiating at Bretton Woods", pp. 104-105.

7 Dormael, *Bretton Woods*, p. 174; Eckes, *A Search for Solvency*, p. 142. 筆者理解，"firing squad"（行刑隊）在這裏意指最高決策者。

艱。雖說如此，蘇聯代表團還是盡其所能，基本上完成了莫斯科交代的任務。

蘇聯在會議上參與討論和爭論最多的，還是會前提出的有關蘇聯切身利益的那些問題。而且，雖然面對幾十個國家，但是要真正解決問題也只能通過與美國代表的私下會談。下面列舉的主要爭議問題及其解決，反映了蘇聯與美國在布雷頓森林會議上分歧和妥協的基本情況。

關於基金份額

份額（Quotas）是國際基金組織的核心概念和內容，由成員國向基金繳納的黃金、本國貨幣或有價證券構成。份額對成員國意味着向基金認購的資本額、可利用的基金資源和在基金內擁有的投票權。也就是說，份額的大小直接決定了成員國在基金組織內的權力、責任和利益。[1] 因此，一般國家都希望儘可能擴大自己的份額，但基金資本總額有限，此增彼減，所以份額的分配和確定必將存在激烈競爭，這是美國在布雷頓森林會議上面對的「最重要」，也是「最困難和最麻煩的問題」。[2]

美國為分配和確定份額設定了兩個標準，一個是政治標準，即戰後將對國際政治產生重要影響並承擔主要責任的四個大國（四大「警察」）必須擁有最大的份額，而由羅斯福和赫爾安排的順序是美國、英國、蘇聯和中國[3]；另一個是經濟標準，即以國民收入、黃金儲備、進出口貿易額等經濟因素作為權重形成的計算公式。而這兩個標準之間是有衝突的，這種衝突在計算蘇聯的份額時表現的最為明顯。首先是蘇聯的黃金

---

1   "Member Country Quotas under the I. S. F. Fund Proposal", 5/21/43, Box 41, RG 56, National Archives, U. S.。

2   Dormael, *Bretton Woods*, p. 179. 各國代表對份額的設想和要求見 Conway, *The Summit*, p. 224; Steil, *The Battle of Bretton Woods*, pp. 229-230。

3   Raymond F. Mikesell, "The Bretton Woods Debates: A Memoir", *Essays In International Finance*, No. 192, March 1994, Princeton: Department of Economics, Princeton University, 1994, p. 22.

儲備屬「軍事機密」[1]，自 1926 年起就不再公佈。[2] 其次是對蘇聯的國民收入有不同統計，很難確定。[3] 最後是蘇聯的對外貿易額小的可憐，甚至少於中國，且常有逆差。[4] 按照美國專家最初的計算，蘇聯在基金的份額僅有 1.64 億美元，佔總份額 80 億美元的 2%。這顯然不符合羅斯福的政治標準，與蘇聯的大國地位也很不相稱。財政部主張把蘇聯的份額提高到 10 億美元（相應的份額是美國 35 億、英國及其殖民地 15 億、中國 5 億），但 R. F. 米克塞爾等專家 1943 年 5 月 24 日報告說，大量的數據測試表明，這樣分配有困難。[5]

到華盛頓聯合國家專家會議前，6 月 13 日，美國專家拿出的數字是蘇聯份額 7.63 億美元（美國 29.29 億，英國及其殖民地 12.75 億）。[6] 美國人主動做出的努力使蘇聯份額「有了大幅提升」，但維辛斯基在驚喜之餘感到「這仍然不夠」——與美國和英國的差距還是太大。[7]

通過談判，到 1944 年 5 月，美國同意將蘇聯的份額提高到 10 億美元左右，以確保 10% 的投票權。[8] 在此之前，懷特計劃中基金總份額都是

---

1 1937 年初美國財政部要探尋蘇聯黃金產量和儲備的信息，駐蘇使館馬上警告說，此事不可為。Acsay,「Planning for Postwar Economic Cooperation」, pp. 75-76.

2 中國銀行國際金融研究所課題組：《蘇聯金融七十年 —— 兼論美國金融》，北京：中國書籍出版社，1995 年，第 166-167 頁。

3 對於蘇聯的經濟規模，有專家估計像印度一樣小，也有專家認為與意大利一樣大，還有資料顯示相當於英國或法國的經濟規模。B. Wiley, "Russian Membership in the IMF: A Look at the Problems, Past and Present", *Georgia Journal of International & Comparative Law*, 1992, Vol. 22, p. 480.

4 按照聯合國的統計，1938 年蘇聯進口 2.8 億美元，出口 2.51 億美元，分別佔世界進口和出口總額的 1.2% 和 1.1%。見 The Trade Statistics Branch of the United Nations Statistics Division, International trade statistics 1900-1960, May 1962, MGT (62) 12, http: //unstats. un. org/unsd/trade/imts/historical_data. htm, Table 24-1、2、3。美英中蘇四國貿易量比較的統計表見張士偉：《布雷頓森林會議與美國對蘇合作政策》，第 37 頁。

5 Quotas for Member Countries, 5/24/43, Records of the Bretton Woods Agreements, Box 41, RG56, National Archives.

6 Horsefield (ed), *The International Monetary Fund, Vol. 1*, p. 43.

7 維辛斯基致莫洛托夫報告，1943 年 7 月 12 日，АВПРФ, ф. 06, оп. 6, п. 17, д. 170, с. 138-139。

8 切秋林等人給莫洛托夫的報告，1944 年 5 月 5 日，АВПРФ, ф. 06, оп. 6, п. 17, д. 174, л. 16-18。

100 億美元。到大西洋城會議結束時，根據摩根索的指示和懷特的意見，美國專家提出了交給國際會議的份額方案：在總份額 80 億美元的基礎上，美國佔 27.5 億（25 億），英國及其殖民地 13 億（12.5 億），蘇聯 8 億，中國 5 億（4.5 億）。同時預留 10%（10 億美元）以便於在各國之間進行調整。[1] 這個變化激怒了蘇聯代表。

　　會議剛剛開幕，得知蘇聯的份額只有 8 億美元，斯捷潘諾夫向美國人提出了質疑。在 7 月 3 日下午的對話中，美國代表感覺蘇聯人「非常不安」，他們希望在 8 億美元的基礎上再增加三分之一，或大約提升到 10 億美元。當晚 8 時 30 分，美國代表團召開會議討論份額問題，爭論十分熱烈。對於蘇聯的份額，懷特解釋說，給蘇聯 10% 份額的原則沒有變，只是總份額降為 80 億後，蘇聯的份額就是 8 億了。會議形成三種意見：主張答應蘇聯的要求 —— 副國務卿艾奇遜、財政部長摩根索；反對無條件滿足蘇聯要求 —— 財政部副部長文森；答應蘇聯對份額的要求，但在其他問題上不再讓步，尤其是黃金認購額和新開採的黃金問題 —— 美聯儲主席 M. S. 埃克爾斯和懷特。會議通過了給蘇聯代表團的備忘錄：儘管存在着「令人遺憾的誤解」，美國代表團「保證將與蘇聯代表團一起努力」，增加蘇聯的份額。[2] 隨後立即舉行了美蘇兩國代表團的會談。在聽過懷特的解釋後，斯捷潘諾夫強調，計算份額必須考慮純經濟因素以外的因素，且應基於未來而不是過去的統計數據。蘇聯政府對份額的印象是蘇聯將得到 10 億美元或更多的份額，略低於英國。但是在會談接近尾聲時，當斯捷潘諾夫得知英國的份額是 12.5 億美元後立即聲稱：在這種情況下，蘇聯的份額應該大約是 12 億美元。[3]

1　DHM, Vol. 747-2, pp. 231, 232-233; International Monetary Fund, Quotas, 29th June1944, Records of the Bretton Woods Agreements, Box 41, RG56, National Archives, U. S. . 括號內的數字為鉛筆標注，意為可調整的範圍。

2　DHM, Vol. 749, pp. 224-288、294.

3　DHM, Vol. 749, pp. 289-293.

　　美國代表團 7 月 5 日和 6 日反覆討論了份額問題，最終決定同意給蘇聯 12 億美元的份額，以換取蘇聯在其他有爭議問題上的讓步。例如，蘇聯曾要求，份額中只有 25% 必須用黃金支付，而懷特堅持要求不低於 50%。如果蘇聯拒絕將份額與其他讓步聯繫起來，美國將把對蘇聯的援助限制在 10 億美元以內。[1] 7 月 7 日，美國以備忘錄的形式將這一決定正式通知了蘇聯代表團。值得注意的是，從談判策略出發，備忘錄的替代方案對蘇聯的份額限制是 9 億美元，而不是美國代表團內部討論時經常提到的 10 億美元，同時還具體列舉了新的基金方案中 11 個蘇聯必須遵守的條款。[2] 第二天，蘇聯代表團將美國的立場報告給莫斯科。7 月 11 日，莫洛托夫親自給斯捷潘諾夫回電指出：蘇聯的份額不能少於 12 億美元，「同時還要確保，對於蘇聯代表團提議而遭到拒絕的相關問題，在商定的蘇聯份額正式固定下來之後，能夠得到審議」。根據財政人民委員部和國家銀行的建議，莫洛托夫確認了在獲得 12 億美元份額同時蘇聯要繼續堅持的幾項內容，主要包括：爭取削減遭受侵略國家的黃金認繳額（最高 25%）、盡量做到基金組織 40% 的黃金放在份額最大的其他三個國家、在不影響國際交易的情況下蘇聯可以自行調整盧布平價等。[3]

　　在 7 月 11 日下午與蘇聯代表團的會談中，摩根索對蘇聯毫不妥協的態度「感到非常震驚」，他認為「討價還價式的交易」不是美國政府「處理這個問題的指導精神」（這話說的有點言不由衷 —— 筆者）。斯捷潘諾夫語氣謙和，但態度堅定。摩根索再次要求蘇聯在兩個方案中選擇一個，斯捷潘諾夫回應說，他正在等待莫斯科的直接答覆，並建議美國可

1　DHM, Vol. 750, pp. 77-133, 248-298.

2　РГАЭ, ф. 7733, оп. 29, д. 1202, л. 20; DHM, Vol. 752, pp. 216A-216B.

3　АВПРФ, ф. 06, оп. 6, п. 17, д. 171, с. 38-39。茲韋列夫和葉姆琴科的詳細建議見 АВПРФ, ф. 06, оп. 6, п. 17, д. 171, с. 34-37。

以直接與莫斯科聯繫。[1] 收到國務院的電報後，駐蘇大使哈里曼給莫洛托夫寫了一封信，並與維辛斯基通了電話。但是，直到 13 日夜裏 11 時哈里曼發出電報時，莫斯科還是沒有任何答覆。[2] 7 月 14 日中午美蘇代表團再次會談，斯捷潘諾夫遺憾地通報說，沒有收到莫斯科的任何消息，為等待答覆他晚上都沒有睡好覺。摩根索焦急地說，「整個會議都被耽誤了」，在即將召開的關於份額問題的代表大會上，美國代表必須公開表態。美國的最後意見是，支持給予蘇聯 12 億美元的份額，並同意新開採的黃金不計入國家的國家儲備，但減少 25% 黃金繳納額的條件不能答應。斯捷潘諾夫表示感謝，但關於繳納黃金的問題，還是要等政府的答覆。[3]

應斯捷潘諾夫的要求，在 7 月 15 日下午全體會議前，美蘇代表團進行了又一次會談。斯捷潘諾夫一上來就長篇大論講述蘇聯對認繳黃金和自主處理匯率平價問題的理由，摩根索坐立不安。最後，摩根索說，非常遺憾，美國代表團不支持任何關於減少黃金認繳額的建議。在斯捷潘諾夫進一步的追問下，懷特表示，對於蘇聯的建議，美國代表在大會上儘量不投反對票，「但如果沒有人提出反對，我們將不得不表示反對」。[4]

7 月 15 日下午 4 時，第一委員會召開全體會議。會議討論了該委員會下屬份額特別委員會主席文森提交的關於各國份額的分配方案，份額在 3 億以上的國家有：美國（27.5 億）、英國（13 億）、蘇聯（12 億）、中國（5.5 億）、法國（4.5 億）、印度（4 億）、加拿大（3 億）。大會一致通過了這個建議方案，但中國、法國、印度等六個國家持保留意見。文森在報告時解釋說，份額分配面對的情況非常複雜，困難重重，為解決這些問題，總份額已從 80 億美元增長到 88 億美元。經過深入討論，

---

1   DHM, Vol. 752, pp. 202-216.

2   DHM, Vol. 754, p. 21.

3   DHM, Vol. 754, pp. 14-20.

4   DHM, Vol. 754, pp. 115-139.

委員會投票批准了該報告。蘇聯代表在會上提出了一個附加方案，建議
對遭受侵略國家的黃金認繳減少 25%。經過一番辯論，該建議儘管得到
12 票的支持，還是被委員會否決了，蘇聯代表要求在備忘錄中記下它的
保留意見。[1]

　　份額問題到此結束。按照這個結果，蘇聯在份額問題上實現了 12 億
的目標，在總份額中的比例也大大提高了，達到 13.6%。[2]為解決蘇聯的問
題，除了總份額增加外，美國還不得不將中國和法國的份額分別消減了
5000 萬美元。[3]這樣，不僅保障了蘇聯的經濟利益，提高了蘇聯對基金組
織的影響力，而且充分顯示了蘇聯在戰後的大國地位。為了把蘇聯拉入
基金組織，並「合理地」抬高其地位，美國把蘇聯的份額從最初計算（單
純經濟因素）的 1.64 億美元拔高到 12 億美元，專家們為此確實花費了一
番功夫，特別是要按結果來調整蘇聯相關的經濟數據。負責份額計算的
美國專家米克塞爾後來回憶說，最終確定的蘇聯份額「與其在世界貿易
中的重要性幾乎毫無關係，而完全是為了承認蘇聯在政治上和潛在的經
濟上的重要性」。[4]

　　毫無疑問，蘇聯在基金組織中最主要、最關鍵的問題上取得了勝利。

關於黃金問題

　　黃金問題主要包括份額中黃金的認繳數額，成員國回購本國貨幣需
使用黃金的義務，黃金儲備是否包括新開採的黃金，以及基金組織的黃
金存放地問題等。沙皇俄國曾是黃金的主要生產國和供應國，但連年的

---

1 Department of State, *Proceedings and Documents, Vol. I*, pp. 634-635、652-653; РГАЭ, ф. 7733, оп. 29, д.
1202, л. 9. 關於第一委員會的工作情況，還可參見聯合國家貨幣金融會議中國代表團報告（無
日期），中國第二歷史檔案館，396（2）-1401（1）。
2 蘇聯代表團對此結果頗為滿意。РГАЭ, ф. 7733, оп. 29, д. 1202, л. 24.
3 Blum(ed.), *From the Morgenthau Diaries, Vol. 3*, pp. 266-267.
4 Mikesell, "Negotiating at Bretton Woods", pp. 108-109.

戰爭和內戰導致黃金儲備大量消耗和黃金產量大規模減少，以至到 20 年代中期，蘇聯與外國賬戶結算的部分黃金還要從國外購買。[1]

30 年代蘇聯的黃金生產再度膨脹，從 1929 年至 1936 年，黃金產量增長了約 5 倍，使蘇聯在世界黃金產量的排名從第 4 位升至第 2 位。斯大林非常重視黃金生產，並對 19 世紀末的「淘金熱」印象深刻。據稱，斯大林曾說過：美國的西部「從一開始就是靠黃金而不是其他任何東西開拓的」。[2] 所以在與美國的談判中，黃金的地位顯得十分突出，如果說莫斯科要在份額問題上彰顯蘇聯的大國地位和政治影響力，那麼黃金問題涉及的諸多因素都與蘇聯的經濟利益緊密相連。

懷特設計的基金份額由黃金和本國貨幣（或政府有價證券）構成，其中蘇聯最關心的是黃金繳納額的比重。當美國把黃金比重從 25% 提高到 50% 時，維辛斯基驚呼：按照份額 7.63 億美元計算，蘇聯就要交出「近 338 噸黃金，大致等於蘇聯 4 年所輸出的黃金」！[3] 經過多次談判，到國際會議召開前，規定的黃金比重又降到 25%，或黃金儲備額的 10%（以較小的數額為準）。在此基礎上，蘇聯要求對被侵略國家的黃金認繳額再給予 50% 的折扣，美國則堅持只有 25% 的折扣。[4] 在布雷頓森林會議上，如前說述，蘇聯要求將其份額從原來分配的 8 億美元增長至 12 億美元，美國同意了這一要求，但取消了在黃金認繳上給蘇聯的折扣。在大會表決前的最後談判中，蘇聯堅持一定要對被侵略國家給予黃金繳納的優惠，折扣可不超過 25%，甚至提出可在新開採黃金問題上做出讓步，但摩根索和懷特不願再做出任何妥協。[5] 第一委員會全體會議否決了蘇聯的

1　Sutton, *Western Technology and Soviet Economic Development, 1917-1930*, pp. 92-94; Acsay, "Planning for Postwar Economic Cooperation", pp. 66-67.

2　Acsay, "Planning for Postwar Economic Cooperation", pp. 70-71.

3　АВПРФ, ф. 06, оп. 6, п. 17, д. 170, с. 139.

4　DHM, Vol. 747-2, pp. 233-234; АВПРФ, ф. 06, оп. 6, п. 17, д. 174, л. 24-37.

5　DHM, Vol. 754, pp. 115-139.

修正案後，斯捷潘諾夫根據莫斯科的指示要求在協議備忘錄中記上蘇聯有保留意見。[1] 事已至此，莫斯科仍然耿耿於懷。7 月 18 日，蘇聯駐美國使館在給赫爾的信函中要求，美國財政部有必要在聲明中表明，4 月 12 日擬定（而不是 4 月 22 日發表）的《聯合聲明》文本將作為專家聲明的正式文本，因為美國媒體報道時，「省略」了其中給予被侵略國家繳納黃金 25% 折扣的內容。[2]

《聯合聲明》規定，成員國從基金回購本國貨幣必須使用黃金；成員國黃金（或外匯）儲備超過其份額時，該年度所購外匯之一半需支付黃金；成員國黃金（或外匯）儲備在年終已有增長時，其增長數額之一半需用來回購本國貨幣。[3] 蘇聯在談判中提出，這一條款不應適用於新開採的黃金，因為這些黃金不是國際收支順差的結果，也不會對其他國家的黃金儲備造成壓力。後來又建議，用黃金回購本國貨幣的要求，在協議生效的前五年不應適用於在戰爭中受到重大損失國家的新開採黃金。美國專家傾向允許給蘇聯兩到三年的過渡期。[4]

布雷頓森林會議期間，為了早日解決 12 億美元的份額問題，7 月 10 日，莫斯科同意蘇聯代表團撤迴關於減免 25% — 50% 黃金份額和新開採黃金的修正案，但仍然堅持份額中黃金的繳納給予蘇聯不超過 25% 折扣的要求。[5] 在 14 日的會談中，摩根索通報了美國的正相反的意見：25% 折扣的要求不能同意，但可以接受蘇聯關於新開採黃金的建議。[6] 然而，在美國提交的方案中並沒有列入已經答應的問題。於是，蘇聯代表團就把

1　РГАЭ, ф. 7733, оп. 29, д. 1202, л. 29.

2　DHM, Vol. 755, pp. 240-242. 赫爾承認，在 4 月 12 日交給蘇聯的《聯合聲明》文本中，確有關於 25% 黃金折扣的內容。

3　《國際貨幣基金與國際銀行文獻》，第 75 頁；Department of State, *Proceedings and Documents, Vol. II*, p. 1633。

4　DHM, Vol. 747-2, p. 235.

5　АВПРФ, ф. 06, оп. 6, п. 17, д. 171, с. 35.

6　DHM, Vol. 754, pp. 18-19.

減免黃金份額和新開採黃金的問題提上了特別委員會會議。會議經過辯論，在美國反對的情況下，基本上通過了蘇聯的提案（在表述上有些差異），即關於用黃金購買外匯和用新開採的黃金回購本國貨幣的義務，在五年內不適用於領土被佔領的國家。在大會審議前，美蘇兩國代表團又就這些問題進行了反覆討論和談判，最後，美國原則上同意了蘇聯的方案，儘管增加了一些附加條款。[1]《基金協定》關於這個問題的表述比較複雜，但基本上滿足了蘇聯的要求。[2]

早在 1944 年 1 月與美國談判時，蘇聯專家就提出了基金組織的黃金存放地的問題，當時美國的回答是，這個問題留給基金管理機構解決，但「無論認購的黃金放在哪裏，基金組織都可以自由處置」。[3] 到了布雷頓森林，蘇聯表示同意將黃金的一半放在美國，剩下的黃金 40% 放在其他三大國，10% 可以放在基金組織認可的任何地方。[4] 7 月 10 日莫斯科明確指示：代表團應提出一項修正案，除了基金組織總部所在的國家，黃金的 40% 應存放在其他三個大國。[5] 莫洛托夫 11 日來電也堅持這個意見。[6] 在私下談判時，蘇聯代表又增加了一個要求：基金組織在蘇聯保存的黃金應為 15% 左右，無論如何不能少於蘇聯在份額中繳納的黃金。[7] 美國提交給大會的方案基本接受了蘇聯的意見，但是也在最後加了一條：在緊急情況下，理事會的執行委員會可以將基金持有的全部或任何部分黃金轉移到能夠得到充分保護的任何國家。大會通過了美國的提案，而否決了

1　國際貨幣金融會議蘇聯代表團文件，1944 年 7 月，РГАЭ, ф. 7733, оп. 29, д. 1202, л. 30-37。
2　詳見《國際貨幣基金與國際銀行文獻》，第 102-103、138 頁；Horsefield (ed), *The International MonetaryFund, Vol. 3*, pp. 192、211。
3　"Meeting on the International Stabilization Fund," January11, 1944, Box 41, RG56, National Archives. 轉引自 Acsay, "Planning for Postwar Economic Cooperation", pp. 269-270。
4　DHM, Vol. 750, p. 89.
5　АВПРФ, ф. 06, оп. 6, п. 17, д. 171, с. 35-36.
6　АВПРФ, ф. 06, оп. 6, п. 17, д. 171, с. 38-39.
7　國際貨幣金融會議蘇聯代表團文件，1944 年 7 月，РГАЭ, ф. 7733，оп. 29，д 1202，л. 38。

蘇聯要刪去最後一句話的修正案，但記錄了蘇聯代表團的保留意見。[1] 蘇聯的意思是，無論規定什麼條款，蘇聯的黃金都不會走出國境；美國的理念是基金組織的黃金終歸是要統一管理的 —— 可謂針鋒相對。

關於外匯管制和匯率平價

蘇聯實行外貿壟斷和外匯管制，盧布匯率的貶值或升值從來就是由政府操控的，而布雷頓森林體系首先要求的就是穩定匯率，實現外匯平價，也就是說各國的匯率調整應交由基金組織決定。國際經濟合作就意味着各國要想實現平穩和平等的交易，必然需要放棄部分國家主權。這在實行市場經濟的國家容易理解，也比較容易做到，但與蘇聯的計劃經濟體制完全是南轅北轍。這是蘇聯對國際貨幣基金不感興趣的根源之一，也是在談判中最擔心的問題。不過，美國人早就想到了這一點。

儘管基金的宗旨在於「消除妨礙世界貿易發展之外匯管制」，但由於戰爭期間絕大多數國家都實行了外匯管制，很難在戰爭結束時一下子取消，故《聯合聲明》特意設立了「過渡辦法」的條款，允許會員國在過渡時期內繼續實行外匯管制，但應儘快「以漸進的方式將有礙多邊清算之管制制度撤銷」。如果基金成立後三年內仍採取限制措施者，應就此問題與基金組織進行解釋和商議。布雷頓森林會議通過的《基金協定》保留了「過渡時期」一章，只是規定更為詳盡。[2]

匯率平價的問題要複雜一些。還在 1944 年春天的華盛頓談判時，蘇聯專家就提出，由於盧布不在國際貿易中流通，盧布匯率只是內部記賬的問題，除了旅遊，對國際貿易幾乎沒有影響，因此蘇聯不應受基金組

1　Department of State, *Proceedings and Documents, Vol. I*, pp. 642、652-653.

2　《國際貨幣基金與國際銀行文獻》，第 79、122-124 頁；Department of State, *Proceedings and Documents*, Vol. II, pp. 1635-1636; Horsefield (ed), *The International Monetary Fund, Vol. 3*, p. 203。

織關於維持外匯平價規定的約束。對此，美國專家表示認同。[1] 到大西洋城再談，美蘇雙方對盧布匯率的意義仍然沒有不同看法，美國專家只是強調，允許蘇聯自行調整匯率並不意味着剝奪基金組織決定匯率調整的權力。既然盧布匯率變化不會影響國際貿易，基金組織也就不會不批准蘇聯調整匯率。[2]《聯合聲明》在這個問題上的表述是：成員國加入基金組織時雙方應議定該國貨幣平價（以黃金表示），成員國為解決國際收支嚴重失衡或因國內政治或政策原因而需要改變貨幣平價，應徵得基金組織核準，基金組織應予以同意，但調整幅度不得超過 10%。[3] 顯然，這樣的條款基本符合但沒有完整表達莫斯科的意願。所以，在布雷頓森林會議上爭論的，只是如何措辭的問題。

　　美國在協定草案中有關匯率調整的說法是：「如果已證明進行的修改對消除現有的不平衡是必要的，或者其對相關成員國的國際業務不會產生影響」，基金組織將會同意修改。「如果基金組織對證明的結果感到不滿，並且認為建議對基金組織的工作來說是不正確的，那麼基金組織應當對提出的修改意見予以反對」。[4] 莫斯科認為，這種表述沒有免除蘇聯調整外匯平價須與基金組織商議的義務。莫洛托夫的指示要求改為：如果外匯平價的改動不涉及成員國的國際交易，則免除與基金組織商議的義務。[5] 在 14 日美蘇代表團私下會晤時，美方同意將措辭改為：如果外匯平價的改動不涉及成員國的國際交易，「可以在未經該基金會同意的情況下改動貨幣平價」。雙方都認為這兩種說法實質相同，但都堅持自己的措辭。斯捷潘諾夫說，如果採用美國的措辭，還要等待莫斯科來電同意。

1　Mikesell, "Negotiating at Bretton Woods", pp. 109-110.

2　DHM, Vol. 747-2, pp. 231, 236-237.

3　《國際貨幣基金與國際銀行文獻》，第 76 頁；Department of State, *Proceedings and Documents, Vol. II*, pp. 1633-1634。

4　茲韋列夫等人致莫洛托夫報告，1944 年 7 月 11 日，ABПРФ, ф. 06, оп. 6, п. 17, д. 171, с. 34-37。

5　莫洛托夫致斯捷潘諾夫電，1944 年 7 月 11 日，ABПРФ, ф. 06, оп. 6, п. 17, д. 171, с. 38-39。

大會召開在即，摩根索只得表示妥協。[1] 蘇聯代表團頗為滿意地向莫斯科彙報說：美國「如此快地接受了我們的表述，沒有經過任何的討論，以至大多數參加貨幣基金組織會議的代表團都沒有明白，這一措辭修改的實質是什麼」。[2]

關於投票權

成員國在基金組織的投票權顯示了其對基金管理的影響力，蘇聯參與基金組織的主要目的之一就是政治考慮，所以對這個問題格外重視。如前說述，蘇聯在這方面的要求是：擁有不少於 10% 的投票權；成為基金理事會的當然執行理事；將投票權與份額脫鈎（英國的主張與此相似）。美國對前兩點沒有異議，但不同意第三點。蘇聯的立場是，在確定投票權時，主要應考慮一個國家所承擔的國際責任。美國專家認為，在投票權分配上可以給予蘇聯等大國足夠的照顧，但就一般原則和對大多數國家來說，參與基金管理的程度必須與其向基金提供的資源成比例。[3]

蘇聯的顧慮是擔心投票權分散會削弱自己在基金組織的決定權和影響力，這一點與美國不謀而合。[4] 蘇聯代表團得到的指示是，「我們贊同通過削弱大會的職權來最大限度地擴大領導機構的職權」，代表團的主要責任就是「不許出現這樣的條款，根據這一條款，國際組織……不經我們的同意就通過我們必須遵守的決議」。莫斯科還建議代表團私下與美國接觸，應該讓美國人知道，「我們是多麼希望美國參與歐洲事務」。[5] 對於

1　DHM, Vol. 754, pp. 115-139.《基金協定》的相關用語是：凡會員國貨幣評價變更不致影響國際交易者，無須獲得基金認可。《國際貨幣基金與國際銀行文獻》，第 98 頁；Horsefield (ed.), *The International Monetary Fund*, Vol. 3, p. 190。

2　國際貨幣金融會議蘇聯代表團文件，1944 年 7 月，РГАЭ, ф. 7733, оп. 29, д. 1202, л. 23。

3　DHM, Vol. 747-2, pp. 231, 237-238.

4　懷特對這一問題的看法參見 DHM, Vol. 749, pp. 12-13。

5　АВПРФ, ф. 06, оп. 6, п. 13, д. 134, л. 36-39. 轉引自 *Кочеткова Т. Ю.* Вопросы создания ООН и советская дипломатия// Отечественная история, 1995, №1, с. 37-38。

美國在會上提出的關於投票權新的計算方法，即每個國家 250 票，此外
每 10 萬美元份額增加一票。莫斯科來電認為，這種變化有利於包括蘇聯
在內的份額較大的國家，應予支持。[1] 如此安排的結果是，在 9.9 萬張總
票數中，美國佔 28%，英國佔 13.4%，蘇聯佔 12%，中國佔 5.8%，法國
佔 4.8%。[2]

蘇聯的投票權比原來的設想增加了兩個百分點，自然十分滿意。

關於提供經濟信息

如上所述，懷特在一開始設計平準基金方案時就提出了成員國有義
務向基金組織提供各種經濟信息和資料的問題。無論是分配份額、確定
平價、繳納黃金，還是對以後各項業務的開展而言，提出這一要求的合
理性和必要性都是顯而易見的。但這對蘇聯卻是一個天大的難題，因為
它的很多經濟資料從不對外公佈，有些還被列為國家機密，特別是前面
提到的關於黃金的資料。蘇聯提出的修改意見是通過協商的方式提供相關
信息，遭到美國的堅決反對。國際會議前，雙方未能就此達成一致意見。

在 7 月 8 日審議基金組織與管理的會議上，美蘇分別提交了關於信
息問題的方案。美國的方案把向基金組織提供信息作為成員國的義務，
但成員國不承擔提供那些會暴露個人或公司業務信息的任何義務，而且
當基金要求會員國提供信息時，應顧及各會員國提供此項材料之不同能
力。美國要求各成員國提供的經濟信息共 12 項，包括黃金和外匯的儲備
量，黃金的開採量和進出口量，商品的進出口量，批發、零售和進出口
價格指數，以及匯率和外匯管理的資料等。蘇聯的方案比會前退讓了一

1　茲韋列夫等人致莫洛托夫報告，1944 年 7 月 11 日，АВПРФ, ф. 06, оп. 6, п. 17, д. 171, с. 36.

2　РГАЭ, ф. 7733, оп. 29, д. 1202, л. 24; *Сироткин В. Г., Алексеев Д. С.* СССР и создание Бреттон-Вудской системы, с. 85. 另有學者統計，美國佔 28.3%，英國佔 13.5%，蘇聯佔 12.3%。見 *Липкин М. А.* Советский союз и интеграционные процессы, с. 33。

步，同意提供黃金和外匯儲備的信息，投資、外貿、匯率以及收支平衡變化的情況，而其他信息的提供需要基金組織與成員國達成協議。[1] 在美國有條件地同意給予蘇聯 12 億美元份額後，代表團向莫斯科提議，可以接受美國提出的信息清單。但財政人民委員部和國家銀行對於提供如此廣泛的信息的必要性和合理性表示懷疑，並建議仍然堅持原來的主張。莫洛托夫支持了後者的立場，並在 7 月 11 日電報中要求代表團堅持以前給他們的指示。[2] 然而，在 7 月 14 日與摩根索的會談中，蘇聯代表團的態度卻發生了神奇的變化。斯捷潘諾夫表示，蘇聯政府從來沒有對外公佈過如此多的國家信息，而得到這些數據預計也會遭遇很多困難。不過，為了避免蘇美代表團之間在信息問題上出現的這些分歧，蘇聯準備接受美國的方案，包括提供國民收入資料和國內物價指數等新增加的內容。[3]

目前尚未看到在此期間代表團與莫斯科上級機關有任何溝通或請示的史料，不過，蘇聯代表在沒有接到指示的情況下就在如此重大問題上自作主張，是難以想像的。這一點，在會議期間其他更為細小（如用詞）問題的處理上也可以看出來。無論如何，這大概是美蘇在布雷頓森林會議談判中解決最順利的一個問題，也是蘇聯做出讓步最明顯的一項條款。最後，《基金協定》在這個問題上幾乎一字不差地表述了美國方案。[4]

關於銀行份額

復興開發銀行是蘇聯比較嚮往的機構，主要原因是為了取得戰後重建的長期貸款。這裏最大的問題是向銀行繳納份額（資本金）的數量，

1　РГАЭ, ф. 7733, оп. 29, д. 1202, л. 98-99.
2　АВПРФ, ф. 06, оп. 6, п. 17, д. 171, с. 37、38-39.
3　DHM, Vol. 754, pp. 117-118.
4　《國際貨幣基金與國際銀行文獻》，第 109-110 頁；Horsefield (ed), *The International Monetary Fund, Vol. 3*, pp. 196-197。

用美國代表埃克斯的話說，關於蘇聯銀行份額的談判，是「布雷頓森林會議上最艱難的談判」。[1] 事實上，這也是整個會議直到最後一刻才解決的問題。

　　銀行份額與基金份額的相同之處在於二者都與投票權相關聯，份額的大小直接影響到管理權問題。不同之處在於，基金份額決定了（為穩定貨幣的）貸款額度，而成員國在銀行的信用貸款能力則取決於需要而不是份額。承擔較大的銀行份額只是表明具有經濟實力的大國要承擔更大的責任和風險。因此，蘇聯在會前就強烈表示，贊成減少那些遭受重大損失的國家在銀行的資本認繳額，同時又不要相應地減少其投票權。美國專家則認為，銀行份額的首期交付只有 20%，其中 10% 還可以在需要時再交付，經濟壓力並不大；認繳額的大部分（可達 80%）將以資本形式保留下來，以支付銀行的擔保，所以經濟風險也不大。[2]

　　實際上，在布雷頓森林會議關於復興開發銀行諸多事項的審議中，蘇聯並沒有提出什麼方案，在大多數情況下不過是在英國方案和美國方案之間做選擇而已。[3] 蘇聯代表團關心的，只是銀行份額問題。負責銀行項目的凱恩斯在 7 月 17 日的一封電報中說，經過討論，所有主要代表團都認可了銀行份額與基金份額同等的原則，除了蘇聯 ——「他們堅持的政策是得到所有的利益而不承擔任何責任和義務」。[4] 蘇聯在基金的份額已爭取到 12 億美元，但在銀行只願意認繳 9 億美元。這樣，銀行資本金將短缺 3 億美元。凱恩斯作為銀行委員會的主席，把這個難題甩給

1　Eckes, *A Search for Solvency*, p. 161.

2　DHM, Vol. 747-2, pp. 231, 245-246. 根據蘇聯專家後來的計算，蘇聯首次交付的份額僅為 1800 萬美元，見 РГАЭ, ф. 7733, оп. 29, д. 1202, л. 78-79。

3　莫洛托夫致斯捷潘諾夫電，1944 年 7 月 14 日，茲韋列夫等人致莫洛托夫報告，1944 年 7 月 16 日，АВПРФ, ф. 06, оп. 6, п. 17, д. 171, с. 43、40-42；國際貨幣金融會議蘇聯代表團文件，1944 年 7 月，РГАЭ, ф. 7733, оп. 29, д. 1202, л. 100-104。

4　Dormael, *Bretton Woods*, p. 213。

了美國人。[1]

7月19日晚，美國代表團正副團長與斯捷潘諾夫會晤，勸說他接受12億美元的銀行認購。摩根索試圖用蘇聯在戰後世界的大國地位、日益增長的國際影響以及美蘇友誼來打動斯捷潘諾夫，但斯捷潘諾夫堅持認為，由於戰爭帶來的損害，9億美元對蘇聯已經是能夠做到的極限。最後，蘇聯代表答應再給莫斯科發電報請示。[2]20日上午，美國代表團開會，專門討論蘇聯的銀行份額問題。文森介紹了與斯捷潘諾夫進行的艱苦談判的情況：儘管摩根索為此貢獻了1夸脫12年的蘇格蘭威士忌，蘇聯代表仍然堅持自己的立場。在對蘇聯人失去信心的情況下，代表們討論了各種替代方案，但一籌莫展。[3]

在21日上午9點半召開的內部會議上，美國代表團發生了意見分歧。摩根索主張應堅持讓蘇聯承擔12億美元的份額，懷特也認為應該繼續努力，但蘇聯有可能接受的是10億美元，其他缺額可由美國補上。然而，多數代表主張向蘇聯讓步，芝加哥第一國民銀行行長E. 布朗指出，蘇聯的份額認購對銀行影響不大，因為私人貨幣市場對蘇聯的擔保沒有信心。相反，如果強迫他們接受更高的份額，會導致蘇聯退出銀行和基金，結果將危及基金組織的建立。[4]緊接着在10點15分，文森召集包括蘇聯在內的部分國家代表團團長研究這個難題。由於蘇聯份額的下降還可能導致其他一些小國份額的縮減，要達到銀行總資本的差額就不止3億美元了。文森介紹了情況以後首先表態，為了彌補缺額，美國願意承擔2.5億美元。會議開到這時有點像「拍賣」會了，波蘭代表「舉牌」表示可以增加2500萬美元，接着中國代表同意將認購增加5000萬美元，

1　DHM, Vol. 756-1, pp. 62-64.

2　DHM, Vol. 756-1, pp. 40-43.

3　DHM, Vol. 756-1, pp. 126-136.

4　DHM, Vol. 756-1, pp. 236-250.

古巴代表也表示請示政府後份額有望增加。最後，加拿大代表承諾，說服政府增加 2500 萬美元。只有印度代表表示，如果蘇聯的份額減少，印度政府恐怕也難以接受現有的份額。凱恩斯看着坐在那裏一言不發的蘇聯代表，忍不住諷刺說，「如此堅定、毫不妥協」的表現，似乎「有違大國的榮譽和形象」。斯捷潘諾夫被迫起來講話，但除了表達謝意和解釋蘇聯的苦難外，他仍然堅持莫斯科給予的授權只有 9 億美元。[1] 在下午召開的各國代表團團長會議上，文森宣佈，蘇聯代表仍然沒有接到莫斯科的答覆，但中國、波蘭、加拿大、美國和一些拉丁美洲國家同意增加自己的份額，從而使銀行總資本能夠保持在預計的 88 億美元。[2] 蘇聯的頑固態度引起很多會議代表的強烈不滿。[3]

22 日是會議的最後一天，閉幕大會安排在晚上 9 點 45 分。[4] 就在此前兩個多小時，事情發生了戲劇性變化。晚上 7 點，斯捷潘諾夫在與摩根索的緊急會見中告訴他，莫斯科已經同意 12 億美元的銀行份額。驚喜過望的摩根索再三追問，斯捷潘諾夫轉達了莫洛托夫特意要他轉告美國人的話：莫斯科之所以同意份額的規模，「是因為摩根索先生要求蘇聯代表團這樣做」。摩根索高興地說：「這次會議幾乎是成功的，現在是完全成功了」。[5] 有學者說蘇聯代表在當天上午就收到了莫斯科的電報，有意擱置了幾個小時。[6] 此事是純屬巧合還是故弄玄虛，由於作者沒有提供準確的文獻來源，故而無法查證。但可以斷定，代表團不會不將 21 日下午會

1　DHM, Vol. 756-1, pp. 251-257. 孔祥熙關於中國代表團追加認股的說明，見聯合國家貨幣金融會議中國代表團報告（無日期），中國第二歷史檔案館，396（2）-1401（1）。

2　DHM, Vol. 756-1, pp. 258-260.

3　Susan Howson and Donald Moggridge(eds.), *The Wartime Diaries of Lionel Robbins and James Meade, 1943-45*, New York: St. Martin's Press, 1990, p. 192.

4　DHM, Vol. 757, p. 17.

5　DHM, Vol. 757, p. 13A-13B. 由於蘇聯最後的決定，導致銀行總份額增加了 3 億美元，達到 91 億。其中美國約佔 34.9%，英國佔 14.3%，蘇聯約佔 13.2%。參見世界知識出版社編：《國際條約集（1945－1947）》，北京：世界知識出版社，1959 年，第 187 頁。

6　Conway，*The Summit*，pp. 279-280.

議的結果及時上報。所以，莫斯科的指示應該是得知蘇聯的要求已經被
接受的情況下做出的。無論如何，結局都是皆大歡喜。摩根索迫不及待
地將這一消息電告了羅斯福，並認為，「這是蘇聯願意同美國在一項維護
世界和平與繁榮的計劃中進行全心全意合作的重要證據」。[1] 他又一次過
度樂觀地解讀了斯大林的善意。

　　來自莫斯科的最後消息確實給布雷頓森林會議畫上了一個圓滿的句
號。所有與會國代表都簽署了《基金協定》、《銀行協定》及會議最後通
過的各種文件，而一些國家的保留意見，大家都接受了凱恩斯的要求，
只記錄在不公開發表的第一委員會會議記錄中，而不作為最後文件的附
錄。蘇聯代表也聲明表示贊成。[2] 布雷頓森林會議在一片歡樂的祝賀和讚
美聲中結束：這次會議「成功地完成了擺在面前的任務」（美國代表），
「或許已經完成了比最後文件所體現的意義更大的事情」（英國代表），它
在歷史上「開創了一個新時代」（法國代表），是一次「重大的歷史性成
就」（加拿大代表），是「為實現我們的共同目標 —— 永久和平和世界
繁榮 —— 所作的共同努力和新貢獻」（蘇聯代表）。[3] 羅斯福則在祝賀信
中指出，布雷頓森林會議通過的兩個協定，「為持久和平與安全的結構進
一步奠定了兩塊基石」。[4]

　　基金、銀行兩個協定的簽署及會議的成功，在很大程度上是基於美
蘇兩國之間的妥協，這是美蘇基本立場一致的結果。本章上述對會議爭
議問題的詳細梳理，否定了俄國學者最新研究的結論 —— 似乎只是蘇聯

1　DHM，Vol. 757，pp. 15-16.

2　Department of State, *Proceedings and Documents, Vol. I*, pp. 1045、1088-1091; Vol. II, pp. 1197-1198, 蘇
聯代表的聲明見 Vol. II，p. 1209。

3　Department of State, *Proceedings and Documents, Vol. II*, pp. 1225、1240-1242、1235-1237、1237-1238、
1208-1209.

4　DHM, Vol. 757, p. 14.

在布雷頓森林會議做出了「重大讓步」。[1]關於美蘇相互妥協的問題，綜合審視兩個協定的討論過程和最後條款，可以分為四種情況：美國完全或基本接受了蘇聯的要求 —— 基金份額（最核心的問題）、盧布平價和基金投票權；蘇聯被迫接受了美國意見 -—— 黃金認繳和提供信息；美國首先做出讓步，而蘇聯在最後一刻接受了美國方案 —— 銀行份額，其結果是全體成員國受益（銀行增加了 3 億美元總資本）；雙方妥協 —— 其他主要問題，即新開採黃金、黃金存放地、外匯管制。事實上，在所有爭議問題上最後達成協議，是雙方採取妥協與合作態度的結果。如果談到讓步，恐怕還是美國大一些。[2]其原因，主要在於美蘇兩國對會議的方針和態度不同。

　　說到美國對蘇聯的讓步，就涉及一個研究布雷頓森林體系建立躲不過去的問題 —— 懷特間諜案。早在 1944 年春天，即布雷頓森林會議召開前，美國聯邦調查局就收到懷特是蘇聯間諜的舉報，並隨後展開了詳細而徹底的調查（包括竊聽、監視、郵檢）。正因為如此，懷特未能擔任本來非他莫屬的國際貨幣基金組織總裁。1948 年 8 月 13 日，已感到身體不適的懷特被傳喚到美國國會眾議院非美活動委員會「關於共產主義間諜活動」的聽證會接受調查，並為自己做了成功的辯護。聽證會後第三天，懷特死於心臟病。在 J. R. 麥卡錫時代，懷特再次被指控為蘇聯間諜，甚至把剛卸任的美國總統杜魯門也牽涉進來，但也因證據不足而不了了之。時隔多年，1995 年美國安全和情報機構公佈了大量關於蘇聯間諜案件的解密文件（Venona），又一次掀起了懷特間諜案的討論熱潮。

1　*Минкова К. В.*《Советская делегация считает целесообразным вступление Советского Союза в состав членов Фонда》：СССР и Международный валютный фонд в 1943-1946 гг. // Международные отношения, 2017, Т. 17, №1, c. 42.

2　《芝加哥論壇報》甚至刊文指責說：基金組織的「宗旨是以損害我們為代價，使其他國家富裕起來，並將導致美國不可避免地遭遇通貨膨脹」。Steil, *The Battle of Bretton Woods*, p. 238.

儘管聯邦調查局檔案中關於蘇聯間諜案文件多達 1.3 萬頁，但並沒有懷特本人是間諜的可靠證據。僅僅因為在蘇聯情報中發現了懷特的代號（法學家、律師和理查德），並不能證明他就是間諜，畢竟，包括總統羅斯福（代號卡皮坦）在內美國政府的幾十名官員都出現在解密文件中。蘇聯得到的情報中也確有懷特間接提供的消息和材料，但沒有證據表明懷特知道他所接觸的對像是蘇聯情報員。這場爭論至今尚無定論。[1]

實際上，現在關於懷特案件的討論已完全失去了法律意義，但對於歷史研究而言，仍然是引人關注的問題，因為這涉及對布雷頓森林會議特別是其間美蘇關係的評價。[2] 通過對歷史過程的梳理可以確定，關於懷特作為布雷頓森林會議和美國代表團的核心人物卻「聽命於莫斯科」的說法是站不住腳的。不過，懷特主張對蘇聯友好、與蘇聯合作的立場和主張也是確定無疑的，儘管他是站在美國的立場上。[3] 即使如此，人們也無法將美國對蘇聯的讓步歸結於懷特或某個個人。在這裏，不應該忘記那個時代的政治背景。

在冷戰全面爆發以前，特別是在布雷頓森林會議召開的時期，美蘇

---

1 除了提到或評論這一問題的一般論著外，對懷特案件進行集中研究的成果至少有 Rees, *Harry Dexter White*; John Earl Haynes and Harvey Klehr, *Venona: Decoding Soviet Espionage in America*, New Haven and London: Yale University Press, 1999; Allen Weinstein and Alexander Vassiliev, *The Haunted Wood: Soviet Espionage in America-The Stalin Era*, New York: Random House, 1999; Bruce Craig, *Treasonable Doubt: The Harry Dexter White Case, 1948-1953*, Lawrence: University Press of Kansas, 2004; John Earl Haynes, Harvey Klehr, and Alexander Vassiliev, *Spies: The Rise and Fall of the KGB in America*, New Haven and London: Yale University Press, 2009. 本文無意加入關於懷特案件甚為激烈和對立的討論，儘管筆者對這一問題作出的結論得益於對這些研究成果的大量閱讀。至於蘇聯間諜案件的解密文件，見 Robert Louis Benson and Michael Warner (eds.), *Venona: Soviet Espionage and the American Response 1939-1957*, Washington, D. C.: National Security Agency and Central Intelligence Agency, 1996.
2 有學者認為，由於懷特案件的出現，「我們不僅要從根本上重新評估布雷頓森林談判，還要重新評估戰時美蘇經濟和政治關係」。Acsay, "Planning for Postwar Economic Cooperation", p. 3.
3 關於這一點，懷特在國會聽證會的辯護詞很有說服力：「我的信條是美國的信條」—— 宗教自由、言論自由、思想自由、新聞自由、批評自由和行動自由。見 HUAC Hearings, 13 August 1948，轉引自 Conway, *The Summit*, pp. 358-359。

關係正處在最佳狀態[1]，他們不僅努力加強戰時合作，而且期望着戰後的長期合作。而這種合作的經濟基礎，如羅斯福本人所說，正是布雷頓森林會議提出的建議，就如同敦巴頓橡樹園會議關於建立聯合國的建議是政治合作的奠基石一樣。[2] 至於這種政策和方針的認知基礎，奧喬伊的分析認為就在於「趨同理論」：很多左翼的美國人和歐洲人認為，在大蕭條時期，資本主義開始轉向「國家社會主義」，而蘇聯在反法西斯戰爭中意識形態正在減弱而變得務實起來。隨着一篇題為「共產主義教條基本修正」文章發表於 1944 年 4 月 2 日的《紐約時報》，趨同理論在美國達到了新的高度。第二天，《紐約時報》的社論指出了這樣一個「悖論」：美國經濟正在走向社會主義，而俄羅斯卻在走向「國家資本主義」。

「在一些重要的生產實踐和技術上，今天的俄羅斯甚至比美國還要資本主義化」。接着就在美國的報刊雜誌上對此展開了熱烈討論和爭論。[3]在美國政府和官員中，贊成「趨同論」的也不在少數。美國前駐蘇大使（1936 — 1938 年）戴維斯就曾指出，「俄羅斯民族主義正在抬頭」，「共產主義在這裏將會失敗」，現在蘇聯的制度是「一種資本主義國家的社會主義（a Type of Capitalistic State Socialism）」。[4] 羅斯福也認為，莫斯科正在走向「一種改良的國家社會主義」，而美國正在走向「真正的政治和社會公正」。[5] 所以，正如波拉德指出的，摩根索和懷特在布雷頓森林對蘇聯做出重大讓步的原因就是他們認為：資本主義和社會主義兩種經

1　正如埃克爾斯在美國代表團會議上說的，當時，美國公眾情緒對蘇聯的同情甚至超過英國；就民意基礎來說，與其他國家相比，把蘇聯拉入布雷頓森林體系對公眾有更強大的吸引力。DHM, Vol. 750, p. 116; Vol. 749, p. 278.

2　Samuel I. Rosenman, *The Public Papers and Addresses of Franklin D. Roosevelt, 1943 Volume, The Tide Turns*, New York: Harper & Brothers Publishers, 1950, pp. 118-121.

3　詳見 Acsay, "Planning for Postwar Economic Cooperation", pp. 290-294。

4　Dennis J. Dunn, *Caught between Roosevelt & Stalin: America's Ambassadors to Moscow*, Kentucky: The University Press of Kentucky, 1998, pp. 77-78.

5　Warren F. Kimball, *The Juggler: Franklin Roosevelt as Wartime Statesman*, Princeton: Princeton University Press, 1991, pp. 198-199.

濟體系並非是互不相容的。[1] 從這個角度可以更準確地理解懷特的那句名言：「基金組織需要蘇聯」，如同「不能讓一艘戰艦上的大炮不被綁住」，否則「會造成很大傷害」。[2] 懷特強調美國希望並應創造條件讓蘇聯加入國際貨幣金融體系，並非按照字面的理解是要在戰後控制（「綁住」）蘇聯經濟，而是認為計劃經濟和市場經濟有可能並且已經開始坐在一條船上，那麼就必須遵守同樣的航海規則。正因為如此，美國起草的布雷頓森林會議文件為蘇聯的計劃經濟體制預留了充足的空間，而蘇聯也看到了這一點。

　　雖然注意到戰後與美國和西方進行經濟合作的美好前景，但是莫斯科更關切的不是如何實現和延續這種合作，而是如何通過這種合作擴大蘇聯的政治和經濟影響，並從中獲取經濟援助 —— 主要是貸款和新技術。這些觀點，在 1944 年提供蘇聯最高層決策參考的兩個報告中得到了充分體現。[3] 從上述蘇聯各部門官員所提交的請示報告也可以看出，他們大都認為，布雷頓森林體系要解決的是資本主義經濟的內在矛盾，與蘇聯的計劃經濟沒有關係。蘇聯參加基金組織和世界銀行，就是為了提升政治影響力和獲取貸款。蘇聯的談判方針主要是如何避免政治和經濟風險，減少經濟負擔。從莫洛托夫同意派代表參加談判和最後批准增加銀行份額的言辭看，蘇聯加入基金組織和國際銀行都顯得有些勉強和被動，似乎只是為了顧全美國的面子，表示蘇聯願意進行國際經濟合作。

　　如果將蘇聯同時參加的布雷頓森林會議與敦巴頓橡樹園會議的情況做個比較可以看出，克里姆林宮對建立聯合國並作為創始國的興趣顯然大大超過前者。首先，俄國檔案文獻顯示，無論是蘇聯內部參加聯合國

1　Pollard, *Economic Security*, p. 276.

2　DHM, Vol. 740, p. 11.

3　邁斯基關於《未來和平的最佳基本原則》的報告，1944 年 1 月 11 日，АПРФ, ф. 03, оп. 63, д. 237, л. 52-93//Источник, 1995, №4, с. 124-144；葛羅米柯關於蘇美關係問題的報告，1944 年 7 月 14 日，АВПРФ, ф. 06, оп. 6, п. 45, д. 603, л. 1-34。

問題討論的層級、出席敦巴頓橡樹園會議的代表團規格，還是下達指示
的機構，都高於布雷頓森林會議。其次，蘇聯為了提高在聯合國的發言
權，先是要求蘇聯的各加盟共和國都能成為正式成員國，被拒絕後又提
出烏克蘭和白俄羅斯必須作為成員國加入聯合國，而在布雷頓森林，蘇
聯代表完全沒有提到這個問題。最後，關於聯合國問題，蘇美最高領導
人多次通過往來函電討論，蘇聯內部的文件也大多送斯大林本人批閱，
而關於國際基金組織問題基本上就是莫洛托夫出面處理，羅斯福與斯大
林之間也只有一封電報間接提到此事。[1]

正是由於缺乏根本的驅動力，當美蘇關係開始惡化而莫斯科感到無
望取得美國貸款後，蘇聯政府最後沒有批准已經簽字的國際協定。

難產的決定：蘇聯拒絕加入基金組織和世界銀行

布雷頓森林會議的成功只是萬里長征邁出的第一步。摩根索知道還
有很長的路要走，美國國會是否能夠投票通過基金和銀行協定還是未知
數，英國和蘇聯的態度也令他擔憂。[2]凱恩斯在閉幕大會的發言講得更明
白：「我們必須在熱情和信仰的鼓舞下，從這裏離開」，接下來的任務就
是「說服整個世界」。[3]根據協定的規定，基金組織和國際銀行銀行建立
的條件是，在 1945 年 12 月 31 日之前，批准加入這兩個組織的協議簽署
國的份額總計分別達到總份額的 65%。[4]因此，這兩個國際經濟組織能否

1 關於對這兩次會議的比較研究，參見 Schild, "Bretton Woods and Dumbarton Oaks"。
2 Blum(ed.), *From the Morgenthau Diaries, Vol. 3*, p. 278.
3 Department of State, *Proceedings and Documents, Vol. I*, p. 1110.
4 《國際貨幣基金組織協定》，АВПРФ, ф. 06, оп. 7, п. 19, д. 194, л. 30-99, Horsefield(ed), *The International Monetary Fund, Vol. 3*, pp. 185-214;《國際復興開發銀行協定》，АВПРФ, ф. 06, оп. 7, п. 19, д. 194, л. 100-148. 中譯文見《國際條約集（1945－1947）》，第 128-163、164-188 頁。

成立，分別擁有 28% 和 31.4% 投票權的美國是否能夠通過立法這一關就是最關鍵的因素。[1]

　　布雷頓森林協定在美國遇到的難題首先是其「神祕性」。協定文本所使用的法律和金融術語讓政府官員、國會議員和社會大眾很難明白其中的真正含義，況且有些條文還是起草者「故意使其含糊不清」，以避免引發不必要的爭議。[2] 由於不理解，公眾輿論和很多國會議員都對廣泛討論這些問題「根本沒有興趣」。[3] 民意測驗顯示，甚至到 1945 年 5 月 29 日，也只有 23% 的公眾能夠明白布雷頓森林與國際事務的關係。[4] 其次是在政治上遭遇的障礙。美國的很多國會議員、銀行家和商人從一開始就結成聯盟反對布雷頓森林體系，保守派懷疑這是自由派的陰謀 —— 試圖在國際領域實行「新政」。[5] 特別是保守的共和黨參議員塔夫脫堅決反對布雷頓森林體系，他指責說，加入國際貨幣基金組織，「就像把資金倒進下水道一樣」。[6]

　　為了克服這些困難，國務院和財政部費盡心思開展了廣泛而深入的動員和宣傳活動。摩根索託人設計的「推銷」方案成為美國有史以來政府機構為取得立法支持而進行的最詳盡、最複雜的工程之一。他們不僅為記者和專欄作家組織信息午餐會，還為大眾準備了廣播劇本、小冊子和文章，甚至播放補貼短片。通過激發公眾參與、製造社會輿論，爭取

1　各大國在基金組織的投票權比例見上文，而根據蘇聯的計算，在國際銀行的投票權，美國佔31.4%，英國佔 12.9%，蘇聯佔 12%，中國佔 6.1%。АВПРФ, ф. 06, оп. 7, п. 19, д. 194, л. 3-11.

2　James, *International Monetary Cooperation*, pp. 54-55.

3　DHM, Vol. 752, pp. 278-280; Vol. 763, pp. 219-220.

4　Eckes, *A Search for Solvency*, pp. 181-182.

5　Pollard, *Economic Security*, pp. 15-16; Eckes, *A Search for Solvency*, pp. 166-167; Schild, "Bretton Woods and Dumbarton Oaks", p. 417.

6　Blum (ed.), *From the Morgenthau Diaries, Vol. 3*, p. 252. 塔夫脫攻擊布雷頓森林體系的詳細資料見DHM, Vol. 854, pp. 43-52。

所有可能影響國會的精英團體和個人的支持。[1] 尤其是大力爭取經濟學家和各方面專家的支持。[2] 這些活動的效果是明顯的，截止 5 月中旬，眾議院銀行和貨幣委員會收到的支持信件有 25000 封，而反對信件只有 42 封。[3] 正是在這樣的背景下，摩根索、懷特和其他政府官員在國會聽證會上的發言才會對議員們產生重要影響。[4] 羅斯福也出來站台，總統讓國會面臨的選擇是：「世界或者是走向統一和廣泛分享的繁榮，或者是分別走向必然相互競爭的經濟集團。我們作為合眾國的公民有機會利用自己的影響來促成一個更統一和合作的世界。」[5] 在美國政府大力宣傳和推動下，1945 年 5 月 24 日，眾議院銀行和貨幣委員會以 23 票對 3 票通過了布雷頓森林立法。[6] 6 月 7 日，眾議院以 345 票對 18 票對美國參加基金組織和國際銀行投票表示贊成。[7] 7 月 19 日，參議院以 61 票對 16 票通過了一項法案，授權總統批准美國加入這兩個組織。[8] 7 月 31 日，美國新總統杜魯門批准了《布雷頓森林協定法》。[9]

布雷頓森林協定在英國也受到阻力，其要求是在租借停止後得到美國的貸款，否則英國議院無法通過。經過長達一年的艱苦談判，英美金融協定終於在 1945 年 12 月 6 日簽署，英國得到了朝思暮想的 37.5 億美

1　DHM, Vol. 768, pp. 42-44, Vol. 813, pp. 226-227; Vol. 820, p. 49; Vol. 825, pp. 216-221、305; Vol. 839, 308-311; Vol. 845, pp. 385-387.

2　DHM, Vol. 774, p. 91.

3　Eckes, *A Search for Solvency*, p. 196.

4　美國國會辯論的情況參見 Eckes, *A Search for Solvency*, pp. 196-199; DHM, Vol. 854, pp. 55-56; Schild, "Bretton Woods and Dumbarton Oaks", pp. 78-79、419-420; Mikesell, "Negotiating at Bretton Woods", pp. 43-44; Conway, *The Summit*, pp. 300-301。

5　Samuel I. Rosenman, *The Public Papers and Addresses of Franklin D. Roosvelt, 1944-45 Volume, Victory and the Threshold of Peace*, New York: Harper & Brothers Publishers, 1950, pp. 548-555.

6　*The New York Times*, 25 May 1945.

7　*The New York Times*, 8 June 1945.

8　*The New York Times*, 20 July 1945.

9　美國議會辯論的詳細情況參見 Pollard, *Economic Security*, pp15-16; Schild, "Bretton Woods and Dumbarton Oaks", pp. 78-79、316-317、418-420; Eckes, *A Search for Solvency*, pp. 170-171、182-183、196-197、201-202。

元貸款。而美國提出的條件，除了要英國承諾在一年內取消對英鎊可兌換的限制外，就是必須批准布雷頓森林文件。[1]12 月 15 日英國下議院以314 票對 50 票，12 月 17 日上議院以 90 票對 8 票（半數議員棄權），通過了英國參加基金組織和國際銀行的議案。[2]

　　在美國和英國的帶動下，拉丁美洲和英聯邦國家紛紛行動起來。12 月 27 日在華盛頓舉行了協定簽字儀式，國際貨幣基金組織和國際復興開發銀行宣佈成立。[3]到限定日期的最後一天，12 月 31 日，共有 30 個國家完成了加入基金組織和國際銀行的正式手續，還有 5 個國家將在次年初完成。[4]這 35 個國家在基金組織和國際銀行的份額分別為 73.24 億美元（83.23%）和 76.00 億美元（83.52%）。[5]布雷頓森林體系終於建立起來了。然而，在所有這些作為創始成員的國家中，卻沒有首先參與建立這兩個國際經濟組織討論、也是美國最期盼加入這兩個國際經濟組織的大國 —— 蘇聯。[6]

　　蘇聯的決策程序與英美完全不同，這裏不需要立法機構辯論和批准，也無需大規模的宣傳活動，而只要最高決策者拍板即可。但莫斯科做出決定同樣不易，而且經歷了一個從冷漠、積極、猶疑再到最後拒絕的複雜過程。

　　蘇聯代表團在布雷頓森林取得的成就最初在學術界似乎反映出一種

1　James, *International Monetary Cooperation*, p. 67; Schild, "Bretton Woods and Dumbarton Oaks", pp. 303-304; Dormael, *Bretton Woods*, pp. 224-229; Acsay, "Planning for Postwar Economic Cooperation", pp. 333-334.

2　Dormael, *Bretton Woods*, pp. 280-281、284-285; Barry Eichengreen, "Economic History and Economic Policy", *The Journal of Economic History*, Vol. 72, No. 2 (June 2012), pp. 285-288; Ikenberry, *After Victory*, pp. 187-188.

3　當日簽字的兩個協定的文本見《國際條約集（1945-1947）》，第 128-163、164-188 頁。

4　Horsefield (ed), *The International Monetary Fund*, Vol. 1, pp. 116-117.

5　*The New York Times*, January 3, 1946.

6　到最後期限未批准協定的國家還有澳大利亞、新西蘭、委內瑞拉、利比里亞、海地、薩爾瓦多、尼加拉瓜和巴拿馬。*The New York Times*, January 3, 1946.

樂觀情緒。1944 年 9 月 12 日，聯共（布）機關刊物《布爾什維克》發表了蘇聯教授 Z. B. 阿特拉斯的文章。第二天的《紐約時報》對此進行了報道。文章對布雷頓森林會議提出的原則表示支持，作者認為，儘管國際貨幣平準基金和其他經濟組織本身不能消除資本主義生產體系的基本矛盾，但這些機構在目前可以促進歐洲經濟戰後重建的進程。[1] 不過此後幾個月的時間，沒有跡象表明蘇聯政府在關注戰後國際經濟機構建立的問題。

　　1945 年初，即雅爾塔會議召開前，蘇聯政府開始認真考慮這個問題了。1 月 3 日，以斯捷潘諾夫為首的出席布雷頓森林會議的蘇聯代表團主要成員向莫洛托夫提交了一份重要報告《關於蘇聯加入國際貨幣基金組織和國際復興開發銀行需要解決的問題》。報告指出，如果蘇聯有意參加這兩個機構，就必須對一些主要問題做出決斷，即盧布的平價形式（黃金或美元）、盧布的起始平價、蘇聯國家銀行在開展外匯業務方面的權利、蘇聯國內黃金買賣的價格、基金章程所允許的外匯平價匯率偏差、根據章程規定向基金組織通報的信息等十個金融方面的技術問題。同時，還必須解決組織和人事方面的問題，如確定加入的時間、參與國際金融業務的國家機構、骨幹工作人員的培訓及準備相關法律文件等。為此，斯捷潘諾夫等人提交了為人民委員會起草的決議草案。決議草案責成由茲韋列夫、維辛斯基、G. P. 科夏琴科（國家計委）、A. D. 克魯季科夫（外貿人民委員部）和葉姆琴科（國家銀行）組成委員會，在三個月內就上述問題提出建議，提交人民委員會批准。1 月 26 日，莫洛托夫在文件上批示：詢問沃茲涅先斯基同志。[2]

　　據俄羅斯學者 M. A. 李普金提供的材料，3 月 5 日這個委員會正式成立，負責人正是國家計劃委員會主席沃茲涅先斯基。不過，參加委員會

1　*The New York Times*, September 13, 1944.

2　АВПРФ, ф. 06, оп. 7, п. 19, д. 197, л. 1-4.

的外交人民委員部成員不是維辛斯基，而是更專業一些的人員 —— 外交
人民委員部經濟司司長 V. S. 格拉申科和副司長阿魯秋尼揚。委員會責成
參加布雷頓森林會議的蘇聯代表團就參加基金組織和國際銀行的問題準
備建議。這個建議於 4 月 8 日提交給委員會。[1] 作者沒有提供蘇聯代表團
提交的建議，筆者在俄國檔案中也沒有發現這個文件。不過，李普金提
到了另一個文件，即 1945 年春天格拉申科和阿魯秋尼揚準備的關於布雷
頓森林會議的報告。與幾個月前的遲疑態度不同，報告在「結論和建議」
中寫道：「國際貨幣基金組織和國際復興開發銀行草案和在布雷頓森林會
議上通過的其他決定，從國際合作的角度來講蘇聯是可以接受的。」報
告還提出了為履行蘇聯加入基金組織和國際銀行所承擔的義務而應採取
的具體措施。[2]

　　然而，雅爾塔會議以後美蘇之間不斷出現的分歧和矛盾，令莫斯科
的態度轉向遲疑。

　　1945 年 8 月 10 日，即美國《布雷頓森林協定法》批准後 10 天，哈
里曼大使致函維辛斯基：美國希望儘快獲知蘇聯政府在批准布雷頓森林
協定方面「已經採取或將要採取的任何行動」。[3] 8 月 17 日維辛斯基答覆：
對於這個問題，目前蘇聯相關機構正在審議中。[4]

　　9 月 27 日，美國使館再次發出照會，催問蘇聯對批准基金協定和銀
行協定的立場。[5] 由於幾個月都沒有收到任何答覆，12 月 7 日美國使館又
發出口頭聲明，希望蘇聯政府在 12 月 31 日前簽署這些協定。[6] 最後簽字

1　*Липкин М. А.* Советский союз и интеграционные процессы, с. 39-40.
2　АВПРФ, ф. 046, оп. 5, п. 23, д. 73, л. 7-8, 轉引自 *Липкин М. А.* Советский союз и интеграционныепроцессы, с.
　　31。
3　АВПРФ, ф. 0129, оп. 29, п. 172, д. 47, л. 63.
4　АВПРФ, ф. 0129, оп. 29, п. 172, д. 47, л. 64.
5　АВПРФ, ф. 06, оп. 7, п. 45, д. 704, л. 1-3.
6　АВПРФ, ф. 06, оп. 7, п. 45, д. 704, л. 4-5.

的期限日益迫近，莫斯科仍然沒有動靜。12 月 20 日哈里曼不得不再次催促，他在給維辛斯基的信中巧妙地換了一個說法：「美國打算在 1945 年 12 月 27 日簽署協定，特邀貴政府參加美國簽署儀式，其他在布雷頓森林會議文件上簽名的國家，也將受邀參加這個儀式。這個建議是出於這樣一種考慮，即貴國政府可能願意派一個代表團到華盛頓，就包括批准和簽署協定在內的一些問題儘快進行討論。」哈里曼還提醒說，如果簽署協定，蘇聯政府應按照規定，向美國政府和國際銀行分別繳納 1% 的基金份額和 1% 的銀行認購額（共 24 萬美元）。[1] 在莫斯科外長會議期間（21 日），美國國務卿又直接向莫洛托夫詢問，蘇聯批准文件是否存在法律問題。[2]

直到此時，莫斯科才感到不得不加快研究和決策的步伐，各種報告和決議草案接踵而至。11 月 27 日，沃茲涅先斯基委員會向莫洛托夫提交了正式報告。根據莫洛托夫的指示，報告對 1 月 3 日斯捷潘諾夫報告所列問題，依次提出了答覆：盧布平價必須以黃金表示；宣佈盧布與黃金的比價為 1：0.1676735；在蘇聯以不超過盧布平價正負一定範圍（由基金組織規定）內的價格買賣黃金，基金組織的這一要求並不妨礙蘇聯在世界市場上買賣黃金；蘇聯國家銀行發行鈔票時以黃金和硬通貨支持的問題與蘇聯參加這兩個機構沒有直接關係；蘇聯國家銀行在進行貨幣交易時繼續享有專有權；向基金組織通報的蘇聯黃金和外匯儲備應以財政人民委員部和國家銀行收支平衡表為準；可以同意基金組織自由處置以盧布表示的蘇聯份額，但不能自行決定從盧布賬戶中提取盧布；可以遵從基金組織章程允許的外幣匯率與平價之間的偏差；可以同意基金協定關於轉移性支出的限制，但蘇聯轉移支出的適度規模由自己決定；章程

1　АВПРФ, ф. 06, оп. 7, п. 45, д. 704, л. 6-7; ф. 0129, оп. 29, п. 172, д. 47, л. 82-83.
2　*FRUS*, 1946, Vol. 2, Council of Foreign Ministers, Washington, D. C.: GPO, 1970, p. 716.

規定必須向基金組織提供的信息只能由國家銀行經政府批准後提供；如果確定蘇聯加入基金組織和國際銀行，最好在 12 月 31 日前發表聲明；加入後的業務操作應委託給蘇聯國家銀行；國家銀行應為在國際經濟機構工作的蘇聯員工舉辦特別培訓；因這兩個機構不在蘇聯落地，不存在其官員的豁免權問題。最後，作為先決條件，報告重申了蘇聯代表團所聲明的有關黃金存放地、黃金繳納額、領土被佔領國家的財務負擔等保留條件。[1] 通篇看下來，雖然設置了一些前提條件，但委員會的出發點是傾向於蘇聯加入基金組織和國際銀行。

　　莫洛托夫一直沒有回應。12 月 8 日，格拉申科和阿魯秋尼揚再次提交報告。鑒於美國國會已經通過了美國加入基金組織和國際銀行的立法，英國下議院也將在 12 日 12 日討論布雷頓森林協定，並一定會通過，再加上美國政府不斷催促蘇聯速做決定，該報告以委員會的名義要求：如果原則上決定了蘇聯加入，就應該在 12 月 31 日前發表聲明。

　　4 天以後，即 12 月 12 日，莫洛托夫在報告上批示：「抄送維辛斯基同志和傑卡諾佐夫同志。應予以討論。」[2] 此二人均非委員會成員，莫洛托夫顯然是要再聽取專家以外外交人員的意見。沒有看到副外交人民委員維辛斯基和傑卡諾佐夫的任何回覆，而據塔斯社 20 日的報道，美國副國務卿艾奇遜在新聞發佈會上通報：12 月 27 日將在華盛頓正式簽署布雷頓森林會議通過的協定。為此，12 月 20 日，格拉申科和阿魯秋尼揚又一次向莫洛托夫呈交了一個簡短的報告，在通報了已經簽署和將要簽署協定的國家名單（20 個）後，他們「請求加快研究我國對上述協定的態度問題」。[3]

　　如果說此前有關機構和個人的報告都沒有明確表示蘇聯是否應該參

1　АВПРФ, ф. 06, оп. 7, п. 19, д. 194, л. 197a-202.

2　АВПРФ, ф. 06, оп. 7, п. 19, д. 194, л. 203-204.

3　АВПРФ, ф. 06, оп. 7, п. 19, д. 194, л. 205.

加基金組織和國際銀行的意見，那麼 12 月 21 日參加布雷頓森林會議的
蘇聯代表團的工作報告則立場鮮明地提出：蘇聯應該加入這兩個國際經
濟機構。報告從經濟和政治以及具體的金融業務幾個方面，詳細分析了
蘇聯加入基金組織和國際銀行的有利因素：既可以獲得直接的經濟利益
（應對國際收支逆差、取得貸款擔保和直接長期貸款等），又可以獲取間
接的政治好處（影響國際金融政策、顯示蘇聯的國際合作態度、了解國
際金融信息等）。報告還特別提到，按照章程的規定，蘇聯加入這些機構
並不存在金融風險，如黃金外流、盧布平價受到外界干預等。[1]

12 月 23 日，新任國家銀行行長 Y. I. 戈列夫與斯捷潘諾夫、格拉申
科、阿魯秋尼揚、契楚林聯名向莫洛托夫遞交了另一份關於蘇聯加入國
際貨幣基金組織和復興開發銀行問題的報告，並附有決議草案。報告簡
要敘述了布雷頓森林會議和協定的內容後指出，美國政府認為，目前同
意加入基金組織和國際銀行的國家數量（即使不包括蘇聯）已經足夠使
這兩個機構得以成立。報告隨後列舉了蘇聯加入基金組織和國際銀行應
承擔的六項金融責任，以及加入後給蘇聯帶來的四個方面的好處。結論
是，儘管加入這兩個機構對蘇聯而言沒有特別重要的經濟意義，但如果
蘇聯不加入，則會導致基金組織和國際銀行被人利用做出不利蘇聯的事
情。決議草案綜合了 11 月 27 日報告和 12 月 21 日報告的主要內容，最
後一句話是：「授權蘇聯駐華盛頓代辦諾維科夫同志簽署成立基金組織和
銀行的協定」。[2] 根據蘇聯外交決策的程序和習慣，沒有上級領導人 ——
這裏指的就是莫洛托夫 —— 的同意，一般是不可能提交決議草案的。

很可能也是在莫洛托夫的授意下，格拉申科和阿魯秋尼揚在 26 日
以同樣的題目提交了一份經過修改的報告和決議草案。報告增加了大量

1　АВПРФ, ф. 06, оп. 7, п. 19, д. 194, л. 3-11.

2　АВПРФ, ф. 06, оп. 7, п. 19, д. 194, л. 191-195、196-197.

篇幅論證蘇聯加入基金組織和國際銀行的必要性。報告指出，美國擁有的高比例份額足以使其操縱這兩個機構，並支持在經濟上依賴於美國的資本主義國家，這就是蘇聯對建立這樣的經濟機構不感興趣的原因。但是，這些機構的成立已不可逆轉，在這種情況下，如果蘇聯拒絕加入，就可能「被那些影響戰後國際貸款的組織所孤立」，並引起「蘇聯向國際市場出售黃金和獲取貸款」方面的困難，而「美國同意向英國貸款正是以加入基金組織為條件的」。另一方面，蘇聯加入基金組織和國際銀行則「可以更了解這些組織的內部運作情況」，維護蘇聯及對蘇友好國家的利益。此外，考慮到這兩個機構都是專門的國際組織，而《聯合國憲章》又規定它們與聯合國經濟和社會理事會（ECOSOC）掛鈎，蘇聯作為聯合國的主要成員之一，很難置身事外。報告也提到了蘇聯加入進去可能面臨的困難，並認為「這在很多情況下都取決於我們與美國的關係」。不過也指出，「在必要時，蘇聯和任何其他成員國可以隨時退出基金組織和國際銀行，同時可以取回原先投入的資金。」決議草案沒有重要改動，只是更突出了蘇聯政府必須發表的一個聲明，即「蘇聯加入國際貨幣基金組織和國際復興開發銀行的條件」就是這兩個機構在莫斯科儲備的黃金「應不少於蘇聯支付給貨幣基金組織和國際銀行的數額」。[1]

這就是說，在 12 月 27 日華盛頓舉行布雷頓森林協定簽字儀式前（按照時差莫斯科比華盛頓早 7 小時），蘇聯內部已經形成一致意見，同意加入貨幣基金組織和國際銀行，只等對外宣佈了。然而，在當天美國國務院會議室參加簽字儀式的 28 個國家代表中，卻沒有見到蘇聯人的身影，也沒有聽到莫斯科傳來的任何消息。[2] 儘管如此，華盛頓仍然沉浸在樂觀的氣氛中，美國國務院和財政部的官員「傾向於相信，蘇聯會在週二的最

1　АВПРФ, ф. 06, оп. 7, п. 19, д. 194, л. 178-188、189-190.
2　*The New York Times*, December 28, 1945.

後期限之前採取行動」。[1] 滿懷期待心情的美國人萬萬沒有想到，就在 12
月 28 日，阿魯秋尼揚替莫洛托夫起草了一封給美國大使的回函：「蘇聯
政府認為，目前簽署在布雷頓森林制訂的關於建立國際貨幣基金組織和
國際復興開發銀行的協定草案沒有可能性，蘇聯政府必須在最近時期形
成的世界經濟發展的新條件下，對這個方案涉及的問題繼續進行研究。」
文件在首頁特別標注：「草案已與傑卡諾佐夫同志協商一致。」[2]

　　第二天（29 日），正是這位傑卡諾佐夫重新向莫洛托夫提交了一份
關於國際貨幣基金組織和復興開發銀行的報告，其結論突然變得十分消
極。報告認為，蘇聯參加這些組織的缺點遠遠大於優點。比如在沒有得
到貸款的情況下加入上述組織會被認為是蘇聯示弱，是「在美國壓力下
被迫採取的步驟」；加入國際銀行要承擔金融風險等。因此，蘇聯目前可
以等等看這兩個機構的運行情況，在必要時選擇合適的時機加入。傑卡
諾佐夫還樂觀地預期，如果對蘇聯加入這些組織感興趣，主要盟國會進
一步發出邀請。[3] 值得注意的是，隨報告提交的決議草案（標明修改自 26
日的草案）卻沒有什麼變化，只是對第 4 點和第 10 點的文字略有修改，
最後一句話仍然是授權諾維科夫在華盛頓簽署協定文件。[4] 筆者認為，這
樣做的動機應該是考慮到蘇聯最終還是要加入這些組織，只不過還要等
待更好的時機。

　　同一天，格拉申科也提交了一份報告，與傑卡諾佐夫的結論大體一
致，不過語氣緩和一些，更像是對自己 26 日的報告的修改稿。報告分
別討論了蘇聯加入基金組織和國際銀行的優缺點，與以前的說法差別不
大，但結論卻很不相同。格拉申科談到，蘇聯的加入將提高這些機構的

1　*The New York Times*, December 29, 1945.

2　АВПРФ, ф. 06, оп. 7, п. 45, д. 704, л. 9.

3　АВПРФ, ф. 06, оп. 7, п. 19, д. 197, л. 14-16.

4　АВПРФ, ф. 06, оп. 7, п. 19, д. 197, л. 17-18.

信譽，也是對美國倡議的「重大政治支持」。但是，英國和法國的加入都獲得了美國的高額貸款，而對蘇聯的同樣要求，美國卻一直未表現出要給蘇聯貸款的意願。因此，「在這樣的條件下加入國際貨幣基金組織和國際復興開發銀行是不適宜的」。報告的結論是，只有當美國同意在有利於蘇聯的條件下向蘇聯提供貸款時，這一問題才可以得到解決。[1]

也正是在 12 月 29 日，莫洛托夫將前一天準備好的信件交給了美國大使館，表明蘇聯目前尚不能簽署文件，只是把收件人由大使哈里曼改為了代辦凱南。[2] 正如一些研究者指出的，莫洛托夫的這個表態，並不意味着蘇聯此時已經拒絕加入基金組織和國際銀行，因為截至 1945 年底蘇聯不是唯一沒有簽署協定的國家，況且莫斯科也沒有阻止波蘭、捷克斯洛伐克和南斯拉夫加入這兩個機構。[3] 筆者通過對上述俄國檔案文獻的分析，得出了同樣的結論。顯然，蘇聯財政、銀行、外貿機構的官員和專家普遍贊同加入布雷頓森林體系，雖然他們認為這些機構的設置主要是為了解決資本主義國家的經濟矛盾，但是作為政治大國和聯合國最主要的成員國，蘇聯應該也必須對戰後國際經濟秩序和所有國際組織發揮影響，何況加入這兩個國際組織還會給蘇聯帶來政治和經濟上的利益。問題是加入的時機。筆者推斷，很可能是在最後時刻，莫洛托夫（更可能是斯大林[4]）出於對美蘇關係和美國對蘇貸款前景尚不明晰的考慮，認

---

1 АВПРФ, ф. 06, оп. 7, п. 19, д. 197, л. 10-13. 需要提醒的是，有俄羅斯學者把上述兩個報告的時間誤判為 1944 年 12 月。*Липкин М. А.* Советский союз и интеграционные процессы, с. 30.

2 АВПРФ, ф. 06, оп. 7, п. 45, д. 704, л. 8.

3 Marie Lavigne, "Organized International Economic Cooperation After World War II", *Soviet and Eastern European Foreign Trade*, 1990, Vol. 26, №1, p. 25; *Минкова К. В.* 《Советская делегация считает целесообразным вступление Советского Союза в состав членов Фонда》: СССР и Международный валютный фонд в 1943－1946 гг. //Международные отношения, 2017, Т. 17, №1, с. 43. 就一些東歐國家的加入而言，蘇聯的態度與 1947 年 7 月斷然禁止所有東歐國家參加馬歇爾計劃有明顯區別。

4 當時在莫斯科參加三大國外長會議的一些官方報告也顯示，莫洛托夫起初對美國的建議 —— 蘇聯儘快採取行動以保住作為原始成員國的權利 —— 做出了熱烈反應，但突然冷卻了這一話題。*The New York Times*, December 29, 1945.

為此時加入並非最佳時機，於是才會出現外交部門突然修改報告的舉動 —— 根據蘇聯決策程序的慣例判斷，這些突然轉向的報告和文件必定是受命而為。另外，從最後的報告和草案內容看，蘇聯也並沒完全關閉進入國際經濟組織的大門。至於草案是否通過和下發，目前不得而知，但事實是，吸收蘇聯加入國際貨幣基金組織和復興開發銀行的過程 1946年初仍在繼續。

正如本章在引言中講到的，布雷頓森林體系是一個對戰後國際經濟秩序的完整設計，發展世界貿易是其不可或缺的主要內容，也是最終目標 ——《國際貨幣基金協定》「宗旨」第二條的規定即是「促進國際貿易的擴大和平衡發展」。[1] 因此，簽署基金組織和國際銀行協定的進程尚未開始，美國便開始着手組建國際貿易組織的工作了。

國際貿易的發展可以促進社會分工和科學技術交流，從而提高勞動生產率，推動經濟增長，這是 18 世紀以來經濟學界的共識。20 世紀發生的兩次世界大戰更讓西方政治家和經濟學家認識到，只有建立自由的國際貿易和投資市場，給予所有的國家不受歧視地進行貿易和投資的機會，才能消除爆發世界大戰的經濟根源，避免災難重演。為此，一個世界性貿易組織的產生就成為必然。[2]

如上文所說，早在 1943 年 10 月的莫斯科外長會議期間，美國提交的關於戰後國際經濟合作計劃基礎的備忘錄中，就包含「在非歧視基礎上達成擴大世界貿易的總協定」的建議。對此，蘇聯也是贊同的。外貿人民委員部 10 月 14 日報告和外交人民委員部 12 月 31 日的報告認為，可以同意美國的建議，締結國際貿易公約（消除貿易歧視和關稅壁壘、取消出口關稅和配額制、提供最惠國待遇等），簽署特殊商品和私人貿

1　Horsefield (ed), *The International Monetary Fund, Vol. 3*, p. 187.
2　詳細論述參見 Ikenberry, *After Victory*, pp. 185-187；程寶庫：《戰後世界貿易法律體系簡論》，天津：南開大學出版社，1996 年，第 2-3、12-13 頁。

易的國際協定。[1]布雷頓森林會議沒有提出解決國際貿易組織的任務，只是人們基於 1933 年倫敦世界貨幣與經濟會議失敗的教訓，有意識地將貨幣與貿易問題分開處理而已。穩定的貨幣金融體系是世界自由貿易的基石，但如果二者同時討論，則將一事無成。[2]

早有學者指出：美國戰後的最終經濟目標是「在相對穩定和可互換的貨幣基礎上，重建一個可行的多邊貿易體系」。[3]在 1934 年至 1945 年間，美國簽訂了 32 項雙邊互惠貿易協定，其中許多條款預示了後來關貿總協定中的內容。[4]在 1943 年 10 月英美專家討論基金問題的華盛頓會議期間，他們就研究了未來國際貿易的原則問題，並建議設立一個「國際經濟諮詢總部」。[5]眾議院銀行和貨幣委員會批准布雷頓森林協定以後，1945 年 5 月 29 日，經濟發展委員會（CED）[6]公佈了一份關於國家政策的評估報告，其中提議，在世界各國推行「擴大國際貿易和保障就業」的政策。[7]布雷頓森林協定在國會立法以後，美國政府從 9 月開始通報有關國家，將啟動一項建立國際貿易組織的項目，並為此召開一次國際會議。[8]11 月 2 日、5 日和 14 日國務院分別向駐有關國家使館發出通函，要求向駐在國通報「關於擴大世界貿易及就業的建議」，並確定 1946 年

1　АВПРФ, ф. 06, оп. 5б, п. 41, д. 35, л. 48-55; АВПРФ, ф. 06, оп. 5, п. 30, д. 347, л. 8-13//*Севостьянов Г. Н. (нау. ред.)* Советско-американские отношения, с. 418-423.

2　James, *International Monetary Cooperation*, pp. 27-29、53.

3　轉引自 Schild, "Bretton Woods and Dumbarton Oaks", p. 5-6。

4　Jackson, *The World Trading System*, p. 31.

5　英美經濟專家華盛頓會議備忘錄，1943 年 10 月 18 日，АВПРФ, ф. 06, оп. 5б, п. 41, д. 35, л. 32-34。

6　經濟發展委員會（Committee for Economic Development）是 1942 年成立的非營利性非政府組織，主要牽頭的是幾個銀行家和廣告公司總裁，其成立的最初目的是幫助美國經濟從戰時經濟過渡到和平時期經濟。二戰結束後，該委員會在爭取美國商業界支持馬歇爾計劃方面作出了突出貢獻。

7　DHM, Vol. 850, p. 89.

8　*FRUS*, 1945, Vol. 2, General, Political and Economic Matters, Washington, D. C.: GPO, 1967, pp. 1335-1337、1339-1341.

夏天召開國際貿易會議。接到邀請的有英國、蘇聯、中國、捷克斯洛伐克等 15 個國家。[1]

　　美國國務院 11 月印發了《關於擴大世界貿易及就業的建議》的宣傳冊，呼籲聯合國不遲於 1946 年夏天召開國際貿易和就業會議，商定各國戰後貿易政策，以防止世界分裂為各自獨立的經濟集團。宣傳冊包含由副國務卿克萊頓組織制定的關於建立國際貿易組織的提案，其中指出，為了消除對國際貿易的限制，如國家規定的關稅和進口額度；私人集團和康采恩、卡特爾的商業壟斷；國際市場混亂；生產和就業無常等，有必要建立一個國際貿易組織，其成員承諾將根據組織的章程推行自己的國際貿易政策。[2]克萊頓希望這個建議可以得到各聯合國家的同意，並作為會議討論的基礎。[3]12 月 6 日，美國政府將召開國際貿易會議的相關文件交給蘇聯使館。12 日美國大使致函維辛斯基，提請蘇聯政府注意美國關於擴大國際貿易活動的建議，並提出為保證這次國際會議成功，將在 1946 年 3 月或 4 月先召開初步會議，希望蘇聯政府 1945 年 12 月 31 日前確定是否出席預備會議，迸發表與美國政府會談的意向性聲明。信中還說，美國將對公開聲明中附帶的商品清單給予貿易優惠，「按照這份清單，蘇聯將成為美國的主要供貨商」。[4]需要注意的是，美國要求蘇聯答覆的日期（12 月 31 日）與布雷頓森林文件簽署的最後期限完全重合，這應該不是巧合。

　　對此蘇聯的反應比較快。12 月 31 日，格拉申科和阿魯秋尼揚向莫洛托夫提交了關於美國擴大貿易活動建議的報告。報告特別提到了美國的

1　*FRUS*, 1945, Vol. 2, pp. 1345-1348.

2　АВПРФ, ф. 0129, оп. 29, п. 172, д. 47, л. 79-81、85、88-105.

3　АВПРФ, ф. 0129, оп. 29, п. 172, д. 47, л. 86-87.

4　АВПРФ, ф. 0129, оп. 29, п. 172, д. 47, л. 137-144. 戰爭後期和戰後初期，美國政界和經濟界對美蘇貿易的美好前景充滿期待。詳見 Paterson, *Soviet-American Confrontation*, pp. 58-61; Funigiello, *American- Soviet Trade*, pp. 9-13。

章程草案中涉及要求蘇聯在國際貿易中實行非歧視待遇政策的如下內容：責成對外貿易實行壟斷的國家，1. 每年需要購買一定數量的協定商品；2. 把對外貿易僅當作商業行為；3. 取消出口補貼等，並認為這些是蘇聯對外貿易不能接受的。外貿人民委員部打算重新開始工作，就蘇聯感興趣的戰後國際貿易的主要問題進行研究，並提出建議。為了摸清美國及成員國對蘇貿易的意圖，努力消除章程對蘇聯貿易活動的不利影響，了解當前資本主義國家間的經濟貿易衝突，報告認為，蘇聯可以同意參加出席 1946 年 3 月或 4 月的預備會議，但不承諾參加國際貿易組織。報告對美國政府把國際貿易問題的最初討論與關稅優惠掛鈎很感興趣，但認為需要研究美國可能會提出什麼讓步條件。最後，報告提交了外交人民委員部經濟司與對外貿易人民委員部貿易合同司共同起草的對美國來函的答覆草案，其中特別提到：「蘇聯政府欣慰的是，美國政府將就降低蘇聯商品向美國出口的關稅稅率問題主動發表與蘇聯政府會談意向的聲明。同時，希望美國政府在發表上述聲明之前通知對蘇聯政府可減讓關稅的貨物清單。」[1]1946 年 1 月 3 日，莫洛托夫在這個文件上批註：「請提供一份經米高揚同意的草案」。[2]

米高揚是否拿出了草案，目前不得而知。但就在 1946 年初，對外貿易人民委員部的機關刊物《對外貿易》發表了一篇署名 Г. Я. 的文章（據說以縮寫字母署名發表文章的，一般是該部門的負責人），題目是「美國擴大世界貿易及就業的建議」。文章以客觀描述的方式，詳細介紹了美國擬定的未來國際貿易體系的規則，未加褒貶。[3]根據聯合國經濟和社

1　АВПРФ, ф. 0129, оп. 29, п. 172, д. 47, л. 144-148、149. 美國提交的《國際貿易組織章程》草案全文見 АВПРФ, ф. 0129, оп. 29, п. 172, д. 47, л. 117-119。

2　*Минкова К. В.* Международные торговые и финансовые институции в Советско-Американских отношениях 1945-1946 годов//Новая и новейшая история, 2018, №1, с. 75-90, с. 83.

3　*Г. Я.* Американские предложения по расширению мировой торговли и занятости// Внешняя торговля, 1946, №1-2, с. 24-26.

會理事會 2 月 18 日的一項決議（蘇聯對該決議投了贊成票），並經美、英、蘇、法、捷、波等國的私下討論和交涉，在美國建議初稿的基礎上，形成迸發表了《國際貿易組織建議憲章》（Suggested Charter for an International Trade Organization）。[1] 這說明，儘管十分謹慎，至少到 1946 年 2 月，蘇聯並沒有表示不出席國際貿易會議。[2] 實際上，未等蘇聯做出是否參加國際貿易會議的答覆，美國又催問蘇聯對加入基金組織和國際銀行的態度。

　　2 月 21 日，美國政府將一份照會交給蘇聯，在同意有條件（其中包括「擴大世界貿易及就業建議」中提出的問題）恢復對蘇貸款談判的同時，邀請蘇聯派「觀察員」參加定於 3 月 8 日在美國佐治亞州薩凡納舉行的基金組織和國際銀行第一次會議，並特別指出：美國打算建議基金組織和國際銀行理事會通過一項決議，「允許那些參加了布雷頓森林會議但未能在 1946 年（應為 1945 年 ── 筆者）12 月 31 日前簽署（文件）的國家，在有限的時間內，以與 1945 年 12 月 31 日以前簽字的成員國相同條件加入」。[3]《紐約時報》後來報道了這一消息。[4]

　　據俄羅斯學者考察，蘇聯有關部門在是否出席薩凡納會議的問題上發生了分歧。外交部阿魯秋尼揚和外貿部克魯季科夫認為，蘇聯不應在美國的壓力下出席會議，而財政部長茲韋列夫則主張派遣觀察員是適宜的，因為蘇聯並不會為此承擔任何責任。儘管外交部副部長傑卡諾佐夫已受命準備拒絕美國邀請的答覆草案，但最終結果還是財政部的意見佔了上風，決定派蘇聯採購委員會駐華盛頓辦事處專員貝 F. P. 貝斯特羅夫

1　Brabant, *The Planned Economies*, p. 41.

2　到 1946 年 6 月，主要因為英美之間關於貿易和貸款的談判長期未果，原定 1946 年春天或夏天召開的國際貿易會議被推遲一年。*The New York Times*, June 20, 1946.

3　*FRUS*, 1946, Vol. 6, Eastern Europe; The Soviet Union, Washington, D. C.: GPO, 1969, pp. 828-829. 美國文件原文最後一句寫的是「1946 年 12 月 31 日」，筆者判斷屬印刷錯誤。

4　*The New York Times*, March 3, 1946.

以觀察員的身份帶隊前往薩凡納。[1]

　　國際貨幣基金組織和國際復興開發銀行理事會的首次會議如期召開，美國總統杜魯門出席了開幕式，並在講演中稱布雷頓森林計劃是新經濟世界的「基石」，新任美國財政部長文森則把布雷頓森林體系比作「經濟大憲章」，他們都呼籲已經簽署布雷頓森林協定但尚未獲得批准的8個國家（均有觀察員出席會議）「重申」其堅持經濟領域國際合作的立場。[2] 會議通過決議，同意延長已簽署協定的國家以同等條件加入基金組織和國際銀行，美國提議的延長期為半年，捷克斯洛伐克的提案則為一年。結果，後者得以通過。[3] 毫無疑問，這顯示出大會對蘇聯等國家加入這兩個國際經濟組織的熱情期待。

　　但蘇聯代表團在會議上的表現卻與布雷頓森林會議期間的積極態度完全不同，他們把自己封閉起來，沒有參加任何社交活動，而且對蘇聯是否加入基金組織和國際銀行的問題緘默不語。[4] 在答記者問時，蘇聯外貿部代表 F. P. 貝斯特羅夫回答說：「蘇聯政府還沒有做出任何決定，我們仍在繼續研究布雷頓森林協定的複雜問題。」[5]

　　4 月 18 日，在一份關於美蘇貸款談判的照會中，美國國務院再次提醒蘇聯駐美使館，希望蘇聯政府不久能夠「利用理事會提供的機會」，加入基金組織和國際銀行。最後這段話是根據財政部長文森的要求和批准

1　*Липкин М. А.* Советский союз и интеграционные процессы, с. 40-41. 關於蘇聯內部的意見分歧還有不同的說法，參見 *Батюк В., Евстафьев Д.* Первые заморозки: Советско-американские отношения в 1945-1950 гг., Москва: Российский научный фонд, 1995, с. 102; Vladislav M. Zubok, *A Failed Empire: The Soviet Union in the Cold War from Stalin to Gorbachev*, Chapel Hill: The University North Carolina Press, 2007, pp. 51-52。筆者沒有找到俄國檔案原件，無法在細節上做出判斷。

2　*The New York Times*, March 10, 1946.

3　Mikesell, "Negotiating at Bretton Woods", p. 114; Dormael, *Bretton Woods*, p. 293; Robert Oliver, *International Economic Cooperation and the World Bank*, London: Macmillan, 1975, p. 224.

4　Mikesell, "Negotiating at Bretton Woods", p. 114.

5　АВПРФ, ф. 046, оп. 7, п. 49, д. 96, л. 24, 轉引自 *Липкин М. А.* Советский союз и интеграционные процессы, с. 40-41。

而增加的，它想表明的意思是：「直到 1946 年 12 月 31 日，蘇聯仍然有資格成為這兩個機構的成員，其條件與在 1945 年 12 月 31 日簽署布雷頓森林協定的成員國享有的條件相同。」[1] 5 月 17 日莫斯科答覆，如果按照蘇聯的要求修改貸款談判的內容，蘇聯準備與美國進行談判，但沒有提到基金組織和國際銀行的問題。[2] 不過，在蘇聯的內部文件中，還是提到了這個問題。

5 月 23 日，米高揚和維辛斯基等人向斯大林提交了關於同美國就貸款和其他一些問題舉行談判的指示草案。其中提到，「在促進國際貿易的問題上，蘇聯政府不反對同聯合國其他成員國政府合作，但這種合作的範圍應該不與蘇聯經濟的基礎相矛盾，其中包括不與國家壟斷對外貿易相矛盾」。還說，如果貸款和租借清算談判順利，代表團可以將附件（6）中的聲明交給美國人，必要時也可以在報刊發表。[3] 附件（8）針對美國關於擴大世界貿易及就業的建議提出，應拒絕關於外貿壟斷國家和出口補貼的規定，但不應反對國際貿易協議的總原則，因為參加這一協議對蘇聯的進出口有好處。[4] 指示草案最後說，如果美國政府同意這些建議，並簽署了貸款和租借清算協議，「代表團應該表示，蘇聯願意成為國際貨幣基金組織和國際復興開發銀行的成員」。[5] 顯然，蘇聯的立場非常明確：蘇聯加入這三個國際經濟組織的前提是美國必須同意按照蘇聯的條件簽訂貸款和租借清算協議。而美國的立場恰恰相反。蘇聯的上述意見尚未傳遞出去，6 月 13 日，美國發來了對 5 月 17 日照會的答覆。美國政府仍然

1　*FRUS*, 1946, Vol. 6, pp. 834-837.

2　*FRUS*, 1946, Vol. 6, pp. 841-842.

3　РГАСПИ, ф. 84, оп. 1, д. 28, л. 66、67-70. 這個聲明表示：蘇聯政府贊同美國發表的「關於擴大貿易及就業的建議」，同意把這些建議作為討論的基礎，並願意同美國一起努力，使談判圓滿結束。РГАСПИ, ф. 84, оп. 1, д. 28, л. 148-149.

4　РГАСПИ, ф. 84, оп. 1, д. 28, л. 163-173.

5　РГАСПИ, ф. 84, оп. 1, д. 28, л. 70.

堅持 4 月 18 日照會的條件，並再次強調：蘇聯加入基金組織和國際銀行「將有助於順利完成擬議中的」美蘇貸款和經濟談判。[1]

　　蘇聯把實現貸款作為加入布雷頓森林體系的主要條件，而美國則把參加基金組織和世界貿易組織作為對蘇貸款的前提之一，雙方針鋒相對，僵持不下。在美蘇政治關係已經大為惡化的背景下，到 1946 年 7 月，雙方關於準備貸款談判的討論無果而終。[2] 在此之後，儘管克里姆林宮從來沒有公開宣佈拒絕加入國際基金、銀行和貿易組織，但蘇聯也再沒有正式提出過這些問題，更沒有與這些機構進行任何聯繫。[3]

原因和結果：關於蘇聯戰後經濟決策的分析與思考

　　直到冷戰結束前，蘇聯是參加布雷頓森林會議的國家中始終沒有、也是唯一沒有加入國際貨幣基金組織和世界銀行的國家。當然，蘇聯也沒有在關貿總協定上簽字。對於蘇聯在如此優惠的條件下拒絕加入這些國際經濟組織，拒絕進行國際經濟合作，美國當局感到困惑。他們認為，作為「國家貿易制度的主要代表」，蘇聯的加入非常重要，這不僅有利於世界經濟和貿易發展，對蘇聯本身（特別是作為原始成員國）也大有益處。[4] 於是，對於蘇聯拒絕加入的原因就出現了各種「猜測」：沒有得

1　*FRUS*, 1946, Vol. 6, pp. 844-846. 還可參加《紐約時報》的報道。*The New York Times*, June16、23、1946.
2　美蘇關於貸款問題的交涉，詳見本書第三章。
3　1946 年 9 月在華盛頓舉行了國際貨幣基金組織理事會會議，蘇聯甚至沒有派觀察員出席。Robert Oliver, *International Economic Cooperation and the World Bank*, London: Macmillan, 1975, 224。蘇聯還拒絕參加國際貿易和就業籌備委員會，也拒絕出席籌委會 10 — 11 月在倫敦召開的第一會議，而這次會議討論了「國際貿易組織建議憲章」。Marie Lavigne, "Organized International Economic Cooperation After World War II", *Soviet and Eastern European Foreign Trade*, 1990, Vol. 26, №1, p. 10; Brabant, *The Planned Economies*, pp. 43-44、52-53.
4　*FRUS*, 1945, Vol. 2, pp. 1355-1358.

到貸款；不願提供經濟（尤其是黃金）信息；缺乏專業工作人員；對資本主義金融機構不信任；不適合蘇聯的經濟體制，等等，不一而足。[1] 後來的研究者對個中原因，也是眾說紛紜。[2] 從不同的角度觀察，上述說法都在一定程度上可以成立，但這裏要討論的問題是，在這諸多因素中，除去那些表面的或作為藉口和談判籌碼的理由，根本的原因在哪裏？更重要的是，蘇聯在戰後拒絕加入國際經濟體系，從自身的經濟發展戰略上看，是一種合理的選擇嗎？或者說，斯大林戰後經濟決策的結果對蘇聯是否有利。

　　首先遇到的問題是蘇聯的經濟體制與布雷頓森林文件設計的戰後國際經濟體系是否相容，即國際基金組織、世界銀行和貿易組織的運行機制和規則是否適合於具有外貿壟斷、匯率管制、信息控制等特徵的計劃經濟體制。出席 1945 年 12 月倫敦外長會議的蘇聯官員對外宣稱，布雷頓森林體系構成了對蘇聯經濟體系的干預和破壞，「克里姆林宮堅持在世界事務中保持其行動的獨立性」。[3] 有些歷史學家也認同蘇聯官方的這種解釋[4]，而蘇聯代表團在布雷頓森林會議備忘錄中記錄的「保留意見」，似乎證明這種擔心是合理的。不過，筆者不能認同這種看法。

　　首先，計劃經濟與市場經濟當然是兩種不同的經濟體制，而布雷頓森林體系也的確是為以私有制為基礎的市場經濟設計的。然而，第一，

1　*The New York Times*, January 3、6、10, March 3, July 30, 1946; *FRUS*, 1946, Vol. 1, General; The United Nations, Washington, D. C.: GPO, 1972, pp. 1355-1356.

2　Pollard, *Economic Security*, p. 275; Brabant, *The Planned Economies*, pp. 64-65. 還有學者將此歸因於個人，認為是沃茲涅先斯基影響了斯大林的決策。*Батюк В., Евстафьев Д.* Первые заморозки, с. 102-103。

3　*FRUS*, 1946, Vol. 1, pp. 1355-1356.

4　Pollard, *Economic Security*, pp. 17-18; Vladimir O. Pechatnov, "The Soviet Union and the World", in Melvyn P. Leffler and Odd Arne Westad (eds.), *The Cambridge History of the Cold War, Vol. I, Origins*, New York: Cambridge University Press, 2010, p. 101; *Попов В. П.* Экономическая политика советского государства, с. 80; 本書編委會：《戰後世界歷史長編》第一分冊，上海：上海人民出版社，1975 年，第 552-553 頁。

當時很多國家都在不同程度上實行部分工業國有化和強調國家對經濟的干預。[1] 包括美國、英國在內的大多數國家，因實行戰時體制，都在一定程度上保留了進出口許可證制度，並增加了國營貿易和政府贊助的大宗採購和銷售安排。[2] 更何況，以租借援助為紐帶的戰時美蘇經濟關係本身就帶有很大的計劃性，無論是貿易還是生產。第二，懷特在設計方案時顯然已經意識到兩種社會經濟體制的差異，但他贊成和遵從羅斯福的「國際主義」，希望蘇聯能通過參與國際經濟合作，逐步擺脫「自給自足」的經濟體制。因此，第三，正是在這樣的背景下，基金組織和關貿總協定不要求其成員國或締約方完全取消外匯管制（基金協定第 8 條第 2 項；關貿總協定第 15 條第 9 款），對經濟信息的公佈也有讓步條件。特別是基金協定還設計出 3 — 5 年的「過渡期」條款（第 14 條），以便這些國家能夠逐步適應國際經濟的新秩序。而後來的實際情況是，很多國家的「過渡期」都延續了 15 — 20 年。[3] 第四，捷克斯洛伐克、波蘭和南斯拉夫都作為原始成員國加入了基金組織和國際銀行，儘管那時他們還沒有全面實行計劃經濟，但已經納入蘇聯的控制範圍。而波蘭（1950 年）和捷克斯洛伐克（1954 年）的退出，實際上是出於政治原因，南斯拉夫則始終是其成員國。[4] 在世界貿易體系中，捷克斯洛伐克是 1947 年關貿總協定的原始簽署國，波蘭、羅馬尼亞和匈牙利則分別於 1967 年、1971 年和1973 年加入關貿總協定，而這些東歐國家都在 40 年代末移植了蘇聯的經濟模式。第五，蘇聯最初在布雷頓森林協定上簽字，以及後來幾份關於

1　對此，瓦爾加有比較詳細的論述，見 *Варга Е. Изменения в экономике капитализма в итоге второй мировой войны*, Москва: ОГИЗ, 1946, с. 15-33。

2　Raymond E. Mikesell, "The Role of the International Monetary Agreements in a World of Planned Economies." *Journal of Political Economy*, №55, December 1947, pp. 505-506.

3　印尼、韓國、葡萄牙到 1988 年、土耳其和泰國到 1990 年才完成「過渡期」。見中國人民銀行國際貨幣基金處編：《國際貨幣基金組織》，北京：北京工業大學出版社，1994 年，第 8 頁。

4　Marie Lavigne, "Organized International Economic Cooperation After World War II", *Soviet and Eastern European Foreign Trade*, 1990, Vol. 26, №1, p. 25; Brabant, *The Planned Economies*, pp. 48-49.

同意加入基金組織和國際銀行的請示報告，都說明以蘇聯官方當時的觀念，實行國有化的中央計劃經濟體制並非加入國際經濟體系不可逾越的障礙。所謂「保留意見」，不過是未來談判的籌碼。

其次，涉及蘇聯的經濟安全問題。毫無疑問，「布雷頓森林協定標誌着美國首次對世界經濟進行重組的重大嘗試」[1]，戰後國際經濟秩序的建立體現了美國的「霸權優勢」。這是實力差別形成的客觀事實 —— 正如凱南 1948 年 2 月在一份評估報告中指出的：「我們只有世界人口的 6.3%，卻擁有世界財富的 50% 左右。」[2] 有學者認為，在這個以美國為中心的系統中，「蘇聯甚至不可能成為華盛頓的初級合作夥伴」。[3] 但伊肯伯里的研究證明，這種「霸權秩序」具有開放、自由、妥協和互惠的性質，各國「參與而不是抵制戰後秩序，可以更好地確保其利益的實現」。相比單一和封閉的體系而言，這種多元化和分權化的機制更有利於其他國家發揮影響力。[4] 在決策程序上，與聯合國安理會不同，國際經濟組織不存在「否決權」的問題，任何人都必須服從多數票的決定。[5] 倫德斯塔德或許因此而認為，在這種國際機構中，「儘管基本的決定反映了美國自身的關注，但外國人至少影響了決策的範圍和時機」。[6] 雖然這裏是針對英國等西歐國家

1　Pollard, *Economic Security*, p. 10.

2　*FRUS*, 1948, Vol. 1, General; United Nations, Part 1, Washington, D. C.: GPO, 1975, p. 524. 關於美國戰後經濟實力更詳細的描述可參見 *Согрин В. В.* Динамика соперничества СССР и США в период 《холодной войны》，1945-1991 годы//Новая и новейшая история, 2015, №6, с. 37; Paterson, *Soviet-American Confrontation*, pp. 11-12。

3　*Катасонов В. Ю.* Бреттон-Вудс, с. 70.

4　Ikenberry, *After Victory*, pp. 165-166、203-205. 關於「經濟霸權」的討論，還可參見 Acsay, "Planning for Postwar Economic Cooperation"，pp. 8-11；舒建中：《美國與 1947 年日內瓦會議 —— 兼論關貿總協定機制的建立與美國霸權貿易》，《解放軍外國語學院學報》第 28 卷第 3 期（2005 年 5 月），第 105-106 頁；李莉莎：《〈國際貨幣基金協定〉變革研究》，北京：知識產權出版社，2012 年，第 12-13 頁。

5　關於這方面的比較研究，參見 Schild, "Bretton Woods and Dumbarton Oaks"，pp. 9-10、426.

6　Geir Lundestad, *American "Empire" and Other Studies of U. S. Foreign Policy in Comparative Perspective*, Oxford: Oxford University Press, Norwegian University Press, 1990, p. 56.

而言的，但同樣適合於蘇聯及其盟國。美國是戰後最大的債權國，而蘇聯與其他多數國家（包括英國）的經濟訴求是一致的，都感到美元短缺，都需要大量的重建資金。同時，蘇聯在基金組織和國際銀行的投票權僅次於美國和英國。蘇聯當時在世界貿易中的影響雖然很小，但其具有不可忽視的黃金優勢。這些因素加在一起，蘇聯「將能夠以更加有效的方式影響這些機構的運作」。[1] 更多的國家加入，無疑將稀釋美國在這些機構中的決策影響力。事實上，隨着基金組織成員國的不斷增加，後來「美國的投票權已經從三分之一下降到六分之一」。[2] 相反，蘇聯游離於國際經濟體系之外，只能更加強美國的霸權地位。由於蘇聯的缺席，討論國際貿易組織憲章的哈瓦那會議（1947 年 11 月召開）無法就有關貿易壟斷國家（蘇聯是其典型）參與多邊自由貿易體系做出任何規定，從而失去了「為不同經濟體系之間的貿易合作找到技術解決方案」的機會。[3] 如此看來，雖然克里姆林宮對經濟安全和加入國際經濟機構後「寄人籬下」的擔憂是可以理解的，但這種認知未必全面，未必合理。同時也不應該忘記懷特設想並得到大多數國家認可的國際經濟機構的創立原則，即「為了國際合作而限制國家主權中某些特定的經濟要素，對於國際平準基金成功地發揮有益作用是至關重要的」。[4]

　　再次，正如史料顯示及許多學者指出的，貸款問題的確是蘇聯加入國際經濟體系主要的、直接的障礙 —— 至少表面上看來如此，但對這個問題也有進一步分析的必要。這裏有兩個時間節點值得關注：一個是

1　Marie Lavigne, "Organized International Economic Cooperation After World War II", *Soviet and Eastern European Foreign Trade*, 1990, Vol. 26, №1, p. 26.

2　James M. Boughton, "New Light on Harry Dexter White." *Journal of the History of Economic Thought*, №26, June 2004, pp. 191-192.

3　M. M. Kostecki, *East-West Trade and the Gatt System*, New York: St. Martin's Press, Inc., 1979, pp. 2-3; Brabant, *The Planned Economies*, pp. 52-53.

4　Horsefield (ed), *The International Monetary Fund, Vol. 3*, p. 62.

1945 年底，美蘇關係逐步惡化導致蘇聯在批准布雷頓森林協定前猶豫不決，一個是 1946 年中，美國終止與蘇聯的貸款談判導致莫斯科不再考慮加入國際經濟組織。戰時及戰後初期盟國之間的確存在不少分歧，但美國和西方對蘇聯主要的不滿和抱怨集中反映在東歐問題上，即蘇軍對華沙起義「見死不救」，蘇聯在波蘭臨時政府組成問題上「一意孤行」，以及在羅馬尼亞、保加利亞和匈牙利選舉問題上違背雅爾塔會議約定，採取「關門」政策。同時，倫敦外長會議也顯示盟國在德國問題上的討論陷入僵局。在美國人看來，莫斯科的做法無疑是把東歐和巴爾幹視為自己的「勢力範圍」，並準備與西方盟國分道揚鑣，走上單邊主義的道路。[1] 對這些問題的負面看法影響了美國的社會輿論、國會立法和白宮決策，導致美國政治中的右翼勢力和傾向急劇增強，尤其是在羅斯福去世以後。[2] 此時，美國開始調整對蘇政策，把「經濟援助」作為「影響符合我們原則的政治行動的主要實際槓桿之一」和「最有效的武器」，進一步「加強經濟政策與對蘇政治政策之間的協調」（哈里曼語），試圖逼迫蘇聯回到盟國合作的軌道。[3] 在這種情況下，美國一再拖延並最終停止了對蘇聯的貸款。顯然，由於政治右傾，美國在處理國際關係政策取向上犯了錯誤 —— 正如帕特森指出的：「將貸款作為外交武器」。[4] 就這一點而言，蘇聯的確是把貸款問題作為驗證美國是否還有誠意繼續戰後合作的試金石，而美國則以加入基金組織掩蓋了其拒絕貸款的難以啟齒的真實目的 —— 逼迫蘇聯改變其在東歐和巴爾幹的政策。

1　幾乎所有討論冷戰起源的著作對此都有涉及，但這些問題不在本文論述的範圍之內。

2　據美國國家輿論研究中心（NORC）調查的結果，1945 年上半年在美國有一半的人認為戰後可以與蘇聯合作，反對者佔 35%。到 1946 年 6 月支持者已下降到 36%，而反對者增加到 48%。1947 年底，只剩下 19% 的支持者，70% 的人表示反對。Ole R. Holsti (Rev. ed.), *Public Opinion and American Foreign Policy*, Ann Arbor: The University of Michigan Press, 2004, p. 74.

3　*FRUS*, 1944, Vol. 4, pp. 951、957; 1945, Vol. 5, pp. 1049-1050.

4　Paterson, *Soviet-American Confrontation*, pp. 40-41. 財政部長摩根索也認為，不向蘇聯貸款的決定是一個「巨大的錯誤」。Craig, *Treasonable Doubt*, p. 153.

不過也有問題的另一個方面，受到凱南「長電報」廣泛傳播和丘吉爾的「鐵幕」演說的影響，在當時美國社會輿論和國會議員普遍對蘇聯反感的情況下，即使美國行政機構的政策不變、美蘇貸款談判取得成果，恐怕也很難在國會通過。[1] 再者，蘇聯在貸款問題上死死抱住美國政府這條渠道不放，恐怕是咽不下英國和法國得到大量美國貸款這口氣，而取得貸款並非美國政府這一個通道，國際復興開發銀行恰恰是為各國提供戰後重建貸款而設立的。早在 1945 年 4 月，國務院經濟司國際財政與發展事務處（OFD）就建議，「就未來向蘇聯提供額外長期信貸的可行性而言，應考慮至少部分通過布雷頓森林銀行，而不是完全通過進出口銀行」。副國務卿克萊頓對此表示贊同。[2] 國務院照會提到批准布雷頓森林文件即可得到貸款，應該指的正是這條通道。就此而言，蘇聯拒絕加入布雷頓森林體系無疑是自己切斷了獲取最優惠條件長期貸款的正常渠道。如此看來，蘇聯把貸款問題作為進入國際經濟體系的主要障礙，即便是真實的考慮，也是很不明智的。順便說一句，當莫斯科做出這一決定時，也犯了與美國同樣的錯誤 —— 把經濟決策與美蘇之間的政治和外交分歧捆綁起來。

最後，在筆者看來，蘇聯拒絕加入布雷頓森林體系最根本、最深層的原因在於沒有意識到戰後出現的世界經濟一體化的歷史發展趨勢，認定所有這些國際經濟組織只是為資本主義自由市場經濟而設置的，蘇聯的計劃經濟體制是最先進、最完善的，沒有發生經濟危機的可能，而且將來必定會替代資本主義經濟體制，所以加入美國設計的以美元為主導

1　其實國務院決定停止談判的確也存在這方面的考慮 —— 國會不會批准有利於向蘇聯提供貸款的任何法案。詳見 *FRUS*, 1946, Vol. 1, 1435-1436, Vol. 6, pp. 842-843.《紐約時報》也報道說，國會「批准俄羅斯申請的貸款的可能性很小」。*The New York Times*，April11，July22，1946.

2　*FRUS*, 1945, Vol. 5, pp. 997-998. 1945 年 7 月，參議員塔夫脫甚至提出是否應以國際銀行替代進出口銀行的問題。Leon Martel, *Lend-Lease, Loans*, pp. 189-190.

的經濟組織，完全沒有必要性。

世界經濟一體化和國際經濟合作是人類社會和平與發展的保證，並在戰爭期間和戰後形成了一種趨勢。美國在戰前推行的羅斯福「新政」就以加大國家干預經濟的措施而著稱，而戰爭中幾乎所有國家都對自由經濟企業施加了嚴格限制，特別是對價格、工資和稅收的控制。[1] 蘇聯著名經濟學家瓦爾加在其 1946 年出版的專著中敏銳地指出，在國際經濟組織中體現出來的國家對經濟進行調節的功能，是戰後「資本主義經濟中主要的和新的契機」。[2] 另一方面，對於蘇聯的經濟體制，在很多美國人（包括羅斯福）看來，正如前文已經指出的，正在走向「一種改良的國家社會主義」。因此，布雷頓森林體系的設計者認為，正在變化着的資本主義和社會主義兩種經濟體系並非是互不相容的，而「蘇聯經濟制度的不同性質並未被視為一體化的障礙」。[3] 摩根索則在 1945 年 2 月指出，布雷頓森林體系為資本主義國家和社會主義國家之間的合作提供了基礎。[4]

然而，對於兩種不同經濟機制趨同發展的前景，莫斯科的決策者缺乏清醒認識，除少數經濟學家和業務官員外，蘇聯黨內普遍存在一種理論上的誤區，認為蘇聯的社會主義計劃經濟必然優越於資本主義的市場經濟，而且資本主義的週期性經濟危機和總危機必然要到來。[5] 他們沒有看到，經過一百年的發展，現在的資本主義已經不是《共產黨宣言》（馬克思、恩格斯）提出要消滅的那個資本主義；經過幾十年的實踐，現在的社會主義也不是《哥達綱領批判》（馬克思）和《國家與革命》（列寧）

1　Schild, "Bretton Woods and Dumbarton Oaks", p. 77-78.

2　Варга Е. Изменения в экономике капитализма, с. 33.

3　Leah A. Haus, *Globalizing the CATT: the Soviet Union's Successor States, Eastern Europe, and the International Trading System*, Washington, D. C.: The Brookings Institution, 1992, p. 89.

4　Pollard, "Economic Security and the Origins of the Cold War", p. 275.

5　斯大林 1946 年 2 月 9 日公開發表的選舉演說就是這種認識的最典型的代表。見中共中央馬恩列斯著作編譯局：《斯大林文集（1934 — 1952 年）》，第 472-484 頁。

描述的那個社會主義。他們看到的只是蘇聯經濟體制的優勢 —— 因為自它誕生以來世界一直處於緊張和戰爭的狀態[1]，而沒有認識到，從根本上講，這種具有高度中央集權、排斥市場經濟特質的體制只是一種戰時經濟體制，它在特定的時期相比一般資本主義具有巨大的優勢（如 30 年代西方大蕭條時期和戰爭時期），但在長期的和平環境中卻是一種成本高、效益差而缺乏動力機制的經濟模式。

在這種理論認知的基礎上，蘇聯戰後經濟發展戰略進一步強化了計劃經濟體制。1946 年 3 月 18 日，蘇聯最高蘇維埃通過了關於 1946 —1950 年恢復和發展蘇聯經濟五年計劃的法令。3 月 27 日，聯共（布）中央又做出配合五年計劃開展宣傳鼓動工作的決議。[2] 3 月 20 日國家計劃委員會主席沃茲涅先斯基被任命為蘇聯部長會議委員會副主席。[3] 熟悉蘇聯情況的凱南指出，此前這類計劃只在黨的會議上宣佈，這次由剛剛選出的最高蘇維埃批准是「開創了先例」，而五年計劃的宣傳活動與聲勢浩大的選舉緊密相連，其目的是「突出蘇聯的工業成就」，以說明「只有社會主義計劃經濟才能發展」，「才會有經濟安全」。[4] 不久後發生的一件事更值得注意。這次五年計劃沒有列入對外貿易工作，對外貿易部認為，只有根據貿易合同才能「現實地規劃收益和支付」，而計劃定額將「導致無法利用國外市場的行情」。部長會議外匯委員會對此表示反對，並於 9 月 6 日將情況報告給斯大林。第二天，部長會議做出決議，責成對外貿易部同

1　沃茲涅先斯基把這個優勢論述的最透徹。見 *Вознесенский Н. А.* Военная экономика СССР в период Отечественной войны.

2　*Черненко К. У. и Смирютков М. С.* (*сост.*) Решения партии и правительства по хозяйственным вопросам, Том 3, с. 246-319、320-322.

3　ГАРФ, ф. р-5446, оп. 1, д. 275, л. 35//Хлевнюк О. В., *Горлицкий Й.* (*сост.*) Документы советской истории, Политбюро ЦК ВКП (б) и совет министров СССР 1945-1953, Москва: РОССПЭН, 2002, с. 30.

4　Paul Kesaris (ed.), *Confidential U. S. State Department Central Files, The Soviet Union Internal Affairs, 1945-1949, Microfilm,* Maryland: University Publications of America, 1985, Reel 25, MF0300600, 886-888.

財政部和國家銀行一樣，必須在計劃開始前提交年度和季度計劃草案。[1] 如此加強廣泛而嚴格的計劃經濟體制，拒絕進入體現了世界經濟一體化趨勢的國際經濟組織就是必然的選擇了。

蘇聯最終未能作為創始成員國加入國際經濟體系，不能不說是一種歷史的遺憾。無論從當時還是從長遠的結果看，這都是蘇聯經濟發展戰略中的一次錯誤決策。

從經濟上講，這一決策最直接的後果是斷絕了蘇聯取得期待已久的美國長期貸款的可能性，從而導致美蘇貿易額斷崖式下降，而蘇聯一直企望從美國進口中獲取亟需的先進技術和設備。鑒於 1947 年 4 月，即馬歇爾計劃啟動前不久，斯大林還沒有放棄對得到美國貸款的希望[2]，這種結果對蘇聯戰後重建和經濟恢復產生的負面影響是可以想見的。1946 年美國對蘇出口額 3.58 億美元，進口額 1.00 億美元，1947 年分別降為 1.49 億和 0.77 億美元。[3] 再加上不久後美國實行對蘇禁運政策，根據蘇聯自己的統計，美蘇進出口貿易總額從 1946 年的 2.13 億盧布直線下跌到 1950 年的 720 萬盧布和 1953 年 40 萬盧布。[4]

更重要的是，這一決策使蘇聯錯過了歷史上對原有計劃經濟體制進行改革的最佳機遇。二戰結束時，蘇聯具備了逐步向市場經濟體制轉軌的一切有利條件。在國內，由於開放和自由（相對於戰前），人心思變。當時蘇聯社會心理出現了一種矛盾而有趣的現象：人們對現存經濟制度

1　ГАРФ, ф. p-5446, оп. 51, д. 3919, л. 16-17; оп. 48а, д. 3919, л. 18-20//Хлевнюк О. В., *Горлицкий Й.* (*сост.*) Документы советской истории. Политбюро ЦК ВКП (б) и совет министров СССР 1945-1953, Москва: РОССПЭН, 2002, с. 160-162.

2　見斯大林與馬歇爾談話記錄，1947 年 4 月 15 日，АВПРФ, ф. 06, оп. 9, п. 71, д. 1104, л. 29-39, *Севостьянов Г. Н.* (*нау. ред.*) Советско-американские отношения, 1945-1948, Документы, Москва: МФД, 2004, с. 406-413。

3　Paterson, *Soviet-American Confrontation*, p. 71.

4　中國社會科學院世界經濟與政治研究所綜合統計研究室編：《蘇聯和主要資本主義國家經濟歷史統計集》，第 133 頁。

尤其是生活條件極度不滿，但斯大林和共產黨的政治威望卻空前高漲。[1]
這恰是改革的社會基礎。在國外，蘇聯與西方特別是美國的關係處於歷
史上的最好時期，國際安全組織（聯合國）和國際經濟組織都在構建中，
而加入國際貨幣和金融組織正是邁向市場經濟的第一步，也是融入戰後
世界經濟一體化的開端。這恰是改革的國際條件。[2]相反，蘇聯未能加入這
些重要的國際經濟組織，反而在 1947 年拒絕馬歇爾計劃，決心與世界經
濟體系切割，進一步強化計劃經濟體制，為以後蘇聯的經濟體制變革（赫
魯曉夫時期和戈爾巴喬夫時期）製造了難以逾越的障礙。

　　從國際政治和國際關係上講，這一決策加速了正在形成的冷戰格
局，特別是在美國造成了對蘇聯而言的「親者痛、仇者快」的結果。美
國屬多元政治，在白宮和國會都存在着明顯的左翼（親蘇派）和右翼（反
蘇派），儘管羅斯福去世後美國政治開始右傾，但主張戰後繼續與蘇聯合
作的力量仍不可小覷。在 1945 年 11 月美蘇友好集會上，副國務卿艾奇
遜發表講話，重申戰後和平與合作的必要性，強調美蘇可以通過商業往
來互相幫助。商務部長 H. A. 華萊士也指出，「那些企圖對我們的盟友產
生懷疑、在國家之間製造敵意的人是美國的敵人」。戰時白宮下屬的蘇聯
委員會主席 C. 拉蒙特則認為，「與蘇聯合作，促進和平與相互貿易，是
美國唯一明智的選擇」。[3]很多學者，特別是經濟學家，更是對此充滿熱情
和希望。[4]就在莫洛托夫 12 月 29 日遞交照會前，美國國務院與駐蘇使館之
間就對蘇經濟政策發生了激烈爭論，艾奇遜要求給予蘇聯經濟幫助以促
其加入國際貿易體系，而哈里曼則堅決反對，除非蘇聯「停止對東歐的

1　俄羅斯出版的一部檔案集公佈了大量有關這方面的文件，見 *Зубкова Е. Ю. и т. д. (сост.)*
　　Советская Жизнь, 1945-1953, Москва: РОССПЭН, 2003。
2　可以說，20 年代「新經濟政策」時期和後來的赫魯曉夫時期，蘇聯經濟體制變革失敗的原因
　　之一就是缺少這種國際條件。
3　Funigiello, *American-Soviet Trade*, p. 11.
4　詳見 Funigiello, *American-Soviet Trade*, pp. 15-16.

經濟剝削」。[1]1946 年初，美國經濟顧問會議討論對蘇經濟政策，結論是美國應堅持完全互惠，並應保證蘇聯的利益。[2]6 月，華萊士還致函米高揚，並派代表赴莫斯科會談，表示美國商務部將「通過一切可能的途徑推動兩國廣泛的經濟合作」。[3]

　　蘇聯最終未能批准布雷頓森林協定，無疑是對美國親蘇力量的無情打擊，而受到鼓舞的卻是反蘇的右翼勢力。與羅斯福、摩根索、懷特等人的主張相反，美國的右翼勢力恰恰期盼蘇聯拒絕加入，如美國駐蘇大使 W. B. 史密斯所說，他們擔心蘇聯進入國際經濟體系會給美國帶來麻煩，會「破壞和削弱這些機構」。[4]在談到吸收蘇聯進入布雷頓森林體系的問題時，凱南在回憶錄裏以嘲笑的口吻說，對戰後與蘇聯合作的希望，沒有哪個部門比財政部「更徹底、更天真、更執拗（或者可以說是更殘酷）」。因此，當莫斯科做出拒絕加入基金組織的決定時，財政部「夢想破滅了」，迸發出一聲「困惑而痛苦的呼喊」。[5]最能體現美國右翼人士對蘇聯這一決策反應的就是著名的凱南「長電報」及其在政界引發的反蘇波瀾。凱南認為，蘇聯在國際經濟領域的政策目標是追求在其控制地區的「絕對主導地位」，除非得到長期信用貸款，蘇聯官方「對國際經濟合作的基本原則會採取漠視的態度」。蘇聯行為的根源就在於傳統的、根深蒂固的「不安全感」，其特徵就是「擴張」。[6]這封後來成為「遏制理論」起點的電報在白宮和國會山引起強烈反響和讚譽，一時間似乎成了「美

1　*FRUS*, 1945, Vol. 2, pp. 1348-1349、1350-1352、1355-1358.

2　Thomas G. Paterson, "The Abortive American Loan to Russia and the Origins of the Cold War, 1943-1946", *The Journal of American History*, 1969, Vol. 56, pp. 85-86.

3　АВПРФ, ф. 06, оп. 8, п. 47, д. 790, л. 6-9, *Севостьянов Г. Н. (нау. ред.)* Советско-американские отношения, 1945-1948, с. 290-293.

4　*FRUS*, 1946, Vol. 1, pp. 1355-1356.

5　George F. Kennan, *Memoirs, 1925-1950*, Boston: Little, Brown and Company, 1967, pp. 292-293.

6　*FRUS*, 1946, Vol. 6, pp. 696-709.

國決策者的聖經」。[1]可以看出，蘇聯的行為在某種程度上加速了冷戰到來的進程。

　　關於這一點，著名冷戰史學者加迪斯有一個廣為同行引用的判斷：「蘇聯拒絕加入布雷頓森林貨幣體系或放鬆其控制地區的貿易壁壘，是冷戰的結果，而不是冷戰爆發的原因。」[2]當然，戰後初期美蘇之間的分歧和矛盾是導致蘇聯做出上述決定的重要原因，但如果認為當時冷戰已成定局未免言過其實。應該說直到 1947 年夏秋，美國發表杜魯門宣言和馬歇爾計劃而蘇聯建立起共產黨情報局，冷戰格局才在歐洲最終形成。[3]實際上，無論對蘇聯還是美國來說，安全決策和經濟決策都是一個互動過程，是互為因果的。

　　因此，蘇聯決定邁出與國際經濟體系切割的第一步，既是此前美蘇政治分歧的結果，也是此後冷戰形成的原因。從戰後國際秩序建立的歷史過程可以看出，只有聯合的安全機制，沒有聯合的經濟機制，這是冷戰在戰後兩年時間迅速形成的根本原因和條件。[4]因此，美蘇冷戰起源的根基不在安全問題，而在經濟問題。意識形態當然重要，戰略性互疑也是美蘇分歧產生的源頭，不過它所導致的安全衝突在很大程度上是虛幻的。說到底，戰後世界分裂的基礎在於未能建立起一體化的國際經濟組織和世界經濟秩序。隨着蘇聯拒絕加入布雷頓森林體系和美蘇關係的進一步惡化，「馬歇爾計劃」、「戰略物資禁運」、「巴黎統籌委員會」接踵而來。具有諷刺意味的是，布雷頓森林體系本來是為推動戰後國際經

1　Daniel Yergin, *Shattered Peace: The Origins of the Cold War and the National Security State*, Boston: Houghton Mifflin, 1978, p. 170.

2　John Lewis Gaddis, *United States and the Origins of the Cold War, 1941-1947*, New York: Columbia University Press, 1972, p. 23.

3　詳見本書第六章。

4　用懷特的話說：「主要國家間缺乏高度的經濟合作，將不可避免地在未來的十年裏導致經濟戰，而經濟戰則是更大規模戰爭的序曲和刺激因素。」DHM, Vol. 397, pp. 306-310; Dormael, *Bretton Woods*, p. 45.

濟合作設計的，結果卻成為蘇聯拒絕加入世界經濟體系和經濟冷戰爆發的前奏。如果拉長歷史的鏡頭，對蘇聯戰後經濟戰略和發展戰略中這一決策的後果就看得更加清楚了。斯大林去世不久，特別是蘇共二十大以後，被迫移植蘇聯經濟體制的一些東歐國家紛紛開始了改革的歷史進程。[1] 天長日久，蘇聯經濟模式的弊端顯而易見[2]，而進入世界經濟體系、加入國際經濟組織的好處則歷歷在目[3]，波蘭、匈牙利、羅馬尼亞等國家衝破蘇聯的阻力，紛紛要求並先後加入了關貿總協定和國際貨幣基金組織，有些還享受了最惠國待遇，高潮出現在 70 — 80 年代。[4] 最後，蘇聯自己也提出了同樣的要求。

　　戈爾巴喬夫執政以後提出「新思維」，蘇聯也啟動了遲到的經濟體制改革計劃，並要求加入國際經濟組織，卻因冷戰宿怨而遇到重重阻力。1985 年 12 月蘇聯在聯合國歐洲經濟委員會會議上宣佈，希望加入關貿總協定，1990 年 3 月則正式申請觀察員地位，但在 5 月理事會審議時受阻（美國和日本不同意）。[5] 1991 年 7 月，蘇聯申請加入國際貨幣基金組織，

1　有關資料詳見沈志華主編：《冷戰與社會制度轉型 —— 東歐各國冷戰時期檔案文獻編目》（9 卷本），北京：社會科學文獻出版社，2019 年。

2　據國際經濟合作與發展組織 2001 年的報告，到 1973 年，「主要的社會主義經濟體總共佔全球國民生產總值的大約 17.5%」。轉引自 Michael Hunt, *The American Ascendancy: How the United States Gained and Wielded Global Dominance*, Chapel Hill: The University of North Carolina Press, 2007, pp. 340-341。

3　世界銀行系統的放款從 1971 — 1975 年的年平均 38 億美元上升到 1976 — 1981 年的 93 億美元，1982 年則上升到 130 億美元（P. R. 納維卡：《基金組織和世界銀行的協作》，國際貨幣基金組織、中國人民銀行：《國際貨幣基金組織與中國》，中國人民銀行陝西財經學院，1983 年，第 115-116 頁）；經過關貿總協定幾輪談判，發達國家的平均關稅稅率從 40 年代的 50% 下降到 90 年代的 4% 左右（程寶庫：《戰後世界貿易法律體系簡論》，第 19-20 頁）。

4　詳見 Haus, *Globalizing the CATT*, pp. 25-88; Marie Lavigne, "Organized International Economic Cooperation After World War II", *Soviet and Eastern European Foreign Trade*, 1990, Vol. 26, №1, p. 27; Normal-Trade-Relations (Most-Favored-Nation) Policy of the United States, Congressional Research Service Report for Congress, Order Code RL31558, December 15, 2005, www. everycrsreport. com/ reports/RL31558. html, CRS-5。

5　Haus, *Globalizing the CATT*, pp. 92-94.

10 月 5 日，僅得到一個特殊的「準成員國」資格。[1] 國際貨幣基金組織於 11 月初在莫斯科設立了一個辦公室。[2]12 月 9 日，美國正式宣佈給予蘇聯最惠國待遇。[3] 經歷了近半個世紀的猶疑和抵制，蘇聯終於開始進入世界經濟體系了。然而不幸的是，十幾天後蘇聯作為一個國家就解體了。[4]

　　面對冷酷而尷尬的現實，回顧歷史，不能不說蘇聯在戰後錯失了進入世界經濟體系的歷史良機。同時還要看到，從現實經濟訴求的角度講，恰恰是因為拒絕加入國際經濟組織，蘇聯自己切斷了獲得重建貸款的最重要的渠道。

1　B. Wiley, "Russian Membership in the IMF: ALook at the Problems, Past and Present", *Georgia Journal of International* & *Comparative Law*, 1992, Vol. 22, p. 496.

2　Martin G. Gilman, *No Precedent, No Plan: Inside Russia's 1998 Default*, London: The MIT Press, 2010, p. 19.

3　Normal-Trade-Relations (Most-Favored-Nation) Policy of the United States, Congressional Research Service Report for Congress, Order Code RL31558, December15, 2005, www. everycrsreport. com/reports/RL31558. html, CRS-6.

4　1992 年 6 月 1 日，俄羅斯聯邦成為國際貨幣基金組織的第 162 個正式成員國，但其持有的份額還不到總資本的 3%。Martin G. Gilman, *No Precedent, No Plan: Inside Russia's 1998 Default*, London: The MIT Press, 2010, pp. 22-23.

第三章

拒絕貸款：經濟成為
美國對蘇外交的「槓桿」

冷戰的起源和發生以及戰後美蘇關係的變化，始終是國際學界關注較多的研究課題，人們從外交、政治、軍事、文化、經濟各個層面介入對這一主題的討論，取得了豐碩成果。其中從經濟視角對冷戰發生的研究，出現了一些新的研究成果。[1] 不過，相對於其他層面，經濟冷戰起源的研究顯得比較薄弱，尤其是對新出現的俄國和東歐檔案的利用不足，有些問題還沒有說清楚，甚至有的史實在學界尚未取得共識。

實際上，在整個冷戰發展的歷史過程中，美蘇之間經濟實力的對比和經濟關係的變化始終是一個基本的因素，儘管直到蘇聯解體前夕人們才真正意識到蘇聯經濟實力脆弱的全面含義。歷史已經證明，蘇聯發展相對落後的根本原因在於制度問題（特別是經濟體制）。[2] 追根尋源，應該引起關注的是，在第二次世界大戰中構建的蘇聯與美國和西方的新型關係已經為蘇聯調整和改革其經濟體制創造了客觀條件，而蘇聯領導層卻沒能抓住這次歷史機遇。究其原因，自然是多方面的，其中首先要搞清

1　以往的研究中，從經濟角度出發研究冷戰起源的成果多屬英語世界，但最近幾年俄國學者的研究後來居上，新作不斷，如 *Соколов В. В.* Ленд-лиза в годы Второй мировой войны // Новая и новейшая история, 2010, №6, с. 3-17; *Соколов В. В.* ЮНРРА и Советский Союз, 1943-1948 годы(по новым архивным материалам)//Новая и новейшая история, 2011, №6, с. 61-74; *Сорокин А.* Послевоенные Санкции Против СССР, с. 120-128; *Минкова К. В.* Международная торговля; *Липкин М. А.* Советский союз и интеграционные процессы; *Болдырев Р. Ю., Невский С. И.* Советская репарационная политика в Германии в 1945-1953 гг. // Вопросы истории, №3, Март 2017, с. 49-69; *Минкова К. В.* Международные торговые н финансовые институции в Советско-Американских отношениях 1945-1946 годов//Новая и новейшая история, 2018, №1, с. 75-90。中國學者也有一些研究，如崔海智：《戰後蘇美經濟合作嘗試的失敗 —— 兼論經濟冷戰的起源》，《世界歷史》，2011 年第 1 期（總第 206 期），第 27-35 頁。

2　參見張盛發、沈志華：《蘇聯在冷戰中如何敗北？》，沈志華等：《冷戰啟示錄：美蘇冷戰歷史專題系列報告（1945 — 1991）》，北京：世界知識出版社，2019 年，第 366-389 頁。

楚的是，面對戰後美蘇兩強不對稱的特徵 —— 其最突出的表現就是經濟[1]，蘇聯是如何設想並處理與美國（以及西方）之間的經濟關係的。這裏涉及諸多問題：布雷頓森林體系、租借清算、信用貸款、戰後賠償、馬歇爾計劃等。筆者擬在學界以往研究成果的基礎上，利用近年來開放的俄國檔案，逐一討論這些問題，本章主要考察的是戰爭後期和戰後初期美國對蘇聯的貸款問題。

　　美國對蘇貸款問題在冷戰開啟以後很長一段時間沒有引起學者注意，隨着檔案文獻的披露，這一問題到 60 年代末漸漸被「放在一個更加突出的地位」。[2]特別是俄國檔案開放以後，貸款問題越來越受到學者關注。[3]儘管如此，這裏仍然存在着很多有爭議的看法，蘇聯為何遲遲沒有正式提出貸款要求？美國為何拒絕向蘇聯提供貸款？蘇聯未能如願取得貸款造成了什麼結果？這一結果與冷戰起源究竟是什麼關係？懸念確實存在，正如當年國務卿斯退丁紐斯所說，「這種貸款能否使蘇聯成為戰後世界更加合理和合作的國家，將是歷史上最大的『如果』問題之一」。[4]

戰後美蘇經濟合作的政治經濟基礎

　　雖然出於意識形態方面的考慮，十月革命後的蘇俄政權遲遲沒有得到美國的承認，但在利益的驅動下，許多美國商人對蘇聯採取了「政經

1　Crockatt, *The Fifty Years War*, pp. 11-12.

2　Thomas G. Paterson, "The Abortive American Loan to Russia and the Origins of the Cold War, 1943-1946", *The Journal of American History*, 1969, Vol. 56, p. 89.

3　以下著作都有專門章節或段落討論貸款問題：*Батюк В., Евстафьев Д.* Первые заморозки; *Попов В. П.* Экономическая политика советского государства; *Печатнов В. О.* От союза к холодной войне: Советско-американские отношения в 1945-1947 гг., Москва: МИДРФ, 2006; *Быстрова Н. Е.* СССР и формирование военно-блокового противостояния в Европе (1945-1955 гг.), Москва: ИРИ РАН, 2005; *Липкин М. А.* Советский союз и интеграционные процессы.

4　Paterson, "The Abortive American Loan", pp. 70-71。

分離」的態度 —— 政治上不承認而經濟上保持往來。特別是在 1921 年列寧提出「新經濟政策」（NEP）的主張以後，蘇聯經濟體制的改變和國內市場的出現，吸引了眾多的美國資本家，儘管沒有得到美國政府通常為對外貿易提供的便利和保護，企業家們還是積極進行對蘇貿易和投資。石油大亨阿曼德・哈默就是其中最著名的一位。到 19 世紀 30 年代初，美國對蘇貿易額比第一次世界大戰前增長了 2 倍，對蘇出口貿易額達到最高點：1930 年的 1.113 億美元和 1931 年的 1.034 億美元。[1]

蘇聯當然希望得到美國的外交承認，但橫在美蘇關係中的障礙除了意識形態，還有一個債務問題。十月革命後，蘇維埃政權不承認革命前美國給俄國臨時政府的貸款，又通過實行國有化沒收了美國在蘇俄的資產。據美方估計，到 1933 年這筆金額前者為 2.99 億美元（其中政府貸款 1.926 億），後者為 3.367 億美元，總計超過 6 億美元。美國國務院認為，清算這筆債務是與蘇聯建交的前提。[2] 為了與美國建交，蘇聯政府被迫承認所欠債務，估計總額為 3.45 億美元，加上 15 年的利息，可能超過 5 億美元。外交人民委員 M. M. 李維諾夫最初建議以此為基礎與美方談判。[3] 後來蘇方經過仔細「計算」，認為所欠美國的債務不超過 1.6 億美元。[4]

出於政治原因，美國總統羅斯福不願因債務問題影響美蘇建交進程，在談判中，他與李維諾夫達成「君子協定」：債務問題可以留待建交以後解決，方案是蘇聯只需支付 0.75 — 1.5 億美元的債款。談話結束的

1　參見 Funijiello, *American-Soviet Trade*, p. 2。

2　McMeekin, *Stalin's War*, ch. 3, par. 8.

3　李維諾夫給卡岡諾維奇的報告，1933 年 10 月 20 日，АВПРФ, ф. 027а, оп. 8, п. 32, д. 83, л. 11-14//*Севостьянов Г. Н. (под. ред.)* Советско-американские отношения. Годы непризнания, 1927-1933, Москва: МФД, 2002, с. 707-709。

4　蘇聯人民委員會和財政人民委員部的備忘錄，1933 年 12 月 23 日，АВПРФ, ф. 129, оп. 17, п. 130, д. 352, л. 52-62//*Севостьянов Г. Н. (под. ред.)* Советско-американские отношения, 1927-1933, с. 739-746。

第二天，即 1933 年 11 月 17 日，美國宣佈恢復與俄國的邦交。[1] 羅斯福還試圖通過取消對蘇聯產品的特別限制、接受購買從蘇聯直接運來的黃金等措施推動美蘇貿易。然而，在後續的債務談判中，美國國務院始終把蘇聯欠債作為「一種槓桿」，以獲取蘇聯在政治和外交問題上的讓步，並迫使蘇聯遵守國際經濟關係中有關財產和合同安全的準則。蘇聯則堅持美國必須提供新的貸款（2 億美元），而其中的部分資金可作為蘇聯的還債（只認定 7500 萬美元）。[2] 隨着美蘇貸款和債務問題談判破裂，再加上蘇聯拋棄「新經濟政策」後國內經濟環境的改變，美蘇經濟關係陷入低谷。1934 年 1 月國會通過的《約翰遜法案》（*Johnson Act*）禁止私人或機構向欠債國提供貸款，也是導致美蘇貿易下滑的重要因素。[3] 實際上，戰前蘇聯唯一得到的一次美國私人貸款是 1933 年復興信貸公司提供的 400 萬美元（購買美國棉花），利息 5%，期限一年。[4]

　　1941 年 6 月蘇德戰爭爆發。蘇聯加入國際反法西斯陣營後，美蘇關係急速升溫。戰爭期間，美蘇之間的經濟關係的表現形式主要是租借。1941 年 3 月美國通過了《租借法案》（*Lend-Lease Act*），授權總統向「對美國國防至關重要的任何國家」「出售、轉讓、租用、借用或以其他方式處置」防務用品。據此，美國向英國、蘇聯、中國等盟國提供了大量軍事和其他物資援助，奠定了戰時美英蘇中四大國合作的基礎。[5] 美蘇貿易由此大幅提升。1935 年至 1939 年間，蘇聯在美國出口貿易中所佔比重不到 2%，在美國進口貿易中所佔比重大約 1%。在戰爭期間，由於租借和聯合

1　*FRUS*, 1933, Vol. 2., Washington, D. C.: GPO, 1949, pp. 805-814; Dallek, *Franklin D. Roosevelt*, pp. 80-81.

2　李維諾夫給斯大林的報告，1933 年 12 月 25 日，АВПРФ, ф. 05, оп. 13, п. 94, д. 78, л. 203-204// Севостьянов Г. Н. (под. ред.) Советско-американские отношения, с. 748-739; Funijiello, *American-Soviet, Trade*, pp. 3-4。

3　關於《約翰遜法案》的通過見 *FRUS, The Soviet Union 1933-1939*, Washington, D. C.: GPO, 1952, pp. 66-67, 71-75, 79-81。

4　劉德芳主編：《蘇聯經濟手冊》，北京，中國金融出版社，1988 年，第 237 頁。

5　參見本書第一章。

國善後救濟總署（UNRRA）的出口，蘇聯在美國出口貿易中的份額已達
20% 左右。[1]

在接到美國向蘇聯提供第一批租借物資的通知後，1941 年 11 月 4
日，斯大林致電羅斯福：「對於您有關向蘇聯提供 10 億美元無息貸款用
以支付武器和原材料供應的決定，蘇聯政府不勝感激，並將其視為⋯⋯
對蘇聯的最大支持。受蘇聯政府委託，我對您所述的向蘇聯提供此種債
務的條件完全贊同，即這些債務應在戰爭結束 5 年之後開始償還，並在
這 5 年期結束後的 10 年逐步還清。蘇聯政府準備盡一切必要的努力，向
美國提供蘇聯所掌控的美國所需的商品和原料。」11 月 6 日獲悉了斯大
林信函的內容後，總統特別助理霍普金斯當晚給蘇聯駐美臨時代辦葛羅
米柯打電話說，「不會有比這個更好的莫斯科回信了」。[2]

美國的經濟實力在戰爭中突飛猛進，堪稱「生產奇跡」。與戰前
（1937 — 1939）工業指數相比，1944 年美國工業生產增長了 1.23 倍，其
產量相當於三個軸心國的兩倍。[3] 出口貿易也急劇增加，從 31.9 億美元
增加到 153.4 億美元。國外投資從 1940 年的 123 億美元增加到 1945 年的
168 億美元。美國的黃金儲備從 1938 年的 145.1 億美元增加到 1945 年的
200.8 億美元，約佔資本主義世界黃金儲備量的 59%。[4] 在這個基礎上，美
國在戰爭後期便不失時機地提出了構築新的世界經濟秩序的戰略構想，
其主要內容為：在美國的主導下創建一系列多邊的國際組織機構和國際
機制（如國際貨幣基金組織、世界銀行、世界貿易組織）；以美國的政策

1　Paterson, "The Abortive American Loan", pp. 74-75.

2　*Печатнов В. О., Магадеев И. Э.* Переписка И. В. Сталина с Ф. Рузвельтом и У. Черчиллем в годы
великой отечественной войны, Документальное исследование, Том 1, Москва: Просвещение, 2017, с.
87-88. 1942 年 6 月 11 日美蘇兩國簽署了租借協議。

3　韓毅：《美國工業現代化的歷史進程》，北京：經濟科學出版社，2007 年，第 175-176 頁。

4　U. S. Department of Commerce: Historical Statistics of the United States, pp. 537、565、649. 轉引自本
書編委會：《戰後世界歷史長編》第一分冊，第 522 頁。

目標和計劃為基礎制定一系列基本的國際規則，如國際貿易領域的削減貿易壁壘原則和非歧視原則（即多邊自由貿易原則）等。[1]

在美國領導人看來：一個自由貿易的、沒有關稅差別待遇的國際經濟環境，即「門戶開放」，將給世界帶來和平競爭，並會使各國保持穩定、和平和民主。「一個按照公平合理和無差別待遇原則進行運轉的健全完整的世界貿易體系，是世界和平和安全結構的基石」。[2] 為此，美國極力倡導國際經濟合作，其中特別是與蘇聯的合作。早在 1941 年 8 月 14 日羅斯福與英國首相丘吉爾起草的《大西洋憲章》中，除了強調放棄以使用武力作為解決國際爭端的手段，並建立一個「更廣泛和永久的普遍安全體系」，還提出希望「促成一切國家在經濟方面最全面的合作」，以實現「經濟進步和社會安全」。[3] 在 1943 年 10 月召開的莫斯科外長會議上，美國國務卿 C. 赫爾提交了兩份備忘錄，認為戰後各國的恢復和重建工作「應當以合作和聯合行動為基礎」，並提出了在國際經濟合作方面美國主張採取的具體措施：創建國際貸款機構；為在非歧視的基礎上擴大國際貿易而締結貿易總協定；調節和最後廢除旨在限制個人消費品生產與貿易的措施；確立固定的國際貨幣兌換率和自由兌換貨幣，以及在資源開發、航運、空運、電訊等領域開展國際合作。[4]1944 年 2 月 23 日，羅斯福致函斯大林，再次提出戰後經濟合作問題，認為「迫切需要一個聯合國家機構用以共同制定程序，藉此研究國際經濟合作的各個領域、應予以討論的問題、討論程序以及現有協議與擬達成協議及未

1　詳見本書第二章。

2　Pollard,“Economic Security and the Origins of the Cold War”, pp. 268、270.

3　世界知識出版社編：《國際條約集（1934 — 1944）》，第 337-338 頁。

4　Громыко А. А. (гла. ред.) Советский Союз на международных конференциях, Том 1, с. 338-346, 357-363. 秘密議定書關於經濟合作的附件的中譯文參見沈志華執行總主編：《蘇聯歷史檔案選編》第 18 卷，第 339-342 頁。

來活動的協調手段」。[1]

　　羅斯福本人對於戰後國際經濟合作的願望十分強烈。1944 年 11 月 24 日，他在向國會報告租借問題時宣稱：這個「法案是一個系統性的軍事供給體系。它們應該與戰爭一同結束，然而我們聯合國家的夥伴關係應該延續，並應變得更加牢固」。[2]1945 年 2 月 12 日，羅斯福在要求國會通過布雷頓森林協定所發表的諮文中指出，「如果我們要以擔當戰爭任務的同樣氣質來擔當和平任務，我們就必須保證使和平的組織穩定地建立在國際政治和經濟合作的堅實基礎上」。羅斯福還指出，在經濟領域裏，各國的「宗旨和利益是統一的」。美國與其他聯合國家所需要的「是互相符合的 —— 擴大生產、就業、交換和消費，換言之，就是生產更多的商品，提供更多的就業，進行更多的貿易，以及大家都有更高的生活水平」。[3]

　　雖然存在積極的合作願望，然而，美國人也明白，在考慮新的世界經濟秩序的時候，所謂自由貿易和多邊主義的原則，是對各種自成體系的經濟形式和貿易保護主義政策的直接挑戰，這裏即針對英國，也包括蘇聯。正如助理國務卿艾奇遜 1944 年 12 月 11 日在眾議院戰後經濟政策和規劃特別委員會的一個小組委員會上指出的，在「同一世界」的自由貿易必須取消關稅、配額、禁運和其他人為的障礙。關於蘇聯，艾奇遜指出，美國必須制定「公平的貿易規則，這涉及政府的壟斷和國家貿易，也包括私營企業盛行的國家與由國家管理的對外貿易之間的貿易」。[4]

1　*Печатнов В. О., Магадеев И. Э.* Переписка И. В. Сталина с Ф. Рузвельтом и У. Черчиллем в годы великой отечественной войны, Документальное исследование, Том 2, Москва: Просвещение, 2017, с. 75-77.

2　РГАЭ, ф. 413, оп. 12, д 10128, л. 223, 轉引自 *Соколов В. В.* Ленд-лиз в годы второй мировой войны, с. 14。

3　Rosenman, *The Public Papers and Addresses of Franklin D. Roosvelt, 1944-45 Volume*, pp. 548-555.

4　Dean Acheson, "A Program for Restoring and Enlarging Our International Commerce", Export Trade and Shipper, 11 December 1944, 5-6. 轉引自 Funijiello, *American-Soviet Trade*, p. 11。

　　除了安全問題，經濟問題 —— 戰後重建和國際經濟秩序 —— 也是蘇聯領導人優先考慮的重大問題之一。早在 1941 年 12 月 26 日，副外交人民委員 S. A. 洛佐夫斯基在給斯大林的報告中就提出祕密建立財政 — 經濟委員會，負責估算蘇聯在戰爭中所遭受到損失，以便確定戰敗國如何在經濟上對蘇聯作出賠償。[1] 聯共（布）中央政治局很快就接受了洛佐夫斯基的建議，並與 1942 年 1 月 28 日做出決議，成立以莫洛托夫為主席的外交資料籌備委員會，負責收集和整理一切涉及戰後安排的現行協議及有關計劃和方案，其中包括「戰後經濟安排的設想，工業和農業原料產地的再分配計劃，成立關稅聯盟、消滅關稅壁壘、統一貨幣制度、建立貨幣集團的方案，以及關於擬訂工業和農業生產的國際『計劃』的設想和其他戰後經濟問題」。[2]

　　在精心和全面準備戰後安排事宜的同時，蘇聯對美國提出的國際經濟合作問題也做出了積極的回應。在 1943 年莫斯科會議期間，美國戰時生產局局長納爾遜訪問蘇聯，在其逗留的 10 天裏，「與他接觸的所有蘇聯官員都表現出極端的熱誠和非凡的合作」。[3]

　　10 月 16 日，在與納爾遜進行的一個半小時的單獨談話中，斯大林對美國的產品，特別是蘇聯是否能夠賒購美國貨物表示出極大興趣，甚至提出了一個初步的貨單。斯大林贊同納爾遜關於美國商人與蘇聯政府商談和平時期兩國貿易計劃的建議，並提出應成立美蘇聯合委員會討論這一問題。或許是為了消除美國人對過去債務問題的記憶，斯大林還幾次提到，蘇聯政府一定會履行義務，絕不會只是「象徵性地」付款。[4]

　　蘇聯表現出來的與美國開展經濟合作的熱情並非心血來潮。1944 年

1　АПРФ, ф. 3, оп. 63, д. 237, л. 1-3.

2　АПРФ，ф. 3，оп. 63，д. 237，л. 4-8//Источник，1995，№4，с. 116-118.

3　*FRUS*，1943，Vol. 3，pp. 715-716.

4　*FRUS*，1943，Vol. 3，pp. 713-715.

1 月 11 日，從倫敦歸來 3 個月的原駐英國大使邁斯基向莫洛托夫遞交了一份關於《未來和平的最佳基本原則》的長篇報告，其中講述了他對處理戰後美蘇經濟關係的深層思考。邁斯基指出，戰後「國際政治領域中的決定權將掌握在蘇聯、美國和英國手中，而事態發展的進程在極大程度上將取決於這三大國之間相互關係的性質」。美國是「最有活力的帝國主義國家」，其迅猛增長的生產實力將導致不可避免的經濟擴張。美國的這種「擴張」勢頭首先衝擊的是正在衰落的英國，而英國將力圖用和平的方式同美國進行艱苦的政治和經濟鬥爭。美蘇之間沒有領土糾紛，「美國的帝國主義擴張基本上不涉及我們」，相反，美國「會希望蘇聯至少保持中立」。至於英國，在其與美國的鬥爭中，「應當越來越向蘇聯靠近」。因此，只要戰後的歐洲沒有爆發無產階級革命，那麼，「無論從戰後經濟恢復的需要出發，還是從必須維護和平出發，蘇聯都希望同美國和英國維持良好的關係，因為要達到上述目的，同這兩個國家的合作是必不可少的。」說到經濟關係，邁斯基認為，美英「這兩個大國在未來的國際商品流通領域裏必然要發揮極其重大的作用」，而特別重要的是，它們「在一定的條件下可以成為對蘇聯戰後恢復國民經濟給予援助的十分重要的來源」。

所以，蘇聯必須立即着手與美英進行會談，要求美英（特別是美國）從對盟國義務的認識出發，保證在戰後 5 — 10 年的時間內，通過《租借法案》的方式向蘇聯提供對其重建至關重要的商品，而其他較為次要的商品則根據長期貸款的原則提供。[1]

邁斯基的分析可謂精道、深入，所提措施也很到位。對此，斯大林心知肚明。在 1944 年 3 月 10 日答覆上述羅斯福 2 月 23 日來函時，斯大林寫到：「毫無疑問，…… 在經濟領域展開國際合作的問題具有非常重

1   АПРФ, ф. 03, оп. 63, д. 237, л. 52-93//Источник, 1995, №4, с. 124-144.

要的意義，並值得關注。我認為，現在完全適宜建立一個聯合國家的機構，用以研究這些問題，以制定研究根據莫斯科會議和德黑蘭會議的決議開展國際經濟合作問題的各種條件和程序。」這無疑也對美國起到了推動作用，總統收到信後交給國務卿赫爾，並附言：「我們接下來做些什麼？」[1]

　　1944 年 6 月美國商會會長 E. 約翰斯頓對莫斯科和烏拉爾地區的訪問，顯然是美蘇雙方有意推動經濟合作的舉措。6 月 27 日凌晨 4 點，斯大林會見了約翰斯頓，並同他進行了 2 個小時饒有興趣的談話。斯大林讚揚美國在戰前和戰爭期間向蘇聯工業提供的援助，並說蘇聯所有大型工業企業中約有三分之二是在美國幫助或技術援助下建造的，還表示歡迎美國在商品銷售方式方面提供幫助。斯大林說，戰後蘇聯進口的主要是工業設備和機械，而不是消費品。不過，這些設備的一部分將用於生產消費品。出口在蘇聯經濟中絕不會發揮很大作用，除非為了進口。蘇聯可以從美國訂購數十億美元的貨物，如果了解美國的需要，蘇聯可以向美國出口原料和消費品。最後，斯大林還對美國的大選表示關心：蘇聯擔心一旦共和黨上台會影響當前的美蘇關係，特別是影響已經簽署的經濟協議的實施。約翰斯頓表示，羅斯福繼續當選的機會很大，無論如何，他本人會盡一切努力發展美蘇之間的經濟合作，並使蘇聯得到長期貸款。據美國駐蘇大使哈里曼在一旁觀察，斯大林態度「和藹可親」，顯然很喜歡這位商會會長和他所說的話。[2] 約翰斯頓也深受感動，回國後不久給斯大林發去一封熱情洋溢的電報。[3] 他還在雜誌上發表文章稱：戰後的蘇

1　*Печатнов В. О., Магадеев И. Э.* Переписка И. В. Сталина с Ф. Рузвельтом и У. Черчиллем, Том 2, с. 91.

2　*FRUS*, 1944, Vol. 4, pp. 972、973-975. 關於這次談話的蘇方記錄見 *МИД СССР* Советско-американские отношения во время великой отечественной войны, 1941-1945, Т. 2, с. 139-146。

3　*МИД СССР* Советско-американские отношения во время великой отечественной войны, 1941-1945, Т. 2, с. 155.

聯，「即使不是我們最大的客戶，至少也是我們最熱切的客戶」。[1]

　　儘管存在種種分歧和矛盾，但直到 1945 年初，盟國之間的關係總體說來還是十分融洽的，美蘇戰後經濟合作的前景也頗為樂觀。正是在這樣的氣氛中，蘇聯提出了為戰後重建而要求美國提供長期信用貸款的問題。

蘇聯對信用貸款的期望與美國的反應

　　蘇聯的戰後重建的確面臨極大困難，戰爭給蘇聯帶來了極其重大的損失。關於蘇聯在戰爭中的損失有不同估計，據俄國檔案披露的數字，戰後賠償委員會主席邁斯基 1944 年提供的「直接物質損失」為 7000 — 8000 億盧布（約合 1320 — 1500 億美元），這「超過了整個英國或德國的國家財富，相當於整個美國國家財富的三分之一」。[2] 其中固定資產的損失，據美國國務院財政金融事務辦公室主任科拉多 1945 年 1 月的估算為 160 億美元，約佔戰前總資產的四分之一，此外還有庫存（Inventory）資產損失 40 億美元。[3] 1943 年月，哈里曼向國務院報告說，據他觀察，「蘇聯政府認為重建問題是他們面臨的最重要的政治和經濟問題」。[4]

　　蘇聯領導層很早就認識到，取得國外提供的長期貸款是戰後經濟重建最的重要條件和前提。1943 年 7 月，針對美國提出的建立國際貨幣基金組織的建議，第一副外交人民委員維辛斯基在給莫洛托夫的報告中指出，美國試圖建立的穩定基金「根本無法解決我們尤其關心的提供長期貸款的問題」。在強調必須修改美國草案中對蘇聯不利的那些條款後，維

1　Funijiello, *American-Soviet Trade*, p. 10.

2　Zubok and Pleshakov, *Inside the Kremlin's Cold War*, p. 31.

3　*FRUS*, 1945, Vol. 5, pp. 938-939.

4　*FRUS*, 1943, Vol. 3, pp. 788-789.

辛斯基認為，「蘇聯參加穩定基金只有在這樣條件下才有可能，即基金將被賦予長期信貸的國際組織職能，或者在其建立的同時便將組建聯合國長期信貸銀行」。[1] 對此，外貿人民委員米高揚也有同感：無論是美國提出的穩定基金組織，還是英國主張的外匯清算同盟，對於蘇聯而言其意義都是有限的，因為它們可以提供的只是用於維持支付平衡的貸款和實質上帶有短期性質的信貸，「而蘇聯此時實際需要的乃是長期性貸款」。不過，米高揚也指出，這兩個組織都具有貸款利率較低（僅 1%）的價格優勢，可以成為蘇聯的信貸來源，況且也是蘇聯參與戰後國際組織的形式之一。[2]

蘇聯人很快但隱含地向美國傳達這個想法。1943 年 11 月 5 日，在與剛到任的哈里曼大使的會談中，米高揚對租借物資有可能成為「主要用於戰後重建的物資」這一話題表示出極大興趣。他說，蘇聯對重建鐵路系統、冶金廠、煤礦和發電站所急需的設備和材料的需求正在增加，而且還會不斷增加。米高揚還提出，在最近美蘇達成的第三個租借協議中已經列入一些項目，但「肯定需要提出更多的要求」，價值 3 億美元的額外訂單是不夠的。哈里曼解釋說，從法律上講，《租借法案》規定只能供應與戰爭性質直接有關的設備和材料。不過，總統和華盛頓有關方面傾向於對該法案做出「一個合理而寬泛的解釋」。接着哈里曼提出，或許可以開始討論為蘇聯重建「提供貸款和財政援助」的問題。對此，米高揚回答說，對比英國、德國和其他歐洲國家的設備，蘇聯人更喜歡美國設備，因為它們質量好且標準化程度高，但蘇聯的訂單取決於貸款條件和貨物價格。[3] 蘇聯的確非常需要美國的貸款，但是正如邁斯基在報告中所述，此時莫斯科考慮更多的是「按儘可能優惠的條件獲得援助，能以租

1　АВПРФ, ф. 06, оп. 6, п. 17, д. 170, л. 138-141. 關於貨幣基金組織和穩定基金，參見本書第二章。

2　АВПРФ, ф. 06, оп. 6, п. 17, д. 170, л. 142-148.

3　*FRUS*, 1943, Vol. 3, pp. 781-785.

借法案的形式給予供應最為理想」。[1]

根據俄國學者波波夫的研究，無論是出於經濟還是政治方面的考慮，當時蘇聯領導人非常重視外部資源對於蘇聯經濟恢復所起的作用，但對美國貨物的大規模訂單只能等待相應的貸款到來，在此之前，需要關心的是「根據《租借法案》靈活地調整與美國的結算業務」。畢竟當時租借物資也是蘇聯國民收入的重要來源之一：據統計 1945 年蘇聯國家預算收入總計 2980 億盧布，其中《租借法案》收益 310 億盧布，佔 10.4%。[2] 或許正是出於這種考慮，在美英蘇三巨頭第一次聚會討論戰時和戰後諸多重大議題的德黑蘭會議上，蘇聯沒有提出戰後重建和貸款問題。在一次與羅斯福的會談中，斯大林只是在羅斯福談到戰後美蘇將保持密切的貿易關係時提到，「如果美國人向我們提供裝備，我們可以供應他們原料」。[3] 儘管知道租借僅限於戰爭時期，此時蘇聯人還是期望通過條件優惠而手續簡單的租借方式取得儘可能多的外部資源。[4]

德黑蘭會議以後，隨着戰爭接近勝利的尾聲，蘇聯越來越關注戰後重建問題，對於長期貸款的要求也日益強烈。1943 年 12 月 7 日，外貿人民委員部的專家向米高揚提交了一份關於國際貨幣基金的指示草案，草案指出，美國「只有向蘇聯政府提供大規模長期政府貸款」，才能得到蘇聯為恢復經濟所需要的大量美國工業產品訂單。在對復興開發銀行方案的修改意見中，則需要包括如下內容：「大部分領土被佔領的國家，應該擁有不經一般程序即獲得長期貸款的權利，貸款數額無論如何不少

1　АВПРФ, ф. 06, оп. 6, п. 14, д. 145, л. 1-41//Источник, 1995, №4, с. 124-144.

2　*Попов В. П.* Экономическая политика советского государства, с. 104、109.

3　*FRUS*, The Conferences at Cairo and Tehran, 1943, Washington, D. C.: GPO, 1961, pp. 485-486. 會談記錄的俄國檔案見 *Санакоев Ш. П., Цыбулевский Б. Л.* (*сост.*) Тегеран-Ялта-Посдам, Сборник документов, Москва: Международные отношения, 1971, с. 17-21.

4　一些俄國研究著作中有一種顯然缺乏根據的說法，即在德黑蘭會議期間，羅斯福曾口頭許諾斯大林將為蘇聯提供 100 億美元左右的貸款。*Данилов А. А., Пыжиков А. В.* Рождение сверхдержавы: СССР в первые послевоенные годы, Москва: РОССПЭН, 2001, с. 19.

於繳納額的 150%。」[1] 維辛斯基也認為，只要美國同意蘇聯的修改意見，蘇聯可以接受美國關於穩定基金的計劃，「因為我們的主要利益在於獲得長期貸款，而這一需求可以通過該銀行（指復興開發銀行 —— 引者）完成」。[2] 在 12 月 31 日與哈里曼的會談中，莫洛托夫主動提出了美國在蘇聯經濟恢復中提供援助的問題。哈里曼表示，據《租借法案》，美國政府只能提供戰爭所需的物資，因此必須找到其他方法來滿足蘇聯的重建需要。具體說就是：（1）美國政府機構有可能向蘇聯政府提供貸款，以購買用於重建的美國設備和產品；（2）希望蘇聯政府告知最迫切需要的設備和物資清單以及交貨時間；（3）邀請美國專家來蘇聯幫助進行規劃。哈里曼向國務卿報告說，莫洛托夫對此表現出最強烈的興趣，通過他的問題和評論表明他理解並贊同我概述的方法，莫斯科高度重視美蘇在經濟領域「最緊密的合作」。[3] 蘇聯當然非常需要貸款，但關鍵是條件。

　　1944 年 2 月 1 日，米高揚試探性地向美國大使提出了蘇聯所需要的貸款數額及其條件：第一期 10 億美元，利息 0.5%，期限 25 年，從第 16 年開始，以年均等額分期償還。[4] 蘇聯人考慮的主要是條件問題，與戰前蘇聯從德國、英國和瑞典得到的貸款的條件 —— 額度少（不足 1 億美元）、期限短（5 年）、年利高（5.5% — 6%）[5] —— 相比，米高揚的要價的確是驚人的。不過，此時美國人考慮的主要不是條件而是法律問題。

　　對於向蘇聯提供貸款的問題，美國當時並沒有明確和一致的政策。國務院接到報告後通知哈里曼，財政部的建議與駐蘇使館基本一致，即應在莫斯科進行幫助蘇聯戰後重建的討論。總統特別助理霍普金斯正在

1　АВПРФ, ф. 06, оп. 6, п. 17, д. 170, с. 161-169.
2　АВПРФ, ф. 06, оп. 6, п. 17, д. 170, с. 181-201.
3　*FRUS*, 1944, Vol. 4, pp. 1034-1035.
4　*FRUS*, 1944, Vol. 4, pp. 1041-1042.
5　劉德芳主編：《蘇聯經濟手冊》，第 236 頁。

考慮以租借形式提供 3 億美元商品的問題，也有人認為，與蘇聯的談判
應通過定期的外交渠道進行，並應成為美蘇整體關係的組成部分。國務
院的初步考慮是，「在消除某些法律限制之前」，目前美國不能為戰後貿
易的貸款問題作出任何明確的安排。因此，在與蘇聯當局討論信用貸款
時，使館只能泛泛而談。[1] 所謂「法律限制」，首先是指 1934 年 1 月美國
參議院通過的《約翰遜法案》，其中規定，禁止向拖欠美國政府或公民債
務的國家提供貸款。而在 1933 年 11 月的蘇美建交談判中，雙方未能就
債務問題（蘇俄政府拒絕支付臨時政府拖欠的美國債務和實行國有化時
沒收的美國資產）達成協議。其次是 2 月 8 日國務卿通知哈里曼，總統
已經批准了如下行動程序：繼續向蘇聯政府表明美國政府將儘可能協助
蘇聯戰後重建的願望，並要求蘇聯政府儘快提供所需物資數量和類型的
準確信息；美國正在研究如何解決向蘇聯提供長期貸款遇到法律限制的
問題（指《約翰遜法案》和《租借法案》），以及美國進出口銀行貸款授
權的最高限額問題；美國將成立一個由各部門代表組成的專門委員會，
以研究和協調在兩國談判中所產生的一切問題。[2]

　　由於美方的積極性不高，將近一年的貸款交涉沒有任何進展，卻呈
現出一種混亂局面，美蘇雙方內部都存在不同的主張。在蘇聯內部，米
高揚與約翰斯頓談判後於 6 月拿出的具體貸款方案，遭到了國家計委主
席沃茲涅先斯基的反對。[3] 美國內部分歧意見更大，財政部長 H. 摩根索一
向親蘇，他全力支持為蘇聯提供長期貸款，建議的金額高達 50 — 100 億
美元，甚至同意取消利息。商務部負責官員 E. 羅普斯也認為，美國在一

1　*FRUS*, 1944, Vol. 4, pp. 1042-1043.

2　*FRUS*, 1944, Vol. 4, pp. 1047-1048.

3　*Липкин М. А.* Советский союз и интеграционные процессы, с. 126. 關於米高揚與沃茲涅先斯基的
　　意見分歧，還可參見米高揚本人的回憶錄：*Микоян А. И.* Так было. Размышления о минувшем,
　　Москва: ВАГРИУС, 1999, с. 493。

項慷慨的長期信貸政策中的受益將與蘇聯一樣多。但國務院和對外經濟管理局則完全拒絕向蘇聯提供長期貸款。[1]受到孤立主義和保守勢力的影響，反對意見在美國政府和社會上都普遍存在。這場爭論甚至在媒體上反映出來，一些報刊雜誌刊登了各不相同的看法。[2]在這種情況下，美蘇戰後長期大額貸款問題的談判自然不會取得進展，而是進入了「休眠狀態」。[3]美國對蘇聯的援助在 1944 年仍然以租借的方式繼續進行。3 月 18日，蘇聯與美國簽訂了第三次租借協議。[4]畢竟，戰爭還在進行中。

　　剛剛進入 1945 年，事情便發生了戲劇性變化。1 月 1 日，摩根索致函羅斯福說，財政部一直在制定一項計劃，以期在蘇聯重建期間向其提供全面援助。這「不是考慮增加租借或任何形式的救濟，而是一種對美國和俄國都將產生長遠利益的安排」。摩根索還說，他從駐蘇使館那裏了解到，「俄國人不願採取主動，但歡迎我們提出一項建設性計劃」。因此建議，美國應該「現在就站出來，向俄國人提出在重建期間援助他們的具體計劃」。[5]然而，沒等華盛頓採取行動，蘇聯卻「挺身而出」了。1 月3 日，莫洛托夫以外交照會的形式向哈里曼提交了蘇聯關於長期貸款的方案：額度 60 億美元，期限 30 年，年息 2.25%，從第 9 年末開始償還。此外，對於戰爭結束前的訂貨，要求美國在價格上給予蘇聯 20% 的折扣。莫洛托夫強調，蘇聯政府非常希望「在長期貸款的基礎上發展蘇美經濟關係」，蘇聯這樣做是為了緩解美國在過渡時期和戰後所面臨的經濟問題；這一方案的提出，也是考慮到美國活動家多次表示，希望在戰後得

1　Pollard, *Economic Security*, pp. 12-13; Funijiello, *American-Soviet Trade*, pp. 8-11; Blum(ed.), *From the Morgenthau Diaries, Vol. 3*, p. 304.

2　*Сироткин В. Г., Алексеев Д. С. СССР и создание Бреттон-Вудской*, с. 86; Funijiello, *American-Soviet Trade*, p. 13-14.

3　Paterson, "The Abortive American Loan", p. 76.

4　協議文本見 *FRUS*, 1944, Vol. 4, pp. 1065-1069。

5　*FRUS*, 1945, Vol. 5, pp. 937-938.

到大量的蘇聯訂貨。[1] 哈里曼後來回憶說，這是「一份驚人的荒誕無稽的書面照會」，是「他生平所遇到的最奇特的要求」。[2] 莫洛托夫之所以採取如此姿態提出問題，一方面是出於談判策略[3]，更主要的是在當時蘇聯人的理念中有一種盲目的自信：戰後美國將進入經濟危機，資本過剩和大量失業會迫使美國求助於蘇聯。[4]

與米高揚一年前的試探不同，這是蘇聯政府第一次正式向美國提出貸款要求，白宮必須認真對待並作出官方回應。對於蘇聯照會，哈里曼首先提出，對其不尋常的性質和不合理的條款應該「完全置之不理」，但他「感覺到一種暗示」，即美蘇「友好關係的發展將取決於慷慨的信貸」。因此必須向莫斯科表明，美國願意合作，全心全意地幫助蘇聯解決重大的重建問題。美國應該盡其所能「通過信貸幫助蘇聯發展健全的經濟」，並且已經到了提出具體政策的時候。另一方面也要讓俄國人明白，這一切「將取決於他們在國際事務中的行為」，為此，「美國政府應保留對所發放的任何信貸的控制權，以便保留政治優勢」。[5] 國務院在向總統轉交哈里曼的意見時強調了三點：（1）協助蘇聯經濟發展符合我們的利益；（2）俄國人應該理解我們在這方面的合作將取決於他們在國際事務中的行為；（3）對長期信用貸款的討論應與當前的租借談判完全分開。[6]

1　АВПРФ, ф. 06, оп. 7, п. 2, д. 29, л. 1-5//*Севостьянов Г. Н. (нау. ред.)* Советско-американские отношения, 1939-1945, с. 602-604. 英文本參見 *FRUS*, 1945, Vol. 5, pp. 942-44。據米高揚回憶，60 億美元這個數字是斯大林本人堅持提出的，儘管外貿人民委員認為 10 億美元比較合理，可以提出 20 億美元作為討價還價的籌碼，而 60 億美元則是不現實的。*Микоян А. И.* Так было, с. 494.

2　W. Averell Harriman and Elie Abel, *Special Envoy to Churchill and Stalin, 1941-1946*, New York: Random House, 1975, p. 384.

3　用哈里曼的話說就是「漫天要價」（twice as much for half the price），見 *FRUS*, 1945, Vol. 5, pp. 945-947。

4　當時蘇聯領導人的講話和政府的宣傳給美國人留下的就是這種印象。見 *FRUS*, 1946, Vol. 6, pp. 820-821; Funijiello, *American-Soviet Trade*, p. 19。

5　*FRUS*, 1945, Vol. 5, pp. 945-947.

6　*FRUS*, The Conferences at Malta and Yalta, 1945, pp. 312-313.

　　不過，財政部的意見完全不同，摩根索於 1 月 10 日向羅斯福提交的貸款方案，甚至比蘇聯方案還要優惠：為期 35 年的 100 億美元貸款，年息 2%！摩根索強調，蘇聯完全有能力償還這筆貸款，而且這樣做將為美國在戰後提供 6000 萬人的就業機會。[1] 國務院各部門對這一方案表示強烈反對，理由是：在國會取消法律限制之前不可能向蘇聯提供戰後貸款；大規模貸款是解決美蘇一系列政治經濟問題「唯一的具體談判槓桿」，現在放棄在戰術上是有害的；對於如此大量的貸款，蘇聯的償還能力存在問題。[2] 商務部的看法與此大體相同，只是口氣緩和一些。[3] 羅斯福本人非常支持對蘇聯戰後重建提供經濟援助，也表示出對貸款問題的「濃厚興趣」。[4] 不過，貸款面臨的國內法律問題是繞不過去的障礙，在這個問題解決之前，只能在租借方面想辦法。羅斯福在給國務卿的備忘錄中說：「俄國仍然是擊敗德國的主要因素。因此，我們必須繼續支持蘇聯。」目前已經要求蘇聯對涵蓋 1945 年 7 月 1 日至 1946 年 6 月 30 日的第五個租借協議作出陳述。希望國務院在現有資源的限制下，盡一切努力滿足這些要求。在簽署第五個協議之前，要「盡一切努力繼續向蘇聯提供充分和不間斷的物資」。[5] 至於戰後貸款問題，正如加迪斯指出的，羅斯福也傾向於以此作為美國與蘇聯打交道的一種「外交工具」，與國務院和哈里曼等人不同的是，他不願意在戰爭尚未結束時就使用這種手段。[6] 所以，羅斯福不主張在即將召開的雅爾塔會議上提出戰後貸款問題：「在得到我們想要的東西之前，我們要有所保留，不要給他們任何資金上的承諾，這是非

1　*FRUS*, 1945, Vol. 5, pp. 948-949.

2　*FRUS*, 1945, Vol. 5, pp. 938-940、964-966.

3　*FRUS*, 1945, Vol. 5, p. 966.

4　*FRUS*, 1945, Vol. 5, p. 968.

5　*FRUS*, 1945, Vol. 5, p. 944.

6　John Lewis Gaddis, *Strategies of Containment: A Critical Appraisal of Postwar American National Security Policy*, New York: Oxford University Press, 1982, p. 15.

常重要的。」[1]

1945 年 1 月 27 日，美國對蘇聯的照會作出了正式答覆：關於莫洛托夫提出的戰後貸款安排問題，「本政府目前正在研究提供戰後長期貸款的方式和方法，但頒佈相關立法以及決定相應撥款額度尚需時日。在這些步驟完成之前，我們無法在純粹的戰後貸款問題上達成任何明確的協議。戰後的長期貸款是我們兩國戰後關係的重要內容，本政府對此深信不疑。在完成必要的立法程序期間，我們希望蘇聯將所有可能的信息都發給我們，包括蘇聯政府準備提出的償還條款以及貸款需求的數量和範圍。就目前而言，蘇聯政府從我國獲取財政支持的唯一合法途徑依然是《租借法案》中的條款。」[2]

雅爾塔會議果然沒有涉及長期貸款的話題，莫洛托夫只是在 2 月 5 日三國外長的午餐會上提到，蘇聯希望從美國得到長期貸款，而斯退丁紐斯回答說，美國願意隨時在莫斯科或華盛頓討論這個問題。[3] 斯大林在雅爾塔也沒有提戰後貸款問題，只是在 2 月 8 日與羅斯福單獨會談時說，希望美國把一些剩餘租借物資賣給蘇聯。總統說，這需要對立法進行一些修改，以使戰後美國和英國不需要的過剩物資可以不加任何利息地以信貸方式進行轉移。斯大林馬上讚揚說，《租借法案》是一項了不起的發明，對戰爭勝利做出了非凡的貢獻。[4] 在同日的三巨頭會議上，斯大林再次高度評價說，「租借是總統在組建反希特勒聯盟方面最顯著和最重要的成

1　Blum (ed.), *From the Morgenthau Diaries, Vol. 3*, pp. 305-306.

2　*FRUS*, 1945, Vol. 5, pp. 968-970.

3　*FRUS*, The Conferences at Malta and Yalta, 1945, pp. 608-610.

4　*FRUS*, The Conferences at Malta and Yalta, 1945, pp. 766-768. 會談記錄的俄國檔案見 *Громыко А. А. (гла. ред.)* Советский Союз на международных конференциях периода великой отечественной войны 1941-1945гг., Том 4, Крымская конференция руководителей трех союзных держав-СССР, США и Великобритании (4-11 февраля 1945г.), Сборник документов, Москва: Издательство политической литературы, 1984, с. 128-133。

就之一」。[1] 顯然，斯大林從法律方面領會和理解了羅斯福的立場，因而專
注於通過租借方式取得經濟援助。當然，雅爾塔會議討論最多的對德索
賠問題實際上也是構成蘇聯戰後重建的主要外部資源之一，斯大林或許
是擔心此時提出貸款問題不僅無效，還會干擾關於蘇聯必爭的重要資源
問題的討論。貸款條件肯定也在莫斯科的考慮之中，1944 年 12 月米高揚
建議不接受 10 億克朗（約 2.38 億美元）的瑞典貸款，其理由就是條件不
好（3.5% 的利率、25% 用現金支付等）。[2] 還有學者提出了其他可能的原
因。[3] 無論如何，這次最重要的三巨頭第二次聚會再次避開了貸款問題。並
不是莫斯科認為戰後貸款問題不重要，恰恰相反，正因為這個問題對蘇
聯來講太過重要，所以必須在條件成熟時才能在最高層進行討論。只要
有羅斯福在，斯大林相信問題遲早會得到解決。斯大林知道需要給羅斯
福留出時間去解決美國國內的法律問題，但他不知道的是，羅斯福已經
時日無多。

　　羅斯福的確有意儘快排除美國關於貸款問題的立法障礙，雅爾塔會
議剛結束，總統就強烈要求國會立即通過布雷頓森林協定，要求美國馬
上響應建立國際銀行的建議，其理由之一就是國際銀行將對成員國「重
建和開發計劃的外匯需要提供可靠的貸款或對這種貸款提供保證」。準備
提交國會通過的還有擴大和加強 1934 年貿易法、締結關於降低貿易壁壘
的國際協定、修改進出口銀行章程以及廢除《約翰遜法案》等。[4] 然而，病
魔纏身的羅斯福未能看到這些結果，更沒有機會處理戰後對蘇貸款的問

1　*FRUS*, The Conferences at Malta and Yalta, 1945, pp. 797-799. 會談記錄的俄國檔案見 *Громыко А. А. (гла. ред.)* Советский Союз на международных конференциях, Том 4, с. 135-145。

2　*Кен О., Рупасов А., Самуэльсон Л.* Швеция в политике Москвы, 1930-1950-е годы, Москва: РОССПЭН, 2005, с. 342-343.

3　如等待美國發生生產過剩的危機，那時華盛頓就會給予更加慷慨的條件；在意識形態上蘇聯對自給自足和計劃經濟充滿自信。Pollard, *Economic Security*, p. 51.

4　Rosenman, *The Public Papers and Addresses of Franklin D. Roosvelt, 1944-45 Volume*, pp. 548-555.

題 —— 他在兩個月後病逝了。羅斯福應該後悔他做出的在雅爾塔會議不討論對蘇貸款問題的決定，無論如何，世界三巨頭會議的決議會對以後事情的發展產生重要影響，即使戰後貸款問題無法看到直接和明確的結果，一個意向性的文件也會約束繼任總統的行事方向和範圍。事實是，擔任副總統僅 83 天的杜魯門接管白宮權力後不久，與羅斯福的對蘇外交路線便漸行漸遠了。

美國拒絕提供貸款與蘇聯的強硬立場

哈里‧杜魯門是民主黨內的右翼，其對蘇聯的認知和主張都屬「鷹派」。就在德國進攻蘇聯後不久，據後來成為外交部長的葛羅米柯說，當時作為參議員的杜魯門宣稱：應該「先讓這兩國儘可能地互相殘殺」，美國再施以援手。[1] 另一方面，歐洲戰事臨近結束、蘇聯在處理波蘭和東歐事務中的強硬態度以及羅斯福的去世，使美國國內受到壓抑的孤立主義和反蘇情緒迅速蔓延，尤其在國務院和國會。[2] 這種政治氛圍無疑進一步助長了美國對蘇政策中把經濟援助作為外交工具的傾向。1945 年 4 月 23 日杜魯門與莫洛托夫會談時的講話可能並非他回憶的那樣粗魯、無禮，但確是強硬和冷漠的。在就波蘭臨時政府組建問題發生爭論時，莫洛托夫一再重申蘇聯願意合作，而杜魯門就是冷冰冰的一句話：只要蘇聯政府嚴格履行雅爾塔協定就沒有問題。[3] 5 月 10 日杜魯門草率地批准「立即停止」

1　*Соколов* Ленд-лиз в годы второй мировой войны, c. 14.

2　參見 Truman, *Memoirs by Harry S. Truman, Volume One*, pp. 98-99; *FRUS*, 1945, Vol. 5, pp. 839-842; Funijiello, *American-Soviet Trade*, pp. 21-22。

3　談話內容詳見 *FRUS*, 1945, Vol. 5, pp. 256-258; Charles E. Bohlen, *Witness to History, 1929-1969*, New York: W. W. Norton and Company, Inc., 1973, p. 213; Truman, *Memoirs by Harry S. Truman, Volume One*, pp. 81-82。關於這次對話的評論參見 Groffrey Roberts, "Sexing up the Cold War: New Evidence on the Molotov-Truman Talks of April 1945", *Cold War History*, Vol. 4, No. 3 (April 2004), pp. 105-111。

對蘇聯的租借援助，確屬經驗不足（沒考慮對日作戰），也非刻意針對蘇聯（英國接到了同樣的通知），而且在莫斯科抗議後立即收回了成命。[1] 不過，這些無知舉動也表明其下意識中對蘇聯不滿的情緒。無論如何，在對日作戰結束以後，經歷了幾個月的反覆試探和磋商，美國對蘇聯的租借貸款走到了盡頭，關於信用貸款的談判也沒有取得任何進展。

儘管雅爾塔會議沒有涉及貸款問題，但美國總要給蘇聯一個答覆，所以政府內部的討論仍在繼續。4 月 11 日，哈里曼建議，「應該盡一切努力從國會獲得貸款授權」，儘快「主動與蘇聯政府進行談判」，但必須表明，這種合作「取決於蘇聯政府在其他事務上對等合作的態度」。[2] 4 月 19 日，國務院財政和發展政策辦公室（OFDP）主任科拉多建議：在「政治條件」有利的前提下，與蘇聯開始由美國進出口銀行提供 10 億美元貸款的談判，但利率不應接受蘇聯提出的 2.25% 的特殊要求；考慮將來部分通過世界銀行向蘇聯提供長期貸款的可行性。[3] 5 月 9 日，斯退丁紐斯提交了將向總統報告的有關租借物資的原則意見：對西方盟友的援助應優先於蘇聯；開始削減對蘇聯的租借物資；給予蘇聯的對日作戰物資繼續大力推進；在租借及類似問題上對蘇態度要堅定，同時避免任何威脅暗示或政治談判的跡象。[4]

在 6 月 11 日與米高揚的會談中，美國駐蘇代辦 W. 佩奇通知並再次強調：根據美國的法律規定，戰爭結束後租借就將停止；美國政府正在考慮戰後貸款問題，但必須得到國會的授權。[5] 這個難題已經拖延了一年

1　詳見本書第一章，還可參見 Blum（ed.），*From the Morgenthau Diaries, Vol. 3*, pp. 447-448; МИД СССР Советско-американские отношения во время великой отечественной войны, 1941-1945, Т. 2, с. 388-391。

2　*FRUS*, 1945, Vol. 5, pp. 994-996.

3　*FRUS*, 1945, Vol. 5, pp. 997-998.

4　*FRUS*, 1945, Vol. 5, p. 998.

5　*FRUS*, 1945, Vol. 5, pp. 1018-1021.

多，現在總算開始解決了。1945 年 7 月，杜魯門要求國會將進出口銀行的貸款權限從 7 億美元增加到 35 億美元，並提出如果能按照租借協定中 3-c 條款[1] 達成一項貸款協議，其中的 10 億美元將專門撥給蘇聯（據金融和發展政策辦公室的設想，通過進出口銀行提供的貸款總計 28 — 33 億美元），以後可能還需要 10 億或 20 億美元。[2]《進出口銀行法》經眾議院和參議院通過後，於 1945 年 7 月 31 日開始實施。[3] 這樣，限制向蘇聯貸款的法律障礙之一（進出口銀行的貸款額度）已經消除，而採用租借貸款形式則可以規避《約翰遜法案》。但與此同時，美國越來越傾向對貸款問題實施政治干預，正如新任國務卿 J. 貝爾納斯所說，美國政府已經意識到將進出口銀行計劃與「美國外交政策框架相聯繫的重要性」，而且已經參與了世界銀行重大貸款政策的制定及與特定國家的每一步信貸談判。[4]

　　在為波茨坦會議準備的經濟問題清單中，國務院在蘇聯項下列出的第一條就是信用貸款問題。[5] 由於史料不足，目前尚不清楚波茨坦會議為何也沒有討論美國對蘇貸款問題。[6] 不過，哈里曼還是在 8 月 9 日通知蘇聯政府，美國進出口銀行準備向蘇聯提供貸款。[7] 於是，在美國的蘇聯政府採

1　根據對 1941 年《租借法案》的 3-c 條款，租借援助中的工業設備和物資在戰後仍繼續使用者，可以貸款方式提供，還款期 30 年，年利率 2.375%。見 FRUS, 1946, Vol. 1, p. 1395 (note)。

2　FRUS, 1946, Vol. 1, pp. 1395-1396; Paterson, "The Abortive American Loan", p. 81; Pollard, Economic Security, p. 30.

3　FRUS, 1945, Vol. 5, p. 347 (note).

4　FRUS, 1946, Vol. 1, 1402-1403.

5　FRUS, The Conference of Berlin (the Potsdam Conference), 1945, Vol. I, Washington, D. C.: GPO, 1960, p. 181.

6　後來杜魯門曾對聯合國祕書長賴伊說，1945 年他本來打算在與斯大林見面時提出給蘇聯 60 億美元貸款的問題，後因受到「羞辱」就放棄了。1950 年 5 月賴伊向斯大林提及此事，斯大林只是回答說：「戰時和戰後初期，我們迫切需要貸款，現在不再需要了。」斯大林與賴伊會談記錄，1950 年 5 月 15 日，РГАСПИ, ф. 558, оп. 11, д. 353, л. 18-34//Новая и новейшая история, 2001, №3, c. 109-116. 關於這個問題，筆者尚未找到相關的史料。

7　Paterson, "The Abortive American Loan", p. 82. 據作者說，這個情況是哈里曼本人在 1967 年 11 月 20 日告訴他的。

購委員會主席 L. G. 魯登科正式提出，蘇聯政府同意以貸款的方式採購約 4 億美元的美國剩餘租借物資，還希望通過華盛頓進出口銀行獲得一筆 10 億美元的信貸，期限 30 年，從第 9 年末開始還貸，年利率 2.375%。此外，蘇聯還要求美方在目前合同價格的基礎上給予 10% 的折扣。[1] 顯然，蘇聯已經從原來的提案退縮，基本上接受了美國的經濟條件。然而，這時美國的要價卻大大提高，特別是附加了許多政治條件。

1945 年 9 月，以密西西比州眾議員 W. 科爾默為首的國會眾議員代表團和參議員 C. 佩珀訪問蘇聯，關於貸款問題，美國提出了很多政治條件，如要求蘇聯提供包括軍事工業在內的國民經濟情況，從東歐撤出其佔領軍，保證東歐地區的言論和遷徙自由等。[2] 根據哈里曼的記錄，在 9 月 14 日分別與科爾默和佩珀會談時，斯大林抱怨說，蘇聯曾提出 60 億美元的貸款要求，但至今沒有得到美方的答覆；蘇美在貸款利率上有些分歧，而價格將是一個更大的難題。斯大林詳細講述了蘇聯戰後重建所需要的援助項目，並說蘇聯可以用穀物、肉類、原材料和黃金償還美國貸款。斯大林還強調，必須先在原則上就貸款問題做出決定，再由專家們討論細節問題。會談結束後，斯大林私下拉住凱南說：「告訴你的夥伴們，不要為那些東歐國家擔心。我們的軍隊會離開那裏，一切都會好起來的。」[3] 這最後一句「多餘的話」，明顯是為了打消國會議員們的政治顧慮。參議員佩珀在 9 月 21 日與維辛斯基會談時講到，美國人民了解戰爭給蘇聯帶來的巨大損失，但社會上確實存在對蘇聯「批評」的聲音，認為蘇聯想無償地從美國得到貸款。佩珀還特意提到，美國希望蘇聯對周邊弱小國家繼續推行友好政策，避免給人造成蘇聯想要割佔這些國家領土的印

1　*FRUS*, 1945, Vol. 5, 1034-1036.

2　Harriman and Abel, *Special Envoy to Churchill and Stalin*, p. 534; *Быстрова Н. Е. СССР и формирование*, с. 62-63.

3　*FRUS*, 1945, Vol. 5, pp. 881-884.

象。[1] 顯然，美國已經越來越傾向於把貸款作為推行其外交政策的手段和迫使蘇聯改變對東歐政策的槓桿，儘管蘇聯一再表示出對貸款的強烈要求。這一輪談判幾乎也是無果而終。根據俄國檔案，10 月 15 日美蘇簽訂了一項協定（即「管道協定」），美國同意向蘇聯支付一筆貸款，用於支付戰後剩餘的按照《租借法案》供應的設備和材料。不過金額只有蘇聯對於租借貸款要求的一半：這批設備和材料的價值 2.4 億美元，如果去掉美國尚未提供的物資和供應不配套的設備，僅剩 2 億美元。[2]

此後，美國的態度更加強硬。以科爾默為首的美國國會關於戰後經濟政策和計劃特別委員會於 11 月提出的報告指出，與蘇聯進行經濟合作的前提條件有六點：必須保證援助不得用於軍事目的；蘇聯應該「全面和坦率地披露」他們的生產統計數據；蘇聯必須從東歐撤出其佔領軍；蘇聯必須披露與東歐國家貿易條約的條款；蘇聯不得從東歐榨取救濟物資；在向東歐國家提供任何貸款之前，美國的財產必須得到保護。此外還提到許多與「門戶開放」有關的事項。[3] 這實際上等於宣佈關閉了向蘇聯提供貸款的閘門。貝爾納斯承認，對於蘇聯提出的 10 億美元的貸款要求，美國政府沒有做進一步的討論，「國務院一直奉行不鼓勵積極討論的政策，目前此事處於休眠狀態」。[4] 面對美國的態度和立場，11 月 15 日邁斯基在給莫洛托夫的報告中警告說，租借和貸款就是美國的帝國主義「擴張手段」。[5]

當然，與此同時，在美國也有一些不同聲音。副國務卿艾奇遜認為，美蘇之間的根本利益不會發生衝突；商務部長華萊士指出，那些對

1 АВПРФ, ф. 06, оп. 7, п. 4, д. 4, л. 23-25.

2 РГАЭ, ф. 413сч, оп. 25, д. 3338, л. 1-2//Севостьянов Г. Н. (нау. ред.) Советско-американские отношения, 1949-1952, Документы, Москва: МФД, 2006, с. 559-560.

3 Paterson, "The Abortive American Loan", p. 84.

4 FRUS, 1945, Vol. 5, p. 1048.

5 АВПРФ, ф. 06, оп. 7, п. 18, д. 184, л. 38-75.

我們的盟友產生懷疑並在國家之間製造敵意的人是美國的敵人；美蘇友好全國委員會前主席拉蒙特則呼籲，蘇聯新的五年計劃證明了其「和平意圖，這對美國企業來說也是一個機會」。[1] 駐蘇大使哈里曼也感到，到目前為止的美國對蘇經濟政策增加了蘇聯對美國的誤解，助長了蘇聯「採取單邊行動的傾向」，甚至還可能促成「他們對紅軍佔領或解放的國家的貪婪政策」。[2] 蘇聯還是需要貸款的，只是不能忍受美國以政治條件進行要挾。斯大林在 1946 年 1 月 23 日接見即將離任的哈里曼時明確表示，蘇聯準備與美國開始關於貸款問題的談判，但是不會接受美國眾議院代表團訪蘇（1945 年 9 月）時提出的條件，並宣稱蘇聯政府根本不會考慮那些「侮辱性的」條件。[3]

　　除了政治要求，美國拖延解決貸款問題還有一個目的，就是促使蘇聯加入國際貨幣基金組織。蘇聯雖然派代表出席了布雷頓森林會議，也簽署了協議書，但是到 1945 年底 —— 國際貨幣基金組織提出的最後期限，蘇聯並沒有宣佈參加這一組織。[4] 美國最初的想法是構建一個穩定的國際金融貿易體系，沒有蘇聯的參加自然不行。於是，美國決定對蘇聯放寬期限，並於 1946 年 1 月初通知駐蘇使館，美國已向蘇聯提出參加 3 月國際貨幣基金組織理事會的邀請。國務院認為，目前還沒有證據表明蘇聯不再爭取貸款和參加國際貨幣基金組織，但有一點很清楚，「如果蘇聯不加入布雷頓森林體系，美國當然很難向蘇聯提供重建貸款」。[5] 此外，如上所述，斯大林已經明確講過，蘇聯希望先在原則上確定貸款問題，

1　Funijiello, *American-Soviet Trade*, p. 11.

2　Paterson,"The Abortive American Loan", p. 84.

3　Transcript of conversation between Stalin and Harriman, January 25, 1946, APRF, f. 45, op. 1, d. 378, ll. 88-97, 轉引自 Pechatnov,"Averell Harriman's Mission to Moscow", pp. 45-46。佩恰托夫所引談話記錄把斯大林接見哈里曼的時間寫成 1 月 25 日，顯然是把提交談話記錄的時間誤作談話時間了。關於這次談話還可參見 Harriman and Abel, *Special Envoy to Churchill and Stalin*, pp. 533-534。

4　詳見本書第二章。

5　*FRUS*, 1946, Vol. 6, pp. 823-824.

再討論細節和其他問題，美國則反覆要求蘇方提供庫存清單等材料，並在 2 月 21 日提出，美國要求在貸款談判中同時解決所有懸而未決的經濟問題，希望蘇聯政府早日答覆。[1]

　　1946 年 3 月 15 日，蘇聯在覆照中提出，同意在貸款談判中與美國討論如下問題：1. 美國給予蘇聯長期政府貸款的數額和條件；2. 簽署蘇美貿易和通航條約；3. 落實美國關於擴大世界貿易和就業協議第七條的辦法；4. 簽署結束租借和清算的協議。蘇聯政府認為，將任何其他問題與信用貸款問題的討論聯繫起來是不合適的，在上述問題解決之後，蘇聯願意討論美國提出的其他問題。[2] 4 月 10 日，美國新任駐華大使史密斯拜會副外長李維諾夫時提到，蘇聯會得到貸款，但需要「某種條件」。[3] 4 月 18 日美國在照會中答覆，同意先討論蘇聯提出的貸款和租借問題，但同時還必須討論美國提出的其他經濟問題。談判應於 5 月 15 日在華盛頓舉行。照會還表示，美國對蘇聯派觀察員出席國際貨幣基金組織和國際復興開發銀行理事會第一次會議表示歡迎，並希望蘇聯利用參加這次會議的機會加入該機構。[4] 然而，會談尚未開始，甚至還沒有接到蘇聯的答覆，在美國國家諮詢委員會會議上就有人提出將準備貸給蘇聯的 10 億美元挪為他用的問題，理由是與蘇聯的貸款談判已經一年多了，這次是否會有結果是令人懷疑的，尤其是蘇聯不可能在貿易政策、東歐和滿洲等一系列問題上做出讓步。[5] 此後不久，美國新聞報道中便傳出美國政府可能不再向蘇聯提供 10 億美元貸款的消息，當諾維科夫詢問時，美方解釋說，進出口銀行的貸款額度確實告罄，但總統正在要求國會再為銀行批准 12.5

1　*FRUS*, 1945, Vol. 5, pp. 1051-1052; *FRUS*, 1946, Vol. 6, pp. 818-819、820、828-829.

2　*FRUS*, 1946, Vol. 6, pp. 829-830; *Микоян А. И.* Так было, с. 495.

3　АВПРФ, ф. 06, оп. 8, п. 3, д. 31, л. 12-15//*Севостьянова Г. Н. (нау. ред.)* Советско-американские отношения, 1945-1948, с. 195-197.

4　*FRUS*, 1946, Vol. 6, pp. 834-37; *Микоян А. И.* Так было, с. 495.

5　*FRUS*, 1946, Vol. 1, pp. 1430-1431.

億美元的額度。[1]

　　蘇聯不想放棄這次機會，5 月 17 日諾維科夫通知美國，蘇聯政府準備開始貸款等問題談判，至於與此沒有直接關係的其他經濟問題，也準備在談判期間初步交換意見。[2] 然而，此時蘇聯內部又出了問題。據米高揚回憶，蘇聯 5 月 17 日的照會既未經斯大林審閱，也沒有在政治局會議上討論，而只是由米高揚和莫洛托夫批准的。[3] 斯大林對此提出了嚴厲批評，其錯誤在對美國做出了重大讓步。[4] 5 月 23 日，米高揚、維辛斯基等人根據 5 月 18 日政治局會議的決議，起草了關於貸款談判的指示，主要內容如下：1. 首先聲明蘇聯代表團授權談判的只是蘇聯照會中提到的 4 個問題，把美國照會中提到的「其他問題」作為貸款談判的條件會被視為拒絕向蘇聯提供貸款，因此這些問題應該在貸款額度和條件以及租借清算達成協議之後再行討論；2. 關於 10 億美元的貸款，蘇聯政府接受美國的提議（但貸款年息須降為 2%）；3. 努力與美國簽署租借結束和清算的協議；4. 批准蘇美友好貿易和航運條約草案；5. 在促進國際貿易的問題上，蘇聯政府不反對同聯合國其他成員國政府合作，但這種合作的範圍應該不與蘇聯經濟的基礎相矛盾，其中包括不與國家對對外貿易的壟斷相矛盾；6. 上述協議和條約順利簽署後，可以聽取美方對其他問題的陳述，並告知將對此進行研究；7. 如果美國政府同意我們的建議，並簽署了貸款協議、租借清算協議，代表團應該表示，蘇聯願意成為國際貨幣基金組織和國際復興開發銀行的成員，也願意成為聯合國糧食組織的成員。[5]

1　*FRUS*, 1946, Vol. 6, pp. 838-839.

2　*FRUS*, 1946, Vol. 6, pp. 841-842.

3　Микоян А. И. Так было, с. 496-497.

4　*Павлов М. Ю.* Анастас Микоян: политический портет на фоне советской эпохи , Москва: Международные отношения, 2010, с. 228-229.

5　РГАСПИ, ф. 84, оп. 1, д. 28, л. 67-177.

　　上述態度強硬、用詞尖銳的文件顯然是為蘇聯代表團進行貸款談判準備的，但是，儘管斯大林認為 5 月 17 日的照會已經做出了無法容忍的重大讓步，美國並未接受蘇方的建議。6 月 13 日諾維科夫收到一份照會，美國在照會中仍然堅持以前提出的同時進行「其他問題」的談判，並再次重申，希望蘇聯就加入國際貨幣基金組織和國際復興開發銀行問題表達意見，而這將有助於順利完成對金融和經濟問題的討論。[1] 對此，7 月 9 日，米高揚向斯大林提交了答覆草稿，其內容與以前的文件沒有什麼變化，只是調整了一下討論問題的順序。[2] 但是，似乎蘇聯並沒有向美國提交這個答覆照會。7 月 18 日在總統新聞發佈會上答覆有關「是否根本就不存在提前為蘇聯申請貸款的計劃」這一問題時，杜魯門痛快而簡潔地答到：「我不知道。我從來沒有聽說過。」[3] 7 月下旬《紐約時報》連續公開報道：美國沒有承諾向蘇聯貸款；關於對蘇貸款問題的討論，從未超過「初步階段」。[4]

　　從此以後，雖然蘇聯還對貸款抱有一線希望[5]，但美蘇之間關於戰後重建的貸款問題再也沒有進行討論，實際上，正式的貸款談判也從來沒有舉行。[6]

1　*FRUS*, 1946, Vol. 6, pp. 844-846.

2　РГАСПИ, ф. 84, оп. 1, д. 29, л. 61-63.

3　*FRUS*, 1946, Vol. 6, pp. 839-840.

4　*The New York Times*, July 22、25, 1946.

5　是年 10 月 7 日，蘇聯接受了 2780 萬美元的瑞典貸款（實際利息 2.37%）。РГАСПИ, ф. 84, оп. 1, д. 141, л. 45//*Липкин М. А.* Советский союз и интеграционные процессы, с. 134. 有學者認為，莫斯科這樣做的意圖就是希望「最終能夠得到美國的貸款」。見 *Кен О., Рупасов А., Самуэльсон Л.* Швеция в политике Москвы, с. 344. 此外，在 1947 年 4 月莫斯科會議期間，儘管美蘇在德國問題上的爭論已經陷入僵局，斯大林在接見美國國務卿馬歇爾時，還反覆提到貸款問題。見 АВПРФ, ф. 06, оп. 9, п. 71, д. 1104, л. 29-39//*Севостьянова Г. Н. (нау. ред.)* Советско-американские отношения, с. 406-413。

6　此後美蘇之間進行了漫長的租借清算談判，但這完全是另一個問題了。

幾點結論和思考

大體說來，戰後蘇聯獲取國外（其實主要是美國）貸款有三個渠道。其一，國際貨幣基金組織和世界銀行的貸款，這裏的好處是利息低（1%），但前提是申請者必須是成員國。由於蘇聯最後未加入布雷頓森林體系，這條渠道自己放棄了。其二，租借貸款，這裏的各種條件都比較優惠，故而是蘇聯一直努力爭取的方式，但因只限於戰爭期間，成果不大。其三，信用貸款，這是蘇聯（也是各國）爭取戰後重建資金的主要方式，但受制於美國國內法律規定，且具體條件（主要是利率、年限和商品價格）需要雙方談判確定。當蘇聯意識到信用貸款是獲取國外資金的主要渠道時，美蘇關係已開始惡化，雙方談判進行得十分艱苦。

從戰爭結束到 1947 年 7 月宣佈馬歇爾計劃前，以租借貸款和信用貸款兩種方式，美國對外貸款有幾十億美元。蘇聯是最早提出貸款要求的，但最後只得到區區 2 億美元的剩餘租借物資貸款。相比之下，英國 1945 年 9 月開始與美國討論貸款問題，兩國談判 —— 也很艱苦 —— 的結果，得到 37.5 億美元的貸款，利息 2%（如果算上 5 年的付息寬限期，實際為 1.63%），此外作為租借「收尾」計劃追加的貸款，還有 6.5 億美元。[1] 得到美國貸款（美元）的歐洲國家還有法國（19 億）、意大利（5.13億）、丹麥（2.72 億）、波蘭（2.25 億）、希臘（1.61 億）。[2] 除希臘外，貸款額度都比蘇聯多。即使遠在亞洲的中國，得到的美國貸款也比蘇聯多得多：至 1947 年 6 月 30 日，中國政府僅獲取租借貸款就約 7.8 億美元，

1　Truman, *Memoirs by Harry S. Truman, Volume One*, pp. 479-480. 美英貸款談判的詳細過程見 Steil, *The Battle of Bretton Woods*, pp. 277-282。

2　Tony Judt, *Postwar: A History of Europe Since 1945*, New York: The Penguin Press, 2005, p. 90.

還有 1 億多美元的信用貸款。[1] 事情怎麼會是如此結局？從本文對歷史過程的梳理可以看出：

一、美國政治右傾是拒絕向蘇聯貸款的主要障礙

羅斯福主政美國時期，美蘇雙方都對戰後的合作（包括經濟合作）充滿熱情和希望，儘管蘇聯有些疑慮，但還是積極響應美國建立國際經濟合作機制的建議，希望在保證蘇聯經濟安全的前提下獲取經濟實惠。如果不是羅斯福突然去世，美國對蘇聯的貸款問題在雅爾塔會議之後便會提上議事日程，並很有可能得到順利解決。白宮易主和戰爭後期美國右翼政治勢力抬頭，成為蘇聯獲取美國貸款的主要障礙。

二、蘇聯錯失了提出貸款要求的有利時機

為實現戰後經濟重建的宏大目標，取得美國提供的長期大額信用貸款是蘇聯最重要的外部資源。對這一點，克里姆林宮和各級官員都有共識。但是，受到政治經濟學傳統觀念的深刻影響，期待美國戰後爆發經濟危機，以此為自己謀取最佳貸款條件，導致蘇聯不願主動也未能及時正式提出合理的貸款要求。這也是雅爾塔會議未能討論美蘇貸款問題的主要原因之一。儘管羅斯福不願在會上提出這個問題，但如果斯大林主動提出，羅斯福也不太可能迴避。

三、法律限制不是蘇聯未能得到貸款的原因

美國對外貸款的法律障礙是一個問題，但它不是針對蘇聯一個國家的，儘管美國政府一開始就向蘇方提出了這個問題。結果，美國的法律問題解決或規避後，其他國家都得到了貸款，唯獨蘇聯除外。所以，法

1　據蘇聯當時的統計和核算，戰後至 1948 年，美國給中國政府的各種援助總計超過 43 億美元，其中租借貸款 7.776 億美元，進出口銀行貸款 0.828 億美元，國會特別貸款 0.180 億美元。АВПРФ, ф. 434, оп. 3, д. 45, п. 21, л. 19-23//*Ледовский А. М., Мировицкая Р. А., Мясников В. С. (сост.)* Русско-китайские отношения в XX веке, Документы и материалы, Том V, Советско-китайские отношения, 1946-февраль 1950, Книга 2: 1949-февраль 1950гг., Москва: Памятники исторической мысли, 2005, с. 456-458。

律限制不是蘇聯未能得到貸款的原因。

四、蘇聯無法接受把貸款作為外交的工具和槓桿

具有右翼傾向的杜魯門接管白宮、戰後美國孤立主義和保守主義情緒蔓延、對蘇聯某些政治舉措（主要是波蘭和東歐問題）日益不滿，這些意識形態偏見導致美國政府愈來愈傾向於把經濟援助（主要是貸款）作為一種外交工具和槓桿，而主張「政經分離」的蘇聯政府對此無論如何是不能接受的。在這方面，蘇聯的立場在客觀上具有合理性，否則美國主張的國際經濟合作和世界經濟一體化在邏輯上就說不過去。

五、蘇聯的問題在於意識形態的認知偏差

蘇聯領導人最大的問題在於認知偏差，就是沒有看到戰後世界經濟走向一體化的大趨勢，不願承認美國的經濟實力必然導致其主導未來世界經濟的現實，更沒有意識到蘇聯自身經濟體制存在的弊端，而這種體制不經過逐漸的調整和改革就無法融入世界經濟體系。事實上，蘇聯只要加入國際貨幣組織和貿易組織，解決貸款問題就是順理成章的事情了。

六、貸款談判失敗促進了美蘇的經濟切割

貸款問題對於蘇聯戰後重建的重要性，必然導致貸款流產後果的嚴重性。在最後的談判和交涉中，美國把參加國際貨幣基金組織和世界貿易組織作為對蘇貸款的前提之一，而蘇聯則把實現貸款作為加入布雷頓森林體系的主要條件，由此形成僵局。如果把戰後蘇聯經濟走向封閉看作一個歷史過程，那麼美國對蘇貸款流產就是美蘇經濟關係惡化、促進蘇聯與世界經濟體系進行切割的第一張多米諾骨牌。如此看來，經濟摩擦和糾葛是冷戰發生過程中不可忽視的重要因素。同時也應該看到，美國拒絕向蘇聯提供貸款，其根本原因是對蘇聯戰後對外政策的戰略認知陷入了誤區。

第四章

冷戰前奏：

美國對蘇聯戰略認知陷入誤區

美蘇之間的冷戰是何時開始的？或者說，戰後兩極對抗的世界格局是何時形成？這是國際學界在冷戰史研究中長期爭辯的問題。20 年前筆者曾參與這一問題的討論，並提出從概念上界定冷戰開啟的兩個標誌，即對抗的雙方（而不是任一單方）已經出台比較完整的冷戰政策；在這一政策基礎上各自在一定勢力範圍內組建了國際政治集團，並由此判定，杜魯門宣言和馬歇爾計劃的提出以及蘇聯拒絕馬歇爾計劃並建立歐洲共產黨、工人党情報局表明，美蘇雙方的對抗戰略已經出台，兩極格局初步形成。從 1947 年 3 月至 9 月，是冷戰開始的過程。[1]

不過，1946 年春夏美蘇關係的確呈現出一種「劍拔弩張」的狀態。2 月 9 日斯大林發表選舉演說激起美英社會輿論譁然，2 月 22 日凱南從莫斯科發回的「長電」在白宮和國會山引起熱烈反響，3 月 5 日丘吉爾在富爾頓發表「鐵幕」演說，遭到蘇聯報刊和斯大林本人的全面反擊和嚴厲斥責。一時間，蘇聯與英美相互指責和攻擊，國際形勢極為緊張，似乎進入了白熱化狀態。[2] 很多歷史研究者對此做出判斷：有人認為斯大林進行了「冷戰動員」，有人認為凱南啟動了冷戰「機制」，更多的人認為丘吉爾發出了「冷戰宣言」。總之，在很多學者看來，冷戰在 1946 年春天便

1　沈志華：《共產黨情報局的建立及其目標 —— 兼論冷戰形成的概念界定》，《中國社會科學》2002 年第 3 期，第 172-187 頁。
2　幾乎所有研究冷戰起源的論著都會提到這三個「宣言」，近年比較詳細而集中的討論可參見 Frank Costigliola, *Roosevelt's Lost Alliances: How Personal Politics Helped Start the Cold War*, Princeton: Princeton University Press, 2012, pp. 394-317。

已經開始了。[1] 實際情況是這樣嗎？判定冷戰爆發的標準又是什麼？

　　筆者堅持冷戰形成界定的兩個標準，因此需要回答的問題是：1946年初蘇聯、美國和英國的這三次舉動的個人目的是什麼？實際結果又如何？它們之間產生了怎樣的互動關係？如果說冷戰已經形成，那麼應如何判定美蘇雙方此時的政策目標？如果說冷戰尚未形成，那麼這些舉動對後來局勢的發展產生了怎樣的影響？關鍵的問題是，在此時刻美蘇兩國決策層如何認定對方的戰略和政策，如何決定己方的外交目標和行為走向。

戰後初期美蘇之間的分歧和矛盾

　　不能說蘇聯與美國和西方的戰時同盟關係沒有缺陷，更不能否定美蘇之間在戰時就出現了分歧和矛盾。但是總體來講，羅斯福總統掌管白宮期間，在美國政府和國會中，主張對蘇友好合作的傾向始終佔據美國政治的主導地位。在羅斯福眼中，美蘇關係甚至重於英美關係，道理很簡單 —— 反法西斯戰爭歐洲戰場的主力是蘇聯。惟其如此，在「華沙起義」問題上，美國才勸導和壓服英國容忍了蘇聯紅軍「袖手旁觀」的行

1　參見 Walter LaFeber, *America, Russia, and the Cold War, 1945-2006*, Tenth Edition, Boston: Mc Graw Hill, 2010, p. 44; Pechatnov, "The Soviet Union and the World, 1944-1953", p. 100; Harold James and Marzenna James, "The Origins of the Cold War: Some New Documents", *The Historical Journal*, 1994, Vol. 37, №3, p. 615; Fraser J. Harbutt, *The Iron Curtain: Churchill, America, and the Origins of the Cold War*, New York and Oxford: Oxford University Press, 1986, pp. 210、264-266; Ralph B. Levering et al (eds.), *Debating the Origins of the Cold War: American and Russian Perspectives*, New York: Rowman & Littlefield, 2002, pp. 34-35; *Платонов О.* Тайная история России, XX век, Эпоха Сталина, Москва: Московитянин, 1996, с. 242; *Чубарьян А. О.* О происхождении холодной войны, новые документы и дискуссии//*Тихвинский С. Л. (отв. ред.)* Восток-Россия-Запад, Исторические и культурологические исследования, Москва: Памятники исторической мысли, 2001, с. 750; Christopher Layne, *The Peace of Illusion: American Grand Strategy from 1940 to the Present*, Ithaca and London: Cornell University Press, 2006, pp. 54-55。

為；在雅爾塔會議討論波蘭問題時，羅斯福才站在斯大林一邊化解了蘇英之間的激烈爭執。[1] 隨着戰爭走向勝利，蘇聯與英美之間的猜忌不斷加劇，如戰俘處理問題、情報交換問題、機場使用問題等，最典型、最嚴重的莫過於「伯爾尼事件」—— 英美軍方代表在瑞士與德國代表談判意大利北部戰場德軍投降事宜，蘇聯懷疑西方盟國陰謀與納粹單獨媾和，以加強歐洲東部戰場對蘇軍的壓力。直到羅斯福親自出面反覆解釋和保證，才打消了斯大林的疑慮。4 月 11 日，伯爾尼事件劃上了句號。儘管如此，羅斯福處理的美蘇關係中這最後一件麻煩事，使他對未來盟國團結合作的信心受到沉重打擊。[2]

　　1945 年 4 月 12 日羅斯福去世，對於開始動搖的美蘇關係不啻雪上加霜，甚至可以認為這是導致美國國內政治迅速右轉的重大因素。民主黨長期執政早已引起共和黨的忌恨，羅斯福政府的親蘇政策在國會兩院也一直有人質疑，但是戰爭需要白宮有一個強勢掌舵人。隨着戰爭進入尾聲，美國右翼政治勢力和反蘇反共傾向日益抬頭。羅斯福在參加其第四次美國總統競選時，放棄比他更加左傾的華萊士，而選擇民主黨右翼代表杜魯門做搭檔，就已經可以看出美國政治改變的苗頭。杜魯門入主白宮後不久，大量更換主要政府官員，逐漸改變羅斯福的政策，並且由於

1　關於華沙起義問題的較新研究，參見 Jan. M. Ciechanowski, *The Warsaw Rising of 1944*, Cambridge: Cambridge University Press, 2002; Наринский М. М. и др Великая Отечественная война1941-1945годов; McMeekin, *Stalin's War*, ch. 30；胡舶：《蘇美英三國在援助華沙起義問題上的分歧、鬥爭及其影響》，《世界歷史》2014 年第 3 期，第 17-31 頁。關於雅爾塔會議上關於波蘭問題的爭論，參見 Z. Kaminski Antoni, Bartłomiej Kaminski, "Road to 'People's Poland': Stalin's Conquest Revisited", in Vladimir Tismaneanu(ed.), *Stalinism Revisited: The Establishment of Communist Regimes in East-Central Europe*, Budapest-New York: Central European University Press, 2009, pp. 195-230; Serhii M. Plokhy, *Yalta: The Price of Peace*, New York: The Viking Penguin, 2010, pp. 153-156、177-178、197、243-250。

2　Feis, *Churchill-Roosevelt-Stalin*, p. 583-596; Plokhy, *Yalta: The Price of Peace*, pp. 361-370; Печатнов В. О., Магадеев И. Э. Переписка И. В. Сталина с Ф. Рузвельтом и У. Черчиллем, Том 2, с. 458-501. 羅斯福在其生命的最後時刻也感到幻想破滅，「無法與斯大林打交道」。見 Harriman and Abel, *Special Envoy to Churchill and Stalin*, p. 444; Dallek, *Franklin D. Roosevelt*, pp. 523-527。

意識形態的偏見，往往過度甚至錯誤地理解和認知蘇聯的戰略意圖。在這種情況下，美蘇之間的分歧和矛盾進一步爆發出來，但其結果顯示，美蘇關係並非沒有迴轉的餘地。

德國宣佈投降的第二天（1945 年 5 月 9 日），美國在沒有任何預告的情況下突然對蘇聯採取了中止租借援助的舉措，甚至召回已在途中的運輸船隻。儘管從法律的角度講美國的租借政策只適用於戰時，而造成混亂的主要原因則在於執行官員的反蘇情緒，但白宮無視羅斯福對蘇聯「無條件援助」的方針，絲毫不顧及盟國感情和尊嚴的處事方式，嚴重刺激和傷害了斯大林。蘇聯對美國新政府戰後對蘇政策的懷疑和擔憂由此而生。然而，杜魯門馬上採取補救措施，緊急派遣已病入膏肓的前羅斯福私人顧問霍普金斯訪問莫斯科，當面向斯大林解釋和道歉。結果是，不僅租借援助在對日作戰中繼續進行，而且在戰事結束後不久（10 月 15 日），美蘇簽署「管道」協議，以租借貸款方式解決了對蘇租借剩餘物資的生產和運輸問題。[1]租借是美蘇戰時合作的基石，現在似乎也可以成為戰後美蘇和平相處的起點。

杜魯門政府對原子彈問題的處理方式也大大加深了蘇聯對美國的不信任感。作為共同對日作戰的盟國，對原子彈試驗成功這一非常敏感的消息，美國費盡心機，既要讓蘇聯人知道情況，又不想讓他們感到是在施加壓力，但斯大林對此卻非常敏感。特別是在日本本土投放原子彈這一重大的軍事舉措，美國事先竟未對蘇聯透露半點風聲。原子彈是威力空前的毀滅性武器，當蘇聯極大地加強了軍事和政治實力，並通過獲取勢力範圍建立起「縱深防禦」，從而擺脫了「孤島意識」時，美國這種「原子外交」的做法無異於暗中向蘇聯表明，其剛剛取得的戰略優勢在原子彈面前將盪然無存。正如美國駐蘇聯大使哈里曼正確地指出的，原子

1　詳見本書第一章。

彈對蘇聯是一種「心理」壓力，使他們「恢覆了以往的危機感」。[1] 英國大使館公使銜參贊 F. 羅伯茨也認為，「原子彈的陰影使我們（指西方與蘇聯 —— 引者）的關係變得暗淡了」。[2] 為了安撫蘇聯，美國在 1945 年底的莫斯科會議期間呼籲國際原子能合作，否認美國「利用原子彈作為對任何國家的外交或軍事威脅」的傳言。蘇聯則接受了美國的建議，同意在聯合國成立一個原子能委員會。[3]

對日本的佔領和管制突出地表現出美蘇戰後在遠東地區的矛盾和分歧。在斯大林看來，雅爾塔密約確認了蘇聯在遠東地區北緯三十八度線以北的勢力範圍，這不僅包括外蒙古、中國東北和千島羣島，而且應該擴展到日本本土。因此，當美國提出以三八線為界確定美蘇雙方在朝鮮半島的受降區域時，斯大林毫不猶豫就答應了，儘管此時蘇軍先頭部隊已經到達漢城（今首爾）。但同時，蘇聯提出三八線應向東延伸，即允許蘇軍在日本本土北海道登陸，卻遭到美國拒絕。[4] 杜魯門此時已下定決心：「對日本的佔領不能重蹈德國的覆轍」，不允許再出現分區佔領的情況。[5] 對日本的管制當然也決不能讓蘇聯染指。蘇聯在 1945 年 9 月倫敦外長會議上建議成立由四大國組成的對日管制委員會，美國堅決反對。[6] 會後雙方反覆討論，沒有結果。[7] 直到 12 月的莫斯科外長會議，才決定成立由十幾個國家組成的遠東委員會，僅負責有關日本投降書中涉及事務的政策和

1 *FRUS*, 1945, Vol. 5, pp. 922-924.

2 Paul Preston and Michael Partridge (ed.), *British Documents on Foreign Affairs: Reports and Papers from the Foreign Office Confidential Print, Part IV, Series A, Volume 1*, University Publications of America, 1999, p. 91.

3 Harbutt, *The Iron Curtain*, pp. 139-140; *Печатнов В. О. От союза к холодной войне*, с. 116.

4 詳見沈志華：《三八線的由來及其政治作用》，《上海師範大學學報》1997 年第 4 期，第 57-60 頁；沈志華：《毛澤東、斯大林與朝鮮戰爭》（增訂第三版），廣州：廣東人民出版社，2013 年，第 69-70 頁。

5 Truman, *Memoirs by Harry S. Truman, Volume One*, p. 432.

6 *FRUS*, 1945, Vol. 2, pp. 357-359、365-370、379-380、418-420.

7 詳見 *Печатнов В. О. От союза к холодной войне*, с. 110-113。

原則的制定，委員會不得干預在日本的軍事行動和領土調整，尊重美國
在日本的現有管制機制。同時成立一個由美國成員擔任總司令的盟國委
員會，而總司令是盟國唯一能在日本行使行政權力的人。[1] 蘇聯雖有發言
權，但實際上已經被排除在對日佔領和管制之外。斯大林對此不滿，也
只能接受。

　　與日本相比，從地緣政治角度考慮，斯大林更重視東歐和巴爾幹。
但就是在這個西方認可的勢力範圍內，美蘇關係也遇到了麻煩。美國並
不否認由蘇聯「管轄」東歐，但是雅爾塔會議公佈的《關於被解放的歐
洲的宣言》在談到歐洲秩序的確立時，強調應通過自由選舉建立民主的
政府。斯大林接受了這一原則，也的確在東歐各國建立了「聯合政府」，
不過前提是該政府必須是親蘇的和蘇聯能夠控制的。杜魯門政府則要求
東歐和巴爾幹成為「開放的領域」，並以此為藉口遲遲不承認在蘇軍佔領
下成立的匈牙利和巴爾幹各國政府。波茨坦會議沒有解決這個問題，倫
敦會議吵得更兇，蘇聯外長莫洛托夫甚至以退出外長會議相要挾。直到
1945 年底的莫斯科會議，雙方才各讓一步，達成妥協：美國同意與羅馬
尼亞、保加利亞和匈牙利簽訂和平條約，蘇聯同意與意大利簽訂和約，
並放棄在日本問題上的爭論。[2] 蘇聯於 1945 年 11 月出人意料地接受美國提
議，同意從捷克斯洛伐克撤出佔領軍。[3] 這一舉動說明，必要時，即使在東
歐問題，斯大林也會審時度勢做出讓步的姿態。

1　*FRUS*, 1945, Vol. 2, pp. 817-820; Внешняя политика Советского Союза, 1945год, Документы и
　материалы, 4 сннтября-31 декабря 1945 года, Москва: Государственное издательство политической
　литературы, 1949, c. 153-166.
2　參見沈志華：《斯大林的「聯合政府」政策及其結局》，《俄羅斯研究》2007 年第 5 期，
　第 71-77 頁，第 6 期，第 77-85 頁。Melvyn P. Leffler, *A Preponderance of Power: National Security,
　the Truman Administration and the Cold War*, Stanford: Stanford University Press, 1992, pp. 32-36、49-51;
　Печатнов В. О. Союзники нажимают на тебя для того, чтобы сломить у тебя волю// Источник, 1999,
　№2, c. 70-85; *Агафонова Г. А.* Дипломатический кризис на Лондонской сессии СМИД//*Институт
　Всеобщей Истории РАН (ред.)* Сталин и холодная война, Москва: ИВИ РАН, 1998, c. 63-83.
3　*FRUS*, 1945, Vol. 4, Europe, Washington, D. C.: GPO, 1968, pp. 506-508.

　　如果以為蘇聯在安全問題上憑藉軍事佔領的優勢而態度強硬，但在經濟問題上因有求於美國就會輕易讓步，那就錯了。[1] 受到美國法律的限制，蘇聯為戰後重建向美國提出的經濟援助要求在戰時只能通過租借貸款的方式來滿足。戰爭剛一結束，哈里曼就通知蘇聯政府，美國進出口銀行準備向蘇聯提供信用貸款。然而，儘管財政部長摩根索堅持對蘇貸款應給予優惠條件，而蘇聯也已經基本接受此前談判時美方提出的標準，美國還是提出了新的貸款條件：將東歐言論自由和民主選舉作為對蘇信用貸款的政治前提。蘇聯迫切需要美國的貸款，但絕不考慮那些「侮辱性的」條件。1946 年初，美蘇貸款談判在一種不祥的氣氛中艱難地開始了。[2]

　　戰後對德國的佔領政策是美蘇關係中最敏感的問題之一，雙方都採取了比較謹慎的政策，而美蘇各自駐德軍事管制機構的態度則更加寬容。蘇聯在蘇佔區採取單邊行動，肆無忌憚地搶奪「戰利品」，引起美國強烈不滿；美國堅持並強行將賠償委員會從莫斯科遷至柏林，也遭到蘇聯的反對。但是美蘇雙方都不願意在德國問題上撕破臉皮，1946 年 1 月初，在蘇方談判代表和專家組的堅持下，莫斯科同意在德國戰後工業水平談判中的「核心問題」鋼鐵產量標準上做出讓步，對德統一賠償計劃的制定露出一線曙光。[3]

　　為了戰後世界的穩定、和平、發展，大國領袖們設計了安全和經濟兩個運作系統，即聯合國安全理事會和布雷頓森林體系（最初包括國際貨幣基金組織、國際復興開發銀行和國際貿易組織）。國際安全組織雖也

1　1945 年 11 月 14 日哈里曼電告國務院，他在與蘇聯人的談判中有一種深刻印象：「蘇聯政府非常希望獲得美國方面的幫助」，但同時堅信「俄國貿易對美國意義重大，他們因此會被迫接受相應的條件」。US Library of Congress, The Papers of W. Averell Harriman, Box 184.

2　參見本書第三章。

3　參見本書第六章。

遇到阻力，最後經大國之間的妥協還是成功建立起來了。[1] 國際經濟組織的情況就不一樣了。1944 年 7 月蘇聯代表在布雷頓森林會議簽署了加入國際貨幣基金組織和復興開發銀行的協定，這令美國人興奮不已。隨着戰後美蘇分歧的擴大，特別是蘇聯在經濟理論上陷入誤區（對計劃經濟體制盲目自信、認為資本主義經濟危機即將到來），莫斯科宣佈暫不加入世界經濟組織。對此，雖然艾奇遜和國務院很多經濟顧問還主張給予蘇聯經濟幫助，以促其加入國際貿易體系，但多數美國人對蘇聯立場的出發點感到困惑、不解和懷疑。[2]

總體看來，到 1945 年和 1946 年之交，從政治到經濟，從歐洲到遠東，美蘇之間的分歧和矛盾已經在各方面顯露出來，彼此都有受到威脅的感覺，其猜忌和不滿正在加深。不過，在政策趨向強硬和生硬的同時，戰後大國合作的總方針尚未放棄，為此雙方在這個或那個問題均有所妥協和讓步，因此才有莫斯科會議令人產生希望的結局。[3] 然而，1946 年初的兩篇公開講話和一封祕密電報，又使得美蘇之間的緊張氣氛突然升溫。

斯大林選舉演說的背景和實質內容

1946 年 2 月 9 日，斯大林在莫斯科大劇院發表了著名的「選舉演說」。在這篇公開的講話中，斯大林用大量篇幅對第二次世界大戰進行了

1　參見 *Кочеткова Т. Ю.* Вопросы создания ООН и советская дипломатия// Отечественная история, 1995, №1, с. 28-48; *Гайдук И. В.* В лабиринтах холодной войны: СССР и США в ООН, 1945-1965 гг., Москва: ИВИ РАН, 2012, с. 6-59。

2　參見本書第二章。

3　莫洛托夫總結說，這次會議保證了三大盟國戰時合作關係的進一步發展，貝爾納斯也帶着比較滿意的成果返回華盛頓，斯大林則在給杜魯門的信中表示對未來與美國的關係充滿信心。只有杜魯門不以為然，感到美國在會議上讓步過多。Pechatnov, "The Soviet Union and the world", p. 100; Leffler, *A Preponderance of Power*, pp. 47-48; *Печатнов В. О., Магадеев И. Э.* Переписка И. В. Сталина, Том 2, с. 515; Harbutt, *The Iron Curtain*, p. 140.

總結，重點是論證蘇聯現行制度的優越性和戰前經濟政策的正確性。斯大林指出，戰爭的勝利表明，蘇維埃社會制度是比任何一種非蘇維埃社會制度「更優越、更穩固」、「更有生命力的社會組織形式」；「蘇維埃國家制度是多民族國家的模範」，「是把民族問題和各民族合作的問題解決得比其他任何一個多民族國家都好的國家組織體系」。斯大林特別強調，蘇聯能夠戰勝法西斯德國還因為擁有強大的軍隊和「絕對必需的物質條件」，而這一切都來源於蘇聯的工業化政策和農業集體化道路，其特點和優點就是在「工業國有化和銀行國有化」的基礎上，「迅速地聚集資金」，首先發展重工業。因為「沒有重工業，便無法保持國家的獨立；沒有重工業，蘇維埃制度就會滅亡」。這是根本不同於資本主義的發展道路。最後，談到蘇聯即將來臨的新的五年計劃時，演說雖然也提了一句「廢除配給制」，「擴大日用品生產」，但重點和落腳點還在發展重工業：大概用三個五年計劃的時間生產 5000 萬噸生鐵、6000 萬噸鋼、5 億噸煤、6000 萬噸石油。只有這樣，蘇聯才「有了足以應對各種意外事件的保障」。這裏的「意外事件」，顯然指的是演說開篇所講的帝國主義戰爭：「在現今資本主義世界經濟發展的條件下」，由於發展的不平穩和不平衡，經濟危機和戰爭是不可避免的。[1]

　　斯大林的講話 —— 至少其字面所表達的意思 —— 讓華盛頓感到震驚，美國官員普遍認為，斯大林在宣示一種與西方資本主義為敵的蘇聯對外政策新方針。國務院歐洲事務辦公室主任 H. F. 馬修斯稱其為「戰後蘇聯政策最重要、最權威的指南」，並且「將成為全世界共產主義者及其追隨者的聖經」。這個講話應該「在國務院內部供所有人傳閱」。[2] 國務院東歐事務司司長 E. 杜布羅在致國務卿等人的備忘錄中指出，講話是一個

1　中共中央馬恩列斯著作編譯局：《斯大林文集（1934 — 1952 年）》，第 472-484 頁。

2　Paul Kesaris (ed.), *Confidential U. S. State Department Central Files, The Soviet Union Foreign Affairs, 1945-1949, Microfilm*, Mary land: University Publications of America, 1985, Reel 1, MF0300615, p. 351.

「新方針」，也是「對全世界的一種警告」。「作為一種宣言」，斯大林表示蘇聯將維持龐大軍備，建立起強大的戰爭潛力「以確保能夠應對任何可能出現的情況」。[1] 副國務卿艾奇遜則認為，斯大林「正在把蘇聯的外交政策引往一個不祥的方向」，這個講話是對美國和西方的「宣戰」，是「冷戰的開始」。[2] 最高法院大法官 W. O. 道格拉斯的說法更加聳人聽聞：這是「第三次世界大戰的宣言」。[3]

　　鑒於前文所述戰後美蘇關係出現的惡化趨勢，美國官員們敏感地認為斯大林的講話是在宣佈蘇聯對美國和西方政策的新方針，這是可以理解的。但是，這些美國政治精英都過度和錯誤解讀了斯大林演說的本意。[4]

　　要真正理解斯大林演說的實質內容，不僅需要了解蘇聯的對外關係，更需要搞清楚戰後蘇聯的國內狀況，以及蘇聯領導人對美國和西方的擔心所在。其實，斯大林並不願意看到蘇美關係惡化，或許正是為了避免引起誤會，講話在開篇談到資本主義經濟危機必然引發戰爭這一馬克思主義的傳統觀點時，斯大林話鋒一轉：「第二次世界大戰按其性質來說，是和第一次世界大戰根本不同的」，而且特別強調，「它一開始就帶有反法西斯戰爭、解放戰爭的性質」，蘇聯的參加只是「加強了」這種性質；在此基礎上形成的「蘇美英以及其他愛好自由國家的反法西斯同盟」，在取得戰爭勝利方面「起了決定的作用」。[5] 顯然，斯大林在此有意

1　Paul Kesaris (ed.), *Confidential U. S. State Department Central Files The Soviet Union Foreign Affairs 1945-1949, Microfilm*, Maryland: University Publications of America, 1985, Reel 1, MF0300615, pp. 352-354; *FRUS*, 1946, Vol. 6, p. 695.

2　Dean Acheson, *Present at the Creation: My Years in the State Department*, New York: W. W. Norton & Company, Inc., 1969, pp. 150、194.

3　Walter Millis (ed.), *The Forrestal Diaries*, New York: The Viking Press, 1951, p. 134.

4　值得注意的是，有些西方學者也認為，斯大林的講話「發出了重整蘇聯軍備的好戰呼籲（belligerent call）」。Dobson, *US Economic Statecraft for Survival*, p. 78.

5　中共中央馬恩列斯著作編譯局：《斯大林文集（1934 — 1952 年）》，第 472-473 頁。需要注意的是，蘇德戰爭爆發前蘇聯的說法是：1939 年 9 月至 1941 年 6 月之間的戰爭完全是「帝國主義戰爭」，戰爭的雙方都是「非正義的」。詳細的討論見 Fernando Claudin, *The Communist Movement from Comintern to Cominform, Part one, The Crisis of the Communist International*, New York and London: Monthly Review Press, 1975, pp. 254-258.

突出了蘇聯與英美的合作和同盟關係。那麼，為什麼演說最後又要強調警惕和防備「帝國主義戰爭」呢？這就需要看看蘇聯國內在戰後發生了什麼情況。畢竟，斯大林講話的對象是蘇聯民眾。

四年的殘酷戰爭給蘇聯社會帶來了巨大變化，一方面是戰時合作關係允許美國電影、書籍、雜誌、廣播乃至爵士樂和可口可樂大量湧入蘇聯[1]，一方面是幾百萬蘇聯士兵（帶槍的工人和農民）開進東歐和巴爾幹各國[2]，一向封閉的蘇聯社會突然開放了。人們終於親眼看到了蘇聯以外的真實世界，蘇聯社會受到的衝擊和蘇聯民眾的思想變化是前所未有的。[3]這種變化主要表現以下幾個方面：

第一，受到西方文化的影響，出現了比較普遍的親西方情緒。

西方（特別是美國）文化在戰時進入蘇聯，官方的政策略顯矛盾，而年輕人則受到很大影響。[4]那些從中東歐回來的士兵，很自然地將這些國家的生活水平同自己祖國的生活條件進行了比較。於是，關於「西方」文明比較優越的情緒，連同戰利品、繳獲來的科技設備以及簡直是搶劫來的生活日用品一道在全國傳播開來。[5]

這種親西方的情緒在知識分子及其作品中有更多的反映。戲劇《庫

1　關於戰時美蘇文化交流的一般情況，可見 "Cultural Relations: U. S. - U. S. S. R.", *The Department of State Bulletin*, Vol. 20, №509, April 3, 1949, pp. 403-405。

2　幾年以後，莫洛托夫在一次講話中實際上也表示了對這一現象後果的擔憂：「復員的士兵和軍官」回國時，可能帶着在自己的祖國建立「西方的制度和文化」的願望。Правда, 7 ноября 1947, 3-й стр.

3　大量經過郵檢的家書、地方政權機構的情況彙報和中央機關的調查報告，充分反映出這些變化，見：*Артизов А. Н., Наумов О. (сост.)* Власть и художественная интеллигенция: Документы ЦК РКП (б) - ВКП (б), ВЧК-ОГПУ-НКВД о культурной политике, 1917-1953гг., Москва: Международный фонд Демократия, 1999; *Горинов М. М. (отв. ред.)* Москва послевоенная, 1945-1947, Архивные документы и материалы, Москва: Издательство объединения, 2000; *Зубкова Е. Ю. и т. д. (сост.)* Советская Жизнь, 1945-1953, Москва: РОССПЭН, 2003。

4　David Priestland, "Cold War Mobilisation and Domestic Politics: the Soviet Union", in Leffler and Westad (eds.), *The Cambridge History of the Cold War, Volume I, Origins*, pp. 461-462.

5　*Медведев Ж. А.* Сталин и "дело врачей", Новые материалы// Вопросы истории, 2003, №2, с. 112.

圖佐夫元帥》的作者、戰地記者 L. V. 索洛維約夫說：「我們在經濟方面處於災難性的境地，…… 沒有美國人的幫助我們早就走投無路了。」《紅星報》報社記者 P. A. 巴甫連科認為：「沒有同盟國我們不可能將德國人趕出俄羅斯。…… 我們的命運最後取決於我們盟友的意志、行為和善良。」詩人 N. 阿謝夫在其作品《勝利的火焰》中則表達了對大西洋憲章、美國「民主秩序」和「各種自由」的崇拜和嚮往，並設想保持「永久的聯盟」。[1]

美國檔案中也記載了不少美國士兵和在蘇工作人員的感受：俄國人「對美國特別感興趣」，俄國婦女以迫不急待的心情期待着看美國的時尚雜誌；美國的生活方式是俄國士兵「始終感興趣」的話題，他們「經常為這方面情況而爭執不休」。美國駐蘇使館官員也認為，在俄國「民眾中普遍可以看到對美國和美國人的真摯好感和讚歎」。[2]哈里曼大使直到 1945 年 11 月其任期結束時仍然相信，「俄國人對任何與美國生活方式有關的事情都非常感興趣」。[3]

第二，要求民主、自由和公開性，這主要反映在知識階層。

一個封閉的房間突然打開了門窗，人們首先感受到的是可以呼吸民主和自由的空氣。戰後的蘇聯正是如此，只是那些教授、作家和記者說的比較直白。在 1943 年底向克里姆林宮呈交的一份公眾情緒報告中，剛剛解放的哈爾科夫的一位大學教授斷言：「正在進行的變革必須進一步走向國家生活的更大民主化。」[4]《旗幟》雜誌主編 V. 維什涅夫斯基在蘇聯作家代表大會呼籲，斯大林憲法應該解決「對我們所有人都十分迫切的言

1 ЦАФСБРФ, ф. 4, оп. 1, д. 159, л. 168-179; РЦХИДНИ, ф. 17, оп. 125, д. 366, л. 210-221//*Артизов А. Н., Наумов О.* (*сост.*) Власть и художественная интеллигенция, с. 487-499、535-545.

2 *Фоглесонг Д. С.* Американские надежды на преобразование России во время второй мировой войны// Новая и новейшая история, 2003, №1, с. 98.

3 *FRUS*, 1945, Vol. 5, pp. 919-920.

4 Levering et al (eds.), *Debating the Origins of the Cold War*, p. 86.

論自由問題」，「我們戰鬥了，我們鬥爭了，請給我們言論自由。」[1]

　　1943 年 7 月，國家安全委員會把以下言論作為「反動政治情緒」的表現，如詩人 I. P. 烏特金：「現在我們充滿希望，就是我們將生活在一個自由民主的俄羅斯，沒有同盟者我們是不能夠拯救俄羅斯的」；我們國家有「最好的憲法」和「最差的制度，這種制度完全剝奪了人們的自由」。《青年近衛軍》雜誌編輯 B. A. 薩福諾夫：希望「戰後各種自由將會來臨，我們將輕鬆地生活和呼吸」。[2]

　　1944 年 10 月底，國家安全人民委員 V. N. 梅爾庫洛夫報告了很多作家「打破社會主義現實主義原則」的「自由化」言論。如 M. M. 左琴科：「創作應該是自由的，我們所有人現在都是聽從命令完成任務，在某種壓力下從事寫作」。K. I. 楚科夫斯基：「我生活在一個沒有民主的國家，一個獨裁專制的國家，…… 在政府專橫的條件下，俄羅斯文學會漸漸失去活力，最終走向滅亡。」N. E. 維爾塔：「對於書刊檢查機關來講，現在作家成為了他們最大的障礙。」[3]

　　在 1945 年底開始的最高蘇維埃選舉活動中，人們提出了許多讓黨和政府頭疼的問題：「我們的憲法是最民主的，為什麼不允許工人從一個企業自由地轉到另外一個企業裏呢？」「蘇維埃國家是最民主的國家，但這裏是一黨專政，而在其他國家卻存在着許多黨派，這是為什麼？」「東正教最高會議能否推薦自己的代表候選人，如果不能的話，那麼，這是否觸犯了民主制度？」也有普通工人和農民坦言：「在我們俄羅斯，只有克倫斯基時代才有自由的選舉」，「人民是不會投票贊成這個政權和共產黨

1 РЦХИДНИ, ф. 17, оп. 125, д. 366, л. 210-221//*Артизов А. Н., Наумов О.* (*сост.*) Власть и художественная интеллигенция, с. 535-545.
2 ЦАФСБРФ, ф. 4, оп. 1, д. 159, л. 168-179//*Артизов А. Н., Наумов О.* (*сост.*) Власть и художественная интеллигенция, с. 487-499.
3 國家安全人民委員部給日丹諾夫的報告，1944 年 10 月 31 日，Родина, 1992, №1, с. 92-96。

員的，因為人們生活得非常不好，什麼也沒有，布爾什維克分子使國家
走到了崩潰的邊緣」。[1]

第三，民眾對蘇聯政治經濟制度的懷疑和不滿時有表露。

「勝利者是不受審判的」，這是斯大林經常掛在嘴邊的俄國典故。正
如俄國學者所言，因為勝利，斯大林和共產黨的威望得到極大提升，「每
一個人都真城地感謝斯大林同志，感謝他的英明領導」。然而，蘇聯人民
可以「原諒斯大林的一切」，但是「再也不能重複過去的戰前而非戰時的
血腥現實了」。[2]

幾百萬穿着軍裝的蘇聯工人和農民走出國境，到了柏林、維也納、
布拉格、布達佩斯，他們看到，即使經過幾年戰爭破壞和法西斯德國佔
領之後，那裏的生活水平也遠遠好過蘇聯。不僅在東普魯士，而且在捷
克斯洛伐克和匈牙利，農家的地窖裏都掛着整塊火腿，還有香腸和奶
酪，而身處「社會主義優越制度」下的蘇聯人民，「早已不記得這些東西
了」。[3] 在戰後被遣送回國的蘇聯公民被認為是農民中產生反集體農莊情
緒的另一渠道。這些被遣送回國者和前線戰士一樣，了解組織農業生活
和勞動的另外一種體系。一位從立陶宛被遣送回來的婦女對自己的鄰居
說：「立陶宛所有的農民都過得很好，最窮的農民平均也有三四頭牛羊、
兩匹馬。」「在立陶宛沒有集體農莊，農民是自己的主人，而現在回到
家，只能為集體農莊幹活，不得不再次受苦了。」[4]

戰爭後期，有關集體農莊即將解散、必須解散的說法在蘇聯農村普

---

1 РГАСПИ, ф. 17, оп. 88, д. 650, л. 264-266; оп. 125, д. 420, л. 40-42 // *Зубкова Е. Ю. и т. д. (сост.)* Советская Жизнь, с. 391-392、405-408.

2 Аксютин Ю. Почему Сталин дальнейшему сотрудничеству с союзниками после победы предпочел конфронтацию с ними? // *Институт Всеобщей Истории РАН* Холодная война: новые подходы и новые документы, Москва: ИВИ РАН, 1995, с. 48-50.

3 *Бережков В.* Как я стал переводчиком Сталина, Москва: ДЭМ, 1993, с. 367.

4 РЦХИДНИ, ф. 17, оп. 117, д. 533, л. 20, 轉引自 *Зубкова Е. Ю.* Мир мнений советского человека // Отечественная история, 1998, №3, с. 31-32。

遍流傳，甚至傳言這一措施「將根據丘吉爾和杜魯門的要求以及斯大林同志的許諾」而實施。[1] 聯共（布）中央組織部 1945 年 7 月的調查表明，「大家都在期待軍隊復員回家，解散集體農莊」，有些地區甚至要求分掉集體農莊的財產。[2] 聯共（布）中央農業部關於庫爾斯克州的調查報告則顯示，由於集體農莊將被解散的謠言流傳，「佔有集體農莊土地已經成為普遍現象」，將國家土地變為私人宅旁園地，這樣的農戶在有的地區竟高達 58%。[3]

解散共產國際和恢復東正教是導致這種看法出現的重要原因，甚至許多黨員和幹部都對傳統的思維模式和行動方針產生了動搖，一種新的觀念——「羅斯福式」的「經過改造而生成的」資本主義是更具生命力和愛好和平的制度，已滲透到了蘇聯權威學術刊物之中。[4] 甚至有老布爾什維克從黨的立場出發，直接給斯大林寫信，要求在蘇聯實行「真正的民主制度」。因為戰爭已經向全世界表明，「蘇聯人民是成熟和強大的」，「共產主義思想已經深入人心」，所以「國家民主制度的發展是不可避免的道路」。[5]

第四，在殘酷而緊張的戰爭狀態結束後，人民普遍要求提高生活質量和水平。

德國投降後，奔薩州酒精廠原料部主任說出了很多人的心裏話：「戰後蘇聯生活將發生根本變化，應該徹底改變經濟結構。因為蘇維埃政權 27 年來，什麼也沒看到。這樣下去不行。」蘇聯工人普遍強烈要求取消兩班制，恢復三班制，恢復休息日，將 11 小時的工作時間減少到 8 小

1　РЦХИДНИ, ф. 17, оп. 88, д. 469, л. 14-14об、32、140, 轉引自 *Аксютин Ю.* Почему Сталин дальнейшему сотрудничеству, с. 55。

2　РЦХИДНИ, ф. 17, оп. 112, д. 122, л. 27-30//*Зубкова Е. Ю. и т. д.* Советская Жизнь, с. 213-215.

3　РГАСПИ, ф. 17, оп. 117, д. 527, л. 90-94//*Зубкова Е. Ю. и т. д.* Советская Жизнь, с. 215-218.

4　*Печатнов В. О.* От союза-к вражде, с. 29-30.

5　РГАСПИ, ф. 558, оп. 11, д. 888, л. 11-17//*Зубкова Е. Ю. и т. д. (сост.)* Советская Жизнь, с. 392-394.

時。[1]在莫斯科的一些工廠，工人們對戰爭已經結束仍然不能按照發放工資十分不滿：「我們期待着勝利，並認為我們最終會按時收到工資，但結果卻不是這樣。現在的生活很困難。」[2]

國家安全人民委員部 1945 年 9 月 19 日報告，對鄂木斯克市工廠工人私人信件進行祕密檢查發現，135 封信中對日常物質生活水平有所抱怨：「沒有過冬的棉衣」，「下班後沒有替換的衣服」，「報酬很低，什麼票證也沒發」，「所有人都厭倦了這裏的生活」，有成批的工人（大約 400 人）逃離工廠，儘管抓回後將受到審判。類似的情況在聯共（布）中央關於企業勞動紀律問題的綜合報告（10 月 15 日）中也比比皆是。[3]

聯共（布）中央組織指導工作部 11 月 28 日的報告承認，大量的事實表明，工人、教師、醫生和農民日常物質生活方面的狀況「不能令人滿意」，工資被拖欠，棉布、服裝、鞋子短缺，食品供應還不如戰爭時期，配給票證中的份額很低，而且經常不能按時發放。他們發出呼喊：「為什麼日常生活狀況沒有隨着戰爭的結束而得到改善呢？」「為什麼麵包的供應經常被中斷，為什麼要排長隊購買麵包？」「今年是否能夠取消票證制度？」「什麼時候才能夠在商店裏進行自由貿易？」[4]

在最高蘇維埃選舉活動中，聯共（布）中央宣傳鼓動部收集到的問題有：「我們的人民被戰爭折磨得很苦。將如何發展輕工業，尤其是紡織工業呢？」「為什麼戰爭已經結束了還要加強我們國家的防禦力量呢？」「英美與蘇聯的戰爭是否很快就會爆發？」「我們的軍隊要在德國呆多久？」

1　РЦХИДНИ, ф. 17, оп. 88, д. 469, л. 14、140、202-203, 轉引自 *Аксютин Ю.* Почему Сталин дальнейшему сотрудничеству, с. 50、52。

2　ЦАОДМ, ф. 3, оп. 61, д. 46, л. 165-167, *Горинов М. М. (отв. ред.)* Москва послевоенная, с. 60。

3　РГАСПИ, ф. 17, оп. 117, д. 530, л. 53-57; ф. 17, оп. 88, д. 650, л. 75-77//*Зубкова Е. Ю. и т. д.* Советская Жизнь, с. 276-278、280-282.

4　РГАСПИ, ф. 17, оп. 88, д. 651, л. 1-16; д. 692, л. 171-173//*Зубкова Е. Ю. и т. д.* Советская Жизнь, с. 69-78、403-405.

「為什麼戰爭已經結束了，而我們的物質狀況仍然沒有得到改善呢？」[1] 據內務人民委員部報告，這些不滿情緒在很多地區已經發展為犯罪行為，出現了大量反動傳單和反動言論，甚至有暴力事件發生。[2]

戰後的蘇聯，在國際上已經成為公認的政治和軍事強國，但在國內卻出現了嚴重的信仰危機，普遍存在的要求變革的社會心理正在或者已經衍生出對現存政權和制度的不滿。俄國歷史上的「十二月黨人」事件是否會在戰後的蘇聯重演？[3] 這就是斯大林的黨和政府面對的社會問題，是他們繞不過去和必須回答的問題。關鍵在於，蘇聯領導人沒有順應民意，在新的歷史條件下考慮如何吐故納新，對原有體制、政策的弊端進行必要的改革，而是因循守舊，試圖回到戰前，並且把一切「罪惡」的源泉歸結於西方（主要是美國）的外來影響。於是，一場針對西方的意識形態鬥爭便悄悄開始了。

早在 1943 年 12 月 2 日，聯共（布）中央書記處就發出了「關於監察文藝雜誌」的決議，要求在內部對各種文藝雜誌進行監管。1944 年 7 月 26 日，聯共（布）中央組織部又作出了「關閉蘇聯作家文學院的決議」。[4]1945 年 5 月 22 日，蘇聯宣傳部門領導人在內部會議上強調要「加強意識形態鬥爭」。[5] 戰爭剛剛結束，《布爾什維克》雜誌編輯部的文章就指出，「蘇聯人民正在繼續完成一項實現建立一個無階級的社會並逐步地

1　РГАСПИ, ф. 17, оп. 125, д. 420, л. 13-24、32-33//*Зубкова Е. Ю. и т. д. (сост.)* Советская Жизнь, с. 395-400、401-402.

2　ГАРФ, ф. 9401с, оп. 2, д. 134, л. 180-188, *Козлов В. А. (гла. ред.)* Неизвестная Россия, XX век, IV, Москва: Московское городское объединение архивов, 1993, с. 468-475.

3　1812 年反拿破崙侵略的衛國戰爭勝利後，俄羅斯社會精英普遍要求取消農奴制，建立君主立憲政體，並於 1825 年 12 月爆發了推翻沙皇專制制度的武裝起義，史稱「十二月黨人」事件。

4　РЦХИДНИ, ф. 17, оп. 116, д. 140, л. 15-16; д. 163, л. 12-13//*Артизов А. Н., Наумов О.* Власть и художественная интеллигенция, с. 507、517.

5　ГАРФ, ф. 8581, д. 149, л. 31, 轉引自 *Печатнов В. О.* От союза к холодной войне, с. 104。作者標注的館藏號似乎有錯漏。

從社會主義向共產主義過渡的宏偉任務」。[1] 9 月 29 日，聯共（布）中央
通過了《關於改善蘇聯境外宣傳工作》的決議，責成中央宣傳鼓動部，
「在一個月期限內研究蘇聯境外宣傳和情報工作的狀況，並向中央提交
關於蘇聯在境外國家的宣傳和情報工作安排的決議草案」。[2] 儘管這些指
示和決議都是在內部傳達的，但美國人已經感覺到一種變化正在悄悄開
始。美國使館在 1944 年夏天就意識到，美國電影已經很難進入蘇聯的
影劇院了。[3] 1945 年 9 月 15 日凱南報告說，蘇聯已經「恢復了戰前的宣傳
風格」。[4]

　　在這方面，斯大林對莫洛托夫的指責很有意思，也頗具代表性。
1945 年 11 月上旬，蘇聯報刊登載了丘吉爾在下院的講話，其中不乏對斯
大林的讚美之詞。12 月初，西方報紙又刊出消息，在西方記者的集體投
訴後，蘇聯對外國記者的審查制度顯得寬鬆了。正在南方休養的斯大林
得知這些情況後，連續給負責此項工作的莫洛托夫及其他幾位政治局委
員發來電報，嚴厲指責莫洛托夫「在外國人面前表現出奴性」，試圖「用
個人權力來改變我們的外交路線」，是「篡奪了權力」，還諷刺說，也許
允許西方的「污蔑和誹謗」，「也是他工作計劃的一部分」？[5] 作為這一事
件的結果，1946 年 2 月 25 日，聯共（布）中央發出指令，收回外交人民
委員部對駐蘇外國記者發出的信息的審查權和控制權，將其轉給專門的

1　轉引自 *Пыжиков А. В.* Советское послевоенное общество и предпосылки хрущевских реформ// Вопросы истории, 2002, №2, с. 40。

2　РЦХИДНИ, ф. 17, оп. 116, д. 234, л. 9-10, *Ржешевский О. А.* Сталин и космополитизм, 1945-1953, Документы Агитпропа ЦК, Москва: МФД, 2005, с. 26-27.

3　*FRUS*, 1944, Vol. 4, p. 986.

4　*Печатнов В. О.* От союза к холодной войне, с. 104.

5　*Печатнов В. О.* Союзники нажимают на тебя для того, с. 70-85; Alexander O. Chubariyan and Vladimir O. Pechatnov, "Molotov 'the Liberal': Stalin's 1945 Criticism of his Deputy", *Cold War History*, August 2000, Vol. 1, Issue 1, pp. 129-140. 這些電報的俄文件見：*Хлевнюк О. В., Горлицкий Й. (сост.)* Документы советской истории, Политбюро ЦК ВКП (б) и совет министров СССР 1945-1953, Москва: РОССПЭН, 2002, документы №171-177。

保密委員會。[1]

　　斯大林對他在戰時的第一副手莫洛托夫如此嚴厲的指責和羞辱，很難說其中沒有「功高蓋主」的猜忌成分，正像他在軍隊中對朱可夫的處理一樣。[2] 不過，抓住莫洛托夫對西方「奴顏婢膝」的錯誤不放，的確很符合斯大林當時的心態。其實，斯大林此時並不希望與西方（特別是美國）翻臉，在外交領域（中國、伊朗、朝鮮、原子能以及一系列和約問題），特別是在經濟領域（賠償、貸款、貿易等問題），如上所述，蘇聯還需要美國的合作和幫助。但是，一方面，西方報紙對蘇聯（主要是蘇軍在國外）行為大量的負面報道，讓蘇聯宣傳部門不得不「反擊」[3]；另一方面，清除西方思想文化的影響也要求開展批判「崇洋媚外」、宣揚「愛國主義」的意識形態鬥爭。為了國內的穩定和政權的鞏固，斯大林不得不在宣傳領域把美國和西方作為標靶，不得不在蘇聯人民面前樹立起「敵人形象」—— 是不是真有這個敵人並不重要，重要的是從穩定國內情緒的角度需要這樣一個敵人。

　　1946 年 2 月 1 日，政治局批准了「聯共（布）中央致全體選民的呼籲書」，其中作為主要任務擬定了以下內容：最迅速地恢復國民經濟，保持國防實力，必須「鞏固所取得的勝利」，「堅決地捍衛蘇聯的利益」以及「與其他國家的民主力量一起進行爭取加強愛好和平國家合作的鬥

1　РГАСПИ, ф. 17, оп. 163, д. 1479, л. 158-161，轉引自 *Максименков Л. В. (сост.)* Большая цензура: писатели и журналисты в стране советов 1917-1956, Москва: МФД, 2005, с. 562-565。

2　關於朱可夫戰後遭遇的檔案文件，詳見沈志華執行總主編：《蘇聯歷史檔案選編》第 13 卷，第 646-704 頁。

3　АВПРФ, ф. 013, оп. 7, п. 1, д. 8, л. 39-40//*Кынин Г. П., Лауфер Й.* СССР и германский вопрос, 1941-1949, Документы из Архива внешней политики Российской Федерации, Том. 2, 9 мая 1945г-3 октября 1946г, Москва: Международные отношения, 2000, с. 249-250. 另見 *Печатнов В. О.* Союзники нажимают на тебя для того, с. 78; *Печатнов В. О.* От союза-к вражде, с. 45. 這裏值得注意的是，由於沒有認識到西方報紙並不代表政府，蘇聯的「反擊」往往是無的放矢。

爭」。[1] 這就是斯大林 2 月演說的實質內容，它既不是蘇聯對外政策的新方針，更不是所謂「冷戰的宣言」，而只是蘇聯黨和政府近期在國內要做的事情：在國民中樹立起對社會主義制度的自信，對優先發展重工業的工業國有化和農業集體化方針的自信，告誡人們還要繼續勒緊褲腰帶，準備過苦日子 —— 因為存在帝國主義和戰爭危險。[2] 其實，斯大林在 1 月 23 日為哈里曼送行的會見中已經說明了這一點：美蘇「社會和政治理念不同」，但這「只與兩國的內部政策有關」，而在外交事務上雙方「可以找到共同的基礎」。[3]

蘇聯戰後的經濟政策存在重大舛誤，本文無意為其辯護，但美國政府的確誤讀了斯大林演說，而凱南對蘇聯對外政策原因和目標的分析進一步加深了這種誤讀。

凱南「長電」及其對美國政策的影響

儘管斯大林的講話在白宮引起了震動和不安，但是公眾輿論對此卻有異議，很多人重讀這個講話並未發現令人恐懼的內容。因此，斯大林演說並未直接導致美國對蘇政策的改變。萊夫勒根據當時民意調查的結果分析說，直到 2 月底以前，美國的精英們在對待蘇聯的態度上分歧很大，甚至那些主張對蘇奉行強硬政策的人也承認，美國民眾可能不會歡迎這樣一種政策。[4] 在這種情況下，國務院急需對斯大林講話所反映的蘇聯

1　РЦХИДНИ, ф. 17, оп. 3, д. 2177, л. 46, 轉引自 *Жуков Ю. Н.* Борьба за власть в руководстве СССР в 1945-1952годах// Вопросы истории, №1, с. 25。

2　1946 年 3 月，最高蘇維埃會議通過的蘇聯戰後經濟恢復四年計劃報告指出，黨的指導方針就是實現向共產主義過渡的宏偉目標。Правда, 16 ноября 1946, 1-2-й стр。

3　Harriman and Abel, *Special Envoy to Churchill and Stalin*, p. 533.

4　Leffler, *A Preponderance of Power*, pp. 106-107.

「外交新方針」有一個深度的解釋和說明，於是就找到了被認為是「蘇聯事務首席評論員」的美國駐蘇使館代辦喬治‧凱南。

　　凱南已經在國外生活了 18 年，此時急於回家，但哈里曼走後新任大使史密斯尚未到任，他只能在莫斯科等待。作為一名學者型官員，凱南認為美國「缺乏通曉蘇聯事務、具備權威性、客觀性和勇氣的人才」，他不想再作外交官，而寧願回國寫一本關於蘇聯政權結構的書。斯大林的演說發表後，凱南認為「太老套」，所以只是按照一般工作程序於 12 日向國務院發出一封簡單概括演說內容的電報。這當然不符合國務院官員的需要，2 月 13 日，經國務卿貝爾納斯批准，國務院給凱南發出一封電報：鑒於斯大林的講話已經激起美國媒體和公眾「前所未有」的反應，希望他對蘇聯的外交政策做出預期性的論證和分析。[1] 凱南是最早提出警惕蘇聯單邊主義行為、美蘇合作已無法實現的外交官之一，他的看法雖受到哈里曼的賞識，但在華盛頓一直遭遇冷落。[2] 現在機會來了。於是，凱南拖着帶病的身體開始口述，並在數日內將他對蘇聯政策的長期思考寫成了這封「長電報」。[3]

　　凱南電報的宗旨是分析和解釋蘇聯對外政策的性質和特徵，為美國的對蘇戰略提供理論依據。凱南首先指出了蘇聯戰後外交思維的基本特徵：「蘇聯仍處於敵對的資本主義的包圍之中」，由於世界存在社會主義和資本主義兩個中心「爭奪世界經濟主導權」的鬥爭，蘇聯「與資本主義不可能保持永久的和平共處」；「資本主義內部的衝突不可避免地要導

1　John Lewis Gaddis, *George F. Kennan: An American Life*, New York: The Penguin Press, 2011, pp. 212、215-217. 凱南 12 日電報見 *FRUS*, 1946, Vol. 6, pp. 694-696。

2　Gaddis，*George F. Kennan*, pp. 225-226；張小明：《喬治‧凱南遏制思想研究》（增訂本），北京：世界知識出版社，2021 年，第 41-42 頁。

3　這裏有兩點細節需要說明：第一，凱南在回憶錄裏錯誤地將這封電報的原因說成是解答財政部的疑問 —— 蘇聯為何沒有參加布雷頓森林體系。（Kennan, *Memoirs*, p. 293.）第二，凱南回憶錄說該電報大概有 8000 字，但經人考證只有 5540 字（英文單詞）。（Gaddis, *George F. Kennan*, pp. 215-216；張小明：《喬治‧凱南遏制思想研究》，第 46-48 頁。）

致戰爭」，「精明的資本家」傾向於「擺脫」資本主義內部的戰爭而發動「對社會主義的侵略戰爭」，蘇聯對此「必須不惜一切代價地予以制止」。在此基礎上凱南推斷，蘇聯對外政策必定是「千方百計提高（自身的）相對實力」，「削弱資本主義國家的力量和影響」，「致力於利用和加深資本主義國家之間的分歧和衝突」，並最終將帝國主義戰爭轉變為「資本主義國家內部的革命起義」。凱南認為，蘇聯外交路線並非基於「對外部局勢的客觀分析」，而是「國內統治的政治需要」，其認知的根源首先在於「俄國傳統的、本能的不安全感」，因為「生活在廣袤而無法設防的平原上的農業民族與兇悍的遊牧民族為鄰」。近代以來，俄國面對「更強大、更發達、組織更嚴密的」西方社會，又增加了一種新的「恐懼感」。因此，俄國統治者「一向懼怕來自外部的滲透，懼怕與西方世界直接接觸，對俄國人民一旦了解了外部世界的真相或是外國人民了解了俄國內部的真相所可能帶來的後果，擔憂不已」。在這種歷史背景下，主張革命和暴力的馬克思主義在俄國能取得成功，「絕非偶然」，它「成為激發不安全感的無與倫比的動力」。因為外部是一個「罪惡的、充滿敵視、威脅着蘇聯的世界」，所以內部需要獨裁、專制和暴力，這樣才能對外部世界給以「社會主義力量的致命一擊」，從而迎來「一個新的、更美好的世界」。凱南進一步指出了這種外交思維在政策層面的反映：「強化軍事工業化進程，最大限度地發展武裝力量」；「在時機成熟和成功有望的時候，努力實現蘇聯政權勢力範圍的擴張」；「不惜通過退出聯合國而與其他國家決裂，將對其目標和安全有威脅的聯合國變成一個無效機構」；在殖民地、附屬國和落後地區削弱西方的影響，以利於「蘇聯支持的共產主義勢力的滲透」；在國際經濟領域注重於其勢力範圍內的經濟聯繫並使蘇聯處於主導地位，而對國際經濟合作採取漠視態度。凱南最後指出，美國面對的蘇聯，是一個堅信「與美國根本不可能有持久的妥協」，必須消滅美國「賴以生存的傳統生活方式」的國家，這是美國「外交上從未經歷過的」，

也將是美國「未來所面臨的最大挑戰」。至於對策建議，凱南提出了幾個原則：「必須有勇氣去面對」美蘇關係出現的危機，而且「越早越有利」，因為美蘇之間目前沒有什麼令美國難以下手的經濟瓜葛，而且蘇聯的現實主義考慮也會讓它在強硬立場面前知難而退；解決好內部的問題，提高美國「社會的健康和活力」，不給蘇聯和共產主義世界可乘之機；必須給其他國家「提供指導」，並描繪出一個美國「所希望看到的，比以前更加積極、更加富有建設性的世界的前景」。[1]

　　凱南電報並非簡單解答國務院對斯大林演說的疑問，而是對蘇聯戰後外交思維、外交政策及其歷史淵源進行了深入分析，具有一般外交官難以望其項背的學術性和理論性，因此在華盛頓引起了強烈和積極的反響。國務卿貝爾納斯「懷着極大的興趣讀完了」這封電報，讚歎說：「真是一篇絕妙的分析」。歐洲事務辦公室主任馬修斯認為這是他所看到的「寫得最好的分析報告」是未來美國對蘇政策的「基本綱領」。[2] 凱南電報就像遇到春風的野火在華盛頓和美國駐外機構迅速蔓延。哈里曼看後拿給對蘇聯事務頗感興趣的海軍部長 J. 福雷斯特爾，後者將電報複製分發給了「內閣中與外交和軍事事務有關的所有成員」，甚至杜魯門本人。[3] 國務院的官員還把這封電報拿給戰爭部的規劃人員，並敦促他們讓陸軍高層進行認真研究。[4] 這封電報也被分發到美國駐海外的外交和軍事機構，各種讚美之詞很快就傳回華盛頓，駐古巴大使 H. 諾韋布的評論最具代表性：這是一個「全面思考問題的傑作」，每位大使讀後都希望「這樣一份

1　*FRUS*, 1946, Vol. 6, pp. 696-709; Thomas H. Etzold and John L. Gaddis (eds.), *Containment: Documents on American Foreign Policy and Strategy, 1945-1950*, New York: Columbia University Press, 1978, pp. 50-63.

2　Gaddis, *George F. Kennan*, pp. 218、226.

3　Harriman and Abel, *Special envoy to Churchill and Stalin*, p. 548; Millis (ed.), The Forrestal Diaries, pp. 134-140.

4　Leffler, *A Preponderance of Power*, p. 109.

報告是出自他自己的辦公室」。[1] 所以，如同馬修斯預言斯大林演說將成為共產主義者的聖經一樣，美國學者 D. 耶金把凱南電報說成是「美國決策者的聖經」。[2] 凱南本人也由此從一般外交官進入決策層，成為美國外交界紅極一時的人物。

儘管有不同的聲音，但總體上凱南電報在美國政界、軍界和國會得到普遍的接受和讚譽，其主要原因就在於這種帶有理論性和歷史感的分析來得恰逢其時。正如凱南自己後來在回憶錄中所說：如果國務院在半年前看到這封電報很可能會嗤之以鼻，而在半年後這個報告聽起來可能是多餘的。[3] 戰後數月，隨着美蘇之間分歧的擴展，從白宮到國會山，不乏主張對蘇採取強硬政策之人，但是美國整體對外政策仍然受制於雅爾塔體系和社會輿論，即使右翼和鷹派也不願貿然提出與蘇聯決裂的方針，至少不能因公開喊出反蘇口號而承擔破壞盟國團結合作的道義上的責任。凱南的分析則為這種政策轉變提供了理論上的合法性依據。首先，蘇聯是一個懷有「險惡目的」的政治國家；其次，蘇聯通過擴張和滲透對美國和世界構成了實際威脅；最後，蘇聯永遠不會與美國和平相處。這樣，美國就可以擺脫雅爾塔藩籬，堂而皇之地對蘇聯採取強硬和對抗的政策，同時說服美國和世界輿論，佔領道德的制高點。凱南電報助長了美國對蘇新方針的形成，正如美國另一位蘇聯問題專家 C. 波倫在 3 月 13 日的備忘錄中所說，再也不需要「對現行蘇聯政策的動機或理由進行長篇大論的分析了」，凱南的電報已經說明了一切。[4] 這個新方針就是「遏制」政策。

1947 年 7 月，凱南化名「Ｘ 先生」發表了「蘇聯外交行為的根源」

1　Gaddis, *George F. Kennan*, p. 229.

2　Yergin, *Shattered Peace*, p. 170.

3　Kennan, *Memoirs*, p. 295.

4　Gaddis, *George F. Kennan*, pp. 228-229.

一文，明確提出了對蘇「遏制」政策，即「在凡是有跡象表明蘇聯破壞世界和平和穩定的地方」，美國便給予「堅定不移的反擊」。[1] 在 1946 年 2 月 22 日電報中，凱南沒有使用「遏制」一詞，但對這一政策的根據和內容，尤其是其合理性和必要性，大體上做了原則性說明。[2] 正是在這個意義上，凱南電報的廣泛傳播推動了美國對蘇強硬的外交立場和政策日臻成熟。鑒於共和黨議員范登堡 2 月 27 日演說對民主黨政府外交政策表示的強烈不滿，杜魯門要求貝爾納斯站在美國政府的立場發表講話，必須表示與蘇聯針鋒相對，絕不做任何妥協。[3] 第二天，貝爾納斯在紐約的海外新聞俱樂部發表演講，宣佈了一個基於「耐心和堅定」的對外政策新方針。國務卿說，美國希望友誼，但不會接受「單邊主義」，並要「捍衛」大西洋憲章；美國將抵禦包括政治顛覆在內的一切「侵略」，並在必要時使用武力，且不受聯合國安理會否決權的限制；美國作為一個大國，不僅要「確保自己的安全」，也要「維護世界的和平」。[4] 儘管沒有點出蘇聯的名字，但這一帶有「重大聲明」性質的講話被美國報紙看作是「對俄羅斯的警告」，並且表明了「美國國際關係的新方向」。[5] 3 月 29 日參謀長聯席會議向國務院提交的文件《美國的外交政策》（SWN-4096）強調：「我們強烈贊成『在與蘇聯政府打交道的時候採取堅定和友好的態度』，但是重點要放在『堅定』上」。[6] 正如著名冷戰史專家加迪斯正確地指出的，「耐

---

1 *Foreign Affair*, Vol. XXV, №4 (July, 1947), pp. 566-82, Margaret Carlyle (ed.), *Documents on International Affairs 1947-1948*, London: Oxford University Press, 1952, pp. 36-57.

2 筆者同意萊夫勒的看法，即「除了提到遏制蘇聯力量的必要性外」，凱南電報「幾乎沒有談及美國的目標、策略和能力」。（Leffler, *A Preponderance of Power*, pp. 108-109.）中國學者對凱南遏制思想研究的最佳成果是張小明的《喬治‧凱南遏制思想研究》，初版於 1994 年（北京語言學院出版社），2021 年又出版了增訂本（世界知識出版社）。

3 Leffler, *A Preponderance of Power*, p. 107.

4 *The Department of State Bulletin*, Vol. 14, №349, March 10, 1946, pp. 355-358.

5 *The New York Times*, March 1, 1946, p. 10.

6 *FRUS*, 1946, Vol. 1, pp. 1165-1166.

心和堅定」成了此後一年裏美國「同蘇聯打交道的格言」。[1]這個新方針在美國處理伊朗和土耳其危機、解決德國賠償和締結和約問題乃至日本和朝鮮的佔領問題等方面，都有所體現。

　　凱南無疑是一位睿智和善於思考的外交官，但他也有失誤的時候。加迪斯非常推崇凱南，他認為，凱南幾乎是當時了解斯大林的冷戰戰略「唯一」的一個人，只有凱南對蘇聯行為的解釋「能站得住腳」。而按照加迪斯的說法，這個解釋就是「早在1917年列寧就對資本主義世界發動了『冷戰』，但直到斯大林時期才制定出贏取這次戰爭的大戰略」。[2]在筆者看來，作為凱南理論起點的這個「長電」，雖然對蘇聯外交思維及其淵源的分析深邃而透徹，但其結論卻顯得過於偏激和簡單。根據凱南的邏輯，俄羅斯傳統的不安全感和主張「世界革命」的意識形態導致蘇聯必然採取不斷和無限擴張的政策，戰後蘇聯在政治和軍事上的強盛為這種擴張奠定了基礎，因此蘇聯的外交政策已經構成對美國的挑戰和威脅，而且永遠不會和解，所以美國必須應戰，必須遏制。凱南把蘇聯看作是冷戰的發動者，同時也為美國推卸了破壞美蘇共同締造的雅爾塔體系的道義責任。然而，這個邏輯存在以下幾點漏洞，或至少是值得討論的問題：

　　其一，蘇聯和美國雖然都是戰後僅存的政治軍事大國，但二者實力相差懸殊。在軍事上，美國掌握着世界上唯一的原子彈及絕大多數的航空母艦和戰略轟炸機，而這些戰略性武器蘇聯都沒有；在經濟上，美國已成為可以在整個世界為所欲為的國家。美國的黃金儲備為200億美元，幾乎佔世界總量的三分之二，世界一半以上的製造業在美國，其各種產

1　Gaddis, *Strategies of Containment*, pp. 21-22.

2　約翰・蓋迪斯（J. L. Gaddis）：「遏制戰略研究的啟示」，牛軍主編：《戰略的魔咒：冷戰時期的美國大戰略研究》，上海：上海人民出版社，2009年，第44頁。

品佔世界總量的三分之一，並成為世界最大的貿易出口國。[1]那麼，蘇聯自知實力大不如人（這一點電報中略有提及），是否會主動向美國挑戰？[2]

其二，大量史實表明，蘇聯戰後的不安全感主要來自於內部而不是外部（這一點電報中也有提及），正如上述對斯大林演說的分析。既然如此，蘇聯是否會在解決國內問題之前或同時就將主要矛頭和力量指向美國？如果這樣做，蘇聯豈不是更不安全？實際上，也沒有證據表明此時蘇聯已經制定出針對美國的戰略方針，無論是外交的還是軍事的。直到1946 年 9 月 27 日，蘇聯駐美國大使諾維科夫才發出了一封對美國外交政策進行全面分析的電報，並確認美國已經將蘇聯鎖定為攻擊的目標，蘇聯必須反擊。[1]在冷戰史學界，這封電報被稱為凱南電報的「鏡像」，與凱南電報「如出一轍」。[4]

其三，俄羅斯在歷史上的確是一個擴張型國家，凱南電報對其擴張動機和根源的分析也十分中肯，但其忽略的一點是，到戰爭結束時，斯大林的地緣政治訴求已經全部得到滿足（芬蘭、波羅的海三國、東歐、巴爾幹和遠東），俄國沙皇夢寐以求的三個出海口蘇聯已完全掌控（太平洋、波羅的海）或得到基本保障（黑海），而所有這一切的合法性依據就是雅爾塔體系，其保障機制就是聯合國 —— 這兩者恰恰是戰後美蘇合作的基礎和平台。因此，蘇聯不存在主動破壞這一現狀的動機。

其四，從理論上講，共產主義與資本主義勢不兩立，是一種無法共

1　Kannedy Paul, *The Rise and Fall of the Great Powers: Economic Change and Military Conflict from 1500 to 2000*, New York: Random House, 1987, pp. 357-358.

2　1946 年 5 月 1 日斯大林發佈的蘇聯武裝力量部部長命令的要點是：國際反動派正在「策劃新戰爭」，蘇聯「應經常保持警惕」。Внешняя политика Советского Союза, Документы и материалы, 1946год, Москва: Государственное издательство политической литературы, 1952, с. 60-63.

1　АВПРФ, ф. 06, оп. 8, п. 45, д. 759, л. 21-39, *Севостьянов Г. Н. (под. ред.)* Советско-американские отношения, 1945-1948, с. 312-322.

4　*Печатнов В. О.* От союза к холодной войне, с. 149; *Егорова Н. И.* Новые документы по истории советско-американских отношений, 1945-1948 годы// Новая и новейшая история, 2005, №4, с. 167.

存的替代關係，蘇聯的確也曾高舉「世界革命」大旗衝擊資本主義世界，凱南電報對此講述得十分清楚。但同時還要注意的是，自從 1924 年斯大林提出「一國社會主義」理論後，共產主義理想和世界革命已經成為蘇聯外交的工具，1943 年解散共產國際、1944 年推行「聯合政府」政策，都是證明。[1] 如果承認蘇聯在戰後具有融入國際社會的意願、動力和條件，那麼斷言蘇聯與美國已經沒有共同目標，並且永遠沒有「和平共處」的機會，是否過於偏激？[2]

無論如何，凱南電報對華盛頓影響的最終結果是多數人認定對蘇聯已經沒有而且永遠也不可能有任何妥協的餘地。對於這種誤導的結果，福雷斯特爾的讀後感最說明問題：「從此以後他（指福雷斯特爾 —— 引者）日益感覺到不能再根據俄國問題可以和平解決的假定來制定政策了。」在他看來：「對於任何細心思考的人來說，如果接受這個分析（指凱南電報 —— 引者），那麼就必須放棄同這個黑暗的、由俄羅斯過去的幽靈所籠罩着的獨裁政權建立常規的或『正常』的國際關係的一切希望；它使得下面的觀點顯得愚蠢，這種觀點在以後曾盛行一時，認為通過讓步，通過『國家首腦』的一次會晤，或者通過諸如此類的形式，在會議桌上和平地進行合理的討價還價，就能解決一切問題。」[3]

外交的本質就是妥協，因此凱南電報必然導致一種錯誤觀念，即在

1　參見沈志華：《斯大林與 1943 年共產國際的解散》，《探索與爭鳴》2008 年第 2 期，第 31-40 頁；沈志華：《斯大林的「聯合政府」政策及其結局（1944 — 1947）》，《俄羅斯研究》2007 年第 5 期，第 71-77 頁，第 6 期，第 77-85 頁。

2　美國威爾遜中心（WWICS）網站上最近刊登了一組紀念凱南長電 75 週年的專題文章，其中就有學者指出，凱南電報「充滿了情感的火花」，「通過使用爆炸性的語言來誇大已經存在的『蘇聯威脅』」。Frank Costigliola, "'My Voice Now Carried': George F. Kennan's Long Telegram", Blog Post, February 19, 2021, https://www.wilsoncenter.org/blog-post.

3　Millis (ed.), The Forrestal Diaries, pp. 135、138.

敵對國家之間不需要外交。[1] 對此，美國著名記者和政治評論家 W. 李普曼
在 1947 年批評「X」文章時有一段精闢的論述：「在一個有敵對勢力存在
的世界，外交處理的方法是，建立一種力量平衡，使敵對勢力無論多麼
缺乏親密關係，無論多麼對共同的呼籲無動於衷，都無法看到侵略成功
的前景。」「作為一個外交家，如果認為敵對和不友好國家之間無法達成
和解，那就等於忘記了外交是幹什麼的。」[2] 所以，凱南想要阻止美國政
府中存在着的一種無限度向蘇聯讓步的主張沒有錯誤（這種讓步只能刺
激蘇聯進一步提出要求），美國選擇對蘇聯採取「遏制」政策本身也沒有
錯誤（特別是後來凱南強調這種遏制的重點不在軍事而在政治），但如果
只有「遏制」而排斥妥協，排除繼續溝通和談判的渠道，就未免過於簡
單化了。

最後，在凱南電報所引發的美國對蘇政策轉變中還有一點值得注
意，即貝爾納斯代表政府宣示美國外交政策新方針時，避免公開提到蘇
聯。[3] 這表明政府對公眾輿論是否接受這一轉變沒有把握。實際上，在此之
前美國的民意調查反映了公眾對蘇聯的矛盾心理。例如，《財富》雜誌在
1945 年 12 月進行的一項調查發現，50% 的受訪者認為在未來 25 至 30 年
內有可能避免一場大規模戰爭，只有 16.6% 的人認為蘇聯會發動這樣一
場戰爭。1946 年初的一項蓋洛普民意調查發現，只有 26% 的人認為俄國

1　丘吉爾演說後，美國報紙和知名人士（如華萊士、李普曼等）呼籲促進美蘇外交接觸和相互
　了解，並提出政府應做些什麼來告訴莫斯科，美國並不試圖形成一個反蘇集團。凱南在 3 月
　20 日給國務卿的電報中表示，「對這些言論背後的思路線感到擔憂和震驚」，認為這是對
　「蘇聯現實的嚴重誤解」，是一個「最危險的錯誤」。*FRUS*, 1946, Vol. 6, pp. 721-723.

2　Walter Lippmann, *The Cold War: A Study in U. S. Foreign Policy*, New York and London: Harper &
　Brothers Publishers, 1947, p. 60. 不幸的是，李普曼帶着友好和憂慮的心情看待斯大林的講話，
　卻被《真理報》國際觀察家貼上了「軍備競賽代言人」的標籤。Правда, 17 февраля 1947, 4-й
　стр.

3　據加迪斯觀察，凱南電報明白地宣告了戰時同盟的終結，但文件屬「最高機密」，看起來
　「更像是一則祕不發喪的訃告」。Gaddis, *George F. Kennan*, p. 225. 也有學者猜測斯大林看到了
　這封電報（Vladislav Zubok and Constantine Pleshakov, *Inside the Kremlin's Cold War: From Stalin to
　Khrushchev*, Cambridge and Landon: Harvard University Press, 1996, p. 123），但沒有提供證據。

人尋求統治世界，13% 的人仍然把這種野心歸咎於英國人。F. J. 哈伯特因此認為，雖然存在明顯的反蘇趨勢，但民意調查顯示美國人對保持「雅爾塔願景的合作態度」仍有信心，「或至少是希望」。[1] 或許正是因為這一點，杜魯門才決定邀請丘吉爾到富爾頓講演，用英國人的公開言論來試探美國輿論的反應。

丘吉爾「鐵幕演說」的背景和結果

鐵幕（Iron Curtain）一詞並非丘吉爾創造，但卻因他的一個演說而家喻戶曉。1946 年 3 月 5 日，已經下台的這位英國前首相在美國密蘇里州的富爾頓發表了一個震動世界的演說。面對威斯敏斯特學院 3000 多聽眾，並通過英美兩國無線電廣播，丘吉爾首先講述了在「戰爭和暴政」面前英語世界團結的必要性，特別是英美關係的特殊性：「兄弟般的聯合」要求雙方軍事上全面合作，「包括聯合使用兩國在世界各地掌握的所有海空基地，使現有的設施繼續用於共同安全的目的」。接着丘吉爾描繪了一幅緊張而恐怖的畫面：「沒有人知道蘇俄及其共產主義國際組織在最近的將來打算幹些什麼，以及它們擴張和傳教的邊界在哪裏」，但歐洲面對的現實就是「從波羅的海的什切青到亞得里亞海的的里雅斯特，一道鐵幕橫跨歐洲大陸」。鐵幕後面的中歐、東歐和巴爾幹國家都受到蘇聯的影響和控制，在所有這些國家，共產黨的地位和權力正在提升，並且「到處尋求極權主義的控制」。在鐵幕的另一邊，「共產黨或第五縱隊對基督教文明構成了越來越大的挑戰和危險」。面對這種狀況，丘吉爾說，「我不

1　Harbutt, *The Iron Curtain*, p. 152. 所謂「反蘇趨勢」可能表現為民意調查的另一項結果：相信蘇聯戰後會繼續合作的美國人，1945 年 8 月佔 54%，1946 年 2 月已下降到 35%。Hadley Cantril and Mildred Strunk (eds.), *Public Opinion, 1935-1946*, Princeton: Princeton University Press, 1951, p. 371.

相信蘇俄希望戰爭。他們希望的是戰爭的果實以及他們權力和主義的無限擴張」。演說最後又回到英美聯合對抗蘇聯的呼籲：「倘若英國所有道義上、物質上的力量和信念，都同你們的力量和信念兄弟般地聯合在一起，那麼，就將不僅為我們、為我們的時代，而且為所有的人，為未來的世紀，帶來一個廣闊的前程」。[1]

　　這個演說之所引起世界震動，是因為戰後丘吉爾在世界公眾面前首次公開點名指責蘇聯，並號召英美乃至英語世界聯合起來對抗蘇聯。作為一個具有世界影響的政治人物，一個曾經的大國領袖和三大國合作的創始人，丘吉爾公然背離戰時形成的大國合作原則，公然挑戰雅爾塔體系的精神，此舉非常人所能為，難怪丘吉爾本人把這個講話稱為自己「職業生涯中一次最重要的講話」。[2] 不過，特別需要指出的是，如此重要的一個講話，實際上並不僅僅是丘吉爾這樣一個非政府人物的個人行為，其背後存在着與美國政府、英國政府之間隱祕而複雜的聯繫。

　　丘吉爾是著名的保守派和反共政治家。早在德國戰敗之際，丘吉爾就把蘇聯作為下一個敵對的目標了。1945 年 5 月 22 日，英國軍方根據丘吉爾的指示制定了代號「不可想像的行動」的軍事計劃。該計劃以蘇聯已成為「對自由世界的致命威脅」為前提，目的是在柏林、布拉格、華沙和貝爾格萊德建立起一道防止蘇聯繼續西進的「新戰線」，通過一場「全面的戰爭」，「迫使俄國屈服於美國和大英帝國的意志」。這個計劃因「超出我們的能力」而並未實施，甚至沒有跡象表明將計劃交給了美國人，但是它的存在已經說明丘吉爾的反蘇心態。[3] 如果考慮到那時英國民意

1　LaFeber（ed.），*The Dynamics of World Power*, pp. 210-217.

2　John Charmley, *Churchill's Grand Alliance: The Anglo-American Special Relationship, 1940-1957*, London: Hodder & Stoughton, 1995, p. 223.

3　Public Record Office, CAB 120/161/55911, pp. 1-29, 轉引自 *Ржешевский О. А.* У истоков《холодной войны》, с. 45-46; *Лебедев С. Н.（гла. ред.）* Очерки истории российской внешний разведки, Т. 5, 1945-1965 годы, Москва: Международные отношения, 2003, с. 20-21.

調查的結果，即主張對蘇聯友好的英國人佔 70%，甚至超過了主張對美國友好的人（45%），那麼保守黨在議會選舉中失敗的原因之一很可能就是其對抗蘇聯的立場。[1] 一時失魂落魄的丘吉爾很快就振作起來，並作為反對黨領袖活躍於英國政壇。到 1945 年秋末冬初，丘吉爾喊出了英美團結共同反蘇的口號。[2] 恰恰這一點被美國總統杜魯門看中了。杜魯門對國務卿貝爾納斯在莫斯科會議的表現頗有不滿，認為對蘇聯讓步過多。1946 年1 月 5 日，杜魯門把貝爾納斯叫到白宮訓了一頓。杜魯門歷數了蘇聯在東歐、伊朗、土耳其等問題上的「暴行」後說，蘇聯「所了解的只有一種語言 ——『你究竟有多少個師？』」，「我認為我們不應該再作任何妥協」，「我已經厭倦了籠絡蘇聯人」。[3] 可以看出，杜魯門後來親自為丘吉爾的講演站台助威絕非偶然。

　　1946 年 1 月 29 日受邀來到美國的丘吉爾寫信給杜魯門，說他「有一個信息要傳遞給貴國和世界」，並認為「我們很可能會在這個問題上達成一致」。杜魯門立刻心領神會地回信說，他知道有「一個重要信息要傳遞」。2 月 10 日晚兩人在白宮進行了一個半小時的會面。根據總統軍事顧問李海的詳細記錄，丘吉爾告訴杜魯門，講演的主題是英國和美國之間有必要進行全面的軍事合作，以維護世界和平，直到聯合國能夠完全負起維持和平的責任，而這將是在遙遠將來的某個時候。丘吉爾還提出，為了英美的安全，兩國聯合參謀部應該繼續工作下去。會面後，李海陪同丘吉爾回到英國使館，與 L. 哈利法克斯大使一直談到深夜。丘吉爾告訴哈利法克斯，杜魯門「對他發表他心目中的那種兄弟會式的演講相當滿意，非常高興」。[4] 3 月 3 日，杜魯門邀請丘吉爾乘總統專列從華盛

1　*Ржешевский О. А.* У истоков《холодной войны》, с. 43-44.

2　Harbutt, *The Iron Curtain*, p. 138.

3　Truman, *Memoirs by Harry S. Truman, Volume One*, pp. 551-552.

4　Harbutt, *The Iron Curtain*, pp. 160-161.

頓同往富爾頓。在列車上，丘吉爾向貝爾納斯和李海展示了幾乎已經完成的講稿，他們都很熱情，感到興奮，「沒有提出任何修改意見」。據總統助手 C. 克利福德回憶，在貝爾納斯向杜魯門詳細介紹講稿內容時，他一開始表示拒絕閱讀文本，但是當打印好的最終文本分發給白宮工作人員和隨行記者時，總統還是「無法克制地閱讀了它」。丘吉爾在給 C. R. 艾德禮首相和 E. 貝文外交大臣的電報裏描述了杜魯門當時的反應：「他告訴我，這個演講令他欽佩，雖然可能引起轟動，但只會帶來好處。」[1]顯然，杜魯門不僅事先知道講演的內容，而且對最後的講稿也十分贊成。不僅如此，杜魯門實際上希望「引起轟動」。早在 1945 年 12 月 20 日，國務院就宣佈丘吉爾即將發表的演講是一個重要事件，而關於丘吉爾與白宮接觸的大量新聞報道也激起了公眾的興趣。[2]可以說，杜魯門是這場鬧劇的幕後導演，丘吉爾只是演員而已。

　　然而，在公開場合，杜魯門又希望與丘吉爾保持一定的距離。作為丘吉爾講演的主持人，杜魯門事先指示克利福德「在他的開幕詞中插入幾句關於斯大林的正面話語」。[3]正像很多研究者指出的，富爾頓講演實際上成為美國政府「戰略的一部分」。當美國政府開始轉變對蘇聯立場而傾向強硬政策時，艾德禮政府採取的立場則比丘吉爾政府更接近羅斯福的大國合作方針，而丘吉爾本人作為羅斯福的朋友和夥伴，在美國公眾眼裏還是著名的二戰英雄和功臣，他可能比其他任何人都更有能力促進美國外交政策的預期變化，或者進一步說，使正在發生的變化合法化。杜魯門不過是把這次講演作為一種「試探性氣球」，對於如此急速的外交政

1　Martin Gilbert, *Winston S. Churchill, Vol. VIII: Never Despair, 1945-1965*, London: William Heinemann Ltd., 1988, pp. 195-197; Clark Clifford, *Counsel to the President: A Memoir*, New York: Random House, 1991, p. 101.

2　Печатнов В. О. От союза к холодной войне, с. 135.

3　Clifford, *Counsel to the President*, p. 102.

策轉變，一方面觀察蘇聯政府的反應，一方面掌握美國輿論的走向，可謂「一石二鳥」。[1]

　　據西方學者考察，英國政府事先知道並贊成丘吉爾在美國發表講演，他們希望憑藉丘吉爾的個人影響加強英美關係以獲得美國貸款，但艾德禮和貝文都不了解講演的具體內容，丘吉爾（包括知道內情的哈利法克斯）沒有向他們提供講稿或提綱，他們也沒有要求這樣做。[2] 富爾頓講演的宗旨當然背離了英國新政府的外交路線，儘管貝文堅持對蘇聯採取「堅定而直率」的態度和策略，但是他並不願意在強硬路線上走得太遠，以免徹底破壞英蘇關係。當 2 月 21 日英國下議院討論外交問題時，有人提出西方大國應「聯合起來對付俄國」，貝文則建議讓蘇聯參與英美之間的討論和信息交流，他甚至提出將 1942 年簽署的英蘇友好條約從 20 年延長到 50 年。[3] 所以，不管丘吉爾講什麼，英國政府也樂見其成，關鍵是看美英的社會反應和蘇聯政府的態度，再決定英國的立場。

　　鐵幕演說發表後，美國社會猶如一石激起千層浪，產生了十分強烈的反響和熱烈的討論。情況之複雜，以致有學者將美國輿論對鐵幕演說的反應分為四大類 ——「現實主義派」、「左翼自由主義派」、「孤立主義派」和「溫和主義派」。[4] 總體來說，這個演說與美國意識形態有很強的共鳴。丘吉爾最成功的地方就在於激發了美國人對蘇聯極權主義無限擴張的憂慮感和恐懼感。[5]《紐約時報》用列表的方式顯示了除控制東歐外蘇聯

1　Henry B. Ryan, "A New Look at Churchill's Iron Curtain Speech", *The Historical Journal*, Vol. 22, No. 4, December 1979, pp. 896、910; Harbutt, *The Iron Curtain*, p. 281; *Печатнов В. О.* От союза к холодной войне, с. 135-136; *Злобин Н. В.* Неизвестные американские архивные материалы о выступлении У. Черчилля 5 марта 1946г. // Новая и новейшая история, 2000, №2, с. 159-160.

2　Fraser J. Harbutt, "American Challenge, Soviet Response: The Beginning of the Cold War, February-May, 1946", *Political Science Quarterly*, Vol. 96, №4, Winter, 1981-1982, p. 626; Ryan, "A New Look at Churchill's Iron Curtain Speech", pp. 902-905.

3　Ryan, "A New Look at Churchill's Iron Curtain Speech", pp. 900-901.

4　Harbutt, *The Iron Curtain*, p. 197.

5　Harbutt, *The Iron Curtain*, pp. 200-201、207-208.

在戰後吞併的結果：27.39 萬平方英里領土和 2435.55 萬人口，這更加深了人們對蘇聯是「帝國主義的象徵」的印象。[1] 在這種情緒下，大多數人贊同對蘇聯採取強硬政策就毫不奇怪了。3 月 13 日的民意調查發現，60% 的人認為美國對蘇聯的政策「太軟」，只有 3% 的人認為「太硬」。[2]

　　儘管如此，很多人並不贊成丘吉爾提出的採取英美軍事聯盟的方式對抗蘇聯 —— 這顯然將不可避免地導致世界的分裂，而認為美蘇之間仍具備合作條件的還大有人在。英國駐美使館的分析報告認為，「大部分媒體和國會顯然不願意認可它是解決當前問題的適當辦法」，「自由主義者和左翼人士」譴責這是「毫無道理的敵意」，是「使美國為英帝國力量的罪惡提供擔保的計劃」，中間派和溫和派則「擔心聯合國組織因此而受到傷害」，保守派雖同意丘吉爾的分析，但也「不願意接受（他）所提供的解決辦法」。[3] 民意調查顯示，對於美國是否可以繼續與蘇聯合作的問卷，丘吉爾演說前（2 月）同意者佔 35%，反對者佔 52%；演說後（4 月）同意者上升至 45%，反對者下降至 38%。[4] 最後，鐵幕演說在得到美國保守派和右翼讚美的同時，也導致「一個強大的左翼陣線開始出現」——從政府官員、國會議員到工會組織、新聞界和知識分子，直到美國共產黨。儘管無法為蘇聯的行為辯護，但他們認為丘吉爾「既不代表美國人民或其政府，也不代表英國人民或其政府」，富爾頓是「一場災難」，正在把美國的命運「轉向危險的方向」，擬議中的英美聯盟將「割斷聯合國組織的喉嚨」。[5]

1　*The New York Times*, March 14, 1946, p. 24.

2　Cantril and Strunk, *Public Opinion*, p. 963.

3　Ryan, "A New Look at Churchill's Iron Curtain Speech", pp. 913-914.

4　Cantril and Strunk, *Public Opinion*, p. 371. 也有研究者提供了另一種調查結果：丘吉爾講話一個月後，有 85% 的人支持英美聯盟。（Harbutt, "American Challenge, Soviet Response", p. 633.）筆者沒有找到原始問卷，不知道具體的問題和被調查的範圍 —— 這對調查結果的判斷有直接影響，但可以斷定，如果把問題換成「你是否贊同與蘇聯徹底決裂」，恐怕答案就很不相同了。

5　Harbutt, *The Iron Curtain*, p. 198-199.

　　面對社會和輿論出現的分裂趨勢，美國政府急忙站出來表態，一方面撇開與丘吉爾演說的關係，一方面表明美國的立場。在 3 月 8 日的新聞發佈會上，杜魯門和貝爾納斯都否認事先看過講稿，並聲稱美國政府與此無關。杜魯門重申了美國對聯合國的承諾，並說他不認為蘇聯會走一條單行道。不過，杜魯門並不否認丘吉爾在自由的國家有自由講話的權利，也沒有拒絕英美聯盟的說法，甚至還表示在宣佈戰爭正式結束前，通過聯合參謀長會議進行的英美軍事合作將繼續下去。[1] 在隨後幾個月裏，美國內部自由派和保守派的意見分歧仍然十分激烈，「兩極分化」的程度也越來越嚴重。[2]

　　丘吉爾演說發表後，英國政府似乎也陷入了尷尬的境地。「英國外交部的第一反應是震驚」，艾德禮在 3 月 9 日回答議會的質詢時說，「國王陛下的政府事先並不知道演講的內容」，英國大使也沒有「被要求事先批准或不批准這個演講」。當有人追問政府對演說內容是否贊成時，艾德禮巧妙地回答說：「陛下的政府沒有被要求對一個私人在另一個國家發表的演講表達任何意見。英國政府的政策已經由外交大臣在眾議院中完全明確地闡述了。」關於駐美大使與講演稿的關係，英國使館新聞處官員的解釋是：「大使有機會看到丘吉爾先生的演講稿，儘管不是最後的形式。由於丘吉爾先生明確表示他只是個人講話，哈利法克斯勛爵不覺得有必要表示贊同或反對，就像他在任何其他著名的公民私人訪問美國的情況一樣。」[3] 英國官方採取如此迴避的態度，與前述工黨政府處理與蘇聯關係時的矛盾心理有直接關係 —— 既不想得罪美國，也不願疏遠蘇聯。

　　蘇聯最初的反應似乎很平靜，3 月 7 日莫斯科廣播電台簡單地提到了富爾頓演說，第二天報紙上也只有簡短的報道和評論，說丘吉爾發表了

1　*The New York Times*, March 9, 1946, p. 1.

2　Harbutt, *The Iron Curtain*, pp. 204-205、229-230; McNeill, *America, Britain & Russia*, p. 658.

3　Ryan, "A New Look at Churchill's Iron Curtain Speech", pp. 911-912.

「反蘇講演」。經過一番準備，當美國報紙的熱潮剛剛退去，3 月 11 日蘇聯報刊開始了反擊。[1]《真理報》頭版頭條發表了社論「丘吉爾揮起軍刀」，第四版摘要刊登了富爾頓演說的內容。社論的矛頭直指丘吉爾，稱他為「反動派」、「戰爭販子」、挑釁者和誹謗者。社論特別提到「英美聯盟」，指責丘吉爾「緊緊追隨山姆大叔，儘管只是充當一個小夥伴的角色，仍希望英美軍事聯盟使英帝國能夠繼續帝國主義的擴張政策」，並指出這一聯盟「注定要徹底失敗」。[2] 凱南的印象是，由於富爾頓演說沒有在美英政府和輿論界得到明顯支持，蘇聯似乎對「盎格魯－撒克遜世界在這些問題上普遍存在巨大的不團結和意見分歧」感到「欣慰」。[3] 蘇聯老百姓可能更敏感一些。《真理報》的社論通過電台在全國各地廣播後，引起蘇聯人對丘吉爾的憤怒，同時也有對戰爭危險的擔心，甚至出現了恐慌情緒。[4]

蘇聯宣傳部門根據外交情報得出的結論也是如此：鐵幕演說「在美國大多數人民中未能引起丘吉爾所希望的煽動」。[5] 儘管如此，面對丘吉爾的挑戰，莫斯科也不得不認真對待。3 月 13 日，斯大林親自出面駁斥丘吉爾。以答《真理報》記者問的方式，斯大林開宗明義地指出，「這個演說是危險的行動，其目的是要在盟國中間散播糾紛的種子」。斯大林把丘吉爾比作希特勒，指責他「站在戰爭挑撥者的立場上」，利用「種族論」，「號召同蘇聯開戰」。斯大林還用大量篇幅嚴厲反駁了丘吉爾對蘇

1　*The New York Times*, March 8, 1946, p. 2; March 12, 1946, pp. 1、4.

2　Правда, 11 марта 1946, 1、4-й стр. 丘吉爾演說第一次用俄文全文發表是在 1998 年。見 Источник, 1998, №1, с. 88-93。

3　*FRUS*, 1946, Vol. 6, p. 713.

4　ЦАОДМ, ф. 3, оп. 63, д. 56, л. 112-114, *Горинов М. М. (отв. ред.)* Москва послевоенная, с. 151-152; РЦХИДНИ, ф. 17, оп. 88, д. 694, л. 90, 轉引自 *Зубкова Е. Ю.* Сталин и общественное мнение в СССР, 1945-1953// *Институт Всеобщей Истории РАН (ред.)* Сталин и холодная война, с. 282。

5　РЦХИДНИ, ф. 17, оп. 128, д. 94, л. 246, 轉引自 Zubok and Pleshakov, *Inside the Kremlin's Cold War*, pp. 124-125。

聯和東歐國家民主制度的攻擊，認為共產黨在歐洲影響的增長，是「歷史發展規律」使然。斯大林最後斷言，即使丘吉爾「和他的朋友們」能夠組織起新的「討伐」進軍，也一定會像一戰後 14 國武裝干涉蘇聯那樣被擊敗。[1] 這篇講話被《時代》週刊稱為「和平時期一位政治家對另一位政治家最嚴厲的攻擊之一」。[2] 在英國駐蘇聯公使羅伯茨看來，斯大林的反駁「牽強而蒼白」，很難令人相信，因此在很大程度上是向蘇聯民眾講話：他們必須準備好迎接未來的壓力和考驗。[3] 在這篇文章之後，聯共（布）中央對外政策部召開了對外宣傳積極分子會議，部署「加強揭露英美分子反蘇陰謀的工作」，日丹諾夫在會上號召要堅決放棄那種「戰爭之後應該讓人們休息」的立場。蘇聯宣傳的調子隨之發生急劇變化，很多中性的詞彙和語言被激烈的譴責所代替，批判英美的文章大量增長。[4]

　　十天後，3 月 22 日，斯大林以答美聯社記者問的形式，對外界發表了簡短的政策性聲明。斯大林首先指出，聯合國「是維持和平和國家安全的重要工具」，以此表明蘇聯希望在聯合國的框架內解決國際爭端問題，但前提是聯合國必須建立在國家平等的原則上。斯大林「聲明」的另一個重點是：深信「任何民族，任何民族的軍隊都不希望有新的戰爭發生，他們要和平，他們力圖保障和平」，為此需要各國組織廣泛的反戰

1　Правда, 14 марта 1946, 1-й стр, 中文見中共中央馬恩列斯著作編譯局：《斯大林文集（1934 — 1952 年）》，第 497-502 頁。

2　*Time*, March25, 1946, 轉引自 Harbutt, *The Iron Curtain*, p. 224. 有文件證明，這篇答記者問「從頭到尾」都是斯大林親筆寫的。АПРФ, ф. 45, оп. 1, д. 1127, л. 100-109, 轉引自 *Печатнов В. О.* "Стрельба холостыми" : советская пропаганда на Запад в начале холодной войны, 1945-1947// *Институт Всеобщей Истории РАН (ред.)* Сталин и холодная война, с. 178。

3　Ryan, "A New Look at Churchill's Iron Curtain Speech", pp. 919-920. 聯共（布）中央組織指導工作 3 月 22 日的調查報告稱，斯大林答記者問「極大地化解了」關於戰爭的「歪曲性言論」。РГАСПИ, ф. 17, оп. 88, д. 694, л. 88-91// *Зубкова Е. Ю. и т. д. (сост.)* Советская Жизнь, с. 613-614.

4　*Печатнов В. О.* "Стрельба холостыми", с. 178.

宣傳。[1] 這個因伊朗危機爆發而做出的表態顯然溫和了許多。[2] 蘇聯從來沒有設想和準備發動戰爭 [3]，斯大林也未必真的相信西方會訴諸武力，但是被丘吉爾煽動和助長的反蘇情緒的確構成了一種實實在在的外來威脅，何況此時蘇聯國內也遇到了難以擺脫的麻煩。[4] 所以，與西方尤其是美國的緊張關係應該緩解。這就是斯大林發表第二個答記者問的目的。

斯大林的講話對於安撫國內很起作用 [5]，但對於國外的反蘇情緒就不是幾句話能打發的，莫斯科必須有所行動。那麼，這三件相互關聯的事情發生後，美蘇關係發生了怎樣的變化呢？

1946 年春夏之交美蘇關係的困境

如果把這一時段的歷史事件做成剖面圖，就會發現美國與蘇聯之間互動關係處於相當複雜的狀態，就像一個萬花筒。

在輿論宣傳方面，如上所述，自 3 月以來，蘇聯國內報刊雜誌普遍

---

1 Правда, 23 марта 1946, 1-й стр. 中文見中共中央馬恩列斯著作編譯局：《斯大林文集（1934 — 1952 年）》，第 593-594 頁。

2 下文將談到因蘇聯拒絕撤軍而爆發伊朗危機的情況。

3 關於這一點，當時美國政府中多數人是承認的。見 Melvyn P. Leffler, "The American Conception of National Security and the Beginnings of the Cold War, 1945-1948", *American Historical Review*, 1984, Vol. 89, №2, pp. 359-362。

4 就在 3 月 8 日蘇聯宣佈「1946 — 1950 年恢復和發展國民經濟五年計劃」（ГАРФ, ф. 5446, оп. 1, д. 274, л. 1, *Лельчук В. С. (отв. ред.)* Послевоенная конверсия. К истории《холодной войны》, Сборник документов, Москва: ИРИ РАН, 1998, с. 180）後不久，一場遍及全國、持續兩年的特大饑荒就在蘇聯蔓延開來。關於蘇聯 1946-1947 年旱災和饑荒及其社會影響的研究，詳見 *Волков И. М.* Засуха, голод 1946-1947 годов// История СССР, 1991, №4, с. 3-19; *Попов В. П.* Голод и государственная политика (1946-1947 гг.)// Отечесвенные архивы, 1992, №6, с. 36-60; *Зима В. Ф.* Голод в России 1946-1947 годов. //Отечественная история, 1993, №1, с. 35-52。

5 聯共（布）中央組織指導工作部 4 月 2 日報告：斯大林答美聯社記者問發表後，國內所有關於戰爭的「情緒和謠言都化解了」。РГАСПИ, ф. 17, оп. 88, д. 694, л. 119-121//*Зубкова Е. Ю. и т. д. (сост.)* Советская Жизнь, с. 615-616.

加強了針對英美的指責和批評，表現出一種「新的強硬路線」。[1]但是這僅限於國內宣傳[2]，而蘇聯情報部主管的對外宣傳工作的調子並沒有立即轉變，對「三國同盟」仍然保持了一種「謹慎樂觀」的方針。在蘇聯領導人的指示中，暫時還沒有把「反動集團」、「某些反動分子」與西方國家的官方政策直接聯繫起來。[3]美國對蘇聯的俄語廣播仍在正常進行。[4]4月4日政治局做出決定，批准由《真理報》、《消息報》和《紅星報》人員組成的蘇聯代表團參加在華盛頓舉行的美國報業編輯協會會議。[5]4月23日，蘇聯接受美國的要求，同意將畫報《美國》在蘇聯的發行量增加到五萬份。[6]直到1946年6月，蘇聯情報部批准的發往境外的稿件，「幾乎沒有一篇談論蘇聯政策的文章」，甚至對「斯大林同志就丘吉爾富爾頓講話所發表的演說」也隻字未提！[7]很顯然，此時蘇聯輿論宣傳工作的重點在於教育國內民眾，至於對外宣傳，蘇聯暫時還不想與西方撕破臉皮。[8]

1946年初以後，美國對蘇聯的政策趨向強硬和對抗，這是不爭的事實。但是，這並沒有妨礙美蘇高層的密切接觸，因為此時美國採取這種立場的目標並非要向莫斯科宣戰，而是想通過外交談判迫使蘇聯在某些方面做出讓步。3月5日，即丘吉爾發表演說的當天，國務卿貝爾納斯起草了給莫洛托夫的電報，建議4月15日在巴黎舉行外長會議，為巴黎

1　Harbutt, *The Iron Curtain*, pp. 178-179.

2　包括對「美國之音」和英國廣播電台節目進行無線電干擾的技術準備工作。*Печатнов В. О.* "Стрельба холостыми", с. 193.

3　*Печатнов В. О.* "Стрельба холостыми", с. 175-176.

4　*FRUS*, 1946, Vol. 6, p. 689.

5　РГАСПИ, ф. 17, оп. 163, д. 1481, л. 191, *Максименков Л. В. (сост.)* Большая цензура, с. 571.

6　АВПРФ, ф. 7, оп. 7, п. 7, д. 88, л. 32, *Севостьянов Г. Н. (под. ред.)* Советско-американские отношения, с. 215.

7　РЦХИДНИ, ф. 17, оп. 125, д. 384, л. 56-62, 轉引自 *Печатнов В. О.* "Стрельба холостыми", с. 184。

8　1946年秋天以後，蘇聯對外宣傳的政策開始轉變。9月中央宣傳鼓動部專門成立了「蘇聯境外宣傳司」，10月6日聯共（布）中央做出決議決議，對蘇聯情報部工作提出嚴厲批評。*Печатнов В. О.* "Стрельба холостыми", с. 181、191.

和會準備草案。[1] 3 月 19 日杜魯門起草了致斯大林函，表示對美蘇關係的
「現狀擔心」，並希望斯大林訪問美國。[2] 3 月 27 日，美國新任駐蘇大使史
密斯赴任路經德國，在與蘇聯駐盟國對德管制委員會代表會談時表示，
「美國無意與英國建立正式聯盟，也不會加入任何針對蘇聯的聯盟或集
團」，並堅持認為「蘇聯和美國不存在無法通過達成協議並在加強聯合國
辦事處任務框架內解決的矛盾」。史密斯還為杜魯門帶話說，「美國已準
備好滿足蘇聯的利益」。[3] 3 月 30 日，史密斯在禮節性拜訪莫洛托夫時說：
「斯大林元帥在美國非常受尊敬，美國人民相信斯大林元帥說的話。」又
說，「如果蘇聯和美國能夠友好合作，那世界就不會存在危險」。莫洛托
夫表示同意，回答說：「和平取決於蘇聯與美國的友好關係，蘇方對與美
國友好合作充滿誠意。」[4] 4 月 4 日，斯大林和莫洛托夫正式接見史密斯。
史密斯說話軟中帶硬：「美國願意並渴望與蘇聯實現妥協，因為我們相
信，如果我們兩國相互理解和合作，世界和平就會得到保證……如果
美國人民有一天確信我們面臨着任何強大國家或國家集團不斷的侵略浪
潮，我們會像過去那樣作出反應。」史密斯還表示：如果美蘇「兩國仍
然相互擔心和猜疑」，我們可能都會發現自己走向了代價昂貴的重整軍備
的政策，「而這正是我們希望避免的」。斯大林沒有正面交鋒，只是強烈
地譴責了丘吉爾的演說，認為這是「對他本人和蘇聯的無端攻擊，如果
這是針對美國的，在俄羅斯是絕對不允許的」。斯大林一再解釋蘇聯在中
國、伊朗和土耳其問題上的政策，並重申了他對和平和遵守聯合國原則

1 *FRUS*, 1946, Vol. 2, pp. 22-23.
2 沈志華整理：《蘇聯歷史：俄國檔案原文複印件彙編》第 8 卷，未刊，第 77 頁。該信是史密斯帶到莫斯科當面宣讀的，但在美國國務院的文件中沒有發現這封信。*FRUS*, 1946, Vol. 6, p. 732.
3 АВПРФ, ф. 06, оп. 8, п. 45, д. 761, л. 1-4, *Севостьянов Г. Н. (под. ред.)* Советско-американские отношения, с. 188-191.
4 АВПРФ, ф. 06, оп. 8, п. 1, д. 7, л. 63-66, *Севостьянов Г. Н. (под. ред.)* Советско-американские отношения, с. 191-193.

的願望。最後，以身體不適為由，斯大林婉言拒絕了訪美的邀請。史密斯帶着緊張的心情進入克里姆林宮，會見結束時感到「氣氛融洽」。[1]同一天，美國大使遞交了關於召開巴黎外長會議的信函，莫洛托夫4月7日答覆，同意貝爾納斯的提議。[2]4月10日副外長李維諾夫接見史密斯，雙方再次表達了美蘇之間應加強溝通、加深了解的意願。[3]4月12日，在羅斯福逝世一週年之際，根據諾維科夫的建議，斯大林致函紐約的美俄關係研究所，追憶「這位偉大的政治家」，並認為「各國人民也應該感謝美國與蘇聯之間友好關係的發展」。[4]同一天，史密斯轉交了杜魯門給斯大林的回信，信中對斯大林關於聯合國組織重要性的聲明表示「特別高興」，認為這「與美國政府和致力於維護世界和平的人們的態度完全一致」。[5]在美蘇關係日益惡化的背景下，這些言論和表態，顯然主要意在爭取國際輿論和搶佔道德制高點，有些話語恐怕也是言不由衷的。不過，也可以看出，雙方還是為對抗留下了談判和妥協的空間，至少在客觀上是如此。[6]

為了緩解美國的敵意和國際輿論壓力，蘇聯也的確釋放出一些緩和關係的信號。1945年底蘇聯未能在規定的時間批准布雷頓森林協定，引起美國疑慮。1946年2月21日美國照會蘇聯，邀請蘇聯派「觀察員」參加定於3月8日在美國佐治亞州薩凡納舉行的國際貨幣基金組織和國際銀行第一次會議。[7]是否出席這次會議的問題，在蘇聯內部引起了激烈爭

---

1 *FRUS*, 1946, Vol. 6, pp. 732-736. 斯大林給杜魯門的回信見 *FRUS*, 1946, Vol. 6, p. 739。

2 АВПРФ, ф. 06, оп. 86, п. 93, д. 294, л. 9, *Севостьянов Г. Н. (под. ред.)* Советско-американские отношения, с. 194-195.

3 АВПРФ, ф. 06, оп. 8, п. 3, д. 31, л. 12-15, *Севостьянов Г. Н. (под. ред.)* Советско-американские отношения, с. 195-197.

4 АПРФ, ф. 45, оп. 1, д. 386, л. 37、41, 轉引自 *Печатнов В. О.* От союза к холодной войне, с. 142-143。

5 *FRUS*, 1946, Vol. 6, p. 743.

6 萊夫勒也認為，「杜魯門沒有放棄斯大林能夠更加自制並接受戰後現狀的希望」。Melvyn P. Leffler, "The Emergence of an American grand strategy, 1945-1952", Leffler and Westad (eds.), *The Cambridge History of the Cold War, Volume* I, *Origins*, pp. 73-74.

7 *FRUS*, 1946, Vol. 6, pp. 828-829.

論。[1] 不過，當會議如期召開時，蘇聯代表團還是在會場出現了，儘管只是「觀察」。美國報紙評論說，這可能只是「大國博弈中的花招」，但也可能是蘇聯改變政策的「第一個證據」。人們希望蘇聯開始認識到「單邊行動」的後果，並「相應調整期政策」。[2]

最令人感興趣的舉動是莫斯科宣佈從中國、伊朗和丹麥的領土撤軍，這顯然是對丘吉爾指責蘇聯「無限擴張」做出的直接反應。2 月 26 日，蘇聯在東北佔領軍司令部發表聲明，解釋說蘇軍推遲撤離是因為中國接管的軍隊未能到達和交通上的困難。[3] 美國報紙認為，這個聲明暗示：只要美國軍隊還留在中國，蘇軍就不會撤離。[4]《紐約時報》還報道說，瀋陽蘇軍守備部隊有所增加，據信將長期駐紮。[5] 就在丘吉爾發表講演的當天，貝爾納斯遙相呼應，發表聲明指責蘇聯軍隊在滿洲的掠奪和破壞行為。[6] 幾天後，3 月 10 日《紐約時報》就發出了完全相反的報道：蘇軍正在從瀋陽撤軍，這有望成為全面撤軍的開始。[7] 果然，3 月 24 日蘇聯宣佈，蘇聯佔領軍將在 4 月底之前全部撤離中國。[8]

蘇聯從伊朗的撤軍也在這個時間點發生了戲劇性變化。3 月 2 日是盟國約定的從伊朗撤走佔領軍的最後期限，當時英美軍隊均已撤離，蘇聯卻在此前一天宣佈，蘇軍 3 月 2 日將開始從伊朗「相對平靜的地區」撤離，而伊朗北部其他地區的蘇軍在「局勢明朗之前」將繼續留駐。第二

1　*Липкин М. А.* Советский союз и интеграционные процессы. с. 40-41.

2　*The New York Times*, March 11, 1946, p. 24.

3　Внешняя политика Советского Союза, 1946год, с. 98-99.

4　*The New York Times*, February 27, 1946, p. 16.

5　*The New York Times*, February 28, 1946, p. 13.

6　*The Department of State Bulletin*, Vol. 14, №350, March 17, 1946, pp. 448-449.

7　*The New York Times*, March 10, 1946, p. 1.

8　Внешняя политика Советского Союза, 1946год, с. 111.

天，伊朗政府向蘇聯提出抗議。[1] 然而，蘇軍不僅沒有撤退，反而增加了
裝甲部隊，駐在保加利亞的蘇軍也開始向南調動，在伊朗的蘇軍則開始
了「全面的戰鬥部署」。[2] 並非巧合，也在 3 月 5 日這一天，貝爾納斯向
駐莫斯科使館發出了給蘇聯的抗議照會，呼籲蘇聯尊重聯合國的宣言和
原則，立即無條件從伊朗撤軍。照會特別提到，美國對蘇聯違反規定而
造成的局面「不能無動於衷」。[3] 儘管稱不上是「最後通牒」，但美國施加
的壓力顯而易見。[4] 3 月 8 日美國再發照會，口氣更加強硬，要求蘇聯解釋
為何不是從伊朗撤軍而是增派部隊。[5] 3 月 18 日，鑒於蘇聯沒有退讓的表
示，伊朗政府在美國和英國的支持和鼓勵下，將「訴狀」提交到聯合國
安理會。[6] 3 月 22 日，如前所述，斯大林發表了和解性的答美國記者問。
3 月 25 日，即聯合國安理會就伊朗問題舉行聽證的前一天，塔斯社發佈
公告：根據與伊朗政府的協議，蘇聯於 24 日已開始撤離在伊朗的剩餘部
隊，如果沒有意外，撤軍將於 5 — 6 週內完成。同一天，斯大林致電美
聯社社長證實了這一消息。[7] 伊朗危機由此暫時緩解。

　　令美國感到意外的是蘇聯突然宣佈從丹麥的博恩霍爾姆島撤軍。戰

---

1 United Nations, *United Nations Security Council Official Records*, First Year, First Series, №2, From the twenty-fourth meeting（25 March 1946）to the forty-ninth meeting（26 June 1946）, New York, 1946, pp. 65-66.

2 Robert Rossow, Jr., "The Battle of Azerbaijan, 1946", *Middle East Journal*, Vol. 10, №1, Winter, 1956, pp. 17, 20-21; *FRUS*, 1946, Vol. 7, The Near East and Africa, Washington, D. C.: GPO, 1969, pp. 340、344-345.

3 *FRUS*, 1946, Vol. 7, pp. 340-342. 照會於 3 月 6 日遞交給莫洛托夫，3 月 7 日對新聞界公佈。

4 杜魯門後來回憶說，這是對蘇聯的「最後通牒」，但多數學者對此說法提出質疑。詳見 James A. Thorpe, "Truman's Ultimatum to Stalin on the 1946 Azerbaijan Crisis: the Making of the Myth", *The Journal of Politics*, Vol. 40, №1, February 1978, pp. 189-195。

5 *FRUS*, 1946, Vol. 7, p. 348.

6 Department of Public Information United Nations, *Yearbook of the United Nations 1946-47*, New York, 1947, p. 329.

7 Внешняя политика Советского Союза, 1946год, с. 56-57、111; Правда, 27 марта 1946, 2-й стр. 實際上，當時蘇伊談判並未達成協議，談判還在進行中。（*FRUS*，1946，Vol. 7，pp. 385-387.）塔斯社這樣說不過是為了保全面子而已。這一點似乎證實了凱南的看法：在強大的壓力面前蘇聯會選擇退讓。

爭後期，蘇聯外交人民委員部的一些官員提出了在波羅的海和斯堪的納維亞國家（主要是丹麥和挪威）擴大蘇聯影響，甚至建立蘇聯勢力範圍的建議和計劃。1944 年 7 月副外交人民委員洛佐夫斯基在內部會議上提出，蘇聯需要在丹麥的博恩霍爾姆島建立軍事基地。8 月歐洲第五司司長 P. D. 奧爾洛夫提交的報告也認為，蘇聯在丹麥擁有「特殊利益」，因為該國「處於波羅的海出海口的要衝位置」。[1]1945 年 5 月 7 日和 8 日蘇聯飛機轟炸了博恩霍爾姆島上的德軍，5 月 9 日蘇軍登陸佔領該島。[2] 當時美國軍事情報部門認為，蘇軍對博恩霍爾姆島的佔領是蘇聯控制波羅的海的第一步，並預測「蘇聯不會離開該島了」。[3] 然而美國人沒有想到，1946 年 3 月 4 日丹麥政府的照會要求蘇聯撤軍，第二天莫洛托夫便接見丹麥公使並聲明，如果丹麥已有能力使用本國軍隊保衛博恩霍爾姆島並在那裏建立起行政機構，蘇聯將召回自己的軍隊。[4]3 月 17 日，美國報紙報道了蘇聯宣佈從該島撤軍並已經開始撤軍的消息。[5]

　　就是在美蘇一直爭執不下的的里雅斯特地位問題上，蘇聯也在巴黎外長會議上做出了讓步。的里雅斯特位於亞得里亞海北岸，擁有地中海地區一個繁華的港口，原屬奧匈帝國，後歸入意大利。1945 年 5 月 J. B. 鐵托指揮的南斯拉夫軍隊搶先佔領了的里雅斯特大部分地區，並與隨後趕來的英美特遣部隊形成對峙。雖然美蘇都不希望在這一地區發生軍事衝突，但蘇聯支持南斯拉夫佔有該地區，而英美堅決反對。9 月倫敦外長會議的激烈討論沒有結果。1946 年 5 月巴黎外長會議前期，莫洛托夫提

1　АВПРФ, ф. 0512, оп. 2, п. 8, д. 6, л. 89-98; ф. 085, оп. 28, п. 120, д. 5, л. 17-19, 轉引自 *Хольтсмарк С.* Советская дипломатия и Скандинавия, 1944-1947гг., по материалам ариива МИД РФ//Новая и новейшая история, 1997, №1, с. 52。

2　*Хольтсмарк С.* Советская дипломатия и Скандинавия, с. 54.

3　*Печатнов В. О.* От союза к холодной войне, с. 106.

4　АВПРФ, ф. 06, оп. 8, п. 33, д. 518, л. 6-10, 轉引自 *Хольтсмарк С.* Советская дипломатия и Скандинавия, с. 56。

5　*The New York Times*, March 17, 1946, p. 1.

出南斯拉夫可以放棄對意大利的戰爭賠款要求，來交換的里雅斯特，貝爾納斯拒不接受，雙方僵持不下。6 月 23 日斯大林電告莫洛托夫，蘇聯可以讓步，同意美國的國際共管方案。會議以妥協性的決議 —— 宣佈的里雅斯特為「自由區」（西方的最後方案）而結束了爭吵。[1]

當然，蘇聯並非處處都願意做出妥協。在那些涉及蘇聯根本利益的重大問題上，莫斯科寸步不讓，例如德國賠償問題。雖然 1946 年初美蘇就德國賠償計劃達成一致意見，但該計劃的執行卻阻力重重，特別是美國又提出了儘快簽訂對德和約問題。在執行賠償計劃方面，分歧的實質是美國要求在保障德國經濟恢復和發展的基礎上實現賠償，而蘇聯則堅持先完成賠償再考慮德國經濟問題。對於美國提出的儘快建議統一的德國政府並簽訂對德和約的建議，蘇聯實際上採取了抵制立場，明確提出蘇聯只有在得到 100 億美元賠償的情況下才會考慮美國的建議，甚至要求從德國西部地區收取「現有產品」作為對蘇聯的賠償。巴黎外長會議在這個問題上沒有取得任何進展，迫使美國提出英美佔領區合併的方案。美蘇在德國問題上的分裂由此開啟。[2]

在十分敏感的核武器研製和國際管制問題上，美蘇也走上了尖銳對立的道路。聯合國原子能委員會（UNAEC）於 1946 年初成立，在 6 月 14 日舉行的第一次會議上，美國就拋出了一個原子能國際管制建議，即著名的「巴魯克計劃」。該計劃的核心要點有兩條：聯合國有權對不遵守原子能協議條款的國家實行包括使用武力在內的制裁；聯合國安理會常任理事國不得對這種制裁使用否決權。在美國是全世界核武器唯一擁有者的情況下，這無異於維護其壟斷地位，因此遭到蘇聯反對。6 月 19

1　詳見 *Гибианский Л. Я*. Триестский вопрос в конце второй мировой войны，1944-1945// Славяноведение, 2001, №3, с. 3-26, №4, с. 3-30; *Печатнов В. О*. На этом вопросе мы сломаем их антисоветское упорство … // Источник, 1999, №3, с. 92-95。

2　參見本書第六章。

日，蘇聯也向委員會提交了一個建議，主旨是禁止使用核武器，並銷毀現存的所有核反應堆。從此，聯合國內關於核武器國際控制的問題便進入了漫長而毫無結果的談判。[1]1949 年 8 月蘇聯原子彈爆炸成功以後，美蘇就開始了令人恐懼的核軍備競賽。

這就是 1946 年春夏之交美蘇關係的歷史剖面圖：對抗有之，妥協亦有之，強硬有之，讓步亦有之。

簡短的結論

到 1946 年的春天，美蘇關係處於一種若即若離的狀態。雙方充滿敵意，並開始宣傳戰，但都尚未形成明確的政策方針。蘇聯的對美方針處在猶豫之中，不想樹敵又必須樹敵，意識形態與現實政策陷入矛盾；政治上的防線已經建立，但經濟溝通和交往還在繼續，並希望有所收穫。美國因對蘇戰略認知陷入誤區而採取強硬方針，但目的並非決裂，仍希望和等待蘇聯做出退讓；世界「霸權」意識已經抬頭，但孤立主義情緒並未完全褪去；反蘇反共勢力上升，但仍有不少對蘇友好和與蘇合作的聲音。總之，政府與國會之間尚未形成一致意見。

斯大林的選舉演說：「攘外」是假，「安內」是真，「攘外」是為了「安內」。演說的內在動機因正在形成的敵對關係被掩蓋或誤讀。其結果引起了外部猜忌，在客觀上打擊了美國左翼力量，助長了美國右翼勢力，造成了更不安全的外部環境。

1　參見 Larry G. Gerber, "The Baruch Plan and the Origins of the Cold War", *Diplomatic History*, 1982, Vol. 6, №1, p. 69-95。巴魯克計劃和蘇聯建議的全文，見 LaFeber（ed.），*The Dynamics of World Power*, pp. 224-231、232-237, 後者的俄文件（蘇聯發表的簡略本）見 Внешняя политика Советского Союза, 1946год, c. 630-633。

　　凱南的「長電報」：與正處在上升趨勢的美國右翼心態十分吻合，受到政府和國會中「鷹派」的歡迎。但其過於情緒化的理論分析，沒有強調蘇聯戰後的不安全感主要不是來自外部，而是來自內部，關於放棄與蘇聯通過溝通和談判解決爭端的結論，更是過於偏激而脫離現實。

　　丘吉爾的「鐵幕演說」：自知英國力竭，藉助「鍾馗打鬼」，鼓動英美聯合對付蘇聯，不乏大英帝國傳統外交的老道和精明，也迎合美國右翼勢力的心理，但同時引發了美國輿論的擔心和憂慮。這些話如果晚一年再說，或許恰逢其時。

　　1946 年上半年發生的種種事件表明，美蘇關係的癥結主要是意識形態對立導致的戰略性互疑，這是冷戰起源的深層原因，但尚未構成冷戰發生的具體因素。蘇聯的核心利益在歐洲，與其直接對立的主要是英國，除了德國賠償問題，美國與蘇聯在歐洲並沒有地緣政治的交集。特別是在經濟方面，貸款、賠償、貿易、租借清算和國際經濟組織，所有的談判還在進行中，也就是說，雙方經濟關係尚未切割。因此，以「陣營對抗」、兩極分化為特點的冷戰政策和局面都還沒有最終形成。至此，已經可以聽到冷戰的前奏，但冷戰帷幕還沒有拉起。

　　以後事態的發展變化，關鍵是看雙方決策者是否能準確判斷對方的戰略目標和政策底線，而這恰恰是對抗與妥協轉換的臨界點。從歷史上看，社會制度異質和意識形態不同的國家之間是可以共處的，也是可以合作的，但如果雙方在戰略判斷上出現錯誤，後果就會很嚴重。不幸的是，此時美蘇之間都有戰略性誤判：蘇聯認定資本主義經濟危機必然到來，美國則認定蘇聯的目標就是無限擴張，雙方都在這種判斷的基礎上制定對外政策，其結果自然就是走向對抗。如果這種誤判不能糾正而繼續發展下去，冷戰就是不可避免的結局。然而，更加不幸的是，1946 年下半年和 1947 年上半年的歷史就是沿着這條線索發展的。

第五章

走向衝突：石油租讓權
與蘇聯在伊朗的目標

　　1944 — 1946 年發生的伊朗危機是冷戰起源研究中最重要的課題之一，危機不僅是蘇伊關係的轉折點，也是美國改變對伊朗政策的標誌，更是美蘇關係惡化及冷戰起源中不可忽視的重要因素。關於這一課題的研究，囿於檔案開放，到冷戰結束之際主要集中在美伊關係，涉及美蘇關係和蘇聯的外交行為，主要也是從美國政策的視角看問題。[1] 俄國檔案開放以後，關於危機中蘇聯政策及其動機和背景的研究有了很大進展。[2] 進入二十一世紀後，這方面的研究又出現了新氣象。大量阿塞拜疆和格魯吉亞檔案的使用，使研究者可以看到更多的事件細節和地方活動，從而對莫斯科的政策目標和結果做出更加準確、全面的判斷。[3]

1　在這方面最有影響的著作有 Bruce R. Kuniholm, *The Origins of the Cold War in the Near East: Great Power Conflict and Diplomacy in Iran, Turkey, and Greece*, Princeton: Princeton University Press, 1980; Mark H. Lytle, *The Origins of the Iranian-American Alliance 1941-53*, New York: Holmes & Meier Publisher, Inc., 1987; Louise L'Estrange Fawcett, *Iran and the Cold War: The Azerbaijan Crisis of 1946*, New York: Cambridge University Press, 1992。

2　主要研究論著有 *Егорова Н. И.* Иранский кризис, 1945-1946 гг., По рассекреченным архивным документам// Новая и новейшая история, 1994, №3, с. 24-42; *Гайдук И. В.* ООН и Иранский кризис 1946 года// Новая и новейшая история, 2011, №5, с. 69-82; *Печатнов В. О.* Встречными курсами: политика СССР и США на Балканах, ближнем и среднем востоке в 1939-1947 гг. // Новая и новейшая история, №3, 2016, с. 232-234。在此基礎上，中國學者也有專著問世。李春放：《伊朗危機與冷戰的起源（1941 — 1947 年）》，北京：社會科學出版社，2001 年。

3　參見 *Гасанлы Дж. П.* СССР-Иран: Азербайджанский кризис и начало холодной войны (1941-1946 гг.), Москва: Герои Отечества, 2006; *Гасанлы Дж. П.* Советская политика по расширению южных границ: Сталин и азербайджанская карта в борьбе за нефть (1939-1945), Москва: Политическая энциклопедия, 2017; Fernande Scheid Raine, "Stalin and the Creation of the Azerbaijan Democratic Party in Iran, 1945", *Cold War History*, Vol. 2, №1, October 2001, pp. 1-38; Fernande Scheid Raine, "The Iranian Crisis of 1946 and the Origins of the Cold War", in Melvyn P. Leffler and David S. Painter (eds.), *Origins of the Cold War: an International History*, London and New York: Routledge, 2005, pp. 93-111; Jamil Hasanli, *At the Dawn of the Cold War: The Soviet-American Crisis over Iranian Azerbaijan, 1941-46*, Lanham: Rowman & Littlefield Publishers, Inc., 2006。筆者非常感謝哈桑雷教授，他在華東師範大學冷戰國際史研究中心訪學期間，提供了大量俄國外交部檔案館和阿塞拜疆檔案館的原始檔案複印件。

到目前為止，關於伊朗危機歷史過程的基本史實已為研究者掌握。還有兩點遺憾：因俄國總統檔案館尚未開放，判斷蘇聯在危機中的決策目標和動機還缺乏有力證據；因俄國軍方檔案尚未解密，蘇軍在伊朗及周圍地區調動的實際情況仍然不甚清楚。這是引起學界關於這次危機存在諸多爭論的原因之一，也是吸引研究繼續深入下去的動力。[1] 從蘇聯對外政策的角度看，伊朗危機中有三條線索攪在一起，即經濟上關於石油資源的爭奪，政治上關於伊朗阿塞拜疆革命和民族自治（或獨立）運動的開展，外交上關於蘇聯從伊朗撤軍問題的國際爭端，這就導致了問題的複雜性，甚至令人眼花繚亂。所以，「斯大林在伊朗政策中懸而未決的問題依然存在」。[2]

在國際學界以往研究的基礎上，本章重新梳理了蘇聯在伊朗目標、行為和結果之間的邏輯關係，並擬回答三個問題：1. 蘇聯在伊朗採取的一系列政策行為的核心目標或主要動機究竟是什麼？2. 蘇聯在伊朗行動最後遭到徹底失敗的根本原因是什麼？3. 伊朗危機與冷戰爆發之間到底是一種什麼關係？

石油資源：戰後蘇聯在伊朗的經濟訴求

歷史上，波斯（1935 年改名為伊朗）一直是沙皇俄國與英、德等帝國爭奪利益的場所。十月革命勝利以後，蘇俄對波斯政策一度表現出革命的理想主義。1917 年 12 月 3 日，蘇維埃政府發佈《告俄羅斯和東方伊斯蘭勞動人民書》，宣佈以往瓜分波斯的條約無效，並保障波斯人民自

1　筆者關於歷史研究中決策動機判斷的條件和方法的討論，參見《動機判斷與史料考證 ——
　　對毛澤東與斯大林三封往來電報的解析》，《近代史研究》2019 年第 5 期，第 106-122 頁。
2　Raine,"The Iranian Crisis of 1946",p. 95.

由決定自己命運的權利。但在蘇俄內戰和外國干涉時期，波斯被英國佔領，與蘇俄關係中斷。1920 年 4 月紅軍佔領巴庫，建立阿塞拜疆蘇維埃共和國，隨後追擊白軍進入波斯吉蘭地區，6 月 4 日在吉蘭省宣佈成立波斯蘇維埃社會主義共和國。1921 年 2 月 21 日禮薩汗發動軍事政變，控制了德黑蘭。26 日波斯政府與蘇俄政府簽署友好條約，蘇俄宣佈放棄沙俄政府所簽署的損害波斯獨立、主權的一切條約和協定，取消波斯欠俄國的所有債務，放棄沙俄政府或個人從波斯政府所取得的一切租讓權，將波斯領土上的俄國企業及相關財產無償移交波斯。同時規定，上述權利和資產不得讓與任何第三國政府或個人。條約簽訂後，吉蘭省重歸波斯政府控制，但條約第六條規定，蘇俄在感到其南部邊界地區受到威脅時有權派兵進入波斯。[1]1927 年 1 月 1 日，蘇聯與波斯又簽訂了互不侵犯和中立條約。直到第二次世界大戰爆發前，蘇聯與伊朗的關係一直處於穩定狀態，伊朗成為蘇聯在近東地區與英國之間的緩衝國，且與蘇聯保持着良好的經濟關係。30 年代蘇聯在伊朗對外貿易中佔據首位，蘇伊貿易額佔伊朗對外貿易額的三分之一。[2]

　　第二次世界大戰和蘇聯的安全政策改變了蘇伊關係。戰爭初期，蘇聯為了自身的安全而支持德國，並相繼佔領波蘭東部、進攻芬蘭、兼併波羅的海三國和羅馬尼亞部分領土。伊朗北部和波斯灣也成為蘇聯覬覦的目標。當希特勒邀請蘇聯加入德意日三國同盟條約時，斯大林提出了五個條件，其中包括在戰後修改領土時承認「巴統和巴庫以南直到波斯

1　Aryeh Y. Yodfat, *The Soviet Union and Revolutionary Iran*, London and New York: Routledge, 2011 (1984), pp. 10-13; 阿布杜爾禮薩‧胡尚格‧馬赫德維：《伊朗外交四百五十年》，元文琪譯，北京：商務印書館，1982 年，第 293 頁。1921 年條約英文本見 A. L. P. Burdett (ed.), *Iran Political Developments (1941-1946): British Documentary Sources, Iran under Allied Occupation, Vol. 11, 1946, part 1*, London: Archive Editions Limited, 2008, pp. 36-40，中譯本見世界知識出版社編：《國際條約集（1917—1923）》，北京：世界知識出版社，1961 年，第 613-620 頁。

2　Yodfat，*The Soviet Union and Revolutionary Iran*，pp. 14-15.

灣地區」為蘇聯的勢力範圍。[1]1940 年 11 月底，蘇德祕密談判徹底破裂。[2]
7 個月後，德國對蘇聯發動突然襲擊，蘇聯加入以美英為首的同盟國，
而伊朗宣佈中立。1941 年 8 月 25 日，英國和蘇聯向伊朗政府發出最後
通牒，要求驅逐德國人，並允許通過伊朗公路和鐵路向蘇聯運輸盟國提
供的租借物資。遭到拒絕後，英軍和蘇軍南北夾擊，進佔伊朗。蘇聯外
高加索方面軍第 44、47 集團軍主力部隊幾乎未遇抵抗，迅速佔領了德黑
蘭、塞姆南以北大部分地區。[3]

　　自 1921 年 9 月撤離伊朗 20 年後，蘇聯軍隊再次佔領伊朗北部地
區。1941 年 9 月初伊朗戰事剛剛結束，斯大林便與聯共（布）阿塞拜疆
共和國中央第一書記 M. A. 巴吉羅夫商定，向伊朗北部地區派出以阿塞拜
疆黨中央第三書記 A. M. 阿利耶夫為首的政治工作團，第一批 500 名政治
工作人員即刻出發，2 — 3 個月工作團人員應達到 2000 — 3000 人。阿利耶
夫同時兼任第 47 集團軍軍事委員。[4]1942 年 1 月 29 日，蘇聯、英國和伊
朗簽訂盟約，伊朗政府有責任提供保障美國戰略物資運輸的一切條件，
而蘇英則保證尊重伊朗的獨立、主權和領土完整，蘇聯和英國在伊朗的
駐軍必須在戰爭結束後六個月內撤離。[5]這一條約的簽訂標誌着伊朗已放棄
中立政策，1943 年 9 月伊朗對德宣戰，並在《聯合國家宣言》上簽字，
從而正式成為同盟國成員。12 月 1 日結束的德黑蘭會議發表了美英蘇三

1　關於蘇德談判的過程見 *Поездка В. М.* Молотова в Берлине в ноябре 1940 г. // Новая и новейшая
　　история, 1993, №5, с. 64-99; *Безыменский Л. А.* Визит В. М. Молотова в Берлине в ноябре 1940 г. в
　　свете новых документов //Новая и новейшая история, 1995, №6, с. 121-143。蘇聯提出的其他四個
　　條件涉及芬蘭、土耳其海峽、日本（薩哈林島北部的煤炭和石油儲備）和保加利亞。

2　蘇德關係破裂不是因為伊朗問題，而是巴爾幹問題。詳見 *Наринский М. М. и др* Великая
　　Отечественная война 1941-1945 годов, с. 78-85、88-89。

3　Leland M. Goodrich, S. Shepard and Denys P. Myers (eds.), *Documents on American Foreign Relations,*
　　Vol. IV, July 1941-June 1942, Boston: World Peace Foundation, 1942, pp. 674-681. 蘇軍攻佔伊朗北部地
　　區的情況詳見 Ковалевский Н. Ф. Советские войска в Иране, 1941-1946 гг. //Военно-исторический
　　журнал, 2006, №5, с. 40; Гасанлы Советская политика, с. 38-43。

4　АПДУДПАР, ф. 1, оп. 162, д. 10, л. 32, 轉引自 Гасанлы Советская политика, с. 45-46。

5　Goodrich, Shepard and Myers (eds.), *Documents on American Foreign Relations, Vol. IV*, pp. 681-686.

國關於伊朗的宣言，保證伊朗獨立、主權和領土完整以及經濟援助成為
三大國共同的義務和責任。[1]

　　隨着戰爭走向勝利，莫斯科開始考慮戰後蘇聯在伊朗的目標。在既
有國際條約和大國宣言的框架下，面對戰時盟國，蘇聯的首要目標是控
制其佔領的伊朗北部地區。1944 年 1 月 11 日，副外交人民委員邁斯基
提交的報告《關於未來和平的最佳原則》指出，戰後蘇聯應當保持並進
一步發展與伊朗的「友好同盟」關係，因為伊朗是蘇聯高加索側翼的屏
障和同往波斯灣的通道。為此，蘇聯應「特別注意通過大量經濟、文化
和政治措施」協助開發伊朗北部地區，以加強在那裏的影響，並「建立
國際機構以支持和發展通過伊朗的過境交通線」。[2] 這就是所謂的「波斯走
廊」，也正是 1940 年蘇聯向德國提出的要求。「波斯走廊」對於蘇聯的重
要性在戰爭期間得以充分顯示。[3] 為了實現這一目標，3 月 6 日蘇聯人民委
員會做出了「關於加強對南阿塞拜疆人民的文化和經濟援助活動」的決
議，其中包括成立出版社，建立戲劇院，開辦免費學校，建立農業示範
站和針織工廠。考慮到伊朗阿塞拜疆（即蘇聯文件中所說的南阿塞拜疆）
地區絕大多數人口都是阿塞拜疆人，決議要求派往伊朗工作的最好是阿
塞拜疆人。[4] 根據巴吉羅夫的報告，到 9 月前，阿塞拜疆共和國已派出 245
名幹部和 375 名專家前往伊朗工作，他們「無一例外都是阿塞拜疆人」。[5]

　　蘇聯在伊朗國內依靠的政治力量主要是伊朗人民黨。隨着盟國軍隊
的進駐，禮薩 - 沙赫宣佈退位，他的兒子禮薩 - 巴列維繼位。獨裁制度的

1　*FRUS*, The Conferences at Cairo and Tehran, 1943, pp. 646-647.

2　АПРФ, ф. 3, оп. 63, д. 237, л. 52-93// 《Заняться Подготовкой Будущего Мира》// Источник, 1995, №4, с. 124-144.

3　波斯灣和伊朗通道是戰時美國向蘇聯運送租借物資的五條航線之一，經這條航線送達的租借物資達 422.65 萬噸，佔租借物資總量的 24%。*Паперно А. Х.* Ленд-лиз, с. 5-6; *Мамяченков В. Н.* Ленд-лиз в цифрах, с. 303.

4　АПДУДПАР, ф. 1, оп. 89, д. 84, л. 1-5, 轉引自 *Гасанлы* Советская политика, с. 97-98.

5　АПДУДПАР, ф. 1, оп. 89, д. 71, л. 2, 轉引自 *Гасанлы* Советская политика, с. 109。

衰落導致伊朗社會發生了急劇變動，大批被關押的政治人物和知識分子
走出了監獄。1941 年 10 月，以前伊朗共產黨一些骨幹為核心組成了伊朗
人民黨。[1] 與共產黨主張武裝鬥爭不同，人民黨主張建立一個代表廣大民眾
階層的政府，要求民主、自由和憲政，把土地分給農民，承認工會和婦
女的權利，屬左翼民主主義政治組織。在第一次代表大會 1944 年 8 月在
德黑蘭召開時，人民黨已有 2.5 萬黨員。人民黨注重羣眾工作，通過聯合
44 家報紙建立的「自由陣線」，將影響擴展到各主要省份，還建立了工
會中央聯合會，到年底已有成員 15 萬人。[2] 蘇聯在伊朗的影響正是通過這
樣一個政治組織（而不是共產黨）滲透和擴展的。1941 年 12 月 9 日共產
國際總書記 G. 季米特洛夫向斯大林和政治局提出，目前恢復共產黨沒有
好處，肯定會引起英國和伊朗統治階層的不滿、戒心和敵意。他建議不
要重建共產黨，而應該讓共產黨員加入人民黨。[3] 三天後斯大林就答覆，同
意這個建議。[4]

　　通過佔領軍和大量的政工人員、顧問、專家，以及以人民黨為主的
伊朗左翼政治組織，蘇聯完全控制了德黑蘭以北的大部分伊朗地區。以
大不里士為中心的蘇佔區儼然形成了一種「真空地帶」，伊朗中央政府對

1　按照音譯，人民黨亦稱圖德（Tudeh）黨。伊朗共產黨是在蘇俄紅軍佔領吉蘭後於 1920 年
　　7 月成立的，1931 年遭鎮壓而癱瘓。關於伊朗人民黨組建的詳細情況見 Ervand Abrahamian,
　　"Communism and Communalism in Iran: The Tudeh and the Firqah-I Dimukrat", *International Journal
　　of Middle East Studies*, Vol. 1, №4, October 1970, pp. 299-300; Faramarz S. Fatemi, *The U. S. S. R. in
　　Iran: The Background History of Russian and Anglo-American Conflict in Iran, Its Effects on Iranian
　　Nationalism, and the Fall of the Shah*, South Brunswick and New York: A. S. Barens and Company, 1980,
　　pp. 45-47; Fernande Scheid Raine, "Stalin's Reluctant Bid for Iranian Azerbaijan, 1941-1946: A View
　　from the Azerbaijan Archives", Paper for the Conference "Stalin and the Cold War, 1945-1953", Yale
　　University, 23-26 September 1999, pp. 4-5。

2　Yodfat, *The Soviet Union and Revolutionary Iran*, pp. 18-19; Fatemi, *The U. S. S. R. in Iran*, p. 47-49.

3　РГАСПИ, ф. 558, оп. 11, д. 66, л. 43, 轉引自 *Гасанлы Дж. П.* Иранский Азербайджан-Эпицентр
　　"Холодной Войны" // Кавказ & Глобализация, Том 2, Выпуск 1, 2008, с. 8-9. 另見 *Димитров
　　Г.* Дневник (9 март 1933-6 февруари 1949), София: Университетско издарелство "Св. Климент
　　Охридски", 1997, с. 266。

4　*Димитров Г.* Дневник, с. 267. 儘管如此，共產國際在伊朗仍建有聯絡站，並有專人負責。
　　Димитров Г. Дневник, с. 277.

這一地區已經完全失控。蘇聯佔領當局不僅完全控制了這裏的行政權力和輿論宣傳，而且像在歐洲一樣，禁止任何外國記者進入蘇佔區，甚至在伊朗政府中工作的美國顧問也必須得到佔領當局的批准方可進入。[1] 蘇聯在伊朗北部地區的控制和影響已經達到這樣的程度，以至美國國務院近東司官員反覆談到：「只要俄國人一聲令下，在阿塞拜疆一夜之間就可以建立起一個蘇維埃（政權）」。[2]

然而，蘇聯通過控制伊朗北部地區究竟要達到什麼目的似乎並不明確。按照蘇聯政府的指令和外交人民委員部的設想，控制伊朗主要是為了建立一條通往波斯灣的交通線，方式則是通過「國際機構」共管。顯然是考慮到蘇聯的要求，羅斯福在德黑蘭會議上提議在波斯灣的伊朗海岸建立一個自由港，並提出對橫跨伊朗的鐵路實行國際共管，斯大林表示贊同。[3] 當然，實現這一目標有一個必要的前提，就是盟國的合作在戰後繼續存在迸發展。這在當時看來似乎是可以實現的。但是，蘇軍佔領伊朗的實際行為給人感覺蘇聯似乎還另有所圖。蘇聯佔領當局的政治和行政工作是由阿塞拜疆共和國領導的，而巴吉羅夫作為阿塞拜疆人，有着強烈的民族意識，他嚮往的是實現民族統一，並多次請求斯大林把南阿塞拜疆併入蘇聯阿塞拜疆共和國。[4] 蘇軍佔領大不里士不久，巴吉羅夫就到了那裏，並且不止一次地對其下屬提到：伊朗的一些大城市加茲溫、雷扎耶、米亞內、馬拉蓋、大不里士、阿爾達比勒……「都是我們祖先的

1　Fatemi, *The U. S. S. R. in Iran*, p. 52; Raine, "Stalin's Reluctant Bid for Iranian Azerbaijan", p. 6; George Lenczowski, *Russia and the West in Iran, 1918-1948: A Study of Big Power Rivalry*, Ithaca, NewYork: Cornell University Press, 1949, pp. 194-196; Ervand Abrahamian, *Iran between Two Revolutions*, Princeton: Princeton University Press, 1982, pp. 175-176.

2　*FRUS*, 1943, Vol. 4, The Near East and Africa, Washington, D. C.: GPO, 1964, pp. 329、333.

3　*FRUS*, 1945, Vol. 8, The Near East and Africa, Washington, D. C.: GPO, 1969, pp. 525-526.

4　Vladislav M. Zubok, *A Failed Empire: The Soviet Union in the Cold War from Stalin to Gorbachev*, Chapel Hill: The University North Carolina Press, 2007, pp. 40-41.

家園」，「德黑蘭也是一座古老的阿塞拜疆城市」。[1] 不過，對於巴吉羅夫的「統一」計劃，莫洛托夫和外交部門頗不以為然，認為這與戰時盟國合作的大戰略相矛盾；阿塞拜疆工作團的行為在伊朗人、土耳其人和英國人中「引起了不信任和恐懼」。[2]

　　與此同時，還出現了一個新的、更大的問題 —— 伊朗石油資源的佔有。戰爭突顯了石油的重要性，美國運往歐洲遠征軍的物資中，每三噸就有兩噸是石油。到 1943 年，世界石油的儲備中心正在向波斯灣盆地轉移，而英伊石油公司的探測表明，伊朗的石油儲量之大，甚至會讓美國相形見絀。[3] 如果說英國和美國關注的是伊朗南部地區，蘇聯則把目光投向了與巴庫油田相連的伊朗北部地區。[4] 戰爭壓力稍有緩解，蘇聯就開始考察和勘探伊朗北部的石油儲量。1944 年 1 月 25 日，蘇聯石油人民委員部向外交人民委員部提交了科學院與軍方聯合考察隊的報告，專家們在初步考察了伊朗北部地區石油開採的前景後指出，工業（鑽井）勘探需要大量投資和徵用當地部分領土，因此必須由國家作出專門決定，並與伊朗達成外交協議。[5] 2 月 24 日，阿塞拜疆地質勘探部報告，最初的研究表明，伊朗北方阿塞拜疆、吉蘭、馬贊德蘭、塞姆南、北呼羅珊一帶的石油和天然氣儲量並不遜於南方英國控制的地區。[6] 這一結果自然會引起蘇聯領導人的極大興趣，但更令人受到刺激的是，此時美國和英國石油公司

1　АПДУДПАР, ф. 1, оп. 162, д. 28, л. 1, 轉引自 *Гасанлы* Иранский Азербайджан, с. 7; АПДУДПАР, ф. 1, оп. 162, д. 30, л. 6, 轉引自 *Гасанлы* Советская политика, с. 45。

2　ГААР, ф. 28, оп. 4, д. 2, л. 55, 轉引自 *Гасанлы* Иранский Азербайджан, с. 8; АПДУДПАР, ф. 1, оп. 89, д. 35, л. 3, 轉引自 *Гасанлы* Советская политика, с. 61-62。

3　Lytle, *The Origins of the Iranian-American Alliance*, pp. 63-64. 還有資料說，1945 年，伊朗的石油產量可能超過了所有阿拉伯國家的總和。Wm. Roger Louis, *The British Empire in the Middle East, 1945-1951: Arab Nationalism, The United States, and Post-war Imperialism*, Oxford: Clarendon Press, 1984, p. 9.

4　1941 年巴庫油田的石油產量達到 2300 萬噸，佔蘇聯石油總產量的 75%。*Гасанлы* Советская политика, с. 6.

5　АВПРФ, ф. 094, оп. 30, п. 347a, д. 48, л. 99、102, 轉引自 *Егорова Иранский* кризис, с. 27。

6　АПДУДПАР, ф. 1, оп. 89, д. 77, л. 1-17、28-29, 轉引自 *Гасанлы* Советская политика, с. 122-123; Raine, "Stalin's Reluctant Bid for Iranian Azerbaijan", p. 7.

之間，以及他們與伊朗官員之間，關於俾路支斯坦石油租讓權的談判已經悄悄進行了幾個月，並且在 8 月 8 月簽訂了《英美石油協議》。[1] 甚至還有情報說，英國石油公司對伊朗北部含油地區也感興趣。[2] 蘇聯不能再等待了，必須拿出自己的計劃。

1944 年 8 月 16 日，負責核武器研製計劃的蘇聯人民委員會副主席 L. P. 貝利亞向斯大林和莫洛托夫提交了關於另一個關乎戰略性政策 —— 石油問題的報告。在分析了世界石油儲藏和開採的情況後，報告指出，美國從 1943 年底開始積極獲取在伊朗的石油租讓權，並與英國的矛盾不斷加劇，但在對第三國的問題上，美英試圖採取某種「共同的立場」，即暗中抵制蘇聯在伊朗北方開採石油。面對這種情況，貝利亞提出兩條建議。第一，蘇聯政府必須同伊朗開始北方石油租讓權的態度強硬的談判。為此，蘇聯有關部門根據斯大林的指示，已經在英國開發伊朗南方石油協議條件的基礎上，制定和準備了蘇伊租讓條約草案及談判所需的必要資料。第二，蘇聯應加入英美石油談判，以便在「國際石油事務中為維護自己的利益創造條件」。[3] 目前沒有直接的檔案文獻可以證實斯大林對於這個重要文件的態度，但隨後蘇聯在伊朗的外交行為顯示，蘇聯沒有參與英美石油談判，而是立即開始了與伊朗政府關於北方石油租讓權的談判，其態度不僅「強硬」，甚至是野蠻的。伊朗人最初對蘇聯佔領的一絲好感[4]，現在一掃而光。

自蘇軍進佔伊朗以後，蘇聯強迫伊朗政府簽訂了一系列不平等的經濟協議 —— 武器製造、房屋租賃、商品交易和鐵路運營等。如伊朗為

---

1 談判情況詳見 Lytle, *The Origins of the Iranian-American Alliance*, pp. 82-86. 英美石油協議主要是確定雙方在石油政策方面聯合行動的原則，後來美國參議院未批准該協議。L. P. Elwell-Sutton, *Persian Oil: A Study in Power Politics*, London: Lawrence and Wishart Ltd, 1955, pp. 128-131.

2 АПДУДПАР, ф. 1, оп. 89, д. 101, л. 96-98, 轉引自 *Гасанлы* Советская политика, с. 233-234。

3 ГАРФ, ф. 9401, оп. 2, д. 66, л. 151-158.

4 Fawcett, *Iran and the Cold War*, p. 87.

蘇聯生產小型武器和彈藥支付了幾百萬美元，而蘇方在收貨時卻百般挑
剔、嚴厲懲罰；與英美不同，蘇聯佔用伊朗的建築物和設施從不支付租
金；蘇聯從伊朗購買大米的價格只有市場價格的一半，而賣給伊朗的商
品價格卻高出印度出售同樣商品的 50%；蘇聯 1943 年拖欠伊朗 8000 萬
里亞爾鐵路工程費和 5000 萬里亞爾關稅，等等。伊朗人對此敢怒不敢
言。[1] 在石油租讓權談判中，蘇聯人依然採取這種恃強凌弱的蠻橫態度。貝
利亞的報告提出不到一個月，在沒有任何事先商議和預談判的情況下，9
月 10 日，以副外交人民委員 S. I. 卡夫塔拉澤為首的蘇聯代表團來到德黑
蘭，並交給伊朗政府一份關於北方五省石油租讓權的條約文本，作為條
約「不可分割的一部分」的地圖指定了租讓權涉及的領土範圍。條約規
定租讓期限 60 年，伊朗政府無權單方面取消，條約條款不受以後通過的
任何法令或法案的影響，在發生爭議的情況下由蘇伊雙方派代表解決，
該條約將在議會通過並由國王簽署後生效。另有一份關於在莫斯科成立
蘇伊石油公司的議定書，該公司經營北方油田的開發，有效期同樣為 60
年。[2] 這就是「貝利亞石油方案」。在與伊朗國王的會面中，卡夫塔拉澤又
提出，蘇聯政府還要求對伊朗北方 20 萬平方公里的地區擁有 5 年的石油
勘探專屬權，並要求在蘇聯代表團回國前簽署石油租讓條約。國王提出
此事將與英美的石油要求一起考慮，卡夫塔拉澤當場加以拒絕，理由是
蘇伊之間是國家協議，不同於英美的私人公司。[3] 伊朗首相要求蘇聯代表提
出具體條件，以便伊方考慮，但遭到拒絕 —— 蘇方只希望「原則上接受
他們非常廣泛的要求」。這令伊朗人感到十分不安。[4]

1　*FRUS*, 1944, Vol. 5, The Near East, South Asia, Africa, The Far East, Washington, D. C.: GPO, 1965, pp. 311-316. 戰時美元與里亞爾的匯率為 1：32。

2　ГАППОДАР, ф. 1, оп. 89, д. 77, л. 30-43、46, 轉引自 *Гасанлы* Советская политика, с. 127-128。

3　*FRUS*, 1944, Vol. 5, pp. 453-454.

4　Fakhreddin Azimi, *Iran: The Crisis of Democracy. From the Exile of Reza Shah to the Fall of Musaddiq*, London and New York: I. B. Tauris & Co Ltd, 2009, p. 108.

　　蘇聯這種只提要求而不談任何條件的無理做法引起伊朗政府、議
會、國王和社會的強烈不滿。對於伊朗人提出的問題，如蘇聯提出的租
讓權與英國的要求有何區別？這些租讓權會給伊朗帶來什麼好處？在租
讓區內蘇聯要求享有外交豁免權的範圍究竟有多大？蘇聯以何種貨幣向
伊朗支付租讓費用？蘇聯代表來到德黑蘭是進行經濟談判還是向伊朗政
府發號施令？卡夫塔拉澤一概迴避，堅持說這些問題等簽署租讓條約後
再討論。[1] 到 10 月初，伊朗報紙上出現了反對向蘇聯提供租讓權的呼籲。[2]
被激怒的年輕國王提出了一個想法：在戰爭結束前，停止一切有關石油
租讓權的談判。英美雖然還沒有摸清蘇聯的動機，但懷疑這是為了削弱
英國和美國在伊朗的優勢，因此也私下默認伊朗推遲做出決定。[3] 伊朗政
府反覆商討後，於 10 月 8 日決定，不能接受蘇聯關於石油租讓權的要
求，但對外只說一切石油租讓權的談判推遲到戰後再考慮。[4]10 月 10 日，
即蘇聯代表團訪伊一個月後，伊朗政府將這一決定分別通知了蘇、美、
英三方。卡夫塔拉澤當即表示：「這一決定可能會產生不愉快的後果」。[5]
蘇聯的反應豈止「不愉快」，簡直就是惱羞成怒。

　　蘇聯官方把矛頭集中指向首相賽義德本人。卡夫塔拉澤在德黑蘭召
開記者招待會，公開指責伊朗政府破壞蘇伊關係，並聲稱今後「蘇聯政
府與賽義德先生政府之間的任何接觸都是不可能的」。[6] 蘇聯駐伊使館的工
作人員則以直接或間接的方式透露：賽義德必須辭職，使館將迫使他辭

1　Fatemi, *The U. S. S. R. in Iran*, pp. 69-70.

2　*Гасанлы* Советская политика, с. 129.

3　*FRUS*, 1944, Vol. 5, pp. 453-454、454-455; Lytle, *The Origins of the Iranian-American Alliance*, pp. 89、92.

4　*FRUS*, 1944, Vol. 5, p. 456; *Гасанлы* Советская политика, с. 129-130.

5　*FRUS*, 1944, Vol. 5, p. 456.

6　*FRUS*, 1944, Vol. 5, p. 461; Rouhollah K. Ramazani, *Iran's Foreign Policy, 1941-1973: A Study of Foreign Policy in Modernizing Nations*, Charlottesville: The University Press of Virginia, 1975, p. 99.

職。[1]其「直接目的」正如美國東歐司蘇聯專家波倫估計的，「在伊朗組建一個準備繼續談判石油租讓權的新政府」。[2]在蘇聯佔領軍、政工人員的鼓動以及人民黨的直接組織和參與下，10月下旬伊朗出現了全國性的動亂，局勢一時間顯得十分緊張。人民黨動用了整個宣傳機器，特別是「自由陣線」，展開輿論宣傳，攻擊伊朗政府的決定。[3]蘇佔區與德黑蘭之間鐵路、公路交通及通訊聯繫中斷，伊朗軍隊在北方的所有行動都受到蘇軍限制，伊朗警察維持治安的行動也遭到蘇軍干擾，甚至被解除武裝。[4]更嚴重的是伊朗各地，特別是大不里士和德黑蘭，不斷舉行大規模集會和示威遊行，抗議人羣最多時達到5萬人，甚至蘇聯軍人也佩戴武器乘坐軍車在市內遊行。[5]伊朗的局勢引起英美政府關注，儘管擔心損傷盟國之間的合作關係，11月初，美國和英國還是分別給蘇聯發出措辭溫和的照會，希望蘇聯遵守德黑蘭會議宣言。美國照會在結尾軟中帶硬地指出：「不能同意任何構成對伊朗內部事務的不適當干涉的行動」。[6]在英美的影響下，伊朗局勢有所緩和，但賽義德還是在蘇聯外交和伊朗社會的強大壓力下於11月9日辭去了首相的職務。[7]

　　然而，賽義德內閣的解散並沒有減弱反對給予蘇聯石油租讓權的呼聲，只是伊朗民族主義者抗爭的主要陣地轉到了議會。實際上，巴列維國王繼位後，伊朗的民主機制得到加強，議會在政權結構中的地位明顯上升。按照伊朗學者阿齊米的話說，「內閣實際上已經成為議會的俘

1　*FRUS*, 1944, Vol. 5, p. 458.

2　*FRUS*, 1944, Vol. 5, p. 352.

3　Azimi, *Iran: The Crisis of Democracy*, p. 110.

4　*FRUS*, 1944, Vol. 5, pp. 457-458、461、467, АПДУДПАР, ф. 1, оп. 89, д. 77, л. 70, 轉引自 *Гасанлы* Советская политика, с. 132。

5　*FRUS*, 1944, Vol. 5, pp. 461、464-465; АПДУДПАР, ф. 1, оп. 89, д. 92, л. 65-66, 轉引自 *Гасанлы* Советская политика, с. 134-136。

6　*FRUS*, 1944, Vol. 5, pp. 463、466、474; Lytle, *The Origins of the Iranian-American Alliance*, p. 95.

7　*FRUS*, 1944, Vol. 5, p. 472.

虜」。[1] 而在議會內部，到 1944 年 8 月已經組成了佔多數席位的強大右翼集團。[2] 蘇聯的粗暴行為也令國王的態度更加堅定，他甚至強烈地向美國人表示：租讓權談判應建立在外國軍隊撤出而不只是停戰的基礎上，這更符合邏輯，也更合乎民意。[3] 在這種背景下，12 月 2 日伊朗著名民族主義者摩薩台在議會提出了一項議案：任何政府官員都不得與國外討論或簽署有關石油租讓權的協議，違犯者將被判處 3 — 8 年監禁，並永久不得擔任政府職務。[4] 摩薩台在講演中批駁了主張給予蘇聯租讓權的「積極平衡」論 —— 這就如同失去右手的人為了平衡要砍去自己的左手，伊朗需要的政治平衡是首先保護北方的領土主權，然後再重新建立對南方領土的控制。[5] 摩薩台講演兩個小時後，議會在沒有任何修正的情況下以絕對多數票通過了他的議案，反對的只有少數人民黨議員。[6] 伊朗議會通過的法案實際上切斷了蘇聯通過更換政府實現租讓權談判的通道。12 月 8 日，卡夫塔拉澤在使館約見了伊朗新首相和議會代表，對剛通過的法案提出強烈批評，並敦促議會重新考慮蘇聯的建議。卡夫塔拉澤最後表示，鑒於蘇伊關係已經惡化，他只能立即回國了。[7]

　　所謂伊朗石油危機，原本是美英之間對南方租讓權的爭奪，蘇聯突然的捲入，特別是採取強硬、蠻橫的做法，不僅沒有任何收穫，反而嚴重惡化了蘇伊關係 —— 這無疑為日後蘇聯實現在伊朗的政治和經濟目標形成了巨大障礙；引發了英美對蘇聯在近東圖謀的深刻懷疑 —— 英國和美國的外交官大都認為蘇聯此舉的目的並不在石油，而是覬覦伊朗的北

1　Azimi, *Iran: The Crisis of Democracy*, p. 13.

2　Lenczowski, *Russia and the West in Iran*, pp. 182-183.

3　*FRUS*, 1944, Vol. 5, p. 478.

4　*FRUS*, 1944, Vol. 5, p. 479.

5　Fatemi, *The U. S. S. R. in Iran*, p. 67. 正是在摩薩台的領導下，1951 年 5 月伊朗實現了石油工業國有化。

6　*FRUS*, 1944, Vol. 5, pp. 479-480.

7　Fatemi, *The U. S. S. R. in Iran*, p. 68.

方領土[1]；還在客觀上緩和了英美之間的矛盾，使他們有機會聯合起來對付蘇聯 —— 美英尤其是美國在危機中曾「小心翼翼」地避免讓蘇聯人感覺他們正在「合夥」對付蘇聯[2]。卡夫塔拉澤之行徹底失敗後一段時間，儘管蘇聯政府仍然指責禁止石油談判的法令是不明智的，應予以修改[3]，但沒有再提出石油問題。顯然，斯大林不想在即將召開的三巨頭會議上談論這個問題。英國人強烈要求在雅爾塔會議上討論伊朗問題，從而限制蘇聯在那裏採取進一步行動，美國國務院也表示贊同。[4]但羅斯福沒有表態，因為三巨頭需要討論更重要的問題：對日作戰、波蘭問題、對德政策等等。結果，雅爾塔會議沒有討論伊朗問題。

儘管英國外交大臣艾登多次提出伊朗石油問題，甚至向會議提交了英國的決議草案 —— 在盟軍撤離伊朗以前，任何有關國家的政府都不向伊朗政府提出要求獲得追加石油租讓權的建議，但莫洛托夫堅決反對，理由是「沒有足夠的時間」，「（伊朗的）緊張時期已經過去」。[5]會議記錄只提到一句不痛不癢的話：三國外長就伊朗局勢交換了意見，一致同意通過外交途徑進一步討論這個問題。[6]德黑蘭會議的舊話也未重提，因為還在雅爾塔會議之前，由於國務院的堅決反對，羅斯福關於在伊朗建設自由港和對鐵路實行國際托管的方案已被束之高閣。[7]

表面上看，伊朗石油危機的風波已經平息，蘇聯在伊朗的兩個目標 —— 未明言的波斯走廊和已提出的石油租讓 —— 也均未實現，殊不知莫斯科正在策劃更大的行動。

---

1 *FRUS*, 1944, Vol. 5, pp. 470-471.

2 *FRUS*, 1944, Vol. 5, pp. 326-327、328-329.

3 *FRUS*, The Conferences at Malta and Yalta, 1945, pp. 334-336、337.

4 *FRUS*, The Conferences at Malta and Yalta, 1945, pp. 336-337、338-339.

5 *FRUS*, 1945, Vol. 8, p. 362-363; *FRUS*, The Conferences at Malta and Yalta, 1945, pp. 738-740、810、819-820; АВПРФ, ф. 06, оп. 7-а, п. 59, д. 24, л. 1-3、4-5.

6 АВПР Ф, ф. 06, оп. 7-а, п. 59, д. 24, л. 6; *FRUS*, The Conferences at Malta and Yalta, 1945, p. 933.

7 *FRUS*, 1944, Vol. 5, pp. 485-486; 1945, Vol. 8, pp. 523-526.

策劃分裂：蘇聯與南阿塞拜疆自治運動

　　儘管石油租讓權談判未能如願開啟，莫斯科在公開場合也不再談論石油問題，但蘇聯並沒有放棄貝利亞的石油方案，而是在暗地裏單方面繼續實施。

　　伊朗並不想惡化與蘇聯的關係，雅爾塔會議過後，立即提出了一個妥協方案。1945 年 2 月 26 日伊朗駐蘇大使 M. 阿希在與莫洛托夫會面時說，「政府指示他解決蘇聯獲取伊朗北部石油的問題」，在法律不允許租讓的情況下，蘇聯是否可以考慮通過建立蘇伊聯合石油公司的方式確保其在伊朗北方獲得石油的權利和利益。莫洛托夫斷然拒絕，並強調蘇聯政府「在石油問題上的唯一建議是在伊朗北部的租讓權」。[1] 英國在伊朗的舉動更讓蘇聯人着急。從 1945 年 4 月起開始，英國人在德黑蘭以北和東北地區進行地形地質勘測，蘇聯軍事情報部門得知這一情況後認為，英國人以探尋礦產資源和水源為藉口，實際上正在向富含石油的裏海沿岸滲透。[2] 6 月 6 日聯共（布）中央國際情報部召開會議討論伊朗局勢，來自駐伊部隊的指揮官 D. T. 科茲洛夫報告說，英國人在伊朗享有 60 年的石油租讓權，美國人最近也對此表現出興趣。科茲洛夫強調，伊朗到處是石油，「蘇聯可以在開採北方石油方面發揮重要作用」。[3]

　　6 月 21 日，斯大林簽署了蘇聯國防委員會關於伊朗北方石油勘探工作的決議。決議責成石油人民委員部和阿塞拜疆石油公司組建一個水文地質局，以此名義在伊朗北方地區進行石油勘探。石油人民委員部負責準備儀器和設備，外貿人民委員部提供進口交通工具，外高加索方面軍

1　АВПРФ, ф. 06, оп. 7, п. 464, д. 33, л. 1-3.

2　АПДУДПАР, ф. 1, оп. 89, д. 101, л. 96-98, 轉引自 *Гасанлы* СССР-Иран, с. 90-91。

3　РГАСПИ, ф. 17, оп. 128, д. 748, л. 56-60, 轉引自 *Гасанлы* Советская политика, с. 121-123。

負責建設辦公區和生活區並提供保衞，國防部提供鑽井設備和運輸車輛並保證維修，財政人民委員部負責撥款 800 萬盧布以保證日常經費。決議規定，8 月 1 日前派出測繪隊和勘探隊，9 月 1 日前將勘探和鑽探設備運送到位，9 月份正式開始勘探和鑽探工作。[1] 巴吉羅夫 9 月 6 日向斯大林報告，在伊朗北方已有 300 多名專家和工作人員在辛勤地工作。[2] 這就是說，在沒有得到伊朗政府允許的情況下，蘇聯已經擅自在其佔領區開始了工業勘探。美國駐伊大使 W. 默里也注意到，儘管伊朗宣佈將租讓權談判推遲到戰爭結束之後，但蘇聯人在其佔領區內鑽探油井的工作從未停止。[3]

空手而歸的卡夫塔拉澤也不死心，7 月 6 日他給莫洛托夫寫報告提出，外交人民委員部應該對外解釋「經濟增長和對石油需求的不斷增加要求我們在伊朗北方獲得石油租讓權」，他還催促莫洛托夫在波茨坦會議前告知美國和英國，正如華盛頓和倫敦沒有拋棄他們在南方的意圖一樣，蘇聯也不願放棄在伊朗北方取得石油租讓權。[4] 8 月 30 日，阿希大使與副外交人民委員維辛斯基談話時，再次提出建立蘇伊聯合石油公司的建議，並表示伊朗希望在法律範圍內找到改善蘇伊關係的途徑。維辛斯基反駁說，法律都是人定的，無論什麼法律，「都不應妨礙滿足蘇聯的合理利益」；「蘇聯的建議已經表述得相當清楚，現在就看伊朗政府怎麼做了」。[5] 9 月 8 日，阿希又向蘇聯外交人民委員部 M. A. 西林提出蘇伊聯合石油公司的問題，並不厭其煩地進行解釋，卻被西林一口回絕。[6] 正是蘇聯對石油租讓權咬住不放，美國國務院石油顧問 C. 雷諾堅持認為，蘇聯在

1　РГАСПИ, ф. 644, оп. 2, д. 507, л. 144-147.

2　АПДУДПАР, ф. 1, оп. 89, д. 90, л. 18, 轉引自 Raine, "Stalin's Reluctant Bid for Iranian Azerbaijan", p. 9.

3　Lytle, *The Origins of the Iranian-American Alliance*, p. 140.

4　АВПРФ, ф. 012, оп. 6, п. 79, д. 118, л. 1, 轉引自 Raine, "Stalin and the Creation ……", p. 9。

5　АВПРФ, ф. 094, оп. 31, п. 351а, д. 6, л. 31-32, 轉引自 *Гасанлы СССР-Иран*, с. 102。

6　АВПРФ, ф. 06, оп. 7, п. 4033, д. 465, л. 4-7.

戰後面臨嚴重的石油短缺，尋求石油是它在伊朗北部的主要目的，儘管多數英美和伊朗觀察家相信所謂租讓權不過是政治行為的幌子。[1]

　　蘇聯的確不願也沒有放棄獲取石油租讓權這一戰略目標，但行為方式卻發生了重大變化。石油危機平息後，1945 年 4 月 10 日，英國外交部東方司長 C. W. 巴赫特在給駐伊使館的電報中說，根據伊朗方面的消息，莫洛托夫表示準備重啟石油談判，但希望低調處理。巴赫特懷疑蘇聯將對伊朗採取某種行動，並提醒說，「如果蘇聯想要對哪個國家採取行動，通常的理由是（1）該國政府不能維持國內秩序，混亂狀態對蘇聯安全造成了威脅。（2）該國統治階級太殘暴，應當被推翻，由符合人民意願的『民主政府』來掌權」。考慮到蘇聯不可能再次讓自己陷入卡夫塔拉澤的危機而不能自拔，巴赫特預言：「如果蘇聯真的採取行動，那一定會出其不意。」[2]不幸，巴赫特言中了。

　　卡夫塔拉澤回國後，在南阿塞拜疆工作的蘇聯人似乎迷失了方向。1945 年 2 月 13 日，阿塞拜疆駐伊政治工作負責人 G. 哈桑諾夫向巴吉羅夫呈交了一份長篇報告，在詳細講述伊朗的局勢後，哈桑諾夫指出：從蘇聯派來伊朗工作的人員「不知道我國政府所追求的最終目標是什麼，這使得他們的工作很難得到全面部署」。哈桑諾夫認為，蘇聯應該幫助伊朗阿塞拜疆人民「擺脫法爾斯人的枷鎖」，目前伊朗國家正「處於完全崩潰的前夜」，國際形勢也有利於實現這一重要任務。這個問題不能通過外交談判解決，「（南）阿塞拜疆的解放和民主秩序的建立，或將其納入蘇聯阿塞拜疆，必須通過人民起義來實現，而盟國必須面對這一既成事實」。鑒於蘇聯駐伊使館無法領導這一行動，「大使對我們的活動並不總是滿意」，哈桑諾夫建議在大不里士設立一個領導小組，直接接受巴庫的

1　Lytle, *The Origins of the Iranian-American Alliance*, p. 140.

2　A. L. P. Burdett (ed.), *Iran Political Developments (1941-1946): British Documentary Sources, Iran under Allied Occupation, Vol. 9, 1945, part 1*, London: Archive Editions Limited, 2008, pp. 209-210.

指示。[1] 這個想法與巴吉羅夫等阿塞拜疆領導人不謀而合。同一天，阿塞拜疆共和國黨中央第三書記兼外交人民委員 A. M. 阿利耶夫也給蘇聯外交人民委員部寫了一份報告，結論同樣強調目前解放南阿塞拜疆的條件業已成熟。[2] 蘇聯工會中央理事會國際部 2 月 15 日完成的一份參考資料認為，伊朗阿塞拜疆 500 萬人口的情況與愛爾蘭、保加利亞等歐洲國家相同，民族之間的矛盾和對抗正在日益加深。[3] 2 月 19 日，聯共（布）中央國際情報部的報告確認，伊朗議會已經成為英國人的「馴服工具」，蘇聯在伊朗的經濟利益受到「英國威脅」，因而建議，作為一種對抗手段，利用伊朗議會選舉即將舉行的機會，使親蘇派奪取伊朗北部省份的所有 54 個席位。[4] 既然伊朗不願談判，那就把它逼到談判桌前。

3 月 23 日，巴吉羅夫親自向斯大林報告說，南阿塞拜疆局勢非常緊張，右翼勢力活動猖獗，在伊朗軍隊和警察的支持下，大不里士街頭出現了挑釁性的示威遊行，矛頭指向人民黨和親蘇派。伊朗政府簽發命令，「加強了針對親蘇人士的鎮壓措施，並且禁止執行蘇聯代表的任何要求」。電報最後說，面對發生的這一切，「我們正在等待您的指示」。[5] 未等莫斯科下達指示，巴吉羅夫便起草了在伊朗的工作計劃。阿塞拜疆檔案館中現在保存着兩份草稿，時間是 1945 年 3 月和 4 月，內容大體相同。巴吉羅夫提出了幾個不同的工作目標：促進南北阿塞拜疆的統一，或建立獨立的南阿塞拜疆人民共和國，或建立獨立的南阿塞拜疆資產階級民主共和國，至少在伊朗境內給予南阿塞拜疆自治，同時幫助庫爾德人也實現自治。為達到上述目的，巴吉羅夫建議採取三項措

1　АПДУДПАР, ф. 1, оп. 89, д. 108, л. 82, 轉引自 *Гасанлы* Советская политика, с. 144-146。

2　АПДУДПАР, ф. 1, оп. 89, д. 108, л. 1-21, 轉引自 *Гасанлы* СССР-Иран, с. 88。

3　ГАРФ, ф. 5451, оп. 72, д. 861, л. 12, 轉引自 *Гасанлы* Советская политика, с. 231。

4　РЦХИДНИ, ф. 17, оп. 128, д. 817, л. 29、132об, 轉引自 *Егорова* Иранский кризис, с. 28-29。

5　АПДУДПАР, ф. 1, оп. 89, д. 90, л. 1-2, 轉引自 *Гасанлы* Советская политика, с. 170-171; Raine, "Stalin and the Creation ……", p. 5。

施：在大不里士成立南阿塞拜疆工作小組，負責一切準備工作；該小組
受巴庫直接領導，並以軍人身份作掩護；採取一切措施，保證在即將舉
行的議會選舉中選出親蘇人士和可利用的人。[1] 檔案館裏還保存着阿利耶
夫 6 月編寫的另一份參考資料，文件主要講述了阿塞拜疆民族分裂的歷
史，結論是：「已經擺脫了壓迫的北阿塞拜疆的阿塞拜疆人的直接任務
是幫助他們的兄弟擺脫伊朗的暴政，獲得主權和民族自由，並與他們的
兄弟團聚。」[2] 儘管提出了幾種方案，但蘇聯阿塞拜疆共和國的傾向明顯
是要吞併南阿塞拜疆。

　　雅爾塔會議以後蘇聯決策層對伊朗問題如何討論、有何決定，目前
開放的檔案材料沒有任何顯示。直到 6 月初，克里姆林宮決定採取行動
了。6 月 7 — 8 日深夜，斯大林召見巴吉羅夫，但只談了 5 分鐘。[3] 這應該
不是聽取彙報或討論問題，而是下達指示。從 6 月到 10 月蘇聯決策層做
出的幾個決議看，斯大林對處理伊朗問題的方式似乎選擇了巴吉羅夫的
最後一個方案 —— 自治，但範圍不僅限於南阿塞拜疆，而是北方所有省
區，即蘇聯佔領區。無論將南阿塞拜疆併入蘇聯或讓其獨立，都直接違
背了 1942 年英伊蘇三國條約和 1943 年美英蘇三國宣言，而斯大林還不
想與盟國決裂。伊朗北方諸省實現自治則在法理範圍之內，只要蘇聯幕
後主使的身份不被揭露，既可以堵住英美和國際輿論之口，又可以保障
蘇聯石油計劃的實現，何樂不為？[4]

　　6 月 10 日，斯大林簽署了蘇聯人民委員會決議《關於在伊朗北部組

1　АПДУДПАР, ф. 1, оп. 89, д. 84, л. 3-5, 轉引自 Raine, "Stalin's Reluctant Bid for Iranian Azerbaijan",
　　p. 9。АПДУДПАР, ф. 1, оп. 89, д. 104, л. 93-103, 轉引自 Гасанлы Советская политика, с. 171; Raine,
　　"Stalin and the Creation ⋯⋯", p. 6。

2　АПДУДПАР, ф. 1, оп. 89, д. 108, л. 94-102, 轉引自 Гасанлы Советская политика, с. 238。

3　Чернобаев А. А. (Нау. ред.) На приеме у Сталина: Тетради (журналы) записей лиц, принятых И.В.
　　Сталиным (1924-1953 гг.), Москва: Новый хронограф, 2008, с. 456.

4　過去確有學者認為蘇聯的意圖是吞併南阿塞拜疆，而石油問題只是手段（Yergin, Shattered
　　Peace, pp. 179-181），但越來越多的證據顯示實際情況恰恰相反。

建蘇聯工業企業》，決定在大不里士等南阿塞拜疆城市建立一系列蘇聯工
業企業的分支機構，如製糖廠、制鞋廠、紡織廠、織襪廠等，阿塞拜疆
共和國必須保障企業用地，下屬各部門分別承擔工廠設計、技術人員配
備、設備安裝、物資保證，蘇聯工業人民委員部和農業人民委員部派遣
專家指導，財政人民委員部負責撥付建設資金，國家計劃委員會負責調
撥設備和物資，上述企業的組織、建設和生產的領導工作交由阿塞拜疆
人民委員會主席 T. 庫里耶夫負責。[1] 同石油勘探一樣，如此安排儼然是在
處理家務事，與九一八事變後日本在中國東北的做法如出一轍。南阿塞
拜疆已經被看做是蘇聯的勢力範圍了。

　　6 月 11 日，蘇聯外交人民委員部和聯共（布）阿塞拜疆中央委員會
根據中央指示起草了關於在南阿塞拜疆和北方其他地區發起分離運動的
決議，送交莫洛托夫、巴吉羅夫和卡夫塔拉澤審議。[2] 隨後，南阿塞拜疆
出現了抗議伊朗中央政府的浪潮。6 月底人民黨和「自由陣線」在大不里
士舉行 3 萬人集會，喊出了「阿塞拜疆要求自由和繁榮」的口號。[3] 7 月 6
日，聯共（布）中央政治局做出了決議：《關於在南阿塞拜疆和伊朗北方
其他省組織分離運動的若干措施》，而這個「絕密」文件只發給了巴吉羅
夫一個人。決議要求：開始籌備工作，目的是「建立擁有廣泛權利的南
阿塞拜疆自治省」，同時在吉蘭、馬贊德蘭、戈爾甘、呼羅珊等省開展分
離運動。為了對運動進行領導，應在改造人民黨支部的基礎上組建「阿
塞拜疆民主黨」，吸納各階層分離主義力量加入。同時動員庫爾德人參加
分離運動，從而建立庫爾德自治省。在大不里士成立工作小組，指導分
離運動。聯共（布）阿塞拜疆中央負責籌備第十五屆伊朗議會選舉工作，
確保分離運動代表人物在一系列改革口號的基礎上當選。建立以國外武

1　АПДУДПАР, ф. 1, оп. 89, д. 106, л. 8-10.
2　АПДУДПАР, ф. 1, оп. 89, д. 90, л. 6-9, 轉引自 *Гасанлы* Советская политика, с. 231-232。
3　РГАСПИ, ф. 17, оп. 128, д. 1111, л. 26, 轉引自 *Гасанлы* Советская политика, с. 240。

器裝備的軍事小組，以保障親蘇人士和民主黨積極分子的安全。建立「蘇聯阿塞拜疆之友協會」，吸引廣大民眾參加分離運動。利用報紙和出版物，大力開展宣傳活動。設立 100 萬外匯盧布的特別基金，為開展運動和選舉活動提供經費。[1]7 月 14 日，阿塞拜疆中央又下達了更加具體、更廣泛的指令，重點在建黨、選舉和宣傳。[2]

　　7—9 月，分離運動轟轟烈烈地展開了。人員調配、輿論宣傳、籌備建黨、安排選舉等等，按照巴吉羅夫的部署全面推進。[3]分離運動並非沒有遇到阻力，首先是來自左翼陣營內部的不滿和抵制。蘇聯通過解散人民黨的地方機構組建民主黨，自然遭到人民黨中央的強烈反對。[4]巴吉羅夫選中的民主黨領導人皮謝瓦里在蘇聯生活多年，曾擔任過蘇維埃吉蘭共和國內政部長，政治可靠，經驗豐富，具備領導能力，且在南阿塞拜疆作為受人歡迎的自由主義左派記者而聞名，並曾公開撰文批評人民黨高層領導。[5]蘇聯之所以建立民主黨而不再用人民黨，大概有三個原因：人民黨在伊朗素有蘇聯傀儡的「污名」，不利於在新的運動中繼續使用；人民黨屬全國性政黨，總部在德黑蘭，不利於在北方組織地方性活動；人民黨帶有較濃厚的馬克思主義意識形態色彩，主張階級鬥爭，不利於領導民族主義的分離運動。[6]不過，人民黨畢竟曾接受共產國際的領導，現在也得到蘇聯的支持和資助，很快就在來自巴庫的壓力下屈服了。10 月

1　АПДУДПАР, ф. 1, оп. 89, д. 90, л. 4-5.

2　АПДУДПАР, ф. 1, оп. 89, д. 90, л. 9-15// Jamil Hasanli, "New Evidence on the Iran Crisis 1945-1946: From the Baku Archives", *Cold War International History Project (CWIHP) Bulletin*, Issues 12/13, Fall/Winter 2001, pp. 312-314. 所引文件未標明起草人，筆者根據文件內容確認為阿塞拜疆黨中央。

3　詳見 *Гасанлы* Советская политика, с. 243-247; *Гасанлы* СССР-Иран, с. 93-95; Raine, "Stalin and the Creation ……", pp. 11-16.

4　*Егорова* Иранский кризис, с. 33; Raine, "Stalin and the Creation ……", p. 12.

5　Raine, "Stalin's Reluctant Bid for Iranian Azerbaijan", p. 11; Fatemi, *The U. S. S. R. in Iran*, pp. 58、80; Abrahamian, *Iran between Two Revolutions*, pp. 289-290.

6　相關史料參見 Raine, "Stalin and the Creation ……", p. 11; *FRUS*, 1945, Vol. 8, p. 417; Гасанлы Иранский Азербайджан, с. 15-16。關於人民黨與民主黨關係的詳細討論見 Fawcett, *Iran and the Cold War*, pp. 35-52。

3 日，人民黨中央致電莫斯科，聲明「在任何時候、任何情況下都服從聯共（布）」。[1] 正如美國國務院近東非洲司司長 L. W. 亨德森估計的，「阿塞拜疆民族主義在伊朗北部的加強將大大削弱伊朗中央政府的效力，而民族主義口號可能比共產主義宣傳更有助於贏得伊朗北部居民對蘇聯政策的支持。」[2] 儘管如此，蘇聯的做法還是大大分裂和削弱了伊朗左翼勢力，為後來局勢逆轉留下了隱患。

真正令巴吉羅夫頭疼的是來自伊朗政府和社會的強烈抗議。憤怒的伊朗政府查封了德黑蘭左翼組織的報紙、俱樂部，把一些活躍的記者和工會組織者投入監獄。撤銷了伊朗北部政府官員中親蘇分子的職務，而以堅決反對民主黨的人取代他們。右翼報刊強烈譴責北方的分裂活動，指責阿塞拜疆民主黨賣國，並積極發起運動要求蘇軍撤出伊朗。甚至有報道說，什葉派毛拉宣佈要發動針對阿塞拜疆人的聖戰。[3] 蘇聯人一直試圖躲在幕後指揮，但是當蘇佔區的伊朗警察和憲兵維持社會秩序時，當伊朗軍隊調往北方制止騷亂時，蘇聯軍隊就不得不出面加以阻攔了。[4] 這樣就給伊朗訴諸國際輿論提供了機會。然而，戰爭後期和戰後初期大國合作仍然是美英蘇三國的戰略目標，即使對蘇聯在伊朗的行為有所不滿，但比起德國問題和東歐問題，伊朗問題還提不到議事日程上。英國在伊朗的利益和地位與蘇聯相似，如果公開出面干預難免陷入尷尬局面。美國雖然也開始關注中東問題並對伊朗表示同情，但此時其中東利益和戰略的重點在沙特阿拉伯和巴勒斯坦，而對伊朗只限於推行「門戶開放」政策和維持穩定，防止對盟國團結構成危險，因此也不願直接插手。[5] 結

1　РГАСПИ, ф. 17, оп. 128, д. 818, л. 189.

2　*FRUS*, 1945, Vol. 8, pp. 410-411.

3　АПДУДПАР, ф. 1, оп. 89, д. 90, л. 21、37; д. 95, л. 149、153, 轉引自 Raine, "Stalin and the Creation ……", p. 14。

4　*FRUS*, 1945, Vol. 8, pp. 406、412-413.

5　*FRUS*, 1945, Vol. 8, pp. 34-39、393-400、409、558-559; Leffler, *A Preponderance of Power*, p. 80.

果，波茨坦會議同雅爾塔會議一樣沒有討論伊朗問題。這固然令伊朗政府和社會感到失望，但也是可以預料的。

因此，蘇聯必須加快行動。戰爭結束後蘇軍將面臨撤離伊朗的問題，美英的消極態度也鼓勵了蘇聯。為儘快在伊朗北方實現自治，從而順利解決石油租讓權問題，蘇聯迅速改變了策略。一方面，將「分離運動」的提法改為更加隱蔽的「自治運動」，推動南阿塞拜疆儘快成立自治政府，一方面加強軍事準備，以便在必要時以武力方式強行實現自治。[1]分離（сепаратист）變成自治（автономия），雖然只有一字之差，卻使運動的目的更加明確，也讓參與運動的蘇聯人和伊朗左翼分子在道義上得到一絲心理安慰。

10 月 8 日斯大林簽署的聯共（布）中央政治局決議明確提出，「伊朗阿塞拜疆民主黨的主要任務是在伊朗實現阿塞拜疆自治，設立阿塞拜疆民族自治機構」。為此，建立一個在巴吉羅夫領導下的「三人小組」具體負責，並儘快組建一支「在形式上與民主黨沒有聯繫的武裝部隊」。決議還特別提出，禁止蘇聯大使館和領事館參與與自治運動有關的任何工作。[2]遵照這一指令，巴吉羅夫立即開始行動，從阿塞拜疆挑選了 96 名得力幹部和武裝人員，經過政治和軍事特別培訓後派往伊朗組建武裝游擊隊（Fedai）。[3]最初組建了 30 支游擊隊，共計 3000 多人，並從蘇聯運來 5000 支步槍、300 支手槍、300 支衝鋒槍和機槍。隨着招募人數擴大，11 月又運送了 11500 支步槍、1000 支手槍、400 支衝鋒槍和機槍、2000 顆手榴彈和 250 萬發子彈。[4]此外，為應對德黑蘭對伊朗東北部地區的經濟

1　10 月 6 日斯大林再次召見巴吉羅夫，這次談了 3 小時 20 分鐘，並且有蘇軍參謀總長等多名軍方將領參加討論。*Чернобаев* На приеме у Сталина, с. 463-464.

2　РГАСПИ, ф. 17, оп. 162, д. 37, л. 152-153.

3　АПДУДПАР, ф. 1, оп. 89, д. 95, л. 198、208-209. 在阿塞拜疆語中，Fedai 還有「志願者」、「敢死隊」的意思。

4　АПДУДПАР, ф. 1, оп. 89, д. 97, л. 165. 轉引自 *Гасанлы Дж. П.* СССР-Турция: От нейтралитета к холодной войне, 1939-1953, Москва; Центр Пропаганды, 2008, с. 300。

封鎖，蘇聯人民委員會做出擴大與伊朗阿塞拜疆貿易的決議，限令第四季度貿易額必須達到進口 1.275 億和出口 0.8895 億里亞爾。[1]

遵照蘇聯的建議，民主黨決定立即建立民族議會，在南阿塞拜疆進行議會選舉。[2]11 月 21 — 22 日，民主黨在大不里士召開阿塞拜疆全民大會。皮謝瓦里在報告中說，「我們將為阿塞拜疆贏得自治，並努力不訴諸武器和武力。…… 但如果我們受到攻擊，我們會自衛，就像今天阿塞拜疆農民與強盜、掠奪者戰鬥一樣」。[3]大會通過了「阿塞拜疆人民要求獲得完全自由和自治」的宣言，宣稱已經建立的阿塞拜疆人民議會及其全國委員會有權採取一切必要措施，實現人民的民族要求。[4]最後，大會向國王、首相和議會發出了要求實行自治的電報，並聲稱如果政府使用武力，阿塞拜疆「將戰鬥到最後一個人」。[5]實際上，此時「戰鬥」在南阿塞拜疆已經打響。11 月 15 日巴吉羅夫給阿塞拜疆國家安全人民委員 S. F. 葉梅利揚諾夫和「三人小組」發出了指示，一方面告訴他們有責任避免內戰的爆發，一方面又說：敵人就在「地主、商人、軍官團和公務員當中，必須與他們進行無情的鬥爭，即消滅他們。即使有人今天看來很平靜，但昨天犯下了暴行，明天可能會再次犯下這些暴行，所以這樣的人必須被除掉、消滅或清算，而且這一切必須以人民的名義進行。我說清楚了嗎？」[6]第二天，游擊隊「消滅敵人」的行動便開始了。

11 月 16 日，蘇聯駐伊朗臨時代辦 A. 雅庫博夫向外交人民委員部報告，伊朗首相緊急召開內閣會議，內務部長、國防部長、總參謀長和外交部副部長出席，討論阿塞拜疆的局勢。會議通報，蘇聯軍事佔領當局

1　АПДУДПАР, ф. 1, оп. 89, д. 121, л. 4, 轉引自 *Гасанлы* СССР-Турция, с. 299-300。

2　АПДУДПАР, ф. 1, оп. 89, д. 97, л. 162, 轉引自 Raine, "Stalin and the Creation ……", p. 16-17。

3　АПДУДПАР, ф. 1, оп. 89, д. 97, л. 172, 轉引自 *Гасанлы* Советская политика, с. 258-259。

4　ГАРФ, ф. 5451, оп. 72, д. 361, л. 38-39, 轉引自 *Гасанлы* Советская политика, с. 261-263。

5　АПДУДПАР, ф. 1, оп. 89, д. 90, л. 101-102, 轉引自 *Гасанлы* Советская политика, с. 263。

6　АПДУДПАР, ф. 1, оп. 89, д. 98, л. 9, 轉引自 Raine, "Stalin and the Creation ……", p. 17。

向阿塞拜疆民眾分發武器，武裝分子試圖解除米亞內、薩拉卜、馬拉蓋的憲兵武裝，憲兵逮捕了一些人，而蘇聯軍方要求釋放他們。國防部長斷言，阿塞拜疆正在發生叛亂，必須採取必要措施。[1]11 月 17 日，伊朗政府照會蘇聯大使館：庫爾德地區出現叛亂分子，阿塞拜疆一些地區也發生了武裝分子圍攻憲兵、警察和佔領政府辦公場所並切斷通訊線路的情況，伊朗政府準備增派部隊前往維護治安。希望蘇聯政府尊重伊朗領土完整，不干涉伊朗政府和部隊的行動。[2]莫洛托夫在答覆中聲稱蘇聯與伊朗民主黨沒有關係，也否認蘇聯佔領當局干涉伊朗國內的政治生活。[3]雅庫博夫在 18 日與伊朗首相會談時也表示，蘇聯使館不了解阿塞拜疆的混亂情況，至於伊朗增派政府軍的問題，應與蘇聯軍方代表討論。[4]伊朗國防部長 20 日向蘇聯武官正式提出請求，允許伊朗政府軍前往大不里士。當天，蘇聯國防部長 N. A. 布爾加寧和總參謀長 A. I. 安東諾夫向斯大林報告了他們的意見：既然蘇聯的政策是不干涉伊朗內政，為了不給反動派提供攻擊蘇聯的藉口，就不應該妨礙伊軍的調動。[5]斯大林拒絕了這種天真的看法。22 日安東諾夫實際下達的命令是「阻止伊朗當局向我佔領區增派部隊的任何企圖」。[6]而前一天巴吉羅夫就報告說，阿塞拜疆伊軍和德黑蘭增派的政府軍可能通行的所有道路都已經被封鎖。[7]

局勢發展很快。11 月 19 日，美國合眾社報道，叛亂分子已佔領阿哈爾、薩拉卜、馬拉蓋、米亞內，並包圍了大不里士、阿爾達比勒、雷扎耶、阿斯塔拉的駐軍，正在向德黑蘭進軍。[8]據巴吉羅夫報告，22 日阿

1　АВПРФ, ф. 06, оп. 7, п. 4033, д. 465, л. 18-19.

2　АВПРФ, ф. 06, оп. 7, п. 4033, д. 467, л. 6-12.

3　АПДУДПАР, ф. 1, оп. 89, д. 91, л. 216-221, 轉引自 Raine, "Stalin and the Creation ……", p. 25。

4　АПДУДПАР, ф. 1, оп. 89, д. 101, л. 141, 轉引自《Гасанлы СССР-Турция, с. 300。

5　РГАСПИ, ф. 558, оп. 11, д. 99, л. 5-6, 2-4.

6　АПДУДПАР, ф. 1, оп. 89, д. 107, л. 54, 轉引自《Гасанлы Иранский Азербайджан, с. 14。

7　АПДУДПАР, ф. 1, оп. 89, д. 90, л. 60-62, 轉引自《Гасанлы Советская политика, с. 266。

8　*FRUS*, 1945, Vol. 8, p. 433.

塞拜疆的伊朗守備部隊開始向游擊隊投降。[1] 到 27 日，大不里士已處於民主黨控制之下，阿塞拜疆的政府軍普遍沒有進行抵抗。現在游擊隊需要的是過冬的服裝和經濟援助。[2] 據美國駐伊朗使館的情報，到 28 日上午以前，叛亂分子已佔領贊詹，正在進軍加茲溫，菲魯斯庫赫和馬贊德蘭也聚集了大批叛亂人羣，他們都準備向德黑蘭進發。伊朗政府制定了保衛首都的計劃，正在調集陸軍、憲兵和警察部隊，但也準備在必要時遷都伊斯法罕。美國駐伊大使默里認為，這場動亂「已經遠遠超出了任何普通的暴民行動」，而且每一個行動都具有良好的軍事戰術和指揮。他因此推斷，背後的領導者很有可能是蘇聯人。[3]

實際情況確實如此。這一時期的大量檔案文獻顯示，整個事件的進程完全是按照莫斯科的設計和預想發展的，而蘇聯決心採取武力手段就是要儘快在伊朗北方實現自治。特別是 12 月初以來，伊朗阿塞拜疆的議會選舉議程、政府綱領草案、自治計劃實施方案以及游擊隊的行動計劃等文件，幾乎每天都在大不里士—巴庫—莫斯科之間流轉 —— 送審、修改、批准。[4] 一切準備就緒，12 月 12 日伊朗阿塞拜疆國民議會宣佈，「阿塞拜疆自治共和國」成立，皮謝瓦里被選為政府總理。當天宣佈的 19 點施政綱領包括：阿塞拜疆在不破壞伊朗領土完整的情況下實行自治，阿塞拜疆政府承認伊朗中央政府，在外交、財政、稅收方面「服從國家」，但擁有自己的軍隊，以確保自主權。此外，在所有學校使用阿塞拜疆語教學，實行宗教自由，提供免費醫療，提倡民族平等。[5] 蘇聯總領事是接到邀請後出席大會的唯一外國代表。[6] 三天以後，在庫爾德民主黨的主持下成

1　РГАСПИ, ф. 558, оп. 11, д. 99, л. 9-10.

2　РГАСПИ, ф. 558, оп. 11, д. 99, л. 72-74, 轉引自 *Гасанлы* Советская политика, с. 266。

3　*FRUS*, 1945, Vol. 8, pp. 464-465.

4　*Гасанлы* Иранский Азербайджан, с. 14-15; Raine, "Stalin and the Creation ……" , pp. 20-21。

5　ГАРФ, ф. 5451, оп. 72, д. 861, л. 46、40-42, 轉引自 *Гасанлы* Советская политика, с. 289-290。

6　Fawcett, *Iran and the Cold War*, p. 35.

立了另一個自治機構 —— 庫爾德共和國，首都設在西阿塞拜疆省的馬哈巴德。庫爾德民族主義運動同樣得到了蘇聯的支持和幫助，不過庫爾德民主黨的獨立性較強，與蘇聯佔領當局更多的是一種相互利用關係，庫爾德共和國與阿塞拜疆自治共和國之間也存在着令莫斯科頭疼的尖銳矛盾。[1]

實際上，伊朗的民族主義運動與蘇聯當局的目標並非完全一致，相互利用也是很自然的。莫斯科鼓勵和發動自治運動說到底是為了石油。就在暴動發生的當天，蘇聯副外交人民委員傑卡諾佐夫接見了伊朗駐蘇大使。在討論蘇伊關係時，傑卡諾佐夫詢問了伊朗提出建立蘇伊聯合石油公司建議的具體內容。阿希詳細介紹了伊朗方面的考慮和設想，傑卡諾佐夫表示感謝，並說蘇聯提出的租讓條件對伊朗是非常有利的。[2] 此後，傑卡諾佐夫又接連三次與阿希會談。當阿希要求蘇聯允許伊朗派軍隊制止暴亂時，傑卡諾佐夫的答覆是不需要使用軍隊來解決問題，並總是說「伊朗政府知道應該怎麼做」。阿希的感覺是，傑卡諾佐夫在暗示「這與給予（蘇聯）石油租讓權有關」。[3] 隨着盟國軍隊撤離伊朗最後期限的迫近，莫斯科真是有些着急了。12 月 12 日，外交人民委員部的一份報告提醒說，在爭取石油租讓權的問題上，蘇聯現在著手，能夠「達成比撤軍後更有利的協議」。莫洛托夫批示：「立即討論」。[4]

撤軍問題的確是蘇聯獲取石油租讓權的要害，也是盟國解決伊朗問

1　Rouhollah K. Ramazani, "The Autonomous Republic of Azerbaijan and the Kurdish People's Republic: The Rise and Fall", *Studies on the Soviet Union*, Vol. 11, №4, 1971, pp. 407-408、414-415; Kristen Blake, *The U. S. -Soviet Confrontation in Iran, 1945-1962: A Case in the Annals of the Cold War*, Lanham, Maryland: University Press of America, 2009, p. 31; A. L. P. Burdett (ed.), *Iran Political Developments (1941-1946): British Documentary Sources, Iran under Allied Occupation*, Vol. 13, 1946, part 2 & 3, London: Archive Editions Limited, 2008, pp. 333-336、340-341; *Гасанлы* СССР-Турция, c. 350. 庫爾德問題比較複雜，限於篇幅，這裏不展開討論。

2　АВПРФ, ф. 94, оп. 31, п. 351а, д. 4, л. 51-55.

3　*FRUS*, 1945, Vol. 8, p. 459.

4　АВПРФ, ф. 012, оп. 6, п. 79, д. 118, л. 2-3, 轉引自 Raine, "Stalin and the Creation ……", pp. 27-28。

題的關鍵。然而，將這一問題提上議事日程並非易事。早在雅爾塔會議期間，英國就建議一旦波斯灣運輸線關閉就可以開始撤軍行動，但蘇聯堅持以後再討論這個問題。[1] 歐洲戰事結束後，伊朗立即向美英蘇三國發出照會，要求外國軍隊撤離。[2] 5 月 25 日，卡夫塔拉澤在給莫洛托夫的報告中指出，「蘇軍撤退無疑將導致伊朗反動勢力的加強和民主組織不可避免的崩潰」，因此必須拖延撤軍，並儘可能保障蘇聯撤軍後的利益 ——「主要是獲得石油租讓權，必要時建立由我們佔支配地位的股份公司」。於是，蘇聯對撤軍要求採取了避而不答的態度。[3] 同樣由於蘇聯頑固而強硬的拖延立場，波茨坦會議公報也沒有提到伊朗問題，只在未公佈的議定書中提到：盟國軍隊應立即撤出德黑蘭，進一步的撤軍行動將在 9 月倫敦外長會議予以考慮。[4] 日本投降後，伊朗政府再次向三大國發出照會提醒說，根據英蘇伊三國條約，6 個月後即 1946 年 3 月 2 日是盟軍撤出伊朗的最後期限。[5] 倫敦會議開幕後，9 月 20 日，莫洛托夫致信英國外交大臣貝文說，蘇聯從德黑蘭的撤軍已經開始實施，並會遵守條約規定的最後期限，因此會議就沒有必要討論這個問題了。[6] 於是，倫敦會議議程刪除了伊朗撤軍問題。[7]

很可能這些都是莫斯科策略的一部分，目的就是在撤軍前實現阿塞拜疆自治，並以此要挾伊朗政府對石油租讓權做出讓步。倫敦會議以後，蘇聯很快就在伊朗發動了「自治運動」。伊朗的緊張局勢和動亂讓美國駐伊大使默里認識到蘇聯撤軍才是解決問題的關鍵，他於 9 月 25 日和

1　*FRUS*, The Conferences at Malta and Yalta, 1945, pp. 738-740.

2　*FRUS*, 1945, Vol. 8, p. 371.

3　АВПРФ, ф. 06, оп. 7, п. 33, д. 466, л. 11; ф. 094, оп. 31, п. 351а, д. 2, л. 13、15, 轉引自 *Егорова* Иранский кризис, с. 31。

4　*Санакоев Ш. П., Цыбулевский Б. Л. (сост.)* Тегеран-Ялта-Посдам, с. 383-401、401-408。

5　*FRUS*, 1945, Vol. 8, pp. 408-409.

6　*FRUS*, 1945, Vol. 8, p. 414.

7　*FRUS*, 1945, Vol. 2, p. 315.

11 月 20 日兩次上書國務卿，「緊急建議」美國「採取強硬立場」，要求蘇聯（也包括英國）立即從伊朗完全撤出，因為蘇軍的存在「促進而不是防止了混亂」。[1]11 月 24 日，美國向蘇聯遞交了緊急照會：鑒於伊朗政府因蘇聯駐軍的阻攔無法履行其維護伊朗領土、和平與秩序的責任，美國政府建議蘇聯和英國軍隊在 1946 年 1 月 1 日之前撤離伊朗，尚留在伊朗不足 6000 人的美國非作戰部隊已經接到了同樣的指示。27 日，英國也發出照會，提醒蘇聯關於撤軍的承諾，並希望蘇軍不要干涉伊朗內政。此前，伊朗政府已經兩次向蘇聯政府提出抗議。[2]29 日莫洛托夫答覆：伊朗北方並沒有發生武裝起義和任何反對王國政府的運動，如果伊朗政府增派部隊，只能迫使蘇聯也向伊朗增兵，以維護秩序和保障蘇聯駐軍的安全。蘇聯承諾嚴格遵守 1942 年三國條約的撤軍期限，但向伊朗派遣蘇軍的根據則是 1921 年簽署的蘇伊條約。因此，蘇聯政府認為沒有任何必要重新審議蘇軍撤離的期限問題。[3]

按照 1921 年條約第六條款，只要蘇聯感覺其安全受到威脅，隨時可以派兵進入伊朗北部地區。因此，莫洛托夫的答覆引起了西方的緊張和警覺。伊朗和英國強烈要求在即將召開的莫斯科外長會議上討論伊朗撤軍問題，美國近東和非洲司司長亨德森也向國務院建議在莫斯科達成新的撤軍協議。[4]但蘇聯採取了一如既往的強硬態度，而美國國務卿貝爾納斯為了避免與蘇聯在政治上攤牌，也主張軟處理。最後商定，莫斯科會議

1　*FRUS*, 1945, Vol. 8, pp. 417-419、436-437.

2　United Nations, *United Nations Security Council Official Records (UNSCOR), First Year, First Series, Supplement №1*, London: Church House, Westminster, 1946, pp. 53-57; *FRUS*, 1945, Vol. 8, pp. 448-450、457. 據估計，戰時美、英、蘇在伊朗駐軍人數分別為 4-4.5 萬、2-2.5 萬、3 萬人。*Егорова* Иранский кризис, с. 34。

3　*FRUS*, 1945, Vol. 8, pp. 468-469; АВПРФ, ф. 07, оп. 10, п. 31, д. 412, л. 96-98//*Севостьянов Г. Н. (под. ред.)* Советско-американские отношения, 1945-1948, с. 118-120.

4　*FRUS*, 1945, Vol. 8, pp. 487-488、489-490、492-493、500-501.

對伊朗撤軍問題只進行非正式討論。[1] 英國在會議上提出了一個妥協性方案，即成立美英蘇三方委員會處理伊朗問題，經過一番討論，蘇聯最後還是拒絕了這一方案，理由是蘇聯需要首先與伊朗達成協議。[2] 會議期間，斯大林兩次接見貝爾納斯和貝文，並明確表示，蘇聯對伊朗沒有領土要求和其他企圖，只是擔心伊朗對巴庫油田的安全構成威脅。因此，蘇軍是否能夠按規定的期限撤離，屆時看情況再說。[3]

　　事情發展的這個地步，蘇聯是否能夠按時從伊朗撤軍，以及如何逼迫蘇聯撤軍，只能通過另外的途徑解決了。

撤軍爭端：美蘇在聯合國安理會的博弈

　　到 1946 年初，關於伊朗問題的三條線索彙集在了一起，即經濟上的石油談判、政治上的阿塞拜疆自治、外交上的盟國軍隊撤離，而爭鬥的舞台也從伊朗國內轉到了剛剛成立的聯合國。聯合國是以美蘇為主的盟國共同締造的國際組織和安全機制，目的是維持戰後的國際秩序，保障世界和平和發展。[4] 誰也沒有想到，聯合國安理會處理的第一個案件竟然是可能導致這一國際組織分裂或者癱瘓的伊朗事件。

　　美國人很重視聯合國，1945 年 10 月 22 日，美國首任駐聯合國代表斯退丁紐斯動情地說：「聯合國絕對是我們的孩子，我們必須教他走路和

1　*FRUS*, 1945, Vol. 2, p. 616, Vol. 8, p. 510；АВПРФ, ф. 0430, оп. 1, п. 1, д. 1, л. 9, 轉引自 *Егорова* Иранский кризис, с. 36。對貝爾納斯態度的詳細分析參見 Harbutt, *The Iron Curtain*, pp. 143-145。

2　*FRUS*, 1945, Vol. 2, pp. 771-772、774-775、779-780、805, Vol. 8, pp. 517-519.

3　*FRUS*, 1945, Vol. 2, pp. 684-687、688-690、500-501.

4　關於聯合國建立的歷史和初衷，參見 *Гайдук И. В.* В лабиринтах холодной войны: СССР и США в ООН, 1945-1965 гг., Москва: ИВИ РАН, 2012, с. 6-59；*Кочеткова Т. Ю.* Вопросы создания ООН и советская дипломатия// Отечественная история, 1995, №1, с. 28-48; Evan Luard, *A History of the United Nations, Vol. 1: The Years of Western Domination, 1945-1955*, London: The MacMillan Press Ltd, 1982, pp. 3-92.

說話。」杜魯門對此表示「百分之百地」支持。[1]蘇聯則希望把聯合國作為體現美蘇合作的重要機構，美國國務院官員感覺，蘇聯代表團「似乎真正希望聯合國組織能夠成功」，他們「顯然希望與美國代表團建立儘可能密切的關係」。[2]在伊朗問題陷入僵局時，伊朗外交官也想到了聯合國。11 月 28 日，伊朗駐美大使阿拉向美國提出了伊朗作為安理會非常任理事國候選資格的要求，不久又將這一請求與聯合國辯論伊朗問題聯繫在一起。[3]12 月 13 日，美國國務院顧問霍華德在一個備忘錄裏提到將伊朗問題交付聯合國大會或安理會討論的可能性。[4]在莫斯科外長會議期間（12 月 23 日）的談話中，貝爾納斯暗示伊朗撤軍問題將被提交聯合國討論，斯大林對此顯得滿不在乎，甚至不屑一顧。[5]但實際上，對於是否要在聯合國提出伊朗撤軍問題的最初情況是，英國表示反對，美國猶豫不決，蘇聯則十分在意，非常敏感。

伊朗對莫斯科會議的結果感到失望，更加強了將撤軍問題提交聯合國討論的決心，但前提是要預先得到英美保證支持的承諾。然而，英國明確表示反對在 1946 年 1 月 4 日即將召開的聯合國大會議程中列入伊朗問題，理由是此舉會干擾英國提倡的三方委員會計劃的實施。美國雖然承認伊朗享有在聯合國提出撤軍問題的權利和自由，但不願在事先做出支持伊朗的承諾。[6]英國人阻攔在聯合國提出伊朗問題的真正動機，如默里分析的，英國在伊朗南部也有同蘇聯一樣的關於石油租讓權和地方自治的要求。[7]而美國人的考慮，主要是想避免聯合國組織在成立之初就面臨

1　Edward Reilly Stettinius, *The Diaries of Edward R. Stettinius, Jr., 1943-1946*, New York: New Viewpoints, 1975, p. 437.

2　*Гайдук* В лабиринтах холодной войны, с. 68.

3　*FRUS*, 1945, Vol. 8, pp. 462-463、500-501.

4　*Гайдук* В лабиринтах холодной войны, с. 78.

5　*FRUS*, 1945, Vol. 2, pp. 750-752.

6　*FRUS*, 1945, Vol. 8, pp. 512-513; 1946, Vol. 7, pp. 292-295.

7　*FRUS*, 1946, Vol. 7, pp. 299-301.

可能引起盟國關係破裂的尷尬局面。亨德森勸告伊朗大使接受三方委員會的方案，以便在聯合國組織之外解決問題。[1]1月4日下午，聯合國大會在倫敦召開之際，英國大使成功地說服伊朗首相向駐英大使發出緊急指示，從聯合國組織的議程中撤回伊朗提交的外國軍隊撤離和干涉伊朗內政的議案。[2]然而，情況很快就發生了變化。1月5日英國的三方委員會方案公佈後，引起伊朗社會廣泛的敵意和恐慌，認為這是列強在伊朗瓜分勢力範圍的前兆。議會（主要是摩薩台）提出與蘇聯人直接談判，並更換首相，此人應是「受莫斯科歡迎的」。於是，伊朗政府在拒絕接受英國方案的同時，再次要求將問題提交聯合國討論。[3]

1月17日，聯合國第一屆大會正式開幕。讓莫斯科感到失望的是，兩天以後安理會就接到了伊朗代表對蘇聯干涉伊朗內政的指控，要求安理會「進行調查和提出適當解決辦法」。[4]蘇聯想當然地認為是英國在背後慫恿，因而立即提出對英國在希臘駐軍的控訴，同時讓烏克蘭指控英軍在印度尼西亞的暴行。[5]莫斯科的如意算盤是以此逼迫英國在伊朗問題上放水[6]，結果未能如願。英國表示同意將伊朗、希臘和印尼作為「盟軍在外國領土上存在」的廣泛問題同時予以討論。[7]1月25日，英國代表貝文表示不反對調查和討論與英國有關的希臘問題；至於印度尼西亞問題，

1　*FRUS*, 1946, Vol. 7, pp. 295-297.

2　*FRUS*, 1946, Vol. 7, pp. 294-295.

3　*FRUS*, 1946, Vol. 7, pp. 299-301; Burdett (ed.), *Iran Political Developments*, Vol. 11, 1946, part 1, pp. 60-61、76-77; Azimi, *Iran: The Crisis of Democracy*, pp. 141-142; Abrahamian, *Iran between Two Revolutions*, p. 222.

4　United Nations, *UNSCOR, First Year, First Series, Supplement №1*, pp. 16-17.

5　United Nations, *Report of The Security Council to The General Assembly* (*RSCGA*), *Covering the period from 17 January to 15 July 1946, General Assembly Official Records: Second Session Supplement №1*, New York, 1946, pp. 28、37.

6　在莫斯科會議上蘇聯就多次把盟國在希臘和印尼的駐軍與伊朗問題扯在一起，打算以此回應聯合國針對蘇聯的可能行動。*FRUS*, 1945, Vol. 2, pp. 615-616; РГАСПИ, ф. 17, оп. 162, д. 38, л. 6, 轉引自 *Гайдук* В лабиринтах холодной войны, c. 79。

7　*Гайдук* В лабиринтах холодной войны, c. 81-82。

主要是荷蘭的事。接着美國代表斯退丁紐斯提議，伊朗、希臘和印尼問題均列入議程。美國的動議被通過。[1] 蘇聯顯然有點後悔，隨後幾天，維辛斯基多次找貝文商議，說蘇聯準備放棄對英國的指控，如果英國「做出令人滿意的讓步」，但遭到貝文直截了當的拒絕。[2] 莫斯科第一招失算了，英國本來是可利用的力量，現在卻被徹底推到了對立面。

蘇聯的第二個策略是私下與伊朗進行雙邊談判，以避免在聯合國直接討論伊朗問題。在 1 月 25 日的安理會會議上，維辛斯基發表聲明，首先反駁伊方的指控是「不準確的和沒有根據的」，然後提出蘇伊兩國的關係問題「可以而且也應該」通過兩國政府的雙邊談判解決。在此基礎上，維辛斯基提出，蘇聯同意將伊朗問題列入安理會的議事程序，但是否「對其實質內容進行審議」，應等待蘇伊雙邊談判的結果。[3] 美國的主張與此不謀而合。1 月 23 日，美國駐聯合國代表團提出了討論伊朗問題的備忘錄。作為「基本文件」，備忘錄清醒地看到，1944 年伊朗政府拒絕向蘇聯提供石油租讓權「是造成目前困難的原因」，但事已至此，美國應堅持的原則是外國軍隊應該儘快撤離伊朗，伊朗的領土完整和主權不應受到侵犯。聯合國討論這一問題，就是確保小國受害者得到「自由聽證和公正裁決」的「重要試驗案例」。[4] 然而在具體處理方式上，美國不願也不能在聯合國與蘇聯公開對陣。1 月 24 日，國務卿貝爾納斯向美國代表團做出明確指示：美國的政策是在聯合國支持伊朗，但這並不排除「建議俄羅斯與伊朗之間首先嘗試雙邊談判」。[5] 這無疑是幫助了蘇聯。在幾

1　United Nations, *United Nations Security Council Official Records* (*UNSCOR*), *First Year, First Series, №1, From the first Meeting* (*17 January, 1946*) *to the twenty-third meeting* (*16 February, 1946*), London: Church House, Westminster, 1946, pp. 15-20.

2　*FRUS*, 1946, Vol. 7, pp. 320-321.

3　*FRUS*, 1946, Vol. 7, pp. 309-311; United Nations, *UNSCOR, First Year, First Series, №1*, pp. 16、19.

4　*FRUS*, 1946, Vol. 7, pp. 307-309.

5　*FRUS*, 1946, Vol. 7, p. 309.

天的爭辯中，蘇聯反覆強調，希望與伊朗舉行雙邊會談以解決問題。[1] 據中國代表顧維鈞觀察，「俄國人對美國表現出非常友好的態度，但對英國人卻採取了非常不友好的立場」。[2] 蘇聯代表還有意通過顧維鈞之口告訴美國人，建議安理會接受蘇伊雙邊會談的處理方式，而不要通過任何決議。斯退丁紐斯表示，美國對此不能做出承諾，但他認為，如果伊朗人願意放棄，應該給他們一個機會。[3] 於是，在 1 月 30 日討論了 4 個小時後，安理會做出決議：暫停討論伊朗對蘇控訴案，但在安理會決定刪除之前伊朗問題繼續保留在議程中；蘇伊兩國直接談判並隨時向安理會通報進程和結果。[4] 聯合國的第一場風波就這樣過去了。

伊朗政壇分左中右三派，左翼親近蘇聯，右翼傾向英國，都比較激進，中間派主張藉助美國制約英、蘇，同時採取溫和方式處理與英、蘇的關係。現在要談判，自然就輪到中間派出場了。1946 年 1 月 20 日保守派首相哈基米在蘇聯製造的壓力下被迫辭職，組建新政府的是伊朗著名政治家、前首相卡瓦姆。卡瓦姆老道沉穩、左右逢源，在伊朗混亂的政治局面中受到英國和蘇聯兩邊的青睞。卡瓦姆也是主張通過與蘇聯談判解決危機的主要人物，還在卡夫塔拉澤訪伊期間，卡瓦姆就祕密會見蘇聯代表團成員並承諾，如果他當上首相，將接受蘇聯提出的所有建議。[5] 現在機會來了。2 月 18 日，卡瓦姆滿懷希望地率團抵達莫斯科，與蘇聯領導人開始了長達三個星期的石油談判。卡瓦姆認為，生硬地拒絕蘇聯要求是導致危機的原因，原則上可以向蘇聯提供石油租讓權，關鍵問題

1 United Nations, *UNSCOR, First Year, First Series,* №1, pp. 16-19、32、39-43; *FRUS,* 1946, Vol. 7, pp. 320-321; Внешняя политика Советского Союза, Документы и материалы, Январь-декабрь 1946 год, Москва: Государственное издательство политической литературы, 1952, c. 553-557.

2 *Гайдук* В лабиринтах холодной войны, c. 83。

3 *FRUS,* 1946, Vol. 7, pp. 316-317.

4 United Nations, *UNSCOR, First Year, First Series,* №1, pp. 45-71; *FRUS,* 1946, Vol. 7, p. 324.

5 АПДУДПАР, ф. 1, оп. 89, д. 77, л. 70, 轉引自 *Гасанлы* Советская политика, c. 131。

是要讓蘇聯提出令伊朗滿意的條件。[1] 然而，莫斯科的態度和開出的條件
卻讓他大失所望。在前期談判（20 — 24 日）中，雙方的立場都很強硬。
卡瓦姆表示原則上可以給予蘇聯石油租讓權，但談判只能在蘇軍撤離後
開始；根據伊朗憲法，不能允許阿塞拜疆自治，因為由此引起的連鎖反
應將導致伊朗解體；根據條約蘇軍必須在 1946 年 3 月 2 日之前全部撤
離。莫斯科的立場是，蘇聯「沒有石油租讓權是不行的」（斯大林語）；
阿塞拜疆屬伊朗內政，但蘇聯認為伊朗政府不允許自治是「犯了一個重
大錯誤」（莫洛托夫語）；蘇軍從 3 月 2 日開始從特定地區少量撤退，但
在完全保證蘇聯在南阿塞拜疆不會有一個敵對的鄰居前，蘇軍不可能完
全撤離。[2]

聯合國討論日期臨近，蘇聯迫切需要莫斯科談判有一個結果。2 月
25 日，莫洛托夫提出，蘇聯可以先放棄石油租讓權，而接受伊朗的建
議，在北部地區組建蘇伊聯合石油公司，蘇聯擁有 51% 的股份。但是依
據 1921 年的蘇伊條約，一部分蘇軍將暫時留在伊朗，直到伊朗政府消
除了對蘇聯的所有敵對和歧視措施，在伊朗北部建立了秩序。表面上看
莫洛托夫似乎是做了讓步，但只要蘇軍存在，實際控制權仍然在蘇聯手
裏。卡瓦姆心裏很清楚，他在 27 日答覆的備忘錄中拒絕了蘇聯的方案，
並認為只有解決了阿塞拜疆自治和撤軍問題，石油問題才能得到令雙方
滿意的解決。因此，需要返回德黑蘭與政府再行商議。[3] 卡瓦姆的答覆令
莫洛托夫十分惱火，外交人民委員部在 28 日措辭強硬的備忘錄中提出，
蘇聯收回此前讓步的建議，並認定伊朗統治集團敵視蘇聯，且對蘇聯在

---

1 *FRUS*, 1946, Vol. 7, pp. 315-316、375.

2 РГАСПИ, ф. 558, оп. 11, д. 317, л. 20-28; АВПРФ, ф. 094, оп. 37е, п. 362, д. 1, л. 23-32、40-42, 轉引
自 *Гасанлы* Иранский Азербайджан, с. 18-19; *Гасанлы* СССР-Турция, с. 238-349。另見 Ramazani,
Iran's Foreign Policy, p. 136; Fatemi, *The U. S. S. R. in Iran*, pp. 102-103。

3 АВПРФ, ф. 094, оп. 37е, п. 362а, д. 1, л. 40-42、43-46, 轉引自 *Гасанлы* Иранский Азербайджан, с. 19-
20。

阿塞拜疆和土庫曼斯坦的油田構成威脅。[1]這就意味着蘇軍不會按規定的期限撤離伊朗。[2]談判陷入僵局。在 3 月 4 日最後的高層會談中，卡瓦姆提出，只要蘇聯答應立即撤軍，他可以在回到德黑蘭後爭取向議會提出建立蘇伊石油聯合公司的具體議案，斯大林則要求伊朗必須給予南阿塞拜疆自治。[3]3 月 5 日維辛斯基與伊朗代表團成員繼續會談，雙方各執己見，也毫無結果。[4]3 月 8 日，卡瓦姆垂頭喪氣地離開了莫斯科。[5]

　　就在莫斯科談判期間，美國決策層對蘇聯的認知和行為判斷發生了急劇變化。到 1946 年初，杜魯門表現出對蘇聯十分反感的情緒。面對蘇聯在伊朗和土耳其挑起的危機，杜魯門憤怒地表示他「已經厭倦於籠絡蘇聯人」，甚至認為「可能會面對另一場戰爭，除非俄國碰到鐵拳和強硬的語言」。[6]2 月 9 日斯大林發表選舉演說，大力推崇蘇聯的社會主義制度，並呼籲要準備應對「帝國主義戰爭」。華盛頓對此感到震驚，艾奇遜甚至認為這是對美國和西方的「宣戰」。22 日的凱南長電將斯大林講話歸結為蘇聯的擴張意圖，更在白宮和國會引發熱烈反響和一片讚賞。3 月 5 日丘吉爾在杜魯門陪同下發表「鐵幕演說」，則把美國社會的反蘇情緒推向高潮。[7]在這種氛圍中，特別是蘇軍到規定日期仍不願撤離，美國在伊朗問題上的立場和態度發生了重大改變。

　　1946 年 3 月 1 日，即條約規定外國軍隊撤離伊朗最後期限的前一天，莫斯科電台宣佈，已告知正在蘇聯的伊朗首相卡瓦姆，蘇軍將從某

1　АВПРФ, ф. 06, оп. 8, п. 36, д. 562, л. 1-3, 轉引自 *Егорова* Иранский кризис, с. 39。
2　斯大林在談判中說過，只要存在對巴庫油田的威脅，蘇聯軍隊就會一直呆在伊朗。АВПРФ, ф. 094, оп. 37e, п. 1, д. 362, л. 31, 轉引自 *Гасанлы* СССР-Турция, с. 348。
3　РГАСПИ, ф. 558, оп. 11, д. 317, л. 52-54。
4　АВПРФ, ф. 06, оп. 8, п. 35, д. 552, л. 37.
5　卡瓦姆回國後向美國大使詳細介紹了莫斯科談判的過程，說他始終盡力避免挑釁蘇聯人，但談判還是走進了死胡同。*FRUS*, 1946, Vol. 7, pp. 350-354.
6　Truman, *Memoirs by Harry S. Truman, Volume One*, pp. 551-552.
7　詳見本書第四章。

些特定地區 —— 馬什哈德、沙赫魯德和塞姆南 —— 撤出，但蘇軍將留在其他地區，直到局勢明朗。[1]據美國駐大不里士副領事 R. 羅索接二連三的報告，3 月 3 — 5 日，蘇聯在伊朗的駐軍不是回國，而是朝着德黑蘭、土耳其和伊拉克的方向調動；蘇聯向南阿塞拜疆大規模增派裝甲部隊，還有大型卡車裝載着部隊駛入伊朗；甚至在保加利亞的蘇軍也在向邊境地區集結。羅索認為，這不是普通的部隊調動，而是「一次全面的戰鬥部署」。[2]不過，也有情報（主要來自英國）認為羅索的報告言過其實，蘇軍並沒有什麼重大行動。[3]由於目前俄國軍方檔案尚未解密，蘇軍調動的實際情況還說不清楚，但無論如何，蘇軍沒有在規定期限全部撤離伊朗確是不爭的事實。所以，3 月 3 日伊朗向蘇聯提出了強烈抗議。[4]

美國政策轉變的第一個表現就是 2 月 22 日貝爾納斯給凱南發電，授權他通知正在莫斯科苦苦談判的卡瓦姆，鼓勵他主動向聯合國安理會投訴蘇聯，並承諾美國將在外交上給予支持。[5]接着是 3 月 5 日美國向莫斯科發出了一份照會：蘇聯政府違背了 1942 年三國條約的規定和 1946 年 3 月 2 日撤軍的承諾，「美國政府作為聯合國會員國和 1943 年 12 月 1 日《關於伊朗的宣言》的締約國，不能對此無動於衷。」[6]恰好這一天丘吉爾在富爾頓發表「鐵幕演說」，這也許並非巧合。杜魯門後來關於該照會是美國發出的「最後通牒」的說法，的確言過其實了。[7]不過，這個照會的措辭對於蘇聯來說，可能是蘇德戰爭以來最直白、最強硬的。兩天後

1　*The New York Times*, 2 March 1946, p. 1.

2　*FRUS*, 1946, Vol. 7, pp. 340、342-343、244-345.

3　Harbutt, *The Iron Curtain*, pp. 221-222.

4　*FRUS*, 1946, Vol. 7, pp. 337-338.

5　*FRUS*, 1946, Vol. 7, pp. 334-335.

6　*FRUS*, 1946, Vol. 7, pp. 340-342.

7　James A. Thorpe, "Truman's Ultimatum to Stalin on the 1946 Azerbaijan Crisis: the Making of the Myth", *The Journal of Politics*, Vol. 40, №1, February 1978, pp. 189-190、194-195.

（3月7日），美國向全世界公佈了這個照會。[1]羅索的情報傳來後，國務院於3月7—8日連續兩天開會，研究蘇軍的伊朗的行動。大家一致認為，蘇聯在政治顛覆的同時開始了軍事入侵。貝爾納斯激動地表示，我們也要用兩個拳頭回擊他們。艾奇遜則表示：「應該讓蘇聯明白，我們已經知道他們的行動，但如果不想攤牌，最好『留下一條優雅的出路』。」[2]波倫也認為，美國在伊朗沒有軍事力量可以影響蘇聯，除了「恐嚇」別無他法。[3]於是，3月9日美國向蘇聯遞交了第二份措辭更加強硬的照會：美國已經知悉蘇聯的伊朗的行動，美國政府想知道，蘇聯為什麼不是從伊朗撤軍，反而是向那裏增派軍隊，並要求蘇聯領導人解釋在南阿塞拜疆正在發生的諸事件的原因。[4]與此同時，3月6日國務院宣佈，美國將在21日派遣「密蘇里」號戰艦駛往伊斯坦布爾，公開的理由是運送土耳其駐美大使的遺體，這顯然是在傳遞一種警告性質的信號。[5]不過，對莫斯科最有效的措施還是美國堅定不移地要把蘇聯再次推上安理會的被告席。

　　3月7日下午，貝爾納斯指示默里通知伊朗政府，安理會會議將於3月21日左右在倫敦舉行，並暗示伊朗撤軍問題可以通過安理會解決。[6]3月8日下午，貝爾納斯指示美國駐英使館通知貝文，如果沒有收到蘇聯政府對美國照會的令人滿意的答覆，如果蘇軍繼續在伊朗保留軍隊，美國政府「別無選擇，只能立即將此事提交聯合國安全理事會」。美國政府還希望英國與美國一起將伊朗問題提交聯合國。[7]3月10日晚上，默里拜

1　*The Department of State Bulletin*, Vol. 14, №350, March 17, 1946, pp. 435-436.

2　*FRUS*, 1946, Vol. 7, pp. 346-348.

3　*Гасанлы* СССР-Турция, с. 374.

4　*FRUS*, 1946, Vol. 7, p. 348.

5　*The New York Times*, March 7, 1946, p. 18.

6　*FRUS*, 1946, Vol. 7, p. 345.

7　*FRUS*, 1946, Vol. 7, pp. 345-346.

訪卡瓦姆。了解了莫斯科談判的情況後，默里分析說，蘇聯希望派大使
到德黑蘭繼續談判，目的就是阻止聯合國繼續討論伊朗問題。他鼓動伊
朗政府主動向安理會提起控訴，並表示美國將予以支持。卡瓦姆提出了
兩個尖銳的問題：如果伊朗沒有在聯合國提出指控，美國是否會主動這
樣做；如果蘇聯無視伊朗的抗議而自行其是，美英將採取什麼措施幫助
伊朗。默里沒有直接回答。[1] 但情況很快就發生了變化。一方面，卡瓦姆回
國後不久，伊朗第十四屆議會到期解散，新的議會選舉尚未舉行，這就
把處理國際問題的空間和權力留給了卡瓦姆內閣。[2] 另一方面，美國的政策
也更加堅定、更加明朗了。

　　3 月 13 日，卡瓦姆開始出擊了。為了緩解蘇聯的壓力和威脅，卡
瓦姆公開宣稱伊朗政府希望與即將到任的蘇聯新大使就撤軍問題繼續談
判，一旦蘇軍撤離，即刻進行石油談判，並考慮簽約。當然，只有議會
才有最後的批准權，而在所有外國軍隊撤退前，伊朗不會舉行議會選
舉。[3] 同一天，卡瓦姆明確告訴默里，他會在兩三天內發出指示向安理會提
起對蘇聯的指控，並與默里商議了具體程序問題。默里對此十分滿意，
他明確向卡瓦姆保證，美國會在安理會上支持伊朗。[4] 實際上美國官員此時
已經透露，如果在 3 月 25 日安理會開會前伊朗政府沒有主動向聯合國提
出撤軍問題，美國就會單獨把這個問題提交安理會討論。[5] 3 月 14 日，蘇
聯駐伊朗代辦會見卡瓦姆，威脅他不得向安理會投訴，至少不能主動提
出撤軍問題。3 月 15 日卡瓦姆向美英大使通報了這一情況。當天英國外
交部和美國國務院就分別表明了態度：伊朗政府必須立即主動向安理會

1　*FRUS*, 1946, Vol. 7, pp. 350-354.

2　Fatemi, *The U. S. S. R. in Iran*, p. 108.

3　George Kirk, *Survey of International Affairs（1939-1946）: The Middle East, 1945-1950*, London: Oxford University Press, 1954, pp. 67-68.

4　*FRUS*, 1946, Vol. 7, pp. 354-356.

5　Kirk, *Survey of International Affairs*, p. 68; *The New York Times*, March 15, 1946, p. 1.

投訴；美國和英國政府保證將予以全力的支持。[1]

　　蘇聯對 3 月初伊朗的抗議和美國的照會一直保持沉默，現在有些坐不住了。3 月 15 日塔斯社發表聲明說，美國照會所說蘇軍在伊朗調動的情況與「事實不符」。[2] 同時，蘇聯使館向卡瓦姆保證，蘇聯新任大使到達德黑蘭後，一切困難都會消除，沒有必要向安理會投訴。默里得知這一情況後，再次向卡瓦姆強調現在唯有安理會可以解決撤軍問題，蘇聯採取的是拖延戰術，並敦促伊朗政府在蘇聯大使到任前提起對蘇聯的控訴。[3] 美國的一再保證給卡瓦姆吃了定心丸，3 月 18 日，伊朗政府正式向聯合國祕書長遞交了對蘇聯的控訴書，並要求將其列入 3 月 25 日安理會第一次會議的議程。[4] 也就在這一天，蘇聯新任駐伊大使 I. V. 薩奇科夫到達德黑蘭。薩奇科夫的確帶來了妥協方案。據巴庫檔案披露，薩奇科夫在巴庫停留期間，向巴吉羅夫等人傳達了莫斯科的指示，蘇聯已經準備做出「謹慎讓步」，包括撤軍和石油談判。[5] 為了爭取時間完成談判，蘇聯駐聯合國代表葛羅米柯 19 日致函聯合國祕書長，請求將安理會會議推遲到 4 月 1 日再召開，因為蘇伊之間的談判還在進行中。否則，蘇聯將不參加關於伊朗問題的討論。[6] 與此同時，蘇伊開始繼續祕密談判。3 月 20 日卡瓦姆會見了薩奇科夫，面對蘇聯要求伊朗撤銷控訴的強硬主張，卡瓦姆表示，如果撤銷控訴，本屆政府就只能辭職，但他願意與蘇聯談判，儘快達成協議。[7]

　　美國一心逼迫蘇聯立即撤軍，自然不會給莫斯科留下喘息的機會。3

1　*FRUS*, 1946, Vol. 7, pp. 356-358、360.

2　*FRUS*, 1946, Vol. 7, p. 356.

3　*FRUS*, 1946, Vol. 7, pp. 361-362.

4　*FRUS*, 1946, Vol. 7, pp. 365-366.

5　ГАППОДАР, ф. 1, оп. 89, д. 112, л. 36-38, 轉引自 *Гасанлы* Иранский Азербайджан, с. 7, 另見 *Гасанлы* СССР-Иран, с. 288-289。

6　*FRUS*, 1946, Vol. 7, p. 367.

7　АВПРФ, ф. 094, оп. 37е, п. 362, д. 1, л. 5, 轉引自 *Гасанлы* СССР-Иран, с. 289-290。

月 20 日美國代表斯退丁紐斯致函聯合國祕書長，不僅不同意推遲會議，而且要求將伊朗問題列在會議議程的首位，還要求蘇聯和伊朗應遵照安理會決議報告談判進展情況。[1]第二天，英國政府表態，完全支持美國的立場，並主張英美兩國在聯合國採取堅定立場，無論蘇聯抵制還是中途退場，會議都要繼續開下去。[2]3 月 21 日，美國總統杜魯門也向報界發表講話，堅持安理會必須立即討論伊朗訴案。[3]3 月 22 日，蘇聯釋放出一些和解的信號。斯大林以答美聯社記者問的形式指出，聯合國「是維持和平和國家安全的重要工具」。[4]這似乎表明蘇聯很重視在聯合國框架內解決國際爭端。同一天，蘇聯通知中國政府，在東北的蘇軍將於 4 月底前全部撤離。[5]這似乎預示蘇聯在伊朗也會採取同樣的舉動。但與此同時，面對大量蘇聯駐軍和阿塞拜疆的反叛，卡瓦姆政府感受到的是巨大的現實壓力。

　　3 月 23 日卡瓦姆徵求美國的意見，他希望在蘇聯宣佈撤軍的前提下，可以在石油問題上做出讓步，即與蘇聯簽署一份建立聯合石油公司的協議。默里對這一設想表示支持，他認為要給蘇聯人「留有餘地」，而在石油問題上對蘇聯作出某種讓步也是合理的，況且伊朗問題的解決可以幫助化解「極其微妙的國際局勢」。[6]伊朗確實受到極大壓力，事態發展確實存在「不確定性」，以致伊朗國王提出離開德黑蘭重建政府的想法。面對如此危局，美國國務院也顯得不知所措，只得讓默里相機處置，貝爾納斯表示，「我們對你的判斷力有充分的信心」。[7]

1　*FRUS*, 1946, Vol. 7, p. 367.

2　*FRUS*, 1946, Vol. 7, pp. 368-369.

3　*FRUS*, 1946, Vol. 7, p. 372.

4　Правда, 23 марта 1946, 1-й стр.

5　*The New York Times*, March 22, 1946, p. 9.

6　*FRUS*, 1946, Vol. 7, pp. 373-375.

7　*FRUS*, 1946, Vol. 7, pp. 375-376.

　　然而就在第二天，即安理會會議召開的前一天，事情發生了戲劇性變化。3 月 24 日晚 7 時，薩奇科夫突然向卡瓦姆遞交了三個照會：1. 如果沒有進一步的情況發生，蘇軍將在五到六週內完全撤離伊朗。2. 建議成立伊朗 - 蘇聯公司來開發伊朗石油，其中蘇聯佔股 51%，伊朗為 49%。3. 為調解伊朗中央政府與阿塞拜疆的關係，建議阿塞拜疆「總理」改稱總督，「內閣部長」改稱局長，「民族議會」改稱省議會。之後薩奇科夫向巴吉羅夫報告：文件已經遞交，但「很難想像伊朗人的最後決定如何」。晚 10 時薩奇科夫又打電話通知卡瓦姆，蘇軍將立即從卡拉季和加茲溫撤離。[1]25 日，莫斯科又採取了一系列行動。塔斯社發表從伊朗撤軍的公告，宣佈蘇聯自 24 日起開始撤離，如果沒有意外情況發生，撤軍可在五到六週內全部完成。塔斯社還報道了卡瓦姆的聲明：伊朗與蘇聯的分歧可以在安理會會議之前得到解決，安理會何時開會並不重要，最重要的問題是蘇軍撤出伊朗。[2]斯大林給美國合眾社社長回電，宣佈蘇軍撤出伊朗的問題已經通過兩國政府談判「得到積極解決」。[3]顯然，蘇聯所有這些表現都是為了制止或推遲在安理會討論伊朗問題。

　　在 3 月 26 日安理會會議上，葛羅米柯首先便提出從安理會議程中撤銷伊朗問題。該動議以 9 票對 2 票（蘇聯和波蘭）被否決後，葛羅米柯立即提出推遲對伊朗問題的討論，亦遭到英美代表的堅決反對，會議進入了激烈爭論。最後，會議接受了法國的提案，由美、蘇、法三國代表組成一個小組委員會商定處理意見。[4]3 月 27 日繼續開會，安理會主席通

1　*FRUS*, 1946, Vol. 7, pp. 379-380; АПДУДПАР, ф. 1, оп. 89, д. 113, л. 90-92, 轉引自 *Гасанлы СССР-Иран*, с. 294。

2　Внешняя политика Советского Союза, Январь-декабрь 1946 год, с. 111; *FRUS*, 1946, Vol. 7, pp. 378-379.

3　Правда, 27 марта 1946, 2-й стр.

4　United Nations, *United Nations Security Council Official Records* (*UNSCOR*), *First Year, First Series, №2, From the twenty-fourth meeting* (*25 March 1946*) *to the forty-ninth meeting* (*26 June 1946*), New York: Hunter College, 1946, pp. 22-43; *FRUS*, 1946, Vol. 7, pp. 381-383、383-385.

知，三人小組的討論沒有任何結果。葛羅米柯再次要求安理會推遲討論
伊朗問題，理由是蘇伊雙方已經達成協議。貝爾納斯反駁說，美國政府
得到的報告並非如此，蘇方提出了建議，但蘇伊並未達成協議，並要求
伊朗政府到會說明情況。在隨後進行的表決中，蘇聯的提議被否決，葛
羅米柯當即宣佈蘇聯將不參加伊朗問題的討論，然後拂袖而去。接着，
伊朗代表應邀到會說明情況。阿拉報告，蘇伊談判並未達成協議，伊朗
政府也沒有發出同意安理會推遲討論的任何指示。鑒於伊朗局勢危急，
阿拉請求安理會立即討論。但由於時間關係，18 時 45 分安理會主席宣佈
休會。[1]葛羅米柯的退場被美國報刊看作是蘇聯向聯合國組織「攤牌」，而
《紐約時報》將這一事件稱為「俄羅斯代表在伊朗問題上的失敗」。[2]

　　問題的焦點再次轉到德黑蘭，現在消除危機的關鍵是蘇聯與伊朗之
間是否能儘快達成協議。實際上，斯大林和總參謀長安東諾夫在 3 月 24
日 13 時 40 分已經簽署並下達了蘇軍全部撤出伊朗的命令：撤軍於 3 月
24 日開始，卡拉季的駐軍必須在當日晚 8 時撤離，全部撤軍最遲於 4 月
30 日至 5 月 10 日完成。文件中看不到「如果沒有進一步的情況發生」、
「如果沒有意外的情況發生」的字樣。[3]蘇聯在照會和聲明中加入這些限定
語，無非是想給談判增加籌碼。3 月 27 日，卡瓦姆對蘇聯的方案提出反
建議：要求蘇聯將撤軍的決定正式通知安理會，但必須刪除照會和聲明
中的限定語；蘇伊在聯合公司中的股份各佔 50%；協議期限為 30 年而不
是蘇聯建議的 50 年；為避免引起國際糾紛，聯合公司開發的地區應避開
與土耳其和伊拉克相鄰的地區；負責石油開採安全的武裝部隊應完全由
伊朗人組成。至於南阿塞拜疆問題屬伊朗內政，自會通過談判解決，不

1　United Nations, *UNSCOR, First Year, First Series*, №2, pp. 43-70; *FRUS*, 1946, Vol. 7, pp. 388-390.

2　*The New York Times*, March 28, 1946, p. 1.

3　АПДУДПАР, ф. 1, оп. 89, д. 112, л. 39, 轉引自 *Гасанлы* СССР-Иран, с. 298。

容蘇聯插手。[1] 隨後幾天，雙方繼續進行討價還價的談判。[2]

　　蘇伊談判期間，安理會也在熱烈討論。美國的真正目的是迫使蘇聯從伊朗撤軍，啟動聯合國安理會的控訴程序只是一種手段，如果國際秩序能夠得到保障，聯合國憲章的原則能夠得到遵守，美國並不想與蘇聯徹底翻臉。3 月 29 日，得知蘇伊祕密談判的情況後，美國的立場是敦促雙方將談判情況和協議細節公佈於眾，以國際監督來避免伊朗在蘇軍壓力下接受一個不平等的協議。[3] 當天，貝爾納斯在安理會提出了一個實際上等於再次推遲討論伊朗問題的新提案，即要求蘇伊兩國代表在 4 月 2 日安理會上報告兩國談判的情況，如果蘇聯政府保證無條件盡快從伊朗撤軍，安理會可以不進入實質性討論。這個提案被一致通過，只是開會時間推遲到 4 月 3 日，屆時安理會將決定是否立即審議伊朗對蘇聯的控訴案。[4]

　　4 月 3 日安理會開會，主席首先宣讀了葛羅米柯給聯合國祕書長的信，信中說蘇聯政府正式通報，蘇伊政府已就蘇軍撤退達成協議，該協議自 3 月 24 日開始執行，一個半月後完成。至於其他問題，則與撤軍無關。在這裏，葛羅米柯沒有提到撤軍的任何限定條件。但伊朗代表阿拉的來信卻披露了一個情況：蘇聯把石油和阿塞拜疆問題作為撤軍的條件。安理會決定休會，以便各國代表審查蘇、伊政府報告的情況，第二天繼續討論。[5] 為了盡快擺脫危機，卡瓦姆本來與薩奇科夫商定，蘇伊代表一致向聯合國說明撤軍是無條件的，他也是這樣向阿拉發出指示的，沒想到阿拉會節外生枝。卡瓦姆非常惱火，當晚緊急約見薩奇科夫，提議雙

1　*FRUS*, 1946, Vol. 7, pp. 385-387.

2　*FRUS*, 1946, Vol. 7, p. 399-400; АВПРФ, ф. 094, оп. 37е, п. 362а, д. 1, л. 78-79, 轉引自 *Гасанлы* СССР-Иран, с. 304-305。

3　*FRUS*, 1946, Vol. 7, pp. 393-394.

4　United Nations, *UNSCOR, First Year, First Series*, №2, pp. 70-82; *FRUS*, 1946, Vol. 7, pp. 396-398.

5　United Nations, *UNSCOR, First Year, First Series*, №2, pp. 82-87; Внешняя политика Советского Союза, Январь-декабрь 1946 год, с. 592-593.

方以共同發表公報的方式表明態度，從而避免在安理會正式討論伊朗問題。薩奇科夫雖有不滿，也只能接受。兩人連夜準備了協議文本，並通過電話求得莫斯科批准。雙方以互換照會的方式確認了石油協議的基本內容：合作期限為 50 年，前 25 年蘇聯佔股 51%，後 25 年股份各半，其他基本上都接受了伊方的建議。最後規定，該協議將在伊朗新議會開始活動後立即提交批准，最遲不得超過 10 月 24 日。4 月 4 日上午，卡瓦姆將這一情況通報給美國大使默里。華盛頓時間下午 4 時 22 分，國務院收到默里的電報。[1]

　　卡瓦姆有些多慮了。也是在 4 月 4 日上午，貝爾納斯在並不了解蘇伊祕密會談及其結果的情況下，便向安理會提出一項動議：鑒於蘇聯已宣佈無條件從伊朗撤軍的日期，建議安理會將伊朗訴案的審理推遲到 5 月 6 日，屆時蘇伊兩國將被要求向安理會報告蘇軍是否全部撤出伊朗；但如果聯合國接到任何可能延緩或威脅延緩蘇軍迅速撤離的報告，安理會應將該報告作為第一項議程加以審議。在蘇聯代表缺席的情況下，安理會以 9 票贊成（含波蘭）、1 票棄權（澳大利亞）通過了美國提案。[2]當晚，斯大林接見了美國新任蘇聯大使史密斯。針對史密斯對國際局勢和美蘇關係的擔憂，斯大林重申蘇聯將遵守聯合國憲章，也沒有破壞巴爾幹國家領土完整的意圖，至於伊朗，蘇聯不過是想要得到石油租讓權，卻受到英國的阻撓，美國也沒有對蘇聯的正當要求表示支持。會談的最後，斯大林再次重申了對和平和遵守聯合國原則的願望，並指出美蘇兩國意識形態的差異並非不能相容，「只要有耐心和善意，這些分歧就會得到調和」。[3]4 月 7 日《真理報》報道了蘇伊簽訂協議的消息，稱其符合「伊

1　*FRUS*, 1946, Vol. 7, pp. 405-407; Внешняя политика Советского Союза, Январь-декабрь 1946 год, с. 114-115.

2　United Nations, *UNSCOR, First Year, First Series*, №2, pp. 87-97.

3　*FRUS*, 1946, Vol. 6, pp. 732-736.

朗政府和伊朗人民的願望」，開啟了蘇伊關係的「新時代」。[1]

　　蘇伊聯合石油公司協議的簽訂，蘇伊公報的發表，阿塞拜疆自治地位的保留，面對這一切，蘇聯確有理由相信其在伊朗的目標已經初步實現。然而，莫斯科高興的太早了。

竹籃打水：伊朗危機給蘇聯帶來的惡果

　　蘇聯在伊朗的行為表明了俄國人強權外交的一貫作風，他們似乎既不懂得平和、公正地與人交涉，也不知道何時何地應該妥協、讓步，正像杜魯門當時的感受：蘇聯人「只懂一種語言 ——『你有多少個師』？」[2]的確，蘇聯駐軍就是他們在伊朗的王牌，一旦失去就必然失敗，而且一敗塗地。

　　一、莫斯科絕不會想到，因為這次危機，蘇聯干涉伊朗主權的指控竟被長期保留在聯合國的議事日程中，成為抹不掉的恥辱。

　　斯大林對安理會還是很看重的。1946 年 4 月 6 日，他在給杜魯門的回信中說，蘇聯「完全理解聯合國組織的重要性，也完全理解利用這樣一個組織來實現任何單邊目標是不可取的」。[3]當天，葛羅米柯致函聯合國安理會。鑒於蘇伊已經達成協議，蘇聯也宣佈了從伊朗全部撤出軍隊的具體日期，葛羅米柯要求安理會從議程中刪除伊朗問題。[4]但蘇聯的承

1　Правда, 7 апреля 1946, 3-й стр. 蘇伊會談公報全文見 Внешняя политика Советского Союза, Январь-декабрь 1946 год, с. 113。4 月 8 日伊朗報紙刊出了蘇伊石油協議的詳細條款。見 *FRUS*, 1946, Vol. 7, pp. 413-415。

2　Truman, *Memoirs by Harry S. Truman, Volume One*, p. 552.

3　*FRUS*, 1946, Vol. 6, p. 739.

4　United Nations, *United Nations Security Council Official Records（UNSCOR）, First Year, First Series, Supplement №2*, New York: Hunter College, The Bronx, 1946, p. 46; Внешняя политика Советского Союза, Январь-декабрь 1946 год, с. 593-594.

諾已經受到質疑，美國堅決反對蘇聯的要求，建議在 5 月 6 日蘇軍撤離伊朗的實際行動完成之前，伊朗的申訴仍要保留。專家委員會和 4 月 23 日安理會討論的結果，接受了美國的建議。[1] 5 月 6 日阿拉通知安理會，蘇聯軍隊確已從呼羅珊等北方四省撤出，但伊朗政府官員自 1945 年 11 月以來無法在阿塞拜疆省行使有效的權力，所以無法證實那裏的撤軍情況。[2] 5 月 8 日，安理會在蘇聯代表既未提交報告也未出席的情況下討論伊朗問題。美國代表斯退丁紐斯提議將伊朗提供完整確實的報告的時間推遲至 5 月 20 日，提案獲得與會代表的一致通過。[3]

　　最後期限到來時，伊朗國王與首相之間的矛盾加劇，國王主張對蘇採取強硬政策，而卡瓦姆希望與蘇聯和解，因此德黑蘭向安理會報告了相互矛盾的情況。阿拉致函聯合國祕書長和安理會主席，稱蘇聯仍未停止干涉伊朗內政，因此伊朗政府未能進行所需的調查，以證實所有蘇軍已撤離伊朗全境。但卡瓦姆給安理會的電報稱，根據從德黑蘭派往阿塞拜疆的調查團報告，「蘇軍已於 5 月 6 日撤離阿塞拜疆省」。[4] 5 月 21 日貝爾納斯指示斯退丁紐斯，美國政府的意見是「誠懇地建議安理會此時不應將伊朗問題從其議程中刪除」。[5] 5 月 22 日的安理會會議爭論非常激烈，多數代表不同意從議程中刪除伊朗問題。最後，安理會以 9 票贊成、1 票（波蘭）棄權通過了荷蘭的提案，安理會無限期推遲討論伊朗問題，但如有任何理事國請求，安理會「即行召集會議」。[6] 實際上，伊朗問題安理會

1　United Nations, *UNSCOR, First Year, First Series, Supplement №2*, p. 47-48; *UNSCOR, First Year, First Series, №2*, pp. 201-214; *FRUS*, 1946, Vol. 7, pp. 411-412、435-437.

2　*FRUS*, 1946, Vol. 7, pp. 450-451.

3　United Nations, *UNSCOR, First Year, First Series, №2*, pp. 245-252; *FRUS*, 1946, Vol. 7, pp. 452-453.

4　United Nations, *UNSCOR, First Year, First Series, Supplement №2*, p. 45; Гасанлы СССР-Иран, с. 368-369.

5　*FRUS*, 1946, Vol. 7, pp. 471-472.

6　*FRUS*, 1946, Vol. 7, pp. 473-477; Department of Public Information United Nations, *Yearbook of the United Nations 1946-47*, New York, 1947, p. 335.

此後再未討論，但也沒有從議程中刪除。[1]

　　二、蘇聯撤軍的最後結果，就是不得不拋棄它自己建立和扶植的伊朗阿塞拜疆自治政權。回想當年吉蘭蘇維埃社會主義共和國被解散的情景，伊朗民主黨一定感覺到他們第二次被出賣了。

　　蘇聯佔領軍的存在是阿塞拜疆和庫爾德自治政權生存的基礎，但對於蘇聯來說，伊朗北方的分離運動是用來向德黑蘭施壓的一種手段，但其本身並不是目的。所以，面臨來自美國和國際輿論的壓力，莫斯科只能讓步，將撤軍作為簽署蘇伊石油協議的交換條件。早在 2 月蘇伊莫斯科會談時，伊朗民主黨就擔心他們的命運只是談判桌上討價還價的籌碼。[2] 巴吉羅夫當然希望阿塞拜疆的自治狀態能保存下來，但他也不得不指出，民主黨要在新的條件下「隨機應變」，「表現出更多的政治靈活性」。[3] 斯大林則在 5 月 8 日，即蘇軍全面撤離的前一天給彼謝華里寫信明確表示，伊朗革命的高潮尚未到來，而蘇軍在目前國際形勢下必須撤離，因此伊朗民主黨只能向政府讓步，支持卡瓦姆而孤立親英分子。[4]

　　事實上，蘇聯佔領軍撤離後，莫斯科只能把落實石油協議的希望寄託在伊朗政府身上，因此蘇聯要求自治政權儘快通過談判與伊朗中央政府達成協議，以促使伊朗兌現其承諾。[5] 在蘇聯外交人員的協調和督促下，6 月 13 日中央政府代表團與阿塞拜疆自治政府在大不里士簽署了協議，6 月 14 日和 17 日伊朗議會和政府分別批准了該協議。[6] 然而，伊朗國王

1　1948 年 10 月伊朗政府希望實現兩國關係正常化，蘇聯外交部為斯大林準備的答覆條件中，列在第一位的要求就是從聯合國安理會的議程中刪去伊朗問題。АВПРФ, ф. 094, оп. 44, п. 367a, д. 8, л. 10, 轉引自 *Гайдук* ООН и Иранский кризис, с. 81-82.

2　АПДУДПАР, ф. 1, оп. 89, д. 112, л. 39, 轉引自 Raine, "Stalin and the Creation ……", p. 28。

3　АПДУДПАР, ф. 1, оп. 89, д. 114, л. 82-86, 轉引自 *Гасанлы* СССР-Иран, с. 309-310。

4　АВПРФ, ф. 06, оп. 7, п. 34, д. 554, л. 8-9, 轉引自 *Егорова* Иранский кризис, с. 40-42。

5　*FRUS*, 1946, Vol. 7, pp. 453-454、462-463.

6　АПДУДПАР, ф. 1, оп. 89, д. 113, л. 189-194; АПДУДПАР, ф. 1, оп. 89, д. 117, л. 79-81, д. 155, л. 12-17, д. 113, л. 215-216, 轉引自 *Гасанлы* СССР-Иран, с. 377-378、379-380、381-382; АПДУДПАР, ф. 1, оп. 89, д. 112, л. 142, 轉引自 Raine, "The Iranian Crisis of 1946", p. 106。

一直對蘇聯心存疑慮，也不相信這個協議能夠保證伊朗的統一和主權完整。美國新任駐伊朗大使 G. V. 艾倫同樣不信任卡瓦姆，並全力支持國王的主張。[1] 特別是卡瓦姆成立了自己的伊朗民主黨，從而加強了在議會的勢力，這更加深了與國王之間的矛盾。尤其無法接受的是，中央政府與自治政府的協議中規定，將阿塞拜疆的游擊隊編入憲兵序列，這無異於削弱王國對武裝力量的掌握。[2] 由於美蘇矛盾加劇[3]，美國的伊朗政策也有所改變。7 月 15 日國務院的文件表明，美國的政策目標是避免伊朗政府倒向蘇聯。[4] 8 月 7 日蘇聯向土耳其發出照會，要求修改《蒙特勒公約》，並參與對海峽地區的軍事防衛。[5] 這不僅引發了土耳其危機，也更推動了美國對伊朗政策的調整，以致國務院直接出面干預伊朗的選舉，並向政府施加壓力。[6]

卡瓦姆畢竟是政客，在國王、軍方和美國的重重壓力和緊逼下，政府的政策在 1946 年 9 月開始急劇右轉：解僱人民黨的內閣成員，擱置土地改革和勞動立法的法令，釋放被監禁的右派分子，在議會選舉最高監督委員會中清除左派分子，任命強硬的反共分子擔任北方吉蘭、馬贊德蘭等省的總督，等等。[7] 阿塞拜疆自治政權感到了危險，10 月 22 日，彼謝華里通過巴吉羅夫向蘇聯領導人請求給予大規模軍事援助，以便抵抗可能發生的軍事進攻。[8] 但克里姆林宮對此一直沒有答覆。在美國的支持和援

1　*FRUS*, 1946, Vol. 7, pp. 484-486, 490-493、501、505-506.

2　Lytle, *The Origins of the Iranian-American Alliance*, p. 177; Fatemi, *The U. S. S. R. in Iran*, pp. 144-145.

3　根據對美國的民意調查，到 4 月譴責蘇聯行為的比例已達到 71%，支持美英聯合起來對付蘇聯的比例更增長到 85%。Harbutt, *The Iron Curtain*, p. 204.

4　*FRUS*, 1946, Vol. 7, pp. 507-509.

5　Внешняя политика Советского Союза, Январь-декабрь 1946 год, с. 167-170; *FRUS*, 1946, Vol. 7, 827-829.

6　*FRUS*, 1946, Vol. 7, pp. 528-529、538-539.

7　*FRUS*, 1946, Vol. 7, pp. 536-537; *Abrahamian, Iran between Two Revolutions*, pp. 235-238.

8　АПДУДПАР, ф. 1, оп. 89, д. 114, л. 195-197, д. 112, л. 136-137, 轉引自 *Гасанлы СССР-Иран*, с. 414、412.

助下，11 月 21 日卡瓦姆宣佈，為了保證投票自由和防止騷亂，政府將派軍隊監督全國各地的選舉。[1] 這顯然是要使用武力解決阿塞拜疆問題的信號，但蘇聯除了對卡瓦姆提出「友好的告誡」外，沒有採取任何行動。[2]11 月 28 日，外交部副部長傑卡諾佐夫通過巴庫轉告大不里士領導人，建議他們就中央政府派兵進入阿塞拜疆一事提出抗議，同時表明阿塞拜疆將遵守與政府達成的協議的態度。整個電報沒有一句蘇聯將給予任何有效幫助的暗示。[3]

12 月 2 日，政府軍終於開始在北方諸省採取行動了。巴吉羅夫當天向斯大林報告了情況和民主黨的要求，並認為「必須向他們提供一些幫助」。[4] 而莫斯科除了通過外交途徑向卡瓦姆講幾句威脅的話之外，沒有任何舉動。[5]12 月 4 日巴吉羅夫給彼謝華里的電報只得勸告他「不要給予敵人任何口實」，加強「宣傳和教育工作」。[6] 與此相反，美國對卡瓦姆的行動卻非常明確地表示支持，除給予經濟和軍事援助外，還主張一旦蘇聯有所舉動，立即向聯合國提出控訴。[7] 信心滿滿的卡瓦姆於 12 月 10 日簽署了向阿塞拜疆和庫爾德進攻的命令。11 日民主黨接到莫斯科的指令：卡瓦姆作為首相有權派遣軍隊進入伊朗任何地區，「繼續進行武裝抵抗不合適，沒有必要，也沒有好處」。當天，阿塞拜疆省議會通過了停止抵抗

1　*FRUS*, 1946, Vol. 7, pp. 546、548-549.

2　АВПРФ, ф. 06, оп. 8, п. 34, д. 543, л. 16, 轉引自 *Егорова* Иранский кризис, с. 42; *FRUS*, 1946, Vol. 7, pp. 549-550. 據英國大使館的情報，11 月 25 日有兩位蘇聯外交官從德黑蘭到大不里士，勸告民主黨領導人不要抵抗進入阿塞拜疆的政府軍。FO371/52686, Tehran to FO, 28 November 1946, 轉引自 Fawcett, *Iran and the Cold War*, p. 79。

3　АПДУДПАР, ф. 1, оп. 89, д. 117, л. 129-130, 轉引自 *Гасанлы* СССР-Иран, с. 430-431。

4　АПДУДПАР, ф. 1, оп. 89, д. 112, л. 146.

5　*FRUS*, 1946, Vol. 7, pp. 556-558.

6　АПДУДПАР, ф. 1, оп. 89, д. 112, л. 117、131, 轉引自 *Гасанлы* СССР-Иран, с. 435。

7　*FRUS*, 1946, Vol. 7, pp. 551-552.

的決議。幾天後，庫爾德共和國也投降了。[1] 12 日，大不里士街道上出現了歡迎政府軍的人羣，「人們歡呼、鼓掌並高呼美國萬歲」，民主黨人則已經四處逃亡。[2] 政府軍佔領阿塞拜疆和庫爾德後，採取了殘酷的鎮壓措施。[3] 莫斯科始亂終棄，一個被人為煽動起來的自治運動就這樣煙消雲散了。

三、蘇軍撤離、卡瓦姆政府右轉、伊朗北方諸省自治運動失敗，這一切已經注定了蘇伊石油協議的命運。

1946 年 6 月 20 日，在阿塞拜疆自治政府與中央政府達成協議以後，蘇聯外交部副部長 S. 洛佐夫斯基與伊朗駐蘇代辦滿意地談起議會批准蘇伊協議的樂觀前景，在蘇聯人看來，大功即將告成。[4] 然而三個月以後情況突變。9 月 29 日外交部西林不安地報告，伊朗政府正在故意拖延議會選舉。米高揚也及時向斯大林報告了這一情況。[5] 斯大林聞訊後大怒，他在第二天給莫洛托夫等人的電報中嚴厲指責外交部「犯了重大錯誤」，「這將導致租讓問題懸而不決」。斯大林要求莫洛托夫必須立即介入此事。[6] 隨後，蘇聯外交部和駐伊使館頻繁催促、不斷施壓。但在美國的支持下，伊朗政府繼續採取拖延戰術，莫斯科無可奈何。[7]

就在阿塞拜疆自治共和國繳械投降的當天（12 月 12 日），蘇聯外交部又向伊朗政府遞交了一個照會，但與阿塞拜疆事件毫無關係，同以前幾個照會一樣，只是「堅決要求伊朗政府準確、及時地」履行石油協

1　АПДУДПАР, ф. 1, оп. 89, д. 112, л. 154, д. 157, л. 105, 轉引自 *Гасанлы* СССР-Иран, с. 443; Robert Rossow, Jr., "The Battle of Azerbaijan, 1946", *Middle East Journal*, Vol. 10, №1, Winter, 1956, pp. 30-31。

2　*FRUS*, 1946, Vol. 7, pp. 561-562. 逃亡的情況見 *Гасанлы* СССР-Иран, с. 455-456。

3　詳見 *Гасанлы* СССР-Иран, с. 448-449、453-454。

4　АВПРФ, ф. 094, оп. 37, п. 357а, д. 4, л. 29-30, 轉引自 *Гасанлы* СССР-Иран, с. 386-387。

5　РГАСПИ, ф. 84, оп. 1, д. 18, л. 113-115、116-120.

6　РГАСПИ, ф. 558, оп. 11, д. 317, л. 95.

7　РГАСПИ, ф. 558, оп. 11, д. 317, л. 96-99; АВПРФ, ф. 94, оп. 37, п. 357а, д. 4, л. 62-64; *FRUS*, 1946, Vol. 7, pp. 521-522、525-527、533-536.

議。此時卡瓦姆的態度卻與以往大不相同，他不再虛與委蛇，而是對蘇
聯提出問題的方式表示抗議，並告知只要條件具備，政府就會把協議提
交議會。[1] 伊朗的政治變化使得卡瓦姆也感到自己無力兌現給蘇聯人的承諾
了。[2] 更重要的是美國態度的轉變。直到 1947 年初，在蘇伊石油協議的問
題上，美國的態度依然與英國一樣，「原則上不反對蘇聯在伊朗北部的石
油利益」。不過，美國擔心兩個問題，一則該協議在經濟上不平等（蘇聯
定價和盧布結算），有損伊朗利益，二則蘇聯會利用經濟特許權侵犯伊朗
的主權。[3] 雖然還沒有下定決心，但反對簽署這個石油協議的傾向已經顯
露。3 月 12 日以援助希臘和土耳其為主旨的杜魯門主義出台後，美國對
伊朗的政策也更加明確，只是不想刺激蘇聯。4 月 4 日，艾奇遜和亨德森
商議後向新任國務卿 G. 馬歇爾建議，鑒於蘇聯不希望有外國勢力出現在
伊朗北部，應該將石油協議的最終決定權留給伊朗人，美國不宜出面，
但如果伊朗因拒絕批准協議而受到蘇聯的威脅，美國將要求聯合國做出
反應。馬歇爾贊同這一建議。[4]

　　最堅決的反對者是巴列維國王，他主張直接拒絕批准協議，甚至不
同意卡瓦姆向蘇聯提出有利於伊朗的反建議。美國大使艾倫則違背國務
院的指示公開支持國王，他告訴卡瓦姆，與蘇聯簽訂任何表面看來有利
的條款，都無法保障伊朗的主權不受侵犯。[5] 整個 8 月，蘇聯大使薩奇科
夫頻繁接觸卡瓦姆，態度十分強硬，強調不得更改協議內容，議會必須
批准原協議，甚至對伊朗政府和卡瓦姆個人安全進行威脅和恐嚇。[6] 蘇聯的
威逼反而把卡瓦姆推向國王一邊，9 月初，卡瓦姆撤銷了明顯親蘇的駐莫

1　РГАНИ, ф. 5, оп. 30, д. 171, л. 83-84, 轉引自 *Гасанлы СССР-Иран*, с. 458。

2　Abrahamian, *Iran between Two Revolutions*, pp. 240-242.

3　*FRUS*, 1947, Vol. 5, The Near East and Africa, Washington, D. C.: GPO, 1972, pp. 891-893.

4　*FRUS*, 1947, Vol. 5, pp. 902-904、904-905.

5　*FRUS*, 1947, Vol. 5, pp. 922、922-924、929-930.

6　*FRUS*, 1947, Vol. 5, pp. 931-932、932-933、944-945.

斯科大使菲魯茲的職務，而任命了一位親西方的新大使。菲魯茲臨行前
向維辛斯基抱怨，首相完全變了一個人。[1] 卡瓦姆的轉變得到了美國的支持
和鼓勵。[2] 9 月 11 日，艾倫發表講話，闡明了美國的立場：「一個主權國家
的政府向另一個主權國家提出的任何建議都不應該伴隨着威脅或恐嚇」，
「愛國的伊朗人在考慮影響其國家利益的問題時可以放心，美國人民將充
分支持他們做出自己選擇的自由」。[3] 艾倫的演說使伊朗民族主義者大受鼓
舞，議員們紛紛抨擊蘇伊石油協議是有害的、非法的，「是伊朗過去百年
歷史上最壞的協定」。[4]

　　10 月初，蘇聯軍隊在伊朗阿塞拜疆和呼羅珊的邊境集結，並進行演
習。[5] 然而，這最後的恐嚇沒有改變事情的結局。22 日伊朗議會以 102 票
贊同、2 票棄權的絕對優勢通過了拒絕蘇伊石油協議的決議。[6] 至此，蘇
聯期盼已久的伊朗石油計劃徹底破產了。

　　四、對於莫斯科來說，伊朗危機造成的最嚴重的後果是美國政府不
惜戰時盟國關係破裂，第一次公開向蘇聯的外交政策提出挑戰。到危機
的後期，白宮已經確定了與蘇聯為敵的政策。

　　伊朗危機（加上稍後發生的土耳其危機）首先改變了近東地區的地
緣政治結構。在伊朗（和土耳其），英國是俄國的傳統對手，戰後初期
也是蘇聯的主要競爭者。經過伊朗危機，英國的這一地位逐漸地為美國
所取代。這不僅是因為面對蘇聯的威脅伊朗傾向於相信和依賴美國而不
是英國，更重要的是美國改變了對蘇聯的戰略認知並形成了敵對的外交
政策。儘管到 1946 年 5 月蘇軍從伊朗撤離，蘇聯已經表現出明顯的退讓

1　АВПРФ, ф. 094, оп. 38, п. 363, д. 4, л. 58-59, 轉引自 *Гасанлы* СССР-Иран, с. 464-465。

2　*FRUS*, 1947, Vol. 5, pp. 950-951.

3　*FRUS*, 1947, Vol. 5, pp. 951-952.

4　Lenczowski, *Russia and the West in Iran*, pp. 309-310.

5　*FRUS*, 1947, Vol. 5, pp. 963-965, 966-967. 美國人認為這是在搞神經戰。

6　*FRUS*, 1947, Vol. 5, pp. 969-970.

政策，但是美國政府仍然認定，蘇聯在伊朗的戰略目標絕不是石油和經濟利益，而是擴張領土和擴大政治影響。9 月 26 日，國務院向參謀長聯席會議遞交了一份備忘錄，提出了一系列關於美國在伊朗的戰略利益的問題，要求軍方做出回答。[1]10 月 12 日參聯會的一個備忘錄做出了答覆，結論是：作為石油供應源，伊朗對美國具有重大戰略意義；使蘇聯的影響和軍事力量盡可能遠離伊朗、伊拉克和中近東石油資源，符合美國的戰略利益；蘇聯對伊朗北方影響的加強和伊朗出現內亂都會損害美國在中近東的戰略利益，因此美國應該給伊朗以經濟和軍事物資援助，維持其國內安全穩定。[2]危機初期美國並不反對蘇聯在伊朗北部擁有石油租讓權，現在完全變了 —— 雖然伊朗石油不是美國的目標，但讓蘇聯獲取則是萬萬不行的。

危機的結果，蘇聯的勢力被趕出伊朗，美國的影響則正在伊朗擴大。1947 年 4 月，美國同意向伊朗提供 2500 萬美元貸款，用以購買美國的剩餘軍火。[3]10 月美伊簽署軍事條約，加強了美國軍事特派團在伊朗的作用和地位，服務期也延長到 1949 年 3 月。[4] 希臘和土耳其危機促成了杜魯門主義的出台，但其根源則在伊朗危機。正是因為蘇聯在伊朗危機中的種種行為，美國開始站在了蘇聯的對立面。這個結果，也是莫斯科始料不及的，斯大林雖然最終選擇了讓步，但為時已晚。

1　*FRUS*, 1946, Vol. 7, pp. 515-516.

2　*FRUS*, 1946, Vol. 7, pp. 529-532.

3　АВПРФ, ф. 94, оп. 35, п. 98, д. 46, л. 45, 轉引自 *Юнгблюд В. Т. (отв. ред.)* Встречными курсами: политика СССР и США на Балканах, Ближнем и Среднем Востоке в 1939-1947 гг., Киров: Вятского государственного гуманитарного университета, 2014, с. 396; Blake, *The U. S. -Soviet Confrontation in Iran*, p. 45。

4　*FRUS*, 1947, Vol. 5, p. 966; Yonah Alexander and Allan Nanes (eds.), *The United States and Iran, A Documentary History*, Maryland: University Publications of America, Inc., 1971, pp. 155-161.

簡短的結論

　　當時美國和英國的決策者及外交官普遍認為，蘇聯挑起伊朗危機的目標不是為了經濟利益，而是政治利益甚至領土擴張，很多歷史研究者也有這種看法。筆者研究的結論與此相反，認為蘇聯在伊朗的目標就是石油租讓權，就是謀取經濟利益，不過這不是一般的經濟利益，而是帶有戰略性的經濟利益。蘇聯在南阿塞拜疆鼓動自治和暴動並非要在那裏建立革命政權，而是想通過擴大蘇聯在北方地區的政治影響，向伊朗中央政府施加壓力，迫其簽署石油協議。蘇聯推遲從伊朗撤軍不過是實現其經濟目標和開展上述行動的保障條件。從地緣政治角度考慮，伊朗處於高加索山脈以南，不構成對蘇聯安全的威脅，在這方面，伊朗對於蘇聯的重要性與波蘭走廊和其他東歐鄰國完全不同。所以，蘇聯完全沒有必要把伊朗視為自己的勢力範圍，況且從德黑蘭會議到波茨坦會議，斯大林也從來沒有在任何公開場合提出這種訴求。從蘇聯的外交戰略看，伊朗與戰後初期的中國、朝鮮和德國類似，屬蘇聯與西方勢力相隔的中間地帶或緩衝地帶。至於巴庫油田的安全，擔心破壞行為與消除軍事威脅完全是兩回事，斯大林所說「一盒火柴也會對蘇聯油田構成威脅」[1]，不過是為推遲撤軍找藉口，不能當真。不過，這裏特別需要說明的是，伊朗危機是莫斯科外交行為嚴重脫離其外交目標造成的結果，恰恰是蘇聯自己的過激行為導致西方對其真實目標的誤讀。

　　在很多研究者看來，蘇聯在伊朗的目標未能實現，其主要原因是美國的壓力和強硬立場。筆者研究的結論認為，美國態度的轉變只是導致蘇聯失敗的因素之一，最根本的原因在於蘇聯為實現經濟目標而採取的完全錯誤的政治和外交措施。無論伊朗、英國還是美國，對於蘇聯

1　*Гасанлы* Советская политика, с. 328-329.

想要在伊朗北方謀取的石油租讓權本身並不反對，英國甚至還希望蘇聯早點達到目的從而減輕自身的壓力。然而，蘇聯為實現這一目標所採取的行為方式是任何人都難以接受的。如果不是一開始就仗勢欺人、蠻不講理，在談判中只提要求不講條件，就不會激起伊朗強烈的民族主義意識，蘇聯完全有可能早就與伊朗簽訂了一年半以後才達成的石油協議。如果不是大動干戈鼓動伊朗北方的分離運動和武裝暴動，英美就不會認為蘇聯的真實意圖在於領土擴張和政治干預而石油問題只是幌子，因此支持伊朗抵制蘇聯，伊朗危機的核心也不會從經濟轉向政治，把蘇聯推上聯合國的被告席。所以，蘇聯的錯誤不在於其設立的目標，而在於所採取的外交行為完全背離了外交目標。還有一點也很重要，莫斯科缺乏談判技巧，不懂得掌握妥協的時機，當蘇聯最後不得不撤軍以示讓步時，一切都已經晚了。結果是，合理的要求毀於不合理的手段，蘇聯最大的敵人其實是他自己。

不少研究者認為，伊朗危機是冷戰的開始，是美蘇的第一次冷戰。[1] 筆者研究的結論與此不同：伊朗危機是美蘇關係惡化的反映，也是引發美蘇冷戰的主要因素之一，但危機本身並不是冷戰的表現。美國對蘇遏制的政策的確是在伊朗危機期間形成的，不過，冷戰格局形成的標誌是美蘇雙方都採取了對抗政策，且已經組建起相互對立的兩大陣營，而這兩個條件在伊朗危機中都不存在：蘇聯採取退讓政策表明，那時斯大林還不想與美國對抗；蘇聯在其勢力範圍內早已形成政治集團，但西方的政治集團那時還未提上議事日程，西歐事務的處理還掌握在英法手中。伊朗危機給後人的警示還有兩點值得注意：第一，蘇聯本不想與美國對抗，美國人也明白，從地緣政治的角度講，伊朗對於蘇聯的敏感度如同墨西

1　Geoffrey Roberts, "Moscow's Cold War on the Periphery: Soviet Policy in Greece, Iran, and Turkey, 1943-8", *Journal of Contemporary History*, Vol. 46, №1, 2011, pp. 58-59.

哥對於美國，但蘇聯在伊朗的行為一次又一次授人以柄，為美國右翼勢
力改變白宮的外交政策提供了口實和證據。美國的勢力進入伊朗當然會
引起蘇聯的警惕和緊張反應[1]，但莫斯科應該反思的是美國為什麼會進入伊
朗？第二，美國外交的決策程序與蘇聯不同，一項重大政策的形成，政
府下決心只是第一步，還需要國會的支持，特別是朝野兩黨形成一致立
場。伊朗危機過後，白宮下一步就要影響輿論、說服國會兩黨議員。[2]這就
是說，如果想要阻止美國冷戰政策的最後形成，蘇聯還是有機會的，能
不能把握，就看克里姆林宮的認知和決策能力了。很可惜，後來的歷史
證明，這最後的機會錯過了 —— 白宮抓住希土危機提出了杜魯門主義，
並順利取得國會的一致支持；蘇聯在德國賠償問題的談判中沒有及時做
出讓步，終於導致美國下決心在歐洲與蘇聯分裂。

1　著名的 1946 年 9 月 27 日諾維科夫報告就是例證。АВПРФ, ф. 06, оп. 8, п. 45, д. 759, л. 21-39//
Севостьянов Советско-американские отношения, с. 312-322.

2　直至 1946 年 9 月，民意測驗顯示，只有 8% 的美國人願意放棄同莫斯科和解，74% 的美國人
認為美蘇兩國對相互之間的誤解都有責任。Warren I. Cohen, *The Cambridge History of American
Foreign Relations, Volume IV, America in the Age of Soviet Power, 1945-1991*, Cambridge: Cambridge
University Press, 1993, p. 29.

第六章

分道揚鑣：美蘇在德國
賠償問題上的合作與衝突

　　戰後對德國的佔領問題無疑是冷戰時代最值得研究的重大課題之一，打敗德國是戰時反法西斯聯盟的中心內容，而戰後在德國問題上的較量也是美蘇爭霸在歐洲的主戰場。如同 1989 年柏林牆倒塌、1990 年德國重新統一預示着冷戰時代走向終結，戰後德國的分裂也成為歐洲分裂的前兆和冷戰格局形成的重要標誌。

　　德國的分裂，特別是這一現象與美蘇兩個政治大國對德佔領政策之間的關係，是德國史、冷戰史和當代國際關係史研究經久不衰的話題。不過，到目前為止，中國歷史學界對這一問題的研究和解釋，主要集中在政治、外交、軍事和意識形態等方面，而忽視了經濟因素在其中的根本性影響，即使有所涉及，也很少把它放在一個重要的位置。[1] 國際學界對德國與冷戰中的經濟問題討論多一些，但囿於檔案（主要是俄羅斯檔案）開放的範圍，也缺乏關於蘇聯對德經濟政策的細節研究。[2] 德國統一和蘇聯解體後，歷史檔案的開放迎來了一場「革命性」的變化，有關蘇聯對德佔領政策和德國蘇佔區的檔案大量披露，明顯推動了關於戰後美蘇對德政策的

1　參見丁建弘、陸世澄、劉祺寶主編：《戰後德國的分裂與統一（1945 — 1990）》，北京：人民出版社，1996 年；蕭漢森、黃正柏主編：《德國的分裂、統一與國際關係》，武漢：華中師範大學出版社，1998 年；吳友法、邢來順：《德國：從統一到分裂再到統一》，北京：三秦出版社，2005 年。

2　參見 Anne Deighton, *The Impossible Peace: Britain, the Division of Germany and the Origins of the Cold War*, Oxford: 1990; Филитов А. М. Германский вопрос: от раскола к объединению, Москва: Международные отношения, 1993; David Reynolds (ed.), *The Origins of the Cold War in Europe: International Perspectives*, New Haven, London: Yale University Press, 1994; Caroline Eisenberg, *Drawing the Line: The American Decision to Divide Germany, 1944-1949*, New York: Cambridge University Press, 1996。

研究。[1] 更重要的是最近十多年出版的有關蘇佔區經濟政策的檔案集。[2]

　　所謂美蘇戰後對德政策分歧中的經濟因素，在筆者看來，主要包括三個問題：作為美蘇對德佔領政策分歧起點的戰後賠償；將德國西佔區納入美國經濟援助範疇的馬歇爾計劃；美蘇在德國分別進行貨幣改革而引發的柏林危機。這三者不僅構成了美蘇在戰後德國問題上分歧和爭論的緊密連接的三個階段，而且與德國（乃至歐洲）的分裂過程也是同步發展的。本章集中討論德國的戰爭賠償問題。

　　關於這個問題，中國學者有一些研究，但直接使用檔案文獻作為敘述主體的不多，討論也不夠細緻。[3] 西方學者對賠償問題的研究起步很早，影響也大，但那時只能單方面使用美國的檔案，對蘇聯政策的研究很難深

1　在這方面做出顯著貢獻的有 *Бонвеч Б., Бордюгов Г., Неймарк Н.* СВАГ Управление пропаганды (информации) и С. И. Тюльпанов (1945-1949), Москва: Россия молодая, 1994; *Захаров В. В. и др.*, Деятельность советских военных комендатур по ликвидации последствий войны и организации мирной жизни в Советской зоне оккупации Германии. 1945-1949: Сборник документов, Москва: РОССПЭН, 2005; *Захаров В. В. (отв. ред.)* СВАГ и религиозные конфессии Советской зоны оккупации Германии. 1945-1949: Сборник документов, Москва: РОССПЭН, 2006; *Фойтцик Я. и др. (отв. ред.)* Советская военная администрация в Германии, 1945-1949. Справочник. Москва: РОССПЭН, 2009。特別是俄德學者共同編輯的四卷本檔案集：*Кынин Г. П., Лауфер Й.* СССР и германский вопрос, 1941-1949, Документы из Архива внешней политики Российской Федерации, Том. 1-4, Москва: Международные отношения, 1996-2012（以下引用簡寫為 СССР и германский вопрос, Том. 1, Том. 2, Том. 3），尤其應該注意檔案集中的大量註釋，提供了很有價值的材料。

2　*Захаров В. В. (отв. ред.)*, Деятельность управление СВАГ по изучению достижений немецкой науки и техники в Советской зоне окупации Германии. 1945-1949 гг: Сборник документов, Москва: РОССПЭН, 2007; *Фойтцик Я. (ред.)* Советская политика в отношении Германии, 1944-1954: Документы, Москва: РОССПЭН, 2011; *Кнолль В. (отв. ред.)* Советская военная администрация в Германии, 1945-1949 гг: Экономические аспекты деятельности, сборник документов, Том 1, 1945-1947 гг., Москва: международные отношения, 2016。後者的第二卷尚未出版，也說明經濟檔案問世稍有滯後。

3　研究美國賠償政策的有桂莉、孫文沛：《美國對二戰後德國賠償政策的演變》，《武漢大學學報》第 65 卷第 6 期（2012 年 11 月），第 117-120 頁；苑爽：《「戰爭與和平」視閾下的美國對德戰爭索賠政策》，北京：中央編譯出版社，2015 年。研究蘇聯賠償政策的有李鳳藍：《試析第二次世界大戰後蘇聯的對德索賠政策》，《華東師範大學學報》2013 年第 6 期，第 72-78 頁。研究美蘇賠償政策分歧的有田小惠：《試析戰後德國戰敗賠償政策》，《世界歷史》2005 年第 4 期，第 14-23 頁；孫文沛：《二戰後盟國在德國賠償問題上的分歧與決裂 —— 兼論冷戰對賠償問題的影響》，《武漢大學學報》第 66 卷第 3 期（2013 年 5 月），第 76-80 頁。

入下去。[1] 冷戰結束後，西方史學界開展了一場關於戰後賠償問題的大討論，涉及賠償政策的目標和賠償的規模、價值等，但關於蘇聯的賠償政策「仍然處在陰影之中」。[2] 最近出版的美國威爾遜國際學者中心奧斯特曼博士新作，使用美、俄、德三國檔案研究美國對德政策，其中詳細討論了美蘇對德經濟政策（含賠償問題）的矛盾、分歧和處理方略，很值得閱讀。[3] 俄國學者比較全面研究德國賠償問題的著作最早出現在 1994 年，特點是對蘇聯政策的批判性較強。[4] 隨着檔案文獻不斷解密，俄國學者對蘇聯在德國蘇佔區的經濟政策和賠償問題的研究取得重要成果，也比較深入細緻，尤其是新一代歷史學家。[5] 總體來說，戰後美蘇在賠償問題上的合作與分歧，尤其是蘇聯的賠償政策，在國際學界還是一個尚有很大開發空間的研究領域。[6]

1　如見 Benjamin J. Cohen, "Reparations in the Postwar Period: a Survey", *Reprints in International Finance*, No. 9, February 1968, pp. 268-288; Bruce Kuklick, *American Policy and the Division of Germany: the Clash with Russia over Reparations*, Ithaca: Cornell University Press, 1972。

2　*Болдырев Р. Ю., Невский С. И., Плюмпе В.* Германские репарации после Второй мировой войны: политические решения и экономические оценки// История, Выпуск №9 (83), Том 10, 2019, http: // history. jes. su , абзац 2. 其中影響較大的有 John Gimbel, *Science , Technology, and Reparations: Exploitation and Plunder in Postwar Germany*, Stanford: Stanford University Press, 1990; Jörg Fisch, *Reparationen nach dem Zweiten Weltkrieg*, Munnich: Verlag C. H. Beck, 1992; Norman M. Naimark, *The Russians in Germany: A History of the Soviet Zone of Occupation, 1945-1949*, Cambridge: Harvard University Press, 1995。關於德語世界研究成果的介紹，可參閱 Naimark, *The Russians in Germany*, pp. 3-4; Кнолль Советская военная администрация в Германии, c. 32-33。

3　Christian F. Ostermann, *Between Containment and Rollback: The United States and the Cold War in Germany*, Stanford: Stanford University Press, 2021.

4　見 *Кнышевский П. Н.* Добыча: Тайны германских репараций, Москва: Соратник, 1994。

5　如見 *Хейфец Б. А.* Репарации, полученные СССР// Финансы, 2001, №1, c. 70-72; *Болдырев Р. Ю.* Советская оккупационная политика в Германии, 1945-1949, Экономический аспект, Saarbrucken: LAP LAMBERT Academic Publishing, 2011; *Болдырев Р. Ю., Невский С. И., Плюмпе В.* Репарационная политика в отношении Германии// Новая и новейшая история, 2016, №6, c. 51-65; *Болдырев Р. Ю., Невский С. И.* Советская репарационная политика в Германии в 1945-1953 гг. // Вопросы истории, №3, 2017, c. 49-69。

6　俄國檔案方面，除了大量有關蘇佔區經濟政策的文件尚待公佈，更重要的是俄羅斯的總統檔案和軍事檔案沒有對外開放，研究者無法得知蘇聯駐德軍事當局與莫斯科之間在對德政策上的分歧和爭論情況，特別是高層討論的情況。

本章擬利用美國和俄國雙邊檔案文獻，敍述美蘇在戰後德國賠償問題上從協商、合作走向分裂、對抗的歷史過程，並提出這樣一些看法：蘇聯對德佔領政策的核心是獲取戰爭賠償；德國分裂的根源是美蘇在賠償問題上的決裂；美蘇對德佔領政策分歧的起點也在於賠償問題。

盟國共同索賠政策的形成

作為打敗德國的兩個最大的勝利者，美國和蘇聯直到戰爭後期對德方針的基本目標是一致的，即削弱德國，使其永遠不再成為威脅歐洲和世界安全的發源地，儘管蘇聯的願望更強烈一些。然而，在戰後如何削弱德國以及削弱到什麼程度的問題上，情況卻比較複雜。這主要反映在兩個方面：德國的統一問題和賠償問題，對前者美國和蘇聯的認知是模糊且變化的，對後者美國和蘇聯的政策是明確的但存在分歧。值得注意的是，這二者之間有着密不可分的邏輯聯繫。面對的將是一個統一的還是分裂的德國，其賠償方式、規模和程序都有很大區別，結果也會完全不一樣。

莫斯科官方的歷來說辭是：蘇聯「一貫主張維護德國的統一和獨立」—— 這在很大程度上是應對德國社會對蘇聯賠償政策的普遍不滿。然而，檔案文獻表明，最先提出肢解德國的恰恰是蘇聯人。早在 1941 年 11 月 21 日，蘇聯外交人民委員莫洛托夫在給駐英國大使邁斯基的電報中就提到，莫斯科認為，「德國本身應該被分割成一系列或多或少的獨立國家，以此為未來歐洲各國的安定建立保證」。[1] 斯大林首先向英國透露這種

1　АВПРФ, ф. 059, оп. 1, п. 399, д. 3614, л. 23-24; АВПРФ, ф. 059, оп. 1, п. 423, д. 3789, л. 345, *Кынин Г. П.* Германский вопрос во взаимоотношениях СССР, США и Великобритании 1941-1943 гг. (Обзор документов)//Новая и новейшая история, 1995, №1, с. 93.

想法，顯然是想了解丘吉爾首相對戰後歐洲安排的態度。11 月 27 日，丘吉爾在與邁斯基的會談中對斯大林認識到戰後必須對德國「採取行動的必要性」表示滿意，並認為「考慮在戰後將德國或多或少分成幾個獨立的國家是可取的」。[1]12 月 5 日，丘吉爾更明確地告訴邁斯基，徹底解除德國的武裝，就要「將德國分裂為幾個部分，首先是將普魯士與德國其他地區分開」。但丘吉爾認為目前不宜公開談論這個問題，「因為這只會迫使德國人更猛烈地與盟國作戰」。[2]12 月 16 日斯大林與英國外交大臣艾登舉行會談，並簽署了保障戰後歐洲安全的《共同行動條約》，作為條約附件的補充議定書明確規定：「把德國肢解為若干個獨立國家，其中普魯士在變成獨立國家的同時應把東普魯士從它的領土中劃出」，分為兩部分，劃歸蘇聯和波蘭。[3]這樣的結果，既削弱了德國，又滿足了蘇聯的領土要求。面對歐洲兩大國戰後安排的設想，美國只能接受既成事實，1942 年 3 月 12 日羅斯福與蘇聯駐美大使李維諾夫談話，雖表示反對英蘇之間締結祕密條約，但同意將普魯士從德國分離出去。[4]

不過，這些都是祕密交易，在公開的文件和講話中，蘇聯的態度卻完全不一樣。1942 年 2 月 23 日人民委員會的命令宣稱，「紅軍沒有也不可能有這樣愚蠢的目標」——「消滅德國人民和摧毀德國」。11 月 6 日，斯大林在紀念十月革命二十五週年的講話中重複了同樣的內容。[5]然而，這些公開的表態並不妨礙蘇聯緊鑼密鼓地準備肢解德國的具體方案。1943 年 6 月 21 日，按照莫洛托夫的指示，外交人民委員部顧問蘇里茨提交了

---

1 АВПРФ, ф. 059, оп. 1, п. 423, д. 3789, л. 347、376//СССР и германский вопрос, Том. 1, с. 646.

2 АВПРФ, ф. 059, оп. 1, п. 365, д. 2486, л. 377-372//СССР и германский вопрос, Том. 1, с. 122-124.

3 *Ржешевский О. А.* Визит Идена в Москву в Декабре 1941г., Переговоры с Сталиным и Молотовым// Новая и новейшая история, 1994, №2, с. 98-100.

4 АВПРФ, ф. 059, оп. 1, п. 427, д. 3832, л. 234-235, 轉引自 *Кынин* Германский вопрос, с. 95。

5 Внешняя политика Советского Союза в период Отечественной войны, Документы и материалы, Т. 1, 22 июня 1941г.-31 декабря 1943г., Москва: Государственное издательство политической литературы, 1944, с. 50-51、70.

關於肢解德國的幾個可供選擇的方案。[1]同年9月，聯共（布）中央政治局決定成立外交人民委員部所屬和平條約和戰後安排委員會，由奉調回國擔任副外交人民委員的李維諾夫主持，其主要工作之一就是研究如何分割德國。[2]9月27日，受聯共（布）中央政治局委託負責戰後世界經濟安排研究的科學院院士瓦爾加提交了一份報告，列出三個方案，分別將德國分解為三個、四個和七個獨立國家。[3]隨後蘇聯專家們還提了幾種分割方案。[4]儘管有各種不同的方案，但蘇聯所有官員和專家的立場都是一致的，正如李維諾夫10月16日給人民委員會的報告所說：「分割德國是削除其侵略性的最重要的保證」。[5]沒有發現蘇聯最高層關於肢解德國方案的決議 —— 很可能就沒有這樣的決議。蘇聯研究這些方案本來是為即將在10月下旬召開的莫斯科三國外長會議做準備，不過從策略上講，李維諾夫10月9日提交的報告認為，過早宣佈對德國採取極端措施會增強其抵抗力，如果英美有異議，最好讓他們作為發起人並提出具體建議。[6]兩天以後，蘇里茨關於美英政府和輿論對分解德國看法的報告解釋了這一策略的理由和根據。報告指出，在英美輿論中反對肢解德國的人很多，主要擔心的是「紅色危險」（德國削弱的結果是蘇聯在歐洲強大起來）和「復仇危險」（絕望的德國人會東山再起）。報告認為，雖然英國的官方態度還不清楚，但美國總統羅斯福顯然是贊同肢解德國的，甚至還提出了具體計劃。[7]

　　美國內部對戰後是否肢解德國的看法確實有很大分歧。雖然羅斯福

1　АВПРФ, ф. 06, оп. 5, п. 11, д. 101а, л. 17, 轉引自 *Кынин* Германский вопрос, с. 103-104。

2　АВПРФ, ф. 06, оп. 6, п. 14, д. 149а, л. 9、13-14, 轉引自 *Кынин* Германский вопрос, с. 104; СССР и германский вопрос, Том. 1, с. 26。

3　АВПРФ, ф. 0512, оп. 4, п. 18, д. 124, л. 1-19//СССР и германский вопрос, Том. 1, с. 252-263.

4　*Кынин* Германский вопрос, с. 104-105.

5　АВПРФ, ф. 06, оп. 6, п. 14, д. 149а, л. 209-212, 轉引自 *Кынин* Германский вопрос, с. 109。

6　АВПРФ, ф. 012, оп. 9, п. 132, д. 4, л. 178-209//СССР и германский вопрос, Том. 1, с. 286-305.

7　АВПРФ, ф. 0512, оп. 4, п. 18, д. 119, л. 1-6//СССР и германский вопрос, Том. 1, с. 305-308.

認為必須將德國分割為幾個國家，但專家們都認為這樣做行不通，而為莫斯科外長會議準備文件的正是這些專家。10 月 23 日美國關於對待德國的建議並沒有提到肢解德國的問題，除了同意要德國放棄東普魯士，文件要求維持德國的經濟統一併建立地方分權的民主政權。[1] 在三國外長會議上，艾登和莫洛托夫都明顯表露出肢解德國的意向，但誰都不願主動提出具體建議，而美國國務卿赫爾則表示美國高層「佔上風的是觀望態度」，並認為可以深入研究這個問題。最後，除了在東普魯士的問題上達成一致意見，關於未來德國統一或分裂的事情外長們沒有談出任何結果。[2] 問題留給了最高領導人。

　　在 12 月 1 日德黑蘭的三巨頭圓桌會議上，羅斯福率先提出了「分割德國」的問題，斯大林立即表示：「贊同分割德國」（蘇方記錄中沒有這句話 —— 筆者），接着丘吉爾也表示贊成。隨後羅斯福提出了將德國分為五個獨立國家的計劃。丘吉爾對此表示同意，但立即又提出將德國南部地區納入多瑙河聯邦的設想。斯大林表示反對英國方案，而美國的計劃可以研究。丘吉爾爭辯說，他並非不贊成分割德國，而且「至少要使德國保持分裂 50 年」（蘇方記錄中沒有這句話 —— 筆者），但如果僅限於分割而沒有聯合，那麼就像斯大林說過的，有朝一日德國還要統一起來。斯大林立即反駁：不管採取什麼措施，德國人總是有要求統一的強烈願望。斯大林還以德國和匈牙利的合併為例，提出必須採取各種措施「防止他們的重新統一和復活」（蘇方記錄在此只有一句話：「沒有任何措施可以排除德國統一的可能性。」—— 筆者）。最後羅斯福出面調和，建

1　Michael Balfour and John Mair, *Four Power Control in Germany and Austria（1945-1946）*, London: Oxford University Press, 1956, pp. 15-16; *Громыко А. А.（гла. ред.）* Советский Союз на международных конференциях, Том 1, с. 289-293.

2　*Громыко* Советский Союз на международных конференциях, Том 1, с. 176-189.

議將這個問題交給在外長會議上組建的歐洲諮詢委員會來解決。[1] 蘇方的記錄顯然是想表明斯大林是反對肢解德國的，正如文件編者所說：蘇聯對此「從一開始就持否定態度」。[2] 但這與本文前述的史實是完全背離的。在德黑蘭會議上，三大國領導人都一致贊同肢解德國，只是處理的方式和具體辦法有不同主張。

　　隨着盟國對德作戰逐漸取得優勢，美國和蘇聯在對德處理方針上都出現了不同意見。首先是蘇聯內部產生了分歧，1944 年 3 月李維諾夫委員會討論德國問題時，多數人仍堅持認為應把德國分裂為一些單獨的獨立國家，但委員 B. E. 施泰因和 D. Z. 馬努伊爾斯基對解決普魯士問題後進一步肢解德國的做法表示懷疑，認為這將激發德國人的民族意識。施泰因特別提到了不應反對德國內部的統一運動，因為主張德國統一的不僅是俾斯麥，還有馬克思。[3] 肢解德國的主張在美國也遇到了阻力。羅斯福堅持戰後必須嚴厲懲治德國[4]，並且在 9 月的魁北克會議期間接受了將戰後德國變成一個農業國的著名的「摩根索計劃」。按照這個計劃，除了部分領土調整給法國和波蘭並將魯爾地區國際化以外，德國的剩餘部分也將一分為二。[5] 不過，消息很快泄露出來。摩根索計劃受到國務院、軍方和美國公眾輿論的強烈批評，羅斯福不得不取消在該文件上簽字。[6] 由此，蘇聯

1　關於這次會談，美方記錄見 *FRUS, The Conferences at Cairo and Tehran, 1943*, pp. 596-604。蘇方記錄見 *Санакоев Ш. П., Цыбулевский Б. Л. (сост.)* Тегеран-Ялта-Посдам, с. 84-87。

2　Санакоев Ш. П., Цыбулевский Б. Л. (сост.) Тегеран-Ялта-Посдам, с. 9.

3　АВПРФ, ф. 06, оп. 6, п. 14, д. 142, л. 3-110; ф. 0512, оп. 2, п. 8, д. 4, л. 22-28//СССР и германский вопрос, Том. 1, с. 419-449、450-454. 負責戰後賠償工作的邁斯基也極力主張肢解德國。АВПРФ, ф. 06, оп. 6, п. 14, д. 145, л. 1-41//СССР и германский вопрос, Том. 1, с. 333-360。蘇聯內部討論中進一步的分歧意見參見 АВПРФ, ф. 06, оп. 6, п. 15, д. 150, л. 75-78//СССР и германский вопрос, Том. 1, с. 462-464。

4　*FRUS*, 1944, Vol. 1, General, Washington, D. C.: GPO, 1966, pp. 544-546.

5　*FRUS, The Conference at Quebec, 1944*, Washington, D. C.: GPO, 1972, pp. 466-467. 摩根索計劃全文見 pp. 86-90。

6　Bruce Craig, *Treasonable Doubt: The Harry Dexter White Case, 1948-1953*, Lawrence: University Press of Kansas, 2004, pp. 171-175.

駐美大使葛羅米柯判斷，美國內部對德國問題「尚未形成統一意見」，而面臨大選的羅斯福在許多重要的政治問題上也「沒有採取堅定而明確的立場」。[1]

斯大林沒有羅斯福那樣的政治顧忌，在 1944 年 10 月 17 日與丘吉爾和艾登的會談中，他一再催促英國人說出自己肢解德國的計劃。英國的方案是將德國分為三個國家：普魯士；由魯爾、威斯特伐利亞和薩爾地區組成的國際監督區；包括德國南部省份的奧地利 - 巴伐利亞國家。斯大林立即表示贊成，並說這個方案比羅斯福在德黑蘭提出的方案好。[2] 斯大林和丘吉爾隨後分別將他們的談話結果告知了羅斯福。[3] 此時，在美國政府內部國務院反對強行分割德國的意見已佔上風，認為德國被肢解的結果不僅會帶來安全上的風險，還會造成經濟上的嚴重困難。[4] 相反，蘇聯的態度卻更加明確。1945 年 1 月 20 日，邁斯基告訴美國駐蘇聯大使哈里曼：儘管在確切方法上還沒有達成一致，但蘇聯政府的態度是「德國應該被打碎」。[5]

離戰勝德國的日子越近，大國領袖們在肢解德國的問題上就顯得越加謹慎，雅爾塔會議仍然沒有就分割德國的問題討論出具體結果。在 1945 年 2 月 5 日的首腦會議上，三巨頭都同意分割德國的原則，但誰都不談具體方案，最後只是決定將「分割德國」寫入德國無條件投降書中，

1　АВПРФ, ф. 059, оп. 12, п. 34, д. 213, л. 204-211//СССР и германский вопрос, Том. 1, с. 550-553.

2　АПРФ, ф. 45, оп. 1, д. 283, л. 80-85// 《Заняться Подготовкой Будущего Мира》 // Источник, 1995, №4, с. 148-152; АВПРФ, ф. 06, оп. 7-а, п. 58, д. 19, л. 2-7//СССР и германский вопрос, Том. 1, с. 560-564; *Ржешевский О. А.* Сталин и Черчилль: Встречи, Беседы, Дискуссии (1941-1945), Москва: Наука, 2004, с. 476-480.

3　*МИД СССР (сост.)* Переписка Председателя Совета Министров СССР с Президентами США и Премьер-Министрами Великобритании во время Великой Отечественной войны 1941-1945 гг., Том 2, Переписка с Ф. Рузвельтом и Г. Трумэном (август 1941 г.-декабрь 1945 г.), Москва: Государственное издательство политической литературы, 1957, с. 173; Winston Churchill, *The Second World War, Vol. VI, Triumph and Tragedy*, New York: Rosetta Books, LLC, 1953, pp. 290-291.

4　*FRUS*, The Conferences at Malta and Yalta, 1945, p. 187.

5　*FRUS*, The Conferences at Malta and Yalta, pp. 176-178.

並委託三國外長研究具體方案。這裏值得注意的是，羅斯福談到德國問題時，首先提出了佔領區問題，認為這是一個與管制機構相關的臨時問題。當斯大林提出討論分割德國的問題時，羅斯福說，「佔領區將是分割德國的第一步」。[1] 羅斯福這樣說的時候或許並無特別含義，但後來事情的變化表明，對德國的分區佔領替代了分割德國，「臨時問題」變成了「永久問題」。參加會議的美國官員波倫回憶說，羅斯福和丘吉爾在雅爾塔已經對肢解德國失去了興趣，而斯大林仍有此意，但他「非常謹慎」，「希望讓別人來對這個想法負責」。[2]

波倫的感覺沒錯。雅爾塔會議的議定書確定成立以艾登為首的肢解委員會研究具體程序。[3] 3 月 24 日莫洛托夫指示蘇聯駐英國大使 F. T. 古謝夫向委員會建議：按照蘇聯政府的理解，雅爾塔會議關於分割德國的決定不是強制性計劃，而是向德國施加壓力的手段。同時表示，蘇聯不反對英國的方案。[4] 這顯然是想把英國推到台前，但蘇聯的建議反而被英國所利用。該建議遞交以後，肢解委員會馬上召開了第二次會議，所有代表都同意蘇聯對雅爾塔會議決定的解釋，艾登提議待收到具體方案後將召集下一次會議。然而，此後直到德國投降，委員會就沒有再開會。[5] 在這種情況下，斯大林不得不在 5 月 9 日搶先公開宣佈：蘇聯「既不打算割裂德國，也不打算消滅德國」。[6]

表面看來，雅爾塔會議以後分裂德國的問題似乎過去了，但實際上只是轉換了命題，變為討論如何劃分佔領區，如何解決魯爾和薩爾地

1　蘇方記錄見 *Санакоев Ш. П., Цыбулевский Б. Л. (сост.)* Тегеран-Ялта-Посдам, с. 106-122; *Громыко А. А. (гла. ред.)* Советский Союз на международных конференциях, Том 4, с. 59-77。美方記錄見 *FRUS*, The Conferences at Malta and Yalta, 1945, pp. 611-623。

2　Bohlen, *Witness to History*, pp. 183-184.

3　*Санакоев Ш. П., Цыбулевский Б. Л. (сост.)* Тегеран-Ялта-Посдам, с. 189-194.

4　АВПРФ, ф. 059, оп. 15, п. 18, д. 99, л. 13//СССР и германский вопрос, Том 1, с. 626.

5　АВПРФ, ф. 059, оп. 15, п. 53, д. 6272, л. 188-189//Кынин Германский вопрос, с. 125.

6　中共中央馬恩列斯著作編譯局：《斯大林文集（1934 — 1952 年）》，第 457 頁。

區的地位，以及如何建立德國管制機構和行政機構等問題，而這些問題恰恰又與另一個處理德國方針的重大問題緊密相連，這就是戰爭賠償問題。「肢解（分割）」無論對於蘇聯還是英美來說，都存在一個未來在德國的聲譽和形象問題，都是難以公開啟齒的。但在賠償問題上就完全不同了，雙方都可以找到冠冕堂皇的理由和說辭，沒有任何忌諱，所以態度也是明確的、堅定的。

1943 年 8 月庫爾斯克大會戰勝利結束，意味着蘇德戰場攻防戰線易位，隨着反法西斯戰爭形勢發生根本性轉變，盟國開始考慮戰後賠償問題。不過從一開始，美蘇之間關於賠償問題的認知似乎就顯示出分歧的跡象。在蘇聯外交人民委員部為 10 月莫斯科外長會議準備的戰後對德政策文件中，關於賠償只簡單地談到了形式問題：拆除工廠設備、移交德國商船和提供德國勞動力。[1] 美國提交會議的建議（第 15-4 號文件）既全面又具體，包括：賠償的目的是加快聯合國家的經濟恢復和實現和平的經濟目標，同時又不會「對德國的生活水平和生產增長帶來足以產生嚴重後果」的損失；賠償的規模應「對鞏固戰後世界經濟和政治秩序做出貢獻」；賠償的義務應為受害國「願意接受的貨物或特殊性質的服務」；賠償的分配應按照德國對受害國所造成的非軍事性財產損失的比例進行，等等，文件還建議近期成立德國賠償委員會。[2] 針對美國的建議，蘇聯外交人民委員部的專家認為，會議應就賠償所適用的原則問題進行「更長時間的專門討論」，尤其是獲得賠償的「優先權問題」，以及「賠償在各國之間的分配原則」。[3] 10 月 29 日的會議記錄更充分地反映出蘇聯在賠償問題關注的重點及其與美國認知的差距。當美國國務卿赫爾要求蘇聯方面提供索賠清單時，莫洛托夫提出，美國的建議沒有包括賠償的全部

1　АВПРФ, ф. 07, оп. 4, п. 26, д. 13, л. 186-189//СССР и германский вопрос. Том. 1, с. 320-322.

2　АВПРФ, ф. 06, оп. 5б, п. 41, д. 35, л. 40-44.

3　АВПРФ, ф. 06, оп. 5б, п. 41, д. 35, л. 45-47.

內容，即在補償蘇聯戰爭損失的問題上，「當然應當包括德國及其盟國的賠償」。莫洛托夫還對美國提出應關注德國的戰後生活水平表示疑義，認為應當「更多地關注那些飽受德國侵略之苦的國家的生活水平」。[1]關於賠償問題，會議的祕密議定書只記錄了一句話：「會議就此交換了意見，某些爭論的內容已在備忘錄中寫明。」[2]畢竟，此時戰後賠償還不是各大國急待解決的問題。一個月後召開的德黑蘭會議，完全沒有討論賠償問題。會議記錄中唯一的有關內容是，在最後一天（12月1日）三國首腦會談時，丘吉爾提出蘇聯要求芬蘭賠償不合適，並揶揄地說，他的耳邊響起了一句過去的蘇聯口號：「不割地、不賠款的和平」。斯大林笑着回應：「我告訴過你，我正在成為一名保守黨人」。[3]雖都是玩笑，但確是心裏話。

　　實際上，斯大林對戰後向戰敗國索取賠償早有惦記。蘇聯第一次正式提出賠償問題是在1941年12月艾登訪問莫斯科期間 —— 那時希特勒進攻蘇聯僅半年，斯大林在會談中試探性地提出德國應為受害國的損失提供補償，並徵求艾登的意見。艾登只談到財務賠償會帶來很大麻煩，斯大林表示同意。[4]1942年11月2日，最高蘇維埃主席團下令，組建了以N. M. 什維爾尼克為主席的國家特別委員會，調查和評估德國法西斯佔領者迫害蘇聯公民、破壞蘇聯社會的罪行。[5]莫斯科外長會議與美國的對話

1　*Громыко* Советский Союз на международных конференциях, Том 1, с. 239-255.

2　*Громыко* Советский Союз на международных конференциях, Том 1, с. 345.

3　*Громыко А. А. (гла. ред.)* Советский Союз на международных конференциях периода великой отечественной войны 1941-1945гг., Том 2, Тегеранская конференция руководителей трёх союзных держав СССР, США и Великобритании (28 ноября-1 декабря 1943г.), Москва: Издательство политической литературы, 1978, с. 159.

4　АВПРФ, ф. 048, оп. 48, п. 431, д. 10, л. 34-50//СССР и германский вопрос, Том. 1, с. 124-135. 很可能是受到艾登的啟發，此時斯大林對賠償的理解很簡單，他對邁斯基說：「來自德國的4萬台機器 —— 這就是我們所要的賠償！」АВПРФ, личный фонд Майского, оп. 1, п. 2, д. 10, л. 8-9//СССР и германский вопрос, Том. 1, с. 701.

5　*Юмашев М. И.* Сборник законов СССР и указов президиума Верховного Совета СССР1938-1956, Москва: Государственное издательство юридической литературы, 1956, с. 96-97.

讓蘇聯人感到，要想說服盟國接受蘇聯的賠償計劃，必須做好各方面的
充分準備。1943 年 11 月 22 日，根據聯共（布）中央政治局的決定，成
立了以剛升任副外交人民委員的邁斯基為首的賠償委員會，成員包括科
學院院士瓦爾加、工會中央執行委員會主席 V. V. 庫茲涅佐夫、外交人民
委員部的 G. P. 阿爾卡季耶夫、外貿人民委員部的 E. I. 巴巴林，後來又增
加了國家計委第一副主席 M. Z. 薩布羅夫和副主席 N. M. 西盧亞諾夫。[1]
陣容之強大，以至於這個委員會名義上雖隸屬外交人民委員部，但在處
理賠償問題上，其地位和作用已經超越後者。

　　經過精心的準備，1944 年 7 月 28 日邁斯基委員會提交了「蘇聯賠
償計劃總方針」（第一號備忘錄）。這個長達 76 頁的文件，以詳細的數
據，全面地論述了蘇聯賠償政策所應該遵循的原則和具體方案。備忘錄
指出，賠償具有雙重目的：在儘可能短的期限內幫助蘇聯實現經濟恢復
和把德國軍事潛力降到最低限度，也就是「從德國拿走一切可以拿走的
東西」；賠償的依據應該是受害國的損失而不是在戰爭中的開銷，因為蘇
聯的損失最大，而戰爭支出（到 1944 年為 850 億美元）遠低於美國（1500
億美元）；蘇聯在戰爭中的直接物質損失不是什維爾尼克委員會預計的
3750 億盧布，而是 7000 — 8000 億盧布，按照官方匯率即 1400 億美元
左右；賠償的最主要條件是確保蘇聯享有獲取賠償的「優先權」；賠償
的形式有兩種：到敵對行動終止後兩年內的一次性賠償和戰後十年每年
提供實物、勞務和貨幣的分期行賠償；賠償的規模分一次性沒收（不含
黃金和貴金屬）170 億美元，十年內的供貨 60 億美元和勞務賠償（按每
年提供 500 萬勞工計算）350 — 400 億美元，再加上德國衛星國的一次
性賠償 20 億美元，十年內供貨 100 億美元，總計 700 — 750 億美元。
這個結果，完全在委員會估算的到戰爭結束時德國國家財富（800 — 850

1　РЦХИДНИ, ф. 17, оп. 3, д. 1049, л. 43//СССР и германский вопрос, Том. 1, с. 26.

億）可支付的範圍內。邁斯基特別指出，這個備忘錄只供中央決策時參考，並非為與盟國談判所準備，而眼下的當務之急是為執行賠償計劃「培養人才」和儘快在莫斯科建立德國賠償物品執行中心和在進攻部隊中組建一支專門的「賠償縱隊」，以便立即清點被佔領德國領土上可供賠償的物品。[1]

此外，參與處理戰後德國問題的還有在 1943 年 9 月 4 日組建的由李維諾夫領導的和平條約和戰後安排委員會，由 K. E. 伏羅希洛夫領導的停戰委員會。[2] 這兩個委員會的工作也涉及賠償問題。如停戰委員會 1944 年 2 月 3 日的報告提出了沒收德國國家、法人、個人所有動產和不動產，並在聯合國家之間分配的主張。[3] 李維諾夫委員會則在 3 月 14 日的備忘錄中提出了策略問題：「絕不能直接提出剝奪德國工業的問題，它必須在裁軍和賠償的名義下進行。」[4]

與此同時，美國政府內部也在研究戰後對德經濟政策，而且分歧很大，但討論的焦點不是賠償問題。據葛羅米柯觀察，財政部提出的摩根索計劃主張戰後德國的非工業化，應摧毀或拆除德國的大工業，並允許在半年內補償受害國，但沒有提到賠償的金額。戰爭部和國務院多數人強烈反對任何旨在削弱德國經濟並使其農業化的計劃，他們認為，沒有德國工業，歐洲經濟就不可能恢復。總統羅斯福因受大選的影響，左右搖擺，猶豫不決。在戰爭接近結束時，美國政府和商界緩和與德國關係的傾向也越來越清晰。[5] 賠償只是美國政策的「副產品」，即便是主張肢解

---

1 АВПРФ, ф. 06, оп. 7, п. 18, д. 183, л. 1-76.

2 СССР и германский вопрос, Том. 1, с. 26.

3 АВПРФ, ф. 0511, оп. 1, п. 2, д. 6, л. 140-174//СССР и германский вопрос, Том. 1, с. 365-392.

4 АВПРФ, ф. 0512, оп. 2, п. 8, д. 4, л. 22-28//СССР и германский вопрос, Том. 1, с. 450-454.

5 АВПРФ, ф. 059, оп. 12, п. 34, д. 213, л. 204-211//СССР и германский вопрос, Том. 1, с. 550-553. 關於美國內部的分歧，還可參見 Feis, *Churchill-Roosevelt-Stalin*, pp. 368-372; Paterson, *Soviet-American Confrontation*, pp. 237-239。

德國和消除德國工業的摩根索計劃，最初也沒有任何賠償條款。因此，
總體上說，摩根索計劃與蘇聯的賠償要求也是矛盾的。[1] 當蘇聯大使詢問美
國對德國賠償是否感興趣時，H. 摩根索肯定地回答說：美國不需要賠償，
也不會提出這樣的要求。[2] 邁斯基的預見是，蘇聯的賠償計劃將遭到美國和
英國的反對，他主張採取強硬態度反駁盟國。[3] 英美關於戰後賠償的觀念主
要是受英國著名經濟學家凱恩斯的影響。凱恩斯出席了第一次世界大戰
後的巴黎和會，他對政治家們主張「懲罰性賠款」的做法頗不以為然。
在「悲憤」和「絕望」之餘，凱恩斯會後即着手寫了一本後來使他「一
舉成名」的著作 ——《和平的經濟後果》。凱恩斯認為，那種不切實際
的賠償要求的結果是「迦太基的和平」，必將導致歐洲的貧困化；世界大
戰毀壞了歐洲「賴以生存的經濟機制」，凡爾賽和約非但沒有修復「反而
將它送進了墳墓」；「政客們將政治放在第一位」（邊界、均勢、版圖、復
仇），而將經濟問題（歐洲人民的生活和生存）放在次要地位。這本書的
發行大大超出了作者和出版商的預測，出版僅僅 8 個月就重印六次，全
球銷量已達 10 萬冊，而且被譯成德、俄、意、日、中等 11 種文字。[4]

　　儘管有這些理念上的差別和矛盾，大家畢竟還是一個戰壕裏的戰
友，當前的主要任務還不是如何處理德國而是如何戰勝德國。因此，為
避免盟國內部衝突，在賠償問題上美國和蘇聯最終採取了求同存異或模
糊處理的方式。

　　在為雅爾塔會議準備的文件中，美國國務院認為，對德經濟政策的

1　*Болдырев Р. Ю., Невский С. И., Плюмпе В.* Репарационная политика в отношении Германии, c. 56;
　　Craig, *Treasonable Doubt*, pp. 166-170. 摩根索和懷特的親蘇傾向十分明顯，不過他們幫助蘇聯的
　　途徑是貸款而非賠償。詳見本書第三章。

2　АВПРФ, ф. 059, оп. 12, п. 34, д. 214, л. 293-299//СССР и германский вопрос, Том. 1, c. 571-575.

3　АВПРФ, ф. 06, оп. 6, п. 16, д. 165, л. 1-11//СССР и германский вопрос, Том. 1, c. 554-559.

4　Robert Skidelsky, John Maynard Keynes, 1883-1946, Economist, Philosopher, Statesman, New York:
　　Penguin Books, 2003, pp. 217-249.

最終目標是「在平等的基礎上將一個經過改造的、和平的、經濟上沒有侵略性的德國同化到一個自由的世界貿易體系中」，但戰後初期的目標則是「減少德國發動戰爭的經濟潛力」和「協助戰勝國的經濟重建和發展」，限度是「維持德國人民的基本生活」。賠償應該是短期的（儘量控制在 5 年之內但無論如何不能超過 10 年），主要是實物（也許還包括勞務）支付，重點是轉讓德國現有資本設備而非現有產品。德國的現有產品應優先支付進口而不是賠償，以避免美國以任何方式資助德國賠償的轉移。文件特別指出，美國沒有令人信服的理由反對蘇聯對勞務賠償的要求，只要是在合理的範圍內。[1]可以看出，就賠償目標而言，美蘇兩國基本一致，只是在實現目標的具體方式和做法上存在分歧。本來這些分歧是應該通過談判在三國首腦會議前溝通和消除的，但這個談判始終沒有舉行。

還在 1944 年 3 月 3 日邁斯基就提出，應與英美就賠償問題進行磋商，就賠償總額和分配問題與盟國達成協議，並建立盟國聯合機構負責實施賠償計劃。[2]8 月 28 日哈里曼致函莫洛托夫說，美國政府建議開始就賠償問題進行談判，可以在歐洲諮詢委員會，也可以在美英蘇三國之間。[3]10 月 9 日邁斯基給莫洛托夫的報告表明，賠償委員會已經為談判做好準備，報告詳細列舉了英美可能提出的反對意見和蘇方的應對說辭。[4]11 月 10 日英國給蘇聯發照會說，英國政府同意美國關於就賠償問題進行談判的建議，但條件是要涵蓋對德國經濟政策的所有領域，還建議在歐洲諮詢委員會內進行談判。[5]所有這些報告、函件和照會，都沒有下文。總

1　*FRUS*, The Conferences at Malta and Yalta, 1945, pp. 190-193、194-197.

2　АВПРФ, ф. 06, оп. 6, п. 20, д. 168, л. 34, 轉引自 *Кынин* Германский вопрос, с. 118。

3　АВПРФ, ф. 06, оп. 7а, п. 58, д. 22, л. 15-16.

4　АВПРФ, ф. 06, оп. 6, п. 16, д. 165, л. 1-11//СССР и германский вопрос, Том. 1, с. 554-559.

5　АВПРФ, ф. 0428, оп. 1, п. 1, д. 7, л. 7, 轉引自 *Кынин* Германский вопрос, с. 119。

之，直到雅爾塔會議前，盟國之間沒有舉行賠償問題的任何談判，莫斯科也沒有就賠償問題發表任何聲明。

蘇聯最在意戰後賠償問題，也知道在具體要求上與美國存在分歧，那麼為何不積極進行談判，從而為三國首腦會議最終解決問題掃清道路？俄國檔案披露的一段歷史真相道出了個中原委：在雅爾塔會議前夕蘇聯決策層在德國賠償問題上出現了嚴重的意見分歧。

邁斯基委員會 1944 年 7 月提交的蘇聯賠償計劃遲遲沒有得到回覆，檔案文件也沒有顯示蘇聯高層進行過相關討論。[1] 時隔半年，1944 年 12 月 11 日，莫洛托夫突然召見邁斯基，提出德國給蘇聯的賠償是否可以定在 50 億美元，分 10 年支付。邁斯基堅持 100 億是最低賠款，莫洛托夫要求他再次對賠償總額的計算作出解釋。[2] 於是，15 日邁斯基提交了賠償計劃第三號備忘錄，主題是「我們應該提出多少賠償」。邁斯基爭辯說，根據 1944 年底對德國國家財富（900 億美元）的估算，最保守的一次性賠償金額為 130 億，長期性賠款（按 10 年計）為 100 億。在這 230 億美元的賠償總額中，蘇聯所得的最低選項是 115 億，中等選項是 150 億，最高選項是 180 億。考慮到戰爭結束時德國國家財富會因戰爭破壞而急劇下降（但不可能超過 25%），蘇聯可能得到賠償的中等選項（佔總額 65%）為 110 億美元。因此，蘇聯至少可以得到 100 億美元的賠償，而在與英美談判時應該提出 120 億的要求。當然，這裏不包括勞務賠償。[3]

顯然是接到「上級」旨意，12 月 19 日，副外交人民委員傑卡諾佐夫

1　根據賠償委員會的文件編號判斷，邁斯基此後應該還提交了賠償計劃的第二號備忘錄，但所有的研究論著都沒有提到這個文件。不過有資料顯示，1944 年 11 月 17 日莫洛托夫曾與邁斯基討論過盟國賠償會議和勞務賠償的問題。АВПРФ, личный фонд Майского, оп. 1, п. 2, д. 11, л. 162-164//СССР и германский вопрос, Том. 1, с. 688-689.

2　АВПРФ, ф. 017а, оп. 1, п. 2, д. 11, л. 180-181, 參見 СССР и германский вопрос, Том. 1, с. 688-689; Jochen Laufer, "Stalin and German Reparation", Paper for the Conference "Stalin and the Cold War, 1945-1953", Yale University, 23-26 September 1999, pp. 8-9。

3　АВПРФ, ф. 06, оп. 6, п. 17, д. 169, л. 52-72//СССР и германский вопрос, Том. 1, с. 576-589.

要求邁斯基編製一份提交歐洲諮詢委員會的備忘錄，其中寫明蘇聯對德國賠償的要求是 50 億美元。邁斯基沒有按要求編寫備忘錄，反而於當天越過外交人民委員部和莫洛托夫直接給斯大林寫了報告。邁斯基坦率地指出：「您所提到的 50 億這個數字，在我看來似乎太小了。」邁斯基還說，如果這樣，按照人均計算，德國的賠償將少於芬蘭，而且斯大林本人提出的對德「經濟裁軍」願望也不會實現。至於盟國之間的談判，最好在莫斯科進行，賠償委員會已經準備好必要的文件。[1] 第二天，邁斯基又呈給斯大林一個報告，提出了與英美談判的方案和策略，並堅持認為 100 億美元是蘇聯對德索賠的「最低要求」。[2] 斯大林尚未做出決定，12 月 27 日美國又發來一份照會。通過討論匈牙利的賠償問題，美國表示「完全承認蘇聯政府有權獲得賠償」，同時也希望蘇聯同其他盟國一樣「致力於歐洲的穩定」。[3] 莫斯科的壓力在增加。

1945 年 1 月 4 日，莫洛托夫再次召見邁斯基，要求他將德國的賠償與羅馬尼亞和芬蘭的情況進行比較，論證 100 億美元而不是 50 億美元的合理性。1 月 5 日邁斯基答覆，比較的結果是，對德國賠償水平的確定沒有問題。他還引用瓦爾加提供的數據說明，德國對蘇聯的賠償不應少於 100 億美元。[4]1 月 8 日，邁斯基提交了賠償委員會關於德國賠償條款草案，請求莫洛托夫批准，其結論仍然是：蘇聯在任何情況下都有權向德國要求不少於 100 億美元的賠償（不包括勞務）。[5]1 月 9 日，邁斯基致函莫洛托夫，請求將他本人 1 月 5 日的報告和瓦爾加的一個備忘錄轉交斯大林。瓦爾加在備忘錄中評估了主要盟國的損失和賠償要求，並認為法

1　АВПРФ, ф. 06, оп. 6, п. 17, д. 169, л. 73-75//СССР и германский вопрос, Том. 1, с. 589-591.

2　АВПРФ, ф. 06, оп. 6, п. 17, д. 169, л. 76-82//СССР и германский вопрос, Том. 1, с. 591-595.

3　АВПРФ, ф. 06, оп. 7а, п. 58, д. 22, л. 18-20; *FRUS*, 1944, Vol. 2, pp. 922-925.

4　АВПРФ, ф. 06, оп. 7, п. 18, д. 181, л. 1-2. 另參見 АВПРФ, ф. 017а, оп. 1, п. 2, д. 13, л. 6-7, 轉引自 Laufer, "Stalin and German Reparation", pp. 9-10。

5　АВПРФ, ф. 06, оп. 7а, п. 59, д. 23, л. 24-38.

國可能是蘇聯在賠償要求上「最大的競爭者」，所以蘇聯先不要提出自己
的索賠要求，最好讓英美首先向法國施壓。[1]

　　直到 1 月中旬，邁斯基委員會的方案依然被束之高閣，沒有得到批
准。在此情況下，1 月 20 日與美國大使哈里曼會談時，邁斯基不得不迴
避對諸如賠償金額、支付年限、勞工人數等具體問題的答覆。不過，邁
斯基還是強調了幾點：安排賠償優先順序時首先應考慮戰爭損害和對打
敗德國的貢獻；把勞工列為賠償的一部分，數量會達到數百萬；堅持對
德國進行經濟裁軍。[2]1 月 25 日，斯大林終於出面了。根據邁斯基的日記，
這天晚上在克里姆林宮莫洛托夫辦公室，斯大林召見了莫洛托夫和邁斯
基。斯大林表示，希望在三巨頭會議上就賠償問題達成協議，蘇聯要求
賠償的基礎為 100 億美元。邁斯基認為是他的堅持「產生了效果」，賠償
問題終於可以走上「與盟國談判的正常軌道」了。[3]這次談話後，邁斯基
呈交了作為談判基礎的蘇聯關於賠償問題的方案。考慮到戰爭結束時德
國一次性賠償能力的下降以及賠償額在盟國間的分配尚未確定，談判方
案中沒有出現 100 億美元的具體數字，而是強調談判時應堅持要求將總
額的 75% — 80% 分配給蘇聯（實際希望得到 65%）。此外，邁斯基還首
次明確提出兩個非常重要的問題：在談到勞務賠償時，有必要堅持要求
德國在 10 年平均每年向蘇聯提供 500 萬勞工；生產武器彈藥的軍工企業
應視為「戰利品」，不包括在賠款中。[4]接着，邁斯基又根據斯大林在 1 月

1　АВПРФ, ф. 06, оп. 7, п. 18, д. 181, л. 38-45. 實際上邁斯基在 1 月 8 日就起草了一封同樣內容的
　　信，只是口氣非常婉轉，但這封信沒有發出（文件在開頭部分有鉛筆打的叉）。見 АВПРФ, ф.
　　06, оп. 7, п. 18, д. 181, л. 30-37. 邁斯基如此做法的動機尚不清楚，但這無疑引發了同莫洛托夫
　　之間的矛盾。一年後邁斯基被免去在賠償委員會的職務，與此不無關係。

2　АВПРФ, ф. 06, оп. 7, п. 5, д. 51, л. 1-8//*Севостьянов Г. Н. (под. ред.)* Советско-американские
　　отношения, 1939-1945, c. 614-618; *FRUS*, The Conferences at Malta and Yalta, 1945, pp. 176-178.

3　АВПРФ, ф. 017а, оп. 1, п. 2, д. 13, л. 16-18, 轉引自 СССР и германский вопрос, Том. 1, с. 698; Laufer,
　　"Stalin and German Reparation", p. 10。

4　АВПРФ, ф. 07, оп. 10, п. 16, д. 212, л. 7-14//СССР и германский вопрос, Том. 1, с. 601-604.

25 日談話中的指示，對賠償方案在談判中的提法進行了修改。在準備提交給英美的「一般問題」中增加的內容有：80% 的德國重工業設備應予以沒收和用於支付賠償；建立由蘇美英三國代表組成的聯合賠償委員會（ARC），設在莫斯科。在「蘇聯的要求」中，邁斯基巧妙地把蘇聯 100億美元的賠償要求隱藏在按直接物質損失確定賠償分配比例的方式中，以儘量減少英美提出反對的機會。[1]然而，當邁斯基 2 月 4 日把最後文件呈交莫洛托夫並請他將副本轉給斯大林時，雅爾塔會議已經開幕。

在 2 月 5 日下午的首腦會議談到賠償問題時，斯大林請邁斯基發言，說明蘇聯關於賠償問題的看法。此時斯大林還沒來得及看邁斯基的最新文件，而莫洛托夫也沒有看完。斯大林小聲叮囑邁斯基：不要談勞工問題，但可以說出 100 億美元。於是，邁斯基用英語概述了他設計的賠償方案。[2]當邁斯基說到 100 億這個數字時，丘吉爾立即插話表示反對，並大講一戰後賠償政策的困難和失敗，羅斯福也談到要給德國留下足够的工業和就業機會。邁斯基奮力爭辯，進一步解釋蘇聯賠償計劃的根據，斯大林則把話題引向一般原則問題。[3]據邁斯基日記記載，當晚斯大林考慮要將蘇聯的要求降到 70 億美元，而把對英美的賠償增加到 80 億，以免「嚇壞了」盟國。邁斯基仍固執己見，並在第二天迅速了解到「有影響的美國人和英國人」，如新任國務卿斯退丁紐斯、哈里曼、艾登和霍普金斯，都對蘇聯的賠償要求做出了積極反應。於是，100 億美元的賠償

1　АВПРФ, ф. 06, оп. 7а, п. 59, д. 23, л. 41-56.

2　*Ржешевский* Сталин и Черчилль, с. 497-498. 很可能斯大林是擔心勞工問題引起美國質疑。在 1944 年 11 月 13 日與摩根索談話時，葛羅米柯曾專門打聽美國對使用德國勞工問題的看法。АВПРФ, ф. 059, оп. 12, п. 34, д. 214, л. 293-299//СССР и германский вопрос, Том. 1, с. 571-575。在對德索賠中使用勞工的事務由蘇聯內務部主管，始終是一個祕而不宣的問題。參見 *Полян П. М.* Интернированные немцы в СССР. // Вопросы истории, 2001, №8, с. 113-123。

3　*FRUS*, The Conferences at Malta and Yalta, 1945, pp. 624-633; *Санакоев Ш. П., Цыбулевский Б. Л. (сост.)* Тегеран-Ялта-Посдам, с. 106-122.

要求就確定下來了。[1]

在 2 月 7 日的外長會議上，莫洛托夫正式宣佈了蘇聯的賠償計劃：總額 200 億美元，其中蘇聯 100 億，英美 80 億，其他國家 20 億。[2] 但這次會議的決議只接受了成立賠償委員會的要求，其他有關賠償的問題將在會議期間繼續審理。[3] 2 月 9 日美國代表團提交的賠償方案接受了蘇聯的建議，只是把措辭改為「賠償總額 200 億美元，其中 50% 應歸蘇聯所有」。[4] 英國代表團堅決反對確定任何具體數額。[5] 11 日三國首腦簽署了關於德國賠償問題的協定。協定在賠償的原則、方式等方面基本上都接受了蘇聯的建議，但在賠償額的分配上有分歧。美蘇意見一致，只是表述按照美國的措辭。英國的反對意見 —— 在莫斯科賠償委員會研究之前不能確定任何賠償數字 —— 也記錄在案。[6]

雅爾塔會議對於美英蘇三大國可以說是各取所需，皆大歡喜。不過，最得意的還屬斯大林。在德國東部邊界劃分、波蘭臨時政府組成、遠東勢力範圍確認等一系列問題上，蘇聯的要求都得到了滿足。賠償問題雖未取得完全一致，但總體上還符合莫斯科的意願，尤其是美國的表態。2 月 15 日邁斯基起草了關於這次會議情況給蘇聯駐外使節的通報，結論是：「我們認為這次會議有一個非常積極的結果，特別是在波蘭、南斯拉夫和賠償問題上。」[7] 不過也必須看到賠償問題還是留了一個尾巴：賠

1　*Ржешевский* Сталин и Черчилль, с. 497-498; СССР и германский вопрос, Том. 3, с. 734; Laufer, "Stalin and German Reparation", p. 11. 在 2 月 7 日首腦會議上，斯大林與丘吉爾在波蘭問題上發生了激烈爭論（*Громыко* Советский Союз на международных конференциях, Том 4, с. 107-117），這很可能也是被激怒的斯大林在賠償金額上下定決心的原因。

2　АВПРФ, ф. 06, оп. 7а, п. 58, д. 21, л. 1-4. 會議討論見 *FRUS*, The Conferences at Malta and Yalta, 1945, pp. 702-708; *Громыко* Советский Союз на международных конференциях, Том 4, с. 99-107。

3　АВПРФ, ф. 06, оп. 7а, п. 58, д. 21, л. 8.

4　АВПРФ, ф. 06, оп. 7а, п. 58, д. 21, л. 11-14.

5　АВПРФ, ф. 06, оп. 7а, п. 58, д. 21, л. 18.

6　*FRUS*, The Conferences at Malta and Yalta, 1945, pp. 978-979; *Громыко* Советский Союз на международных конференциях, Том 4, с. 253-254.

7　АВПРФ, ф. 017, оп. 3, п. 2, д. 1, л. 52-56//СССР и германский вопрос, Том. 1, с. 606-608.

償的具體數額和分配將取決於聯合賠償委員會的工作，而在遺留問題上是否能夠取得一致意見，則要看蘇聯與美國關係的發展了。

5月8日德國無條件投降，賠償問題一下子就從抽象的理論討論變成了現實問題。也就在此時，美蘇關係出現了微妙的變化。羅斯福去世後美國政治傾向轉右，反蘇反共的勢力有所抬頭，租借中斷風波、對蘇貸款談判起步艱難都是跡象。[1]在對德方針上，美蘇的主張總體還是一致的。5月10日杜魯門總統批准了參謀長聯席會議給美國駐德佔領軍的命令（JCS-1067），這個被稱為「摩根索計劃的影子」[2]的文件所體現的精神，與雅爾塔決定和蘇聯的主張完全一致，強調佔領軍的基本目標是防止德國再次成為對世界和平的威脅並對其實行經濟控制，除了實現這些目標所需的條件外，「不得採取旨在恢復、維持和加強德國經濟的措施」。[3]不過，同美國此時處於矛盾中的整體外交政策一樣，在賠償問題上也存在內部分歧。駐蘇使館的哈里曼和凱南等人主張把蘇聯急於獲得的賠償作為外交談判的籌碼，而杜魯門「臨陣換將」，將聯合賠償委員會的美國首席代表由羅斯福以前任命的經濟學家 I. 盧賓改為「能討價還價」的 E. 波利，顯然也有這層意思。[4]駐德美軍領導人，尤其是副主官 L. D. 克萊，雖然也對蘇聯的目的有所懷疑，但還是主張加強相互理解，積極與蘇聯合作。[5]莫斯科聯合賠償委員會就是在這種氛圍下開始工作的。

然而，賠償委員會的工作尚未開始就遇到了麻煩。美國提議增加法

1　詳見本書第一章、第三章。

2　*Невский С. И.* Экономическая политика союзников в послевоенной Западной Германии（1945-1947 годы）// Экономическая политика, 2015, Т. 10, №6, с. 66.

3　Dennis Merrill(ed.), *Documentary History of the Truman Presidency, Vol. 3, United States Policy in Occupied Germany after World War Ⅱ : Denazification, Decartelization, Demilitarization, and Democratization*, University Publications of America, 1995, pp. 3-17.

4　*FRUS*, 1945, Vol. 3, The European Advisory Commission, Austria, Germany, Washington, D. C.: GPO, 1968, pp. 1186、1195-1196、1210-1215; Truman, *Memoirs by Harry S. Truman, Volume One*, p. 308.

5　Ostermann, *Between Containment and Rollback*, pp. 25-29.

國為成員國，蘇聯不答應，雙方爭執不下。直到斯大林 5 月 27 日與霍普金斯談話時對此事表示極為不滿，美國才作罷。[1] 在私下會晤時，給邁斯基的印象是美國代表態度積極[2]，甚至當邁斯基通報蘇聯政府認為有必要提前沒收德國的企業和工廠時，波利也沒有表示異議。[3] 但 6 月 21 日正式會議一開始，雙方的分歧便顯露出來。首先是蘇聯提出的賠償總額在委員會受到冷遇，美國要求蘇方提交賠償總額 200 億美元（其中蘇聯獲取 100 億）的依據，邁斯基因一直未得到莫斯科的指令而無法答覆，結果蘇聯提案遲遲無法在委員會進行討論。[4] 到 7 月 3 日委員會全體會議第三次推遲時，忍無可忍的波利致信邁斯基，表示十分不滿，而且認為蘇聯政府根本就不想讓美英代表團了解蘇聯的論據。[5] 其次，對於美國的提案，蘇聯也持保留態度。與蘇聯優先保證賠償的原則相反，美國建議的「優先支付」原則的核心內容是，德國在支付賠償前應首先扣除用於支付必要進口物資的費用，以免美國或其他國家為德國的經濟重建買單。[6] 雙方的計劃都不是針對對方的，但存在着很大分歧也是顯而易見的。

　　會議陷入僵局後，美蘇代表團都在考慮妥協方案。正式拒絕蘇聯提案後，波利提出了一個新建議，核心是「按比例分配」，即「用百分比而不是貨幣」來表示各國在賠償總額中的份額。其他內容還包括：允許在制定出賠償計劃前，提前沒收德國的部分企業和工廠，但須建立一個

---

1 АВПРФ, ф. 06, оп. 7, п. 18, д. 182, л. 13-23、24-28; *FRUS*, The Conference of Berlin, 1945, Vol. I pp. 26-59.

2 АВПРФ, ф. 06, оп. 7, п. 18, д. 180, л. 13-16//*Севостьянов* Советско-американские отношения, с. 697-698.

3 АВПРФ, ф. 07, оп. 10. п. 7, д. 72, л. 8-14//СССР и германский вопрос, Том. 2, с. 34。

4 СССР и германский вопрос, Том. 2, с. 725-726; АВПРФ, ф. 06, оп. 7, п. 18, д. 182, л. 101-105、113-114.

5 АВПРФ, ф. 06, оп. 7, п. 18, д. 182, л. 106-107.

6 АВПРФ, ф. 06, оп. 7, п. 18, д. 182, л. 55-60. 6 月 26 日杜魯門指示美國駐歐洲軍隊總司令艾森豪威爾（D. D. Eisenhower），必須在 1946 年 4 月前從德國西部出口 2500 萬噸煤，說這是佔領政策的第一優先事項。*FRUS*, The Conference of Berlin, 1945, Vol. II, pp. 1028-1029.

聯合賠償機構；估算德國企業和貨物價格時應按照 1 美元兌換 2.5 馬克
的戰前官方匯率計算等。邁斯基除對匯率表示異議外，基本上同意美國
的建議。[1]在 7 月 4 日的指導委員會（由三國代表團團長和副團長組成）會
議上，波利告知已接到杜魯門來信，請他參加三國首腦會議，希望委員
會 10 日內拿出賠償方案。邁斯基向莫洛托夫彙報時，再次表示應接受美
國建議，並主張提出具體的分配比例：蘇聯 50%，美英 40%，其他國家
10%。邁斯基請求「提供緊急指導」。[2]由於沒有收到莫斯科的消息，兩天
以後，邁斯基又提交了說明蘇聯關於賠償總額的原建議的理由和依據的
文件，「請求快速指示」。[3]同一天，經過討論和修改，指導委員會通過了
美國關於賠償計劃總原則的方案，其中新強調的內容是在制定賠償計劃
時「必須將德國視為單一的經濟整體」。會議上對優先支付的問題進行了
激烈討論，最後達成妥協：戰後進口支付優先於每年的賠償供貨，但沒
收（一次性賠償）不在此列。[4]7 月 7 日，邁斯基再次催促莫洛托夫批准他
的說明文件，「因為英美堅決要求我們對 200 億美元做具體說明」，否則
無法繼續談判。[5]

　　7 月 9 日，莫洛托夫召集了最高層會議討論賠償問題。會後由邁斯
基起草了給斯大林的報告，建議同意美國關於賠償原則的方案，同時
提出了蘇聯對 200 億美元具體說明的文件：兩年內一次性賠償清單，
共 350 — 400 億馬克，十年內分期賠償清單，共 150 — 200 億馬克，合
計 500 — 600 億馬克。請求斯大林批准。[6]7 月 10 日莫洛托夫通過電話指

1　АВПРФ, ф. 06, оп. 7, п. 18, д. 182, л. 49-54、106-107. 邁斯基的意見沒有被接受，美國的統計始終
　　使用的是戰前官方匯率。
2　АВПРФ, ф. 07, оп. 10, п. 7, д. 72, л. 51-53.
3　АВПРФ, ф. 06, оп. 7, п. 18, д. 182, л. 101-105.
4　АВПРФ, ф. 06, оп. 7, п. 18, д. 182, л. 145-150.
5　АВПРФ, ф. 06, оп. 7, п. 18, д. 182, л. 113-114.
6　АВПРФ, ф. 06, оп. 7, п. 18, д. 182, л. 115-118.

示邁斯基，在確定德國賠款數額時所遵循的匯率應為 3.5 馬克兌換 1 美元。[1] 然而，很可能是未得到斯大林批准，這個文件並未提交賠償委員會討論。[2] 美國人已經等不及了。7 月 10 日邁斯基報告，波利又提出了新建議。美英討論後認為，蘇聯關於賠償比例方案（蘇聯 50%，英美 40%，其他國家 10%）的建議方式必將引起小國的強烈不滿，建議改為只在大國之間確定分配比例，然後再與小國談判，把各自的部分賠償份額讓給小國。在這種情況下，邁斯基提出蘇聯和英美之間的比例為 55% 和 45%。[3] 7 月 12 日三方最後就賠償金額分配比例達成協議，英美又做了一點讓步：蘇聯 56%，美國和英國各 22%，並承諾將各自的份額分配給其他國家。[4] 第二天，賠償委員會工作結束，代表們便趕去參加波茨坦會議了。

斯大林對雅爾塔會議關於賠償問題的決議非常滿意，關鍵是美國和蘇聯的意見一致，所以他不想在首腦會議上再次討論這個問題，尤其是羅斯福去世後，斯大林不願意給美國新總統提供一個改變主意的機會。這就可以解釋，為什麼蘇聯在 6 月下旬為波茨坦會議準備的文件中，沒有包括賠償問題。[5] 7 月 3 日擬定的參加會議的蘇聯代表團名單裏也沒有賠償專家。直到 7 月 7 日，即得知賠償指導委員會已通過美國關於賠償總原則的建議後，莫洛托夫才通知美國大使，蘇聯希望在波茨坦討論賠償問題。[6]

莫斯科的顧慮是有原因的，早在盟國賠償方案談判之前，甚至在

1　АВПРФ, ф. 017, оп. 1, п. 6, д. 61, л. 55-57//СССР и германский вопрос, Том. 2, с. 725. 這裏用的是市場匯率，以後蘇聯的統計基本都使用這個匯率。如此換算的賠償總額就是 700 億馬克。

2　*Жигалов Б. С. И. М.* Майский и проблема германских репараций (1943-1945 гг.) //Вестник Томского государственного университета. История, 2014, №1(27), с. 60.

3　АВПРФ, ф. 06, оп. 7, п. 18, д. 182, л. 136-138.

4　АВПРФ, ф. 0428, оп. 1, п. 4, д. 25, л. 22-25//СССР и германский вопрос, Том. 2, с. 725.

5　為會議準備的有關德國的文件只有兩個，分別涉及德國政治體制的建立和德國中央政府（機構）的建立。СССР и германский вопрос, Том. 2, с. 44-45.

6　АВПРФ, ф. 0639, оп. 1, п. 1, д. 8, л. 4-6; ф. 06, оп. 7, п. 43, д. 678, л. 1-2//СССР и германский вопрос, Том. 2, с. 53-54.

德國投降之前，蘇聯軍隊就已經單方面開始了搶奪「戰利品」的行動。
1945 年 4 月 23 日中央統計局局長 V. N. 斯塔洛夫斯基呈交了第一份關於
戰利品的報告，以後每半個月或一個月都有一份相應報告。[1] 資料顯示，僅
在 5 月 9 日（勝利日）之前，已經運往蘇聯的設備和物資就有 4.8 萬個車
皮（約 55 萬噸），價值 2.03 億美元。[2] 到 7 月 8 日（波茨坦會議前夕），
國防委員會共下達了 455 個拆遷命令[3]，已經運出和計劃從德國運往蘇聯
的設備和物資約 400 萬噸，合 14.8 億美元。[4] 蘇聯在其佔領地區採取的這
種單邊行動對於西方政府並不是祕密，5 月底在英國已經見諸報端。[5] 此
外，耳聞不如眼見，趕來參加會議包括總統、國務卿在內的美國代表團
在柏林親眼目睹了蘇聯佔領區被「洗劫」的「悲哀景象」。杜魯門在日記
中感歎到：「甚至連一把錫勺都沒剩下！」戰爭部長史汀生由此「對俄國
人的看法發生了很大變化」，而哈里曼大使看到此景後的決定是，「我們
無法阻止俄國人從他們的佔領區拿走任何他們想要的東西，但我們不應
該給他們西區的任何東西」。[6] 這樣的感受和情緒不可能不對波茨坦會議討
論賠償問題的結果產生影響，事實上，就蘇聯的利益而言，波茨坦會議
確實比雅爾塔會議倒退了許多。

對德索賠問題上，波茨坦會議最後確定了兩項相互矛盾的原則，即
「德國必須被視為單一經濟體」和「分區賠償」。[7] 這兩項原則都是美國提
出的，而蘇聯在雅爾塔會議提出並得到美國贊同的賠償方針（總額 200

1　РГАЭ, ф. 1562, оп. 329, д. 1771, л. 203-204//СССР и германский вопрос, Том. 2, с. 729.

2　АВПРФ, ф. 0639, оп. 1, п. 3, д. 53, л. 2-3//СССР и германский вопрос, Том. 2, с. 180.

3　РГАЭ, ф. 1562, оп. 329, д. 2150, л. 1-461//СССР и германский вопрос, Том. 2, с. 729.

4　АВПРФ, ф. 0639, оп. 1, п. 3, д. 53, л. 2-3//СССР и германский вопрос, Том. 2, с. 180.

5　СССР и германский вопрос, Том. 2, с. 34.

6　Ostermann, *Between Containment and Rollback*, pp. 14-15.

7　*Громыко А. А. (гла. ред.)* Советский Союз на международных конференциях периода Великой
　Отечественной войны 1941-1945 гг., Том 6. Берлинская (Потсдамская) конференция руководителей
　трех союзных держав-СССР, США и Великобритании (17 июля-2 августа 1945 г.), Сборник
　документов, Москва: Политиздат, 1984, с. 429-437.

億美元、蘇聯佔 100 億美元）則被徹底否定。[1] 那麼，斯大林怎麼會同意接
受這兩項原則？對於前者，除了道義上的考慮，還有非常實際的意義。
德國西部的經濟水平高於東部，按照賠償設備和物資估算大概是六比四
的比率，這一點美蘇雙方估計的差不多。[2] 蘇聯想要得到賠償總額的一半
以上，就只能視德國為單一經濟體。為此，莫洛托夫寧願將蘇聯所得賠
償金額降至 80 億美元，也堅持必須從魯爾工業區獲取 20 億美元的賠
償。[3] 但其結果又會引起另一個問題，也是斯大林最為擔心的，即西方國
家會染指蘇佔區的事務。[4] 第二項原則的情況正好相反，分區賠償可以保
證蘇聯在東部「為所欲為」，不受干擾，但卻切斷了蘇聯從西部地區獲
取賠償的權利和渠道。這也正是邁斯基、阿爾卡季耶夫、瓦爾加等人最
初堅決抵制這一原則的理由。[5] 問題最終得到解決是因為美國做出的兩個
讓步。第一，原則上同意蘇聯在雅爾塔會議上提出的對德國東部邊界的
劃分，即以寇松線為界將東普魯士劃給波蘭，以補償波蘭劃給蘇聯的領
土；第二，除東部賠償全部歸屬蘇聯（其中部分應轉給波蘭）外，西部
地區賠償總額的 25% 也給與蘇聯，其中 15% 以貿易的方式換取東區的物
資，10% 純粹作為賠償，無需交換。[6] 戰爭畢竟還在進行，美蘇畢竟還是
盟友，波茨坦會議能使美蘇的賠償政策取得一致，是雙方妥協的結果：
美國提出的原則被接受，蘇聯也得到了實惠。波利起草的白宮新聞稿認

1　АВПРФ, ф. 0639, оп. 1, п. 5, д. 84, л. 5-22// СССР и германский вопрос, Том. 2, с. 195-207.

2　АВПРФ, ф. 0639, оп. 1, п. 3, д. 53, л. 8-9//СССР и германский вопрос, Том. 2, с. 730; *Батюк В., Евстафьев Д.* Первые заморозки, с. 83-84.

3　*FRUS*, The Conference of Berlin, Vol. II, pp. 295-298.

4　早在 1944 年 5 月伏羅希洛夫委員會的報告就表明，聯合管制機構是蘇聯官員的心病。
АВПРФ, ф. 06, оп. 6, п. 15, д. 150, л. 452-455//СССР и германский вопрос, Том. 1, с. 478-480.

5　АВПРФ, ф. 0428, оп. 1, п. 1, д. 7, л. 13-14、32-36//СССР и германский вопрос, Том. 2, с. 187-188、
183-186; Ostermann, *Between Containment and Rollback*, p. 20. 實際上，分區賠償在蘇聯搶奪「戰
利品」時已是既成事實，正如波利所言，是蘇聯在其佔領區採取單邊主義行為導致了「令人
遺憾卻不可避免」的結果。*FRUS*, The Conference of Berlin, Vol. II, pp. 894-896.

6　*Громыко* Советский Союз на международных конференциях, Том 6, с. 439-440、458-459; с. 416-417.

為，美國的「最高目標」已成為被蘇聯和英國接受的「基本政策」。[1]莫洛托夫則在通報中指出，會議關於賠償的決議是「一個進步」。[2]這種說法顯然是言不由衷，但也是無可奈何。

必須看到的是，在盟國形成統一賠償方針的同時，也遺留了諸如勞務、分期支付等一些實際問題。即使已經解決的問題，如賠償分配的百分比、佔領區之間的貨物轉移等，還有一個如何理解和執行的問題。這些都為日後的持久談判留下了空間。更何況在對德政策的一些基本原則方面（德國民主化和非軍事化及中央政府建立等），會議只是做了模糊化處理，而並未消除其間的分歧和矛盾。[3]當然，最嚴重的問題在於會議通過的賠償原則有兩個相互衝突的內容：「經濟統一」和「分區賠償」。這是美蘇妥協的結果，更大的可能是當時雙方都有沒有把問題想清楚，但確實為後來的分歧和爭論埋下了伏筆。所以，真正實現戰後賠償的道路還很漫長。

美蘇對德索賠計劃的協調

波茨坦會議剛剛結束，蘇聯便迫不及待地開始行動了。8月5日邁斯基向莫洛托夫提交了聯合賠償委員會下一步工作的提綱，並希望在兩天後的委員會會議上提出。提綱主要內容包括：在柏林設賠償委員會下屬機構，與那裏的盟國管制委員會（CC）協調工作；柏林委員會最迫切和重要的任務，就是制定西部地區的沒收計劃，特別是交付蘇聯的物資，

1　Merrill (ed.), *Documentary History of the Truman Presidency*, Vol. 3, pp. 56-57.

2　АВПРФ, ф. 0639, оп. 1, п. 5, д. 84, л. 5-22//СССР и германский вопрос, Том. 2, с. 195-207.

3　關於這些方面的論述，可參見 John Gimbel, *The Origins of the Marshall Plan*, Stanford: Stanford University Press, 1976, 14-15、60-61; Leffler, *A Preponderance of Power*, pp. 66-67。

並組織實施；制定德國的「生活水平限度」，原則是不超過歐洲的平均水平。[1] 同一天，邁斯基還提交了蘇聯對波茨坦會議賠償問題決議的備忘錄。備忘錄認為，對於蘇聯在戰爭中巨大的直接物質損失，波茨坦決議「顯然只能在很小程度上給與補償」，「毫無疑問，蘇聯有權獲得儘可能多的賠償」。蘇聯政府希望與英美政府達成協議，以某種形式增加給蘇聯的賠償。[2] 隨後，為了製造輿論，推動聯合賠償委員會的工作，根據邁斯基的建議，9 月 13 日《真理報》發表了國家特別委員會關於確定和調查蘇聯在戰爭中重大損失的報告。這個報告立即被刊登在蘇佔區的所有報紙上。[3]

　　然而，賠償委員會的工作還未展開，便遇到了搬遷「風波」。8 月 1 日賠償協定剛剛簽字，貝爾納斯國務卿就致函莫洛托夫，鑒於從西部地區向蘇聯提供賠償物資的任務必須與盟國管制委員會合作完成，他提議美蘇共同提出在柏林召集聯合賠償委員會會議。莫洛托夫似乎看出了美國的用意，他謹慎地回覆，原則上同意美國的看法，但強調莫斯科必須是聯合賠償委員會的永久所在地。[4] 波茨坦會議閉幕後，波利又向邁斯基提出有必要將賠償委員會的工作轉移到柏林，並堅持 8 月 2 日要在柏林召開指導委員會會議。

　　邁斯基答應請示後再回覆。[5] 8 月 5 日波利再次提出這個問題，而實際上已開始把委員會的美國專家召集到柏林去。邁斯基認為純粹消極抵制的辦法不可取，既然賠償委員會的主要任務是制定英美佔區的賠償計劃，委員會當然搬遷到柏林更便於工作，而且蘇聯的反對也無法制止英美代表團主要人員離開莫斯科。於是，他向莫洛托夫建議提出一個折中

1　АВПРФ, ф. 06, оп. 7, п. 18, д. 182, л. 160-164.

2　АВПРФ, ф. 06, оп. 7, п. 18, д. 182, л. 165-168.

3　Правда, 13 сентября 1945, 2-3-й стр. 邁斯基的建議見 АВПРФ, ф. 06, оп. 7, п. 18, д. 182, л. 189-193。

4　*Громыко* Советский Союз на международных конференциях, Том 6, с. 423、424.

5　АВПРФ, ф. 06, оп. 7, п. 18, д. 186, л. 27-29.

辦法，即在柏林設立聯合賠償委員會的分會。[1]

　　美國人主張賠償委員會搬遷的目的主要是希望盟國管制委員會接手主持賠償工作，正如波利對克萊所言：「聯合賠償委員會的主要責任已經解除」，以後可以讓在柏林的管制委員會和佔領區指揮官處理賠償問題。這也是國務院的意思。[2] 從工作角度講，美國人的建議不無道理，邁斯基對此也表示理解。但是，賠償委員會設在莫斯科自然賦予蘇聯以優勢地位，如今遷至柏林，且受制於管制委員會，對蘇聯實現賠償目標會形成很多意想不到的障礙。於是，邁斯基的建議在莫斯科遭到嚴厲批評，在 8 月 9 日的會議上，莫洛托夫指責邁斯基成了波利的「尾巴」。當晚，邁斯基被解除了在賠償委員會的職務，由外交人民委員部第二歐洲司司長諾維科夫接任。[3] 8 月 11 日，諾維科夫召集指導委員會會議，並宣佈了蘇聯對賠償委員會下一步工作任務的看法：確定其設備作為賠償需拆除的西區企業清單；確定其賠償設備即將運往蘇聯的西區企業清單；確定與西區交換設備而提供的東區貨物的數量和種類；9 月 10 — 15 日聯合委員會聽取各分委員會的第一次工作報告。[4] 英美法代表拒絕了蘇聯的建議，並於 14 日以後陸續離開了莫斯科。[5] 10 天以後，蘇聯再次邀請西方盟國的代表赴莫斯科討論賠償問題。美英法三方都接受了邀請，但他們此行的目的就是要將賠償問題的討論轉移到柏林的管制委員會。[6] 莫洛托夫也準備好了一份文件，繼續要求賠償委員會在莫斯科討論蘇聯的賠償計劃。[7]

1　АВПРФ, ф. 06, оп. 7, п. 18, д. 182, л. 160-164.

2　*FRUS*, 1945, Vol. 3, pp. 1240-1241、1283-1284.

3　СССР и германский вопрос, Том. 2, с. 734-735. 邁斯基不過是提了一個建議，這樣處理顯然是過分了。這裏不排除是莫洛托夫對他此前越級報告行為的報復。

4　АВПРФ, ф. 06, оп. 7, п. 18, д. 179, л. 49-50.

5　*FRUS*, 1945, Vol. 3, pp. 1253-1254.

6　*FRUS*, 1945, Vol. 3, pp. 1265-1266. 美國大使哈里曼說，美英法代表都沒有準備任何妥協方案，因為「經驗已經提供了令人信服的證據，這裏不是進行賠償工作的適當地點」。*FRUS*, 1945, Vol. 3, p. 1285.

7　Laufer, "Stalin and German Reparation", pp. 15-16.

　　就在莫洛托夫於 9 月 6 日將文件呈交斯大林批准時，事情發生了逆轉。這一天，美國發來一份措辭強硬的照會：強調德國西部地區的賠償問題需要美英法代表參與決定，而這個決定不可能在莫斯科有效地做出；在賠償計劃所需的原則和政策制定之前，聯合賠償委員會可以繼續存在，但應在柏林與管制委員會一起工作；蘇聯從西區獲取賠償的前提是遵循將德國作為統一經濟體的原則，即蘇聯在東區的拆遷將基於盟國的統一計劃，並提供具體的數字和依據；美國不支持任何使蘇聯在獲得西區賠償方面處於優先地位的建議。[1] 第二天，委員會的西方三國代表離開了莫斯科，沒有再回來。[2] 面對西方「破釜沉舟」的舉動，莫斯科屈服了。9 月 16 日副外交人民委員維辛斯基答覆哈里曼，蘇聯政府完全接受美國的要求。[3] 9 月 20 日，駐德蘇聯軍政府副總司令 V. D. 索科洛夫斯基通知管制委員會，蘇聯政府同意將賠償委員會遷至柏林。10 月下旬，委員會蘇聯分部各小組陸續抵達柏林。[4] 儘管如此，盟國在賠償工作的初期還是合作大於分歧。克萊後來寫到，在活動高峰時期，管制委員會有多達 175 個以上各種委員會和工作小組。四個國家的工作人員在大樓食堂裏一起吃飯，並通過翻譯或手勢親切地交流。到處瀰漫着的善意和友情使人們感到國際合作與持久和平是可以期待的。[5] 盟國統一賠償計劃就是在這種氛圍中開始討論的。

　　所謂賠償計劃，就是計算在維持和平時期基本生活和生產的情況

1　*FRUS*, 1945, Vol. 3, pp. 1283-1285; АВПРФ, ф. 06, оп. 7, п. 18, д. 188, л. 107-111//*Севостьянов Г. Н. (под. ред.)* Советско-американские отношения, 1945-1948, с. 17-20.

2　СССР и германский вопрос, Том. 2, с. 759-760.

3　АВПРФ, ф. 07, оп. 10, п. 31, д. 413, л. 85-88//*Севостьянов Г. Н. (под. ред.)* Советско-американские отношения, 1945-1948, с. 15-17.

4　СССР и германский вопрос, Том. 2, с. 57. 為了在國人面前不失臉面，莫洛托夫在向蘇聯駐外使節通報時的說法是，「外長會議採納了蘇聯代表團的建議：聯合賠償委員會應該從莫斯科遷移到柏林」。АВПРФ, ф. 0431, оп. 1, п. 5, д. 26, л. 26-47//СССР и германский вопрос, Том. 2, с. 260-261.

5　Lucius D. Clay, *Decision in Germany*, New York: Doubleday & Company, Inc., 1950, pp. 45-46.

下，德國能夠拿出多少「剩餘」的工業設備（對蘇聯來說還有工業產品）作為賠償交付戰勝國。為此，根據波茨坦會議必須把德國作為統一經濟體的原則，盟國需要達成一項協議。由於蘇聯和美英在賠償問題上的目標不同 —— 前者希望儘可能多地獲取賠償物資，而後者則着眼於維持德國和歐洲的經濟穩定，達成協議的難度非常大，爭論的焦點就在於如何確定德國可以保留的「工業水平」或「生活水平」。按照波茨坦會議決定，盟國對德管制委員會負責編製賠償計劃，該委員會經濟局（WECO）在 8 月 15 日第一次會議上決定設立以美國經濟學家 K. 胡佛為首的工業水平委員會（LOIC）來承擔這一任務。蘇聯拖延了一個月才任命外貿人民委員部領導成員 B. T. 科爾帕科夫為該委員會代表。[1]

　　9 月 17 日，胡佛向工業水平委員會提交了一份關於維持德國最低生活水準所需工業水平的備忘錄。胡佛的結論是，以德國估算人口 7000 萬和戰前歐洲平均生活水平為標準，將德國戰後消費所需的工業產值確定為 140 億馬克；以戰前（1938 年）德國工業總產值為 325 億馬克計，則戰後「剩餘」工業產值為 185 億馬克，佔戰前工業總產值的 57%。根據莫洛托夫的指示，蘇聯官員和經濟學家對備忘錄進行了仔細研究，並於 10 月 19 日提交了一份報告。蘇聯專家認為，美國備忘錄對德國人口 7000 萬的估算「顯然是誇張的」（蘇聯認為只有 6000 萬），將 1932 年人均國民收入 230 美元等同於歐洲平均生活水平也是「不正確的」（蘇聯認為後者只有 202 美元）。因此，蘇聯專家計算的結果，德國戰後消費所需工業產值不是 140 億馬克，而是 79 億馬克，如果按照戰後歐洲生活水平比戰前低 20% 計算，即是 63 億馬克，而「剩餘」工業產值則是 262 億馬克。這就是說，在滿足人民必需的生活水平後，德國工業的 80% 都是

1　*Кнолль* Советская военная администрация в Германии, с. 788; *FRUS*, 1946, Vol. 5, The British Commonwealth; Western and Central Europe, Washington, D. C.: GPO, 1969, pp. 532-533.

「剩餘」的，都是可以列入賠償範圍的。[1] 不過，因為專家們都不在柏林，蘇聯並未及時向管制委員會提交自己的意見。10 月 27 日諾維科夫請求允許將賠償委員會成員連同經濟專家和工作人員總計 33 人緊急派往柏林，莫洛托夫當即批准。[2]11 月 11 日，蘇聯賠償委員會成員和專家抵達柏林。[3]

　　11 月 12 日，以科爾帕科夫為首的蘇聯專家組正式投入管制委員會的實際工作，並提交了對美國備忘錄的答覆意見。[4] 從 1945 年 11 月中旬直到 1946 年 2 月底，蘇聯代表與英美代表在確定德國「保留」工業的具體品種和數量方面，展開了激烈、反覆的討論。蘇聯代表團發回的大量電報，講述了談判中雙方爭論的詳細過程。[5] 下表反映出在賠償談判中關於戰後德國應保留的工業水平的估算方面，蘇聯與西方盟國之間的重大分歧。[6]

蘇美英法關於戰後德國應保留工業水平估算表

生產類型	單位	蘇聯	美國	英國	法國
石油	百萬噸	1.86（2.43）	3.0	2.87	2.147
鋼材	百萬噸	4.6（6.0）	7.8	10.8	7.0
電力	十億千瓦／小時	20.1（25.0）	36.3	41.5	36.0
發電站	百萬千瓦／小時	4.7（6—7）	10.9	11.0	10.3
煤炭	百萬噸	50.0（70—80）	142.0	160	—
銅	萬噸	8.1	16	16	16

1　ГАРФ, ф. p-7317, оп. 4, д. 107, л. 347-366//*Фойтцик* Советская политика в отношении Германии, с. 264-277.

2　АВПРФ, ф. 06, оп. 7, п. 18, д. 179, л. 12-14.

3　АВПРФ, ф. 06, оп. 7, п. 19, д. 190, л. 3-5//СССР и германский вопрос, Том. 2, с. 784.

4　АВПРФ, ф. 06, оп. 7, п. 19, д. 190, л. 3-5.

5　見 АВПРФ, ф. 06, оп. 7, п. 19, д. 190, л. 6-8、9-12、15-16、25-27、53-55、56-57、61、62-64、66-67、68-70、71、72-74、79-80、82。

6　表內數字取自 АВПРФ, ф. 06, оп. 7, п. 19, д. 190, л. 62-64、66-67、71、83-84，括弧內為蘇聯代表團在談判中擬讓步的數字。

續表

生產類型	單位	蘇聯	美國	英國	法國
鋅	萬噸	8（12.5）	13.5	13.5	13.5
鉛	萬噸	8	13	13	13
電機、馬達等	億馬克	2.05	8 — 10	8 — 10	8 — 10
氮	萬噸	45	60	60	60
磷	萬噸	54	66	66	66
鉀	萬噸	81	120	120	120

　　從以上不完整的數字對比可以看出，蘇聯儘量壓低可保留的工業數量（剩餘的都可列入賠償），而西方盟國（尤其是英國）則希望為德國多保留一些工業設施（賠償數額必然減少）。對於蘇聯來說，談判的目的主要是要從西區（特別是魯爾）拿到賠償，為此蘇聯還向西區派遣了大量專家，考察那裏的企業狀況。[1]另一方面，為避免西方盟國染指蘇佔區的事務，蘇聯一再拒絕英美代表來東部考察，也一直拖延交出蘇佔區的賠償數據，儘管從「統一經濟體」的原則出發這是理應做到的。[2]所以，西方代表在談判中佔有優勢，而蘇聯代表則難免心虛。

　　波茨坦協定規定，「因賠償而從西部地區拆遷的設備數量，最遲必須在從現在起的6個月內確定」。[3]隨着規定期限（1946年2月）的臨近，蘇聯的立場開始鬆動。美英對保障戰後德國和歐洲社會經濟穩定的態度很堅定，甚至改變了波茨坦會議最初對德國工業標準的規定，即不知不覺地將「不超過」歐洲（蘇聯和英國除外）和平時期的平均經濟水平變

1　АВПРФ, ф. 06, оп. 7, п. 18, д. 179, л. 35-36; п. 19, д. 190, л. 1-2.

2　*FRUS*, 1946, Vol. 5, pp. 532-533.

3　*FRUS*, The Conference of Berlin, Vol. II, p. 1486; *Санакоев Ш. П., Цыбулевский Б. Л.（сост.）* Тегеран-Ялта-Посдам, с. 398.

成了與這一水平「持平」。[1] 仔細閱讀從柏林發往莫斯科的大量電報可以發現，蘇聯代表團認為美國的要求具有合理性，多次有意做出讓步，以儘快達成協，只是「上級」遲遲不予答覆。1945 年 11 月 27 日莫洛托夫同意在估計德國人口的問題上可以讓步 [2]，是第一次打開談判僵局的缺口。12 月 19 日莫洛托夫又做了批示，同意對諾維科夫一個月前提出的在賠償管轄權問題上的讓步，即賠償委員會只管政策，而制定和執行賠償計劃由管制委員會負責。[3]1946 年 1 月 9 日，在諾維科夫和索科洛夫斯基的反覆催促下 [4]，莫洛托夫同意在談判中的「核心問題」鋼鐵產量上可以做出讓步。[5] 第二天管制委員會就這個問題達成協議，確定德國每年鋼鐵生產能力限制在 750 萬噸，而產量不得超過 580 萬噸。[6] 然而，賠償問題太複雜，這些讓步對於四大國簽署一個完整賠償計劃的協議還是不夠的。

　　實際上，以科爾帕科夫為首的蘇聯專家組從 12 月就開始討論和起草一個綜合性的折中方案，以求儘快完成在管制委員會的工業水平談判。1946 年 3 月 21 日，索科洛夫斯基親自把蘇聯代表團關於戰後德國經濟水平和賠款計劃的書面報告帶回莫斯科。[7] 報告全面而詳細地追述了柏林談判的過程、盟國各方的意見分歧以及到目前為止談判的結果。報告估計，在德國保留 50% 工業水平的情況下，可用於賠償的設備將佔整個工業的25%，而蘇聯在西部地區獲取的賠償份額約為該工業設備價值的 6％ — 7%（大約 7 — 7.5 億美元）。[8] 儘管這個工作報告沒有表示傾向性意見，

1　Ostermann, *Between Containment and Rollback*, p. 40.

2　АВПРФ, ф. 06, оп. 7, п. 19, д. 190, л. 28-29.

3　АВПРФ, ф. 06, оп. 7, п. 19, д. 190, л. 17-19、20.

4　АВПРФ, ф. 06, оп. 7, п. 19, д. 190, л. 79-80、82.

5　АВПРФ, ф. 06, оп. 7, п. 18, д. 182, л. 160-164.

6　Внешняя политика Советского Союза, Документы и материалы, 1946 год, Москва: Государственное издательство политической литературы, 1952, с. 793.

7　СССР и германский вопрос, Том. 2, с. 59.

8　АВПРФ, ф. 06, оп. 8, п. 32, д. 495, л. 45-55//СССР и германский вопрос, Том. 2, с. 416-426. 後來的實際情況表明，這個估計過於樂觀了。

但在同一天蘇聯駐德軍政府政治顧問 V. S. 謝苗諾夫和副總司令 M. I. 德拉特文聯名向莫斯科發電，報告了柏林談判中懸而未決的問題，其中特別建議對此應採取妥協的方針，並請求莫洛托夫立即下達指示。[1] 第二天，諾維科夫為莫洛托夫起草了回電[2]，要求他們採取強硬態度，拒絕接受英美的方案。然而，莫洛托夫並沒有發出這封電報。3 月 23 日，斯大林親自發出一道指示，表示支持來自柏林的意見。[3] 於是，25 日莫洛托夫給德拉特文和謝苗諾夫回電，指示他們可以接受美國的建議和克萊提出的公報文本（只有一些文字修改），而僅拒絕英國代表的保留意見。[4]

消息傳來，美國代表如釋重負。3 月 26 日管制委員會批准了「戰後德國經濟水平和賠償計劃」。根據這一計劃，德國的工業生產分為兩大類：禁止生產（武器裝備和物資）的和限制生產的。以 1938 年的水平為標準，計劃對以下各類生產規定了限額：鋼鐵冶煉 25%，化學工業 36%，機器製造 36%，輕工業 60% — 75%，採礦 66%，電力生產 60%，煤炭生產不受限制。構成限額以上生產能力的企業和設備均列為賠償對象。管制委員會還指示經濟局制定詳細的作為賠償對象的工業設備計劃，儘早提交委員會確認，時間初步商定在 4 月 20 日。[5]

3 月 29 日，蘇佔區各大報紙都全文刊登了這個賠償計劃，基督教民主聯盟機關報《新時代》稱，計劃中的「整個德國經濟結構將發生前所未有的深刻變化」。[6] 謝苗諾夫也認為，計劃擬定的「銷毀」和「保留」兩個工業清單「具有重要的現實意義」，而一些英美電台和報紙則對賠償計

1 АВПРФ, ф. 07, оп. 11, п. 13, д. 175, л. 54-60, 轉引自 СССР и германский вопрос, Том. 2, с. 784。

2 此前（12 月 28 日）諾維科夫已被召回莫斯科「討論賠償問題」。СССР и германский вопрос, Том. 2, с. 762。

3 СССР и германский вопрос, Том. 2, с. 784、59-60.

4 АВПРФ, ф. 07, оп. 11, п. 13, д. 175, л. 76//Севостьянов Г. Н. (под. ред.) Советско-американские отношения, 1945-1948, с. 187-188.

5 Кнолль Советская военная администрация в Германии, с. 788-789; FRUS, 1946, Vol. 5, pp. 533-534.

6 СССР и германский вопрос, Том. 2, с. 790.

劃提出了批評。[1] 蘇聯對能夠達成協議、通過賠償計劃感到滿意是有道理的。此時美蘇關係已開始進入緊張狀態：1945 年 12 月底蘇聯拒絕加入布雷頓森林體系讓美國人感到奇怪，斯大林 1946 年 2 月的選舉演說更讓白宮對蘇聯的意圖產生疑慮。凱南 2 月 23 日「長電」把蘇聯行為的根源歸結為「擴張」，3 月 5 日丘吉爾的富爾頓講演認定蘇聯正在拉下「鐵幕」，以及蘇聯為取得伊朗石油專賣權而宣佈推遲從伊朗撤軍，這一切都把美國政府和國會的反蘇情緒推向了高潮。在這種背景下，由美國掌控的對德管制委員會能批准蘇聯急迫需要的賠償計劃，實屬不易。或許，這正是莫斯科不失時機採取讓步方針的原因。但如果認真討論賠償計劃得以通過的原因，那麼以下幾點應該注意：

首先，美國內部在賠償問題上存在不同聲音。儘管白宮和國會山對蘇聯的看法趨向惡化，但在柏林的美國軍政府從德國現實經濟和政治出發，一直希望與蘇聯佔領軍繼續合作。這一點，在兩國佔領軍最高長官 D. 艾森豪威爾與朱可夫以及克萊與索科洛夫斯基的對話中，表現得十分清楚。[2] 大量證據表明，克萊將軍比國務院的官員更有興趣與蘇聯就賠償問題達成協議。同樣，科爾帕科夫和索科洛夫斯基也比在莫斯科的官員更傾向於在談判中採取妥協態度。對於凱南電報的反應，柏林與華盛頓截然不同。克萊認為，這封電報更多地代表了反蘇的「英國路線」，他和他的政治顧問 R. 墨菲都認為，不能指責蘇聯人違反了波茨坦協定，他們「不遺餘力地與美國人保持友好關係」。[3] 而美國軍政府的意見，在處理德

1　АВПРФ, ф. 06, оп. 8, п. 29, д. 456, л. 54-71//СССР и германский вопрос, Том. 2, с. 437-450.

2　АВПРФ, ф. 06, оп. 7, п. 30, д. 407, л. 25-29; ф. 0456, оп. 4, п. 2, д. 5, л. 3-6//СССР и германский вопрос, Том. 2, с. 245-249、281-283.

3　Ostermann, *Between Containment and Rollback*, pp. 43-44. 關於墨菲與國務院官員在賠償問題對蘇聯的不同看法，還可參見 Yergin, *Shattered Peace*, pp. 95-98、224-232。

國的具體問題時往往起主導作用。[1]

其次，此時段在對德國問題的處理上與美國政策牴觸最大的不是蘇聯而是法國。例如，對於美國提出的在德國建立中央行政機構的建議，蘇聯因擔心影響到蘇佔區的賠償政策而不滿，但又不便公然站出來反對這個符合波茨坦會議精神的建議。法國沒有參加波茨坦會議，為避免中央政權的管轄和勢力擴展到萊茵和魯爾地區 —— 這是法國志在必得的地區，法國政府聲稱，只要對未來德國西部邊界問題沒有達成一致意見，法國就會對建立中央政權的任何決議投反對票。[2] 蘇聯則一直躲在法國的背後，邁斯基曾向莫斯科建議，「儘可能地與法國接觸」，「利用法國來對付英國和美國是有益的」。[3]

再次，在賠償問題上直接與蘇聯唱對台戲的是英國而不是美國。在柏林的蘇聯代表團認為，在德國問題上是英國堅持「最反動的立場」（儘量減少賠款額）。儘管盟國都贊成繼續讓德國作為一個高度工業化的國家存在，但「英國人態度強硬」，而美國人「不是很堅定，傾向於做出讓步」。[4] 這一點，從蘇聯在德國問題的對外宣傳中把攻擊矛頭主要指向英國也可以看出來。[5] 讓蘇聯人感到驚喜的是，有時甚至美國人還會出面調和蘇聯與英國之間的對立，比如在確定德國鋼鐵產量的問題上。[6]

最後，導致盟國達成賠償計劃協議的根本原因在於蘇聯內部賠償政策的變化。管制委員會在最後階段得以通過四大國一致同意的賠償計

1　從 1945 年 7 月至 1949 年 4 月，僅美國駐德軍政府政治顧問就給國務院發電報 17928 份，給戰爭部發電報 23000 份，還有頻繁的電話會議和各種報告。見 Clay, *Decision in Germany*, pp. 57-58. 蘇聯方面的相應情況，因俄羅斯軍方檔案尚未公開，無從知曉。

2　維爾納‧阿貝爾斯豪塞：《戰後德國經濟史》，史世偉譯，北京：中國社會科學出版社，2018 年，第 37 頁。

3　АВПРФ, ф. 07, оп. 10, п. 6, д. 64, л. 4-6//СССР и германский вопрос, Том. 2, с. 295-297.

4　АВПРФ, ф. 06, оп. 7, п. 19, д. 190, л. 68-70//СССР и германский вопрос, Том. 2, с. 500-504; АВПРФ, ф. 082, оп. 30, п. 134, д. 66, л. 16-83.

5　СССР и германский вопрос, Том. 2, с. 52.

6　АВПРФ, ф. 06, оп. 7, п. 19, д. 190, л. 72-74.

劃，當然是因為蘇聯做出了妥協。而蘇聯的妥協表現在兩個方面，從談判的技術層面看，蘇聯代表團一開始就預留了很大的讓步空間。[1] 但從另一方面看，更主要和更起作用的因素是蘇聯賠償政策上的變化。

如前文所述，蘇聯最初的做法是打着收繳「戰利品」的名義強行在其佔領地區（特別是柏林）搶奪賠償物資，波茨坦會議以後則名正言順地進行大規模拆遷。關於蘇聯到底從其佔領區拆遷了多少設備、價值多少，有各種不同的統計資料[2]，但無論多少，其影響和效果都對蘇聯不利。從政治上講，引起蘇佔區德國人的普遍不滿和抗議。[3] 從經濟上講，拆遷已成為浪費和低效的代名詞。大量設備因運輸不力或缺乏原料而閑置，乃至生鏽、報廢，即使運到蘇聯的設備也往往由於拆除缺乏專業人員而無法安裝和使用。[4] 因此，1946 年 1 月蘇聯就開始考慮改變政策，由一次性賠償轉向長期賠償，即逐漸放棄拆遷工業設備而改為收取現有產品。[5] 這個結果必然會導致蘇聯對賠償計劃的重新思考。如果賠償來自拆遷設備，那麼德國保留的企業越少對蘇聯越有利；如果賠償來自德國企業的產品，那麼正好相反，德國保留的企業越多才能保證蘇聯得到的賠償越多。正如奧斯特曼所說：「與其說是美國的壓力和賠款的誘惑，不如

1　就筆者所見，這是蘇聯在布雷頓森林會議以及租借、貸款等問題談判中慣用的手法。

2　數據從 15.4 億美元到 50 億美元不等。參見 РГАЭ, ф. 4372, оп. 94, д. 865, л. 172; СССР и германский вопрос, Том. 2, с. 814-815; *Кынин Г. П., Лауфер Й.* СССР и германский вопрос, 1941-1949. Документы из Архива внешней политики Российской Федерации, Том. 3, 6 октября 1946г. -15 июня 1948г, Москва: Международные отношения, 2003, с. 694、704; *Болдырев Р. Ю., Невский С. И.* Советская репарационная политика, с. 54。

3　*Родович Ю. В.* Германская проблема в 1945-1955 гг. и позиция СССР: концепция и историческая практика, Тула: Гриф и Ко., 2001, с. 113; Naimark, *The Russians in Germany*, p. 180.

4　至 1947 年 1 月 1 日，運回蘇聯的各種賠償設備共 110.9 萬台（件），投入運行的只佔 32%。見 *Фойтцик* Советская политика в отношении Германии, с. 383。另參見 ГАРФ, ф. р-7212, оп. 1, д. 9, л. 94-97; ф. р-7317, оп. 4, д. 83, л. 144-146//*Кнолль* Советская военная администрация в Германии, с. 85-89、245-247; Sutton, *Western Technology and Soviet Economic Development, 1945-1965*, pp. 18-19。

5　СССР и германский вопрос, Том. 2, с. 35.

說是蘇聯內部的動力為達成協議提供了可能性。」[1] 儘管當時蘇聯的政策轉變尚未定型[2]，但這種考慮顯然是莫斯科決定在賠償計劃上讓步的現實基礎。[3]

制定賠償計劃是蘇聯對德索賠政策中的優先選項，所以急於達成協議，而在另外兩個與賠償直接相關的問題上卻表現得十分謹慎。

第一個是在德國建立中央行政機構的問題。為執行波茨坦會議關於「統一經濟體」的決定，美國率先提出建立一個全德中央行政機構的建議，但遭到法國的堅決抵制，英國也持反對立場，蘇聯則閃爍其詞或保持沉默。克萊甚至一度考慮撇開英法，首先在電信方面建立起一個美蘇聯合的中央管理機構。蘇聯一方面希望通過參與中央機構設置來保證從西區獲取賠償，另一方面又擔心中央機構的建立會影響蘇佔區財政的「獨立性」，一直因內部意見分歧而猶豫不決。[4] 美國也看出了其中的端倪，凱南認為中央機構對蘇聯人來說是一把「雙刃劍」。[5] 而克萊則把建立中央機構和打破地區壁壘看作是對美蘇有效合作能力的「試金石」。[6]

第二個是簽署德國裁軍和非軍事化條約的問題。1945 年 9 月貝爾納斯在倫敦外長會議向蘇聯建議締結一項為期 25 年的關於德國裁軍和非軍事化的條約。斯大林認為這表明美國要插手歐洲事務，削弱蘇聯在歐洲的影響，同時轉移蘇聯對日本問題的注意力，因此指示莫洛托夫不要急

1 Ostermann, *Between Containment and Rollback*, p. 41.

2 直到 1946 年 5 月 28 日索科洛夫斯基才公開宣佈：蘇聯的拆遷工作基本完成。*Кнолль* Советская военная администрация в Германии, с. 857.

3 當然，美英都不同意從西部地區向蘇聯提供工業產品作為賠償，但蘇聯人會想到，管制委員會通過的賠償計劃是針對整個德國的，同時，這也是蘇聯從東部地區索取賠償的合法性保障。

4 Ostermann, *Between Containment and Rollback*, pp. 31-34、39-44; СССР и германский вопрос, Том. 2, с. 62-63、752-753.

5 *FRUS*, 1946, Vol. 5, pp. 518-519.

6 Ostermann, *Between Containment and Rollback*, p. 42.

於表態。[1]12 月 24 日與斯大林會晤時，貝爾納斯再次提出這個問題，並建議先與蘇聯討論，再請英法參加。斯大林原則上表示同意，但提出必須同時與日本也簽署類似的條約。[2] 由於莫斯科遲遲沒有明確態度，1946 年 2 月美國直接把條約草案發給了蘇英法三國政府。[3] 蘇聯外交部綜合聽取了各方意見後認為，締結這樣一個條約的前提是對德佔領結束和德國政府的建立，而且在與德國衛星國簽署和平條約前討論和簽訂這個條約也為時過早。[4] 於是，莫洛托夫的答覆模棱兩可，讓美國人摸不清莫斯科的核心意圖。[5]

建立中央機構可能破壞蘇聯對其佔領區的單邊行動，簽署非軍事化條約將導致提前從德國撤軍，歸根結底都會影響蘇聯實現其最重要的目標 —— 儘可能多地獲取賠償。所以，從根本上說，蘇聯是反對這兩個建議的，但為了儘快達成關於賠償計劃的協議，蘇聯又不能也不願公開與美國對立。然而，這些問題都是處理戰後賠償問題繞不過去的關隘，當莫斯科不得不表明自己立場的時候，美蘇在德國問題上的衝突便不可避免，而賠償計劃的執行也就難以為繼了。

統一賠償計劃執行中的衝突

到 1946 年春天，不僅歐洲的政治形勢顯得緊張，經濟狀況也日益嚴重，特別是三個西方國家佔領區的經濟發展步履跟蹌，制約了整個歐

1　*Печатнов В.* Союзники нажимают на тебя для того, чтобы сломить у тебя волю//Источник, 1999, №2, с. 74-75.

2　АВПРФ, ф. 06, оп. 8, п. 46, д. 768, л. 1//СССР и германский вопрос, Том. 2, с. 335-336.

3　СССР и германский вопрос, Том. 2, с. 76、777.

4　АВПРФ, ф. 06, оп. 8, п. 46, д. 768, л. 16//СССР и германский вопрос, Том. 2, с. 452-454.

5　*FRUS*, 1946, Vol. 2, pp. 147、166-173.

洲經濟的復興。[1] 戰後歐洲糧食短缺，尤其是在德國。如果靠自身資源供給，美佔區普通消費者每天分配的食品熱量只有 950 卡路里，是營養專家認為的所需熱量的一半，大約是美國人所獲熱量的三分之一，所以大部分要從國外輸入。[2] 進口糧食需要工業產品出口平衡，而德國工業生產完全沒有恢復。根據當時蘇聯得到的資料，1946 年的工業水平與戰前相比，美佔區為 26%，英佔區為 20%，法佔區為 15% — 20%（蘇佔區為 47.7%）。[3] 另據墨菲 1946 年 4 月和 9 月的報告，德國的鋼產量只有 1938 年 14%，杜魯門寄予最大希望的魯爾煤炭，也只有戰前水平的 40%，僅佔總統 1945 年所定目標（2500 萬噸）的三分之一。[4] 結果只能依靠美國和英國提供補貼，有資料顯示，1946 年美英以食品為主對德國的進口援助為 4.7 億美元，1947 年為 6 億美元。[5] 因此，美國和英國的方針是先恢復德國經濟，再考慮賠償問題。否則，實際上就是蘇聯人「利用盎格魯撒克遜人的人道主義，使他們間接為德國的賠償出錢」。[6]

美國的苦衷蘇聯人完全清楚。[7] 然而，蘇聯人也有自己的難處。戰爭給蘇聯帶來了巨大損失，戰後經濟重建面臨重重困難，而資金來源除國內資源外，斯大林最初的設想只有兩個：從美國獲取貸款 100 億美元，從德國獲取賠償 100 億美元。前者的主動權完全在美國，對於後者蘇聯

1　Leffler, *A Preponderance of Power*, pp. 116-117.

2　Clay, *Decision in Germany*, p. 264.

3　ГАРФ, ф. р-7317, оп. 4, д. 84, л. 88-105//*Фойтцик* Советская политика в отношении Германии, с. 339-357.

4　*FRUS*, 1946, Vol. 5, pp. 776, 791-792; Leffler, *A Preponderance of Power*, pp. 116-117.

5　Philip Armstrong, Andrew Glyn, John Harrison, *Capitalism since World War II: The Making and Breakup of the Great Boom*, London: Fontana Paperbacks, 1984, p. 82. 另據美國駐英國經濟使團報告，美國的補貼到 1946 年 7 月 1 日將達到 2 億美元。見 Merrill（ed.），*Documentary History of the Truman Presidency, Vol. 3*, pp. 249-250。英國為了維持佔領區的供給，每年也要支付 8000 萬美元（Judt, *Postwar: A History of Europe Since 1945*, p. 123）。

6　Balfour and Mair, *Four Power Control in Germany and Austria*, pp. 135-136.

7　1946 年 4 月謝苗諾夫向莫斯科報告了墨菲在一次親密談話中倒出的苦水。АВПРФ, ф. 082, оп. 30а, п. 155, д. 3, л. 44-58//СССР и германский вопрос, Том. 2, с. 461-473.

還掌握部分主動權。到 1947 年春，美蘇貸款問題從提出到談判已經整整兩年，蘇聯的要求從 100 億美元降到 60 億，再降到 10 億，卻沒有任何結果，所以取得戰後賠償就成了蘇聯唯一的希望。[1] 因此，蘇聯的方針是先實現賠償要求，再考慮德國的經濟發展問題。否則，就如斯大林後來對馬歇爾國務卿說的，蘇聯政府無法向「飽受戰爭之苦的蘇聯人民」交代。[2]

如果說戰爭後期和戰後初期美蘇在賠償問題上的分歧主要反映在政治立場和認知理念方面，那麼其中隱含的經濟利益衝突，到 1946 年春夏歐洲經濟形勢日益緊張時便逐步顯露出來。蘇聯因急於簽署賠償計劃而不願直接面對和馬上處理的問題 —— 在經濟統一原則基礎上建立德國中央行政機構，現在不得不表明自己的立場，特別是對於因此引出的美英佔領區合併的問題。這些問題一直與統一賠償計劃的執行糾纏在一起，而恰恰是在這些問題上的分歧和對立導致美蘇在賠償問題上的關係開始破裂。

4 月 5 日，管制委員會經濟局會議討論德國的進出口方案。在激烈的爭辯中，蘇聯駐德軍政府經濟局局長 K. I. 科瓦利反對制定統一的外貿計劃，堅持按照「分區賠償」的原則，提出維持各佔領區經濟生活的主要責任由那裏的軍事長官承擔，各佔領當局制定自己的對外貿易方針，並對向其他佔領區供貨負責。[3] 克萊認為，這種說法就表明蘇聯政府準備繼續運走德國的現有產品，直到他們 100 億美元的賠償要求得到滿足為止。他在 4 月 8 日向協調委員會報告說，剛剛制定的「工業品計劃是以進出

1　關於美蘇貸款談判參見本書第三章。莫斯科會議失敗後，斯大林在 4 月 15 日與馬歇爾談話承認蘇聯不能像英美那樣放棄賠償時，直接的理由就是「國內恢復」的需要，並前後兩次抱怨美國曾答應給予的貸款一直未能兌現。АВПРФ, ф. 06, оп. 9, п. 71, д. 1104, л. 29-39//*Севостьянов Г. Н. (под. ред.)* Советско-американские отношения, 1945-1948, с. 406-413.

2　АВПРФ, ф. 06, оп. 9, п. 71, д. 1104, л. 29-39//*Севостьянов Г. Н. (под. ред.)* Советско-американские отношения, 1945-1948, с. 406-413.

3　СССР и германский вопрос, Том. 2, с. 63-64.

口平衡為基礎的」，否則「賠償計劃就無效了」。[1] 他的政治顧問墨菲則向國務卿建議：如果不能就共同的進出口計劃達成一致，美國代表團將「援引要求平衡進出口計劃的條款，堅持修改賠償計劃」。[2] 爭論發生後，美國人和英國人決心解決中央行政管理機構的問題，並提出建立一個類似進出口代辦處的機構。然而，法國人和俄國人卻以不出席會議等手段來阻撓該問題的討論。[3] 4 月 20 日，針對蘇聯正在拆除一家美國擁有部分股份的食品加工廠的做法，被激怒的克萊警告索科洛夫斯基：波茨坦協定和工業品計劃都沒有把食品加工廠列入賠償範圍，而且這種拆除將導致進出口平衡無法實現。如果蘇聯繼續這樣做，「我認為必須停止賠償交付，直到我們的計劃作為一個整體得到審查」。[4]

在得到英國支持和法國認可後，4 月 26 日克萊在協調委員會會議上正式提出了設立中央進出口管理機構的方案，並聲稱，「如果在今後兩三個月內，不能實現統一的進出口貿易政策」，將不得不修改賠償計劃。為此，美國考慮中斷大約 1.6 — 1.7 萬人的工作，他們正在為賠償而拆卸機器。蘇聯代表則認為，設立統一的進出口管理機構與賠償計劃之間沒有必然聯繫，而進出口計劃應該在賠償結束後，以德國保留下來的工業生產能力為基礎來實施。會議決定擱置爭議，由代表向各自政府報告。[5] 5 月 3 日的會議爭論更加激烈，英國堅決支持美國，法國立場有所鬆動，蘇聯仍然固執己見。[6] 於是克萊向管制委員會宣佈，在實現對德國經濟的統一管理前，為了保護美佔區的經濟，除 24 個已預定的賠償工廠外，美國將停

1　Clay, *Decision in Germany*, p. 121.

2　*FRUS*, 1946, Vol. 5, p. 538.

3　Balfour and Mair, *Four Power Control in Germany and Austria*, pp. 134-135.

4　John Gimbel, *The American Occupation of Germany*: Politics and the Military, 1945-1949, Stanford: Stanford University Press, 1968, p. 59.

5　*FRUS*, 1946, Vol. 5, pp. 539、545-547.

6　*FRUS*, 1946, Vol. 5, pp. 547-548.

止交運一切賠償物資。[1] 這一舉動在蘇聯報紙上引起激烈抗議，莫斯科的宣
傳機器開始把矛頭從英國轉向美國，將美國政策作為抨擊的目標。[2]

　　正如克萊本人所言，美蘇在對德政策上的第一次分裂的確發生在賠
償問題上。[3] 不過，這個分裂並不是預想的。如果據此認為美蘇此時便決心
在德國問題上決裂，甚至認為這是「德國冷戰的第一個表現」[4]，未免言過
其實。第一，蘇聯並非想要、也沒有想到挑起衝突。沒有證據表明 4 月
5 日科瓦利的聲明事先請示過莫斯科，蘇聯代表團似乎也沒有重視美國
的反應，4 月 26 日的爭論發生 4 天後阿爾卡季耶夫才向莫斯科報告。[5]
第二，克萊的本意是希望在統一經濟政策的基礎上把進出口貿易與賠償
聯繫起來，並非反對賠償，更不是要就此與蘇聯分道揚鑣，而只是向蘇
聯施加一些壓力。[6] 第三，當時德國西區拆除設備速度之慢，以至於克萊
暫停美佔區拆除的聲明對蘇聯沒有多大實際意義。[7] 第四，克萊最初採取
的行動更多地是針對法國而非蘇聯 [8]，只是法國在美國的勸說下退縮後，
蘇聯才突顯出來。[9] 所以，事態的發展並不如人們想像得那麼嚴重。實
際上，克萊的講話並非美國的既定國策，沒有資料顯示克萊事先徵求過
華盛頓的意見 [10]，事後從美佔區向蘇聯移交賠償物資的活動也沒有真正停

1　Clay, *Decision in Germany*, p. 122.

2　McNeill, *America, Britain & Russia*, p. 652. 蘇聯的反應見 Правда, 10、16、17、19、22、27 мая, 1946。

3　Clay, *Decision in Germany*, p. 120.

4　參見 Gimbel, *The American Occupation of Germany*, p. 59。

5　СССР и германский вопрос，Том. 2，с. 64、804.

6　Clay, *Decision in Germany*, pp. 120-22; Ostermann, *Between Containment and Rollback*, pp. 47-48. 蘇聯
　　代表團向莫斯科彙報時也認為這是在玩弄手段，施加壓力。СССР и германский вопрос, Том. 2,
　　с. 804.

7　Gimbel, *The American Occupation of Germany*, pp. 57-61; Paterson, *Soviet-American Confrontation*, pp.
　　253-254.

8　Leffler, *A Preponderance of Power*, p. 118.

9　謝苗諾夫對法國在談判中立場變化的分析，見 АВПРФ, ф. 082, оп. 30a, п. 155, д. 3, л. 64-87//
　　СССР и германский вопрос, Том. 2, с. 481-499。

10　Paterson, *Soviet-American Confrontation*, pp. 253-254.

止。[1] 斯米爾諾夫也認為，克萊宣佈停止拆除對賠償工作影響不大。[2]

　　但同時也必須看到，這次衝突的爆發雖然帶有很大偶然性，卻因 1946 年上半年歐洲政治形勢緊張和經濟形勢惡化推動了美蘇在賠償問題上走向分裂的進程，這是從美國提出美英佔領區合併的問題開始的。克萊關於建立統一管理機構的主張在美國內部引起不同反響，凱南、墨菲等人認為蘇聯實際上已經完全控制了東歐和德國東區，並且正在努力獲取更多利益，建立中央經濟機構只能對蘇聯有利，為其在西部地區發揮影響力提供機會。副國務卿艾奇遜和克萊頓雖然贊成凱南等人的分析，但他們認為德國西部地區的經濟發展非常需要東部地區的原材料和食物，他們並不準備放棄東歐和德國東區，更不願讓美國承擔分裂的責任。國務卿貝爾納斯對此猶豫不決，他不想在德國問題上逼迫蘇聯與美國攤牌。[3] 面對各種意見分歧，5 月 26 日克萊向美國政府建議，為解決經濟統一問題，在全德建立類似美佔區州總理會議的臨時政府；如果近期還無法在盟國之間達成協議，則爭取首先實現美佔區與英佔區的合併。[4] 這就是所謂雙佔區（Bizone）問題的由頭。

　　蘇聯對克萊 5 月 3 日的聲明表示不滿和反對，但並沒有看到問題的嚴重性。作為蘇佔區的政治主管，謝苗諾夫在報告中一方面談到美國對德政策發生了變化，「目的性和攻擊性更強」，賠償問題造成「我們與美國關係的緊張」，另一方面認為在德國問題上持「最反動立場的」是英國，美國人在管制委員會扮演着蘇英之間「友好調停人」的角色。美國雖然把經濟統一作為賠償的前提條件，但已經準備好了作為賠償企業

1　據美國軍政府報告，1946 年有 4 萬噸設備從美佔區移交出去，其中 3.9 萬噸交給了蘇聯。Balfour and Mair, *Four Power Control in Germany and Austria*, p. 165.

2　СССР и германский вопрос, Том. 2, с. 806.

3　Leffler, *A Preponderance of Power*, pp. 117-118.

4　Clay, *Decision in Germany*, p. 165; Gimbel, *The American Occupation of Germany*, pp. 56-57.

的清單，似乎很快就會提供這些清單。[1] 外交部對美國做此決定後出現的
新情況顯然也沒有充分理解。諾維科夫和斯米爾諾夫的報告認為，目前
的分歧只是對波茨坦協定有關條款的理解問題，蘇聯需要作出說明和解
釋，並在報紙上批評美國。[2] 還有兩個情況烘托了樂觀情緒：克萊關於暫
停移交賠償設備的決定並沒有使工作完全停頓下來，因為管制委員會已
經確定的賠償物資不受此決定影響[3]；經雙方佔領當局的批准，美佔區德
國代表與蘇佔區簽署了一個雙邊貿易的框架協議，跨區貿易談判如此活
躍，似乎預示着統一經濟管理的道路正在打通。[4]

　　由於對情況的嚴重性估計不足，莫斯科的反應顯示出強硬姿態。聯
共（布）中央政治局於 6 月 13 日做出了關於德國問題的決議，其要點如
下：試圖把德國變成一個農業國家的觀點是錯誤的；德國應該是統一的
和民主的國家；必須在魯爾地區建立四國的聯合管制機構，並保證蘇聯
將從這裏得到賠償；簽署對德和約前必須建立一個統一的德國政府，作
為過渡措施，不反對建立中央行政機構；蘇聯必須從德國得到 100 億美
元的賠償，其中包括設備和現有產品；蘇聯佔領軍在德國駐紮的目的之
一就是確保賠償供應；蘇聯懷疑在德國建立聯邦制國家建議的合理性，
但如果這是全民投票的結果，蘇聯也不反對。[5] 這個成為此後蘇聯對德政

1　АВПРФ, ф. 082, оп. 30а, п. 155, д. 3, л. 64-87; оп. 30, п. 134, д. 66, л. 16-83//СССР и германский
　вопрос, Том. 2, с. 481-499、500-504.

2　АВПРФ, ф. 082, оп. 30, п. 130, д. 29, л. 106-111//СССР и германский вопрос, Том. 2, с. 558-561.

3　事實上，根據美國國務院的公報，從美英佔領區向蘇聯運送的賠償物資直到 1948 年 2 月才
　完全停止。截止 1946 年底，95% 已經拆卸的設備運到了蘇聯。見 Sutton, *Western Technology
　and Soviet Economic Development, 1945-1965*, pp. 27-28。

4　Ostermann, *Between Containment and Rollback*, pp. 41-42. 佔領國制定的德國的出口價格遠低於國
　際市場價格，當時德國出口的每噸煤為 10.5 美元，而國際市場價格是 25 — 30 美元。到 1947
　年底德國西部地區出口 2500 萬噸煤的外匯損失近 2 億美元。難怪有人認為，這種強制性的貿
　易很容易讓人聯想到戰爭賠款。阿貝爾斯豪塞：《戰後德國經濟史》，第 55-56 頁。

5　РГАСПИ, ф. 17, оп. 162, д. 38, л. 115-117//*Фойтцик* Советская политика в отношении Германии, с.
　294-296.

策基調的決議，表現出蘇聯領導人在德國問題上樂觀、自信的心態。[1] 這種心態與此時西方國家的擔憂和疑慮形成鮮明對照。早在 1946 年初美國政府中的右翼勢力就認定蘇聯將要「擴張」，到 5 月英法政府也開始感到憂慮了。英國外交大臣貝文給內閣的文件中寫道：「最糟糕的情況莫過於已經復甦的德國與俄國聯手，或是處於俄國的掌控之下」。[2] 法國外長 G. 比多則對美國人講，他擔心「在協和廣場出現哥薩克的可能性」。[3] 在這樣的背景下，蘇聯重提已被波茨坦會議否定的 100 億美元賠償的說法，又堅持西方盟國一再堅決反對的在德國西區收取「現有產品」的做法，本以為會迫使美國做出讓步，沒想到卻進一步激化了矛盾，引起軒然大波。

1946 年 7 月 9 日和 10 日，莫洛托夫在巴黎外長會議上連續發表了兩個高調聲明，不僅內容與政治局的決議完全相同，文字也是經過斯大林親自修改和批准的。[4] 為了進一步向美國施加壓力，7 月 12 日《真理報》發表了題為《克萊將軍的非法行為》的長篇文章，指責美英錯誤地理解了波茨坦會議關於經濟統一的原則，停止拆除賠償設備的行動破壞了波茨坦會議關於賠償問題的決議。[5]

蘇聯的聲明在西方引起了意想不到的強烈反應。美、英、法以及德國西部地區的社會輿論普遍指責蘇聯一方面在其佔領區採取高壓手段實現政治控制和經濟賠償，一方面卻呼籲德國統一和建立中央行政機構，

1　唯一對局勢感到擔憂的是副外長李維諾夫，他在 6 月 18 日對美國駐莫斯科記者發表談話時說，目前的國際形勢不容樂觀，因為東西方的分歧過於深刻；分歧的原因是意識形態的衝突，而和平共處的基礎是大國之間的和解。見 *FRUS*, 1946, V ol. 6, pp. 763-765。儘管李維諾夫聲明這只是個人的看法，兩個月後他還是被解除了職務。見 СССР и германский вопрос, Том. 2, с. 49-50、806-807。

2　Alan Bullock, *Ernest Bevin: Foreign Secretary 1945-1951*, New York, London: W. W. Norton & Company, 1983, p. 267.

3　*FRUS*, 1946, Vol. 2, p. 204.

4　Внешняя политика Советского Союза, Документы и материалы, 1946 год, с. 233-237、238-241；АВПРФ, ф. 06, оп. 8, п. 31, д. 481, л. 10//СССР и германский вопрос, Том. 2, с. 620.

5　Правда, 12 июля 1946, 3-й стр.

甚至一反常態要求提高德國的工業水平，特別是對蘇聯重提 100 億美元的賠償，感到驚訝和憤怒。[1] 美國政府則立即開始考慮反制措施。

7 月 11 日，貝爾納斯向英法提出將西方盟國佔領區合併的建議，其目的就是為了加速經濟上的統一。[2] 對此尚不知情的莫洛托夫在 12 日與貝爾納斯會談時還在幻想美國會在壓力下做出讓步，他按照斯大林的旨意提出，只要盟國同意蘇聯在一定時間內得到 100 億美元的賠償，同時保證讓蘇聯參與對包括魯爾地區在內的德國經濟的聯合控制，蘇聯就可以接受美國關於薩爾地區（劃給法國）的建議，並執行波茨坦關於將德國作為經濟統一體的決定。[3] 當然，這只能是幻想。

7 月 17 日，英佔區司令官在新聞發佈會上宣佈，原普魯士的萊茵省北部將與威斯特伐利亞省合併，蘇聯在柏林代表團的擔心和警告 —— 魯爾將成為西方集團經濟基地，就要變成現實了。[4] 7 月 20 日，美國正式向盟國管制委員會提出美英佔領區合併的方案。此前英國已表示可以接受這個建議，而美國同意將薩爾劃歸法國也堵住了巴黎的嘴。7 月 30 日，英國政府宣佈同意與美佔區合併。[5] 美英打出的一套「組合拳」令莫斯科有些手忙腳亂。顯然是不知如何應對，7 月 20 日管制委員開會，索科洛夫斯基竟然迴避對美國提案的立即討論。[6] 10 天以後，即英國表示願意成立雙佔區的當天，蘇聯才提出新的主張。索科洛夫斯基在管制委員會發

---

1 АВПРФ, ф. 082, оп. 30-б, п. 158, д. 2, л. 20-45//СССР и германский вопрос, Том. 2, с. 649-669.
2 7 月 18 日克萊接到華盛頓的指示，要求各佔領區在經濟上加強合作與交流，以改善經濟狀況。為此似乎需要在經濟部門做出一些行政安排，但只有在四個佔領區都加入的情況下，才有可能提出建立中央行政部門的建議。Clay, *Decision in Germany*, pp. 165-166.
3 АВПРФ, ф. 06, оп. 8, п. 2, д. 10, л. 22-24//СССР и германский вопрос, Том. 2, с. 642-644, 斯大林給莫洛托夫的指示見 *Севостьянов Г. Н. (под. ред.)* Советско-американские отношения, 1945-1948, с. 289。
4 СССР и германский вопрос, Том. 2, с. 74.
5 McNeill, *America, Britain & Russia*, pp. 727-729; Ostermann, *Between Containment and Rollback*, pp. 49-50.
6 СССР и германский вопрос, Том. 2, с. 64-65.

言，批評美國的建議違背波茨坦會議精神，無助於實現德國經濟統一，忽視了德國的政治統一，其結果可能會造成分裂局面；而蘇聯的政策是堅決遵守德國政治和經濟統一的原則，支持促進各區之間交流的任何措施。索科洛夫斯基主張儘快建立一個全德中央行政機構，首先可以成立一個專門機構以促進佔領區之間的貿易。[1] 還有消息透露，科爾帕科夫表示蘇聯「願意修改工業水平協議」，以提高德國工業水平換取從當前產品中提取賠償。[2] 寧可接受建立中央行政機構的建議（這與莫洛托夫的高調聲明可以吻合），也不能讓美英佔領區合併，這表明莫斯科實際上開始退縮了，儘管嘴上還很強硬。對此，克萊和在柏林的美國人滿懷希望，反應積極，但華盛頓態度冷漠。[3]

　　不顧蘇聯政府的反對，美英政府加快了兩區合併的速度。8 月 9 日，成立了兩區管制委員會。8 月 20 日，美國和英國佔領當局指示兩個區的土地委員會參與合併計劃的具體制定。[4] 8 月 23 日，英佔區軍政府頒佈法令，將北萊茵省和威斯特伐利亞省合併為新的北萊茵 - 威斯特伐利亞州[5]，從而徹底打破了蘇聯關於對魯爾地區實行國際共管的計劃。9 月 3 日，農業、工業、運輸等 5 個兩區行政機構被批准成立。9 月 5 日，美英就兩區經濟合作原則和建立雙佔區經濟委員會達成協議。[6] 在這一切行動完成後，9 月 6 日貝爾納斯在斯圖加特發表演說，全面闡述了美國對德國的政策。談到賠償問題時，貝爾納斯明確表示美國不贊成把現有產品作為賠償，

1　*FRUS*, 1946, Vol. 5, pp. 585-586.

2　Laufer, "Stalin and German Reparation", pp. 19-20.

3　Ostermann, *Between Containment and Rollback*, pp. 74-75、276; Laufer, "Stalin and German Reparation", pp. 19-20.

4　*Белецкий В. Н.* За столом переговоров. Обсуждение германских дел на послевоенных международных совещаниях и встречах, Москва: Полиеиздат, 1979, с. 36.

5　Military Government Gazette Germany-British Zone of Control, https://www.lwl.org/westfaelische-geschichte/que/normal/que1167.pdf.

6　*Белецкий* За столом переговоров, с. 36.

批評盟國管制委員會未能採取必要措施保證德國成為統一經濟體，要求向上調整德國工業水平計劃以使德國經濟自給自足。至於美英佔領區的合併，貝爾納斯強調，「如果不能確保完全統一，我們將竭盡全力確保最大程度的統一」。[1] 無論歷史學家對這個演說的總體評價存在怎樣的分歧，但有一點是肯定，它標誌着對美國早期對德懲罰性政策和 JCS-1067 指令的修正，也是對莫洛托夫聲明的回應。

這樣，美蘇兩國的對德政策都呈現出明顯的反向變化。蘇聯由主張削弱德國轉向呼籲德國復興 —— 儘管具有濃厚的策略色彩；美國則由主張「統一德國經濟」轉向「統一西佔區經濟」—— 儘管表面上是一種退卻。面對美國的「新方針」，已到達巴黎準備出席外長會議的莫洛托夫十分緊張，9 月 8 日要求各有關部門在兩天內拿出分析意見，9 月 11 日又在大使館組織代表團成員進行討論。[2] 雖然所有的報告都一致認定貝爾納斯的演說是針對蘇聯的，但看法各異，分歧很大。[3] 結果，除了莫洛托夫 9 月 17 日發表了一個關於波蘭西部邊界問題的聲明[4] 外，蘇聯政府沒有任何公開的反應。不過，雙方的往來並沒有停止。從 1946 年 9 月到 1947 年初，美蘇在對德政策的溝通和爭論中存在着三條並行而相互關聯的線索：通過頻繁的非正式會談討論具體的賠償方案；關於如何處理雙佔區問題和組建德國中央機構的談判；關於簽訂德國非軍事化條約的交涉。

美蘇非官方的多次接觸中，似乎一度勾勒出在賠償問題達成妥協的輪廓。克萊和墨菲一如既往地推動與蘇聯就賠償問題達成協議，他們主

1　Balfour and Mair, *Four Power Control in Germany and Austria*, pp. 141-142; Paterson, *Soviet-American Confrontation*, p. 256.

2　АВПРФ, ф. 06, оп. 8, п. 30, д. 464, л. 42、44-45//СССР и германский вопрос, Том. 2, с. 693、81.

3　АВПРФ, ф. 0431, оп. 2, п. 11, д. 48, л. 73-74、75-77、85-86; ф. 06, оп. 8, п. 30, д. 464, л. 26-31//СССР и германский вопрос, Том. 2, с. 694-695、695-697、697-699、699-703. 文件集編者透露，檔案館中保存的書面報告共有 10 份之多，雖然發表出來的只有 4 份。

4　Внешняя политика Советского Союза, Документы и материалы, 1946 год, с. 188-191.

張只要蘇聯接受經濟統一的原則，在成立中央管理機構和提高德國工業水平的情況下，可以答應從現有產品中提供賠償，但需在德國工業全面恢復之後，這大概要在 5 年之後。對此，頂替科爾帕科夫與克萊談判的蘇聯駐德軍政府主官（朱可夫已奉命回國）索科洛夫斯基表示歡迎，他希望繼續以這種非正式的方式與美國接觸。在給斯大林和莫洛托夫的報告中，索科洛夫斯基指出，賠償問題應該在全德範圍內得到解決，而克萊的建議是朝着努力解決賠償問題的方向「邁出的重要一步」，並「具有一定的可操作性」。[1] 然而，美蘇雙方畢竟隔閡已深，而雙方第一線官員達成的妥協也沒有得到各自政府的認可。[2] 談判很快就擱淺了。首先是美國不顧蘇聯的反對，11 月 19 日獨自在美佔區頒佈了「去卡特爾化」法令。[3] 接着是克萊與索科洛夫斯基在提高德國工業水平的幅度上發生爭執[4]，然後是 12 月蘇聯拒絕提供蘇佔區的賠償數據，引起美方強烈不滿。[5]1947 年 1 月 9 日美英在協調委員會的代表宣佈，如果蘇聯不提供蘇佔區的賠償數據，他們將無法提供有關經濟問題的報告。[6]

這就意味着討論賠償問題的管制委員會工作將被迫擱置。1 月 16 日蘇佔區在新聞裏播放了索科洛夫斯基的聲明，其中說到蘇佔區的工業水平應提高 2 — 3 倍。此事又引起轟動，克萊指責這樣做推翻了盟國以前商定的標準，是蘇聯「在德國問題上採取單邊行動的新政策的開始」。[7]2

1　АВПРФ, ф. 07, оп. 11, п. 13, д. 176, л. 6-8; ф. 059, оп. 16, п. 46, д. 294, л. 228-233//СССР и германский вопрос, Том. 3, с. 144-146、165-167. ГАРФ, ф. р-7317, оп. 4, д. 84, л. 88-105//*Фойтцик* Советская политика в отношении Германии, с. 339-357. 由於原料供應和運輸系統的問題，科爾帕科夫也對蘇佔區的經濟能否「自給自足」表示懷疑。見 СССР и германский вопрос, Том. 3, с. 37。

2　R. Harrison Wagner, "The Decision to Divide Germany and the Origins of the Cold War", *International Studies Quarterly*, Vol. 24, №2 (June 1980), p. 186; АВПРФ, ф. 7, оп. 19, п. 19, д. 236, л. 65. 轉引自 Laufer, "Stalin and German Reparation", p. 21。

3　СССР и германский вопрос, Том. 2, с. 797.

4　Laufer, "Stalin and German Reparation", pp. 20-21.

5　СССР и германский вопрос, Том. 3, с. 52.

6　АВПРФ, ф. 082, оп. 34, п. 154, д. 84, л. 13-14//СССР и германский вопрос, Том. 3, с. 221-223.

7　АВПРФ, ф. 082, оп. 34, п. 154, д. 84, л. 49-51//СССР и германский вопрос, Том. 3, с. 225、706.

月 8 日蘇聯駐德軍政府專家組得出結論：美英對德政策的目標是保存德
國的軍事潛力，並作為軍事集集團的基礎，致力於反對蘇聯。[1]

　　美國提出的建立中央行政機構和美英佔領區合併的主張是對蘇聯賠
償政策和目標致命的衝擊。1946 年 9 月 12 日，即在貝爾納斯講話後幾
天，第一個獨立的兩區聯合機構 —— 工商業經濟委員會辦公室便建立
起來。[2] 對於兩區合併的目標，美國駐德軍政府經濟主管 W. H. 德拉珀 10
月 11 日在雙佔區經濟執行委員會第三次會議上說，美國希望通過兩區合
併來實現經濟上的完全統一，如果可能也讓蘇佔區和法佔區加入，隨後
將建立臨時政府，但他警告德國人不要過早地進行政治試驗。[3] 克萊雖然
試圖利用蘇聯對賠償的需求引誘蘇聯同意實現經濟統一[4]，但他也完全清
楚這裏存在的政治風險。在 11 月應國務卿請求所寫的關於德國問題的全
面分析報告中，克萊提出，如果政治統一被證明不可能沿着民主路線進
行，那麼為賠償而進行的生產將會停止，也就不應該考慮批准為賠償而
生產的經濟統一計劃了。[5] 由於擔心蘇聯的影響會支配統一後的德國，美
國政府寧願看到德國分裂。9 月 15 日國務院德國政策委員會建議：如果
蘇聯在統一的問題上「繼續拖延」，美國就「應該與英國人，如有可能與
法國人一起，尋求德國西部的統一，並恢復該地區的經濟」，即使這意味
着「將德國分裂為東西部兩個國家」。這種論調在華盛頓頗有和聲。[6] 美
國駐蘇大使史密斯也認為，蘇聯正在尋求一切機會在加強控制東部的同

1　АВПРФ, ф. 082, оп. 34, п. 146, д. 8, л. 146-148//СССР и германский вопрос, Том. 3, с. 266-269. 這與 9
　月 27 日諾維科夫報告的結論完全一致。АВПРФ, ф. 06, оп. 8, п. 45, д. 759, л. 21-39//*Севостьянов
　Г. Н. (под. ред.)* Советско-американские отношения, 1945-1948, с. 312-322。

2　*Белецкий* За столом переговоров, с. 41.

3　Gimbel, *The American Occupation of Germany*, pp. 82、112-113.

4　克萊的本意如他的政治顧問墨菲所說，利用建立統一經濟管理機構的機會，「在蘇佔區引入
　民主的方式」。見 *FRUS*, 1946, Vol. 5, pp. 621-625。

5　Jussi M. Hanhimäki and Odd Arne Westad, *The Cold War, A History in Documents and Eyewitness
　Accounts*, New York: Oxford University Press, 2003, pp. 90-94.

6　Ostermann, *Between Containment and Rollback*, pp. 76-77.

時破壞西部的穩定，「如果有必要，我們必須準備接受德國東西部地區的進一步分離」，這是不可避免的。[1] 英美之間從 1946 年 7 月開始的交涉，經過長時間談判終於有了結果。12 月 2 日貝爾納斯和貝文繞過管制委員會簽署了兩區合併協議，雙佔區將於 1947 年 1 月 1 日正式建立。[2]

雙佔區建立的初衷和主要動機是儘快恢復德國經濟，以減少美英兩國的佔領費用和經濟補貼，但其直接後果就是免除或減少了德國西區的賠償義務 —— 這裏當然包括對蘇聯的賠償，而客觀上也加劇了德國走向分裂的步伐。這一點蘇聯人當然看到了。索科洛夫斯基 12 月報告說：為維持西區的經濟，「盟國被迫以犧牲本國利益為代價」，美英每年僅進口糧食就要支付 1.5 億和 3 億美元。而在蘇佔區，已有 3316 家企業因賠償而被拆除運往蘇聯，價值約 15 億美元。在這種情況下，一旦建立統一的經濟政策，制定單一的進出口計劃，必然對蘇聯不利。因此，由於經濟統一的工作（在蘇聯的反對下）受挫，美英正在努力與蘇佔區脫鉤。[3] 外交部美國司在分析美國對德政策的報告裏指出，美英佔領區經濟協定的簽訂，「是德國分裂的第一步」。[4] 在這種情況下，與其被動捱打，不如主動出擊。於是，在堅決反對成立雙佔區的同時，蘇聯採取了積極推動中央行政機構建立的行動。

首先看到這一機會的是德國統一社會黨領導人 W. 烏布利希，他在 1946 年 9 月 26 日簽署了一項給蘇聯佔領當局的備忘錄，建議成立在蘇聯領導下的德國中央經濟計劃管理機構，逐步將經濟領導權移交給德國

1　*FRUS*, 1947, Vol. 2, Council of Foreign Ministers; Germany and Austria, Washington, D. C.: GPO, 1972, pp. 139-142.

2　*FRUS*, 1946, Vol. 5, pp. 578-580、589-590、594-595、606-607、613-621、635-640、644-648.

3　ГАРФ, ф. р-7317, оп. 4, д. 84, л. 88-105//*Фойтцик* Советская политика в отношении Германии, с. 339-357.

4　АВПРФ, ф. 06, оп. 9, п. 47, д. 692, л. 191-211//*Севостьянов Г. Н. (под. ред.)* Советско-американские отношения, 1945-1948, с. 468-482.

人。10 月 6 日謝苗諾夫向外交部建議，接受烏布利希的要求，因為在佔領區建立德國政府勢在必行，這也是為統一社會黨獲取管理國家經驗、進一步組建全德政府的必要步驟。[1]10 月 10 日蘇聯駐德軍政府制定出建立德國中央工業委員會的建議，並於 11 月 14 日提交管制委員會。[2]1947 年 1 月 21 日財政部長茲韋列夫和蘇聯駐德軍事機關財政部主任 P. A. 馬列京聯名向莫洛托夫和斯大林報告，鑒於西方盟國堅持要在管制委員會下建立全德統一的銀行機構，他們建議，如能保障完全支付蘇聯的佔領費用和對蘇賠款，可以考慮接受這一主張。[3]1 月 27 日，諾維科夫和斯米爾諾夫在擬定的給外長會議蘇聯代表團指示草案中指出，目前在德國還沒有條件建立中央政府，可以向管制委員會建議立即着手組建德國中央行政機構，規定其任務和權利範圍。[4]1 月 29 日，莫洛托夫向斯大林呈送了蘇聯關於德國中央行政機構和國家組織的草案。[5]1 月 31 日斯大林對德國統一社會黨領導人的談話，反映了此時蘇聯的心態和策略：單純的經濟聯合就只能是佔領者的聯合；中央政府建立得越快，德國的恢復也就越快；德國聯合的口號應當在你們手裏；如果不能在短時期內爭取建立中央政府，就需要在蘇佔區裏聯合起來。[6]於是，2 月 25 日索科洛夫斯基在管制委員會發表聲明，嚴厲批評了英美佔領區合併的做法和西方的聯邦化統一方案。聲明指出，德國必須是一個承擔賠償義務的民主國家，「只有在這個基礎上，而不是在英美兩區協議中規定的錯誤概念的基礎上，我們才能也必須毫不遲疑地將德國的政治和經濟統一付諸實施」。[7]

1　АВПРФ, 0457-а, оп. 4, п. 20, д. 52, л. 297-299//СССР и германский вопрос, Том. 3, с. 124-126.

2　СССР и германский вопрос, Том. 2, с. 65.

3　АВПРФ, ф. 06, оп. 9, п. 48, д. 704, л. 7-13//СССР и германский вопрос, Том. 3, с. 226-228.

4　АВПРФ, ф. 0431, оп. 4, п. 5, д. 17, л. 1//СССР и германский вопрос, Том. 3, с. 236-237.

5　АВПРФ, ф. 0431, оп. 4, п. 5, д. 17, л. 2-5//СССР и германский вопрос, Том. 3, с. 243-244.

6　РЦХИДНИ, ф. 17, оп. 128, д. 1091, л. 43-54//Исторический Архив, 1994, №4, с. 35-41.

7　Внешняя политика Советского Союза, Документы и материалы, 1947год, Часть вторая, Москва: Государственное издательство политической литературы, 1952, с. 416-422.

　　到 1947 年 3 月國際局勢愈發緊張，英國無力應對希臘和土耳其危機，「邀請」美國干預歐洲事務，而顯示美國進入歐洲決心的杜魯門主義在國會順利通過，則表明政治右傾在美國已成大勢所趨。軍人出身的馬歇爾接替貝爾納斯出任新國務卿，似乎也象徵着美國對外政策將走向強硬。[1] 就連一向主張與蘇聯合作的克萊，也對「共產主義的快速滲透」提出了警告。[2] 在德國問題上，當美國決策者終於意識到歐洲的生存取決於德國的經濟復甦時，美國對德政策的「摩根索陰影」開始徹底消除。美蘇關於賠償問題毫無進展的長期爭論消磨了所有人的信心，甚至美國駐德軍政府內部也出現了創造一個「我們自己的鐵幕」的聲音。[3] 在這種劍拔弩張氣氛中開幕的莫斯科外長會議，終於使美蘇在賠償問題上分道揚鑣了。

美蘇在賠償問題上分道揚鑣

　　蘇聯為召開莫斯科會議做了精心的、充分的準備。早在 1947 年 1 月 6 日部長會議就命令莫斯科市組成專門的政府委員會，負責從酒店安排到通信聯絡的會務工作。外交部還組織了政治和組織委員會，負責準備各種材料和談判方案。宣傳和輿論工作也在年初就開始佈置了。[4] 莫洛托夫甚至準備了蘇聯一直避而不談的有關蘇佔區的各方面信息，如設備拆除和所得賠償數額、佔領軍人數、佔領費用、貨幣發行、戰俘處理等等。莫洛托夫在給斯大林的報告中提出，只要西方盟國承認蘇聯的賠償要求，

1　馬歇爾 1 月上任後便開始為莫斯科會議做準備，在安排代表團人選時，馬歇爾邀請了幾位對蘇關係的「鷹派」人物：杜勒斯（J. F. Dulles）、參議員范登堡（A. H. Vandenberg）、波倫和前駐蘇大使史密斯等人。Philip Zelikow, "George C. Marshall and the Moscow CFM meeting of 1947," Diplomacy and Statecraft, Vol. 8, №2 (July 1997), p. 103.

2　Leffler, *A Preponderance of Power*, p. 154.

3　Ostermann, *Between Containment and Rollback*, p. 276.

4　СССР и германский вопрос, Том. 3, с. 703、70-71.

就可以提供這些「真實的」材料和數據。[1]3 月 8 日，莫洛托夫還向斯大林報告了會議議程以及蘇聯在所有涉及德國問題上的立場和應對方案。[2]莫斯科外長會議是四大國討論德國問題時間最長、涉及問題最全面的一次會議，共舉行了 43 次正式會議，4 次閉門會議，還有一系列雙邊會談，僅部長級全體會議就佔用了 134 小時 55 分鐘，會議編寫的文件多達 157 份。[3]蘇聯對這次會議充滿了希望，結果卻大失所望。

根據莫洛托夫 3 月 8 日給斯大林的報告、科瓦利 3 月 11 日起草的準備提交外長會議的管制委員會關於德國賠償問題的決議草案[4]、莫洛托夫和維辛斯基在會議期間的發言和聲明[5]，以及外交部給蘇聯代表團的指示[6]，可以歸納出蘇聯在會議上提出的有關賠償問題的各項要求和建議。然而，會議一開始就陷入了蘇英代表之間的激烈爭吵，接着是蘇美代表之間的直接對陣，除了在個別條款上互有讓步外，一個半月下來，最終也沒有在任何一個重要的和有意義的問題上達成協議。[7]

關於賠償計劃的執行問題。 蘇聯堅決要求會議通過一項決議，確認蘇聯有權從德國得到 100 億美元（按 1938 年的世界價格計算）的賠償，包括從西部地區運往蘇聯的工業設備和現有產品；西部地區運往蘇聯和

1　АВПРФ, ф. 0431, оп. 4, п. 5, д. 20, л. 125-129//СССР и германский вопрос, Том. 3, с. 285-289.

2　АВПРФ, ф. 0431, оп. 4, п. 4, д. 12, л. 1-8//СССР и германский вопрос, Том. 3, с. 289-295.

3　*Белецкий* За столом переговоров, с. 45-46.

4　АВПРФ, ф. 0431, оп. 4, п. 7, д. 33, л. 16-19//СССР и германский вопрос, Том. 3, с. 300-302.

5　Внешняя политика Советского Союза, Документы и материалы, 1947год, Часть первая, Москва: Государственное издательство политической литературы, 1952, с. 412-433、437-442、457-470、473、479-520、529-530.

6　АВПРФ, ф. 0431, оп. 4, п. 4, д. 12, л. 81-88、80//СССР и германский вопрос, Том. 3, с. 322-328、330-331.

7　以下關於蘇聯的要求和建議均摘自上面所引檔案文獻，不再一一出註。

其他國家的設備拆除工作應在 1948 年 7 月 1 日以前完成[1]，而蘇佔區的拆除工業必須在 1947 年 7 月 1 日以前完成（後同意清理德國軍事工業潛力的計劃可以稍微推遲）；整個賠償計劃必須在 10 年以內完成（後延長到 20 年）；為提高德國的賠償能力，建議修改 1946 年 3 月的賠償計劃，將德國工業水平平均增長率調至 20%，鋼的年產量達到 1000 — 1200 萬噸。鑒於西方不同意現有產品賠償，蘇聯代表強調：雅爾塔會議認可的有三種賠償形式：工業設備、現有產品和使用德國勞工。波茨坦會議雖然集中討論的是拆除設備問題，但是並沒有反對從現有產品中進行賠償。總之，用莫洛托夫非常生硬的話說，「對蘇聯而言，不解決賠償問題就不可能解決德國問題」。此外，為了加強賠償工作，蘇聯還要求立即恢復聯合賠償委員會的工作。

美國對賠償問題也給予極大關注。「鑒於賠償問題在即將召開的莫斯科外長會議上可能具有的特殊重要性」，杜魯門決定將有關賠償程序的「所有權力和責任」集中交給國務卿馬歇爾，而派專門負責賠償事務的波利作為特別顧問隨行。[2] 但美國堅決反對給予蘇聯 100 億美元的賠償，指出這已經是被波茨坦會議否定的方案。[3] 美國堅持的賠償方針也與蘇聯

---

1 根據美國軍政府的報告，截止 1947 年 3 月底，美佔區運往蘇聯的賠償設備為 66981 噸運，價值 4524.6 萬馬克，按戰前官方匯率計算約 1800 萬美元（Sutton, *Western Technology and Soviet Economic Development, 1945-1965*, p. 28）。莫洛托夫在莫斯科會議上宣佈，到 1947 年 1 月 1 日，蘇聯從西部地區得到賠償物資只有 1250 萬美元（Внешняя политика Советского Союза, Документы и материалы, 1947 год, Часть первая, Москва: Государственное издательство политической литературы, 1952, с. 429）。需要說明的是，蘇聯是按照戰後市場匯率計算（1：3.5）的，實際上按照馬克計算的價值與美國提供的數字相差無幾。問題是，根據管制委員會通過的計劃，西部地區應該交付蘇聯的賠償總額為 4.5 億馬克，合 1.8 億美元（ГАРФ, ф. р-7317, оп. 4, д. 20, л. 252-254//Кнолль Советская военная администрация в Германии, с. 406-408），也即是說，到莫斯科會議時，該計劃只完成了 10%。所以，蘇聯的要求就是必須在 15 個月內完成剩餘的 90% 的賠償計劃。

2 *FRUS*, 1947, Vol. 2, pp. 1104-1105.

3 АВПРФ, ф. 06, оп. 9, п. 47, д. 692, л. 191-211//*Севостьянов Г. Н.* (под. ред.) Советско-американские отношения, 1945-1948, с. 468-482.

不同，即在經濟統一的原則下，除了設備拆除和作為交換給予蘇聯的賠償物資，整個賠償計劃必須在德國經濟實現國際收支平衡後才能執行。也就是說，現有產品根本不能列入賠償範圍。為此，國務院在制定方案時，刪掉了美國軍政府關於在提高德國工業水平的條件下允許從現有產品中進行賠償的建議。[1] 在會議的第一和第二階段，爭論的中心都是賠償問題，重點是現有產品問題。[2] 在 3 月 22 日的私下會談中，當貝文問到波茨坦賠償協定是否完全取代了雅爾塔協議，並詢問美國對拒絕從現有產品中支付賠償的立場到底有多麼堅定時，馬歇爾告訴他，「波茨坦協定完全取代了雅爾塔會議關於賠償的表述」。美國代表團目前認為「不做任何讓步是非常重要的」，「特別是與賠償有關的方面」，即使波茨坦會議有過讓步。[3] 談判進行得的確很艱難，僵持到最後階段時，馬歇爾向杜魯門報告說，美國代表團是否可以做一點讓步，可以考慮現有產品的賠償，但前提條件是在德國民主政府下「擁有有效的人權和基本自由保障」以及不增加佔領國的經濟負擔。[4] 杜魯門 4 月 1 日回電，要求馬歇爾採取毫不妥協的立場。美國代表團當天便拒絕再討論賠償問題。[5]

關於經濟統一原則和雙佔區問題。莫洛托夫指出，英美佔領區的合併造成了德國的分裂，違背了經濟統一的原則，特別是沒有考慮在此區域履行賠償義務。因此，該協議的基礎是錯誤的，必須廢除。蘇聯建議在德國建立幾個中央經濟部門，在保證經濟統一原則的同時，必須解決賠償問題。針對蘇聯對雙佔區的指責，美國在會上答覆說，兩區協議正

1　Merrill（ed.）, *Documentary History of the Truman Presidency, Vol. 3*, pp. 363-368; Ostermann, *Between Containment and Rollback*, p. 78.

2　關於會上的爭論，詳見 *FRUS*, 1947, Vol. 2, pp. 257-265; Merrill（ed.）, *Documentary History of the Truman Presidency, Vol. 3*, pp. 400-401。

3　*FRUS*, 1947, Vol. 2, pp. 273-275、299-301.

4　*FRUS*, 1947, Vol. 2, pp. 289-291、295-297、298-299.

5　*FRUS*, 1947, Vol. 2, pp. 301-303、303-304.

是「由於未能將德國作為一個經濟單位而產生的經濟混亂迫使美國和英國簽訂的」。[1]馬歇爾在討論中從 6 個方面為美國的兩區合併協議做了長篇辯護，強調「解決德國問題的關鍵是經濟聯合」，認為這對佔領的成功和未來世界和平至關重要，併再次邀請蘇聯和法國在同一基礎上參與進來。為了表明美國決不妥協的姿態，馬歇爾完全是按照事先準備好的發言稿宣讀的，時間之長（含翻譯）以至「連莫洛托夫都坐不住了」。[2]在 3 月 31 日關於經濟和政治統一的最後討論中，馬歇爾堅持，無論如何，在「經濟和政治統一真正建立起來之前」，任何賠償計劃都不會生效。[3]

　　關於德國臨時政府的組織形式和國家制度。蘇聯的方案是：作為建立德國臨時政府的第一步，應根據波茨坦會議的決定，建立德國中央財政、工業、運輸、通信和外貿等行政部門；指示控制委員會在民主黨派、自由工會和其他反納粹組織以及各州代表的參與下制定一部臨時民主憲法；根據德國臨時憲法舉行選舉，選舉後應成立德國臨時政府。至於德國的國家制度，蘇聯反對美國的聯邦制方案，建議通過全民投票的方式選舉在管制委員會直接監督下的中央政府。核心問題是中央政府必須履行包括賠償義務在內的所有義務，所以權力必須集中。美蘇都不反對在德國建立中央行政機構，關鍵問題是蘇聯主張中央集權制而美國和英國都主張聯邦制。在 4 月 8 日的討論中，馬歇爾解釋說，美國希望避免建立一個可能很容易轉化為專制政府性質的中央政府。莫洛托夫說，這個問題可以交給德國人民通過投票來選擇。貝文堅決反對，他回顧說，德國人民在不久前曾兩次「支持了一個中央集權的德國」。由於爭執不下，會議放棄了這個話題。接下來在關於臨時政府的討論中，美國、英國和

1　*FRUS*, 1947, Vol. 2, pp. 325-328.

2　*FRUS*, 1947, Vol. 2, pp. 255-257. 莫洛托夫在外交談判中以堅韌和耐心著稱，以至羅斯福給他起了一個綽號 ——「石臀」。見 *Печатнов* На этом вопросе, с. 99-100。

3　*FRUS*, 1947, Vol. 2, pp. 298-299.

法國代表團同意，除了明確授予中央政府的權力外，所有權力都應歸屬
州。莫洛托夫堅持認為，中央政府有權承擔起履行德國對盟國義務的責
任。雖然莫洛托夫同意刪去「安全警察」權力一條，但在保留給中央政
府權力的問題上各方立場分歧很大，最後也因無法達成協議而擱置。[1]

關於魯爾工業區的地位問題。蘇聯堅持要求外長會議形成一項決
定，對魯爾工業區實行國際監督，由四大國共同控制；魯爾地區的工業
除滿足德國經濟需求外，必須用於賠償。對此，馬歇爾在 4 月 11 日的會
議上說，美國贊成對包括魯爾工業區在內的整個德國實行四方控制，但
反對為魯爾區建立一種單獨的制度。美國認為，對整個德國實行國際控
制的障礙是未能實現德國的經濟統一；一旦實現經濟統一，魯爾地區的
問題就解決了。[2]在這個問題也沒有形成一致意見。

關於波蘭西部邊界的劃分問題。斯大林對美國提出這個問題很惱
火。蘇聯認為，波蘭的西部邊界（波德邊界）以及從割讓地區遷走德國
人，都是在波茨坦會議上確定的，是「最終決定」，後來也得到了法國政
府認可，因此不容更改。馬歇爾在 4 月 9 日發表了關於波德邊界的聲明，
承認東普魯士南部和德國上西里西亞應該成為波蘭的領土，但要有充分的
保障措施，以確保其煤炭和其他資源的可用性，幫助維持歐洲的經濟。美
國提議成立特別邊界委員會，以便修改波德邊界並作出適當的經濟安排。
莫洛托夫反駁說，波蘭西部邊界已是「永久邊界」，波蘭會對經濟問題作
出安排，並斷然拒絕了成立特別委員會的建議。隨後，美蘇就波茨坦會議
是否最終確定了波德邊界問題展開了激烈辯論。會談無果而終。[3]

1　*FRUS*, 1947, Vol. 2, pp. 313-315、317-319. 在後來美英之間關於雙佔區經濟管理的談判中，墨菲
　　把美國對建立嚴格的中央控制的德國經濟的擔心表達得非常清楚：「這看起來像是在直接引
　　入社會主義控制，為兩區的完全社會化鋪平道路。」見 *FRUS*, 1947, Vol. 2, pp. 909-911。

2　*FRUS*, 1947, Vol. 2, pp. 325-328.

3　*FRUS*, 1947, Vol. 2, pp. 320-323.

關於德國非軍事化條約問題。蘇聯提出對美國的非軍事化條約草案必須進行實質性修改，增加關於魯爾地區、去卡特爾化、民主化（如土地改革）等條款，結束佔領的期限為 40 年，而不是美國建議的 25 年。佔領德國的目的是為了實現德國的非軍事化和民主化，並確保德國履行對盟國的賠償和其他義務，其中「賠償義務優先於其他所有義務」。蘇聯還建議條約的名稱改為「關於德國非軍事化和防止德國侵略的條約」，由美蘇英法四國簽署。馬歇爾在 4 月 15 日的討論中反對蘇聯為非軍事化條約增加的一些與主題不相干的條款，認為這將「完全改變條約的範圍和目的」，況且在這些條款上存在很大分歧意見，蘇聯把這些分歧引入討論，「實際上意味着沒有四方條約」。在莫洛托夫發表了長篇大論後，鑒於無法達成協議，馬歇爾建議「轉到下一個項目」。[1]

在莫斯科會議期間，美國代表團內部其實爭論非常激烈，經濟專家一般都主張與蘇聯妥協，但國務院的官員態度非常強硬，馬歇爾居中調解，經過很大努力最後才拿出一個折中方案。然而，這一方案不僅沒有得到華盛頓的支持，也被蘇聯代表團所忽視。克萊的感覺是，「更可能的是，蘇聯代表團不希望在這次會議上達成任何真正的協議」。[2] 蘇聯當然希望會議能達成協議，只是要價太高，又不願意做出讓步。

綜上所述，莫斯科會議討論的所有議題，幾乎都牽涉到令人頭疼的賠償問題，也正是因為如此，會議一無所獲。[3] 英國代表早就不耐煩了。貝

1　*FRUS*, 1947, Vol. 2, pp. 334-336. 傑卡諾佐夫早在 1946 年 5 月給斯大林的報告就指出，蘇聯不能接受美國提出的條約草案，主要理由之一就是「它完全沒有確保能夠繼續收到德國的賠償」。見 АВПРФ, ф. 06, оп. 8, п. 60, д. 1010, л. 43-46//СССР и германский вопрос, Том. 2, с. 519-522。

2　Clay, *Decision in Germany*, p. 150. 關於美國代表團內部的爭議，參見 Philip Zelikow, "George C. Marshall and the Moscow CFM meeting of 1947," *Diplomacy and Statecraft*, Vol. 8, №2 (July 1997), pp. 106-112。

3　蘇聯外交部 4 月 12 日舉行記者招待會，維辛斯基在最後回答美國記者關於各方代表觀點難以協調的原因這一問題時說，記者們提出的問題和我的回答已經表明，「分歧涉及賠償這樣一個主要問題」。Внешняя политика Советского Союза, Документы и материалы, 1947год, Часть первая, с. 377-383.

文在會議結束前 10 天就抱怨說，他在莫斯科呆了 4 個星期，結果什麼也沒有做，他已經不關心會議接下來要討論什麼了。[1] 法國和英國代表都無心戀戰，急於回國，馬歇爾也感到「如此毫無成果的會議應該結束了」，只是不願直說罷了。[2] 美國人確實感到非常失望，在 4 月 15 日與斯大林的會談中，馬歇爾絲毫沒有掩飾這種情緒。反而是蘇聯人顯得比較沉得住氣，斯大林甚至勸說馬歇爾「不應悲觀」，這次會議只是試探性的，或許下一次會議就能取得成果。斯大林一再談到美國答應戰後繼續援助蘇聯（主要指貸款），卻遲遲沒有兌現，最後又向馬歇爾表示蘇聯的態度是「真誠的、開誠佈公的」。[3] 由此看來，莫斯科會議的結局完全是斯大林意想不到的。1946 年夏天的局面已經很緊張，但蘇聯錯誤判斷形勢，重提 100 億美元的要求，結果是火上澆油。莫斯科會議本來是一次（甚至是最後一次）妥協的機會，但蘇聯反而進一步加碼，竟然提出了完成賠償的時間表，看來是想做最後一搏。從斯大林談話的口氣看，蘇聯可能有些後悔，或許真的還期望有下一次解決賠償問題的會議。然而，機不可失，時不再來。

蘇聯人萬萬沒有想到，馬歇爾回國後一個多月，美國便啟動了一個為重振歐洲經濟提供動力的歷史性項目 —— 馬歇爾計劃。由於巴黎會談受挫，再加上莫斯科獲取的情報顯示美國本無意援助蘇聯，斯大林在一怒之下做出了一個戰略性的錯誤決策 —— 蘇聯及其控制的東歐國家宣佈拒絕參加馬歇爾計劃。[4] 莫斯科的這一決定，其實正中美國人下懷。蘇聯主動與歐洲經濟乃至世界經濟體系脫鈎，不僅承擔了分裂歐洲的責任（從

1　*FRUS*, 1947, Vol. 2, pp. 313-315.

2　*FRUS*, 1947, Vol. 2, p. 351.

3　АВПРФ, ф. 06, оп. 9, п. 71, д. 1104, л. 29-39//*Севостьянов Г. Н. (под. ред.)* Советско-американские отношения, 1945-1948, с. 406-413; *FRUS*, 1947, Vol. 2, pp. 337-344.

4　詳見本書第七章。

國際輿論角度看確是如此），給自己帶來一系列壓力和負擔，也為美國在德國賠償問題上採取單邊行動提供了機會和藉口。馬歇爾計劃雖然是援助歐洲的計劃，但是正如希契科克所說，這一計劃「最直接的戰略性政治影響體現在美國對德政策上」。[1] 蘇聯最頭疼、最擔心的就是馬歇爾計劃把德國包括在內，儘管哈佛大學的講演沒有專門提到德國，但有足夠的證據表明，馬歇爾早期規劃的主要目的之一是尋找一種快速實現德國復甦的方法，只是為了讓美國國會和歐洲公眾容易接受，才避免特別提出德國問題。[2] 很顯然，德國經濟在歐洲的重要地位和影響必然使其在歐洲經濟復興中發揮不可替代的作用。[3] 美國國務院制定這一計劃的立場是：「歐洲的復興和德國的復興是一個問題的兩個方面，一個健全的德國經濟不可能在一個一蹶不振的歐洲生存，就像沒有一個穩定、民主的德國，歐洲的重建也不可能實現一樣。」[4] 實際上，馬歇爾計劃的出台使美國擺脫了在對德佔領政策上的矛盾：既要儘快恢復雙佔區的經濟，又要完成雙佔區的賠償計劃。而蘇聯拒絕參與這一計劃，確實為美國單獨處理德國西部地區的賠償問題創造了條件和空間。

現在輪到美國採取單邊行動了。1947 年 7 月以後，關於德國工業水平計劃的討論只是美、英、法三國代表之間開展的業務，完全排除了蘇聯和管制委員會。[5] 10 月 17 日美英駐德軍政府公佈了西部地區拆除企業的最後清單，事前既沒有與蘇聯商量，事後也完全不理睬蘇聯的反應。[6] 同

1　William I. Hitchcock, "The Marshall Plan and the Creation of the West", in Melvyn P. Leffler, and Odd Arne Westad (eds.), *The Cambridge History of the Cold War, Vol.* I, *Origins*, New York: Cambridge University Press, 2010, p. 166.

2　Gimbel, *The American Occupation of Germany*, p. 151.

3　關於這方面的專門研究參見：Charles S. Maier and Günter Bischof (eds.), *The Marshall Plan and Germany: West German Development within the Framework of the European Recovery Program*, New York and Oxford: Berg Publishers Limited, 1991。

4　*FRUS*, 1947, Vol. 2, pp. 1004-1005.

5　詳細情況參見 *FRUS*, 1947, Vol. 2, pp. 986-1072。

6　Gimbel, *The American Occupation of Germany*, pp. 177-178.

樣，德國賠償問題的討論和賠償物資的分配，也只在沒有蘇聯參與其中的盟國間賠償機構（IARA）內部進行。[1]8 月 22 — 27 日，美英法三國不顧蘇聯的抗議，單獨在倫敦舉行會議，討論雙佔區工業水平和魯爾區礦山的管理和控制，並且發表了公報。美國國務院和戰爭部事先簽署的一項備忘錄指出，對於上述兩個問題，任何其他國家都沒有投票權、否決權和決定權。[2]往日作為賠償問題主管機構的管制委員會已成死水一潭，用蘇聯駐德軍政府 9 月報告中的話說，管制委員會幾個月來沒有討論任何重要問題，實際上成了就不同意見發「牢騷」的場所。[3]蘇聯代表團還聽到了管制委員會即將解散的「謠言」，以致準備好的建議也不再提交了。[4]西方唯一感興趣的對等交付工作（蘇聯交付食品和原材料以換取作為賠償從西部地區獲得的 15% 的工業設備），也因商品價值、交貨地點和貨物來源等問題的爭執而一再拖延，到 10 月 2 日勉強完成第一次交付後即終止了。[5]

　　馬歇爾計劃宣佈和蘇聯拒絕加入的消息傳開以後，歐洲反響極大，莫斯科的聲譽和地位一落千丈。1947 年 10 月美國軍政府在德國西部地區做了一次民意調查，63% 的人相信美國會公平對待德國，45% 的人信任英國，法國只得到 4%，而蘇聯則是零。[6]蘇聯充分看到了局勢的嚴重性和

1　詳細情況參見 *FRUS*, 1947, Vol. 2, pp. 1017-1047、1108-1116。該機構於 1945 年 12 月 21 日成立，總部設在布魯塞爾，成員除英美外，主要是西歐和英聯邦國家，東歐國家有阿爾巴尼亞、捷克斯洛伐克和南斯拉夫。

2　Gimbel, *The American Occupation of Germany*, p. 154; Konrad Adenauer, *Memoirs, 1945-1953*, Translated by Beat von Oppen, Ghicago: Henry Regnery Company, 1966, pp. 101-106.

3　АВПРФ, ф. 082, оп. 34, п. 154, д. 79, л. 57-70//СССР и германский вопрос, Том. 3, с. 486-497.

4　СССР и германский вопрос, Том. 3, с. 57-58.

5　*FRUS*, 1947, Vol. 2, pp. 1121-1122; ГАРФ, ф. р-7317, оп. 4, д. 17, л. 396-397//Кнолль Советская военная администрация в Германии, с. 690-691. 但成交額少得可憐，蘇聯總共交付的金額不足 600 萬馬克（約 150 萬美元），僅佔規定數額的 12%。見 Sutton, *Western Technology and Soviet Economic Development, 1945-1965*, p. 26。

6　Hans-Peter Schwarz, "The Division of Germany, 1945-1949", in Leffler and Westad (eds.), *The Cambridge History of the Cold War, Vol.* Ⅰ, pp. 149-150.

危險性，承認德國和歐洲的分裂以及西部德國倒向美國已經在所難免，
也意識到蘇聯面臨着嚴峻的抉擇：或者應美國之邀被迫加入雙佔區，或
者單獨控制東部德國而與西方徹底決裂。[1] 儘管很不情願，莫斯科還是選擇
了後者。如果說杜魯門主義和馬歇爾計劃是美國的冷戰宣言，那麼聯共
（布）中央書記 A. A. 日丹諾夫在共產黨、工人党情報局會議上的報告就
是蘇聯的冷戰佈告 —— 世界已經分為社會主義和資本主義兩大陣營。[2] 情
報局會議後一個月召開的倫敦外長會議（11 月 25 日至 12 月 15 日）終於
為盟國共同索賠政策敲響了喪鐘。

　　莫洛托夫似乎要為爭得西部德國的賠償做最後一番努力，從而對
倫敦會議尚抱有一絲希望。外交部為莫洛托夫準備了一個在會議上的發
言，題目是「關於德國經濟統一以及和平工業和對外貿易發展的建議」，
共有七條，實際上都是圍繞賠償問題提出的。[3] 針對即將在倫敦召開的副外
長級預備會議，11 月 2 日，莫洛托夫向斯大林呈交了給蘇聯代表團的指
示草案，要求他們不得「對莫斯科會議的立場有任何偏離」。或許是擔心
節外生枝，莫洛托夫不建議將經濟問題列入預備會議議程，但不反對把
「經濟原則、戰後德國經濟水平和賠償計劃」作為外長會議的專門議題。
不過，斯大林似乎有些遲疑。[4]11 月 21 日，在倫敦外長會議召開前夕，
聯共（布）中央政治局做出決議，指示蘇聯代表團「在討論經濟問題，
以及關於德國西部佔領區中斷賠償的問題時，不應過於強調和堅持蘇聯

1　АВПРФ, ф. 082, оп. 34, п. 154, д. 79, л. 57-70; ф. 06, оп. 9, п. 45, д. 673, л. 15-16//СССР и германский
　　вопрос, Том. 3, с. 486-497、504-505.
2　筆者關於這次會議召開的背景和意義的分析，見《共產黨情報局的建立及其目標 —— 兼論
　　冷戰形成的概念界定》，《中國社會科學》2002 年第 3 期，第 172-187 頁。
3　АВПРФ, ф. 0431, оп. 5, п. 2, д. 12, л. 24-30//СССР и германский вопрос, Том. 3, с. 537-542.
4　АВПРФ, ф. 0431, оп. 5, п. 2, д. 6, л. 9-11//СССР и германский вопрос, Том. 3, с. 521-522. 檔案集編者
　　在此處加有註釋：對莫洛托夫的指示草案「未發現有批准的文件」。

關於賠償問題的立場」。[1] 這顯然是有意為談判留出讓步的空間。斯大林的感覺是正確的，美國根本就不想在會上討論賠償問題。在倫敦會議第一天研究議程的代表會議上，各國代表一致決定會議將討論對德和約的程序以及德國臨時政府的結構。蘇聯提出將賠償問題列入議程，但美英法三國堅決反對，只得擱置起來。[2] 為了避免蘇聯藉機討論魯爾地區國際化的問題，馬歇爾甚至勸說法國不要在會上提魯爾的問題。[3] 美國不願討論賠償問題還有一個重要原因，就是因為這個問題與德國恢復經濟和參與馬歇爾計劃有緊密聯繫。代理國務卿 R. A. 洛維特在會議期間向馬歇爾進言：「一旦結果是有可能（從西區）向蘇聯支付戰爭賠款」，那麼美國政府就很難說服國會為德國撥出援助資金。[4]

蘇聯代表團在倫敦會議上的處境十分艱難，並且尷尬。幾乎所有議題的討論，蘇聯都處於以一對三的弱勢，而蘇聯代表的發言，在西方代表團看來，往往都是「冗長的」、「無關緊要」和「令人厭煩」的長篇大論。[5] 到會議三分之二的議程討論結束時，蘇聯代表團還是忍不住提出了賠償問題。12 月 8 日和 10 日，莫洛托夫以「經濟原則、戰後德國經濟水平和賠償計劃」為題發表了長篇聲明。不過，外交部準備的「七項建議」方案並沒有提交會議討論，莫洛托夫在講話時隱晦地表示蘇聯將作出讓步，即英國方案可以討論，蘇聯不再堅持必須在德國實現經濟統一前先

1　*Адибеков Г. М., Андерсон К. М., Роговая Л. А.* Политбюро ЦК РКП(б)-ВКП(б) Повестки дня заседаний 1919-1952, Каталог, Том III, 1940-1952, Москва: РОССПЭН, 2001, с. 497; РГАСПИ, ф. 17, оп. 162, д. 39, л. 1-5, 轉引自 *Болдырев Р. Ю., Невский С. И., Плюмпе В.* Репарационная политика в отношении Германии, с. 64; *Фойтцик* Советская политика в отношении Германии, с. 62。

2　*FRUS*, 1947, Vol. 2, pp. 703-704.

3　*FRUS*, 1947, Vol. 2, p. 739.

4　*FRUS*, 1947, Vol. 2, p. 759.

5　*FRUS*, 1947, Vol. 2, pp. 703-712.

完成賠償支付。[1]莫洛托夫當然希望美國人和英國人能夠注意到這點蛛絲馬跡，從而將賠償問題的討論繼續下去。然而，美國此時根本不會再給蘇聯任何機會。馬歇爾認為，如果同意蘇聯的賠償要求，將會無限期地推遲德國和歐洲經濟的復興。[2]11 日馬歇爾向華盛頓報告：很明顯，莫洛托夫不僅在拖延時間，而且一如既往地拚命努力達成協議，在今後幾個月裏這些協議就會使美國處於尷尬境地。如果莫洛托夫的安排得逞，美國政府的作為將很難被美國公眾和英國公眾理解。[3]杜魯門總統答覆：「我們全力支持你。」[4]在 12 日的會議上，莫洛托夫對美國的強硬態度和英法的隨聲附和憤怒不已，再次發表長篇講話，批駁西方的立場，同時為蘇聯辯護。[5]蘇聯代表團還向會議散發了早在 1945 年 9 月就在蘇聯報紙上刊登的關於確定和調查蘇聯在戰爭中重大損失的報告。馬歇爾對此嗤之以鼻，稱其為「一份純粹的宣傳文件」，不能作為認真討論的對象，英法代表表示了相同的意見。[6]

在 12 月 15 日會議進行的過程中，面對莫洛托夫的百般辯解和爭論，忍無可忍的馬歇爾突然提出建議：外長會議無限期休會，英法代表表示贊同。[7]倫敦會議就此結束，不歡而散。莫斯科一無所獲，華盛頓卻頗為滿意。克萊事後評論說，倫敦會談的一個直接和有益的結果是加快了兩區經濟恢復的措施，並將該地區的政治責任進一步移交給德國機

---

1 Внешняя политика Советского Союза, Документы и материалы, 1947год, Часть вторая, с. 259-262; V. M. Molotov, *For A Democratic Peace with Germany, November 25-December 15, 1947*, London: "Soviet News", 1948, pp. 52-56.

2 *FRUS*, 1947, Vol. 2, pp. 751-753.

3 *FRUS*, 1947, Vol. 2, pp. 764-765.

4 Yergin, *Shattered Peace*, p. 333.

5 Внешняя политика Советского Союза, Документы и материалы, 1947 год, Часть вторая, Москва: Государственное издательство политической литературы, 1952, с. 262-267.

6 СССР и германский вопрос, Том. 2, с. 723.

7 Molotov, *For A Democratic Peace with Germany*, pp. 66-73; АВПРФ, ф. 059, оп. 18, п. 60, д. 385, л. 141-144//СССР и германский вопрос, Том. 3, с. 552-554.

構。更重要的結果是，法國人認識到，四方關係不再允許法國在德國獨
善其身，現在應該考慮將法國佔領區與兩區融合在一起了。[1]實際上，倫
敦會議還有一個更重要作用，即推動美國重新啟動了停止從西部地區向
蘇聯支付賠償的新方針。

　　1948 年 1 月 15 日美國國務院編寫的政策文件建議，「無限期暫停從
美國佔領區向蘇聯（和波蘭）交付所有的德國工廠」，正在交付而尚未完
成的工廠除外。具體說就是，在達成德國經濟統一的四方協議之前，扣
留對蘇聯無償交付的賠償；在蘇聯確實履行波茨坦協定之前，暫停對蘇聯
交換支付（預先支付）的賠償。國務院將繼續與英國，並開始與法國談
判，以求在暫停向蘇聯交貨問題上達成協議。[2]根據波茨坦協定，德國西部
地區 25% 的賠償應支付給蘇聯，其中 10% 屬無償支付，15% 用於交換蘇
佔區的物資，後者又稱「預先支付」，因為按照規定，西方交付工業設備
的期限是兩年，而蘇聯交付商品的期限是五年。根據管制委員會經濟局
的計劃，西部地區作為賠償的企業總數 1800 家，剩餘價值 18 億馬克（按
戰前德國官方匯率合 7.2 億美元），其中應支付給蘇聯的應為 4.5 億馬克
（1.8 億美元）。[3]如此算下來，西區應該給蘇聯的賠償就是無償支付 0.72
億美元，交換支付 1.08 億美元。再看實際執行的情況。根據美國賠償問
題技術考察組的財務報告，截至 1948 年 4 月 26 日，作為預先支付從西
部地區運往蘇聯的拆除設備價值為 7097.93 萬馬克（約 2839 萬美元），
而蘇聯交付的商品價值（因允許延續五年），只有 483.15 萬馬克（約 193

1　Clay, *Decision in Germany*, p. 349.

2　*FRUS*, 1948, General; United Nations, Part 2, Washington, D. C.: GPO, 1976, pp. 708-709.

3　ГАРФ, ф. p-7317, оп. 4, д. 20, л. 252-254//*Кнолль* Советская военная администрация в Германии, с. 406-408. 這裏的「剩餘價值」是指機器設備等有形資產扣除折舊或拆除變現後的價值。

萬美元）。[1] 因此，西方盟國可以扣押運給蘇聯的賠償物資就是 7200 萬美元的無償支付和 7961 萬美元的交換支付（總計 1.516 億美元）。這筆資金在今天可能不算什麼，但是在戰後經濟雕零的歐洲卻是不可小覷的。[2]

　　然而，停止西部地區賠償交付不是美國一家的事情。在西區 1800 家計劃拆除的企業中，美國佔 60%，其餘是英國 495 家，法國 233 家。到 1948 年 4 月前，美國的拆除工作已經完成 81%，而英國和法國只完成了 33% 和 30%。[3] 這就意味着要停止對蘇賠償，英法的態度很重要。然而，對於美國的決定，英法都不贊成，他們的主要擔心是一旦停止賠償，蘇聯就會對所欠的商品支付賴賬，而西方還要承擔破壞波茨坦協定的「罪名」。賠償問題專家波利也認為，目前已經得到賠償的主要是蘇聯，因此停止賠償傷害的主要是其他盟國，而且這也不利於歐洲經濟復甦。由於擔心美英法在德國的「三國陣線」破裂，國務院也一度傾向對英法讓步。不過，內閣和國會中主張對蘇強硬立場的還是多數。[4] 2 月 16 日，馬歇爾向總統和內閣提出了最後建議，堅持無限期停止向蘇聯和波蘭交付賠償，但可以作為例外的是，如果取消給蘇聯的五年延緩期（即預先支付改為對等支付），則可以繼續進行交換支付；這些決定應與英法商議，爭取採取共同行動。[5]

　　2 月 20 日，美國國務院發表公報宣佈，美佔區停止向蘇聯支付賠償。[6] 為了使西方盟國保持一致立場，美英法三國於 2 月 23 日開始，以

1　*FRUS*, 1948, Vol. 2, p. 781. 1948 年 2 月蘇聯專家組向斯大林報告，截止 1948 年 1 月 1 日，西部地區作為賠償交付蘇聯的設備為 1830 萬美元（РГАЭ, ф. 1562, оп. 329, д. 4597, л. 93-98//СССР и германский вопрос, Том. 3, с. 578）。報告說明是按照 1：3.65 匯率計算的，折合成德幣就是 6678.5 萬馬克，與美國的統計數字差別不大。
2　或許可以參考的情況是，蘇聯經過千辛萬苦談判，通過「管道」協議爭取的美國租借貸款也只有 2.134 億美元（РГАЭ, ф. 413, оп. 12, ед. хр. 10949, л. 259-270）。
3　*FRUS*, 1948, Vol. 2, pp. 778-788.
4　*FRUS*, 1948, Vol. 2, pp. 719-721、722-727.
5　*FRUS*, 1948, Vol. 2, pp. 727-728. 關於美國的新方案還可參見 *FRUS*, 1948, Vol. 2, pp. 81-82、730-731.
6　Sutton, *Western Technology and Soviet Economic Development, 1945-1965*, pp. 27-28.

及 2 月 26 日邀請比利時、荷蘭、盧森堡三國參加，在倫敦舉行非正式會談，討論德國問題。美國代表在會上與英法代表就新的賠償方針進行了反覆爭論，努力勸說他們接受美國的立場。[1]直到會談的最後一天，美國代表團欣喜地報告：英法終於被說服，接受了美國的暫停方針。[2]西方盟國寧願放棄波茨坦協定也要停止執行對蘇賠償計劃，這是一個重要的歷史標誌：戰後盟國的共同索賠政策到此壽終就寢了。

此後不久，作為盟國共同索賠政策執行機構的管制委員會也停止了呼吸。3 月 20 日，在索科洛夫斯基主持召開的管制委員會會議上，蘇聯再次與西方代表發生激烈爭吵。這時，索科洛夫斯基採取了馬歇爾在倫敦會議上的同樣舉動 —— 宣佈中止會議，隨即帶領蘇聯代表團離開會場。[3]此後管制委員會沒有再召開會議，雖然當時並沒有宣佈解散，但正如蘇聯代表團彙報的，盟國對德管制委員會「從 1948 年 3 月 20 日起實際上已經停止工作」。[4]盟國共同索賠工作平台的倒塌無疑證明，3 月 20日會議就是美蘇在賠償問題上合作的「最後的晚餐」。[5]

簡短的結論

在對歷史過程進行仔細梳理的基礎上，本文提出以下幾點看法：

1　*FRUS*, 1948, Vol. 2, pp. 86-87、96-97、118-121、128-130.

2　*FRUS*, 1948, Vol. 2, pp. 139-140.

3　АВПРФ, ф. 06, оп. 10, п. 43, д. 583, л. 1-2//СССР и германский вопрос, Том. 3, с. 612-613.

4　АВПРФ, ф. 0457-г, оп. 1, п. 1, д. 1, л. 76, 轉引自 *Семиряга М. И.* Как мы управляли Германией, Политика и жизнь, Москва: РОССПЭН, 1995, с. 289-290。

5　不過，戰爭賠償並未就此停止，只是在東西方分開進行了，直到 1950 年代初。此後就是國際條約支付和個人賠償了，這主要是對猶太人的。至於蘇佔區的賠償問題，是筆者另一篇文章的主題。

一、蘇聯對德佔領政策的核心是獲取戰爭賠償。

　　戰後賠償對於蘇聯的經濟意義毋庸置疑，特別是在無法得到美國貸款的情況下，獲取戰爭賠款幾乎就是蘇聯戰後重建唯一的外部資源 —— 這就是蘇聯從始至終咬住 100 億美元不鬆口的原因。賠償是蘇聯在德國佔領政策中的優先選項，也是對德經濟政策中的重要一環，這一點沒有異議，但是不是佔領政策中最主要的因素而處於核心地位，卻有不同看法。很多研究者認為，在蘇聯對德佔領中，解決安全問題才是第一位的。[1] 不錯，德國曾經是對蘇聯安全最大的威脅，是蘇聯和歐洲不安全的策源地，各大國最初主張肢解德國而後對德國實行軍事佔領都有安全利益的考量。但有一點大家心裏都清楚，佔領不可能是永久的。要保證歐洲和蘇聯的長期和平與安全，防止德國東山再起，最根本的措施是使德國非軍事化，對德國進行「經濟裁軍」，而這恰恰是賠償政策的主要功能之一。也正是在這方面，美蘇及其他盟國才形成了對德佔領的共識。再者，對於蘇聯而言，賠償還有一個更重要的功能，就是獲取經濟資源（在這一點上美蘇是有分歧的）。隨着德國投降、戰爭硝煙散去，蘇聯對德國的恐懼感已經漸漸淡漠，而德國對於蘇聯的經濟意義已經大於安全利益。[2] 從地緣政治的角度觀察，如果說斯大林無論如何都要控制波蘭主要是出於安全利益的需要，那麼千方百計從德國獲取賠償更主要的是出於經濟發展戰略的需要，何況賠償本身也具有保障安全的意義。

　　還有學者認為，蘇聯佔領德國主要是出於意識形態的考慮，而且從

1　如見 John Lewis Gaddis, *We Now Know: Rethinking Cold War History*, New York: Oxford University Press Inc., 1997, pp. 15-16。

2　莫洛托夫在 1946 年 5 月巴黎外長會議期間準備發表的聲明稿裏有一句話很說明問題：「在戰爭賠款支付的執行得到保證以後，佔領德國領土的必要性就消失了」。見 *Печатнов* На этом вопросе, с. 96。

一開始就把蘇佔區作為自己的衛星國。[1] 儘管斯大林可能對東歐或東德領導人說過很多類似的話 —— 姑且不論其真實性和真實意圖，但戰後初期的實際情況是，蘇聯對德國的佔領政策，在政治上與東歐國家一樣，並未採取社會主義統治模式，而在經濟上則與朝鮮一樣，不顧一切地搶奪「戰利品」和拆遷工業企業。實際上，在蘇聯的佔領政策和賠償政策下，在德國分裂之前，其東佔區與其說像東歐各國一樣被看作是「社會主義陣地」或蘇聯的勢力範圍，不如說是蘇聯的「經濟殖民地」。因為很難想像，對一個設定中的未來盟友會採取這種掠奪式的經濟政策。相反，當蘇聯真正把東德納入「社會主義陣營」的勢力範圍後，賠償也就走向終結了。

二、美蘇對德佔領政策分歧的起點也在於賠償問題。

除了最初出於安全考慮對戰後德國一致採取壓制政策外，美蘇對德佔領政策的分歧表現在很多方面，如經濟管理方式、對外貿易控制、政府組織形式，乃至人口管制、佔領期限等等，但是從根本上講都源於雙方賠償政策的分歧和對立。當美國決策者意識到將德國作為一個單一經濟體納入它所設計的戰後國際經濟體系的重要性時 —— 這一點始於波茨坦會議，美國對德國佔領政策的目標就開始轉變了，而且與蘇聯始終如一的目標 —— 從德國獲取經濟資源 —— 產生了分歧。縱觀戰爭後期和戰後初期美蘇關係的歷史，美國政府和社會輿論對蘇聯最大的不滿和反感，從政治上講反映在波蘭臨時政府和東歐國家選舉的問題上，而從經濟上講就反映在蘇聯的賠償政策上（蘇聯未加入布雷頓森林體系引起的是美國的疑慮而不是反感）。蘇聯人在其佔領區肆無忌憚地瘋狂搶奪「戰利

---

1 如見 Vladislav M. Zubok, *A Failed Empire: The Soviet Union in the Cold War from Stalin to Gorbachev*, Chapel Hill: The University North Carolina Press, 2007, pp. 67-68。

品」的行為，不僅影響了波茨坦會議關於德國問題討論的結果，而且一直成為美國在佔領政策上指責蘇聯的依據。同樣，從蘇聯的立場來看，華盛頓在賠償問題上的態度也是考驗美國是否堅持對蘇友好政策的試金石。不過，美國在東歐問題上對蘇聯的指責實際上是蒼白無力的，因為華盛頓在日本也做着同樣的事情。但是在賠償問題上就大不相同了，美國把德國經濟復興置於優先地位，而蘇聯考慮的都是如何從德國「儘可能多」地獲取賠償，顯然是美國佔領了道德制高點。無論如何，美國在雅爾塔會議上支持蘇聯得到 100 億美元賠償的主張，而在波茨坦會議上卻改變了立場，這恐怕是蘇聯開始不信任美國的根源之一。如同本書研究租借問題和貸款問題得出的結論，美國對蘇聯的指責和不信任始於政治問題，而蘇聯對美國的指責和不信任則聚焦於經濟問題。雙方的關注點不同，影響其政策的驅動力亦不同，但結果都是走向分裂。

三、德國分裂的根源同樣在於美蘇在賠償問題上的決裂。

戰後德國一分為二的結果是形成了兩個意識形態和社會制度對立且分屬世界兩大政治陣營的國家，但如果從這一結果推導出德國分裂的最初原因也是如此，就值得懷疑了。出於恐懼和仇恨，蘇聯和西方盟國最初都主張肢解德國，即把德國分裂為幾個小國家，但這與後來所說的德國分裂不是一個概念，而且出於不同的目的，戰勝國後來都放棄了這一主張。從邏輯上講，波茨坦會議形成的對德政策相互矛盾的兩原則 —— 經濟統一和分區佔領，為日後的德國分裂埋下了伏筆，而這一矛盾正是由於賠償問題造成的。不過，當時在大國合作的背景下，美國和蘇聯都希望保持一個統一的德國。從歷史過程看，美國提出的「兩區合併」是德國走向分裂的第一道裂痕，而這道裂痕的產生，也是由於美蘇在賠償問題上的分歧造成的。在美國的佔領政策中，經濟恢復優先於戰爭賠償，美國人無法贊同蘇聯在其佔領區的賠償政策，更不能容忍這一

政策影響到德國西部地區。從這一點說，美國的雙佔區措施的確是無奈之舉，其本意最初也不是要分裂德國。同樣，分裂德國也不是蘇聯的目的，莫斯科鍥而不捨地追求對魯爾地區實行國際共管就是最好的說明。不過必須看到，蘇聯在其佔領區的單邊主義行為在客觀上已經造成了一種分裂的趨勢。對於美國提出的在德國建立中央政權的建議，蘇聯處於左右為難的矛盾狀態：為了取得西部地區的賠償應該加入甚至主導統一的中央經濟機構，而一旦統一的經濟政策形成又會干擾東部地區的賠償進程。在對德佔領政策中，美國和蘇聯都高舉着德國統一的旗幟，但前者絕不會放棄（只能擴大）雙佔區，後者也絕不會讓東佔區加入西佔區，而在這兩者背後發揮作用的主要是賠償問題。因此，當事人克萊的判斷無疑是正確的：導致盟國共同索賠政策終止的倫敦外長會議為「建立西德政府的決定鋪平了道路」。[1]倫敦會議半年後爆發的柏林危機直接導致了兩德政府的建立，但其根源卻在於盟國共同索賠政策的終結。搞清楚這一點，對於研究冷戰起源的經濟因素不是沒有意義的。

最終，盟國戰後統一賠償政策的失敗導致美國下決心提出馬歇爾計劃，從而開始了對蘇冷戰的征程。

---

1   Clay, *Decision in Germany*, p. 349.

第七章

鐵幕落下：馬歇爾計劃
與歐洲共產黨情報局

　　如果說杜魯門主義的出台和馬歇爾計劃的提出是美國冷戰政策最終形成的表現，那麼莫斯科拒絕馬歇爾計劃並建立歐洲工人黨、共產黨情報局則是蘇聯確定實施冷戰政策的標誌。儘管丘吉爾在一年多前就驚呼「狼來了」，但大多數歷史學家都認為，直到 1947 年的夏秋，「鐵幕」才在歐洲徐徐落下。

　　馬歇爾計劃無疑是當代歷史研究中最引人注意的課題之一，人們從政治、外交、經濟和國際關係各領域探討這個問題，引發的爭論也是最多的：美國提出這一計劃的目的究竟是什麼，美國提出對歐洲的援助是否包括蘇聯和東歐，歐洲的分裂應歸咎於美國提出還是蘇聯拒絕這一計劃，馬歇爾計劃與歐洲各國的關係，這一援助歐洲計劃的經濟效果究竟如何，等等。[1] 對於共產黨情報局的實證研究是在蘇聯解體後才開始的，20世紀末有關共產黨情報局會議的檔案文獻大量問世，將這一研究推向深入。做出學術貢獻的主要是俄羅斯學者，討論的問題主要有共產黨情報局是如何建立，蘇聯在戰後如何處理與歐洲各國共產黨的關係，以及情

1　參見 Kathleen Burk, "The Marshall Plan: Filling in Some of the Blanks," *Contemporary European History*, Vol. 10, №2, July 2001, pp. 268-270; Michael Cox and Caroline Kennedy-Pipe, "The Tragedy of American Diplomacy? Rethinking the Marshall Plan", *Journal of Cold War Studies*, Vol. 7, №1, Winter 2005, pp. 102-108; Charles S. Maier, "Introduction: 'Issue then is Germany and with it Future of Europe'", in Maier and Bischof (eds.), *The Marshall Plan and Germany*, pp. 1-2、34-35；李昀：《英美史學界關於馬歇爾計劃的研究》，《世界歷史》2010 年第 4 期，第 110-119 頁。

報局各次會議的情況等。[1] 本章從冷戰發生的視角參與討論，在梳理馬歇爾計劃提出和共產黨情報局建立的歷史過程的基礎上，擬分析和回答以下四個問題：一、從冷戰起源的角度觀察，美國提出馬歇爾計劃的真正目標究竟是什麼？蘇聯的反應在其中又起到了什麼作用？二、德國問題（戰後賠償和經濟重建）在美國援助歐洲計劃的提出和實施中處於何種地位？三、馬歇爾計劃和共產黨情報局與美蘇各自對東歐國家的政策轉變有什麼關係？結果如何？四、美國和蘇聯在冷戰發生的過程中各自扮演了怎樣的角色？冷戰是否可以避免？

馬歇爾計劃的政治和經濟背景及目標

　　馬歇爾計劃的提出絕非偶然，對戰後美蘇關係的歷史梳理可以清晰地展示這一援助歐洲計劃的背景：政治上就是 1947 年 3 月以援助希臘和土耳其為宗旨的杜魯門主義的提出，經濟上就是 1947 年 4 月莫斯科外長會議討論德國問題（核心是賠償問題）的結果。如果從地緣政治的角度看結果，前者發生在巴爾幹和近東，後者發生在中部歐洲，但趨勢是一致的，即雅爾塔體系確定的戰後世界政治「四大警察」分片治理的地緣結構開始動搖 —— 美國從兩個方向進入了歐洲，並且與蘇聯迎頭相撞。

　　1946 年 2 月凱南對蘇聯外交政策目標的分析及其提出的遏制理念，深受美國決策圈右翼勢力的歡迎。3 月丘吉爾在富爾頓的「鐵幕」演說推波助瀾，讓白宮更加感受到蘇聯「共產主義的幽靈」正在威脅歐洲。而

1　*Гибианский Л. Я.* Как возник Коминформ, По новейшим архивным материалам// Новая и новейшая история, 1993, №4, с. 131-152; *Гибианский Л. Я.* Коминформ в действии, 1947-1948гг., По архивным документам// Новая и новейшая история, 1996, №1, с. 149-170, №2, с. 157-172; *Адибеков Г. М.* Коминформ и послевоенная Европа, 1947-1956гг., Москва: Россия молодая, 1994; *Адибеков Г. М. и т. д.* Совещания Коминформа, 1947/1948/1949, Документы и материалы, Москва: РОССПЭН, 1998.

蘇聯在伊朗石油問題上表現出來的蠻橫態度以及鼓動南阿塞拜疆自治和暴動的政治舉措，則進一步加劇了美國的擔憂，白宮由此認定莫斯科的外交目標就是「無限擴張」。儘管蘇聯後來做出了一系列退讓的表示，但美國政府已經下定決心與莫斯科對抗。[1] 9 月 12 日，美國政府內部的左翼親蘇派代表人物、商務部長華萊士在麥迪遜廣場花園發表公開講演，攻擊對蘇的強硬政策，呼籲美蘇雙方「各讓一步」，改善關係，實現和平與合作。[2] 蘇聯立即對此作出回應。斯大林 9 月 17 日以書面形式回答西方記者的提問，其中說到：「我毫不懷疑，和平合作的可能性不僅不會減少，甚至還可能增加。」[3] 然而，華萊士的講演激怒了國務卿貝爾納斯和共和黨參議員范登堡，在他們的共同壓力下，杜魯門總統 9 月 20 日做出決定，將華萊士趕出內閣。[4] 這一事件標誌着美國政府內部已經達成共識，決心對蘇聯採取強硬立場。

9 月 24 日，杜魯門的特別顧問 C. M. 克利福德經過三個月的準備，提交了一份關於美蘇關係的長篇報告。該報告在仔細研究政府各部門情報分析和評估報告的基礎上提出，蘇聯目前推行的侵略政策已經威脅到世界安全與繁榮，繼續採取與蘇合作的政策「只會造成蘇聯擴張的慾望和要求與日俱增」。「蘇聯有能力在巴爾幹、東歐、遠東、滿洲和朝鮮填補政治真空」，美國「必須首先採取措施，制止蘇聯進一步對外擴張」。同時，目前在尚未納入蘇聯勢力範圍的國家開展的一切反抗蘇聯的鬥爭，都應該得到美國「慷慨的經濟援助和政治支持」。[5] 這個報告無疑是對凱南發出長電報以來關於美國對蘇新方針的全面闡釋。不過，雖然此

1　詳見本書第四章、第五章。

2　LaFeber (ed.), *The Dynamics of World Power*, pp. 255-260.

3　Внешняя политика Советского Союза, Документы и материалы, Январь-декабрь 1946 год, с. 68-70；中共中央馬恩列斯著作編譯局：《斯大林文集（1934 — 1952 年）》，第 508-510 頁。

4　詳見 Leffler, *A Preponderance of Power*, pp. 139-140。

5　LaFeber (ed.), *The Dynamics of World Power*, pp. 268-301; Harbutt, *The Iron Curtain*, pp. 276-277.

時羅斯福戰後與蘇聯合作的外交方針在白宮遭到了徹底清算，但要使美國對外戰略發生根本轉變，政府還必須贏得國會的支持和社會輿論的認同。遲至 1946 年 9 月的民意測驗顯示，只有 8% 的美國人表示對蘇聯應該採取「更強硬」的政策，而 74% 的人則認為，美蘇兩國對它們之間已出現的衝突都負有責任。[1] 正是意識到公眾和國會對完全轉變對蘇方針、與蘇聯公開對抗尚缺乏思想準備，杜魯門決定暫且將克利福德的報告束之高閣。[2] 政府需要時間說服美國公眾和國會接受對蘇遏制政策。

　　土耳其危機和希臘危機為白宮提供了機會。儘管蘇聯在美國的壓力下已經於 1946 年 9 月底放棄了在土耳其海峽建立軍事基地的要求，儘管美國情報部門也知道希臘共產黨發動的內戰並非莫斯科授意，但美國政府還是抓住英國宣佈撤出在希臘駐軍的機會，及時提出了援助希臘和土耳其的主張 —— 杜魯門主義，但理由卻是防止蘇聯在這一地區乘虛而入的擴張。[3] 鑒於國會和民眾中普遍存在的孤立主義情緒，杜魯門在 1947 年 3 月 12 日講演中將希土危機歸咎於「共產主義」的擴張，並大力渲染其多米諾骨牌效應。實際上這是國務院「精心設計」的一種手段，以說服國會和民眾支持美國通過經濟援助的方式接管英國不得不放棄的在歐洲

1　Hadley Cantril and Mildred Strunk (eds.), *Public Opinion, 1935-1946*, Princeton: Princeton University Press, 1951, p. 964.

2　Pollard, *Economic Security*, p. 56.

3　關於土耳其危機見 Eduard Mark, "The Turkish War Scare of 1946", in Melvyn P. Leffler and David S. Painter (eds.), *Origins of the Cold War: an International History*, pp. 123-124; *Поцхверия Б. М.* Советско-турецкие отношения и проблема Проливов накануне, в годы второй мировой войны и в послевоенные десятилетия//*Нежинкий Л. Н., Игнатьев А. В. (отв. ред.)* Россия и Черноморские проливы (XIX-XX столетия), Москва: Международные отношения, 1999, с. 478-480. 關於希臘危機見 Leffler, *A Preponderance of Power*, p. 74; *Калинин А. А.* На переднем рубеже холодной войны: США, СССР и гражданская война в Греции (1944-1949 гг.), Киров: Вятский государственный университет, 2018, с. 334-335。關於美國的主張見 Benn Steil, *The Marshall Plan: Dawn of the Cold War*, New Yark: Simon & Schuster, 2018, p. 38; Joyce Kolko and Gabriel Kolko, *The Limits of Power: The World and US Foreign Policy, 1945-1954*, New York: Harper and Row, 1972, pp. 340-341。

的勢力範圍。[1]這一招果然奏效，杜魯門的講演受到美國輿論幾乎一致的贊成，國務院出版信息處的分析報告認為，新聞界和民眾對演說的反應「令人滿意」。[2]3 月底的另一個報告顯示，「共和黨、民主黨、自由黨的報紙都加入了支持者的行列，政黨界線已經變得不重要了」。[3]4 月 22 日和 5 月 9 日，參眾兩院均以壓倒性多數票通過了援助希臘和土耳其的法案。[4]大張旗鼓的反共論調掩蓋了杜魯門主義通過經濟援助方式遏制蘇聯擴張而實現美國擴張的實質，而正是在這一點，馬歇爾計劃與杜魯門主義一脈相承。

如果說杜魯門主義是馬歇爾計劃的開場鑼鼓，那麼莫斯科外長會議則是這場大戲的序幕。莫斯科會議的結局是美國決心在德國賠償問題上與蘇聯分道揚鑣，其本質就是決定對羅斯福主張的戰後在經濟領域與蘇聯合作方針做最後清算。

美國最初設計的戰後世界經濟格局是通過建立一系列國際經濟組織實現所有聯合國家的經濟合作，體現這一設計理念的形式即「布雷頓森林體系」，而其中最重要的條件就是實行非市場經濟體制的蘇聯必須加入這個體系。惟其如此，美國才為蘇聯提供了十分優厚的創始國條件，並基本滿足了蘇聯代表在布雷頓森林會議提出的要求。然而，蘇聯領導人受傳統意識形態的束縛，沒有看到世界經濟一體化的發展趨勢，對加入以西方市場經濟為主導的國際經濟合作一直猶豫不決。[5]1945 年底，蘇聯沒

1　Acheson, *Present at the Creation*, p. 219; Kolko, *The Limits of Power*, pp. 340-341; Joseph M. Jones, *The Fifteen Weeks (February 21-June5, 1947): An Inside Account of the Genesis of the Marshall Plan*, Arcole Publishing, 2018, www. pp-publishiing. com, p. 145; Pollard, *Economic Security*, p. 248. 杜魯門演講全文見 LaFeber (ed.), *The Dynamics of World Power*, pp. 309-313。

2　Dennis Merrill (ed.), *Documentary History of the Truman Presidency, Vol. 8, The Truman Doctrine and the Beginning of the Cold War, 1947-1949*, University Publications of America, 1996, pp. 117-119、142-146.

3　Merrill (ed.), *Documentary History of the Truman Presidency, Vol. 8*, pp. 128-141.

4　Kolko, *The Limits of Power*, p. 345.

5　詳見本書第二章。

有在規定的時間宣佈批准布雷頓森林協定，已經讓美國感到疑惑。[1]1946
年 3 月蘇聯雖然作為觀察員出席了國際貨幣基金組織和國際復興開發銀
行第一次會議，但始終沒有表示要加入其中，而且拒絕參加國際貿易組
織會議及其他一些經濟會議。到 1946 年底，美國外交官感到，蘇聯「堅
持在國際事務中保持獨立行動」，是奉行「單邊主義」。莫斯科對加入國
際經濟合作採取了一種「待價而沽」的策略，其目的是削弱和破壞國際
經濟組織。[2] 這種顧慮在美國處理德國賠償問題上得到了充分證實。

　　到 1946 年下半年，美蘇在德國賠償的基本方針和目標上的分歧加
劇，統一賠償計劃的落實陷入僵局。蘇聯堅持要求從德國得到 100 億美
元的賠償，其中包括西部地區的工業設備和現有產品，並且必須在蘇聯
要求的期限內完成設備拆遷和賠償計劃。美國堅決反對給予蘇聯 100 億
美元的賠償金額，認為這是波茨坦會議已經否定的方案，整個賠償計劃
只有在德國經濟實現國際收支平衡後才能執行。總之，蘇聯的方針是首
先實現賠償，美國的方針是在經濟恢復的基礎上考慮賠償。雙方僵持不
下，美國便宣佈暫停賠償，並開始考慮與蘇聯進行切割，在德國西部地
區單獨執行一套賠償和經濟重建政策，即美英佔領區合併，同時爭取法
國佔領區也加入。蘇聯則提出儘快成立德國統一中央機構，一併解決賠
償問題。[3]1947 年 3 — 4 月召開的莫斯科外長會議是盟國解決德國問題（核
心是賠償問題）的最後機會。

　　儘管副國務卿克萊頓預言「在那裏取得任何建設性結果的可能性都
非常小」[4]，馬歇爾還是抱着最後一絲希望來到莫斯科。此前，美國國務
院認為，杜魯門講演的明確反蘇傾向和美國採取的積極行動，應該會給

1　*FRUS*, 1945, Vol. 2, pp. 1355-1358.

2　*FRUS*, 1946, Vol. 1, pp. 1355-1356.

3　詳見本書第六章。

4　Steil, *The Marshall Plan*, p. 51.

莫斯科留下深刻印象，並促使其在考慮德國問題時有所鬆動。[1] 然而，蘇聯對杜魯門主義的反應相當溫和，雖然也持批評態度，但沒有任何激烈的言辭和行動。[2] 相反，莫洛托夫和斯大林在接見美國共和黨政治活動家 H. 史塔生時，分別興致勃勃地談起了不同制度國家之間的和平共處和經濟合作。[3] 不過，蘇聯的目標並非要實現世界經濟一體化，只是希望儘快得到美國的貸款和德國的賠償等經濟資源。這也從另一個角度證實，土耳其和希臘問題並不在蘇聯外交的主要關注範圍之內，而莫斯科此時強調大國合作，無非是暗示美國應在德國問題的談判中表示出善意。雙方的這種心態表明，美蘇任何一方都不想在德國問題上讓步。於是，歷時一個半月的外長會議無果而終自然是意料之中的。

實際上，到莫斯科會議之前，美國政府已經逐步意識到挽救歐洲經濟陷入崩潰的希望寄託於德國經濟的恢復和重建，雖然還沒有形成完整的歐洲重建計劃，但必須調整對德政策，抵制蘇聯的賠償政策，以避免其影響擴展到西歐工業心臟地區。[4] 如果蘇聯在談判中讓步，美蘇關係尚可維持，否則西方就將採取單獨行動。身心疲憊的馬歇爾在 4 月 15 日與斯大林談話時最後說到，他希望美蘇之間能夠「恢復理解」，「重建戰時的合作基礎」。[5] 這既是對會談結果的哀歎，也是對蘇聯的警告。在馬歇爾看來，蘇聯在談判中毫不妥協的態度表明，他們「正在盡一切可能實現歐洲的徹底崩潰」。[6] 在返回華盛頓的飛機上，馬歇爾已經產生了「防

1　*Новиков Н. В.* Воспоминания дипломата, Записки 1938-1947, Москва: Издательство политической литературы, 1989, с. 376-377.

2　LaFeber (ed.), *The Dynamics of World Power*, pp. 314-316.

3　АВПРФ, ф. 06, оп. 9, п. 1, д. 20, л. 68-73; РГАСПИ, ф. 558, оп. 11, д. 384, л. 18-32//*Севостьянов Г. Н. (под. ред.)* Советско-американские отношения, 1945-1948, с. 388-392、395-402.

4　Leffler, *A Preponderance of Power*, p. 152; Yergin, *Shattered Peace*, p. 296; Michael J. Hogan, "European Integration and German Reintegration: Marshall Planners and the Search for Recovery and Security in Western Europe", in Maier and Bischof (eds.), *The Marshall Plan and Germany*, pp. 120-121.

5　*FRUS*, 1947, Vol. 2, pp. 340-341.

6　Steil, *The Marshall Plan*, pp. 76-77; Bohlen, *Witness to History*, p. 263.

止歐洲（經濟）完全崩潰」的想法。[1] 用他自己的話說，馬歇爾計劃是「對莫斯科會議幻想破滅的產物」。[2]

馬歇爾回國後不久（4 月 28 日）發表了廣播講話，提出「必須毫不拖延地採取行動」，解決歐洲經濟復甦的問題。[3] 5 月 8 日副國務卿艾奇遜發表講演，講述美國對外援助政策的背景及目的，即運用美國經濟資源為世界政治穩定和經濟繁榮鋪平道路。[4] 5 月 16 日和 23 日，政策設計辦公室主任凱南先後完成的兩個備忘錄則提出了為歐洲提供經濟援助的原則和目標。[5] 5 月 27 日，從歐洲返回的副國務卿克萊頓向國務院提交的報告，詳細描述了西歐陷入經濟災難的現狀，以及幫助歐洲經濟重建的「大致輪廓」。[6] 在上述文件的基礎上，蘇聯問題專家波倫起草了馬歇爾的講演草稿。[7] 6 月 5 日，馬歇爾在哈佛大學發表簡短而平淡的演說，正式宣佈了美國將向歐洲提供經濟援助的政策主張。[8] 儘管尚未形成「計劃」，更沒有出台落實這一政策的方式和措施[9]，但考察這些文件以及美國政府內部的討論，仍然可以勾勒出這一新政策的原則和目標。從美國冷戰政策形成的角度觀察，這些原則和目標包含以下主要內容：

儘快實現歐洲復甦和經濟重建，以防止共產主義勢力和蘇聯影響向西方滲透。戰後美國外交的一項基本優先政策是保衛西歐，1947 年 4

1　Ed Cray, *General of the Army: George C. Marshall, Soldier and Statesman*, New York: W. W. Norton & Company, 1990, p. 606.

2　Dennis Merrill (ed.), *Documentary History of the Truman Presidency, Vol. 13, Establishing the Marshall Plan, 1947-1948*, University Publications of America, 1996, pp. 727-729.

3　*FRUS*, 1947, Vol. 3, The British Commonwealth; Europe, Washington, D. C.: GPO, 1972, p. 219.

4　Merrill (ed.), *Documentary History of the Truman Presidency, Vol. 13*, pp. 106-120.

5　*FRUS*, 1947, Vol. 3, pp. 220-223、223-230.

6　*FRUS*, 1947, Vol. 3, pp. 230-232.

7　Jones, *The Fifteen Weeks*, pp. 254-255; Bohlen, *Witness to History*, p. 263; *FRUS*, 1947, Vol. 3, p. 233.

8　*FRUS*, 1947, Vol. 3, pp. 237-239.

9　美國確實沒有考慮成熟的援助方案，甚至在哈佛演講一個半月後（7 月 21 日），凱南對一份馬歇爾計劃備忘錄標題中的「計劃」一詞打了個引號，並糾正說：「我們沒有計劃。」*FRUS*, 1947, Vol. 3, p. 335.

月29日參謀長聯席會議指出：「對美國來說，整個西歐地區是具有頭等戰略重要性的地方」。[1] 最令美國擔憂的是共產黨勢力雄厚的法國和意大利，那裏政治動盪、經濟敗落。[2] 美國駐意大利大使報告，「共產主義勢力一直在不斷擴大」。[3] 艾奇遜則在白宮祕密會上驚呼：「在法國經濟如此糟糕的情況下，俄國人隨時都可能下手」。[4] 美國幾乎所有參與決策的人都看到了這種危險 ——「經濟疲軟可能導致不穩定和隨後的政治轉變，這會反過來影響美國的安全」。[5] 而他們一致認為，能夠克服危險、維持歐洲均勢的最有效、最快捷的方式就是提供經濟援助，迅速恢復西歐的經濟。[6] 換句話說，馬歇爾計劃雖然沒有像杜魯門主義那樣直接提出針對共產主義的口號，但同樣是使用經濟手段實現政治目標，不過是從歐洲的邊緣地區進入了中心地區。

在歐洲經濟聯合的基礎上對其進行援助，促成將蘇聯排除在外的歐洲經濟一體化。無論此前如何看待歐洲的聯合，但是到1947年春天這已經成為美國政界的共識，很多美國政要、國會議員和知名人士發表意見或提出議案，一致認為歐洲經濟的恢復只能通過聯合和統一的方式實現。[7] 正是在這樣的政治氛圍中，馬歇爾計劃的策劃者們才不約而同地提出了「歐洲聯合復興」的政策設想。艾奇遜認為「實現相互協調的歐洲經濟」是「美國外交政策的基本目標之一」，凱南提出「援助計劃的目的應是鼓勵和促進西歐國家形成某種形式的區域性政治聯合」，克萊頓主張援

---

1 *FRUS*, 1947, Vol. 1, General; The United Nations, Washington, D. C.: GPO, 1973, p. 740.

2 對法國的擔憂見 *FRUS*, 1947, Vol. 3, pp. 693-699、701-702; 對意大利的擔憂見 *FRUS*, 1947, Vol. 3, pp. 876-880、889。

3 *FRUS*, 1947, Vol. 3, p. 891.

4 Jones, *The Fifteen Weeks*, p. 140.

5 *FRUS*, 1947, Vol. 3, p. 217.

6 *FRUS*, 1947, Vol. 1, p. 594; Vol. 3, pp. 224-225、230-232; *FRUS*, 1947, Vol. 5, pp. 110-115; Etzold and Gaddis (eds.), *Containment*, p. 113; Kennan, *Memoirs*, p. 351.

7 Michael J. Hogan, "The Search for a 'Creative Peace': The United States, European Unity, and the Origins of the Marshall Plan", *Diplomatic History*, 1982, Vol. 6, №3, pp. 275-277.

助計劃應「以歐洲經濟的聯合為基礎」，馬歇爾則強調歐洲復興計劃「必須是聯合性質的」。[1] 這裏特別需要注意的是，隨着戰爭後期蘇英矛盾的不斷增長，蘇聯越來越感到無法接受歐洲聯合、區域聯邦或歐洲一體化的想法。[2] 同時，由於德國煤炭和鋼鐵資源以及工業水平對於歐洲經濟的重要性，早在 1945 年西方盟國便將德國納入了西歐的經濟體系。[3]1947 年 4 月美國政府研究歐洲復興政策的一個特別委會認為，德國被佔領地區的經濟計劃應與歐洲經濟一體化的總目標協調一致。[4] 因此，提倡歐洲聯合和經濟一體化必然將蘇聯排除在外而將西佔區德國包括在內，這都是不言自明的，也是實現馬歇爾計劃的有效途徑。

對德國經濟進行重新整合，把德國西部工業恢復作為歐洲經濟重建的基礎和核心。美國軍方 1947 年 4 月的一份報告認為，德國是西歐地區最具軍事潛力的國家，「從美國安全的角度看，德國的經濟復興至關重要」。[5] 艾奇遜助手為其準備的演說稿綱要中指出：美國「必須將大量精力集中於利用德國和日本的生產能力和資源，並以德、日為中心推動歐亞戰後重建和恢復」。[6] 凱南在 5 月 23 日的備忘錄中提出，作為援助計劃的短期目標，「應該在西歐的經濟格局中選擇一些特定的瓶頸，並立即採取行動」，而德國的煤炭生產和銷售就是「這種行動最合適的目標」。克萊頓在國務院討論時也主張美國應考慮接管德國魯爾區的煤炭生產。[7] 儘管在如何將援助擴大到德國的問題上存在分歧，但 6 月 3 日馬歇爾確認：歐洲的經濟復興在很大程度上取決於德國生產的恢復和資源的有效利用，

1　Hogan, "The Search for a 'Creative Peace'", p. 279-280; *FRUS*, 1947, Vol. 3, pp. 221-222、232、237-239.

2　*Липкин М. А.* Советский союз и интеграционные процессы, с. 54-55、69-70、160.

3　*Липкин М. А.* Советский союз и интеграционные процессы, с. 89-90.

4　*FRUS*, 1947, Vol. 3, pp. 204-219.

5　*FRUS*, 1947, Vol. 1, p. 740.

6　Merrill (ed.), *Documentary History of the Truman Presidency, Vol. 13*, p. 118.

7　*FRUS*, 1947, Vol. 3, pp. 225-226、234.

因此「在一切有效的歐洲計劃中德國必須參與充分的合作」。[1] 6 月 30 日，國務院德國問題顧問墨菲建議將德國「納入歐洲的自由貿易區」，以便「為歐洲復甦做出最大貢獻」。[2] 7 月 22 日，新成立的美英雙佔區經濟委員會發表聲明，擁護並要求參加馬歇爾計劃。[3] 9 月 5 日馬歇爾通知英國，美國已同意將雙佔區納入歐洲復興計劃，並準備與歐洲經濟委員會討論這一問題。[4] 儘管考慮到蘇聯和歐洲國家的社會心理反應，美國政府最初關於援助歐洲的公開言論中沒有一個字提到德國，但與蘇聯佔領區切割後讓德國西佔區加入受援名單，實際上已成為實現馬歇爾計劃的基礎和核心內容。[5]

提出讓蘇聯無法接受的條件，令其自絕於援助計劃並承擔分裂歐洲的責任。馬歇爾計劃是否向蘇聯開放是最敏感也是最令人頭疼的問題：不允許蘇聯加入，美國就要承擔分裂歐洲的責任；允許蘇聯加入，整個計劃就會在國會擱淺。[6] 這也是美國人在計劃實施前儘量避而不談的問題，不過在內部報告和私下討論中還是確定了基本的原則。到 1947 年初，由於蘇聯在東歐的所作所為，美國的不滿日益增加，不僅對蘇聯的政治敵意加深，削減甚至禁止對蘇貿易的呼聲也越來越高。[7] 莫斯科外長會議的結果更使美國決策者感到與蘇聯的一切經濟談判已經毫無意義。[8] 杜魯門主義提出對外經濟援助的方針後，4 月 29 日美國三軍聯合戰略調查委

1　Leffler, *A Preponderance of Power*, p. 156.

2　*FRUS*, 1947, Vol. 2, p. 981.

3　Klaus Schwabe, "German Policy Responses to the Marshall Plan", in Maier and Bischof (eds.), *The Marshall Plan and Germany*, p. 228.

4　*FRUS*, 1947, Vol. 3, pp. 409-410.

5　關於馬歇爾計劃對德國西佔區和西德的經濟影響，詳見 Maier and Bischof (eds.), *The Marshall Plan and Germany*。

6　Bohlen, *Witness to History*, pp. 264-265.

7　Paterson, *Soviet-American Confrontation*, p. 66; Funigiello, *American-Soviet Trade*, pp. 29-30.

8　Philip Zelikow, "George C. Marshall and the Moscow CFM meeting of 1947," *Diplomacy and Statecraft*, Vol. 8, №2, July 1997, pp. 97-124.

員會的報告指出，「蘇聯及其控制的一切國家都應該排除在受援國範圍之外」。[1] 正在實施中的經濟援助計劃也確實是以受援國政府排斥共產黨為前提的，如在法國、意大利和希臘。[2] 這就是馬歇爾計劃醞釀時的政治背景。在 5 月 28 日國務院內部討論時，大家一致認為美國要避免背上分裂歐洲的罪名。至於如何應付蘇聯人，凱南和艾奇遜都提到可以事先制定一個「令人滿意」的方案，讓蘇聯人知難而退。凱南還提出可以請蘇聯像美國一樣承擔原料捐贈的責任。[3] 會上沒有就這個問題提出具體辦法，但從後來克萊頓與英國內閣商議的結果看，其結論是不言而喻的。

　　讓東歐國家自己做出選擇，接受有條件經濟援助或者甘願成為蘇聯的衛星國。東歐國家在經濟上對美國意義不大，戰後美國在東歐各國的資產總計 5.6 億美元，佔美國在世界總體投資額的 4%，從東歐的進口貨物僅佔美國進口總額的 2%。[4] 在政治上，美國確曾有過利用美元外交對東歐國家施加影響，使其擺脫蘇聯控制的想法，但是從 1946 年 9 月以後，隨着美蘇關係惡化以及在蘇聯操控和支持下東歐各國政權中共產黨地位的增強，美國已經對誘使東歐脫離蘇聯不再抱有希望，並開始調整政策，逐步將東歐國家排除在經濟援助的範圍之外。[5] 凱南在 1947 年 5 月 23 日備忘錄中針對東歐提出的對策是：可以邀請蘇聯衛星國參加計劃，但他們必須同意廢除其「經濟上的排外傾向」，或者他們拒絕接受所提條件而自行放棄。[6] 克萊頓在國務院會議討論時認為，西歐在經濟上對東歐至

1　*FRUS*, 1947, Vol. 1, p. 740.

2　Leffler, *A Preponderance of Power*, pp. 157-158.

3　Kennan, *Memoirs*, p. 342; Acheson, *Present at the Creation*, p. 232.

4　Paterson, *Soviet-American Confrontation*, pp. 101-102.

5　*FRUS*, 1946, Vol. 7, p. 223, Vol. 6, p. 236; Millis (ed.), *The Forrestal Diaries*, p. 210; Pollard, *Economic Security*, pp. 44-45; Paterson, *Soviet-American Confrontation*, pp. 123-24. 匈牙利的情況比較特殊，由於匈牙利政府名義上在小農黨控制之下，美國曾積極進行對匈貸款的談判。1947 年 3 — 4 月共產黨逐漸接管匈牙利政府後，美國停止了給匈牙利的貸款。*FRUS*, 1947, Vol. 4, Eastern Europe; The Soviet Union, Washington, D. C.: GPO, 1972, p. 352.

6　*FRUS*, 1947, Vol. 3, p. 228.

關重要，反之則不然，東歐的煤炭和穀物雖然對西歐也重要，但東歐更需要出口這些產品以獲取進口西方工業品的外匯。鑒於東歐國家對於馬歇爾計劃來說可有可無，會議一致認可凱南的處理方式。[1] 不過，據說馬歇爾在飛往波士頓的途中，還是將講演稿中最後一段中的「西歐」改成「歐洲」，將「幾個歐洲國家」改為「一部分歐洲國家，如果不是全部」。[2] 援助計劃至少在表面對東歐還是開放的。

如此看來，馬歇爾計劃與杜魯門主義確有異曲同工之處：用經濟手段解決政治問題。或者可以說，與蘇聯進行經濟切割成為美國實行「遏制」政策重要的和首要的武器。這也是美國對最初設計的戰後國際經濟體系的修正。馬歇爾計劃提出後若干年在歐洲推行的穩定價格、建立靈活市場和自由貿易這樣三位一體的政策，正是建立布雷頓森林體系所要實現的目標。[3] 由此可以認為，馬歇爾計劃是布雷頓森林設想的實踐或過渡，但其範圍只限於西方經濟體而排除了蘇聯及其衛星國。問題是美國還要站在道德的制高點上，將歐洲分裂的責任推給蘇聯。陷阱已經挖好，就看莫斯科如何應對了。

巴黎會談與蘇聯拒絕加入馬歇爾計劃

在美國國務院緊張地策劃馬歇爾計劃的時候，蘇聯領導人還沉浸在一片輕鬆而滿懷希望的氣氛中。

1　*FRUS*, 1947, Vol. 3, p. 235.

2　Bernard Snoy, "The Marshall Plan and its Relevance Today", in Gusztáv Báger and Miklós Szabó-Pelsóczi (ed), *Global Monetary and Economic Convergence: On the Occasion of the Fiftieth Anniversary of the Marshall Plan*, London: Ashgate, 1999, p. 21.

3　Henry R. Nau, *The Myth of America's Decline: Leading the World Economy into the 1990s*, New York: Oxford University Press, 1990, p. 127.

　　莫斯科會議期間，美國政界顯赫人物史塔生訪問蘇聯，分別受到莫洛托夫和斯大林的接見。斯大林在 1947 年 4 月 9 日的談話中對美國和西方經濟狀況十分感興趣，反覆問起美國是否發生了經濟危機，美國政府將如何處理這一問題，言語中透露出對美蘇「經濟合作」的一種樂觀情緒。[1] 美國大使史密斯敏銳地注意到這一點，並向國務院報告說，這是蘇聯「政策和策略的基本依據」，克里姆林宮顯然認為，「當他們所希望的大蕭條最終到來時」，美國將在公眾的反對下被迫撤回遏制蘇聯的對外經濟援助和削減軍備。[2] 蘇聯人一般認為，戰後美國和西方必將爆發資本主義週期性經濟危機，正是受這種傳統意識形態的引導，在處理加入布雷頓森林體系問題以及與美國進行貸款、賠償和租借清算的談判中，蘇聯一直採取史密斯所說的「拖延戰術」。然而，蘇聯並不清楚經濟危機究竟何時爆發，為此莫斯科經濟學界在 5 月間還發生了激烈的學術爭論。著名經濟學家 E. 瓦爾加認為，戰爭使國家壟斷資本主義空前發展，其結果將導致資本主義經濟暫時趨於穩定。以國家計劃委員會主席 N. A. 沃茲涅先斯基為首的傳統經濟學派則批評瓦爾加美化資本主義國家機器的作用，忽視戰後資本主義必將發生的經濟危機。[3]

　　其實，經濟危機何時發生只會影響到蘇聯的談判策略，從戰略上講，莫斯科的基本方針此時仍然傾向於同美國和西方的經濟合作，以此解決蘇聯的戰後重建難題。所以，在莫斯科會談陷入僵局、馬歇爾感到大失所望之際，斯大林卻一再強調：不同制度的國家之間完全可以和平

1　РГАСПИ, ф. 558, оп. 11, д. 384, л. 18-32//*Севостьянов Г. Н. (под. ред.)* Советско-американские отношения, с. 395-402.

2　*FRUS*, 1947, Vol. 4, pp. 552-553.

3　辯論詳情見 Werner G. Hahn, *Postwar Soviet Politics: The Fall of Zhdanov and the Defeat of Moderation, 1946-53*, Ithaca and London: Cornell University Press, 1982, pp. 84-87。瓦爾加在 1946 年出版的一部專著中表達了這樣的新觀點：在國際經濟組織中體現出來的國家對經濟進行調節的功能，是戰後「資本主義經濟中主要的和新的契機」。*Варга Е.* Изменения в экономике капитализма, с. 33.

相處，開展經濟合作，對此不能悲觀，要有耐心。[1] 美國報紙發現，蘇聯媒
體 1947 年 5 月份普遍宣傳的觀點是，美國正在走向蕭條，只有向國外提
供貸款和增加對外貿易才能避免危機，因此資本主義和社會主義可以在
經濟上進行合作，俄羅斯渴望擴大蘇美貿易。[2] 面對莫斯科會議的失敗，5
月 16 日，蘇聯《新時代》週刊社論指出，國際合作「需要時間、耐心、
善意和認真努力」，蘇聯「人民和政府絕對一致地希望與所有愛好和平的
國家合作」。[3] 在莫斯科看來，早晚必將發生的經濟危機無疑會減輕對蘇聯
的壓力，迫使西方與蘇聯採取合作的立場，並讓蘇聯在談判中處於某種
優勢地位。這種認知和心態決定了莫斯科最初對待馬歇爾計劃的立場。

　　馬歇爾在接受哈佛大學授予他名譽法學博士時所作講演似乎不經意
地提出的這個新方針，對於蘇聯到底是一種威脅還是一次機會？莫斯科
的反應前後很不一致。最初似乎是本能地發出了一片抨擊聲：蘇聯駐美
大使諾維科夫在 6 月 9 日給莫洛托夫的電報中認為，講演對歐洲經濟聯
合表現出來的極大興趣表明，美國人的意圖是建立一個針對蘇聯的西歐
集團。[4]《烏克蘭真理報》6 月 11 日發表文章，指責馬歇爾的提議是要求在
美國「無條件的絕對領導下」建立一個西方集團，是杜魯門主義的「螺
旋式上升」。[5] 6 月 16 日《真理報》的署名文章攻擊說，馬歇爾計劃「在
其全新的外表下是杜魯門通過美元進行的政治施壓計劃，是對其他國家
的內政進行干涉的計劃」。[6] 不過，情況很快就發生了變化。

　　6 月 21 日，《真理報》未加評論地刊登了塔斯社的一篇報道：法國和

1　АВПРФ, ф. 06, оп. 9, п. 71, д. 1104, л. 29-39//*Севостьянов Г. Н. (под. ред.)* Советско-американские
　　отношения, с. 406-413.

2　*The New York Times*, May 14, 1947, p. 15, May 25, 1947, p. 35.

3　О перспективах международных сотрудничества// Новое Время, 1947, №20, с. 1-3.

4　АВПРФ, ф. 059, оп. 18, п. 39, д. 250, л. 207-209//*Тахненко Г.* Анатомия одного политического
　　решения (К 45-летию плана Маршалла)//Международная жизнь, №5, май 1992, с. 118-119.

5　*FRUS*, 1947, Vol. 3, pp. 294-295.

6　Правда, 16 июня 1947, 4-й стр.

英國分別向蘇聯提交照會，希望召開英法蘇三國外長會議，商討如何回
應美國的建議。[1] 同一天，聯共（布）中央政治局批准了蘇聯政府對英法照
會的答覆文本：蘇聯政府接受英法建議，同意參加三國外長會議，並建
議會議 27 日在巴黎舉行。[2] 據莫洛托夫回憶，參加馬歇爾計劃的建議最初
是他向中央委員會提出的。[3] 這個回憶是可靠的。帕里什從莫洛托夫閱讀馬
歇爾講演稿俄文譯本時所做的圈點和批註推斷，莫洛托夫似乎認為這個
計劃是出於美國本身經濟需要的動機，雖然可能是針對蘇聯的，但反過
來也可能會對蘇聯有利，或許蘇聯可以從中獲得急需的重建貸款。[4] 6 月 22
日，莫洛托夫向蘇聯駐東歐各國大使館發出通電，要求告知對馬歇爾計
劃的看法以及蘇聯如何應對的建議。[5] 同時要求駐華沙、布拉格和貝爾格萊
德大使向所在國領導人轉達蘇聯的意見：應適當地表現出主動性，以確
保參與相應經濟措施的制定，並提出自己的要求。[6] 另外還特別告訴捷克斯
洛伐克共產黨總書記 K. 哥特瓦爾德，蘇聯反對戰時德國的附庸國和中立
國參與馬歇爾計劃。[7]

　　6 月 23 日《真理報》全文發表了政治局通過的對英法答覆的文件。[8]
顯然，接到英法的通知，莫斯科對馬歇爾計劃的態度已經積極、認真起
來。當然，也不是沒有擔心。

　　6 月 24 日，諾維科夫致電莫洛托夫，從政治角度進一步分析馬歇爾

1　Правда, 21 июня 1947, 3-й стр.

2　РЦХИДНИ, ф. 17, оп. 162, д. 38, л. 162、185//*Волокитина Т. В.* Восточная Европа в документах
　　российских архивов, 1944-1953гг., Том. 1, 1944-1948гг., Москва: Сибирский хронограф, 1997, с. 648-
　　649.

3　*Чуев Ф. И.* Сто сорок бесед с Молотовым, Москва: ТЕРРА, 1991, с. 88.

4　Scott D. Parrish, "The Turn Toward Confrontation: The Soviet Reaction to the Marshall Plan, 1947",
　　CWIHP Working Paper, №9, March 1994, pp. 14-15.

5　АВПРФ, ф. 059, оп. 18, п. 9, д. 56, л. 71//Международная жизнь, №5, май 1992, с. 119.

6　АВПРФ, ф. 6, оп. 9, п. 18, д. 214, л. 19, 轉引自 *Наринский М. М.* СССР и План Маршалла: по
　　материалам архива президента РФ//Новая и новейшая история, 1993, №2, с. 12。

7　АВПРФ, ф. 059, оп. 18, п. 22, д. 151, л. 45//Международная жизнь, №5, май 1992, с. 119-120.

8　Правда, 23 июня 1947, 2-й стр.

計劃。他認為這是杜魯門主義在美國和歐洲遭受冷遇後而採取的「更加靈活的策略」，其目的是建立一個西歐集團作為美國對蘇政策的工具。美國不可能把蘇聯列為受援國，而英法則會「蓄意激起我們的拒絕」，然後「指責我們自行退出歐洲重建計劃」。諾維科夫主張蘇聯參加巴黎會議，並應在「制定歐洲國家經濟重建和發展方案中發揮重要作用」，從而「阻止美國對歐洲的管控和建立反蘇集團計劃的實施」。[1] 同一天，瓦爾加院士從經濟角度向莫洛托夫提交了關於馬歇爾計劃的報告。瓦爾加認為，馬歇爾計劃是美國緩解正在「日益臨近的經濟危機」的工具，其意圖是通過「發放迄今為止最大規模的貸款，減輕國內市場商品過剩的壓力」，即使無法收回貸款，美國也會「努力從中獲取最大限度的政治利益」。馬歇爾要求歐洲國家制定聯合一致的求援方案，其目的在於打造美國在歐洲的「救世主」地位，在實現「德國經濟統一」的基礎上建立「歐洲資產階級國家的統一戰線」，把消除「鐵幕」、在歐洲推進民主自由作為經濟重建的先決條件；如果蘇聯拒絕接受美國的條件就會被排除在馬歇爾計劃之外，並「把計劃失利的全部責任推到蘇聯身上」。[2] 分析的角度不同，得出的結論卻大體一致。諾維科夫和瓦爾加都指出了馬歇爾計劃的反蘇性質，都認為美國向蘇聯提供經濟援助的可能性不大。雖然沒有明確表示蘇聯應爭取參與馬歇爾計劃，但都指出了拒絕參與援助方案制定對蘇聯的不利後果。

在此基礎上，莫洛托夫當天向斯大林遞交了給參加巴黎會談的蘇聯代表團的指示草案，斯大林只做了一些文字修改。[3] 6 月 25 日形成的正式文件規定了蘇聯代表團出席巴黎會議的任務，即了解英法關於援助歐洲

---

1   АВПРФ, ф. 059, оп. 18, п. 39, д. 250, л. 314-320//Международная жизнь, №5, май 1992, с. 120-123.

2   АВПРФ, ф. 06, оп. 9, п. 18, д. 213, л. 1-5//*Севостьянов Г. Н. (под. ред.)* Советско-американские отношения, с. 432-435.

3   РГАСПИ, ф. 558, оп. 11, д. 211, л. 21-23, 轉引自 Steil, *The Marshall Plan*, p. 108。

方案的性質和具體條件，建議外長會議向美國詢問援助歐洲的條件和國會批准的可能性，並申明蘇聯的如下立場：美國的援助應針對歐洲國家各自單一的經濟需求，而不是統一的歐洲經濟計劃；會議的目的是確定歐洲國家申請及獲得援助的資格，而不是為歐洲國家制定經濟計劃；反對可能導致侵犯歐洲國家主權或違反其經濟獨立的援助條件；反對審議利用德國經濟資源和討論對德經濟援助的問題。[1] 對比前述美國國務院籌備和討論的情況，可以清楚地看到，美蘇考慮的經濟援助方案幾乎在各方面都是針鋒相對的。然而，由於當時並不了解美國計劃以及英法商議的具體內容，蘇聯領導人（主要是莫洛托夫）對巴黎外長會議還是抱有希望的。《真理報》6 月 25 日發表了一篇談論即將召開的三國外長會議的文章。[2] 文章不再指責馬歇爾計劃的反蘇性質，而強調其目的是解決「美國商品出口問題和歐洲面臨的美元危機」，似乎是在暗示蘇聯參與援助計劃可以幫助美國擺脫困局；文章指責美國提出的援助條件意味着「對歐洲國家內政的干涉」，無疑是提醒英法政府不要接受美國的條件。

6 月 26 日，莫洛托夫率領了一個百餘人的龐大代表團來到巴黎，「精心挑選」的成員包括瓦爾加院士，外交部歐洲、經濟和條法各司負責人及大批技術顧問和助理。[3] 這個架勢足以證明莫斯科對這次會議的重視和認真的程度。[4] 離開莫斯科之前，莫洛托夫的助手韋特羅夫告訴他的朋友：「我們的政策是基於與西方盟國合作實施馬歇爾計劃，首先要考慮到恢復烏克蘭、白俄羅斯和列格勒被戰爭破壞的工業。」[5] 莫洛托夫本人在給妻子的

1　АВПРФ, ф. 06, оп. 9, п. 19, д. 234а, л. 6-7//Международная жизнь, №5, май 1992, с. 123-124.

2　Правда, 25 июня 1947, 5-й стр.

3　*FRUS*, 1947, Vol. 3, p. 310; *Липкин М. А.* Советский союз и интеграционные процессы, с. 104; Robert H. Ferrell, *George C. Marshall*, New York: Cooper Square Publishers, Inc., 1966, p. 119.

4　也有學者猜測蘇聯這樣做可能是要對法國施加壓力。Anne Deighton, *The Impossible Peace: Britain, the Division of Germany and the Origins of the Cold War*, Oxford: 1990, p. 187.

5　*Судоплатов П. А.* Разведка и Кремль: Записки нежелательного свидетеля, Москва: Гея, 1996, с. 274.

信中寫道：「我會在巴黎待一個星期。我的任務並不容易，但目標還是明
確的。這次談判有些不同，可以迅速發展成更廣泛的談判。」然而，這一
個星期的巴黎之行卻讓莫洛托夫大失所望。

　　由於擔心蘇聯的阻撓和搗亂，英法政府都不願讓蘇聯人參與歐洲援
助計劃方案的討論，只是出於政治和輿論的考慮，才不得不向莫斯科發
出邀請。6 月 17 — 18 日英國外交大臣貝文和法國外交部長比多商談後，
取得了基本一致的意見。美國駐法大使 J. 卡弗里報告說，「英國人認為，
俄國人的參與會使事情變得非常複雜，如果俄國人拒絕邀請可能是最好
的」，法國人也贊同這種看法。英法都希望蘇聯拒絕合作，但無論如何，
即使沒有蘇聯，他們也會「全力以赴」。[2] 這個想法與美國人的設計不謀而
合。得知蘇聯將出席巴黎外長會議後，美國駐蘇大使史密斯的判斷是，
「這種參與肯定是出於破壞性而非建設性的目的」，因為「一個明智且得
以執行的經濟恢復計劃將不利於蘇聯現在的政治目標」。[3] 美國首先需要說
服英國接受對歐洲進行一體化援助的方案，並鼓動英國人出面阻止蘇聯
加入馬歇爾計劃。為此，克萊頓在 6 月 24 — 26 日訪問倫敦期間，明確
地告訴英國內閣，繼續對歐洲進行零星援助不可行，「租借」的方式不可
取，必須制定包括實現歐洲經濟一體化的完整計劃；如果援助計劃「能
以西歐國家為核心開始，美國政府會感到滿意」，如果東歐國家願意，
「該計劃將向他們開放」；在美國批准向蘇聯提供財政援助之前，「俄羅斯
在歐洲復甦及相關問題上的立場必須有根本性的改變」。[4] 隨同克萊頓出
訪的凱南和波倫也對英國人說，他們懷疑蘇聯根本就不想加入馬歇爾計

1　РГАСПИ, ф. 82, оп. 2, д. 1592, л. 61-62, 轉引自 *Никонов В. А.* Молотов: наше дело правое, К. II,
Москва: Молодая гвардия, 2016, p. 278。

2　*FRUS*, 1947, Vol. 3, pp. 258、260、262.

3　*FRUS*, 1947, Vol. 3, p. 266.

4　*FRUS*, 1947, Vol. 3, pp. 270、274、281、283；286；291.

劃，萬一他們真要加入，將被告知：蘇聯應對計劃做出貢獻而不是從中受益。如果蘇聯不願意接受這種方式，美國願意單獨為西歐制定一項援助計劃。如果蘇聯允許其衛星國參與計劃，就會失去對自己領域的經濟控制。[1] 經過三輪會談，英國接受了美國的原則和主張，同意以上述意見作為外長會議的「指導」方針。[2] 實際情況是，英國人在巴黎會談和阻止蘇聯加入援助計劃方面發揮了主要作用。

如果說英國對統一援助方案的態度與蘇聯一致，那麼法國在對德國政策方面則接近莫斯科的主張。出於恐懼和擔心，法國也主張對德採取嚴厲政策。戰時戴高樂就認為戰後有必要肢解德國，1945 年 9 月法國提出在德國建立沒有中央政權的各州聯邦，1947 年 4 月又要求法國永久佔領萊茵河左岸，並一直堅持魯爾地區國際化，要求薩爾地區在經濟上依附法國、在政治上脫離德國。[3] 這些主張大部分與蘇聯的對德政策相吻合。所以，來自美國的援助雖然對法國有極大的吸引力，但把德國經濟重建作為歐洲復甦和援助計劃核心的方針則是法國萬難接受的。經過反覆談判，直到 1948 年 7 月，在美國的利誘和壓力下，法國才做出重大讓步，接受了關於馬歇爾計劃的美法雙邊協議。[4] 儘管如此，這並不妨礙法國在巴黎外長會議上配合英國把蘇聯擠出馬歇爾計劃。

莫洛托夫在巴黎談判中完全是按照政治局的指示行事的。與比多見面伊始，莫洛托夫就打探英法是如何商議的。比多沒有據實相告，莫洛托夫也客套地表示「衷心希望」會談取得成果。[5] 在 6 月 27 日的第一次會

1　Charles L. Mee, *The Marshall Plan: The Launching of the Pax Americana*, New Yark: Simon and Schuster, 1984, pp. 124-125.

2　*FRUS*, 1947, Vol. 3, pp. 283-284、284-288.

3　Raymond Poidevin, "Ambiguous Partnership: France, the Marshall Plan and the Problem of Germany", in Maier and Bischof (eds.), *The Marshall Plan and Germany*, pp. 332-335.

4　談判過程詳見 Poidevin, "Ambiguous Partnership", pp. 337-358。

5　*FRUS*, 1947, Vol. 3, p. 296.

議上，比多提出了一份對英法協議稍加修改的建議草案。[1] 莫洛托夫首先詢問英法是否了解美國的具體援助計劃，得到否定的回答後，莫洛托夫建議向美國詢問準備為歐洲提供援助的確切金額以及是否能夠得到國會批准。比多也贊成要求美國作出進一步說明。但貝文堅持歐洲國家應該首先提出一個統一的計劃交給美國，否則「任何建議都沒有意義」。會議主要圍繞這個問題展開了討論，莫洛托夫的態度始終比較友善。雙方還確定會議祕密進行，不對媒體開放。[2] 28 日下午繼續會談，莫洛托夫首先陳述了蘇聯的立場和建議。蘇聯認為，法國提出並得到英國贊同的工作計劃值得懷疑。按照英法的建議，巴黎會議將「為歐洲國家制定一個全面的經濟計劃」，但這「不會產生積極的結果」。如果強迫這樣做，就會導致對其他國家內部事務的干涉，這不是「歐洲合作的基礎」。蘇聯認為應該由歐洲國家各自提交需要援助的申請和計劃，由巴黎會議「對其進行聯合審議」，以「確定是否可以從美國獲得這種經濟援助」。關於哪些國家有資格參與歐洲的合作，蘇聯認為首先是被德國佔領的歐洲國家，前敵國和中立國可以「協商」身份間接參與，至於德國問題，應該放在（將於 11 月召開的）倫敦外長會議討論。在機構問題上，有必要建立由三國代表組成的特設委員會處理此事，並與歐洲經濟委員會取得聯繫。[3] 經過討論，莫洛托夫做出兩點讓步：不再堅持詢問美國可以提供多少援助；同意由佔領國代表德國參與計劃。法國人認為，莫洛托夫「態度異常溫和」，「竭力避免給法國人或英國人提供指責他們搞分裂的口實」。但比多感到，莫洛托夫「顯然並不希望會談成功」，貝文則認為「莫洛托夫是在拖後腿」。不過他們一致表示，即使蘇聯不參加，英法都「決心以某種

---

1 Deighton, *The Impossible Peace*, p. 187.

2 *FRUS*, 1947, Vol. 3, pp. 297-299.

3 Внешняя политика Советского Союза, Документы и материалы, 1947 год, Часть вторая, с. 117-120.

方式進行這項工作」。[1] 29 日巴黎雷雨交加，休會一天，以便外長們考慮
彼此的建議。[2] 莫洛托夫似乎對法國人抱有希望，他在當日給斯大林的電報
說：「比多是個老實人」。莫洛托夫向比多解釋說，蘇聯和法國方案之間
的原則分歧就在於前者要求只討論與援助歐洲直接相關的問題，而後者
則包括了所有更為複雜的經濟問題。[3] 美英法顯然是希望蘇聯儘早撤出，蘇
聯（至少莫洛托夫）則打算利用法國製造分裂，把事情拖延下去。

　　6 月 30 日清晨，莫洛托夫收到副外長維辛斯基發來的一封密電，通
報了莫斯科收到的來自倫敦的情報。情報說，克萊頓與英國部長們會晤
達成了幾點協議：馬歇爾計劃應被視為歐洲復興計劃，而不是簡單的經
濟援助；因德國尚未參加聯合國，該計劃將由在聯合國之外設立的專門
委員會負責實施；作為歐洲經濟的關鍵，德國是任何重建歐洲大陸計劃
的支柱之一；抵制從德國的現有產品中向蘇聯支付賠償。[4] 這就是說，在
巴黎會談之前，美英確實已經擬定了方案，英國人欺騙了蘇聯。這就難
怪莫洛托夫的態度變得強硬起來。在當天舉行的會議上，莫洛托夫完全
重複了以前的立場，並強調「為歐洲國家制定一個全面的經濟方案」，將
構成「對有關國家內部事務的干涉和對其主權的侵犯」，強調在各國單
獨申請的基礎上制定綜合援助方案，「必須首先滿足遭受德國侵略並對盟
軍勝利做出貢獻的國家的需要」。[5] 對此，英法採取了堅定的反對立場。會
後，貝文告訴美國大使卡弗里，面對會議僵持的局面，英國人「決心繼
續向前邁進」，法國人給予英國「全心全意的支持」。正如貝文所說，「會

1　*FRUS*, 1947, Vol. 3, pp. 299、299-301、301.

2　Deighton, *The Impossible Peace*, p. 188.

3　АПРФ, ф. 3, оп. 63, д. 270, л. 55, 轉引自 *Наринский М. М.* Советский Союз, Чеховловакия и план маршалла //*Севостьянов Г. Н.* (*отв ред*), Февраль 1948, Москва и Прага, взгляд через полвека, Москва: Интитут славяноведния и балканистики РАН, 1998, с. 72。

4　АПРФ, ф. 3, оп. 63, д. 270, л. 59-60, 轉引自 *Наринский М. М.* СССР и План Маршалла, с. 14。關於情報來源，詳見 *Судоплатов П. А.* Разведка и Кремль, с. 274-276。

5　Внешняя политика Советского Союза, Документы и материалы, 1947 год, Часть вторая, с. 120-121.

議已經破裂，可能明天就要結束」。法國人也對蘇聯的不合作立場表示遺憾，儘管認為努力還是值得的。[1] 莫洛托夫也不抱希望了，他在會後向斯大林報告說，由於存在立場上的「根本分歧」，「我們不能指望就這一問題達成實質性協議」。英法「已經同美國人達成協議，他們將制定全歐洲的經濟計劃，這為干涉歐洲各國的內部事務以及他們之間的相互經濟關係提供了可能」。[2] 其實，對於會談的結果雙方事前的預判都不樂觀，英法只是出於政治和輿論的考慮而不得不為之，蘇聯來時對談判結果抱有一絲希望，若不能如願則阻止援助計劃的預案也是有的。

7月1日，法國提出了一個「基本立場沒有改變」的妥協建議。正像比多解釋的，其目的不是指望蘇聯接受，而是應對法國共產黨的攻擊，如果蘇聯拒絕，將會大大加強公眾輿論對法國政府的好感。莫洛托夫建議休會至第二天下午，以便研究這個新方案。法國人認為這是為了聽取莫斯科的「最後指示」。[3] 莫洛托夫看過法國的「妥協」方案後十分失望，他在給斯大林的電報中說，可以斷定巴黎會議的進程是「預先設定」的，現在法國已經同英國進入一條「航道」，不再持有以前在某些問題上的「獨立立場」了。[4] 莫洛托夫是否和何時接到了莫斯科的指示，目前尚無任何文獻證據。[5] 無論如何，莫洛托夫7月2日的表現很說明問題。會談一開始，莫洛托夫便發表聲明，使用「比以前更激烈的措辭」譴責法國方案，聲明反對成立「指導委員會」討論全歐洲的援助計劃，並警告英法如果堅持這樣做，將產生嚴重後果。經過一番脣槍舌戰，會談宣告結束，大

---

1 *FRUS*, 1947, Vol. 3, pp. 301-303、303-304.

2 АПРФ, ф. 3, оп. 63, д. 270, л. 70、71, 轉引自 *Наринский М. М.* Советский Союз, Чеховловакия и план маршалла, c. 75。

3 *FRUS*, 1947, Vol. 3, pp. 304-305、305-306.

4 АПРФ, ф. 3, оп. 63, д. 270, л. 74, 轉引自 *Наринский М. М.* Советский Союз, Чеховловакия и план маршалла, c. 76。

5 筆者看到的僅有資料是艾奇遜的回憶：貝文告訴他，7月2日會談時，莫洛托夫接到一份電報，看後「臉色發青」，態度變得「更加生硬」。Acheson, *Present at the Creation*, p. 234.

家不歡而散。[1] 在 7 月 3 日的閉幕式上，莫洛托夫使用了一個新概念，指責英法方案將「把歐洲分裂成兩大陣營，並在他們的關係中製造新的障礙」。[2] 這至少說明當時蘇聯已經意識到巴黎會議的結果就是歐洲的分裂，並有意識地把責任推給西方。當天，莫洛托夫率團離開巴黎，英法則發表聯合公報，邀請除蘇聯和西班牙之外的所有歐洲國家派代表來巴黎審議歐洲復興計劃，時間定在 7 月 12 日。[3]

美英法對巴黎會議的失敗和蘇聯的退出非常滿意，尤其是美英兩國，如願以償，正中下懷。貝文在蘇聯表示拒絕的當天指出：這一決定意味着「西方集團的誕生」。[4] 馬歇爾在得到巴黎傳來的消息後終於鬆了一口氣：蘇聯不會繼續成為制定歐洲復興計劃的「不確定因素」了。[5] 艾奇遜後來也說，無論如何，蘇聯的退出使馬歇爾計劃的籌備工作簡單多了。[6] 貝爾納斯則認為，蘇聯這樣做是「大大地幫助了美國」。[7] 的確，莫洛托夫來到巴黎，除了希望蘇聯能分到一杯羹外，主要目的是阻止美國按照自己的方式向歐洲提供經濟援助。現在蘇聯自行退出，既無法獲得任何經濟利益，還讓自己承擔了過多的政治責任 —— 就像法國人在會議結束後說的：這應該可以向全世界證明，不是西方而是「莫斯科拒絕合作」。[8]

蘇聯主動退出馬歇爾計劃援助方案的制定，無疑是一個錯誤的選擇。當時很多西方政要都像法國外長比多一樣，「永遠無法理解」莫洛托夫行為的原因，如果不退出，蘇聯「在任何情況下都不會有任何損

1　Внешняя политика Советского Союза, Документы и материалы, 1947 год, Часть вторая, с. 122-125; *FRUS*, 1947, Vol. 3, pp. 306-307.

2　АВПРФ, ф. 06, оп. 9, п. 18, д. 215, л. 96, 轉引自 Parrish, "The Turn Toward Confrontation", p. 25。

3　Paterson, *Soviet-American Confrontation*, pp. 217-218.

4　Deighton, *The Impossible Peace*, p. 187.

5　*FRUS*, 1947, Vol. 3, p. 308.

6　Acheson, *Present at the Creation*, pp. 234-235.

7　Mikhail Narinsky, "Soviet Foreign Policy and the Origins of the Cold War", Gabriel Gorodetsky (ed.), *Soviet Foreign Policy, 1917-1991: A Retrospective*, New York: Frank Cass and Co. Ltd., 1994, pp. 109-110.

8　*FRUS*, 1947, Vol. 3, pp. 303-304.

失」，但他卻選擇了「唯一會失去一切的方案」。[1] 關於這一點，斯大林曾
對 G. 季米特洛夫說，蘇聯代表團去巴黎主要是了解情況，「鑒於蘇聯代
表團所持立場與英、法代表團的立場存在嚴重分歧，與其達成協議已不
可能」。[2] 後來的研究者有很多解釋，主要集中在三個方面：蘇聯間諜發送
的情報讓莫斯科確認西方根本就不會向蘇聯提供經濟援助；巴黎會談讓
莫斯科確定美國的援助方式是蘇聯無法接受的；蘇聯領導人擔心東歐國
家參與其中而失去對他們的控制。[3] 在筆者看來，這些解釋似乎都沒有觸
及問題的本質。無論是來自巴黎的情報還是對巴黎會談的感受，不過是
驗證了蘇聯此前的猜測和估計，並不會令克里姆林宮感到意外。蘇聯代
表團趕赴巴黎的任務，就是要在馬歇爾計劃不符合莫斯科意願時，阻止
和破壞這個計劃。那麼，正如貝文給內閣的報告中說的，如果蘇聯不退
出，就可以像「特洛伊木馬」那樣，「破壞歐洲利用美國援助的前景」。[4]
或者如改任商務部長的 W. A. 哈里曼所言，蘇聯本來可以通過加入馬歇
爾計劃而「毀滅它」。[5] 而只要蘇聯參與其間，東歐也不大可能失控。這個
道理，斯大林和莫洛托夫不會不明白。筆者因而推斷，斯大林本來對美
蘇合作（至少在經濟方面）還抱有希望，認為西方的經濟狀況也許會迫
使美國與蘇聯合作，然而巴黎的經歷令莫斯科完全失望。既然無法得到
經濟援助，為了安全起見，那就乾脆與美國和西方做徹底的經濟切割，

1　Narinsky, "Soviet Foreign Policy and the Origins of the Cold War", pp. 109-110.

2　斯大林致季米特洛夫函，1947 年 7 月 1 日，ЦДА, ф. 146-б, оп. 4, а. е. 639, л. 1-3.

3　*Позняков В. В.* "Разведка, разведывательная информация и процесс принятия решений: поворотные
пункты раннего периода холодной войны (1944-1953 гг.)" //*Егорова Н. И., Чубарьян А. О.* (*Отв.
ред.*) Холодная война, 1945-1963, историчекая ретроспектива, сборник статей, Москва: Олма-пресс,
2003, с. 340-341; *Липкин М. А.* Советский союз и интеграционные процессы, с. 110-111; Pollard,
Economic Security, p. 138; Leffler, *A Preponderance of Power*, pp. 185-186; Geoffrey Roberts, "Moscow
and the Marshall Plan: Politics, Ideology and the Onset of the Cold War, 1947", *Europe-Asia Studies*,
Vol. 46, №8, 1994, pp. 1375-1376.

4　Peter Hennessy, *Never Again: Britain, 1945-1951*, London: Vintage, 1993, p. 296.

5　Walter Isaacson and Evan Thomas, *The Wise Men: Six Friends and the World They Made*, New York:
Simon & Schuster, 1986, p. 415.

回到戰前與世界隔絕的封閉狀態。這是一次戰略的選擇，莫洛托夫離開巴黎並不再回去，只是邁出了第一步，接着便是根本轉變對東歐的政策和重新建立共產黨世界組織。

蘇聯嚴禁東歐各國參與馬歇爾計劃

　　這裏的東歐是指受蘇聯控制和影響的七個國家：波蘭、捷克斯洛伐克、匈牙利、羅馬尼亞、保加利亞、南斯拉夫和阿爾巴尼亞。蘇軍佔領的德國東部地區不在其列，在 1948 年德國分裂之前，那裏尚未建立政府。這七個國家雖都屬蘇聯勢力範圍，但情況有所不同：匈羅保三國是前軸心國，簽署合約後才能進入正常國家狀態，美蘇爭奪在此比較激烈；波捷是戰時盟國，自由度相對較大，蘇聯也有所擔心；蘇聯比較放心的是南阿，那裏共產黨一黨執政，政策上主動靠攏蘇聯。

　　歐洲戰場的局面扭轉之後，蘇聯開始考慮戰後問題，並確定了與西方特別是美國實現和平共處、長期合作的對外方針。在這方面，最明顯的信號就是 1943 年 5 月斯大林突然下令解散作為世界革命大本營的共產國際，以排除與西方合作的這個「障礙」。[1]

　　1944 年 1 月 1 日，蘇聯播放了新國歌。從 1918 年起作為蘇聯國歌的《國際歌》現在只作為黨歌了。新國歌是斯大林親自挑選和修改的，同《國際歌》突出國際主義不同，新國歌強調的是俄羅斯愛國主義。[2] 這一年，主管意識形態的聯共（布）中央書記 A. A. 日丹諾夫在一次會議上談

1　詳見沈志華：《斯大林與 1943 年共產國際的解散》，《探索與爭鳴》2008 年第 2 期，第 31-40 頁；*Адибеков Г. М.* Коминформ и послевоенная Европа, с. 6、21。

2　*Громов Е.* Сталин: власть и искусство, Москва: Республика, 1998, с. 338-344. 斯大林最後修訂的歌詞文本見 РЦХИДНИ, ф. 558, оп. 1, д. 3329, л. 1.

到了「和平過渡到社會主義社會的可能性」。[1] 這無疑是為在戰後與資本主義國家合作提供理論基礎和指導。蘇聯最活躍的三位外交官 N. V. 諾維科夫、A. A. 葛羅米柯和 M. M. 李維諾夫則分別提交了關於戰後蘇聯外交方針的報告，異口同聲地主張美蘇合作。[2]

　　為此，作為對雅爾塔會議「關於被解放的歐洲的宣言」的回應，在戰爭後期和戰後初期，蘇聯要求歐洲各國共產黨執行一種筆者稱之為「聯合政府政策」的對外方針，即在各國應該建立起民主制度，共產黨必須與其他各黨派實現聯合，共同組建政府。這在蘇聯勢力範圍內的東歐國家就表現為推行非蘇聯模式的「人民民主制度」。然而，這種「聯合政府」只是形式，真正的目標還是要保證東歐各國實行對蘇友好政策，保證蘇聯在那裏的控制和影響。而要做到這一點，就必須保證受莫斯科直接指揮和控制的各國共產黨（工人黨）在「聯合政府」中處於主導地位。因此，蘇聯駐軍當局與所在國共產黨在不同程度上採取了「技術手段」（直接修改或偽造選舉結果）和「非常措施」（製造政治案件打擊與共產黨競爭的政治人物和黨派），削弱甚至消滅各種「反對派」。這主要發生在波、捷、保、羅、匈五國，南、阿是共產黨一黨執政，無需此舉。[3] 這樣，到 1947 年春夏，蘇聯在政治和外交上已經基本實現了對東歐各國的掌控。不過，筆者不能苟同這樣的看法：斯大林在東歐搞多黨聯合執

1　РГАСПИ, ф. 77, оп. 3с, д. 174, л. 3, 轉引自 *Марьина В. В.* Чехословацкий "февраль" 1948-го начинался в 1945 году//*Марьина В. В.* (*отв. ред.*) Тоталитаризм: Исторический опыт Восточной Европы, "Демократическое интермеццо" с коммунистическим финалом, 1944-1948, Москва: Наука, 2002, с. 94。

2　有關文件見 АПРФ, ф. 3, оп. 63, д. 237, л. 52-93//Источник, 1995, №4, с. 124-144；АВПРФ, ф. 06, оп. 6, п. 45, д. 603, л. 1-34；АВПРФ, ф. 06, оп. 6, п. 14, д. 143, л. 61、83-88//*Волокитина Т. В.* Трансильванский вопрос, венгеро-румынский территориальный спор и СССР, 1940-1946, документы, Москва: РОССПЭН, 2000, с. 258-262.

3　詳見沈志華：《斯大林的「聯合政府」政策及其結局》，《俄羅斯研究》2007 年第 5 期，第 71-77 頁；第 6 期，第 77-85 頁。

政只是一種策略和幌子，並且很快就撕下了這層偽裝。[1] 與西方合作確曾是蘇聯戰後外交戰略的一部分，「聯合政府」則是實現這一戰略的一種措施。儘管因美蘇關係惡化和東歐國內政治鬥爭激化，到 1947 年上半年「聯合政府」政策已經有名無實，但當時蘇聯並沒有在東歐推行蘇聯社會主義體制的計劃。正如凱南曾經說過的，東歐國家「是否搞共產主義對於莫斯科來說無所謂」，「最重要的是那裏必須接受莫斯科的影響，如果可能的話，必須認可莫斯科的權威」。[2]

　　然而，與政治和外交上對東歐的嚴格掌控相比，蘇聯在經濟方面卻顯得「漫不經心」。作為勢力範圍，斯大林最初看重的只是安全問題，東歐國家是作為「緩衝帶」發揮作用的。況且除捷克斯洛伐克工業比較發達外，這些國家經濟都十分落後。既然不是「俄羅斯帝國」的成員，政治上也未實行「一體化」，蘇聯何必要背上沉重的經濟負擔？[3] 因此，蘇聯同意波、捷、南加入國際貨幣基金組織和國際銀行，也同意東歐國家向美國申請貸款。[4] 同時，儘管遇到某些障礙，蘇聯並沒有關閉美國和西方在東歐進行貿易和投資的大門。[5] 在「聯合政府」中，莫斯科注重的是國防部、內務部、警察局等權力部門，而經濟、文教甚至外交部門都可以讓

1　*Гибианский Л. Я.* Исследования политики СССР в Восточной Европе в конце второй мировой войны и в первые послевоенные годы// Вопросы истории, 2004, №6, с. 148-161.

2　Kennan, *Memoirs*, p. 521.

3　東歐各國要求蘇聯提供經濟援助（糧食、貸款）的情況，見季米特洛夫致斯大林函，1947 年 5 月 31 日，ЦДА, ф. 146-б, оп. 2, а. е. 1765, л. 1; АПРФ, ф. 45, оп. 1, д. 361, л. 62-66//*Волокитина Т. В.* Восточная Европа в документах российских архивов, 1944-1953гг., Том. 1, 1944-1948гг., Москва: Сибирский хронограф, 1997, с. 564-568.

4　波、捷、匈申請美國援助的情況見 *FRUS*, 1946, Vol. 6, pp. 216-217、220、228-229; 1947, Vol. 4, pp. 352、419。波、捷、南加入布雷頓森林體系的情況見 Marie Lavigne, "Organized International Economic Cooperation After World War II", *Soviet and Eastern European Foreign Trade*, 1990, Vol. 26, №1, p. 25; *Минкова К. В.*《Советская делегация считает целесообразным вступление Советского Союза в состав членов Фонда》: СССР и Международный валютный фонд в 1943-1946 гг. // Международные отношения, 2017, Т. 17, №1, с. 43。

5　詳細情況見 Paterson, *Soviet-American Confrontation*, pp. 117-118。

給其他黨派。[1] 說到在經濟上實行控制，蘇聯更看重的是如何從這些國家獲取利益，而沒有一個東歐經濟發展的總體規劃。[2] 波蘭貿易官員對蘇聯在煤炭、棉花和羊毛交易中任意壓低價格的做法頗有抱怨。[3] 出口到蘇聯的工業品因價格偏低令捷克斯洛伐克無法從中獲利。[4] 羅馬尼亞要求蘇聯重新計算和減輕賠償金額和駐軍開銷。[5] 而匈牙利國家預算的 50% 都要用來交付給蘇聯的戰爭賠償。[6] 難怪美國人說匈牙利「距離成為蘇聯的經濟殖民地只有一步之遙」。[7] 這些情況導致蘇聯與東歐國家的經濟關係趨向鬆散。蘇聯與捷克斯洛伐克的貿易額 1945 年佔捷對外貿易總額的 25%，1947 年初已降到 6%。[8] 正因為如此，馬歇爾計劃的消息一傳開，東歐各國都按捺不住心中的喜悅，甚至南斯拉夫也準備「參加初步談判」。[9]

　　直到巴黎會議期間，蘇聯才意識到問題的嚴重性：如果東歐各國被美國提供的經濟援助所吸引，那麼蘇聯對這一地區政治控制的努力很可能付之東流。實際上，當蘇聯在巴黎決定拒絕馬歇爾計劃時，莫洛托夫就考慮讓東歐國家參加後續會議，但目的是為了宣傳，並在適當時候全

1　1945 年 11 月匈牙利共產黨在選舉中失敗，聯合內閣原選派小農党成員擔任內務部長，但在駐匈牙利盟國管制委員會主席 K. E. 伏羅希洛夫（Voroshilov）的壓力下，政府只得任命一名共產黨人擔任這個職務。Zoltan Barany,「Soviet Takeovers: The Role of Advisers in Mongolia in the 1920s and in Eastern Europe after World War II」, *East European Quarterly*, XXVIII, №4, January 1995, p. 418.

2　Pollard, *Economic Security*, p. 36.

3　*Бордюгов Г., Матвеев Г., Косеский А., Пачковский А.* СССР-Польша: Механизмы подчинения, 1944-1949гг., Москва: АИРО-ХХ, 1995, с. 199-200.

4　РГАСПИ, ф. 17, оп. 128, д. 1083, л. 229-230//*Волокитина Т. В., Мурашко Г. П. (отв. ред.)* Советский фактор в восточной Европе 1944-1953, Т. 1, 1944-1948, документы, Москва: РОССПЭН, 2000, с. 460-462; *Поп И. И.* Чехословакия-Советский Союз, 1941-1947 гг, Москва: Наука, 1990, с. 228.

5　АПРФ, ф. 45, оп. 1, д. 361, л. 62-66//*Волокитина Т. В.* Восточная Европа, Том1, с. 564-568.

6　РЦХИДНИ, ф. 17, оп. 128, д. 1019, л. 7-21//*Волокитина Т. В.* Восточная Европа, Том1, с. 613-623.

7　*FRUS*, 1946, Vol. 6, p. 293.

8　*Снитил З., Цезар Я.* Чеховловацкая революция, 1944-1948 гг. Первод с чешского, Москва: Наука, 1986, с. 227-228.

9　*FRUS*, 1947, Vol. 3, pp. 260-261; Greg Behrman, *The Most Noble Adventure: The Marshall Plan and the Time When America Helped Save Europe*, New York: Free Press, 2007, p. 81; Steil, *The Marshall Plan*, p. 107.

部退出。[1] 東歐國家中最先表態的是南斯拉夫，7 月 4 日南共領導人 E. 卡德爾給蘇聯大使打電話說，南斯拉夫已經準備好拒絕馬歇爾計劃的聲明。[2] 保加利亞也有此主張，不過季米特洛夫有些擔心，如果東歐國家在蘇聯代表拒絕後馬上就表態，「將使別人有理由指責他們缺乏政治上的獨立」。[3] 這個擔心大概也在莫洛托夫考慮之內。

　　7 月 5 日 6 時 40 分，蘇聯政府向歐洲各國發出通報，講述了巴黎會議的經過和蘇聯拒絕英法方案的理由，並透露英法將在 12 日繼續召開歐洲會議討論這一問題。[4] 這裏雖然表明了蘇聯的立場，但並沒有告訴東歐國家應該如何行事。8 時 15 分，莫洛托夫給蘇聯駐東歐各國及芬蘭大使發電，並讓他們轉交所在國共產黨領導人。電報說明，蘇聯不再參加巴黎後續會議，但要求這些國家派代表出席會議，以便阻止會議通過英法計劃，「然後帶着儘可能多的其他國家代表退出會議」。[5] 為了保證這一任務成功，7 月 6 日晚，莫洛托夫要蘇聯駐波蘭和南斯拉夫大使轉達給 B. 貝魯特和 J. B. 鐵托的指示，要他們派代表祕密來莫斯科，就巴黎會議問題進行事先協商，「以避免會議進程中出現意外麻煩」。[6] 但過了幾個小時克里姆林宮就改變了主意。7 月 7 日凌晨 4 時 15 分，莫洛托夫又急電駐東歐國家和芬蘭大使，轉告聯共（布）中央的新指示：建議 7 月 10 日之前不要向英法做出任何答覆。[7] 7 月 8 日 0 時 50 分，莫斯科最後通知：聯共

1　Milovan Djilas, *Conversations with Stalin*, Victoria: Penguin Books Ltd, 1967, pp. 99-100.

2　АВПРФ, ф. 06, оп. 9, п. 82, д. 1285, л. 62//*Волокитина Т. В.* Восточная Европа, Том1, с. 668-669.

3　АПРФ, ф. 3, оп. 63, д. 270, л. 118, 轉引自 *Наринский М. М.* Советский Союз, Чехословакия и план маршалла, с. 77。

4　АВПРФ, ф. 06, оп. 9, п. 20, д. 236, л. 3-4//*Севостьянов Г. Н. (под. ред.)* Советско-американские отношения, с. 437-438.

5　АВПРФ, ф. 059, оп. 18, п. 22, д. 151, л. 87//Международная жизнь, №5, май 1992, с. 124-125; *Наринский М. М.* СССР и План Маршалла, с. 16-17.

6　АПРФ, ф. 3, оп. 63, д. 270, л. 201, 轉引自 *Наринский М. М.* Советский Союз, Чехословакия и план маршалла, с. 78。

7　АВПРФ, ф. 059, оп. 18, п. 22, д. 151, л. 28//Международная жизнь, №5, май 1992, с. 126.

（布）中央取消了 7 月 5 日的電報，建議各國都拒絕參加巴黎會議，「每個國家可以自行酌定他們拒絕參加的理由」。[1] 莫斯科的決定四天三變，說明心神不定，對東歐各國還是不放心。

沒有得到蘇聯明確的指示，東歐國家和芬蘭大都不敢擅自行動，只有捷克斯洛伐克和波蘭顯得自由度大一些。

聽到哈佛大學講演後，華沙非常興奮，並多次向美國表示對馬歇爾計劃感興趣。[2] 莫斯科 7 月 5 日電報鼓勵了波蘭人，7 月 6 日波蘭報紙《人民之聲》報道，總理 J. 西倫凱維茨表示波蘭對馬歇爾計劃「持積極態度」。[3] 7 月 7 日波蘭外交部長 Z. 莫澤萊夫斯基對美國大使表示，「儘管尚未作出最後決定，但他確信波蘭政府將接受英法的邀請並出席在巴黎的會議」。[4] 到 7 月 8 日下午，卡弗里還報告說，波捷兩國仍希望派代表參加制定歐洲計劃的會議。[5] 這位駐法國大使不知道，此時接到蘇聯最新決定的波蘭政府已表示俯首聽命。莫斯科時間 18 時，波蘭使館通知蘇聯政府說，波蘭政府決定不參加巴黎會議，儘管外交部發言人上午在記者招待會上剛宣佈此事尚未做出決定。[6] 但布拉格的情況就不一樣了。

7 月 4 日，就在巴黎會議失敗的當天，捷克斯洛伐克政府做出決定：出席英法繼續召開的巴黎會議，同時派總理哥特瓦爾德和外交部長 J. 馬薩里克 7 月 8 日到莫斯科商議是否加入馬歇爾計劃。[7] 了解到莫洛托夫 7 月 5 日電報的內容後，馬薩里克與總統 E. 貝奈斯認為，捷政府可以獨自

1　АВПРФ, ф. 059, оп. 18, п. 22, д. 151, л. 101//Международная жизнь, №5, май 1992, с. 126.

2　*FRUS*, 1947, Vol. 3, pp. 260-261, Vol. 4, pp. 430-432.

3　Sheldon Anderson, "Poland and the Marshall Plan, 1947-1949", *Diplomatic History*, 1990, Vol. 15, №4, p. 475.

4　*FRUS*, 1947, Vol. 3, p. 313.

5　*FRUS*, 1947, Vol. 3, pp. 314-315.

6　АВПРФ, ф. 0122, оп. 29, п. 208, д. 6, л. 1//*Волокитина Т. В.* Восточная Европа, Том1, с. 671-672.

7　*Кратки К.* Кремлевский запрет: Чехословакия и "План Маршалла" //*Гибианский Л. Я.* (*Отв. ред.*) У истоков "социалистического содружества": СССР и восточноевропейские страны в 1944-1949 гг., Москва: Наука, 1995, с. 119-120.

解決是否參加馬歇爾計劃的問題了。儘管哥特瓦爾德表示反對，但在貝奈斯和馬薩里克的堅持下，7 月 7 日政府主席團會議還是一致決定委託駐法國大使 I. 諾塞克出席巴黎會議，並向英法政府轉交了照會。[1] 當天，美聯社報道，捷克斯洛伐克已決定接受巴黎的邀請。[2] 布拉格是否了解莫斯科 7 月 7 日凌晨電報的內容，目前尚無任何史料說明，但無論如何，當莫斯科 7 月 8 日電報交到哥特瓦爾德手中時已經晚了，他不得不告訴蘇聯駐捷臨時代辦：政府已通過決議，「現在不可能改變參加巴黎會議的決定了」。[3]

　　或許是以為可以自主做出決定，哥特瓦爾德沒有按原定計劃 7 月 8 日訪蘇。據捷司法部長 P. 德爾季納回憶，得知捷克斯洛伐克的決定後，憤怒的斯大林要求「布拉格不服從命令者」的代表團立即飛往莫斯科。[4] 7 月 9 日，哥特瓦爾德率政府代表團訪蘇，斯大林於當天 19 時 45 分至 21 時 20 分單獨召見了哥特瓦爾德，23 時至 1 時與代表團舉行了集體會談。[5] 第一次會談沒有記錄，據德爾季納回憶，哥特瓦爾德從克里姆林宮回到賓館對代表團成員說：「斯大林對我們接受邀請參加馬歇爾計劃感到非常憤怒，我從未見過他如此生氣。」[6] 關於第二次會談，蘇捷雙方都有記錄且已公佈。根據會談記錄，斯大林首先表示對捷克斯洛伐克決定參加巴黎會議感到吃驚，認為這「在客觀上推動了孤立蘇聯的行動」。隨後命

1　*Поп И. И.* Чехословакия-Советский Союз, с. 237-239; *Кратки К.* Кремлевский запрет, с. 121. 蘇聯大使提請蘇聯領導人注意，諾塞克以右翼分子和追隨西方而聞名。АПРФ, ф. 3, оп. 63, д. 270, л. 201, 轉引自 *Наринский М. М.* Советский Союз, Чеховловакия и план маршалла, с. 79。

2　*FRUS*, 1947, Vol. 4, pp. 218-219.

3　АПРФ, ф. 3, оп. 63, д. 270, л. 183-184, 轉引自 *Наринский М. М.* СССР и План Маршалла, с. 18。

4　*Мурашко Г. П., Носкова А. Ф.* Советский фактор в послевоенной Восточной Европе, 1945-1949// *Нежинский Л. Н. (отв. ред.)* Советская внешняя политика в годы "холодной войны" (1945-1985): новое прочтение, Москва: Международные отношения, 1995, с. 92-93.

5　*Чернобаев А. А. (Нау. ред.)* На приеме у Сталина: Тетради (журналы) записей лиц, принятых И. В. Сталиным (1924-1953 гг.), Справочник и Москва: Новый хронограф, 2008, с. 490.

6　*Мурашко Г. П., Носкова А. Ф.* Советский фактор, с. 93.

令捷政府「必須取消這一決定，應當拒絕參加這次會議」，而且「越快越好」。面對斯大林的嚴厲指責，馬薩里克試圖辯解，莫洛托夫指出：「你們參加會議本身就是反對蘇聯」。德爾季納和哥特瓦爾德講述了捷方在經濟上遇到的困難，其進出口 60% — 80% 都依賴於西方國家，因此需要貸款。斯大林答應蘇聯將提供幫助，增加進口捷產品。會談結束時，斯大林提醒代表團「必須在今天，即 7 月 10 日，就拒絕參加巴黎會議」。[1] 據捷方檔案記載，7 月 10 日一早代表團就給國內發電，要求立即召開內閣會議，通報蘇捷會談內容，會議「必須通過廢止參加巴黎會議的決定，並就此發表聲明」，該聲明應於當日下午發表。內閣會議期間，哥特瓦爾德兩次從莫斯科打來電話催促。經過激烈的討論，直到晚 8 時會議一致通過決議，不參加巴黎會議，理由是：蘇聯和其他東歐國家均不參加巴黎會議，而捷克斯洛伐克參加會議將被解釋為反對蘇聯和其他盟國。9 時 30 分，外交部將這一決定通知了英國和法國駐捷大使。[2]

　　事情終於完全按照莫斯科的意願圓滿解決了。斯大林原計劃在莫斯科召集東歐國家代表會議，集體向捷政府施加壓力。收到布拉格的答覆後，會議取消了。[3] 顯然，斯大林已經做好了充分準備，下定決心逼迫捷政府就範。在莫斯科看來，捷克人的大膽行為無疑是在破壞蘇聯和東歐國家的統一行動，挑戰蘇聯在其勢力範圍享有的權威，如果不予嚴厲制止，必將引起多米諾骨牌效應。這一事件充分暴露了蘇聯與東歐國家關係的本質。7 月 12 日代表團回到布拉格後，馬薩里克痛苦地說：「我作為一個獨立主權國家的外交部長去了莫斯科，回來時卻成為蘇聯的奴

1　АПРФ, ф. 45, оп. 1, д. 393, л. 101-105//*Волокитина Т. В., Мурашко Г. П. (отв. ред.)* Советский фактор, Т. 1, с. 462-465; *Корнилов Л.* Московский ультиматум: заставил Чехословакию отказаться от помощи по "плану Маршалла" //Известия, 9 января 1992 г..

2　*Кратки К.* Кремлевский запрет, с. 124-125, 127.

3　Djilas, *Conversations with Stalin*, p. 100.

僕。」[1] 美國駐捷大使 L. 斯坦哈特則認為，這一結果表明捷克斯洛伐克「並不享有完全的獨立，西方媒體一再指控捷克斯洛伐克是蘇聯的衛星，這一點已經得到證實」。[2]

凱南在 7 月 21 日的備忘錄中敏銳地看到，馬歇爾計劃的提出和蘇聯的反應迫使西歐的共產黨不得不表明他們的態度，同時也使蘇聯與其衛星國之間的關係受到極大壓力，過去幾週發生的事件是戰爭結束以來「對歐洲共產主義的最大打擊」。[3] 面對美國咄咄逼人的攻勢和歐洲分裂的嚴重形勢，蘇聯不得不全面調整外交方針和政策，其表現就是歐洲共產黨情報局的建立。

共產黨情報局建立與蘇聯的冷戰戰略

自上世紀 90 年代中期歐洲共產黨情報局的檔案公佈以後，相關研究把冷戰起源的討論推上了一個新台階。[4] 研究者普遍認為，共產黨情報局的成立標誌着蘇聯冷戰戰略的確立和歐洲冷戰格局的形成。但是，在情報局與馬歇爾計劃之間的因果關係以及情報局的功能和宗旨等方面也有不同看法。如有學者認為，斯大林在哈佛大學演說前就提出要召集共產黨

1　Steil, *The Marshall Plan*, p. 125.

2　*FRUS*, 1947, Vol. 3, pp. 318-319.

3　*FRUS*, 1947, Vol. 3, p. 335.

4　1994 年俄羅斯現代史文獻保管和研究中心與意大利費爾特里內利基金會合作，首次公佈了共產黨情報局三次會議的幾乎全部文件 [Giuliano Procacci (ed.), *The Cominform: Minutes of the Three Conferences 1947/1948/1949*, Milano: Fondazone Giangiacomo Feltrinelli, 1994]。1998 年俄國單獨出版的該書俄文版（*Адибеков Г. М. и т. д.* Совещания Коминформа），不僅增加了重要的註釋和研究論文，而且作為附錄，新公佈了許多蘇聯決策層關於這幾次會議的往來電報。

情報會議，故此事與馬歇爾計劃沒有直接關係。[1]實際情況不是這樣簡單一句話就能說清的。

　　重新建立共產黨世界組織的想法固然不是馬歇爾計劃引發的，但情報局的功能和宗旨確是因為應對馬歇爾計劃而改變的。對檔案文獻的研究可以得知，斯大林對於是否需要建立這種國際機構，特別是建立一種什麼樣的機構的考慮，隨着歐洲事態的發展而發生了變化；共產黨情報局建立的過程與蘇聯戰後對外政策的演變以及冷戰格局的形成是同步的。

　　1943年共產國際的解散並沒有切斷蘇聯與世界各國共產黨的聯繫，但卻解除了他們之間的隸屬關係，各黨已經沒有義務向莫斯科彙報工作和提供情報了。為了繼續保持與各國共產黨的聯繫，蘇聯在原共產國際幹部隊伍的基礎上成立了聯共（布）中央國際情報部，共產國際總書記季米特洛夫仍然是實際領導者。[2]戰後，蘇聯對於納入其勢力範圍的東歐各國主要是通過各國共產黨（工人党）實行管控的，為了協調行動，似乎有必要採取某種措施。1946年4月20日，匈牙利共產黨總書記拉科西在布達佩斯黨組織書記代表會議上談到了建立新國際的問題。[3]在5月17日的中央會議上，拉科西對此做了更加詳細的說明：「新的國際不是一個組織性的機構；它的任務將是進行調解，在遇到挫折時提供幫助和把一國共產黨成功與失敗的經驗傳遞給別國共產黨」，如果不進行交流，各國共產黨「就無法制定有關國際問題的正確的方針」。[4]拉科西這番話不是經斯

1　*Гибианский Л. Я.* Долгий путь к тайнам: историография Коминформа//*Адибеков Г. М. и т. д.* Совещания Коминформа, с. xxii; Anna Di Biagio, "The Marshall Plan and the Founding of the Cominform, June-September 1947", in Francesca Gori and Silvio Pons (eds.), *The Soviet Union and Europe in the Cold War, 1943-53*, New York: St. Martin's Press, Inc, 1996, pp. 208-209.

2　*Димитров Г.* Дневник (9март 1933-6 февруари 1949), София: Университетско издарелство "Св. Климент Охридски", 1997, с. 381. 戰後季米特洛夫回國，國際情報部改組為對外政策部，1948年7月改名為聯共（布）中央對外聯絡部。

3　*Гибианский Л. Я.* Долгий путь к тайнам, с. xxxv.

4　Csaba Békés, "Soviet Plans to Establish the Cominform in Early 1946: New Evidence from the Hungarian Archives", *Cold War International History Project Bulletin*, Issue10, March 1998, pp. 135-136.

大林首肯就是斯大林授意的，這樣說，不僅是考慮到拉科西此前曾與斯大林密談兩個多小時 [1]，更因為不久後斯大林本人就以同樣的口氣直接談到了這個問題。

　　根據《鐵托傳》作者和南斯拉夫的檔案記載，1946 年 6 月斯大林在與來訪的鐵托、季米特洛夫等人會見時多次談到建立國際新機構。斯大林問鐵托，是否認為有必要建立這樣一個新機構，並建議最好由南斯拉夫人發起。斯大林指出，不應以任何形式恢復共產國際，但需要建立一個新的情報機構，以便經常開會，交流經驗，「協調一般性工作」，以及「調解個別黨之間的各種分歧」。南檔案中記載（未說明出自何人之口）：新機構「不能發號施令」，不能對持不同意見的黨採取「壓制性措施」，應「認真考慮一些國家的特點」。[2] 在與季米特洛夫單獨談話時，斯大林又說道：「我們任何時候也不恢復舊形式的共產國際。…… 這與我們今天的思想體系是不相符的」。[3] 這些談話說明，當時斯大林確有建立某種國際組織的念頭，但並不是重建國際。

　　大量披露的蘇聯與東歐國家關係以及東歐國家之間相互關係的檔案文獻，揭示了蘇聯此時考慮建立一個共產黨國際組織的原因：第一，東歐國家之間出現了大量涉及領土、民族問題的矛盾，例如匈羅在特蘭西瓦尼亞問題上爭端頻頻，捷波在特欣西里西亞問題上吵鬧不休，匈捷在處理捷克境內匈牙利居民問題上衝突不斷，捷克與斯洛伐克在民族問題上也是矛盾重重。第二，在涉及民族利益和國家安全的一些問題上，蘇聯

1　*Чернобаев А. А.* На приеме у Сталина, с. 470.

2　*Гибианский Л.* Проблемы международно-политического структурирования Восточной Европы в период формирования советского блока в 40-е годы//*Институт Всеобщей Истории РАН* Холодная война, с. 113-114; Vladimir Dedijer, *Tito*, New York: Simon and Schuster, 1953, pp. 291-292. 作者是南共中央委員，與鐵托交往甚密，被稱為鐵托的「哈里·霍普金斯」（p. 444）。霍普金斯是美國總統羅斯福的私人顧問。

3　Последний визит Й. Броза Тито к И. В. Сталину, Советская и югославская записи беседы 27-28 мая 1946 г. //*Исторический Архив*, 1993, №2, с. 33-34.

本身與東歐國家也存在許多矛盾，如在喀爾巴阡烏克蘭及戰利品問題上與捷共的分歧，在的里雅斯特問題上與南共的衝突，在拆遷工業設備問題上德國統一社會黨的不滿情緒等等，解決這些矛盾也要求在各黨之上有一個公共機構。第三，與戰爭期間不同，戰後東歐各國受到蘇聯的影響和控制，其發展道路已趨向一致。在建立親蘇政府、排擠右翼政黨、擴大共產黨勢力、解決與社會黨的矛盾等諸多問題上，各國共產黨的任務、方針大體同步，因此需要有一個統一的協商中心。[1] 所有這些問題的解決，從國際輿論以及各國黨能否接受的角度考慮，由聯共（布）中央下屬部門出面當然不如建立一個至少在表面上超然的共產黨國際組織。所以，斯大林此時想要的是一個交流情況、調解分歧的機構。有研究者認為，蘇聯提出建立協商性機構只是一種「策略手段」，其本意在於使各共產黨領導人容易接受建立新國際的設想。[2] 這種看法沒有考慮到當時歐洲各共產黨的實際狀況 —— 他們誠然與莫斯科有着密切關係，但也必須顧及國內其他黨派和西方的反應；也沒有考慮到當時斯大林對國際形勢的基本判斷 —— 儘管美蘇關係趨向惡化，但蘇聯的外交方針仍然是儘量維持盟國合作的局面。或許正是為了避免引起西方的猜疑，即使對於建立這種情報交流性質國際機構的主張，莫斯科也拖延了整整一年而沒有付諸實施。

直到 1947 年 6 月 4 日，即馬歇爾在哈佛大學發表講演的前一天，斯大林再次提出建立國際組織的問題。這天深夜，斯大林在克里姆林宮接見了波蘭工人黨領導人 W. 哥穆爾卡。[3] 據哥穆爾卡回憶，斯大林建議波黨中央發出倡議，為建立共產黨國際出版機構召開一次會議，並且要求

1　相關文件詳見 *Волокитина Т. В.* Восточная Европа в документах российских архивов, 1944-1953гг., Том. 1; *Волокитина Т. В., Мурашко Г. П. (отв. ред.)* Советский фактор, Т. 1。

2　*Гибианский Л.* Проблемы международно-политического, с. 113-114.

3　*Чернобаев А. А.* На приеме у Сталина, с. 486-487.

立即實施。哥穆爾卡通過信件向華沙報告了這一情況，波黨中央政治局
6 月 8 日通過了相應的決議，並開始籌備工作。7 月 10 日哥穆爾卡向斯
大林彙報了會議籌備和安排的情況。[1] 顯然，此事與馬歇爾計劃無關。那
麼，斯大林為什麼在一年後突然舊事重提？隨後發生的巴黎會談及其結
果又對蘇聯建立共產黨國際組織的目標和宗旨有何影響？

　　實際上問題不是出現在東歐各黨，而是在西歐兩個影響最大的共產
黨身上。法國共產黨因其在戰後大選中得票率創造了歷史最高紀錄而聲
名卓著，輿論甚至認為只有共產黨參加的內閣才能治理法國。但法共在
與 P. 拉馬迪埃政府合作時過高估計了自己的力量，相繼在印度支那戰
爭、馬達加斯加叛亂和凍結工資等問題上向政府發難並攤牌，導致法國
總統於 1947 年 5 月 4 日免去了 5 名共產黨員部長的內閣職務，共產黨被
趕出政府。意大利共產黨在人數上是西歐最大的共產黨組織，並對歐洲
歷史產生過重大影響。在 1947 年 2 月組成的 A. D. 加斯貝利第四屆政府
中，共產黨與社會黨結成聯盟，經常製造難題，導致加斯貝利辭職，但 5
月 31 日加斯貝里重新就職並組建的天主教民主黨和無黨派聯合政府完全
排斥了共產黨和左翼社會黨人。大體同時，比利時政府中的共產黨閣員
辭職，盧森堡新政府也沒有再吸收共產黨人參加。[2] 蘇聯一直企望利用資本
主義國家之間的矛盾，在法國和意大利發生的事件無疑是對蘇聯戰後奉
行的「聯合政府」政策的沉重打擊。更嚴重的是，莫斯科事前對此情況
竟一無所知，這些西歐共產黨採取的行動根本沒有與莫斯科協商，甚至

1　*Гибианский Л. Я.* Долгий путь к тайнам，с. xli；*Гибианский Л.* Проблемы международно-
политического，с. 114-115.

2　參見 Peter Calvocoressi, *Survey of International Affairs, 1947-1948*, London: Oxford University Press,
1952, pp. 97-98、117-118; Abraham Boxhorn, *The Cold War and the Rift in the Governments of National
Unity: Belgium, France and Italy in the Spring of 1947, A Comparison*, Ph. D. Dissertation, Historisch
Seminarium van de Universiteit van Amsterdam, 1993, pp. 64-101、124-172、192-238。關於 1944 年斯
大林要求法共和意共「放棄武裝、參加政府」的情況，參見 *Наринский М. М.* И. В. Сталин и М.
Торез, 1944-1947гг., Новые материалы// Новая и новейшая история, 1996, №1, с. 19-24。

沒有通報。於是，通過建立某種國際機構以加強對各國共產黨影響和控制的問題自然就提上了克里姆林宮的議事日程。

6月3日，莫洛托夫指示駐巴黎大使向法共總書記 M. 多列士轉交了聯共（布）中央書記日丹諾夫的一封信，表示莫斯科對法國發生的事情感到「擔心」和「不安」，並要求法共通報詳細情況。信中指責說：「許多人認為，法國共產黨人的行動是同聯共（布）中央協商過的。你們自己清楚，這是不正確的，你們所採取的行動完全出乎聯共（布）中央的意料」。[1]第二天，如上所述，斯大林便要求哥穆爾卡出面倡議召開共產黨國際會議。就在波蘭黨開始籌備會議後，美國提出了馬歇爾計劃，並在巴黎會議上暴露出其真實意圖。7月7日，日丹諾夫給法共信件的副本被寄給了蘇聯駐保、羅、捷、匈、南等國大使，要求他們將信的內容轉告各國共產黨領導人。[2]其用意無非是暗示歐洲共產黨和東歐各國要同莫斯科保持步調一致。可未曾想還是發生了捷克斯洛伐克（最初還有波蘭）試圖違背蘇聯旨意出席巴黎會議的事情，這無疑令斯大林更加「擔心」和「不安」。很可能此時斯大林對建立國際組織就有了新的想法。

接着巴爾幹也出了問題。鐵托一直想建立一個巴爾幹聯邦，首先是同保加利亞的聯邦。幾經周折，這一設想到 1947 年夏天總算有了眉目。[3]7 月初，鐵托與季米特洛夫商議後認為，實現聯邦計劃的重要一步 —— 簽訂南保同盟條約的條件已經成熟，遂分別向莫斯科作了報告。斯大林

---

1 АПРФ, ф. 45, оп. 1, д. 392, л. 33-34, 轉引自 *Наринский М. М.* И. В. Сталин и М. Торез, с. 25。

2 РЦХИДНИ, ф. 77, оп. 3, д. 89, л. 6-13, 轉引自 *Бьяджо А. Ди.* Создание Коминформа//*Адибеков Г. М. и т. д.* Совещания Коминформа, с. 23。

3 有關巴爾幹聯邦問題的背景見 *Смирнова Н. Д.* Сталин и Балканы в 1948г., Проблемы национальной безопасности СССР//*Гайдук И. В., Егорова Н. И., Чубарьян А. О.* Сталинское десятилетие холодной войны: факты и гипотезы, Москва: Наука, 1999, с. 36-44; R. Craig Nation, "A Balkan Union? Southeastern Europe in Soviet Security Policy, 1944-8", in Francesca Gori and Silvio Pons (eds.), *The Soviet Union and Europe in the Cold War, 1943-53*, New York: St. Martin's Press, Inc, 1996, pp. 125-143。

擔心引起西方反對，於 7 月 5 日答覆，須等盟國對保和約批准後再簽訂
南保條約。但鐵托和季米特洛夫都沒有重視此事，他們認為和約已於 2
月簽訂，得到批准只是時間問題。於是，未經通報莫斯科，南保政府於 8
月 1 日發表聲明，宣佈兩國已就同盟條約達成協議，並將在對保和約生
效後簽署。斯大林聞訊後震怒，8 月 12 日同時給鐵托和季米特洛夫發出
密電，指責他們「草率行事」，「犯了錯誤」，為英美「加強對希臘和土
耳其事務的軍事干涉」提供了「多餘的藉口」。電報還特別強調，他們這
樣做「沒有同蘇聯政府商量」。[1] 所有這些情況都對即將召開的共產黨國際
會議的宗旨和目的產生了影響。

就莫斯科與各國共產黨的關係而言，如果說 1946 年夏天斯大林考慮
的主要還是信息溝通和交流經驗的問題，那麼在 1947 年法共和意共被逐
出政府事件後舊話重提，莫斯科關注的就是各國共產黨協調和統一行動
的問題了。而拒絕馬歇爾計劃前後的變化僅在於，此前蘇聯對西方和國
際輿論的反應有所忌憚，故以創辦刊物和成立編輯部來掩人耳目；此後
莫斯科已決心同西方徹底決裂，因而無所顧忌，直接提出建立「協調中
心」，甚至取代波蘭黨親自承擔了會議的籌備和組織工作。

同 6 月 4 日斯大林委託波蘭黨的任務一樣，6 月底莫洛托夫在巴黎會
議期間接見參加法共會議的南斯拉夫代表 M. 吉拉斯時，仍提出需要一個
「有統一編輯部和統一觀點的理論刊物」。[2] 7 月 16 日波蘭工人黨中央遵照
莫斯科旨意發出的會議通知也是這樣說的，會議的目的是交流情報和意
見，為創辦一個「研究各國工人運動問題」的新雜誌進行準備工作。[3] 7 月

1　*Гибианский Л.* Проблемы международно-политического, с. 106-107; *Гибианский* Коминформ в
　действии1947-1948гг., с. 168.

2　Milovan Djilas, *Rise and Fall*, London: Macmillan, 1985, pp. 126-127.

3　*Адибеков Г. М.* Как готовилось первое совещание Коминформа//*Адибеков Г. М. и т. д.* Совещания
　Коминформа, с. 4-5; *Бьяджо А. Ди.* Создание Коминформа, с. 23.

底哥穆爾卡發出的正式邀請函仍然堅持這一說法，而且特意強調「我們不追求建立某種國際工人運動機關的目的」。[1] 但就在此時，莫斯科的想法已經發生了變化。

與華沙發出邀請函差不多同時，日丹諾夫向斯大林提交了一份報告，建議將國際形勢問題和各國共產黨行動協調問題列入會議日程，而蘇聯黨將在會上提出成立「與會各黨協調中心」的建議。報告強調，這種協商「只能依照各黨自願協商的辦法」，但「在涉及聯共（布）利益的所有問題上，有關黨必須同聯共（布）協商」。[2] 顯然是擔心波蘭黨不能勝任，8 月 15 日，聯共（布）中央對外政策部副部長 L. S. 巴拉諾夫在給日丹諾夫報告中要求，「關於會議日程所有主要問題的詳細材料 …… 必須由聯共（布）中央認真準備並經其批准」。報告還提出，在會議總結階段，聯共（布）代表「可以支持成立協調委員會的想法」，但這個建議最好「由其他党的代表提出」。[3] 經過修改，在會議組織者日丹諾夫和 G. M. 馬林科夫 8 月 27 日聯名向斯大林提交的報告中，關於「協調委員會」的提法改為：在出席會議的各黨代表「自願同意」的條件下，以「總部設在華沙的情報局」的形式建立之。[4] 9 月初，對外政策部又提交了一份分析材料，論證了建立「國際協調中心」的必要性。[5] 雖然前後用詞一樣，但意義已經完全不同了。會議的宗旨和目的就這樣確定下來了。

下一個問題就是如何協調，統一到哪裏去？會前對外政策部精心準

1　*Гибианский Л.* Проблемы международно-политического, с. 114-115.

2　РЦХИДНИ, ф. 77, оп. 3, д. 90, л. 10-11, 轉引自 *Гибианский Л.* Проблемы международно-политического, с. 115-117; AAN-ALP, 295/VII-247, k. 2, 轉引自 *Гибианский* Как возник Коминформ, с. 142。

3　РЦХИДНИ, ф. 575, оп. 1, д, 3, л. 1-3.

4　РЦХИДНИ, ф. 77, оп. 3, д. 90, л. 1-15, 轉引自 *Бьяджо А. Ди.* Создание Коминформа, с. 27-28; *Адибеков Г. М.* Как готовилось первое совещание Коминформа, с. 9-10。

5　РЦХИДНИ, ф. 575, оп. 1, д. 3, л. 17-24, 轉引自 *Адибеков Г. М.* Как готовилось первое совещание Коминформа, с. 10-12; *Бьяджо А. Ди.* Создание Коминформа, с. 29。

備的「關於國際形勢」的報告解決了這個問題。這個後來由日丹諾夫所作的著名報告反映了蘇聯領導人對國際局勢的新看法以及由此而產生的新方針，其表述在報告起草過程中幾經修改，直到最後一稿才歸結為「兩個對抗陣營形成」這樣一個中心命題，即「戰後政治力量的新格局 —— 以帝國主義的反民主陣營為一方和以反對帝國主義的民主陣營為一方的兩個陣營的建立」。[1]「社會主義民族道路」的概念已不見蹤影，不同制度之間和平共處與合作的說法已銷聲匿跡，甚至利用資本主義內部矛盾的說法也不再提起，剩下的只有世界的分裂和兩個陣營之間的對抗，只有社會主義戰勝資本主義的「最後鬥爭」，這就是各國共產黨必須遵守的統一的行動方針。

9 月 22 — 28 日在波蘭召開的歐洲共產黨、工人党情報局第一會議總算順利結束了，儘管存在一些波折 —— 法共和意共代表對鋪天蓋地而來（尤其是來自南共）的批判進行辯解和反駁、波蘭拒絕將情報局總部設在華沙、日丹諾夫與南共代表發言時暗中較量、賦予情報局協調功能的會議決議在斯大林的強制性指令下才得以通過，等等。[2] 會議完成了蘇聯匆忙設定的任務，通過建立情報局這一機構恢復對歐洲各主要共產黨的直接控制和指揮；在反帝國主義的「民主陣營」的旗幟下開始實施同以美國為首的「帝國主義陣營」的「集團對抗」戰略。[3] 至此，美蘇雙方不僅發表了冷戰宣言，而且確定了冷戰政策，冷戰格局終於在歐洲形成。至於共產黨情報局，就其作為蘇聯外交附屬物的職能而言，可以看作是共產國際的替代品，但就其目標而言，二者之間的差別是十分明顯的。共產國

1　報告定稿的全文見 РЦХИДНИ, ф. 77, оп. 3, д. 94, л. 1-49, 修改的過程見 *Гибианский Л.* Проблемы международно-политического, с. 118-119; *Бьяджо А. Ди.* Создание Коминформа, с. 37-38。

2　詳見會議記錄及相關研究論文，*Адибеков Г. М. и т. д.* Совещания Коминформа, с. 3-334。

3　筆者在此提出「集團對抗」的概念是基於這樣一種認識：1947 年開始的鬥爭僅局限於以美蘇為首並有部分歐洲國家參加的兩個集團之間，而真正的「陣營對抗」局面是在朝鮮戰爭中形成的。

際以推動世界革命、消滅資本主義制度為己任，而情報局的任務是按照
蘇聯的部署在歐洲範圍內組織各國共產黨抵制和對抗西方的進攻 ——
在莫斯科看來，馬歇爾計劃就是美國進攻戰略的開端。蘇聯的冷戰戰略
可以歸結為動員和組織無產階級國際陣營推翻資本主義制度，砸碎舊世
界，但其策略則表現為「內線進攻，外線防禦」。

所謂「內線進攻」，就是穩住陣腳，對歐洲共產黨和東歐國家進行
內部整肅，採取嚴厲措施保證各黨與莫斯科步調一致。於是，斯大林在
會議期間以「不合時宜」為由，否定了拉科西提出的分別召開多瑙河流
域和北歐各國共產黨代表會議的建議。[1]1948 年 2 月莫斯科鼓勵和引導捷
共發動政變，推翻了東歐僅存的「民主聯合政府」，徹底封閉了「通向社
會主義的民族道路」。[2]同年 6 月，由於鐵托抵制對外政策必須與蘇聯「協
商一致」的方針，斯大林下決心將南斯拉夫逐出共產黨情報局。[3]最後，
1949 — 1952 年，通過一系列向東歐各國強行移植蘇聯政治經濟體制的措
施，斯大林實現了東歐蘇聯化的終極目標。[4]俄羅斯紅色帝國終見其成。

所謂「外線防禦」，就是通過強硬政策對抗美國，迫使西方認可
蘇聯及其勢力範圍的安全利益，但絕非要對資本主義世界發動全面進
攻 —— 這與美國的「遏制」政策確有異曲同工之處。於是，儘管其時
希臘革命和中國革命如火如荼，日丹諾夫在洋洋萬言的報告中卻對其意

---

1 *Адибеков Г. М.* Как готовилось первое совещание Коминформа, c. 5-6.

2 詳見 *Мурашко Г. П.* Февральский кризис 1948г. в Чехословакии и советское руководство, По
   новым материалам российских архивов// Новая и новейшая история, 1998, №3, c. 50-63; *Орлик,
   Игорь.* Февральский кризис 1948 года в Чехословакии// Свободная мысль, 2008, №1, c. 115-122.

3 詳見沈志華：《斯大林與鐵托 —— 蘇南衝突的起因及其結果》，桂林：廣西師範大學出版社，
   2002 年。

4 詳見 *Волокитина Т. В., Мурашко Г. П., Носкова А. Ф., Покивайлова Т. А.* Москва и Восточная
   Европа, Становление политических режимов советского типа (1949-1953): Очерки истории,
   Москва: РОССПЭН, 2002; *Петров Н. В.* По сценарию Сталина: Роль органов НКВД-МГБ СССР в
   советизации стран Центральной и Восточной Европы 1945-1953 гг., Москва: РОССПЭН, 2011。

義和影響隻字不提。[1] 在南共和羅共的支持下，保共代表 V. 契爾文科夫建議把支持希臘共產黨的原則寫進會議宣言，日丹諾夫未加思索便斷然否定。[2] 法共和意共組織罷工、抨擊馬歇爾計劃的目的不是尋求推翻本國政府，而是希望重新進入內閣。[3] 1948 年封鎖柏林的行為，在斯大林看來只是將西方勢力逐出他們不該留駐的蘇聯勢力範圍，當他了解到美國強硬抵制的立場後，便不顧顏面地宣佈無條件解除封鎖。[4] 與當時美國決策者和後來很多研究者的錯誤理解不同，斯大林為朝鮮軍事行動開放綠燈並非有意挑戰西方，而是為了保障蘇聯在遠東地區的戰略利益和地位。[5]

　　所謂馬歇爾計劃的「進攻」，不是表現為傳統的軍事壓力，甚至在表面上也不像杜魯門主義那樣注重於政治壓力，而是集中於通過系統性經濟切割向蘇聯和東歐施加經濟壓力。那麼，莫斯科在經濟上是如何應對馬歇爾計劃的？在以往的研究中，很多學者提到「莫洛托夫計劃」，即蘇聯通過與東歐各國分別簽署雙邊經貿協定建構東方集團的經濟防禦陣地。[6] 然而，筆者在已開放的俄國檔案中沒有找到任何相關的文件，也沒有見到研究者引用過有關文件。實際上對於突如其來的馬歇爾計劃，蘇聯並沒有一個成熟的應對「計劃」，與政治上的決斷反應不同，莫斯科在經濟上顯得手足無措。經濟落後且在戰爭中遭受重創的東歐各國，在某

1　*Адибеков Г. М. и т. д.* Совещания Коминформа, с. 152-170.

2　*Адибеков Г. М. и т. д.* Совещания Коминформа, с. 254-255.

3　Leffler, *A Preponderance of Power*, p. 186.

4　參見 *Наринский М. М.* Берлиннский кризис 1948-1949гг., Новые документы из российских архивов// Новая и новейшая история, 1995, №3, с. 16-29; Norman M. Naimark, *Stalin and the Fate of Europe: The Postwar Struggle for Sovereignty*, Cambridge, Massachusetts: The Belknap Press of Harvard University Press, 2019, pp. 189-191. 從另一個角度也可以看到同樣的情形：柏林危機的結果在西方表現為成立北約組織，在蘇聯則表現為發動「和平攻勢」。

5　沈志華：《維護蘇聯在亞洲的戰略利益 —— 試論朝鮮戰爭起因與斯大林的決策動機》，《華東師範大學學報》2012 年第 4 期，第 35-48 頁。

6　Morroe Berger, "How the Molotov Plan Works", *The Antioch Review*, Vol. 8, №1, Spring 1948, pp. 24-25; Lewkowicz, *The United States, the Soviet Union and the Geopolitical Implications*, p. 131; Cox and Kennedy- Pipe, "The Tragedy of American Diplomacy", p. 124.

種程度上對於蘇聯來說就是一種負擔和累贅。[1]但既然已經納入了自己的安全勢力範圍，蘇聯就必須承擔起這一地區穩定和發展的經濟責任。從軍事佔領伊始，蘇聯當局就勉為其難地不斷向這些國家提供糧食救濟、經濟援助和財政貸款。[2]對於戰後同樣陷入經濟困境、急需重建資金的蘇聯來說，這簡直就是雪上加霜。因此，如前所述，蘇聯在戰後初期並不在意東歐與西方的經濟往來，有時甚至鼓勵他們這樣做。但巴黎會談之後，東歐國家被迫拒絕西方的援助，而美國因東歐國家的政治立場也基本斷絕提供援助[3]，他們就只能轉向莫斯科求救[4]。與此同時，蘇聯既擔心美國從經濟上滲透，下決心與西方做經濟切割，也就只好獨自挑起這副重擔。[5]這大概就是蘇聯在 1947 — 1948 年與東歐各國分別簽署經貿協定的原因，這種做法，與其說是反擊馬歇爾計劃的有意謀劃，不如說是臨時起意的無奈之舉，是禁止東歐接受西方經濟援助而不得不付出的代價。

可以稱得上經濟應對方略的應該是「經濟互助委員會」的成立。拒絕馬歇爾計劃一年半以後，蘇聯感到有必要把東歐各國組織起來，建立一個像西歐經濟一體化那樣的東歐經濟組織。1948 年 12 月 23 日，聯共（布）中央政治局作出關於「蘇聯與人民民主國家經濟關係」的決議。決

1　詳細資料見 *Лукьянов П. Г.* История Совета экономической Взаимопомощи, Могилев: МГУ, 2004, с. 10; *Орлик И. И.* Центрально-Восточная Европа: от СЭВ до Евросоюза//Новая и новейшая история, 2009, №2, с. 4。

2　詳細資料見 *Нежинский Л. Н.* У истоков социалистического содружества: СССР и страны Центральной и Юго-Восточной Европы во второй половине 40-х годов XX столетия, Москва: Международные отношения, 1987, с. 168-193。

3　在巴黎統籌委員會 1949 年底組成前兩年，美國就開始逐步對蘇聯及其盟國實行了「選擇性禁運」。Robert Garson, "The Role of Eastern Europe in America's Containment Policy, 1945-1948", *Journal of American Studies*, Vol. 13, №1, April 1979, p. 86.

4　早在 1946 年 8 月波蘭駐美大使就公開揚言：「如果不能從西方獲得幫助，我們將從蘇聯得到幫助。」*The New York Times*, August 18, 1946, p. 24.

5　蘇聯對東歐各國經濟援助的詳細資料見 *Нежинский Л. Н.* У истоков социалистического содружества, с. 183-189; Paterson, *Soviet-American Confrontation*, pp. 135-136。除了東歐，蘇聯還要兼顧西歐共產黨。1947 年 12 月莫斯科一次性給了意大利共產黨 60 萬美元。Источник, 1993, №5-6, с. 123-126.

議明確指出，為了應對馬歇爾計劃，必須制定協調蘇聯與人民民主國家之間經濟關係的計劃。[1]1949 年 1 月，經互會就是在這個基礎上成立的。然而，莫斯科的目標很難實現。首先，蘇聯的重建計劃仍然是以重工業和軍事工業為主導，很難滿足東歐的消費品需求。[2]其次，東歐國家並非計劃經濟體制，一時間無法與蘇聯經濟對接。結果，經互會在最初幾年，既沒有組織章程，也沒有執行機構（只有一個小型技術機構），本質上不過是雙邊經貿協定的簡單集合，根本談不上「計劃」。[3]

到 1952 年 10 月，在實踐上東歐各國徹底完成了移植蘇聯政治經濟體制的蘇聯化過程，在理論上斯大林提出了以「兩個平行世界市場」為中心的社會主義經濟學說。[4]一個與資本主義市場經濟體系對立的社會主義計劃經濟體系似乎是建立起來了，但作為社會主義陣營的經濟核心，經互會仍然徒有其表。令人意想不到的是，直到 1959 年 12 月經互會才有了自己的章程，直到 1961 年 3 月經互會祕書處才制定出工作條例。[5]由於經濟落後和組織不善，經互會成立後十幾年的對外貿易額仍然微不

1　РЦХИДНИ, ф. 17, оп. 162, д. 39, л. 149, 199-200//*Волокитина Т. В.* Восточная Европа, Том1, с. 944-946.

2　*Данилов А. А., Пыжиков А. В.* Рождение сверхдержавы, с. 101-102; *Липкин М. А.* Совет Экономической Взаимопомощи: исторический опыт альтернативного глобального мироустройства (1949-1979), Москва: Издательство《Весь Мир》, 2019, с. 27-28.

3　經互會初期的情況詳見*Широков О. Н.* Цели и функции СЭВ в начальный период развития// Вестник Чувашского университета, 2006, №3, с. 64-70; *Гибианский Л. Я.* К истории возникновения коллективных структур советского блока: образование Совета экономической взаимопомощи// *Никифоров К. В. (отв ред)* Славянство, растворенное в крови … В честь 80-летия со дня рождения Владимира Константиновича Волкова (1930-2005), Сборник статей, Москва: Институт славяноведения РАН, 2010, с. 325-348。

4　斯大林：《蘇聯社會主義經濟問題》，中共中央馬恩列斯著作編譯局：《斯大林文集（1934 — 1952 年）》，第 597-672 頁。

5　*Постников В. Т. (отв.)* Основные документы Совета Экономической Взаимопомощи, Том 1, Москва, 1976, с. 9-26、531-536.

足道。[1] 歷史往往出現驚人的相似：30 年代初西方資本主義經濟發生大
蕭條，蘇聯的第一個五年計劃卻踏上了勝利的征程；70 年代初布雷頓森
林體系的貨幣系統陷於崩潰，蘇聯集團的經互會卻進入了歷史上的成熟
期。基於此，有俄羅斯學者認為，經互會「深化和改善」了社會主義國
家之間的合作，發展了「社會主義經濟一體化」，「具有相對於資本主義
不可否認的優勢」。[2] 實際上，經互會在最成熟的時候，也不過是將蘇聯的
計劃經濟體制擴展到幾個衛星國[3]，既沒有形成另一個「世界」，更沒有建
立起「市場」。對此，史實勝於雄辯。80 年代經互會中的東歐國家接二連
三地擺脫蘇聯控制，拋棄了計劃經濟模式，並紛紛申請加入國際貨幣基金
組織和世界銀行。到 90 年代初，經互會便悄無聲息地自行解散了。

　　回顧整個冷戰歷史，華沙條約國組織也許還可以同北大西洋公約
組織抗衡，而計劃經濟體系中的經互會根本無法與市場經濟體系中的歐
盟比肩。說到底，蘇聯最後在冷戰中敗北，根源還是自絕於世界經濟體
系，經濟體制和經濟實力不如美國。

結論

　　歐洲復興計劃的核心是在市場經濟的框架內解決西歐的戰後經濟重
建問題。從美蘇關係的角度觀察，美國提出馬歇爾計劃的目標就是要與

1　1961 年經互會國家在世界工業生產中佔 29%，但在世界貿易總額中僅為 9.5%。Мираньков
　　Д. Б. Развитие интеграционных процессов в Европе во второй половине XX века на примере
　　деятельности СЭВ и ЕЭС//Экономика и управление, том. 25(64), 2012, №1, с. 110-111.

2　*Мираньков Д. Б.* Развитие интеграционных процессов, с. 116-117; *Широков О. Н.* Цели и функции
　　СЭВ в начальный период развития//Вестник Чувашского университета, 2006, №3, с. 1. 這是一個非
　　常有趣的議題，可惜超出了本文的討論範圍。

3　後來阿爾巴尼亞、蒙古和古巴相繼加入經互會，但中國作為社會主義陣營最重要的成員國只
　　是觀察員而已。個中原因，是另一個值得討論的問題。

蘇聯做經濟上的徹底切割，以免西方的經濟復甦受到鐵幕另一邊的干擾和破壞。換言之，一個世界變成了兩個世界，美國在戰時設計的世界經濟體系和國際經濟組織的運行範圍已經縮小到西方世界，而把蘇聯排除在外，迫使其返回戰前自給自足的「孤島」。但從政治上考慮，分裂的責任還要推給蘇聯來承擔，正像《紐約時報》形象地指出的：「馬歇爾的目標是為俄羅斯打開一扇它不會進入的大門」。[1] 從這一點看，蘇聯應對馬歇爾計劃的戰略和策略都大錯特錯了。就經濟發展戰略而言，蘇聯本可以抓住戰後的歷史機遇，改革現有計劃經濟體制，融入世界經濟一體化的歷史潮流。1944 年 7 月蘇聯代表在布雷頓森林協定上簽字，已經在這方面邁出了第一步。然而，美蘇關係的惡化和傳統意識形態的影響令莫斯科猶豫不決，當意識到加入馬歇爾計劃將受到西方經濟規則的制約後，蘇聯毅然關閉了通向世界經濟的大門，從此進入了自我封閉的過程。這一決定從本質上講不是順應而是悖逆歷史潮流，對後來蘇聯幾十年的經濟發展產生了重大負面影響。至於蘇聯提出的理由 —— 實施馬歇爾計劃是對國家主權的侵犯，實屬牽強附會。建立國際經濟組織、實現經濟一體化本身就意味着部分國家主權的讓渡，這一點蘇聯參加布雷頓森林會議時已經有所理解和接受，現在提出來不過是尋找藉口而已。當然，蘇聯即使作出某種讓步也未必能夠獲得經濟援助，這裏需要耐心和高超的談判技巧，但想要得到戰時租借那種「無條件援助」，只能是幻想。退一步，如果無法加入，蘇聯的第二個目的是破壞馬歇爾計劃。為此，蘇聯應對的要旨就不是加入馬歇爾計劃本身而是參與制定計劃實施方案的談判。從策略上講，蘇聯完全可以帶領東歐國家繼續參加巴黎會議，並利用西方集團內部的矛盾，在談判中尋找機會。反之，蘇聯主動關閉大門，退出談判，並禁止所有東歐國家參與談判，無

1　*The New York Times*, June 18, 1947, p. 4.

異於在幫助美國實現其目標，而由自己完全承擔歐洲分裂的責任。這些錯誤的根源在於蘇聯對其計劃經濟體制的盲目自信，在這個意義上可以認為，馬歇爾計劃導致的歐洲分裂，雖然是美國主動為之，但同時也是蘇聯的必然選擇。

　　如果說馬歇爾計劃是歐洲國際政治的分水嶺，那麼它的起點就是德國問題，尤其是戰後德國的賠償問題。蘇聯在德國賠償問題上頑固而非理性的立場導致美國人不得不做出合併美英佔領區的決定，其實質就是與蘇聯分道揚鑣，為德國西部的經濟恢復和重建奠定基礎。儘管因其政治敏感性，馬歇爾在哈佛大學的講演中閉口不提「德國」，但正如希契科克所言，「馬歇爾計劃最直接的政治戰略影響就體現在美國的對德政策上」。[1] 美國援助歐洲政策的出發點就在於，整個歐洲的經濟復甦離不開德國的經濟重建，而馬歇爾計劃的提出使美國擺脫了此前對德政策既要懲罰又要扶植的矛盾狀態。蘇聯人最無法接受的就是讓德國加入馬歇爾計劃，但莫斯科在指責美國分裂德國時可曾想到，恰恰是蘇聯的賠償政策導致了這一惡果。不僅如此，經濟的割裂還直接導致了政治的分裂，在德國西佔區加入歐洲一體化的過程中，德國分裂和聯邦德國誕生的條件正在日臻成熟。這又是一個蘇聯難以接受又不得不接受的結果。所以說，德國問題既是馬歇爾計劃經濟上的起點，也是其政治上的終點。

　　美蘇對東歐問題的處理在冷戰起源過程中佔有特殊的重要地位，是因為就在這個時間節點上，美國和蘇聯都最終確定了各自與東歐的關係和對東歐的政策。儘管從地緣政治角度美國在原則上認可東歐屬蘇聯的勢力範圍，但是在外交和意識形態層面華盛頓一度很關注東歐問題，並因此引發與蘇聯的摩擦和矛盾。一方面由於蘇聯在軍事佔領優勢下採取

1　William I. Hitchcock, "The Marshall Plan and the Creation of the West", in Melvyn P. Leffler and Odd Arne Westad (eds.), *The Cambridge History of the Cold War, Volume Ⅰ, Origins*, New York: Cambridge University Press, 2010, p. 166.

的強硬政策，一方面因為東歐經濟在與西方交往中不佔有無法捨棄的地位，美國在提出馬歇爾計劃時已經把東歐看做是可有可無的因素。或者可以說，在東歐與西歐徹底分裂前美國已經有意無意地放棄了東歐。蘇聯對東歐的政策同樣是變化的。雖然籠統地說戰時後期莫斯科已將東歐視為自己的勢力範圍，但那時的政策僅限於謀求東歐各國採取對蘇友好政策，並將其置於蘇聯的影響之下。況且，東歐各國的情況錯綜複雜，蘇聯對這一地區並沒有統一、明確的總體規劃。到 1947 年上半年，東歐各國聯合政府內部的爭鬥和美國的政治影響引起莫斯科擔心，於是蘇聯採取種種手段干預東歐國家的選舉，從而通過共產黨掌權實現對那裏的政治控制。不過，政治大門已經關上，經濟窗口仍然開放，莫斯科還不想背上東歐這個沉重的經濟包袱。馬歇爾計劃的提出讓蘇聯意識到美國可能通過經濟手段達到政治目的，只有把東歐徹底地改造成衛星國，蘇聯的安全才能得到最後保障。共產黨情報局的成立奠定了建立以蘇聯為中心的社會主義陣營的政治基礎，但在經濟上仍感力不從心。經濟落後是蘇聯在冷戰起始，也是在整個冷戰對抗過程中的致命弱點。至於蘇聯的東歐政策，是否可以考慮「芬蘭模式」，這似乎是一個值得討論的題目。[1]

馬歇爾計劃的提出和共產黨情報局的建立表明美蘇雙方都已經決心採取對抗性的政策了，同時又已經組建起自己的政治集團，冷戰格局由此形成。現在要討論的問題是：冷戰可以避免嗎？無論從理論還是歷史的角度考察，共同敵人消失後盟國之間合作的基礎雖然削弱但未必非要分裂，不同制度國家之間的和平共處也是可以實現的，為什麼必然走向全面的冷戰對抗？應該說美蘇的冷戰政策都是防禦性的，只是雙方的實

---

1 所謂「芬蘭模式」或「芬蘭化」，一般是指既保持對蘇友好又保留多元政治的狀態。這一問題的提出參見 Charles S. Maier, "The Marshall Plan and the Division of Europe", *Journal of Cold War Studies*, Vol. 7, №1 (Winter 2005), pp171-172; *Печатнов В. О.* От союза к холодной войне, c. 162。

力差距造成了不同的策略選擇，美國是強者，「以攻為守」，蘇聯是弱者，「以守為攻」。既然是防禦，那麼美蘇當時都沒有把消滅對方作為對外政策的目標，而是以雙方共存作為對外政策的基礎。實際上，1945—1947 年美蘇在處理雙邊關係時都同時扮演着三種角色：合作的朋友、競爭的對手和鬥爭的敵手。朋友做不成就只剩下做敵手了嗎？作為敵手就一定要走到你死我活的地步嗎？作為敵手，美國的問題是錯把「無限擴張」認作蘇聯的行為目標，所以四處圍追堵截；作為對手，蘇聯的問題是不懂得妥協，只有共處的願望，沒有合作的表現。歷史研究表明，美國冷戰政策的形成在很大程度上是源於對蘇聯行為目標的誤讀，而蘇聯的行為在很多方面又確實引導了這種誤讀。這裏不是談冷戰的責任問題，而是要說明美蘇雙方如果能擺脫意識形態干擾，加強戰略性信息溝通，及時調整政策，本來是可以避免陷入冷戰漩渦的。個人在歷史上的作用是不容否定的，但是加迪斯的那句名言 ——「沒有斯大林就沒有冷戰」是否站得住腳？如果羅斯福晚幾年去世，情況會是怎樣呢？如果美國冷戰政策的目標只是針對斯大林的蘇聯，那麼斯大林以後的蘇聯呢？最後說到社會制度問題，自《共產黨宣言》發表 170 多年以來，無論資本主義社會還是社會主義社會都發生了重大變化，而且還在繼續變化，這是不以人們意志為轉移的歷史的選擇。既然如此，那麼在戰後越來越突顯的全球化的歷史發展趨勢引導下，不同制度國家之間的和平共處難道不是反映了人類命運共同體的願景？事實上，通往冷戰深淵的每一步都有迴轉的機會和可能，但前提是避免繼續認知「誤讀」和政策「失誤」，否則，越往前走就越難回頭了。

1　John Lewis Gaddis, *We Now Know: Rethinking Cold War History*, New York: Oxford University Press Inc., 1997, p. 293.

結語

嚴格地講，本書重點研究的是「冷戰的發生」（Beginning of the Cold War），而非「冷戰的起源」（Origins of the Cold War）。這是兩個緊密相連但關注點不同的問題，冷戰起源討論的是冷戰這一歷史現象的本質屬性及其發生的根源（「是什麼」、「為什麼會發生」），而冷戰發生討論的是冷戰這一戰後國際格局具體產生的機制和過程（「如何開始」、「為什麼這樣開始」）。以往史學界在「冷戰起源」的問題上長期爭論不休，眾說紛紜，至少部分的原因在於沒有把這兩個問題區分開來。從「冷戰起源」的角度看，蘇聯與西方世界的意識形態對立、社會經濟制度對立，無疑是根本因素，而從「冷戰發生」的角度看，只強調意識形態問題就顯得不夠了。實際上，對於蘇聯的「社會主義模式」（在馬克思主義的概念中社會主義是共產主義的第一階段）來說，這裏的確存在一個理論設想與現實歷史過程之間的差別問題。從理論上講，馬克思主義認為，共產主義必將埋葬和替代資本主義，因此他們之間是「你死我活」的鬥爭。但在現實歷史過程中，情況卻複雜得多。

作為具有特定內涵的 20 世紀的冷戰，是以美蘇兩國為代表的兩種社會制度、經濟模式及其意識形態的競爭和對抗。這種非戰爭形態的對抗是全方位的，雙方都企圖引領人類文明的發展方向，並獲得實際的地緣政治和經濟發展利益，進而謀取世界霸權。對於冷戰的性質和特徵，國際學界大體上是有共識的，而這種認知必然將冷戰的起源追溯到第一次世界大戰和十月革命，因為正是十月革命的爆發和勝利，在現實中提出了社會主義體系向資本主義體系挑戰的問題，提出了共產主義戰勝資本主義的問題。馬克思和恩格斯曾在 1848 年宣佈：共產黨人的理論就是「消

滅私有制」，共產黨人的任務就是「用暴力推翻全部現存的社會制度」。[1]
這個「共產主義的幽靈」在 1917 年現身了。用列寧的話說，「俄國革命實
質上是世界無產階級革命的總演習」。[2] 作為世界革命的總導演，列寧和俄
共（布）於 1919 年組建了共產國際。托洛茨基起草的共產國際宣言稱：共
產國際的目標就是「促使並加速共產主義革命在全世界的勝利」，「國際共
產黨的任務就在於推翻資產階級的世界秩序，並代之以社會主義制度的大
廈」。[3] 追根尋源，把冷戰的起源與十月革命和蘇俄政權聯繫在一起，無疑
是正確的。但是，如果把冷戰的發生過程也簡單地歸結於此，而無視歷史
發展變化的複雜性和偶然性因素，則無疑是背離了歷史研究的實證方法。

　　十月革命爆發五週年之際，世界革命和蘇俄政權本身都陷入了危
機。列寧期待的歐洲革命不僅沒有形成高潮，反而消退下去。隨着 1918
年德國基爾水兵起義、1919 年匈牙利蘇維埃革命和 1920 年蘇俄紅軍進
攻波蘭相繼失敗，作為對資本主義世界體系直接衝擊和「替代性選擇」
的世界革命不得不偃旗息鼓。1922 年的熱那亞會議（及隨後的海牙會
議）是蘇俄作為世界秩序的反叛者參加的第一次國際經濟會議，列寧那
句名言 ──「我們不是以共產黨人的身份，而是以商人的身份去熱那亞
的」[4] ── 充分表明現實主義的俄國共產黨人準備在一段不確定的時間內
放棄以推翻舊世界為目標的世界革命方針。儘管英國試圖重新將俄國納
入世界資本主義經濟體系的願望未能實現，但作為熱那亞會議的唯一成
果，俄國與德國簽署的拉巴洛條約說明，兩種制度之間「你死我活」的

1　馬克思、恩格斯：《共產黨宣言》，《馬克思恩格斯全集》第 4 卷，北京：人民出版社，1958
　　年，第 480、504 頁。

2　列寧：俄共（布）第八次代表大會（2）中央委員會的總結報告，中共中央馬恩列斯著作編
　　譯局：《列寧全集》第 36 卷，北京：人民出版社，1985 年，第 125 頁。

3　Jane Degras (ed.), *The Communist International, 1919-1943, Documents Vol. 1, 1919-1922*, London:
　　Oxford University Press, 1956, pp. 38、47.

4　列寧：俄共（布）中央委員會的政治報告，《列寧全集》第 43 卷，北京：人民出版社，1987
　　年，第 70 頁。

鬥爭已經暫告結束。同樣，蘇俄雖然在海牙會議拒絕了各國關於對被國有化的外國企業進行賠償的要求，但答應在獲得貸款後可以考慮償還外債，說明布爾什維克正在準備有條件地接受維護國際經濟秩序的「遊戲規則」。[1] 不久以後，共產國際便從世界革命的大本營轉變為蘇聯對外政策的工具，共產國際發動的「東方革命」（包括中國革命）也主要是為了保障蘇聯這座「孤島」在資本主義「海洋」包圍中的生存和安全。而蘇聯國家本身則開始與它宣稱要推翻的資本主義世界進入了「和平共處」時期。

與此同時，蘇俄國內政策的變化也是巨大的。十月革命勝利初期，布爾什維克黨實施了直接向社會主義過渡的各項經濟措施：全面國有化，消滅貨幣和商業，推進農村的「十月革命」，倡導公社化。在政治制度方面，則取締立憲會議，實現一黨專制。國內戰爭的爆發和帝國主義的武裝干涉，在很大程度上加快了蘇俄建立社會主義國家的進程。然而，這一系列「戰時共產主義」的激進措施遭遇到民眾的強烈反對。全國各地的農民暴動，特別是作為十月革命主力部隊的喀琅施塔得水兵起義，讓列寧意識到布爾什維克政權的合法性已經面臨全面危機。於是，作為戰略性退卻，「新經濟政策」應運而生。允許多種經濟成分並存和市場發揮作用，運用商業原則調節城鄉關係，鼓勵人們發家致富，這一切都是同建設社會主義社會的理念背道而馳的。但列寧認為，在經濟發展還十分落後的俄國，必須補上資本主義這一課，因為「作為小生產和交換的自發產物的資本主義，在一定範圍內是不可避免的，所以我們應該利用資本主義（特別是要把它引導到國家資本主義的軌道上去）作為小生產和社會主義之間的中間環節，作為提高生產力的手段、道路、方法和方式」。[2] 他在去世前甚至認為，合作社和國家資本主義「已是建成社會主

1　Jane Degras, (ed.), *The Communist International, 1919-1943, Documents Vol. 1*, pp. 359-361.
2　列寧：論糧食稅，《列寧全集》第 41 卷，北京：人民出版社，1986 年，第 217 頁。

義社會所必需而且足夠的一切」，其發展「也就等於 …… 社會主義的發
展」。[1] 實際上，這種對內政策的邏輯延伸恰恰形成了新的對外政策，
列寧似乎試圖建構一種新的適應於欠發達國家的社會主義理論和政策體
系，而這種「社會主義社會」仍然是在世界資本主義經濟體系之內的。
可惜，因重病在身、過早去世，列寧未能如願。

　　斯大林並非列寧選定的接班人，而是通過殘酷的黨內鬥爭走上權力
頂峰的。除了立場堅定、性格剛毅和善謀權術，斯大林能夠戰勝其他所
有政治局委員最重要的原因有三點：其一，斯大林「繼承和發展」了列寧
關於「臺眾 — 階級 — 政黨 — 領袖」的布爾什維克建黨原則，特別是將
馬克思關於無產階級專政和階級鬥爭的理論發揮到極致，通過不斷進行
的政治「大清洗」，「合法」地收拾了所有可能威脅到其權力的政治對手，
建立起以個人集權為基礎的專制體制。這就是斯大林政治體制也是其後
領導人繼承的蘇聯政治模式的典型特徵。其二，斯大林在 1924 年提出的
「一國建成社會主義」的理論[2]，雖然背離了馬克思提出、列寧遵循的在
世界革命共同勝利中實現社會主義的路徑，但卻符合俄國當時所處的國
際環境和實際條件，為堅定蘇聯社會和民眾的社會主義理想和方向提供
了理論依據。正是在這一國家建構和社會主義模式的理論基礎上，斯大
林為了保障蘇聯的國家安全 —— 其本質是蘇共一黨專政和領袖個人專權
的統一，要求各國共產黨必須支持蘇聯、援助蘇聯、保衛蘇聯，一切服
從蘇聯的利益 —— 被宣佈為「國際無產階級利益」的體現。[3] 為此，蘇
聯今天可以參加英法抵制法西斯德國的「集體安全」談判，明天可以與

1　列寧：論合作社，《列寧全集》第 43 卷，第 361-368 頁。
2　斯大林：論列寧主義的幾個問題，《斯大林全集》第 8 冊，北京：人民出版社，1954 年，第
　　59-73 頁。
3　斯大林：論俄國共產黨人的政治戰略和策略，《斯大林全集》第 5 冊，北京：人民出版社，
　　1953 年，第 64 頁；斯大林：國際形勢和保衛蘇聯，《斯大林全集》第 10 冊，北京：人民出版
　　社，1954 年，第 47 頁。

希特勒德國簽訂瓜分勢力範圍的祕密條約，後天又可以與英美結成同盟反抗法西斯軸心國，總之一切以蘇聯的現實政治和安全利益為核心，世界革命不過是偶爾借用一下的策略工具而已。其三，斯大林通過取消「新經濟政策」，強迫實現農業集體化和社會主義工業化，為蘇聯解決了一個列寧尚未及解決的社會主義制度創設的難題：在世界革命推遲的條件下，如何將「國家資本主義的俄國」轉變成「社會主義的俄國」，即在制度形態上確立一個與資本主義世界體系和資本主義國家性質根本不同的「社會主義國家」。當時，其他反對派領導人都沒有能夠找到一種符合馬克思主義理念又可供實施的「社會主義」方案，他們或者超越現實提出更加激進的「不斷革命」（托洛茨基），或者趨向「保守」主張長期停留在「新經濟政策」的「退卻」階段（布哈林），而只有斯大林堅持的高度集權的社會主義計劃經濟體制，既應和了十月革命提出的歷史命題，又為蘇維埃政權提供了合法性依據。更重要的是，命運之神也在眷顧斯大林。蘇聯第一個五年計劃進行期間（1928 — 1932 年），恰好趕上西方的經濟大蕭條。這樣，蘇聯不僅利用資本主義經濟危機獲得了大量西方的資金、設備和技術，而且充分向外部世界顯示出社會主義計劃經濟體制的優越性。再有，斯大林創造的經濟模式雖然造就了工業化奇跡，但也付出了沉重的代價，甚至給蘇聯社會帶來了深刻的危機 —— 普遍的社會恐慌、畸形的經濟發展和低下的生活水平。然而，30 年代緊張的國際局勢掩蓋了這一切，斯大林的經濟模式本質上又回到了「戰時共產主義」，而這種模式的優勢 —— 國家高效分配資源、集中力量解決優先選項等，恰恰在戰爭的環境中可以得到充分體現。這些歷史偶然性的結果，無疑大大增強了斯大林和蘇共政權對其社會主義經濟模式的信心。這就是斯大林最後決心與世界經濟體系切割、與美國進行全面對抗的動力和依據。

　　本書在討論的「冷戰發生」的命題時，實際上提出的是這樣一個問題：第二次世界大戰特別是蘇德戰爭爆發以來，在蘇聯與美國，或者說蘇

聯的社會主義體制與美國和西方的資本主義體制之間，是否存在和平共處的「機會」？如果存在，那麼這種「機會」又是如何失去的？通過上述對於蘇聯國際戰略方針變化和社會主義經濟體制形成的簡要歷史回顧，大致可以看出，關於這個問題的答案是複雜的。對於冷戰起源的一般性描述並不能替代對冷戰發生過程的具體分析。冷戰的發生是世界主要矛盾以及美蘇之間各種矛盾變化合力的結果，也是冷戰的根源性深層因素顯性化、具體化的過程。從冷戰根源性因素的激活到冷戰行為的實際發生，期間還需要一系列連接性環節的助力。那麼，這些「助力」究竟是什麼？實際上，冷戰史學者之間的分歧，很多就表現在對戰後美蘇相互關係變化的動力和原因、美蘇各自政策的取向和目標等具體問題的看法或判斷不同。因此，回答「機會」是否存在和如何失去的問題，需要從對冷戰起源的宏觀研究進入更為細緻的對冷戰發生過程的微觀研究。本書所作的就是這樣一種努力。

從國際政治體系看，戰時反法西斯同盟給蘇聯帶來了巨大的戰略利益，藉助美國的援助與合作，蘇聯不僅戰勝了德國，而且出兵東歐和亞洲，擴大了版圖，建立了勢力範圍，斯大林戰前實施的以蘇聯國家安全為核心的對外戰略得以成功並繼續。戰爭後期和戰後初期，斯大林宣佈解散作為世界革命大本營的共產國際；要求法國和意大利等西歐共產黨放棄武裝，加入政府；敦促東歐國家在議會選舉基礎上建立多黨制「聯合政府」；對中國革命和希臘革命態度冷淡，靜而觀之。所有這些都表明蘇聯沒有破壞現存國際政治秩序的目標，反而在雅爾塔體系中安享其安全和地緣政治的成果。這就是戰後美蘇繼續合作、社會主義國家與資本主義國家和平共存的國際政治基礎。

然而從世界經濟體系看，則事情存在着兩面性。一方面，斯大林對美蘇之間經濟實力的巨大差距看得十分清楚，戰後蘇聯經濟重建需要得到美國的幫助，而參加布雷頓森林體系正是獲取國際貸款的重要渠道。

1944 年蘇聯代表在布雷頓森林會議文件上簽字，以及 1945 年 12 月 27 日前蘇聯各部門關於加入國際經濟組織的論證報告，都可以說明這一點。這就是蘇聯實現戰後美蘇經濟合作以及考慮進入國際經濟體系的動力。另一方面，斯大林已經在蘇聯建立起將「替代」資本主義市場經濟體系的社會主義計劃經濟體制，而且對此充滿信心。因此，對於美國設計的戰後國際經濟體系，斯大林認為那只是為解決資本主義市場經濟可能出現的危機問題而設計的，除非有巨大利益可圖，蘇聯沒有參與的必要性。斯大林最擔心的是，因為加入布雷頓森林體系而危及蘇聯的計劃經濟體制，並最終危及政治體制和國家權力。這種對美國設計的資本主義世界經濟體系的疑慮正是斯大林最後決定與美國經濟脫鈎的內在動因。由於這種對美國和資本主義經濟體系發自內心的不信任，斯大林對布雷頓森林體系構建過程中美國的行為非常敏感，不願輕易妥協和讓步。1946 年（冷戰發生前）啟動的以鞏固計劃經濟體制為核心的第四個五年計劃，以及蘇聯對美國拒絕貸款和在德國賠償問題上不合作的反應，就很說明問題，這也是蘇聯最終未能進入國際經濟體系的最根本和最主要的原因。

　　綜合觀察，戰後美蘇繼續合作（無論在政治上還是經濟上）的可能性是有的，兩種不同社會體制（無論在政治上還是經濟上）之間和平共處的可能性也是有的，就是說「機會」是存在的。很多學者否認「機會」的存在，認為冷戰是歷史的必然結果，甚至有人提出「沒有斯大林就沒有冷戰」。[1] 筆者對此不能苟同。其實歷史存在很多偶然性。如果蘇聯在 3-c 條款談判中早一些接受美國提出的利率，無疑就可以得到租借貸款，也就排除了戰後取得信用貸款甚至加入布雷頓森林體系的障礙；如果羅斯福的健康狀況允許他完成第四屆總統任期，哪怕再給他幾個月的

1　John Lewis Gaddis, *We Now Know: Rethinking Cold War History*, New York: Oxford University Press Inc., 1997, p. 293.

時間，從當時的情況看，蘇聯在雅爾塔會議後不久得到美國貸款並加入國際經濟組織是完全現實的；如果蘇聯在 1947 年 3 月莫斯科外長會議前或在會議期間及時在德國賠償問題做出妥協，馬歇爾很可能就不會提出援助歐洲計劃，至少會因為要承擔分裂德國的責任而猶豫。這種「如果」還可以舉出很多，而正是無數「偶然性」的合成，造成了歷史的「必然結果」。所以，冷戰的發生也是偶然的。說到歷史的必然性，那麼必須看到，自《共產黨宣言》發表一個半世紀以來，無論資本主義社會還是社會主義社會都發生了重大變化，而且還在繼續變化，這是不以人們意志為轉移的歷史的選擇。既然如此，那麼在戰後越來越突顯的全球化的歷史發展趨勢引導下，不同制度國家之間的和平共處難道不是反映了人類命運共同體的願景？

事實上，通往冷戰的每一步都有迴轉的機會和可能，但美蘇走到最後一步還是掉入了冷戰的深淵。那麼，「機會」是如何失去的？筆者不贊成冷戰史學者過多地討論所謂「冷戰責任」的問題，這多少會使研究者落入意識形態的陷阱。歷史研究的責任在於說明冷戰究竟是怎樣發生的，美蘇雙方決策的動機是什麼，為什麼會造成如此的結果。現在大多數學者都承認冷戰的形成是一個螺旋上升的互動過程，但需要進一步解釋的是這個互動過程的具體表現，而不是簡單地「各打五十大板」。研究表明，從租借談判到貸款爭論，從凱南長電報、丘吉爾鐵幕演說，到杜魯門主義和馬歇爾計劃的提出，幾乎每一步都是美國的政策首先發生了變化，是美國主動改變了對蘇政策，而不是相反。蘇聯的一系列行為儘管是錯誤的或不道德的，如東歐的選舉問題、伊朗的石油問題、德國的賠償問題等，但這些做法都不是針對美國的，也沒有傷害美國的意圖。因此，從冷戰發生的進程看，開啟「發動機」的無疑是美國。然而，蘇聯並不是無辜的。一方面，人們常說美國「誤解」了蘇聯的動機，這裏當然存在美國決策者固有的意識形態偏見因素，但是在很多情況下，難

道不是莫斯科的不當或過激行為引發了「誤解」，並為華盛頓提供了改變政策、動員輿論的把柄和證據？伊朗危機就是最典型的案例。另一方面，蘇聯在應對美國政策時也存在問題，其策略的結果往往不是「剎車」而是「加油」，不是緩和關係而是激化矛盾。蘇聯後期對德國統一賠償計劃的處置，對關於援助歐洲計劃的巴黎會談的反應，都是這方面的案例。這就是人們常說的冷戰發生的「互動」過程。

最後要說的是，就冷戰起源而言，蘇聯（社會主義）和美國（資本主義）對於意識形態和生存安全的訴求，無疑是對抗形成的最根本的因素，但就冷戰發生的具體過程而言，就不得不考慮經濟的因素 —— 這裏包括經濟利益衝突、經濟政策分歧和經濟制度對抗，美蘇之間最後爆發冷戰，不是意識形態和安全困境所致，而是雙雙掉進了「經濟漩渦」。

附

錄

參考文獻

檔案館、圖書館

АВПРФ, Архив Внешней Политики Российской Федерации, 俄羅斯聯邦對外政策檔案館

АПДУДПАР, Архив политических документов при Управлении делами Президента Азербайджанской Республики, 阿塞拜疆共和國總統事務辦公室政治文件檔案館

АПРФ, Архив Президента Российской Федерации, 俄羅斯聯邦總統檔案館

ГАРФ, Государственный архив Российской Федерации, 俄羅斯聯邦國家檔案館

РГАСПИ, Российский государственный архив социально-политической истории, RGASPI, 俄羅斯國家社會政治史檔案館

РГАЭ, Российский Государственный Архив Экономики, 俄羅斯國家經濟檔案館

РЦХИДНИ, Российский Центр Хранения и Изучения Документов Новейшей Истории, 俄羅斯現代史文獻保管和研究中心（現已改名為РГАСПИ）

ЦАФСБРФ, Центральный Архив Федеральной Службы Безопасности Российской Федерации, 俄羅斯聯邦安全局中央檔案館

ЦДА, Централен държавен архив, София, 中央國家檔案館（索菲亞）

National Archives, U. S., 美國國家檔案館

Franklin D. Roosevelt Presidential Library and Museum, 羅斯福總統圖書館

Library of Congress, U. S., 美國國會圖書館

中國第二歷史檔案館，396（2）-1401（1）。

檔案文獻集

《Заняться Подготовкой Будущего Мира》// Источник, 1995, №4, с. 114-158

《По агентурным данным … 》, Родина, 1992, №1, с. 92-96

《СССР будет оказана всяческая помощь в той борьбе, которую он ведет》, Документы АПРФ и РГАСПИ. Июль-ноябрь 1941 г. // Исторический архив, 2013, №5, с. 4-30

Адибеков Г. М. и т. д. Совещания Коминформа, 1947/1948/1949, Документы и материалы, Москва: РОССПЭН, 1998

Адибеков Г. М., Андерсон К. М., Роговая Л. А. Политбюро ЦК РКП (б)-ВКП (б) Повестки дня заседаний 1919-1952, Каталог, Том III, 1940-1952, Москва: РОССПЭН, 2001

Артизов А. Н., Наумов О. (сост.) Власть и художественная интеллигенция: Документы ЦК РКП (б)-ВКП (б), ВЧК-ОГПУ-НКВД о культурной политике, 1917-1953гг., Москва: Международный фонд Демократия, 1999

Батюк В., Евстафьев Д. Первые заморозки: Советско-американские отношения в 1945-1950 гг., Москва: Российский научный фонд, 1995

Внешняя политика Советского Союза в период Отечественной войны. Документы и материалы, Т. 1, 22 июня 1941г.-31 декабря 1943г., Москва: Государственное издательство политической литературы, 1944

Внешняя политика Советского Союза в период Отечественной войны. Документы и материалы, Т. 2, 1 января-31 декабря 1944г., Москва: Государственное издательство политической литературы, 1946

Внешняя политика Советского Союза, 1945год, Документы и материалы, 4 скнтября-31 декабря 1945 года, Москва: Государственное издательство политической литературы, 1949

Внешняя политика Советского Союза, Документы и материалы, 1946 год, Москва: Государственное издательство политической литературы, 1952

Внешняя политика Советского Союза, Документы и материалы, 1947 год, Часть вторая, Москва: Государственное издательство политической литературы, 1952

Внешняя политика Советского Союза, Документы и материалы, Январь-декабрь 1946 год, Москва: Государственное издательство политической литературы, 1952

Волокитина Т. В. Восточная Европа в документах российских архивов, 1944-1953гг., Том. 1, 1944-1948гг., Москва: Сибирский хронограф, 1997

Волокитина Т. В. Трансильванский вопрос, венгеро-румынский территориальный спор и СССР, 1940-1946, документы, Москва: РОССПЭН, 2000

Волокитина Т. В., Мурашко Г. П. (отв. ред.) Советский фактор в восточной Европе 1944-1953, Т. 1, 1944-1948, документы, Москва: РОССПЭН, 2000

Г. Я. Американские предложения по расширению мировой торговли и занятости// Внешняя торговля, 1946, №1-2, с. 24-26

Горинов М. М. (отв. ред.) Москва послевоенная, 1945-1947, Архивные документы и материалы, Москва: Издательство объединения, 2000

Громыко А. А. (гла. ред.) Советский Союз на международных конференциях периода великой отечественной войны 1941-1945гг., Том 1, Московская конференциях министров иностранных дел СССР, США и Великобритании (19-30 октября 1943г.), Сборник документов, Москва: Издательство политической литературы, 1978

Громыко А. А. (гла. ред.) Советский Союз на международных конференциях периода великой отечественной войны 1941-1945 гг., Том 2, Тегеранская конференция руководителей трёх союзных держав СССР, США и Великобритании (28 ноября-1 декабря 1943г.), Москва: Издательство политической литературы, 1978

Громыко А. А. (*гла. ред.*) Советский Союз на международных конференциях периода великой отечественной войны 1941-1945гг., Том 4, Крымская конференция руководителей трех союзных держав-СССР, США и Великобритании (4-11 февраля 1945г.), Сборник документов, Москва: Издательство политической литературы, 1984

Громыко А. А. (*гла. ред.*) Советский Союз на международных конференциях периода Великой Отечественной войны 1941-1945 гг., Том 6. Берлинская (Потсдамская) конференция руководителей трех союзных держав-СССР, США и Великобритании (17 июля-2 августа 1945 г.), Сборник документов, Москва: Политиздат, 1984

Димитров Г. Дневник (9 март 1933-6 февруари 1949), София: Универсстетско издарелство "Св. Климент Охридски" , 1997

Захаров В. В. и др., Деятельность советских военных комендатур по ликвидации последствий войны и организации мирной жизни в Советской зоне оккупации Германии. 1945-1949: Сборник документов, Москва: РОССПЭН, 2005

Захаров В. В. (*отв. ред.*) СВАГ и религиозные конфессии Советской зоны оккупации Германии. 1945-1949: Сборник документов, Москва: РОССПЭН, 2006

Захаров В. В. (*отв. ред.*), Деятельность управление СВАГ по изучению достижений немецкой науки и техники в Советской зоне окупации Германии. 1945-1949 гг: Сборник документов, Москва: РОССПЭН, 2007

Зубкова Е. Ю. и т. д. (*сост.*) Советская Жизнь, 1945-1953, Москва: РОССПЭН, 2003

Кнолль В. (*отв. ред.*) Советская военная администрация в Германии, 1945-1949 гг.: Экономические аспекты деятельности, сборник документов, Том 1, 1945-1947 гг., Москва: международные отношения, 2016

Козлов В. А. (*гла. ред.*) Неизвестная Россия, XX век, IV, Москва: Московское городское объединение архивов, 1993

Кынин Г. П., Лауфер Й. СССР и германский вопрос, 1941-1949,

Документы из Архива внешней политики Российской Федерации, Том. 1, 22 июня 1941г. -8 мая 1945, Москва: Международные отношения, 1996

Кынин Г. П., Лауфер Й. СССР и германский вопрос, 1941-1949, Документы из Архива внешней политики Российской Федерации, Том. 2, 9 мая 1945г-3 октября 1946г, Москва: Международные отношения, 2000

Кынин Г. П., Лауфер Й. СССР и германский вопрос, 1941-1949, Документы из Архива внешней политики Российской Федерации, Том. 3, 6 октября 1946г. -15 июня 1948г, Москва: Международные отношения, 2003

Кынин Г. П., Лауфер Й. СССР и германский вопрос, 1941-1949: Документы из Архива внешней политики Российской Федерации, Том. 4, 18 июня 1948 г.-5 ноября 1949 г., 2012

Ледовский А. М., Мировицкая Р. А., Мясников В. С. (сост.) Русско-китайские отношения в XX веке, Документы и материалы, Том V, Советско-китайские отношения, 1946-февраль 1950, Книга 2: 1949-февраль 1950гг., Москва: Памятники исторической мысли, 2005

Максименков Л. В. (сост.) Большая цензура: писатели и журналисты в стране советов 1917-1956, Москва: МФД, 2005

Малков П. В. (пред.) Великая Отечественная война. Юбилейный статистический сборник: Стат. сб. / Росстат, Москва: Федеральная служба государственной статистики, 2020

МИД РФ (ред.) Документы внешней политики, Т. 22, кн. 1 (1939), Москва: Международные отношения, 1992

МИД РФ (ред.) Документы внешней политики, Т. 23, кн. 2 (2 марта 1941 г.-22 июня 1941 г.), Москва: Международные отношения, 1998

МИД РФ (ред.) Документы внешней политики, Т. 24, 22 июня 1941-1 января 1942, Москва: Международные отношения, 2000

МИД СССР Советско-американские отношения во время великой отечественной войны, 1941-1945, Документы и материалы, Т. 1, 1941-1943, Москва: Политиздат, 1984

МИД СССР Советско-американские отношения во время великой

отечественной войны, 1941-1945, Документы и материалы, Т. 2, 1944-1945, Москва: Политиздат, 1984

МИД СССР (сост.) Год кризиса, 1938-1939, Том 2, 2 июня 1939 г.-4 сентября 1939 г., Документы и материалы, Москва: Издательство политической литературы, 1990

МИД СССР (сост.) Переписка Председателя Совета Министров СССР с Президентами США и Премьер-Министрами Великобритании во время Великой Отечественной войны 1941-1945 гг., Том 2, Переписка с Ф. Рузвельтом и Г. Трумэном (август 1941 г.-декабрь 1945 г.), Москва: Государственное издательство политической литературы, 1957

МИД СССР, Советско-английские отношения во время великой отечественной войны, 1941-1945, Документы и материалы, Т. 1, 1941-1943, Москва: Политиздат, 1983

МИД СССР, Советско-английские отношения во время великой отечественной войны, 1941-1945, Документы и материалы, Т. 2, 1944-1945, Москва: Политиздат, 1983

О перспективах международных сотрудничества//Новое Время, 1947, №20, с. 1-3

Печатнов В. О., Магадеев И. Э. Переписка И. В. Сталина с Ф. Рузвельтом и У. Черчиллем в годы великой отечественной войны, Документальное исследование, Том 1, Москва: Просвещение, 2017

Печатнов В. О., Магадеев И. Э. Переписка И. В. Сталина с Ф. Рузвельтом и У. Черчиллем в годы великой отечественной войны, Документальное исследование, Том 2, Москва: Просвещение, 2017

Последний визит Й. Броза Тито к И. В. Сталину, Советская и югославская записи беседы 27-28 мая 1946 г. //Исторический Архив, 1993, №2, с. 33-34

Ржешевский О. А. Сталин и космополитизм, 1945-1953, Документы Агитпропа ЦК, Москва: МФД, 2005

Санакоев Ш. П., Цыбулевский Б. Л. (сост.) Тегеран-Ялта-Посдам,

Сборник документов, Москва: Международные отношения, 1971

　　Севостьянов Г. Н. (*нау. ред.*) Советско-американские отношения, 1939-1945, Документы, Москва: МФД, 2004

　　Севостьянов Г. Н. (*нау. ред.*) Советско-американские отношения, 1945-1948, Документы, Москва: МФД, 2004

　　Севостьянов Г. Н. (*нау. ред.*) Советско-американские отношения, 1949-1952, Документы, Москва: МФД, 2006

　　Севостьянов Г. Н (. *под. ред.*) Советско-американские отношения, Годы непризнания, 1927-1933, Москва: МФД, 2002

　　Тахненко Г. Анатомия одного политического решения(К 45-летию плана Маршалла)//Международная жизнь, №5, май 1992, с. 113-127

　　Тюрина Е. А.《Наркомвнешторг считает целесообразным организовать закупочную комиссию》, История ленд-лиза в докумедокументах РГАЭ, Февраль 1942-март 1945 г. //Исторический архив, 2013, №5, с. 31-55

　　Фойтцик Я. (*ред.*) Советская политика в отношении Германии, 1944-1954: Документы, Москва: РОССПЭН, 2011

　　Фултонская речь Черчилля// Источник, 1998, №1, с. 88-93

　　Хлевнюк О. В., Горлицкий Й. (*сост.*) Документы советской истории, Политбюро ЦК ВКП (б) и совет министров СССР 1945-1953, Москва: РОССПЭН, 2002

　　Черненко К. У. и Смирютков М. С. (*сост.*) Решения партии и правительства по хозяйственным вопросам, Том 3, 1941-1952гг, Москва: Издательство политической литературы, 1968

　　Чернобаев А. А. На приеме у Сталина: Тетради (журналы) записей лиц, принятых И. В. Сталиным (1924-1953 гг.), Справочник и Москва: Новый хронограф, 2008

　　Яковлев А. Н. (*пред.*), 1941 год, Кн. 2, Москва: МФД, 1998

　　"Cultural Relations: U. S. -U. S. S. R. ", *The Department of State Bulletin*, Vol. 20, №509, April 3, 1949, pp. 403-417

Burdett, A. L. P. (ed.), *Iran Political Developments* (*1941-1946*): *British Documentary Sources, Iran under Allied Occupation, Vol. 9, 1945, part 1*, London: Archive Editions Limited, 2008

Burdett, A. L. P. (ed.), *Iran Political Developments* (*1941-1946*): *British Documentary Sources, Iran under Allied Occupation, Vol. 13, 1946, part 2* & *3*, London: Archive Editions Limited, 2008

Carlyle, Margaret (ed.), *Documents on International Affairs 1947-1948*, London: Oxford University Press, 1952

Degras,Jane (ed.) , *The Communist International, 1919-1943, Documents Vol. 1, 1919-1922*, London: Oxford University Press, 1956

Department of Public Information United Nations, *Yearbook of the United Nations 1946-47*, New York, 1947

Department of State, *Proceedings and Documents of the United Nations Monetary and Financial Conference, Bretton Woods, New Hampshire, July 1-22, 1944, Vol. II*, Washington, D. C.: United States Government Printing Office, 1948

Department of State, *Proceedings and Documents of the United Nations Monetary and Financial Conference, Bretton Woods, New Hampshire, July 1-22, 1944, Vol. I*, Washington, D. C.: United States Government Printing Office, 1948

Etzold, Thomas H., and John L. Gaddis (eds.), *Containment: Documents on American Foreign Policy and Strategy, 1945-1950*, New York: Columbia University Press, 1978

Foreign Economic Section, Office of Foreign Liquidation of the Department of State, "Report on War Aid Furnished by the United States to the USSR, June 22, 1941-September 20, 1945" , November 28, 1945

FRUS (*Foreign Relations of the United States*), 1933, Vol. 2, The British Commonwealth, Europe, Near East and Africa, Washington, D. C.: GPO, 1949

FRUS, 1941, Vol. 1, General, The Soviet Union, Washington, D. C.: GPO, 1958

FRUS, 1942, Vol. 1, General, The British Commonwealth, The Far East, Washington, D. C.: GPO, 1960

FRUS, 1942, Vol. 3, Europe, Washington, D. C.: GPO, 1961

FRUS, 1943, Vol. 1, General, Washington, D. C.: GPO, 1963, p. 1054.

FRUS, 1943, Vol. 3, The British Commonwealth, Eastern Europe, The Far East, Washington, D. C.: GPO, 1963

FRUS, 1943, Vol. 4, The Near East and Africa, Washington, D. C.: GPO, 1964

FRUS, 1944, Vol. 1, General, Washington, D. C.: GPO, 1966.

FRUS, 1944, Vol. 2, General, Economic and Social Matters, Washington, D. C.: GPO, 1967

FRUS, 1944, Vol. 4, Europe, Washington, D. C.: GPO, 1966

FRUS, 1944, Vol. 5, The Near East, South Asia, Africa, The Far East, Washington, D. C.: GPO, 1965

FRUS, 1945, Vol. 2, General, Political and Economic Matters, Washington, D. C.: GPO, 1967

FRUS, 1945, Vol. 3, The European Advisory Commission, Austria, Germany, Washington, D. C.: GPO, 1968

FRUS, 1945, Vol. 4, Europe, Washington, D. C.: GPO, 1968

FRUS, 1945, Vol. 5, Europe, Washington, D. C.: GPO, 1967

FRUS, 1945, Vol. 8, The Near East and Africa, Washington, D. C.: GPO, 1969

FRUS, 1946, Vol. 6, Eastern Europe; The Soviet Union, Washington, D. C.: GPO, 1969

FRUS, 1946, Vol. 1, General; The United Nations, Washington, D. C.: GPO, 1972

FRUS, 1946, Vol. 2, Council of Foreign Ministers, Washington, D. C.: GPO, 1970

FRUS, 1946, Vol. 5, The British Commonwealth; Western and Central Europe, Washington, D. C.: GPO, 1969

FRUS, 1946, Vol. 6, Eastern Europe; The Soviet Union, Washington, D. C.: GPO, 1969

FRUS, 1946, Vol. 7, The Near East and Africa, Washington, D. C.: GPO, 1969

FRUS, 1947, Vol. 1, General; The United Nations, Washington, D. C.: GPO, 1973

FRUS, 1947, Vol. 2, Council of Foreign Ministers; Germany and Austria, Washington, D. C.: GPO, 1972

FRUS, 1947, Vol. 3, The British Commonwealth; Europe, Washington, D. C.:

GPO, 1972

    FRUS, 1947, Vol. 4, Eastern Europe; The Soviet Union, Washington, D. C.: GPO, 1972

    FRUS, 1947, Vol. 5, The Near East and Africa, Washington, D. C.: GPO, 1972.

    FRUS, 1948, Vol. 1, General; United Nations, Part 1, Washington, D. C.: GPO, 1975

    FRUS, 1948, Vol. 1, General; United Nations, Part 2, Washington, D. C.: GPO, 1976

    FRUS, The Conference at Quebec, 1944, Washington, D. C.: GPO, 1972

    FRUS, The Conference of Berlin (the Potsdam Conference), Vol. I, 1945, Washington, D. C.: GPO, 1960

    FRUS, The Conferences at Cairo and Tehran, 1943, Washington, D. C.: GPO, 1961

    FRUS, The Conferences at Malta and Yalta, 1945, Washington, D. C.: GPO, 1955

    FRUS, The Soviet Union 1933-1939, Washington, D. C.: GPO, 1952

    Goodrich, Leland M., and Marie J. Carroll (eds.), *Documents on American Foreign Relations*, Vol. V, July 1942-June 1943, Boston: World Peace Foundation, 1943

    Goodrich, Leland M., and Marie J. Carroll (eds.), *Documents on American Foreign Relations*, Vol. VI, July 1943-June 1944, Boston: World Peace Foundation, 1945

    Goodrich, Leland M., and Marie J. Carroll (eds.), *Documents on American Foreign Relations*, Vol. VII, July 1944-June 1945, Princeton: Princeton University Press, 1947

    Goodrich, Leland M., S. Shepard and Denys P. Myers (eds.), *Documents on American Foreign Relations*, Vol. IV, July 1941-June 1942, Boston: World Peace Foundation, 1942

    Horsefield, J. Keith (ed), *The International Monetary Fund, 1945-1965: Twenty Years of International Monetary Cooperation, Vol. 3: Documents*, Washington, D. C.: International Monetary Fund, 1969

Jones, S. Shepard, and Denys P. Myers (eds.), *Documents on American Foreign Relations, Vol. III, July 1940-June 1941*, Boston: World Peace Foundation, 1941

Kesaris, Paul (ed.), *Confidential U. S. State Department Central Files The Soviet Union Internal Affairs 1945-1949, Microfilm*, Maryland: University Publications of America, 1985

Kesaris, Paul (ed.), *Confidential U. S. State Department Central Files The Soviet Union Foreign Affairs 1945-1949, Microfilm*, Maryland: University Publications of America, 1985

Merrill, Dennis (ed.), *Documentary History of the Truman Presidency, Vol. 3, United States Policy in Occupied Germany after World War* II : *Denazification, Decartelization, Demilitarization, and Democratization*, University Publications of America, 1995

Merrill, Dennis (ed.), *Documentary History of the Truman Presidency, Vol. 8, The Truman Doctrine and the Beginning of the Cold War, 1947-1949*, University Publications of America, 1996

Merrill, Dennis (ed.), *Documentary History of the Truman Presidency, Vol. 13, Establishing the Marshall Plan, 1947-1948*, University Publications of America, 1996

Military Government Gazette Germany: British Zone of Control, https: // www. lwl. org/westfaelische-geschichte/que/normal/que1167

Molotov, V. M., *For A Democratic Peace with Germany, November 25-December 15, 1947*, London: "Soviet News" , 1948

Normal-Trade-Relations (Most-Favored-Nation) Policy of the United States, Congressional Research Service Report for Congress, Order Code RL31558, December 15, 2005, www. everycrsreport. com/reports/RL31558. html

Preston, Paul, and Michael Partridge (ed.), *British Documents on Foreign Affairs*: *Reports and Papers from the Foreign Office Confidential Print, Part* IV , *Series A, Volume 1*, University Publications of America, 1999

Procacci, Giuliano (ed.), *The Cominform*: *Minutes of the Three Conferences*

1947/1948/1949, Milano: Fondazone Giangiacomo Feltrinelli, 1994

Reynolds, David, and Vladimir Pechatnov (eds.), *The Kremlin Letters*: *Stalin's Wartime Correspondence with Churchill and Roosevelt*, New Haven and London: Yale University Press, 2018

Rosenman, Samuel I., *The Public Papers and Addresses of Franklin D. Roosvelt, 1943 Volume, The Tide Turns*, New York: Harper & Brothers Publishers, 1950

Rosenman, Samuel I., *The Public Papers and Addresses of Franklin D. Roosvelt, 1944-45 Volume, Victory and the Threshold of Peace*, New York: Harper & Brothers Publishers, 1950

Rosenman, Samuel I., *The Public Papers and Addresses of Franklin D. Roosvelt, 1939 Volume, War-and Neutrality*, New York: The Macmillan Company, 1941

The Department of State Bulletin, Vol. 14, №350, March 17, 1946

The Trade Statistics Branch of the United Nations Statistics Division (UNSD), *International trade statistics 1900-1960*, May 1962, MGT (62) 12, http://unstats. un. org/unsd/trade/imts/historical_data. htm

United Nations, *Report of The Security Council to The General Assembly, Covering the period from 17 January to 15 July 1946, General Assembly Official Records: Second Session Supplement №1*, New York, 1946

United Nations, *United Nations Security Council Official Records, First Year, First Series, №1, From the first Meeting (17 January, 1946) to the twenty-third meeting (16 February, 1946)*, London: Church House, Westminster, 1946

United Nations, *United Nations Security Council Official Records, First Year, First Series, Supplement №1*, London: Church House, Westminster, 1946

United Nations, *United Nations Security Council Official Records, First Year, First Series, №2, From the twenty-fourth meeting (25 March 1946) to the forty-ninth meeting (26 June 1946)*, New York: Hunter College, 1946

United Nations, *United Nations Security Council Official Records, First Year, First Series, Supplement №2*, New York: Hunter College, The Bronx, 1946

沈志華（執行）總主編：《蘇聯歷史檔案選編》第 13、17、18 卷，北京：社會科學文獻出版社，2002 年

沈志華主編：《冷戰與社會制度轉型 —— 東歐各國冷戰時期檔案文獻編目》（9 卷本），北京：社會科學文獻出版社，2019 年

世界知識出版社編：《國際條約集（1917 — 1923）》，北京：世界知識出版社，1961 年

世界知識出版社編：《國際條約集（1934 — 1944）》，北京：世界知識出版社，1961 年

世界知識出版社編：《國際條約集（1945 — 1947）》，北京：世界知識出版社，1959 年

中共中央馬恩列斯著作編譯局：《列寧全集》第 36、41、43 卷，北京：人民出版社，1985、1986、1987 年

中共中央馬恩列斯著作編譯局：《馬克思恩格斯全集》第 3、4、19 卷，北京：人民出版社，1956、1958、1963 年

中共中央馬恩列斯著作編譯局：《斯大林全集》第 5、8、10 冊，北京：人民出版社，1953、1954 年

中共中央馬恩列斯著作編譯局：《斯大林文集（1934 — 1952 年）》，北京：人民出版社，1985 年

著作

Адибеков Г. М. Коминформ и послевоенная Европа, 1947-1956гг., Москва: Россия молодая, 1994

Белецкий В. Н. За столом переговоров. Обсуждение германских дел на послевоенных международных совещаниях и встречах, Москва: Полиеиздат, 1979

Белоусов Р. А. Экономическая история России XX век., Книга 4: Экономика России в условиях горячей и холодной войн, Москва: Изд. АТ, 2004

Болдырев Р. Ю. Советская оккупационная политика в Германии, 1945-1949, Экономический аспект, Saarbrucken: LAP LAMBERT Academic Publishing, 2011

Бонвеч Б., Бордюгов Г., Неймарк Н. СВАГ Управление пропаганды (информации) и С. И. Тюльпанов (1945-1949), Москва: Россия молодая, 1994

Бордюгов Г., Матвеев Г., Косеский А., Пачковский А. СССР-Польша: Механизмы подчинения, 1944-1949гг., Москва: АИРО-XX, 1995

Бутенина Н. Ленд-лиз: Сделка века, Москва: ГУ ВШЭ, 2004

Быстрова И. В. Ленд-лиз для СССР: экономика, техника, люди (1941-1945), Москва: Кучково поле, 2019

Быстрова Н. Е. СССР и формирование военно-блокового противостояния в Европе (1945-1955 гг.), Москва: ИРИ РАН, 2005

Варга Е. Изменения в экономике капитализма в итоге второй мировой войны, Москва: ОГИЗ, 1946

Волокитина Т. В., Мурашко Г. П., Носкова А. Ф , Покивайлова Т. А. Москва и Восточная Европа, Становление политических режимов советского типа (1949-1953): Очерки истории, Москва: РОССПЭН, 2002

Гайдук И. В. В лабиринтах холодной войны: СССР и США в ООН, 1945-1965 гг., Москва: ИВИ РАН, 2012

Гайдук И. В., Егорова Н. И., Чубарьян А. О. Сталинское десятилетие холодной войны: факты и гипотезы, Москва: Наука, 1999

Гасанлы Дж. П. Советская политика по расширению южных границ: Сталин и азербайджанская карта в борьбе за нефть (1939-1945), Москва: Политическая энциклопедия, 2017

Гасанлы Дж. П. СССР-Иран: Азербайджанский кризис и начало холодной войны (1941-1946 гг.), Москва: Герои Отечества, 2006

Гасанлы Дж. П. СССР-Турция: От нейтралитета к холодной войне, 1939-1953, Москва: Центр Пропаганды, 2008

Гибианский Л. Я. (Отв. ред.) У истоков "социалистического содружества" : СССР и восточноевропейские страны в 1944-1949 гг., Москва: Наука, 1995

Громов Е. Сталин: власть и искусство, Москва: Республика, 1998

Данилов А. А., Пыжиков А. В. Рождение сверхдержавы: СССР в первые послевоенные годы, Москва: РОССПЭН, 2001

Джонс Р. Х. Ленд-лиз. Дороги в Россию, Военные поставки США для СССР во Второй мировой войне, Москва: Центрполиграф, 2015

Егорова Н. И., Чубарьян А. О. (отв. ред.) Холодная война, 1945-1963, историчекая ретроспектива, сборник статей, Москва: Олма-пресс, 2003

Жуков Ю. Н. Тайны Кремля: Сталин, Молотов, Берия, Маленков, Москва: ТЕРРА- Книжный клуб, 2000

Загадки ленд-лиза: Стеттиниус Э. Ленд-лиза — оружие победа, Москва: Вече, 2000

Институт Всеобщей Истории РАН Холодная война: новые подходы и новые документы, Москва: ИВИ РАН, 1995

Институт Всеобщей Истории РАН Холодная война: новые подходы и новые документы, Москва: ИВИ РАН, 1995

Институт Всеобщей Истории РАН (ред.) Сталин и холодная война, Москва: ИВИ РАН, 1998

Калинин А. А. На переднем рубеже холодной войны: США, СССР и гражданская война в Греции (1944-1949 гг.), Киров: Вятский государственный университет, 2018

Катасонов В. Ю. Бреттон-Вудс: ключевое событие новейшей финансовой истории, Москва:《Кислород》, 2014

Кен О., Рупасов А., Самуэльсон Л. Швеция в политике Москвы, 1930-1950-е годы, Москва: РОССПЭН, 2005

Кнышевский П. Н. Добыча: Тайны германских репараций, Москва: Соратник, 1994

Куманев Г. А. и др Великая Отечественная война 1941-1945 годов, Т. 7: Экономика и оружие войны, Москва: Кучково поле, 2013

Лебедев С. Н. (гла. ред.) Очерки истории российской внешний разведки, Т. 5, 1945-1965 годы, Москва: Международные отношения, 2003

Лельчук В. С. (отв. ред.) Послевоенная конверсия, К истории《холодной войны》, Сборник документов, Москва: ИРИ РАН, 1998

Липкин М. А. Совет Экономической Взаимопомощи: исторический опыт альтернативного глобального мироустройства (1949-1979), Москва: Издательство《Весь Мир》, 2019

Липкин М. А. Советский союз и интеграционные процессы в Европе: середина 1940-х-конец 1960-х годов, Москва: Университет Дмитрия Пожарского, 2016

Лукьянов П. Г. История Совета экономической Взаимопомощи, Могилев: МГУ, 2004

Марьина В. В. (отв. ред.) Тоталитаризм: Исторический опыт Восточной Европы, "Демократическое интермеццо" с коммунистическим финалом, 1944-1948, Москва: Наука, 2002

Минкова К. В. Международная торговля: теория и история. Учебное пособие, С.-Петербург: СКИФИЯ принт, 2016

Наринский М. М. и др Великая Отечественная война 1941-1945 годов, Т. 8: Внешняя политика и дипломатия Советского Союза в годы войны, Москва: Кучково поле, 2014

Нежинкий Л. Н., Игнатьев А. В. (отв. ред.) Россия и Черноморские проливы (XIX-XX столетия), Москва: Международные отношения, 1999

Нежинский Л. Н. У истоков социалистического содружества: СССР и страны Центральной и Юго-Восточной Европы во второй половине 40-х годов XX столетия, Москва: Международные отношения, 1987

Нежинский Л. Н. (отв. ред.) Советская внешняя политика в годы "холодной войны" (1945-1985): новое прочтение, Москва: Международные отношения, 1995

Никифоров К. В. (отв ред) Славянство, растворенное в крови ⋯ В честь 80-летия со дня рождения Владимира Константиновича Волкова (1930-2005), Сборник статей, Москва: Институт славяноведения РАН, 2010

Никонов В. А. Молотов: наше дело правое, К. II, Москва: Молодая гвардия, 2016

Павлов М. Ю. Анастас Микоян: политический портет на фоне советской эпохи, Москва: Международные отношения, 2010

Паперно А. Х. Ленд-лиз. Тихий океан, Москва: ТЕРРА-Книжный клуб, 1998

Паперно А. Х. Ленд-лиз: Тихий океан, Москва: ТЕРРА-Книжный клуб, 1998

Петров Н. В. По сценарию Сталина: Роль органов НКВД-МГБ СССР в советизации стран Центральной и Восточной Европы 1945-1953 гг., Москва: РОССПЭН, 2011

Печатнов В. О. От союза к холодной войне: Советско-американские отношения в 1945-1947 гг., Москва: МИДРФ, 2006

Платонов О. Тайная история России, ХХ век, Эпоха Сталина, Москва: Московитянин, 1996

Поп И. И. Чехословакия-Советский Союз, 1941-1947 гг, Москва: Наука, 1990

Попов В. П. Экономическая политика советского государства, 1946-1953гг., Москва- Тамбов: ТГТУ, 2000

Постников В. Т. (*отв.*) Основные документы Совета Экономической Взаимопомощи, Том 1, Москва, 1976

Постников С. П. (*сост.*) Духовность и нравственность на Урале в прошлом и настоящем: тезисы докладов и сообщений, Екатеринбург: ИИиА УрО РАН, 2004

Ржешевский О. А. Вторая мировая война: Актуальные проблемы, Москва: Наука, 1995

Ржешевский О. А. Сталин и Черчилль: Встречи, Беседы, Дискуссии (1941-1945), Москва: Наука, 2004

Родович Ю. В. Германская проблема в 1945-1955 гг. и позиция СССР: концепция и историчекская практика, Тула: Гриф и Ко., 2001

Рыжков Н. И. Великая Отечественная: ленд-лиз, Москва: Экономическая газета, 2012

Севостьянов Г. Н. (*отв ред*), Февраль 1948, Москва и Прага, взгляд через полвека, Москва: Интитут славяноведния и балканистики РАН, 1998

Севостьянов Г. Н. (под. ред.) Советско-американские отношения, 1939-1945, Москва: МФД, 2004

Севостьянов Г. Н. (под. ред.) Советско-американские отношения, 1945-1948, Москва: МФД, 2004

Семиряга М. И. Как мы управляли Германией, Политика и жизнь, Москва: РОССПЭН, 1995

Сквозников А. Н. (отв. ред.) Внешнеполитические интересы России: история и современность, Сборник материалов IV Всероссийской научной конференции, Самара: Самар. гуманит. акад., 2017

Снитил З., Цезар Я. Чеховловацкая революция, 1944-1948 гг. Первод с чешского, Москва: Наука, 1986

Соколов Б. В. Тайны второй мировой, Москва: Вече, 2001

Судоплатов П. А. Разведка и Кремль: Записки нежелательного свидетеля, Москва: Гея, 1996

Супрун М. Н. Ленд-лиз и северные конвои, 1941-1945, Москва: Андреевский Флаг, 1996

Суринов А. Е., Оксеноит Г. К. (пред.) Великая Отечественная война. Юбилейный статистический сборник: Стат. сб. / Росстат, Москва: Федеральная служба государственной статистики, 2015

Тихвинский С. Л. (отв. ред.) Восток-Россия-Запад, Исторические и культурологические исследования, Москва: Памятники исторической мысли, 2001

Филитов А. М. Германский вопрос: от раскола к объединению, Москва: Международные отношения, 1993

Фойтцик Я. и др. (отв. ред.) Советская военная администрация в Германии, 1945-1949. Справочник. Москва: РОССПЭН, 2009

Юмашев М. И. Сборник законов СССР и указов президиума Верховного Совета СССР 1938-1956, Москва: Государственное издательство юридической литературы, 1956

Юнгблюд В. Т. (отв. ред.) Встречными курсами: политика СССР и

США на Балканах, Ближнем и Среднем Востоке в 1939-1947 гг., Киров: Вятского государственного гуманитарного университета, 2014

Abrahamian, Ervand, *Iran between Two Revolutions*, Princeton: Princeton University Press, 1982

Alexander, Yonah, and Allan Nanes (eds.), *The United States and Iran, A Documentary History*, Maryland: University Publications of America, Inc., 1971

Armstrong, Philip, Andrew Glyn, John Harrison, *Capitalism since World War II: The Making and Breakup of the Great Boom*, London: Fontana Paperbacks, 1984

Azimi, Fakhreddin, *Iran: The Crisis of Democracy. From the Exile of Reza Shah to the Fall of Musaddiq*, London and New York: I. B. Tauris & Co Ltd, 2009

Babichenko, Denis L., *The Debit and Credit of War, or How Stalin made a Trillion Dollars. The Unknown Economic History of the USSR before, during, and after World War II (1940-1953)*, Translated by Vladimir Aleinikov, Moscow, 2020

Báger, Gusztáv, and Miklós Szabó-Pelsóczi (ed), *Global Monetary and Economic Convergence: On the Occasion of the Fiftieth Anniversary of the Marshall Plan*, London: Ashgate, 1999

Balfour, Michael, and John Mair, *Four Power Control in Germany and Austria (1945-1946)*, London: Oxford University Press, 1956

Behrman, Greg, *The Most Noble Adventure: The Marshall Plan and the Time When America Helped Save Europe*, New York: Free Press, 2007

Bennis, Phyllis, *Calling the Shots: How Washington Dominates Today's UN*, New York: Olive Branch Press, 2000

Benson, Robert Louis, and Michael Warner (eds.), *Venona: Soviet Espionage and the American Response 1939-1957*, Washington, D. C.: National Security Agency and Central Intelligence Agency, 1996

Blake, Kristen, *The U. S. -Soviet Confrontation in Iran, 1945-1962: A Case in the Annals of the Cold War*, Lanham, Maryland: University Press of America, 2009

Blum, John Morton (ed.), *From the Morgenthau Diaries, Vol. 3: Years of War, 1941-1945*, Boston: Houghton Mifflin, 1967

Brabant, J. M., *The Planned Economies and International Economic Organizations*, Cambridge: Cambridge University Press, 1991

Bullock, Alan, *Ernest Bevin: Foreign Secretary 1945-1951*, New York, London: W. W. Norton & Company, 1983

Calvocoressi, Peter, *Survey of International Affairs, 1947-1948*, London: Oxford University Press, 1952

Cantril, Hadley, and Mildred Strunk (eds.), *Public Opinion, 1935-1946*, Princeton: Princeton University Press, 1951

Charmley, John, *Churchill's Grand Alliance: The Anglo-American Special Relationship, 1940-1957*, London: Hodder & Stoughton, 1995

Ciechanowski, Jan. M., *The Warsaw Rising of 1944*, Cambridge: Cambridge University Press, 2002

Clay, Lucius D., *Decision in Germany*, New York: Doubleday & Company, Inc., 1950

Cohen, Warren I., *The Cambridge History of American Foreign Relations, Volume IV, America in the Age of Soviet Power, 1945-1991*, Cambridge: Cambridge University Press, 1993

Conway, Ed, *The Summit, Bretton Woods, 1944: J. M. Keynes and the Reshaping of the Global Economy*, New York: Pegasus Books LLC, 2014

Costigliola, Frank, *Roosevelt's Lost Alliances: How Personal Politics Helped Start the Cold War*, Princeton: Princeton University Press, 2012

Craig, Bruce, *Treasonable Doubt: The Harry Dexter White Case, 1948-1953*, Lawrence: University Press of Kansas, 2004

Cray, Ed, *General of the Army: George C. Marshall, Soldier and Statesman*, New York: W. W. Norton & Company, 1990

Crockatt, Richard, *The Fifty Years War: The United States and the Soviet Union in World Politics, 1941-1991*, London and New York: Routledge, 1995

Dallek, Robert, *Franklin D. Roosevelt and American Foreign Policy 1932-1945*, New York: Oxford University Press, 1995

Dawson, Raymond H., *The Decision to Aid Russia, 1941: Foreign Policy and Domestic Politics*, Chapel Hill: University of North Carolina Press, 1959

Deane, John R., *The Strange Alliance: The Story of Our Efforts at Wartime Cooperation with Russia*, New York: The Viking Press, 1947

Dedijer, Vladimir, *Tito*, New York: Simon and Schuster, 1953

Deighton, Anne, *The Impossible Peace: Britain, the Division of Germany and the Origins of the Cold War*, Oxford: Clarendon Press, 1990

Dennett, Raymond, and Joseph E. Johnson（eds.）, *Negotiating with the Russians*, Boston: World Peace Foundation, 1951

Djilas, Milovan, *Rise and Fall*, London: Macmillan, 1985

Dobson, Alan P., *US Economic Statecraft for Survival, 1933-1991: Of Sanctions, Embargoes and Economic Warfare*, London: Routledge, 2002

Dormael, Armand Van, *Bretton Woods: Birth of a Monetary System*, New York: Holmes & Meier, 1978

Dunn, Dennis J., *Caught between Roosevelt & Stalin: America's Ambassadors to Moscow*, Kentucky: The University Press of Kentucky, 1998

Eckes, Alfred E., *A Search for Solvency: Bretton Woods and the International Monetary System, 1941-1971*, Austin: University of Texas Press, 1975

Eisenberg, Caroline, *Drawing the Line: The American Decision to Divide Germany, 1944-1949*, New York: Cambridge University Press, 1996

Elwell-Sutton, L. P., *Persian Oil: A Study in Power Politics*, London: Lawrence and Wishart Ltd, 1955

Fatemi, Faramarz S., *The U. S. S. R. in Iran: The Background History of Russian and Anglo-American Conflict in Iran, Its Effects on Iranian Nationalism, and the Fall of the Shah*, South Brunswick and New York: A. S. Barens and Company, 1980

Fawcett, Louise L'Estrange, *Iran and the Cold War: The Azerbaijan Crisis of 1946*, New York: Cambridge University Press, 1992

Feis, Herbert, *Churchill-Roosevelt-Stalin: The War They Waged and the Peace They Sought*, Princeton: Princeton University Press, 1967

Ferrell, Robert H., *George C. Marshall*, New York: Cooper Square

Publishers, Inc., 1966

Fisch, Jörg, *Reparationen nach dem Zweiten Weltkrieg*, Munnich: Verlag C. H. Beck, 1992

Funigiello, Philip J., *American-Soviet Trade in the Cold War*, Chapel Hill and London: The University of North Carolina Press, 1988

Gaddis, John Lewis, *George F. Kennan: An American Life*, New York: The Penguin Press, 2011

Gaddis, John Lewis, *Russia, the Soviet Union and the United State: An Interpretive History*, 2nd edition, New York: McGraw-Hill, 1990

Gaddis, John Lewis, *Strategies of Containmen: A Critical Appraisal of Postwar American National Security Policy*, New York: Oxford University Press, 1982

Gaddis, John Lewis, *The Long Peace: Inquiries into the History of the Cold War*, New York: Oxford University Press, 1987

Gaddis, John Lewis, *The United States and the Origins of the Cold War 1941-1947*, New York: Columbia University Press, 1972

Gaddis, John Lewis, *We Now Know: Rethinking Cold War History*, New York: Oxford University Press Inc., 1997

Gilbert, Martin, *Winston S. Churchill, Vol. VIII: Never Despair, 1945-1965*, London: William Heinemann Ltd., 1988

Gilman, Martin G., *No Precedent, No Plan: Inside Russia's 1998 Default*, London: The MIT Press, 2010

Gimbel, John, *Science, Technology, and Reparations: Exploitation and Plunder in Postwar Germany*, Stanford: Stanford University Press, 1990

Gimbel, John, *The American Occupation of Germany: Politics and the Military, 1945-1949*, Stanford: Stanford University Press, 1968

Gimbel, John, *The Origins of the Marshall Plan*, Stanford: Stanford University Press, 1976

Glantz, Mary E., *FDR and the Soviet Union: The President's Battles over Foreign Policy*, Lawrence: The University Press of Kansas, 2005

Gori, Francesca and Silvio Pons (eds.), *The Soviet Union and Europe in the*

Cold War, 1943-53, New York: St. Martin's Press, Inc, 1996

　　Gorodetsky, Gabriel（ed.）, *Soviet Foreign Policy, 1917-1991: A Retrospective*, New York: Frank Cass and Co. Ltd., 1994

　　Hahn, Werner G., *Postwar Soviet Politics: The Fall of Zhdanov and the Defeat of Moderation, 1946-53*, Ithaca and London: Cornell University Press, 1982

　　Hanhimäki, Jussi M., and Odd Arne Westad, *The Cold War, A History in Documents and Eyewitness Accounts*, New York: Oxford University Press, 2003

　　Harbutt, Fraser J., *The Iron Curtain: Churchill, America, and the Origins of the Cold War*, New York and Oxford: Oxford University Press, 1986

　　Harrison, Mark（ed.）, *The Economics of World War II: Six Great Powers in International Comparison*, Cambridge: Cambridge University Press, 1998

　　Harrison, Mark, *Accounting for War: Soviet Production, Employment and the Defence Burden, 1940-1945*, Cambridge: Cambridge University Press, 1996

　　Hasanli, Jamil, *At the Dawn of the Cold War: The Soviet-American Crisis over Iranian Azerbaijan, 1941-46*, Lanham: Rowman & Littlefield Publishers, Inc., 2006

　　Haus, Leah A., *Globalizing the CATT: the Soviet Union's Successor States, Eastern Europe, and the International Trading System*, Washington, D. C.: The Brookings Institution, 1992

　　Haynes, John Earl, and Harvey Klehr, *Venona: Decoding Soviet Espionage in America*, New Haven and London: Yale University Press, 1999

　　Haynes, John Earl, Harvey Klehr, and Alexander Vassiliev, *Spies: The Rise and Fall of the KGB in America*, New Haven and London: Yale University Press, 2009

　　Helleiner, Eric, *Forgotten Foundations of Bretton Woods: International Development and the Making of the Postwar Order*, Ithaca and London: Cornell University Press, 2014

　　Hennessy, Peter, *Never Again: Britain, 1945-1951*, London: Vintage, 1993

　　Herring, George, *Aid to Russia, 1941-1946: Strategy, Diplomacy, and the Origins of the Cold War*, New York: Columbia University Press, 1973

Holsti, Ole R. (Rev. ed.), *Public Opinion and American Foreign Policy*, Ann Arbor: The University of Michigan Press, 2004

Horsefield, J. Keith (ed), *The International Monetary Fund, 1945-1965: Twenty Years of International Monetary Cooperation, Vol. 1: Chronicle*, Washington, D. C.: International Monetary Fund, 1969

Howson, Susan, and Donald Moggridge (eds.), *The Wartime Diaries of Lionel Robbins and James Meade, 1943-45*, New York: St. Martin's Press, 1990

Hudson, Michael, *Super Imperialism: New Edition The Origin and Fundamentals of U. S. World Dominance*, London and Sterling: Plito Press, 2003

Hudson, Michael, *Super Imperialism: The Origin and Fundamentals of U. S. World Dominance*, Second Edition, London · Sterling · Virginia: Pluto Press, 2003

Hunt, Michael H., *The American Ascendancy: How the United States Gained and Wielded Global Dominance*, Chapel Hill: The University of North Carolina Press, 2007

Hunter, Holland, and Janusz M. Szyrmer, *Faulty Foundations: Soviet Economic Policies, 1928-1940*, Princeton: Princeton University Press, 1992

Ikenberry, G. John, *After Victory: Institutions, Strategic Restraint, and the Rebuilding of Order after Major Wars*, New Edition, Princeton University Press, 2001

Isaacson, Walter, and Evan Thomas, *The Wise Men: Six Friends and the World They Made*, New York: Simon & Schuster, 1986

Jackson, John H., *The World Trading System: Law and Policy of International Economic*, London: The MIT Press, 1989

James, Harold, *International Monetary Cooperation since Bretton Woods*, New York: Oxford University Press, 1996

Jones, Joseph M., *The Fifteen Weeks (February 21-June 5, 1947): An Inside Account of the Genesis of the Marshall Plan*, Arcole Publishing, 2018, www. pp-publishiing. com

Jones, Robert Huhn, *The Roads to Russia: United States Lend-Lease to the Soviet Union*, Norman: Oklahoma University Press, 1969

Judt, Tony, *Postwar: A History of Europe Since 1945*, New York: The

Penguin Press, 2005

Kimball, Warren F. (ed.), *Churchill and Roosevelt: The Complete Correspondence, Vol. I, Alliance Emerging, October 1933-November 1942*, London: Collins, 1984

Kimball, Warren F., *The Juggler: Franklin Roosevelt as Wartime Statesman*, Princeton: Princeton University Press, 1991

Kimball, Warren F., *The Most Unsordid Act: Lend-Lease 1939-1941*, Baltimore: John Hopkins University Press, 1969

Kirk, George, *Survey of International Affairs (1939-1946): The Middle East, 1945-1950*, London: Oxford University Press, 1954

Kolko, Joyce and Gabriel Kolko, *The Limits of Power: The World and US Foreign Policy, 1945-1954*, New York: Harper and Row, 1972

Kostecki, M. M., *East-West Trade and the Gatt System*, New York: St. Martin's Press, Inc., 1979

Kuklick, Bruce, *American Policy and the Division of Germany: the Clash with Russia over Reparations*, Ithaca: Cornell University Press, 1972

Kuniholm, Bruce R., *The Origins of the Cold War in the Near East: Great Power Conflict and Diplomacy in Iran, Turkey, and Greece*, Princeton: Princeton University Press, 1980

LaFeber, Walter (ed.), *The Dynamics of World Power: A Documentary History of United States Foreign Policy, 1945-1973, Vol. 2, Eastern Europe and the Soviet Union*, New York: Chelsea House Publishers, 1973

LaFeber, Walter, *America, Russia, and the Cold War, 1945-2006*, Tenth Edition, Boston: Mc Graw Hill, 2010

Layne, Christopher, *The Peace of Illusion: American Grand Strategy from 1940 to the Present*, Ithaca and London: Cornell University Press, 2006

Leffler, Melvyn P., *A Preponderance of Power: National Security, the Truman Administration and the Cold War*, Stanford: Stanford University Press, 1992

Leffler, Melvyn P., and David S. Painter (eds.), *Origins of the Cold War: an International History*, London and New York: Routledge, 2005

Leffler, Melvyn P., and Odd Arne Westad (eds.), *The Cambridge History of the Cold War, Vol. I, Origins*, New York: Cambridge University Press, 2010

Leighton, Richard M., and Robert W. Coakley, *Global Logistics, 1940-1943*, Washington, DC: Office of the Chief of Military History, Department of the Army, 1955

Lenczowski, George, *Russia and the West in Iran, 1918-1948: A Study of Big Power Rivalry*, Ithaca, New York: Cornell University Press, 1949

Levering, Ralph B., et al (eds.), *Debating the Origins of the Cold War: American and Russian Perspectives*, New York: Rowman & Littlefield, 2002

Lewkowicz, Nicolas, *The United States, the Soviet Union and the Geopolitical Implications of the Origins of the Cold War*, London and New York: Anthem Press, 2018

Lippmann, Walter, *The Cold War: A Study in U. S. Foreign Policy*, New York and London: Harper & Brothers Publishers, 1947

Louis, Wm. Roger, *The British Empire in the Middle East, 1945-1951: Arab Nationalism, The United States, and Post-war Imperialism*, Oxford: Clarendon Press, 1984

Luard, Evan, *A History of the United Nations, Vol. 1: The Years of Western Domination, 1945-1955*, London: The MacMillan Press Ltd, 1982

Lukas, Richard C., *Eagles East: The Army Air Force and the Soviet Union, 1941-1943*, Tallahassee: Florida State University Press, 1970

Lundestad, Geir, *American "Empire" and Other Studies of U. S. Foreign Policy in Comparative Perspective*, Oxford: Oxford University Press, Norwegian University Press, 1990

Lytle, Mark H., *The Origins of the Iranian-American Alliance 1941-53*, New York: Holmes & Meier Publisher, Inc., 1987

Maier, Charles S., and Günter Bischof (eds.), *The Marshall Plan and Germany: West German Development within the Framework of the European Recovery Program*, New York and Oxford: Berg Publishers Limited, 1991

Martel, Leon, *Lend-Lease, Loans, and the Coming of the Cold War: A Study of the Implementation of Foreign Policy*, Boulder: Westview Press, 1979

Matloff, Maurice, and Edwin M. Snell, *Strategic Planning for Coalition Warfare, 1941-1942*, Washington, DC: Office of the Chief of Military History, Department of the Army, 1953

Matloff, Maurice, *Strategic Planning for Coalition Warfare, 1943-1944: United States Army in World War II*, Washington, D. C.: Government Printing Office, 1959

McMeekin, Sean, *Stalin's War: A New History of World War II*, New York: Hachette Book Group, Inc., 2021

McNeill, William Hardy, *America, Britain & Russia: Their Co-operation and Conflict, 1941-1946*, London, New York, Toronto: Oxford University Press, 1953

Mee, Charles L., *The Marshall Plan: The Launching of the Pax Americana*, New Yark: Simon and Schuster, 1984

Millis, Walter (ed.), *The Forrestal Diaries*, New York: The Viking Press, 1951

Moskoff, William, *The Bread of Affliction: the Food Supply in the USSR During World War II*, Cambridge: Cambridge University Press, 2002

Naimark, Norman M., *Stalin and the Fate of Europe: The Postwar Struggle for Sovereignty*, Cambridge, Massachusetts: The Belknap Press of Harvard University Press, 2019

Naimark, Norman M., *The Russians in Germany: A History of the Soviet Zone of Occupation, 1945-1949*, Cambridge: Harvard University Press, 1995

Nau, Henry R., *The Myth of America's Decline: Leading the World Economy into the 1990s*, New York: Oxford University Press, 1990

Nutter, G. Warren, *The Growth of Industrial Production in the Soviet Union*, Princeton: Princeton University Press, 1962

Oliver, Robert, *International Economic Cooperation and the World Bank*, London: Macmillan, 1975

Ostermann, Christian F., *Between Containment and Rollback: The United States and the Cold War in Germany*, Stanford: Stanford University Press, 2021

Paterson, Thomas, *Soviet-American Confrontation: Postwar Reconstruction and the Origin of the Cold War*, Baltimore: John Hopkins University Press, 1973

Paul, Kannedy, *The Rise and Fall of the Great Powers: Economic Change and Military Conflict from 1500 to 2000*, New York: Random House, 1987

Plokhy, Serhii M., *Yalta: The Price of Peace*, New York: The Viking Penguin, 2010

Pollard, Robert A., *Economic Security and the Origins of the Cold War, 1945-1949*, New York: Columbia University Press, 1985

Powaski, Ronald E., *Toward an Entangling Alliance: American Isolationism, Internationalism, and Europe, 1901-1950*, New York: Greenwood, 1991

Ramazani, Rouhollah K., *Iran's Foreign Policy, 1941-1973: A Study of Foreign Policy in Modernizing Nations*, Charlottesville: The University Press of Virginia, 1975

Rees, David, *Harry Dexter White: A Study in Paradox*, New York: Coward, McCann & Geoghegan, 1973

Reynolds, David (ed.), *The Origins of the Cold War in Europe: International Perspectives*, New Haven, London: Yale University Press, 1994

Roberts, Geoffrey, *Molotov: Stalin's Cold Warrior*, Washington, D. C.: Potomac Books, Inc., 2012

Popper, Karl R., *The Open Society* and *Its Enemies*, New One-Volume Edition, Princeton and Oxford:Princeton University Press, 2013

Sherwood, Robert E., *Roosevelt and Hopkins: An Intimate History*, New York: Harper and Brothers, 1950

Skidelsky, Robert, *John Maynard Keynes, 1883-1946, Economist, Philosopher, Statesman*, New York: Penguin Books, 2003

Smith, Douglas, *The Russian Job: The Forgotten Story of How America Saved the Soviet Union from Ruin*, New York: Farrar, Straus and Giroux, 2020

Steil, Benn, *The Battle of Bretton Woods: John Maynard Keynes, Harry Dexter White, and the Making of a New World Order*, Princeton and Oxford:

Princeton University Press, 2013

Steil, Benn, *The Marshall Plan: Dawn of the Cold War*, New Yark: Simon & Schuster, 2018

Stettinius, E. R., Jr., *Lend-Lease: Weapon for Victory*, New York: Macmillan, Co., 1944

Stettinius, Edward Reilly, *The Diaries of Edward R. Stettinius, Jr., 1943—1946*, New York: New Viewpoints, 1975

Sutton, Antony C., *National Suicide: Military Aid to the Soviet Union*, New York: Arlington House, New Rochelle, 1973

Sutton, Antony C., *Western Technology and Soviet Economic Development, 1945-1965*, Stanford: Hoover Institution Press, 1973

Sutton, Antony C., *Western Technology and Soviet Economic Development, 1930-1945*, Stanford: Hoover Institution Press, 1971

Sutton, Antony C., *Western Technology and Soviet Economic Development, 1917-1930*, Stanford: Hoover Institution Press, 1968

Taubman, William, *Stalin's American Policy: From Entente to Détente to Cold War*, New York, London: W. W. Norton & Company, 1982

Tismaneanu, Vladimir (ed.), *Stalinism Revisited: The Establishment of Communist Regimes in East-Central Europe*, Budapest-New York: Central European University Press, 2009

Tuyll, H. Van, *Feeding the Bear: American Aid to the Soviet Union, 1941-1945*, New York: Greenwood Press, 1989

Wallerstein, Immanuel, The *Essential Wallerstein*, New York: The New Press, 2000

Weeks, Albert L., *Russia's Life-Saver: Lend-Lease Aid to the U. S. S. R. in World War II*, Lanham: Lexington Books, 2004

Weinstein, Allen, and Alexander Vassiliev, *The Haunted Wood: Soviet Espionage in America-The Stalin Era*, New York: Random House, 1999

Woods, Randall B., *A Changing of the Guard: Anglo-American Relations, 1941-1946*, Chapel Hill: University of North Carolina Press, 1990

Yergin, Daniel, *Shattered Peace*: *The Origins of the Cold War and the National Security State*, Boston: Houghton Mifflin, 1977

Yodfat, Aryeh Y., *The Soviet Union and Revolutionary Iran*, London and New York: Routledge, 2011（1984）

Zubok, Vladislav M., *A Failed Empire*: *The Soviet Union in the Cold War from Stalin to Gorbachev*, Chapel Hill: The University North Carolina Press, 2007

Zubok, Vladislav, and Constantine Pleshakov, *Inside the Kremlin's Cold War*: *From Stalin to Khrushchev*, Cambridge and Landon: Harvard University Press, 1996

阿布杜爾禮薩・胡尚格・馬赫德維：《伊朗外交四百五十年》，元文琪譯，北京：商務印書館，1982 年，第 293 頁

本書編委會：《戰後世界歷史長編》第一分冊，上海：上海人民出版社，1975 年

程寶庫：《戰後世界貿易法律體系簡論》，天津：南開大學出版社，1996 年

丁建弘、陸世澄、劉祺寶主編：《戰後德國的分裂與統一（1945 — 1990）》，北京：人民出版社，1996 年

國際貨幣基金組織、中國人民銀行：《國際貨幣基金組織與中國》，中國人民銀行陝西財經學院，1983 年

韓毅：《美國工業現代化的歷史進程》，北京：經濟科學出版社，2007 年

李春放：《伊朗危機與冷戰的起源（1941 — 1947 年）》，北京：社會科學出版社，2001 年

李莉莎：《〈國際貨幣基金協定〉變革研究》，北京：知識產權出版社，2012 年

劉德芳主編：《蘇聯經濟手冊》，北京，中國金融出版社，1988 年，第 237 頁

劉緒貽、李存訓：《美國通史第五卷：富蘭克林・羅斯福時代（1929 — 1945）》，北京：人民出版社，2002 年

牛軍主編：《戰略的魔咒：冷戰時期的美國大戰略研究》，上海：上海人民出版社，2009 年

沈志華：《毛澤東、斯大林與朝鮮戰爭》（增訂第三版），廣州：廣東人民出版社，2013 年，第 69-70 頁

沈志華：《斯大林與鐵托 —— 蘇南衝突的起因及其結果》，桂林：廣西師範大學出版社，2002 年

沈志華：《新經濟政策與蘇聯農業社會化道路》，北京：中國社會科學出版社，1994 年

沈志華等：《冷戰啟示錄：美蘇冷戰歷史專題系列報告（1945 —1991）》，北京：世界知識出版社，2019 年

蘇聯科學院經濟研究所編：《蘇聯社會主義經濟史》第 5 卷，周邦新等譯，北京三聯書店，1984 年，第 700 頁

維爾納‧阿貝爾斯豪塞：《戰後德國經濟史》，史世偉譯，北京：中國社會科學出版社，2018 年

吳友法、邢來順：《德國：從統一到分裂再到統一》，北京：三秦出版社，2005 年

蕭漢森、黃正柏主編：《德國的分裂、統一與國際關係》，武漢：華中師範大學出版社，1998 年

徐天新：《斯大林模式的形成》，北京：人民出版社，2013 年

苑爽：《「戰爭與和平」視閾下的美國對德戰爭索賠政策》，北京：中央編譯出版社，2015 年

張小明：《喬治‧凱南遏制思想研究》（增訂本），北京：世界知識出版社，2021 年

鄭異凡：《新經濟政策的俄國》，北京：人民出版社，2013 年

中國人民銀行國際貨幣基金處編：《國際貨幣基金組織》，北京：北京工業大學出版社，1994 年，第 8 頁

中國社會科學院世界經濟與政治研究所綜合統計研究室編：《蘇聯和主要資本主義國家經濟歷史統計集（1800 — 1982 年）》，北京：人民出版社，1989 年

中國銀行國際金融研究所課題組：《蘇聯金融七十年 —— 兼論美國金融》，北京：中國書籍出版社，1995 年

論文

Безыменский Л. А. Визит В. М. Молотова в Берлин в ноябре 1940 г. в свете новых документов //Новая и новейшая история, 1995, №6, с. 121-143

Болдырев Р. Ю., Невский С. И. Советская репарационная политика в Германии в 1945-1953 гг. // Вопросы истории, №3, Март 2017, с. 49-69

Болдырев Р. Ю., Невский С. И., Плюмпе В. Германские репарации после Второй мировой войны: политические решения и экономические оценки// История, Выпуск №9 (83), Том 10, 2019, http: //history. jes. su, абзац 2

Болдырев Р. Ю., Невский С. И., Плюмпе В. Репарационная политика в отношении Германии// Новая и новейшая история, 2016, №6, с. 51-65

Будс Р. Б. Бреттон-Вудская конференция Объединенных Наций в 1944 г. //Новая и новейшая история, 1992, №2, с. 31-50

Бутенина Н. Ленд-лиз в истории межгосударственных отношений// Лизин Ревю, 2000, №1-2, http: //unlease. ru/service/project_members/editions/ leasing-review/104. php

Волков И. М, Засуха, голод 1946-1947 годов// История СССР, 1991, №4, с. 3-19

Гайдук И. В. ООН и Иранский кризис 1946 года// Новая и новейшая история, 2011, №5, с. 69-82

Гасанлы Дж. П. Иранский Азербайджан-Эпицентр "Холодной Войны" // Кавказ & Глобализация, Том 2, Выпуск 1, 2008, с. 6-21

Гибианский Л. Я. Исследования политики СССР в Восточной Европе в конце второй мировой войны и в первые послевоенные годы// Вопросы истории, 2004, №6, с. 148-161

Гибианский Л. Я. Как возник Коминформ, По новейшим архивным материалам// Новая и новейшая история, 1993, №4, с. 131-152

Гибианский Л. Я. Коминформ в действии, 1947-1948гг., По архивным документам// Новая и новейшая история, 1996, №1, с. 149-170, №2, с. 157-172

Гибианский Л. Я. Триестский вопрос в конце второй мировой войны, 1944-1945// Славяноведение, 2001, №3, с. 3-26, №4, с. 3-30

Егорова Н. И. Иранский кризис, 1945-1946гг., По рассекреченным архивным документам// Новая и новейшая история, 1994, №3, с. 24-42

Егорова Н. И. Новые документы по истории советско-американских отношений, 1945-1948 годы// Новая и новейшая история, 2005, №4, с. 162-171

Жигалов Б. С. И. М. Майский и проблема германских репараций (1943-1945 гг.)//Вестник Томского государственного университета. История, 2014, №1 (27), с. 56-63

Жуков Ю. Н. Борьба за власть в руководстве СССР в 1945-1952годах// Вопросы истории, №1, с. 23-39

Зима В. Ф. Голод в России 1946-1947 годов. //Отечесвенная история, 1993, №1, с. 35-52

Злобин Н. В. Неизвестные американские архивные материалы о выступлении У. Черчилля 5 марта 1946г. // Новая и новейшая история, 2000, №2, с. 156-179

Ковалевский Н. Ф. Советские войска в Иране, 1941-1946 гг. //Военно-исторический журнал, 2006, №5, с. 40

Комарков А. Ю. Военно-морской ленд-лиз для СССР в годы Великой Отечественной войны//Российская история, 2015, №4, с. 123-136

Корнилов Л. Московский ультиматум: заставил Чехословакию отказаться от помощи по "плану Маршалла" //Известия, 9 января 1992 г.

Котельников В. Р. Авиационный ленд-лиз//Вопросы истории, 1991, №9/10, с. 223-278

Кочеткова Т. Ю. Вопросы создания ООН и советская дипломатия// Отечественная история, 1995, №1, с. 28-48

Кынин Г. П. Германский вопрос во взаимоотношениях СССР, США и Великобритании, 1944-1955//Новая и новейшая история. 1995. №4, с. 105-132

Кынин Г. П. Германский вопрос во взаимоотношениях СССР, США и Великобритании 1941-1943 гг. (Обзор документов)//Новая и новейшая история, 1995, №1, с. 91-113

Медведев Ж. А. Сталин и "дело врачей", Новые материалы// Вопросы истории, 2003, №2, с. 99-119

Минкова К. В. 《Советская делегация считает целесообразным вступление Советского Союза в состав членов Фонда》: СССР и Международный валютный фонд в 1943-1946 гг. //Международные отношения, 2017, Т. 17, №1, с. 34-47

Минкова К. В. Международные торговые и финансовые институции в Советско- Американских отношениях 1945-1946 годов//Новая и новейшая история, 2018, №1, с. 75-90

Мираньков Д. Б. Развитие интеграционных процессов в Европе во второй половине XX века на примере деятельности СЭВ и ЕЭС// Экономика и управление, том. 25 (64), 2012, №1, с. 108-118

Мурашко Г. П. Февральский кризис 1948г. в Чехословакии и советское руководство, По новым материалам российских архивов// Новая и новейшая история, 1998, №3, с. 50-63

Наринский М. М. Берлиннский кризис 1948-1949гг., Новые документы из российских архивов// Новая и новейшая история, 1995, №3, с. 16-29

Наринский М. М. И. В. Сталин и М. Торез, 1944-1947гг., Новые материалы// Новая и новейшая история, 1996, №1, с. 19-24

Наринский М. М. СССР и План Маршалла: по материалам архива президента РФ//Новая и новейшая история, 1993, №2, с. 11-19

Невский С. И. Экономическая политика союзников в послевоенной Западной Германии (1945-1947 годы)// Экономическая политика, 2015, Т. 10, №6, с. 40-78

Орлик И. И. Центрально-Восточная Европа: от СЭВ до Евросоюза// Новая и новейшая история, 2009, №2, с. 3-20

Орлик, Игорь. Февральский кризис 1948 года в Чехословакии// Свободная мысль, 2008, №1, с. 115-122

Орлов А. С., Кожанов В. П. Ленд-лиз: взгляд через полвека//Новая и новейшая история, 1994, №3, с. 176-194

Паперно А. Х. О ленд-лизе и тихоокеанской транспортной эпопее//

Отечесвенная история, 1997, №2, с. 107-127

Печатнов В. Союзники нажимают на тебя для того, чтобы сломить у тебя волю//Источник, 1999, №2, с. 70-85

Печатнов В. О. Встречными курсами: политика СССР и США на Балканах, ближнем и среднем востоке в 1939-1947 гг. // Новая и новейшая история, №3, 2016, с. 232-234

Печатнов В. О. На этом вопросе мы сломаем их антисоветское упорство … // Источник, 1999, №3, с. 92-104

Печатнов В. О. Союзники нажимают на тебя для того, чтобы сломить у тебя волю// Источник, 1999, №2, с. 70-85

Поездка В. М. Молотова в Берлин в ноябре 1940 г. // Новая и новейшая история, 1993, №5, с. 64-99

Полян П. М. Интернированные немцы в СССР// Вопросы истории, 2001, №8, с. 113-123

Попов В. П. Голод и государственная политика (1946-1947 гг.)// Отечественные архивы, 1992, №6, с. 36-60

Пыжиков А. В. Советское послевоенное общество и предпосылки хрущевских реформ// Вопросы истории, 2002, №2, с. 33-43

Ржешевский О. А. Визит Идена в Москву в Декабре 1941г., Переговоры с Сталиным и Молотовым// Новая и новейшая история, 1994, №2, с. 85-102

Ржешевский О. А. У истоков 《холодной войны》 //Вестник мгимо-университета, №3, 2008, с. 36-47

Сироткин В. Г., Алексеев Д. С. СССР и создание Бреттон-Вудской системы 1941-1945 гг. политика и дипломатия//Новая и новейшая история, Саратов, 2004, №21, с. 72-89

Согрин В. В. Динамика соперничества СССР и США в период 《холодной войны》, 1945-1991 годы//Новая и новейшая история, 2015, №6, с. 36-52

Соколов В. В. Ленд-лиз в годы второй мировой войны//Новая и новейшая история, 2010, №6, с. 3-17

Соколов В. В. ЮНРРА и Советский Союз, 1943-1948 годы (по новым архивным материалам)//Новая и новейшая история, 2011, №6, с. 61-74

Сорокин А. Послевоенные Санкции Против СССР: Взгляд с Запада// Родина, 2015, №8, с. 120-128

Стрижов Ю. И. Англия должна иметь право решающего голоса в Греции//Источник, 2003, №2, с. 45-56

Супрун М. Н. Продовольственные поставки в СССР по ленд-лизу в годы Второй мировой войны//Отечественная история, 1996, №3, с. 46-54;

Фоглесонг Д. С. Американские надежды на преобразование России во время второй мировой войны// Новая и новейшая история, 2003, №1, с. 80-105

Хейфец Б. А. Репарации, полученные СССР// Финансы, 2001, №1, с. 70-72

Хольтсмарк С. Советская дипломатия и Скандинавия, 1944-1947гг., по материалам ариива МИД РФ//Новая и новейшая история, 1997, №1, с. 48-61

Широков О. Н. Цели и функции СЭВ в начальный период развития// Вестник Чувашского университета, 2006, №3, с. 64-70

Язькова А. А. Восточная Европа в политике СССР и США(1944-1945 гг.)//Новая и новейшая история, 1991, №3, с. 68-76

Abrahamian, Ervand, "Communism and Communalism in Iran: The Tudeh and the Firqah-I Dimukrat", *International Journal of Middle East Studies*, Vol. 1, №4, October 1970, pp. 291-316

Acsay, Peter Josef, "Planning for Postwar Economic Cooperation: U. S. Treasury, The Soviet Union, and Bretton Woods, 1933-1946", Ph. D. Dissertation, St. Louis University, 2000

Anderson, Sheldon, "Poland and the Marshall Plan, 1947-1949", *Diplomatic History*, 1990, Vol. 15, №4, pp. 473-494

Barany, Zoltan, "Soviet Takeovers: The Role of Advisers in Mongolia in the 1920s and in Eastern Europe after World War II", *East European Quarterly*, XXVIII, №4, January 1995, pp. 409-433

Békés, Csaba, "Soviet Plans to Establish the Cominform in Early 1946: New Evidence from the Hungarian Archives", *Cold War International History*

Project Bulletin, Issue10, March 1998, pp. 135-136.

Berger, Morroe, "How the Molotov Plan Works", *The Antioch Review*, Vol. 8, №1, Spring 1948, pp. 17-25

Boughton, James M., "New Light on Harry Dexter White." *Journal of the History of Economic Thought*, №26, June 2004, pp. 179-195

Boxhorn, Abraham, "The Cold War and the Rift in the Governments of National Unity: Belgium, France and Italy in the Spring of 1947, A Comparison", Ph. D. Dissertation, Historisch Seminarium van de Universiteit van Amsterdam, 1993

Burk, Kathleen, "The Marshall Plan: Filling in Some of the Blanks," *Contemporary European History*, Vol. 10, №2, July 2001, pp. 267-294

Chubariyan, Alexander O., and Vladimir O. Pechatnov, "Molotov 'the Liberal' : Stalin's 1945 Criticism of his Deputy", *Cold War History*, August 2000, Vol. 1, Issue 1, pp. 129-140

Cohen, Benjamin J., "Reparations in the Postwar Period: A Survey", *Reprints in International Finance*, №9, February 1968, pp. 268-288

Costigliola, Frank, " 'My Voice Now Carried' : George F. Kennan's Long Telegram", Blog Post, February 19, 2021, https: //www. wilsoncenter. org/ blog-post.

Cox, Michael, and Caroline Kennedy-Pipe, "The Tragedy of American Diplomacy? Rethinking the Marshall Plan", *Journal of Cold War Studies*, Vol. 7, №1, Winter 2005, pp. 97-134

Gerber, Larry G., "The Baruch Plan and the Origins of the Cold War", *Diplomatic History*, 1982, Vol. 6, №1, pp. 69-95

Harbutt, Fraser J., "American Challenge, Soviet Response: The Beginning of the Cold War, February-May, 1946", *Political Science Quarterly*, Vol. 96, №4, Winter, 1981-1982, , pp. 623-639

Harrison, Hope M., "Teaching and scholarship on the Cold War in the United States", *Cold War History*, Vol. 8, No. 2, May 2008, pp. 259-284

Hasanli, Jamil, "New Evidence on the Iran Crisis 1945-1946: From the

Baku Archives", *Cold War International History Project Bulletin*, Issues 12/13, Fall/Winter 2001, pp. 309-314

Herz, Martin F., *Beginnings of the Cold War*, Bloomington: Indiana University Press, 1966

Hill, Alexander, "British Lend-Lease Aid and the Soviet War Effort, June 1941-June 1942", *The Journal of Military History*, №71 (July 2007), pp. 773-808

Hogan, Michael J., "The Search for a 'Creative Peace' : The United States, European Unity, and the Origins of the Marshall Plan", *Diplomatic History*, 1982, Vol. 6, №3, pp. 267-285

Hopkins, Michael F., "Teaching and research on the Cold War in the United Kingdom", *Cold War History*, Vol. 8, No. 2, May 2008, pp. 241-258

James, Harold, and Marzenna James, "The Origins of the Cold War: Some New Documents", *The Historical Journal*, 1994, Vol. 37, №3, pp. 615-622

Laufer, Jochen, "Stalin and German Reparation", Paper for the Conference 「Stalin and the Cold War, 1945-1953", Yale University, 23-26 September 1999

Lavigne, Marie, "Organized International Economic Cooperation After World War II", *Soviet and Eastern European Foreign Trade*, 1990, Vol. 26, №1, pp. 4-35

Leffler, Melvyn P., "The American Conception of National Security and the Beginnings of the Cold War, 1945-1948", *American Historical Review*, 1984, Vol. 89, №2, pp. 346-381

Maier, Charles S., "The Marshall Plan and the Division of Europe", *Journal of Cold War Studies*, Vol. 7, №1, Winter 2005, pp. 168-174

Mikesell, Raymond E., "The Role of the International Monetary Agreements in a World of Planned Economies. " *Journal of Political Economy*, №55, December 1947, pp. 497-512

Mikesell, Raymond F., "The Bretton Woods Debates: A Memoir", *Essays In International Finance*, No. 192, March 1994, Princeton: Department of Economics, Princeton University, 1994

Munting, Roger, "Lend-Lease and the Soviet War Effort", *Journal of*

Contemporary History, Vol. 19, №3 (July 1984), pp. 495-510

　　Parrish, Scott D., "The Turn Toward Confrontation: The Soviet Reaction to the Marshall Plan, 1947", *Cold War International History Project Working Paper*, №9, March 1994

　　Paterson, Thomas G., "The Abortive American Loan to Russia and the Origins of the Cold War, 1943-1946", *The Journal of American History*, 1969, Vol. 56, pp. 70-92

　　Pechatnov, V. O., "Averell Harriman's Mission to Moscow", *The Harriman Review*, No. 14, July 2003, pp. 1-47

　　Pollard, Robert A., "Economic Security and the Origins of the Cold War: Breton Woods, the Marshall Plan, and American Rearmament, 1944-50", *Diplomatic History*, 1985, Vol. 9, No. 3, pp. 271-289

　　Raine, Fernande Scheid, "Stalin and the Creation of the Azerbaijan Democratic Party in Iran, 1945", *Cold War History*, Vol. 2, №1, October 2001, pp. 1-38

　　Raine, Fernande Scheid, "Stalin's Reluctant Bid for Iranian Azerbaijan, 1941-1946: A View from the Azerbaijan Archives", Paper for the Conference "Stalin and the Cold War, 1945-1953", Yale University, 23-26 September 1999

　　Ramazani, Rouhollah K., "The Autonomous Republic of Azerbaijan and the Kurdish People's Republic: The Rise and Fall", *Studies on the Soviet Union*, Vol. 11, №4, 1971, pp. 401-427

　　Robert, Garson, "The Role of Eastern Europe in America's Containment Policy, 1945-1948", *Journal of American Studies*, Vol. 13, №1, April 1979, pp. 73-92

　　Roberts, Geoffrey, "Moscow and the Marshall Plan: Politics, Ideology and the Onset of the Cold War, 1947", *Europe-Asia Studies*, Vol. 46, №8, 1994, pp. 1371-1386

　　Roberts, Geoffrey, "Moscow's Cold War on the Periphery: Soviet Policy in Greece, Iran, and Turkey, 1943-8", *Journal of Contemporary History*, Vol. 46, №1, 2011, pp. 58-81

　　Roberts, Geoffrey, "Sexing up the Cold War: New Evidence on the

Molotov-Truman Talks of April 1945", *Cold War History*, Vol. 4, No. 3 (April 2004), pp. 105-125

Rossow, Robert Jr., "The Battle of Azerbaijan, 1946", *Middle East Journal*, Vol. 10, №1, Winter, 1956, pp. 17-32

Ryan, Henry B., "A New Look at Churchill's Iron Curtain Speech", *The Historical Journal*, Vol. 22, No. 4, December 1979, pp. 895-920

Schild, Georg Manfred, "Bretton Woods and Dumbarton Oaks: American Economic and Political Postwar Planning in the Summer of 1944", Ph. D. Dissertation, University of Maryland College Park, 1993

Thorpe, James A., "Truman's Ultimatum to Stalin on the 1946 Azerbaijan Crisis: the Making of the Myth", *The Journal of Politics*, Vol. 40, №1, February 1978, pp. 188-195

Wagner, R. Harrison, "The Decision to Divide Germany and the Origins of the Cold War", *International Studies Quarterly*, Vol. 24, №2 (June 1980), pp. 155-190

Wiley, B., "Russian Membership in the IMF: A Look at the Problems, Past and Present", *Georgia Journal of International & Comparative Law*, 1992, Vol. 22, pp. 469-485

Zelikow, Philip, "George C. Marshall and the Moscow CFM meeting of 1947", *Diplomacy and Statecraft*, Vol. 8, №2, July 1997, pp. 97-124

陳兼、余偉民：《冷戰史新研究：源起、學術特徵及其批判》,《歷史研究》2003 年第 3 期，第 3-23 頁

崔海智：《戰後蘇美經濟合作嘗試的失敗 —— 兼論經濟冷戰的起源》,《世界歷史》，2011 年第 1 期（總第 206 期），第 27-35 頁

桂莉、孫文沛：《美國對二戰後德國賠償政策的演變》,《武漢大學學報》第 65 卷第 6 期（2012 年 11 月），第 117-120 頁

胡舶：《蘇美英三國在援助華沙起義問題上的分歧、鬥爭及其影響》,《世界歷史》2014 年第 3 期，第 17-31 頁

李鳳豔：《試析第二次世界大戰後蘇聯的對德索賠政策》,《華東師範大

學學報》2013 年第 6 期，第 72-78 頁

　　李牧晨：《二戰期間西方盟國對蘇聯的租借援助》，《軍事歷史》2020 年第 3 期，第 98-107 頁

　　李昀：《英美史學界關於馬歇爾計劃的研究》，《世界歷史》2010 年第 4 期，第 110-119 頁

　　劉佳楠：《二戰期間美國對蘇實施租借法案之北太平洋航線研究》，《西伯利亞研究》2015 年第 4 期，第 70-73 頁

　　劉緒貽：《讀羅斯福「新政」史札記之一 —— 對「新政」的評價》，《世界歷史》1993 年第 1 期，第 119-123 頁

　　陸南泉：《對斯大林模式的再思考》，《當代世界社會主義問題》，2007 年第 3 期，第 51-63 頁

　　陸南泉：《斯大林工業化道路再認識》，《科學社會主義》，2005 年第 3 期，第 78-82 頁

　　沈志華：《動機判斷與史料考證 —— 對毛澤東與斯大林三封往來電報的解析》，《近代史研究》2019 年第 5 期，第 106-122 頁

　　沈志華：《共產黨情報局的建立及其目標 —— 兼論冷戰形成的概念界定》，《中國社會科學》2002 年第 3 期，第 172-187 頁

　　沈志華：《三八線的由來及其政治作用》，《上海師範大學學報》1997 年第 4 期，第 57-60 頁

　　沈志華：《斯大林的「聯合政府」政策及其結局（1944 — 1947）》，《俄羅斯研究》2007 年第 5 期，第 71-77 頁，第 6 期，第 77-85 頁

　　沈志華：《斯大林與 1943 年共產國際的解散》，《探索與爭鳴》2008 年第 2 期，第 31-40 頁

　　沈志華：《維護蘇聯在亞洲的戰略利益 —— 試論朝鮮戰爭起因與斯大林的決策動機》，《華東師範大學學報》2012 年第 4 期，第 35-48 頁

　　舒建中：《布雷頓森林體系的建立與美國外交》，《國際關係評論》第 3 卷（2003 年），第 78-99 頁

　　舒建中：《美國與 1947 年日內瓦會議 —— 兼論關貿總協定機制的建立與美國霸權貿易》，《解放軍外國語學院學報》第 28 卷第 3 期（2005 年 5 月），第 105-106 頁

孫文沛：《二戰後盟國在德國賠償問題上的分歧與決裂 —— 兼論冷戰對賠償問題的影響》，《武漢大學學報》第 66 卷第 3 期（2013 年 5 月），第 76-80 頁

談譚：《盟友和對手的雙重博弈：「美英互助協定」第七條談判》，《河南師範大學學報》，第 37 卷第 3 期（2010 年 5 月），第 140-144 頁

唐欣語：《從凱恩斯計劃、懷特計劃到〈國際貨幣基金協定〉》，《比較》2010 年第 2 期，第 168-178 頁

田小惠：《試析戰後德國戰敗賠償政策》，《世界歷史》2005 年第 4 期，第 14-23 頁

王仕英、陳梅：《經濟冷戰研究綜述》，《西南師範大學學報》第 32 卷第 1 期（2006 年 1 月），第 164-167 頁

王在幫：《布雷頓森林體系的興衰》，《歷史研究》1994 年第 4 期，第 152-165 頁

徐振偉、田釗：《二戰期間蘇聯的糧食供應及盟國對蘇的糧食援助》，《安徽史學》2014 年第 3 期，第 60-66 頁

楊永鋒：《試析「租借法案」在英美經濟霸權轉移中的作用》，《中南大學學報》第 20 卷第 3 期（2014 年 6 月），第 266-272 頁

張士偉：《布雷頓森林會議與美國對蘇合作政策》，《世界歷史》2018 年第 2 期，第 35-45 頁

回憶錄

Микоян А. И. Так было, Размышления о минувшем, Москва: ВАГРИУС, 1999

Новиков Н. В. Воспоминания дипломата, Записки 1938-1947, Москва: Издательство политической литературы, 1989

Чуев Ф. И. Сто сорок бесед с Молотовым, Москва: ТЕРРА, 1991, с. 88.

Acheson, Dean, *Present at the Creation: My Years in the State Department*, New York: W. W. Norton & Company, Inc., 1969

Adenauer, Konrad, *Memoirs, 1945-1953*, Translated by Beat von Oppen, Ghicago: Henry Regnery Company, 1966

Bohlen, Charles E., *Witness to History, 1929-1969*, New York: W. W. Norton and Company, Inc., 1973

Churchill, Winston, *The Second World War, Vol. III, The Grand Alliance*, New York: Rosetta Books, LLC, 1948

Churchill, Winston, *The Second World War, Vol. VI., Triumph and Tragedy*, New York: Rosetta Books, LLC, 1953

Clifford, Clark, *Counsel to the President: A Memoir*, New York: Random House, 1991

Djilas, Milovan, *Conversations with Stalin*, Victoria: Penguin Books Ltd, 1967

Fish, Hamilton, *Memoir of an American Patriot*, Washington: Regnery Gateway, 1991

Harriman, W. Averell, and Elie Abel, *Special Envoy to Churchill and Stalin: 1941-1946*, New York: Random House, 1975

Kennan, George F., *Memoirs, 1925-1950*, Boston: Little, Brown and Company, 1967

Truman, Harry S., *Memoirs by Harry S. Truman, Volume One, Year of Decisions, 1945*, New York: Doubleday & Company, Inc., 1955

報紙

Известия

Правда

The New York Times

人名譯名表

阿爾卡季耶夫
Г. П. Аркадьев, G. P. Arkadiev

阿拉
Hussein Ala

阿利耶夫
А. М. Алиев, A. M. Aliev

阿魯秋尼揚
А. А. Арутюнян, A. A. Arutyunian

阿特拉斯
З. Б. Атлас, Z. B. Atlas

阿希
M. Ahi

阿謝夫
Н. Асеев, N. Aseev

埃克爾斯
M. S. Eccles

埃克斯
A. E. Eckes

艾德禮
C. R. Attlee

艾登
R. A. Eden

艾倫
G. V. Allen

艾奇遜
D. G. Acheson

艾森豪威爾
D. Eisenhower

安東諾夫
А. И. Аантонов, A. I. Antonov

奧爾洛夫
П. Д. Орлов, P. D. Orlov

巴巴林
Е. И. Бабалин, E. I. Babalin

巴甫連科
П. А. Павленко, P. A. Pavlenko

巴赫特
C. W. Baxter

巴吉羅夫
М. А. Багиров, M. A. Bagirov

巴拉諾夫
Л. С. Баранов, L. S. Baranov

巴拉諾夫斯基
А. М. Барановский, A. M. Baranovsky

貝爾納斯
J. F. Byrnes

貝利亞
Л. П. Берия, L. P. Beria

貝魯特
B. Bierut

貝斯特羅夫
Ф. П. Быстров, F. P. Bystrov

貝文
E. Bevin

比多（又譯皮杜爾）
G. Bidault

格魯
J. C. Grew

葛羅米柯
A. A. Громыко, A. A. Gromyko

古謝夫
Ф. Т. Гусев, F. T. Gusev

顧維鈞
Wellington Koo

哈伯特
F. J. Harbutt

哈德森
M. Hudson

哈基米
Ibrahim Hakimi

哈里曼
W. A. Harriman

哈里森
M. Harrison

哈利法克斯
Lord Halifax

哈默
Armand Hammer

哈桑諾夫
Г. Гасанов, G. Gasanov

哈扎德
John N. Hazard

赫爾
Cordell Hull

赫魯曉夫
Н. С. Хрущев, N. S. Khrushchev

亨德森
L. W. Henderson

胡佛
H. Hoover

胡佛
K. Hoover

華萊士
Henry A. Wallace

懷特
Harry Dexter White

霍華德
H. Howard

霍金斯
Harry C. Hawkins

霍普金斯
Harry Hopkins

吉拉斯
M. Djilas

季米特洛夫
G. Dimitrov

加迪斯
John Lewis Gaddis

加斯貝利
A. D. Gasperi

傑卡諾佐夫
В. Г. Деканозов, V. G. Dekanozov

卡德爾
E. Kardel

卡夫塔拉澤
С. И. Кавтарадзе, S. I. Kavtaradze

卡弗里
J. Caffery

卡瓦姆
Qavam al-Saltanah

凱恩斯
John M. Keynes

凱南
George F. Kennan

維什涅夫斯基
В. Вишневский, V. Vishnevsky

維辛斯基
А. Я. Вышинский, A. Ia. Vyshinskii

文森
F. M. Vinson

沃茲涅先斯基
Н. А. Вознесенский, N. A. Voznesenskii

烏布利希
W. Ulbrich

烏曼斯基
К. А. Уманский, K. A. Umanskii

烏特金
И. П. Уткин, I. P. Utkin

伍德
R. E. Wood

西林
М. А. Силин, M. A. Silin

西盧亞諾夫
Н. М. Силуянов, N. M. Siluynov

西倫凱維茨
J. Cyrankiewicz

希特勒
A. Hitler

謝苗諾夫
В. С. Семенов, V. S. Semenov

雅庫博夫
А. Якубов, A. Iakubov

耶金
D. Yergin

葉列明
Н. А. Еремин, N. A. Eremin

葉梅利揚諾夫
С. Ф. Емельянов, S. F. Emel'ynov

葉姆琴科
В. Н. Емченко, V. N. Emchenko

伊克斯
Harold Ickes

約翰斯頓
E. Johnston

約克
John York

朱可夫
Г. К. Жуков, G. K. Zhukov

茲洛賓
И. Д. Злобин, I. D. Zlobin

茲韋列夫
А. Г. Зверев, A. G. Zverev

左琴科
М. М. Зощенко, M. M. Zoshchenko

經濟漩渦：觀察冷戰發生的新視角

沈志華　著

責任編輯　蕭　健
裝幀設計　鄭喆儀
排　　版　黎　浪
印　　務　劉漢舉

出版　　開明書店
　　　　香港北角英皇道 499 號北角工業大廈一樓 B
　　　　電話：（852）2137 2338　傳真：（852）2713 8202
　　　　電子郵件：info@chunghwabook.com.hk
　　　　網址：http://www.chunghwabook.com.hk

發行　　香港聯合書刊物流有限公司
　　　　香港新界荃灣德士古道 220-248 號
　　　　荃灣工業中心 16 樓
　　　　電話：（852）2150 2100　傳真：（852）2407 3062
　　　　電子郵件：info@suplogistics.com.hk

印刷　　美雅印刷製本有限公司
　　　　香港觀塘榮業街 6 號 海濱工業大廈 4 樓 A 室

版次　　2023 年 10 月初版
　　　　2024 年 7 月第二次印刷
　　　　© 2023 2024 開明書店

規格　　16 開（240mm×160mm）

ISBN　　978-962-459-329-7